Für meine Eltern, die mir Wurzeln schenkten

und meine Tochter, die mich das Fliegen lehrte

Bibliografische Information der Deutschen Bibliothek:
Die Deutsche Bibliothek verzeichnet diese Publikation in der Deutschen Nationalbiografie; detaillierte bibliografische Daten sind im Internet über http://www.dnb.dbb.de abrufbar.

Pamela Anna Guggenheim – Ich, die Göttin
Einweihung in die weiblichen Archetypen
ISBN 978-3-940868-38-1

Grafik und Satz: BP-Werbeagentur Heppenheim
Druck: DIP Witten

1. Auflage November 2008

Hierophant-Verlag
Im Bollerts 4 - 64646 Heppenheim
http://www.hierophant-verlag.de

Ich, die Göttin

Einweihung in die weiblichen Archetypen

Pamela Anna Guggenheim

Ich danke

all jenen, die mich unterstützt haben, damit mein Kindheitstraum Wirklichkeit werden konnte. ICH, DIE GÖTTIN ist Realität und vergessen sind all die angefangenen Manuskripte, die irgendwo auf meinem Computer oder gar in meinen Schubladen verstauben. Ja, ich danke meiner Tochter Sabrina Ossana, die immer an mich und meine Fähigkeit als Autorin geglaubt hat. Meiner Freundin Alexandra Bloch, die mich davon überzeugte, dass es keinen guten und schlechten Stil gibt, sondern nur verschiedene Stilarten des Schreibens. Ich danke auch Juliana Balmer und ihrer Freundin Monika von Allmen, welche die ersten Seiten korrigiert und sich mit dem Inhalt auseinandergesetzt haben, was zu vielen heftigen Diskussionen führte. Dankbar bin ich auch meiner Freundin Katrin Beutler, die minutiös jede Zeile gelesen hat und mich auf die eine oder andere Unklarheit im Buch hinwies. Meiner Freundin Barbara Giger, die jede Meditation für mich ausprobiert hat, sodass ich sehen konnte, ob und wie sie funktioniert. Ein weiterer Dank gebührt meinen Eltern, die mich finanziell unterstützt haben, damit dieses Buch nun druckfertig vorliegt. Danken drückt die Einsicht aus, dass nicht alles selbstverständlich ist, was ist. So danke ich auch der talentierten Malerin Vicki Cooper, die mir eines ihres genialen Kunstwerke als Titelbild zur Verfügung gestellt hat. Weitere Bilder von ihr sind zu sehen unter: www.mooncycle.ch

Danken stellt Beziehung her. Meine Beziehung zu meiner Verlegerin Bettina Peters ist geprägt von Vertrauen, Verbundenheit, Anerkennung und Dankbarkeit. Ohne sie und ihren Verlag wäre mein Traum vielleicht nie Wirklichkeit geworden. Danke! Ein wichtiges Wort in meinem Leben. Dankbarkeit erfüllt mich, wenn ich auf mein Leben schaue, auch wenn es ab und zu Tiefschläge gab. Schon die ursprünglichen Menschen, haben der Erde und dem Himmel gedankt, wenn sie dem Boden Pflanzen entnahmen, von den Bäumen Früchte ernteten und Tiere zur Nahrung jagten. Sie waren sich der Verbundenheit mit allem bewusst. Je älter ich werde, desto dankbarer bin ich – wer weiß, vielleicht auch desto bewusster. Bei meinen Ritualkreisfesten ist Dankbarkeit auch immer wieder ein Thema. Nehmen wir nur die Erntedankfeste, entstanden aus den uralten Opferritualen. Sie sind Ausdruck des Gefühls von Verbundenheit mit der umgebenden Welt. Wir danken dem Himmel und der Erde für den Lebensunterhalt. Das ist für mich Kommunikation mit Himmel und Erde. Meinen Freunden danken, dass es sie gibt, ist Pflege unserer Beziehung. Meine Art zu danken verrät etwas von meiner inneren Haltung. Danken zeigt, dass ich etwas nicht für selbstverständlich halte. Danken ist Ausdruck einer respektvollen Haltung. Wie ich denke, so danke ich mit Freude, Zuversicht und einem Glücksgefühl im Herzen.

Inhalt

1 Artemis und die Amazonenkraft	13
2 Aphrodite mit Schönheit und Leidenschaft	41
3 Athene: Wissen ist Macht, nichts wissen macht nichts	75
4 Der Mond geht auf mit Selene	111
5 Tefnut fällt ein Stein vom Herzen	149
6 Demeter mit der Vernunft der Unvernunft	181
7 Maat, die Verbindung von Himmel und Erde	227
8 Ereshkigal und die Unterwelt	265
9 Lakshmi und die Kraft der Worte	307
10 Gaia und die Wüste lebt	343
11 Eine Reise in die Welt der Philosophie mit Sophia	379
12 Es werde Licht!	415
13 Hildegard und das Heute ist das Gestern von Morgen	453

Prolog

Es ist dunkel, stockfinstere Nacht, sodass ich nicht einmal die Hand vor meinen Augen sehen kann. Ich empfinde keine Angst, setze einen Fuß vor den anderen und spüre den Sand, wie er zwischen meinen Zehen durchrieselt, ein knirschendes Geräusch von sich gebend. Sonst ist nichts zu hören. Ich fühle mich sicher und irgendwie geborgen - geborgen in der Wüstenlandschaft; beschützt von den Sternen, die leuchtend über dem offenen Horizont strahlen, und dem Mond, der nun wieder befreit aus den Wolken seinen silbernen Schein auf meinen Weg wirft. Ich fühle mich frei und völlig eingebettet in die Umgebung. Plötzlich sehe ich nicht weit von mir entfernt einen hellen Punkt, der größer und größer wird, je näher ich komme. Auch verändert sich die Umgebung. Ich sehe mich von Felsen umgeben und der Sand unter meinen Füßen verwandelt sich in Steine. Barfüßig, wie ich bin, wird mein Gang langsamer und schwerer. Den Punkt in der Ferne nehme ich nun als Feuer wahr. Ein Feuer mitten in der Steinwüste? Wo Feuer ist, sind auch Menschen. Ich empfinde eine Beklemmung in mir und meine altbekannte Angst vor fremden Menschen kommt in mir hoch. Sind es nur Männer oder auch Frauen? Wie werden sie auf mich reagieren? Sollte ich nicht besser ausweichen, umkehren und kein Risiko eingehen?
Inmitten meiner Überlegungen höre ich, wie mein Name gerufen wird. Das Rufen kommt vom Feuer. Sie wissen meinen Namen?
Noch etwas verwirrt und doch auch beruhigt, dass da Menschen sind, die mich zu kennen scheinen, setze ich meinen Weg fort. Je näher ich dem Feuer komme, desto mehr spüre ich mein Herz bis zu meinem Hals schlagen. Ich stelle fest, dass es sich um ein Lagerfeuer handelt und stoppe einige Meter davor.
Da sitzen zwölf Menschen. Noch kann ich nicht ausmachen, ob es sich um Frauen oder Männer handelt, da sie alle einen schwarzen Umhang tragen, die Kapuzen bis tief ins Gesicht gezogen. Bevor ich mir überlegen kann, was ich jetzt tun soll, höre ich erneut meinen Namen rufen, mit der einladenden Aufforderung, mich ans Feuer zu setzen.

Ohne nachzudenken, nehme ich die Einladung an. Im Lichte des Feuers stelle ich fest, dass ich mit zwölf Frauen zusammen sitze. Jede nickt mir lächelnd und freundlich zu, bevor sie alle ein Lied anstimmen, welches für mich fremdländisch klingt. Während des Gesangs schaue ich sie mir genauer an und bin erstaunt und berührt, hier zu sein. Entspannt schaue ich den Schatten zu, welche sich an den Felswänden tanzend bewegen und tauche fasziniert in eine Welt ein, die ich bisher noch nicht kannte. So unerwartet, wie das Lied begonnen hat, hört es auch wieder auf und ich fühle mich eingebettet zwischen zwölf mir unbekannten Frauen in der Stille in dieser mysteriösen, schönen, gewaltigen Wüstenlandschaft. Mein Herz öffnet sich und eine Ruhe kommt über mich, die ich selten bis nie an mir wahrgenommen habe.
Ein wunderschönes Gefühl. Ich könnte stundenlang so dasitzen.

Die Frau mir gegenüber schaut mich eingehend an, lächelt und meint: „Nun, mein Kind, bist du bereit?“ Ich schaue sie verdutzt an, und denke: Kind? Bereit wofür? Bevor ich antworten kann, kichern die zwölf Frauen und die Älteste von ihnen, Hildegard, wie ich später vernehme, sagt mit leiser, jedoch sehr kraftvoller Stimme: „Bereit für die Reise deines Lebens! Bereit, um das Frau-Sein zu erfahren. Bereit für Liebe, Licht, Freude, Schönheit, Mystik, Irrationalität, Zauber und Abenteuer.“ Nun bin ich noch erstaunter und dazu verunsichert. Ich frage mich: Wo bin ich hier gelandet? Was soll das alles bedeuten?

„Wir sind die zwölf weiblichen Archetypen, welche ihr Menschen vergessen habt. Ihr kennt und arbeitet, bewusst oder unbewusst, mit den männlichen Archetypen. Aus diesem Grund bist du hier. Als Frau sollst du nun durch uns erfahren, wie die weiblichen Archetypen zu verstehen sind.“ Als sie meinen verblüfften Gesichtsausdruck sehen, lachen alle schallend.
„Zwölf weibliche Archetypen?“, stottere ich und überlege, wie ich diese verrückte Frauenschar wieder verlassen kann.
„Du brauchst keine Angst zu haben. Wir tun dir nichts“, erklärt die Frau links von mir und legt ihre Hand auf meinen Arm. Ich fühle die Berührung und eine wohlige Wärme durchdringt meinen Körper. Meine Gedanken, die eben noch wirr und vor allem ängstlich waren, sind wie weggeblasen. Ich sitze einfach da und schaue sie an. Ich blicke in ihre klaren, liebevollen Augen und habe das Gefühl, zu Hause zu sein. Wegrennen ist kein Gedanke mehr, ich will einfach nur noch ihre Nähe und diese Geborgenheit spüren. „Ja, hier bist du zuhause. Hier bei uns darfst du dich ganz als Frau fühlen, ohne Leistungsdruck. Du darfst einfach sein“, höre ich Hildegard sagen. „Willkommen bei uns in der Schwesternschaft, kleine Schwester“, sagen alle im Chor. Schwester?
Schwesternschaft? Und wieder lachen alle, als ob sie meine Gedanken lesen können.

„Ja, wir sehen, was du denkst. Das Denken macht viel Rauch und ist somit gut sichtbar. Das Denken ist eine männliche Eigenschaft, die für uns Frauen leicht zu erkennen ist. Indem wir unsere Herzen öffnen, können wir alles sehen und auch verstehen. Du musst keine Angst haben. Du bist eine von uns, und wir erklären dir, was es mit dir und uns auf sich hat.“

Ich schaue die Frau an, welche diese Worte an mich richtet und sie lacht. „Ja, schau nur. Schau mich an, ich werde deine erste Begleiterin sein und dich in die Schwesternschaft einführen. Ich bin Artemis oder Diana, die Göttin der Jagd. Ich bin eine Amazone und stehe für das Kämpfen und die Kraft.“ Mit offenem Mund sitze ich da und überlege, was das heißen soll. Diana, die römische Göttin der Jagd, das hatte ich auch schon gehört. Im alten Griechenland war sie bekannt als Artemis. Was hat sie mit mir und meinem Leben zu tun?

„Ja, ich bin Artemis oder eben Diana. In deiner modernen Welt führe ich eine Randexistenz. Die Stadt mit ihrer Schnelllebigkeit, die stark technisierte Lebensweise und die Werte des gesellschaftlichen Aufstieges sind mir fremd. Meine Heimat ist die Natur und die möchte ich dir wieder näher bringen."

Während ich ihr gebannt zuhöre, spüre ich, wie sich die Umgebung um mich verwandelt. Ich werde wie eine Feder hinauf gehoben und herum gewirbelt. Ich schließe die Augen und bevor ich überhaupt recht weiß, wie mir geschieht, spüre ich wieder den Boden unter meinen Füßen.

1. Artemis und die Amazonenkraft

Ich öffne die Augen und sehe mich inmitten eines Waldes. Die Sonne hat die Dunkelheit vertrieben und ich stehe zusammen mit Artemis in einer Waldlichtung. Meine Kleidung besteht aus einem Ledergewand, ich habe Pfeil und Bogen in der Hand und Artemis steht in derselben Aufmachung da. Mit ihrem geschmeidigen, athletischen Körper strahlt sie eine Wildheit und kraftvolle Energie aus und lächelt mich an. Ich lächle zurück, obschon es mir gar nicht zum Lachen ist, sondern eher zum Weinen. Ich fühle mich verloren und habe panische Angst. „Fürchte dich nicht, kleine Schwester. Ich bin da und werde dich führen. Ich zeige dir den Weg zu deiner Kraft, deiner Wildheit und deinem Kampfgeist. Als zivilisierte Frau hast du diese Amazonenkraft in dir vergessen, jedoch schlummert sie in dir und ich helfe dir, dich wieder damit zu verbinden.“ Verärgert werfe ich Pfeil und Bogen auf den Boden und schaue Artemis mit wütendem Blick an: „Ich weiß nicht, in was ich da hineingeraten bin, doch ich bin die Falsche. Ich weiß nicht, wie ich zu eurem Feuer kam und wie ich nun hier in der Wildnis gelandet bin. Ich weiß es wirklich nicht. Doch ich will das nicht. Ich will wieder nach Hause.“
Ich komme mir schon ziemlich kindisch vor, wie ich da aufgebracht und trotzig vor ihr stehe, doch meine Angst ist lauter als mein Verstand. Artemis lacht schallend. Sie geht überhaupt nicht auf meine Wut ein, gibt mir ein Zeichen, ihr zu folgen. Trotzig, schmollend, die Arme vor der Brust verschränkt und wütend stehe ich da und schaue ihr nach. Ich sehe, wie Artemis mit kräftigen Schritten vorwärts geht und sich immer weiter von mir entfernt. Ich weiß mir nicht zu helfen. Was soll ich tun? Hier stehen bleiben? Ich sehe ihr nach, wie sie zwischen den Bäumen verschwindet.

Obschon ich nicht will, folge ich ihr. Ich packe Pfeil und Bogen und renne ihr nach. Lieber mit dieser verrückten Artemis zusammen in der Wildnis, als allein in einem Wald, den ich überhaupt nicht kenne. Ich stolpere auf dem unebenen Boden alle paar Schritte über meine eigenen Füße. Vor lauter Bäumen kann ich den Wald nicht mehr sehen, geschweige denn Artemis. Ein Großstadttrampel in der Wildnis, der sämtliche Verbindungen zu seinem Körper, seinem Ursprung, seiner Balance verloren hat, so fühle ich mich - und noch viel schlimmer. Der Wald säuselt wie zur Beruhigung. Ich jedoch werde immer wütender, während ich mit geballten Fäusten über Äste, Wurzeln, Steine und Blätter stolpere. Außer Atem hole ich sie endlich ein. Sie dreht sich nicht nach mir um und geht einfach weiter, als ob sie wüsste, dass ich ihr folgen würde. Ich spüre eine Riesenwut in mir. Wie kann sie mich einfach allein zurücklassen? Sie, die leichtfüßig den Wald durchquert mit mir im Schlepptau, stört meine Wut nicht. Wir laufen und laufen und mein Gefühl von Zeit und Distanz ist einer Lethargie gewichen, einem Mechanismus, der nichts anderes von mir fordert als hinter ihr her zu rennen. Ab und zu bleibt sie stehen und macht mich auf Pflanzen und Bäume aufmerksam, die mich jedoch überhaupt nicht interessieren. Eine kurze Rast gewährt sie mir bei einem kleinen Bach. Während ich ausgelaugt auf dem Boden liege, um langsam wieder zu Kräften zu kommen, füllt sie zwei Wasserbehälter und fordert mich auf, meinen Durst im Bach zu stillen. Natürlich mache ich das nicht. Sie soll sich bloß nicht einbilden, dass ich mir von ihr etwas sagen lasse. Da verzichte ich lieber auf das reine, sprudelnde, klare Wasser, welches einladend im Bachbett vor sich hinplätschert. Artemis zuckt nur mit der Schulter und hat wieder dieses Lächeln auf ihrem Gesicht. Ach, wie mich dies inzwischen nervt. Sie stellt einen Wasserbehälter neben mich und setzt ihren Weg fort. Was würde wohl geschehen, wenn ich jetzt einfach hier sitzen bliebe? Würde sie umkehren? Ich schaue ihr nach und mir ist klar, ich habe keine Wahl. Wenn ich nicht verloren gehen will, muss ich ihr folgen. Nach einem kräftigen Schluck aus dem Wasserbehälter, hebe ich Pfeil und Bogen auf und spute mich, damit ich sie einholen kann, bevor sie ganz aus meinem Blickfeld verschwindet.

Plötzlich bleibt sie stehen und gibt mir ein Zeichen, still zu sein. Ich schaue interessiert zu ihr hin. Was hat sie vor? Sie nimmt langsam und anmutig Pfeil und Bogen zur Hand. Ihr Körper wirkt angespannt und ich folge ihrem Blick. In der Luft fliegt ein Habicht. Er zieht seine Kreise über der Waldlichtung, wo wir uns befinden. Bevor ich mich richtig am Anblick des schönen Vogels erfreuen kann, zischt ein Pfeil durch die Luft, durchdringt seinen Körper und wirft ihn zu Boden. Er liegt da, vor mir, vor meinen Augen, niedergestreckt von ihrem Pfeil. Ich schreie auf und Artemis schaut belustigt zu mir hin, bevor sie zum Habicht geht, sich vor ihm hinkniet und über seine Federn streicht, leise etwas vor sich hin murmelnd. Es sieht aus, als ob sie mit ihm sprechen würde. Was natürlich nicht der Fall ist, denke ich. Sie steht wieder auf und kommt mit dem toten Vogel auf mich zu, lächelt und erklärt: „Göttin sei Dank. Das ist unser Nachtessen." Sie befestigt den Habicht an ihrem Lendengürtel und als ob nichts geschehen wäre, geht sie weiter. Einmal mehr verdattert und verdutzt schaue ich ihr nach und gehe hinter ihr her.
Ich stolpere über Wurzeln und Steine, bin hin und her gerissen zwischen Wut und Verzweiflung und trotzdem folge ich ihr. In welchen Schlamassel bin ich da geraten? Ich, die immer genau weiß, was sie will und es konsequent durchführt. Ich ..... ja genau, ich laufe hinter einer Verrückten her in einem Lederkleid. Nur eines ist mir klar, alleine will ich auf keinen Fall in diesem mir unbekannten Wald bleiben. Somit bleibt mir nichts anderes übrig, als Artemis hinterher zu rennen und zu hoffen, dass dieser Alptraum bald ein Ende hat. Langsam schwindet meine Hoffnung, aus dieser misslichen Lage heil heraus zu kommen. Wie bin ich nur in diesen verdammten Wald geraten? Meine Gedanken schwirren hin und her und helfen mir überhaupt nicht. Im Gegenteil. Je mehr ich über meine Situation nachdenke, desto schwerer werden meine Schritte.
Artemis scheint dies nicht zu stören. Sie geht unbeirrt ihren Weg. Ich renne, stolpere hinter ihr her mit der einzigen Gewissheit, die ich zur Stunde habe:

Alles darf und kann geschehen, nur Artemis darf ich auf keinen Fall aus den Augen verlieren.
Als sie endlich beschließt, Rast zu machen, bin ich völlig ausgebrannt. Mein Körper will nur noch Ruhe! Mein Atem geht stoßweise und ich fühle mich so erschöpft, wie ich es noch nie in meinem Leben war. Ohne Notiz von mir und meinem Zustand zu nehmen, fordert Artemis mich auf, Holz für ein Feuer zu sammeln. Ungläubig schaue ich sie an. Sieht sie denn nicht, wie müde und ausgelaugt ich bin?
„Du bist nicht zu müde, um wütend zu sein, also kannst du auch Holz sammeln. Oder denkst du, dass ich alle Arbeit mache und du dich einfach zum Essen hinsetzen kannst?" Ich schaue sie entgeistert an. „Du kannst wählen zwischen Holz sammeln oder den Habicht zubereiten. Was möchtest du lieber?"
„Ich will weder das eine noch das andere. Ich will auch nicht in diesem Wald sein. Ich will überhaupt nichts von alledem. Lass mich gefälligst in Ruhe. Ich bin müde, kaputt und ...."
„Und eine Heulsuse, wie sie im Buche steht. Hör jetzt auf, dich selber zu bemitleiden. Du bist hier und kannst dich zwischen den zwei Aufgaben entscheiden."
Schon allein den Gedanken, den toten Vogel anzufassen, finde ich grässlich. Dann doch lieber Holz sammeln. Und Hunger habe ich - einen Bärenhunger. Ich erhebe mich also schwerfällig und mit viel Gestöhn, ich spüre jedes schmerzende Glied. Damit Artemis auch hört, wie schwer mir das fällt, stöhne ich so laut ich kann. Sie soll nur hören, welches Opfer ich bringe, indem ich nun Holz sammeln gehe. Sie lässt sich einmal mehr von mir und meiner launischen Darbietung weder stören noch beeindrucken. Natürlich bringt mich das wieder in Rage. Ausgelaugt und müde setze ich mit nach getaner Arbeit zu Artemis und beobachte, wie sie das Feuer entfacht.

So sitzen wir einige Zeit schweigend beieinander, bis sie mit ihrer honigsüssen Stimme fragt: „Wie geht es dir jetzt, kleine Schwester?"
„Mhm, ich bin müde, also lass mich", murmle ich vor mich hin.
„Ja, ich an deiner Stelle wäre auch müde. Es ist anstrengend, gegen sich zu arbeiten - nicht im Fluss zu sein."
„Was heißt gegen sich zu arbeiten? Was heißt nicht im Fluss zu sein? Wer hat mich denn aus meinem Lebensfluss gerissen? Du und die anderen! Wurde ich gefragt, ob ich hier sein will? Wurde ich gefragt, ob ich durch Wälder rennen will?"
Ich bin so wütend, wie sie da vor mir sitzt, mit diesem Grinsen im Gesicht. Am liebsten möchte ich ihr eine Ohrfeige verpassen.
„Du bist also der Meinung, du seist müde. Das scheint mir nicht so. Zum Schlagen, ob mit Worten oder Händen, hast du noch genug Energie. Also bist du nicht wirklich müde."

Sie stochert mit einem Stock im Feuer herum und meint: „Gut, so können wir nach dem Essen noch eine Nachtwanderung machen."
Ich schaue sie fassungslos an und stelle fest, sie meint es ernst. Wenn ich nun also nicht nachgebe, steht mir noch eine Nachtwanderung bevor. Ich beschließe mit schwerem Herzen, meinen Stolz hintenan zu stellen. „Nein, bitte nicht. Bitte keine Wanderung mehr. Ich bin fix und fertig. Ich kann nicht mehr. Ich habe Hunger und möchte in mein Bett. Bitte."
„Warum denn nicht gleich so. Es geht doch. Was ich dir nicht bieten kann, ist ein Bett. Ich habe dir ein Nachtlager aus Reisig und Farn gemacht. Du wirst sehen, es schläft sich darauf wunderbar. Vielleicht ist es zu Beginn noch ein wenig ungewohnt, doch mit jeder Nacht wird es besser werden."
„Wie viele Nächte muss ich denn hier bleiben?"
„Das liegt an dir. Je mehr du dich sträubst, desto länger dauert es. Du entscheidest also, wie lange es dauert."
Typisch Artemis. Jetzt ist es auch noch meine Schuld, dass ich tage- und nächtelang hier im Freien verbringen muss.
„Es geht nicht um eine Schuldfrage", erklärt sie mir mit Engelsstimme, die mir schon wieder die Zornesröte ins Gesicht treibt. „Um was geht es dann?"
„Es geht um dich. Um das, was du mit dir und deiner Energie machst. Wie du deine Energie umsetzt. Doch lassen wir das jetzt. Ich werde es dir zu einem späteren Zeitpunkt erklären. Lass uns jetzt essen."
Mit viel Anmut und gleichzeitiger Sicherheit nimmt sie den Vogel vom Spiess, bricht ein Stück ab, welches sie mir reicht. Ich weiß nun nicht recht, ob ich hineinbeißen soll, oder nicht. „Iss nur, es schmeckt gut", sagt sie und beißt hinein. Ein wohlriechender Duft steigt in meine Nase. Und, obwohl ich ihr eigentlich zeigen will, dass ich nicht immer das mache, was sie mir sagt, beiße auch ich hinein. Mein Hunger ist zu groß. Zu meiner Überraschung ist es eine richtige Delikatesse.
Nachdem wir unser Mahl beendet haben, zeigt sie mir meinen Schlafplatz. Nahe am Feuer, eingebettet in weiches Laub, schlafe ich schnell ein.

Am Morgen wecken mich die ersten Sonnenstrahlen. Zuerst weiß ich gar nicht, wo ich mich befinde und habe den Eindruck, wohl noch zu schlafen und zu träumen, bis ich mich wieder an den gestrigen Tag erinnere. Sofort bin ich hellwach und sehe Artemis bereits bei der Feuerstelle sitzen.
„Guten Morgen. Hast du gut geschlafen?", fragt sie mich und streckt mir ein großes Pflanzenblatt entgegen. „Möchtest du ein paar Beeren zum Frühstück?"
„Ich will kein Beerenfrühstück. Ich will nach Hause.
Das ist Freiheitsberaubung. Weiß du das?", schnauze ich sie wütend an.
„Oh je, bist du noch immer dort, wo du gestern gewesen bist?" Langsam und genüsslich isst sie ihre Beeren. Nach einiger Zeit steht sie auf und macht sich zum Aufbrechen bereit. „Kommst du?"

„Nein, ich komme nicht. Ich komme nirgendwo hin“, erkläre ich mit stolz erhobener Brust.
Und, wie schon am Vortag, scheinen sie meine Worte weder zu interessieren, noch zu stören oder gar zu irritieren. Sie schaut mich lächelnd an und geht. Oh nein, bitte nicht, denke ich. Schon wieder packe ich meine wenigen Sachen schnell zusammen und eile ihr nach.
So geht es tagelang. Das Einzige das sich verändert, ist das Essen. Mal ist es ein Hase, dann ein Fisch oder ein Vogel. Sonst ändert sich nichts. Sie geht voraus, ich hinter ihr her und große Gespräche finden nicht statt.

Eines abends jedoch sitzen wir am Feuer, ich starre in die lodernden Flammen und Artemis meint: „Das Feuer ist wie deine Wut. Je mehr Nahrung du ihm gibst, desto größer und kräftiger wird es. Du kannst es nicht aufhalten. Mit der Zeit ist es so groß und mächtig, dass es alles verschlingt. Nichts kann dem Feuer entrinnen, es wird übermächtig.“
Zustimmend nicke ich und frage dennoch: „Ist meine Wut übermächtig?“
„Ja, sie war es und hat all deine Energie verbraucht. Energie, die du gut für dich hättest einsetzen können. Diese kraftvolle Energie hast du nicht für dich, sondern gegen dich eingesetzt. Deshalb warst du abends immer so müde. Erinnere dich an deinen ersten Tag. Wütend und gegen deinen Willen bist du mir gefolgt. Du hast es vorgezogen, mit mir zu kommen, als allein im Wald zu sein. Obschon du eine Entscheidung getroffen hast, bist du wütend geblieben. Du hast widerwillig entschieden. Und obwohl du mitkamst, kamst du dennoch nicht wirklich mit und hast somit doppelt soviel Energie verbraucht als ich.“
„Natürlich war ich wütend. Ich bin es immer noch ein wenig. Ich hatte ja keine Wahl.“
„Doch du hattest eine Wahl. Du hast immer eine Wahl. Du kannst wählen, wie du mit einer Situation umgehen willst. Du kannst die Situation vielleicht nicht verändern. Die ist, wie sie ist. Doch du kannst deine Sicht und dein Verhalten verändern.“ Etwas irritiert blicke ich sie an und frage mich, was wohl geschehen wäre, wenn ich einfach stehen geblieben wäre. Doch resigniert erkläre ich: „Du hast dich ja nicht einmal nach mir umgedreht.“
„Stimmt. Ich wusste, dass du mir folgen würdest.“
„Woher wusstest du das?“
„Weil ihr Menschen eben Menschen seid und die Angst größer ist als euer Vertrauen. Du hast aus deiner Angst heraus gehandelt. Wenn du Vertrauen zu dir und deinen Fähigkeiten gehabt hättest, dann wärst du stehen geblieben, wenn du das wirklich gewollt hättest. Doch du wolltest gar nicht. Vielleicht aus Neugierde? Neugier und Angst, eine ideale Kombination. Du machst etwas und willst etwas Anderes. Du willst etwas und machst trotzdem das andere. Wo liegt da der Sinn?“
Ich zucke mit den Schultern, denn was sie sagt, stimmt. Wo ist da der Sinn?
„Von Tag zu Tag wurde deine Wut kleiner. Je geringer deine Wut war, desto mehr Energie wurde frei. Dein Körper konnte sich entspannen. Du hast inner-

lich nicht mehr dagegen angekämpft, sondern hast dich bereit erklärt, mir zu folgen. Es war dein innerer Kampf, der dich müde gemacht hat."

„Ich bin eben eine Kämpferin!"

„Und manchmal bist du des Kampfes leid, nicht? Es bringt dir nichts, zu kämpfen."

„Das sagst gerade du. Du bist doch die Kämpferin, die Amazone. Artemis, die Göttin der Jagd, des Kampfes."

„Die Amazonenkraft ist kraftvoll, selbstsicher und feurig. Verwechsle es nicht mit dem Kampf von Ares dem Kriegsgott. Ares kämpft um des Kampfes willen. Ich stehe für mich und mein Feuer ein. Ich brauche keine Länder, Besitztümer und Reichtum. Ich nehme mir meinen Freiraum. Ich habe keine Angst vor Konfrontationen und stelle mich dem, was kommt. Ich lebe für mich und mein Licht."

„Kampf ist Kampf."

„Das Schwert allein hat keine Macht, erst der Mensch erweckt es zum Leben – genau so ist es mit dem Kampf."

„Ob Ares oder Artemis, ich sehe da keinen großen Unterschied. Ares, der Kriegsgott, gibt wenigstens zu, dass er gerne kämpft. Du versteckst dich hinter schönen Worten und meinst, dass damit das Kämpfen eine andere Qualität hat. So ein Quatsch."

„Und doch ist es so. Kampf ist nicht gleich Kampf. Kämpfen als solches ist auch nicht schlecht und vor allem ist es nicht dem männlichen Geschlecht vorbehalten. Es ist keine Kunst, die Welt zu erobern. Das ist ein Kinderspiel. Ein Herz zu erobern, zeugt von ganz einer anderen Qualität. Verstehst du das?"

Ich nicke und Artemis fährt fort. „Jede Frau trägt in sich die Amazonenkraft. Weil jede Frau das göttliche Feuer in sich trägt."

„Artemis, die Feministin. Ja, wir Frauen sind ja sooo viel besser als die Männer. Die Männer sind die Bösen, die Schlechten auf dieser Welt – ach hör auf."

„Ich habe nie gesagt, dass die Männer böse oder gar schlecht sind", und während sie weiter spricht, streicht sie liebevoll über mein Haar. „Jeder Mensch trägt das göttliche Feuer in sich. Die Frauen haben nur vergessen, dass auch sie ein Feuer haben. Sie wagen sich oft nicht, das Feuer in sich zu entfachen, es zu leben, es auszudrücken. Sie leben es höchstens in der Wut und die richten sie dann meist gegen sich selbst. Die Menschen brauchen diese Kraft des Feuers, um auf die Welt zu kommen. Der Lebenswille, um zu überleben, steckt in jedem Lebewesen. Stell dir ein Baby im Mutterbauch vor. Es liegt da eingebettet und warm im Mutterleib und muss sich bei der Geburt mit viel Kraft und Mühe durch den Geburtskanal arbeiten. Da ist es eng und dunkel und nur mit einem großen Kraftaufwand von Mutter und Kind kann das Baby durch den dunklen Kanal seinen Weg zum Licht ins Leben finden. Das ist ein Vorgang, der größer ist, als Ares, der Kriegsgott, es sich vorstellen kann."

Staunend höre ich ihr zu. Ja, was sie sagt, klingt nicht ganz unlogisch. Also steckt auch in mir so eine Kämpferin und doch... Lächelnd und vor allem wissend schaue ich sie an: „Liebe Artemis, deine Theorie ist gut und schön. Doch heutzutage gibt es den Kaiserschnitt."
Sie lacht schallend und meint: „Na und? Glaubst du, dass ein Kaiserschnitt etwas daran ändert? Die Durchsetzungskraft, das Feuer, ist nach wie vor in jedem Menschen. Kinder, die mit Kaiserschnitt auf die Welt kommen, haben nur die Möglichkeit zu erfahren, dass das Leben nicht ein dauernder Kampf sein muss. Es geht auch anders. Doch das göttliche Feuer steckt auch in ihnen. Ich will es dir noch anders erklären. Das Feuer ist eine elementare Kraft. Feuer kannst du nicht fassen. Die Feuerkraft als materielle Erscheinung ist eine Symbiose eingegangen mit dem Luftelement, sodass die Menschen sie nutzen können. Generell ist die Feuerkraft ein Bestandteil des schöpferischen Prinzips. Sie verhilft dem Menschen zum Ausdruck, wandelt, transformiert und zerstört, indem sie Form freigibt.
Luft kannst du, wenn auch nicht gerade auf der Küchenwaage, so doch wiegen und messen. Luft besteht aus Molekülen, ist letztlich also ein Stoff. Wasser ist noch viel griffiger, und die Erde erscheint ganz rustikal materiell. Das Feuer ist anders. Feuer ist Oxidation, also ein Vorgang, jedoch ein elementarer. Es ist auch nicht so allgegenwärtig sichtbar, wie die drei anderen Elemente. Es erscheint wie ein Blitz aus heiterem Himmel. Kein Lebewesen, außer dem Menschen, kann es kontrollieren - und auch der hat lange dazu gebraucht. Und wenn wir es genau nehmen wollen, wirklich kontrollieren lässt es sich nicht. Denn Feuer ist eigenwillig. Feuer ist auch nützlich. Ein Feuer kann dich wärmen, Licht in die Dunkelheit bringen und warme Nahrung schenken. Die Feuerenergie als gebändigte Form kennst du in elektrischen Leitungen, Batterien und Brennstäben. Hin und wieder tritt das Feuer auch als gewalttätiger Aspekt auf, in Form von Explosionen und Feuersbrünsten. Im übertragenen Sinn haben wir es also hier mit der explosiven Seite des Menschen zu tun, der vor Energie zu bersten scheint, der sich oft in lauten Worten durchzusetzen weiß und manchmal mit der Faust auf den Tisch donnert oder krachend die Türen zuschmettert. Choleriker haben viel Feuer in sich und wissen es nicht zu bändigen. Wie bei dir zu Beginn unserer Reise. Du hast dein Feuer als Wut heraus gelassen."
„Also, immer wenn ich wütend bin, kommt mein inneres Feuer zum Ausdruck?"
„Ja, sozusagen. Das innere Feuer verhilft dem Menschen zum Selbst- und Lebensausdruck. Eine andere Ausdrucksform ist die Kreativität. Anstelle von Wutausbrüchen kannst du diese Energie als kreativen Akt ausdrücken."
„Und wenn ich keine kreative Ader habe? Ich kann weder malen, schreiben, singen, tanzen – ich bin nicht sehr kreativ."
„Jeder Mensch ist kreativ. Du denkst vielleicht, dass du nicht malen kannst im Vergleich zu van Gogh. Du denkst, dass du nicht schreiben kannst im Vergleich zu Shakespeare. Du denkst, dass du nicht singen kannst im

Vergleich zu Maria Callas. Du denkst, dass du nicht tanzen kannst im Vergleich zu großen Tänzerinnen."
„Hör auf. Ich vergleiche mich doch gar nicht. Nie käme ich auf die Idee, mich mit einem van Gogh zu vergleichen."
„Und doch denkst du, sagst du, dass du nicht malen kannst."
„Ja, weil ich es wirklich nicht kann."
„Jeder Mensch kann malen. Es braucht keine besondere Begabung dafür. Es gibt sogar Menschen, die mit ihren Füßen oder ihrem Mund malen, weil sie keine Hände haben, die ihnen das Malen ermöglichen. Malen heißt nicht, dass du eine berühmte Künstlerin werden sollst. Malen heißt, dass du dich kreativ ausdrückst. Dass du dein Feuer in Form von Kreativität nach außen bringst und nicht für dich behältst. Wenn du es für dich behältst, besteht die Gefahr, dass es als Wut oder Aggression aus dir heraus bricht ."
„Verstehe ich dich richtig? Wenn ich male, zeichne, tanze, singe, bringe ich meine Feuerenergie in einer kreativen Form nach außen?"
„Genau. Doch lass uns jetzt schlafen. Morgen ist auch noch ein Tag und wir werden viel Zeit haben, uns mit der Feuerenergie, dieser machtvollen Amazonenkraft auseinander zu setzen."

Ich liege auf meinem Nachtlager, schaue in die Sterne und mir wird klar, dass ich rückblickend gesehen einen Großteil meines Lebens damit verbrachte, anderen Menschen nachzueifern, und dabei selbst meine strengste Kritikerin wurde. Und wie steht es um mein Feuer? Wann lebe ich mein Feuer und wie lebe ich es? Ein temperamentvoller Mensch hat viel Feuer, doch ich war nie ein sogenanntes Temperamentsbündel – oder doch? Wütend kann ich schon werden und manchmal sogar aggressiv. Was aber, wenn eine Frau immer lieb und nett ist, nie die Stimme laut erhebt und immer alles brav hinnimmt. Hat die kein Feuer? Mit vielen Fragen und wenig Antworten schlafe ich endlich ein. Früh am Morgen weckt mich Vogelgezwitscher.
„Du denkst zuviel", sind die Begrüßungsworte von Artemis. Bevor ich erneut eine aggressive Antwort liefern kann, schauen wir uns an und beginnen zu lachen. „Stimmt, ich denke viel. Ist das schlimm?"
„Nein, überhaupt nicht. Lass uns frühstücken und ich erzähle dir mehr über das Feuer und was es damit auf sich hat."
Gesagt, getan und während ich Beeren zum Frühstück verspeise, fährt Artemis fort, mir die Feuerenergie näher zu bringen.

„Feuer ist nicht nur explosiv und kraftvoll. Manchmal brennt ein Feuer auch ganz friedlich. Ein Lagerfeuer in der Nacht mit seinem warmgoldenen Glanz lädt zu geselligen Runden ein. Ein Kaminfeuer in einem Raum ist sehr gemütlich und verführt zum Kuscheln. Ein Gespräch vor einem Kaminfeuer ist meist von Toleranz und Wärme geprägt. Ein romantisches Nachtessen wird oft von einem Kerzenlicht begleitet, dem lebendigen Licht, welches eine magische Beleuchtung in den Raum zaubert. Wenn du nach Hause kommst und in dei-

ner Wohnung ein Licht brennt, fühlst du dich erwartet und es gibt dir ein wunderbares Gefühl."
„Stimmt. Manchmal lasse ich das Licht brennen, wenn ich das Haus verlasse. Ich finde es viel schöner, nach Hause zu kommen, wenn das Licht brennt, auch wenn sonst niemand zu Hause ist."
„Die Dunkelheit macht den meisten Menschen Angst. Die Menschen sehnen sich nach dem Licht, also nach dem Feuer. So spielt auch in den Glaubensvorstellungen das göttliche Licht eine entscheidende Rolle. Viele Menschen glauben, dass strahlende Gestalten sie am Ende des Weges erwarten."
„Halt, stopp. Jetzt verstehe ich dich nicht. Ist nun Feuer eine Kraft in uns oder ist es vielmehr eine Sehnsucht?"
„Beides. Feuer ist der Ursprung, der Weg, das Ziel, die Kraft der Amazonen."
„Stimmt nicht. Feuer ist ....
„Der Beginn jeden Tages. Im Osten geht die Sonne auf, also eine Feuerkraft erleuchtet die Welt und der Tag beginnt."
Ich höre ihr gebannt und zum Teil auch ein wenig ungläubig zu. Soll ich einfach alles glauben, was Artemis von sich gibt. Nein. Mit Stolz in der Stimme erwidere ich: „Ich weiß, dass die Sonne männlich ist, weil doch der Mond für das weibliche Prinzip steht. Also ist die Amazonenkraft gar keine Frauenkraft, sondern den Männern vorbehalten". Ja, das saß, da konnte sie nun nichts mehr sagen. So blöd, wie sie dachte, war ich nämlich nicht und mir kann man nicht so schnell etwas vormachen.
„Die Sonne ist weder weiblich noch männlich, sie ist einfach. Die Sonne ist eine starke Kraft, weil sie die Kraft des Feuers ist. Wenn du nun in männlich oder weiblich aufteilen willst, so steckt in jedem Menschen beides. Wenn du auf die Welt kommst, hast du Teile deines Vaters und deiner Mutter in dir. Wenn du jetzt dein Feuer in dir, also deinen göttlichen Funken, nimmst, so bist du da weder weiblich noch männlich, sondern du bist einfach – wie die Sonne."
„Okay und was bringt mir das? Was habe ich davon, dass ich nun weiß, dass in mir ein Feuer, ein göttliches Licht brennt?"
„Was meinst du?"
„Ich weiß es nicht und ehrlich gesagt, ist mir das auch egal. Was habe ich davon? Es ändert sich doch nichts."
„Oh doch, es kann sich ändern, wenn du willst. Du kannst das Feuer in dir zum Brennen bringen und für dich einsetzen. Du kannst damit auch die Amazonenkraft in dir stärken."
Langsam wird es mir zu blöd und diese Amazonenkraft, von der sie immer wieder spricht, regt mich auf.
„Liebe Artemis, was soll ich mit der Amazonenkraft. Ich lebe im 21. Jahrhundert und da sind Amazonen nunmal nicht mehr gefragt. Stell dir vor, sie sind ausgestorben, sie haben nicht überlebt. In meiner Zeit braucht eine Frau weder Pfeil noch Bogen, denn wie ich, kaufen die Frauen im Supermarkt

ein. Ich brauche mir also keine Brust abzuschneiden oder einzubinden, ich muss nicht kämpfen, um mein Revier zu verteidigen, ich muss nicht ...."
„Du verteidigst dein Revier nicht?"
„Ich habe kein Revier. Ich habe eine Wohnung, ..."
„Und was ist das anderes als dein Revier? Es stimmt, die Amazone als ursprüngliche Frauenfigur ist in der heutigen Zeit nicht mehr gefragt. Doch ihre Qualitäten sind nach wie vor wichtig und vor allem schlummern sie in dir als Frau."
„Und welche Qualitäten sind das?"
„Die Amazonenkraft ist Aktivität, Tatendrang, Energie, Einsatz, Lebenskraft, Vitalität, Willensstärke, Dynamik, Triebkraft, Initiative, Tatkraft, Entscheidungskraft, Direktheit, Aufrichtigkeit, Freiheitsdrang, Abenteuerlust, Spontaneität, Impulsivität, Begeisterungsfähigkeit, Unbekümmertheit, Offenheit, Optimismus, Inspiration, Mut, Zuversicht, Entschlusskraft, Freundschaft, Kampfbereitschaft, Stolz, Scharfblick, Weitsicht......."
„Na toll. So weit sind sie ja nicht gekommen, deine Amazonen mit ihrem Scharfblick", meine ich lakonisch, worauf Artemis nur lacht.

„Möchtest du deine Amazonenkraft in dir wieder wecken?"
Ich schaue sie ein wenig ungläubig an und spüre eine Angst in mir aufsteigen. Habe ich Angst vor meinem eigenen Feuer? Will ich nicht all diese Qualitäten, die Artemis aufzählte, in mein Leben bringen? Was spricht dagegen? Nichts! Oder doch?
„Ich verstehe deine Angst. Viele Frauen fürchten sich vor ihrer eigenen Kraft, ihrem eigenen Feuer."
„Woher kommt diese Angst?"
„Sie sitzt in deinem kollektiven Unbewussten und hat mit der Unterdrückung der weiblichen Kraft zu tun. Wusstest du, dass die Frau ursprünglich die Hüterin des Feuers war?" Ich schüttle den Kopf.
„Die Frau war es, welche zum Feuer schaute und dafür sorgte, dass es nicht ausging. Das Feuer in der Mitte eines Heims, aber auch die Mitte der Gemeinschaft, eines Dorfes, einer Stadt, gibt Wärme und Geborgenheit. In der Entwicklung der Zivilisation kam dem Feuer eine entscheidende Bedeutung zu, wie auch beim Zubereiten der Nahrung. Und für das Zubereiten war die Frau verantwortlich - somit auch für das Feuer. Doch heute lassen die Frauen die Männer das Feuer machen. Ob beim Grillen, beim Kaminfeuer oder draußen in der Natur, die Frauen überlassen den Männern das Feuer. Das ist schade, wenn auch irgendwie verständlich. Die Frauen sind froh, wenn sie neben all den anderen Dingen das nicht auch noch tun müssen. Doch damit geben sie wieder einmal etwas ab, das zu ihrem Wesen gehört. Frau und Feuer sind eins."
„Logisch. Wir Frauen machen sonst schon alles. Etwas können die Herren der Schöpfung wohl auch noch übernehmen!", empöre ich mich mit lauter Stimme.

„Nicht so hitzig junge Frau. Es ist ja gut“, beschwichtigt mich Artemis. „Es zeigt doch nur, dass die Frauen ihre Macht, ihr Kraftpotential, abgeben und das kampflos.“
Ich bin mir nicht ganz sicher, ob das stimmt. Doch schon fährt Artemis fort. „Das Feuer verzehrt, ist lebendig und kann nicht ohne Substanz bestehen. Es braucht Nahrung. Welche Art von Nahrung du deinem Feuer geben willst, ist dir überlassen. Willst du es mit Wut und Aggression gegen dich richten, oder willst du das Feuer als intellektuelle Kraft für dich nutzen? Du entscheidest. Doch denk daran, wenn das Feuer einmal losgelassen wird, kann es ganze Wälder auffressen. Nicht nur leicht entflammbares Holz verbrennt zu Asche. Wenn die Temperatur hoch genug ist, ist nichts mehr vor ihm sicher. Was übrig bleibt, ist nicht mehr das, was es einmal war. Metalle und Gestein schmelzen, organische Substanz verflüchtigt sich und bleibt vielleicht noch als mineralhaltige Asche zurück. Die Flüssigkeit verdunstet. Feuer ist eine transformierende Kraft. Mit deinem inneren Feuer kannst du alles wandeln. Wer durchs Feuer geht, verwandelt sich.“
„Aha, aus diesem Grund gibt es Menschen, die durchs Feuer laufen?“
„Ja, mit einem Feuerlauf kannst du Ängste transformieren sowie zu deiner inneren Kraft finden. Doch es geht auch anders.“
„Und wie?“

„Mach die Augen zu und atme ein paar Mal tief ein und aus. Nimm deinen Körper wahr, wie du da sitzt und verändere deine Stellung, wenn nötig, damit es dir wirklich bequem ist. Und jetzt schaue in dich hinein. Nimm dein Feuer, dein Licht, in dir wahr. Vielleicht ist es groß, vielleicht klein. Vielleicht ist es eine Flamme oder ein großes Feuer. Nimm das, was sich dir zeigt. Spüre nun den Punkt des Lichtes, des Feuers, in deinem Körper. Nimm dieses, dein Feuer wahr und bewege dich dazu. Bewege dich mit deinem inneren Feuer. Nimm die Kraft wahr, die in dir steckt. Nimm das Feuer in dir wahr, das für dich da ist. Es ist genau richtig. Es ist genau so, wie es sein sollte. Es ist dein Feuer, deine Kraft.“

Ich sitze mit geschlossenen Augen auf dem Boden. Mein Licht, mein Feuer, ist klein und doch irgendwie berührend. Es ist mitten in meinem Körper und ich spüre, wie sich eine wohlige Wärme in meinem Körper ausbreitet. Ich fühle mich stark und zentriert und genau dieses Gefühl macht mich unsicher und ängstlich, also öffne ich sofort die Augen, um dieses wohlige Gefühl nicht länger ertragen zu müssen. Artemis sitzt vor mir und schaut mich liebevoll an. „Es ist nicht einfach, das eigene Feuer zu erleben. Du hast es lange Zeit verdrängt und nicht mehr darauf geachtet. Du hast es nicht mehr wahrgenommen oder in anderen Menschen gesucht. Lass dir Zeit.“
Ich schaue sie an und meine Augen füllen sich mit Tränen. Ich weiß nicht einmal, wieso ich weine. Es weint mir und ich fühle mich alles andere als stark und zentriert. Ich fühle mich verloren, hilflos, ohnmächtig und sehr verletzlich.

Artemis öffnet ihre Arme und ich lasse mich bereitwillig hinein sinken und trösten. Wie ein kleines Kind bei seiner Mutter schluchze ich in ihren Armen und bin froh, dass sie nichts sagt und mich einfach hält. So kann ich mich meiner Trauer und gleichzeitigen Sehnsucht nach meinem Licht einfach hingeben.
„Gerade weil es so schön und berührend ist, kann diese neue Erfahrung Angst machen. Angst vor dem Schönen“, sagt Artemis nach einiger Zeit. Und ich denke an Nelson Mandelas Worte: Es ist unser Licht, nicht unsere Dunkelheit, die uns am meisten Angst macht. Jetzt weiß ich, was er damit gemeint hat.

Den Nachmittag verbringen wir damit, in einem kleinen See zu schwimmen. Die nächsten Tage wandern wir durch Täler und Wälder. Artemis erzählt mir viel über Pflanzen, Bäume und Tiere. Mit jedem Tag werde ich ruhiger, besonnener und fühle mich immer mehr im Einklang mit der Natur. Artemis erklärt mir, dass die Natur diese Wirkung auf uns Menschen hat. Mit dem Wandern, ganz im Rhythmus der eigenen Schritte, lösen sich innere Widerstände auf und machen eine Öffnung des Herzens möglich. Es ist eine andere Art von Meditation. Mit dem Gehen versinke ich in eine Art Trance. In dem Maße, in welchem meine Körperkräfte schwinden, spüre ich meine innere, unzerstörbare Kraft, mein Vertrauen zu mir, dass ich dies schon irgendwie bewältigen werde. Damit meine Amazonenkraft gestärkt wird, zeigt mir Artemis eine Übung, die ich zuerst nur widerwillig mache. Mit der Zeit beginne ich jeden Tag damit.
Ich schaue Richtung Osten, dort, wo die Sonne aufgeht und das Feuer seinen Ursprung hat. Ich begrüsse die Sonne und das Licht, das Feuer, in mir. Ich schließe meine Augen und spüre den Lichtpunkt in meinem Körper. Dazu sage ich laut: Die Amazonenkraft ist in mir erwacht. Kraft ist in mir. Ich bin da. Ich nehme hier einen Platz ein.

Und mit jedem Tag spüre ich, dass sich etwas in mir verändert. Das Licht in mir wird größer und stärker und das komische Gefühl, welches ich zu Beginn der Übung hatte, weicht einer Zuversicht und Klarheit. Als Artemis mir jedoch erklärt, dass ich nun bereit sei, für das Nachtessen zu sorgen, spüre ich nichts mehr von meiner inneren Stärke. „Was, ich soll jagen?“
„Ja, du bist jetzt zentriert genug, dass du einen Pfeil abschießen kannst.“
„Ich will das nicht. Ich kann kein Tier töten. Das entspricht nicht meinem Naturell.“
„Willst du damit sagen, dass du noch nie getötet hast?“
„Ja, das könnte ich nie und nimmer.“
„Und wie steht es mit den Fliegen, die du gekillt hast. Den Spinnen, die du mit deinem Staubsauger aufgesaugt hast. Mit den Ameisen, welche du zertreten hast?“
„Das ist nicht dasselbe. Doch töten, bewusst töten, das kann und will ich nicht.“
„Also hast du die anderen Tiere unbewusst getötet?“

Ich überlege. Nein, das war bewusst. Die Fliegen haben mich genervt, wenn sie um mich herum geschwirrt sind. Vor Spinnen habe ich Angst, also will ich sie nicht in meiner Wohnung und die Ameisen habe ich wohl gar nicht zur Kenntnis genommen, wenn ich sie zertreten habe.
„Schau, es geht um die Einstellung. Du tötest nicht des Tötens willen, sondern, weil du dich ernähren willst. Wenn ich töte, mache ich es im Einklang mit der Natur. Wenn ein Tier unseren Weg kreuzt, stellt es sich zu unserer Verfügung. Während ich meinen Pfeil auf das Tier richte, spreche ich mit ihm und wenn es dann tot vor mir liegt, bedanke ich mich bei ihm. Auch lasse ich immer etwas zurück als Dank an die Mutter Erde, die für mein Wohlergehen sorgt. Sie gibt mir alles, was ich brauche und dafür bin ich ihr sehr dankbar."
Artemis bemerkt meine Zweifel, nimmt mich bei der Hand und führt mich zu einem Baum. „Wichtig ist, dass du mit dem ersten Pfeil gut triffst, damit das Tier nicht leidet. Aus diesem Grund werden wir nun üben. Stell dich gerade hin und konzentriere dich. Schau den Baum vor dir an und frage ihn, ob es für ihn in Ordnung ist, wenn du bei ihm das Pfeilschießen übst."
„Was soll ich? Ich spreche doch mit keinem Baum!", empöre ich mich lautstark. Artemis lacht nur und fragt, was dagegen spricht. Ja, was spricht dagegen? Nichts - und doch komme ich mir etwas kindisch vor.
„Es ist gut, wenn du dir wie ein Kind vorkommst, denn Kinder haben noch einen natürlichen Bezug zur Natur und sprechen mit den Pflanzen, Bäumen und Tieren. Fühle dich als Kind, sprich mit dem Baum und du wirst sehen, er wird dir antworten."
Etwas irritiert frage ich also den Baum um seine Erlaubnis und bin erstaunt, als ich in mir den Satz höre, dass ich doch besser den Baum daneben als Zielobjekt nehmen solle. Ich schaue verdutzt zu Artemis, die schmunzelnd schon zum entsprechenden Baum geht. Immer noch ein wenig durcheinander gehe ich hinter ihr her und frage nun diesen Baum um seine Erlaubnis, die ich auch erhalte.
„Bäume sind sehr wichtig auf dieser Welt. Viele Millionen Jahre bevor der Mensch auf dem Planeten Erde erschien, waren die Bäume schon da. Sie sind die Grundlage dafür, dass der Mensch überhaupt auf der Erde leben kann. Sie produzieren den Sauerstoff, den du einatmest und atmen das Gift ein, das du ausatmest. So ist die Menschheit in Wechselwirkungen und Kreisläufen der Natur eingebunden. Du siehst also, dass es auf dieser Ebene keine individuelle Freiheit gibt, wie das viele irrtümlicherweise annehmen. Die Bäume sind sehr lebendig und dementsprechend auch empfindsam. Es ist also gut, wenn du ihnen Respekt und Liebe entgegen bringst."

Ich stehe da und höre ihr zu. Mir kommen die Regenwälder in den Sinn, die wir Menschen gedankenlos abholzen. Auch ich habe mir bis zu diesem Zeitpunkt keine großen Gedanken über Bäume gemacht.

Artemis zeigt mir nun, wie Pfeil und Bogen zu handhaben sind und ich schieße Pfeil um Pfeil, bis ich endlich, nach Stunden, mein Ziel erreiche.

„Aus deiner Mitte heraus, dort, wo dein Licht, dein Feuer, sitzt, musst du den Pfeil abgeben. Da sitzt deine geballte Kraft. Da ist Energie und Aktivität. Ihr Menschen nennt es Chi, Zentrum oder Mitte. Geh in deine Mitte und konzentriere dich auf dein Ziel. So wirst du zu einem Teil deines Pfeils und er die Fortsetzung von dir. Zeig ihm, wohin sein Weg ihn führen soll. “
Und wirklich, mit der Zeit fühle ich meine Mitte, mein Zentrum, bin stark und geerdet und habe klar mein Ziel vor Augen. Aus dieser Kraft heraus trifft jeder Pfeil, sodass ich es nun wagen kann, auf die Jagd zu gehen. Kurze Zeit später kreuzt ein kleiner Hase unseren Weg. Artemis macht mich auf ihn aufmerksam. Beide stehen wir ganz still da und schauen dem Hasen zu - er scheint keine Angst zu haben. Er schaut hin und wieder zu uns und grast ansonsten friedlich vor sich hin. Ich nehme Pfeil und Bogen zur Hand, spüre meine Mitte und schaue zielgerichtet auf den Hasen. Kurz bevor ich jedoch den Pfeil abschießen kann, spüre ich ein Bedauern in mir aufsteigen. Ich lasse den Pfeil sinken, schaue Artemis an und Tränen laufen mir über die Wangen. „Ich kann das nicht. Es geht nicht.“
„Schau hin. Mach es wie beim Baum. Sprich mit dem Hasen. Frage ihn um seine Erlaubnis. Frag ihn, ob er sich dir als Nahrung zur Verfügung stellt.“
Mit Tränen in den Augen sehe ich Artemis an und schaue zum Hasen. Ich blicke hin und her und Artemis nickt mir aufmunternd zu. So geht es Minute um Minute und als ich wieder zum Hasen hinschaue, scheint es mir, als ob er mich auslacht. Ich könnte schwören, dass ich ihn sagen höre: „Ich habe lange genug gewartet. Jetzt habe ich keine Lust mehr.“ Und sehe, wie er davon hoppelt und im Dickicht verschwindet.
„Tja, dann werden wir wohl heute Abend keinen Hasenbraten verspeisen können“, meint Artemis trocken und geht langsamen Schrittes zurück zu unserem Nachtlager. Bedrückt, niedergeschlagen folge ich ihr und habe den Eindruck, völlig versagt zu haben. Dieses Gefühl bleibt. Ich setze mich zum Lagerfeuer, schaue in die Flammen und überdenke noch einmal diesen Augenblick, als ich vor dem Hasen stand und nicht fähig war, zu schießen. In diesem Zustand sitze ich da und höre und sehe nicht, was um mich herum geschieht. Ich bin ganz in meinem Elend versunken und schrecke erstaunt auf, als Artemis das Wort an mich richtet. Ich sehe, dass sie in der Zwischenzeit auf der Jagd gewesen war. Auf dem Feuer brutzeln zwei Fische, welche einen anregenden Duft ausströmen.
„Du warst auf der Jagd?“, frage ich ganz konsterniert, weil ich davon überhaupt nichts mitbekommen habe.
„Wie du siehst, war ich auf der Jagd, ja“, ist die lakonische Antwort von ihr. „Und du, bist du wieder unter den Lebenden oder vergräbst du dich weiter im Selbstmitleid?“
„Ich bade nicht in Selbstmitleid. Ich will nur nicht bewusst ein Tier töten.“
„Unbewusst ja, doch nicht bewusst?“
„Ach hör auf. Ich weiß es auch nicht. Irgendwie hatte ich Mitleid mit dem Hasen. Ich kann doch nicht einfach über Leben und Tod bestimmen. Ich kann

doch nicht einfach einen süßen, kleinen Hasen abschießen. Das kannst du. Das können Amazonen .... ich kann das nicht."
„Du kannst, doch du willst nicht."
„Können, wollen, was macht das für einen Unterschied? Es geht einfach nicht."

„Zwischen können und wollen gibt es einen großen Unterschied. Wenn du etwas willst oder eben nicht willst, entscheidest du aus deinem Willen. Hörst du mich, du entscheidest mit dem Wollen aus dem Willen."
„Ja, ich höre dich, doch ich verstehe dich nicht. Wenn ich etwas nicht kann, kann ich noch so wollen, doch es geht nicht, weil ich es nicht kann."
Artemis will wohl gerade eine entsprechende Antwort geben, als sie in mein angespanntes Gesicht blickt und einfach drauf los lacht.
„Was gibt es da zu lachen?", frage ich sie wutentbrannt.
„Dass du wirklich glaubst, etwas nicht zu können."
„Natürlich glaube ich das. Nein, ich glaube es nicht nur, ich weiß es."
„Ach ja, du weißt es? Woher willst du etwas wissen, wenn du es gar nicht ausprobierst?"
„Wie, nicht ausprobierst?"
„Na ja, wenn du denkst, dass du es nicht kannst, versuchst du es ja gar nicht. Also kannst du gar nicht wissen, ob du es kannst oder nicht. Du weißt nicht, wie es für dich ist, den Hasen zu schießen. Du denkst, dass du es nicht kannst, doch wissen kannst du es nicht, weil du nicht geschossen hast."
Je länger ich ihr zuhöre, desto wirrer werden meine Gedanken. Alles fängt an sich zu drehen; was können, wollen, wie meint sie das?
„Ich habe dir schon oft gesagt, du denkst zuviel. Mach es lieber. Probier es aus. Vertraue dir."
„Eben, du sagst es jetzt selber. Vertraue dir. Ich vertraue meinem Gefühl, dass ich es nicht kann. Als ich vor dem Hasen stand, vertraute ich darauf, dass es nicht gut ist, wenn ich schieße."
„Und wieso vertraust du nicht darauf, dass es gut ist, wenn du etwas zum Abendbrot hast?"
„Du verdrehst alles. Mit dir kann man nicht reden." Wütend drehe ich mich um und gebe ihr so hoffentlich zu verstehen, dass sie mich in Ruhe lassen soll. Das tut sie auch - im wahrsten Sinne des Wortes. Sie lässt mich in Ruhe.

Am nächsten Tag erwache ich und stelle fest, dass ich alleine bin. Da ist keine Artemis. Da ist niemand. Da bin ich, mein Pfeil, mein Bogen und mein Wasserbehälter. Ich bin ganz allein im Wald, allein auf mich gestellt. Sie ist weg. Und schon beginne ich, sie zu vermissen. Mir wird bewusst, wie sie mich mit einfühlsamen Worten führt, wie sie mich zum Lachen bringt und wie sie mir mit der Zeit eine treue Freundin, Begleiterin und Lehrerin geworden ist. Ich bin allein. Nach dem ersten Schreck beginne ich zu überlegen, was ich nun tun soll. Am besten bleibe ich einfach hier sitzen. Da ist ein Bach in der Nähe,

also kann ich Wasser holen, auch hat es Beeren, die ich pflücken kann und Artemis würde sicher wieder zurückkommen.
Das denke ich. Nach stundenlangem Sitzen kommen mir Zweifel. Vielleicht kommt sie nicht mehr zurück? Vielleicht hat sie genug von mir? Ich kann meine Tränen nicht mehr zurück halten und bin mir sicher, dass ich hier in diesem mir unbekannten Wald sterben werde. Das ist es nun also. Nicht einmal eine Beerdigung werde ich erhalten, da ja niemand weiß, dass ich hier im Wald gestorben bin. Mein Tränenfluss ist nicht mehr aufzuhalten und ich schluchze mal lauter und dann wieder leiser vor mich hin und rege mich auf, dass ich nicht einmal ein Taschentuch dabei habe.
Am Abend, müde vom vielen Weinen, schlafe ich ein und nehme mir nicht einmal die Zeit, ein Feuer zu machen. Am nächsten Morgen fühle ich mich ausgelaugt, was auch nicht verwunderlich ist, bei dem seltsamen Traum, den ich hatte: da war alles dunkel. Plötzlich gab es eine riesige Explosion und daraus entstand der Sternenhimmel. Ich war inmitten der Sterne und sah hinunter auf die Welt, die irgendwie aus dieser Explosion entstanden war. Noch immer dieses Bild im Kopf, erwache ich und meine Stimmung ist nicht viel besser als am Vortag.
Ich fühle mich verlassen, verloren und habe eine Riesenwut auf Artemis, die mich einfach im Stich lässt. Mich, die ich doch ihr Schützling bin. Sie ist doch für mich verantwortlich. Schließlich hat sie mich in diesen Wald verschleppt. Meine Gedanken drehen sich im Kreis. Ich fühle mich gefangen in Düsterheit, Verlassenheit, Alleinsein und Traurigkeit. Ab und zu trinke ich einen Schluck Wasser, doch sonst bin ich zu nichts fähig. Ich sitze lethargisch da und warte darauf, dass Artemis jeden Augenblick aus einem Gebüsch hervor tritt. Je länger ich warte, desto klarer wird mir, dass ich wohl noch lange warten kann. Sie kommt nicht und wird wohl auch nicht mehr kommen.

Nach dem dritten Tag erwachen langsam meine Lebensgeister wieder, und ich beginne erst einmal Holz zu sammeln, damit ich mich wenigstens am Abend am Feuer wärmen kann. Ich fühle mich noch immer verletzt, einsam und traurig, doch habe ich nicht vor, hier einfach so phlegmatisch und tatenlos meine letzten Tage zu verbringen. Irgendwie und irgendwo gibt es eine Lösung für mein Problem. Es gibt immer eine Lösung. Ich weiß nur noch nicht welche. Während ich die Beeren esse, welche ich vorher gesammelt habe, kommt mir eine Bekannte in den Sinn, welche eine sogenannte Visions-Suche gemacht hatte. War das nicht etwas Ähnliches gewesen? Ja, sie hatte mir erzählt, dass sie alleine fastend in der Wildnis saß. Sie hatte es überlebt, also kann ich das auch. Was hat sie noch erzählt? Eine Visions-Suche ist für Menschen, die wieder mehr Bedeutung in ihr Leben bringen wollen oder durch tiefgreifende Veränderungen gehen. Das ist ganz klar bei mir der Fall. Diese Menschen ziehen sich zurück aus der Alltagswelt. Sie nehmen eine heilende Auszeit, gehen allein in die Stille, ohne Nahrung, Komfort, Schutz und Gemeinschaft und suchen den Kontakt mit den Stimmen der Erde. Stimmen

der Erde, wie komme ich nur auf diesen Gedanken. Die Erde hat doch keine Stimme, so ein Blödsinn. Und doch, der Baum hat mit mir gesprochen und hatte ich nicht auch den Eindruck, dass der Hase mich ausgelacht hat? Vielleicht hat auch die Erde eine Stimme.
Ich überlege, schaue mich um und habe plötzlich den Eindruck, nicht mehr allein zu sein. Ich habe das Gefühl, eingebettet zu sein in dieser Wildnis. Ich bin ein Teil davon und somit nicht mehr allein. Ich sehe einen Vogel auf dem Baum, welcher zu mir herunter blickt und ein Lied für mich singt. Ganz in meiner Nähe steht ein Reh, welches mir zulächelt und der Wind streicht über die Sträucher und Blätter, welche eine Melodie für mich summen. Berührt und gefangen von dieser Schönheit und Einzigartigkeit sitze ich da und vergesse beinahe zu atmen, bis ich mir wieder klar werde, wo ich bin, wer ich bin und vor allem in welcher Situation ich mich befinde.
Da ist kein Lied, kein Summen zu hören und schon gar kein Lächeln von einem Reh zu sehen. Jetzt ist es soweit. Ich verliere langsam, aber sicher, meinen Verstand. Daran ist Artemis Schuld. Also ist das mein Schicksal. Als Verrückte werde ich hier im Wald sterben. Und doch, bin ich wirklich verrückt? Ich schaue skeptisch zum Vogel, der nach wie vor ein Lied für mich singt. Ich blicke zum Reh, welches noch immer dasteht und in meine Richtung blickt und höre wieder das Rauschen des Windes, welcher zärtlich über die Bäume und Gebüsche streicht. Das ist keine Einbildung. Der Wald lebt. Ist das die Stimme der Erde? Wahrscheinlich. Und ich fühle ein Glücksgefühl in mir aufsteigen, ein Teil dieses Waldes, dieser Erde zu sein. Ich fühle meine Einzigartigkeit und gleichzeitige Verbundenheit und ich spüre langsam aber sicher, dass ich Hunger habe.

Es ist ein Bärenhunger und da genügen die Beeren, die ich gesammelt habe, bei weitem nicht. Ich habe richtigen Hunger auf Fleisch. Ich betrachte Pfeil und Bogen und beschließe, es noch einmal mit der Jagd zu versuchen. Das kann doch wohl wirklich nicht so schwierig sein. Ich raffe mich auf und verlasse langsam das Lager. Ich mache, was mich Artemis gelehrt hat, Zeichen an die Bäume, damit ich den Weg wieder zurück finde. Ich komme immer mehr ins Dickicht, doch kein Tier kreuzt meinen Weg bis auf einen Bären. Der steht plötzlich da und schaut mich an. Ich bin wie erstarrt. Ist das nun mein Ende? Gefressen von einem Bären? Doch der Bär scheint nicht an mir interessiert zu sein und setzt seinen Weg fort. Nachdem er schon längst nicht mehr in meinem Blickfeld ist, stehe ich da und kann mich überhaupt nicht bewegen. Langsam löst sich meine Erstarrung auf und ich beginne zu zittern. Wieso hat mich Artemis nicht auf die Bären aufmerksam gemacht. Nie sahen wir Bären und nie hat sie davon gesprochen. Typisch Artemis und sowas will meine Lehrerin sein.

Nachdem ich mich von diesem Schock ein wenig erholt habe, beschließe ich, wieder umzukehren. Ich folge meinen Spuren, die ich hinterlassen habe und

kurz vor meinem Lager sehe ich ihn. Einen Hasen, der meinen Weg kreuzt. Ich stehe da, ganz in meiner Kraft und aus meiner Mitte heraus schieße ich den Pfeil. Alle meine Gedanken verfolgen mit dem Pfeil nur ein Ziel: dieser Hase soll mein Nachtessen werden. Ich sehe, wie ihn mein Pfeil durchdringt und wie ein wenig Blut aus seinem Fell fließt. Ich stehe da und schaue ihn an. Ihn, meine erste, selbst erlegte Beute.
Ich fühle in mich hinein. Da ist keine Angst, keine Trauer, kein Kummer, kein Mitleid - sondern nur Dankbarkeit und Freude. Dankbarkeit, dass ich heute Abend wieder zu Kräften kommen kann und Freude, dass ich es geschafft habe. Ich gehe auf den Hasen zu und will ihn gerade aufheben, als eine Stimme neben mir erklingt.

„Geh auf die Knie, wenn du den Hasen nimmst."
Ich schaue auf und sehe in das Gesicht von Artemis. Sie ist wieder da. Ein Welle von Stolz und Freude erfüllt mich. Stolz darauf, dass sie nun sehen kann, dass ich einen Hasen geschossen habe und Freude darüber, dass sie wieder da ist.
„Geh auf die Knie. Das ist ein Zeichen deiner Demut gegenüber dem Leben. Du hast ein Leben genommen, damit du leben kannst. Streichle den Hasen und danke ihm, dass er sich dir zur Verfügung gestellt hat. Sprich mit ihm und wünsche ihm alles Gute, wenn er nun über die Schwelle in ein anderes Leben tritt."
Ich tue, was Artemis mir sagt und mache es mit ganzem Herzen. Ich spreche mit dem Hasen, was nicht einfach eine Floskel der Dankbarkeit ist. Ich fühle es. Ich spüre die Demut in mir und meine Dankbarkeit gegenüber seinem großen Geschenk, welches er mir durch seinen Tod gewährt hat. Danach erhebe ich mich und trage ihn stolz und ehrfurchtsvoll zum Nachtlager. Ich bin nicht unglücklich, dass Artemis das Zubereiten übernimmt, schaue ihr aber zum ersten Mal interessiert über die Schulter.
„Ich gratuliere dir. Du hast Mut bewiesen. Nachdem du aus deiner Heulsuse heraus getreten bist, warst du wirklich gut."
„Wieso weißt du, dass ich geweint habe?"
„Ich habe dich beobachtet. Du warst nie allein. Ich war immer in deiner Nähe."
Sie lächelt mich schelmisch an und meint: „Du bist doch schließlich mein Schützling, oder?"
Ich erröte, kann sie denn immer meine Gedanken lesen?
„Ich kann nicht immer deine Gedanken lesen, doch du bist wirklich mein Schützling. Also war es mir wichtig, dich immer in Sicherheit zu wissen. Ich hatte immer ein Auge auf dich."
„Und wo warst du, als ich auf einen Bären traf? Der hätte mich fast umgebracht."
„Nein, hätte er nicht."
„Doch, der war wild und sehr, wirklich sehr gefährlich. Du hast mir auch nicht gesagt, dass es hier Bären gibt."

„Es gibt auch keine Bären."
„Natürlich gibt es Bären. Ich habe doch heute einen gesehen. Der hat mich fast gefressen."
„So, so, der hätte dich fast gefressen?"
„Ja, und du bist nicht da gewesen."
„Doch, ich war da. Ich war die Bärin", antwortet Artemis, was mich völlig aus der Fassung bringt. „Du warst..., du bist die Bärin?"
„Ja. Kennst du die Mythologie von mir und dem Bären nicht?"
„Nein."

„Meine Totemtiere sind seit jeher der Bär und der Hirsch. Denn der Ursprung meines Namens – art – ist gleichbedeutend mit dem indoeuropäischen Stammwort für Bär. In den allerfrühesten Erzählungen der Griechen wurde ich als Bärin mit ihren Jungen geschildert. Es gibt nichts Wilderes als eine Bärin, die ihre Jungen schützt, zugleich aber auch kein zärtlicheres Bild als das, wenn die Bärin ihre Jungen in ihrem dicken Pelz trägt.
So wurden im klassischen Griechenland die jungen Mädchen der Göttin als junge Bären, genannt arktoi, geweiht. Sie trugen Bärenfelle und führten in ihrem Tempel Bärentänze auf. Und in einem späten Mythos aus der patriarchalischen Zeit verwandelte sich eine Gefährtin von mir, Kallisto, in eine Bärin, nachdem Zeus sie verführt hatte."
Gebannt hänge ich an ihren Lippen und sehe vor mir das Bild einer Bärin mit ihren Jungen. Ich sehe die jungen Bären spielen und Mutter Bär, wie sie da liegt und eine vertrauensvolle Ruhe ausströmt.
„Wer ist Kallisto?", frage ich Artemis, weil ich noch nie von ihr gehört habe.
„Es ist eine Geschichte aus der griechischen Mythologie. Da wird von der jungen Gefährtin von mir berichtet. Sie hieß Kallisto, was soviel bedeutet wie „die Schönste". Zeus, der Göttervater, hatte ein Auge auf sie geworfen und näherte sich ihr auf seine typische, verführerische Art. Natürlich hatte er sein Ziel erreicht und sie wurde schwanger. Ich war voller Zorn und verwandelte Kallisto in eine Bärin. Schließlich hatte Kallisto ihr Keuschheitsgelübde gebrochen. Noch immer wütend, beschloss ich, Kallisto mit ihren Jagdhunden zu verfolgen. Da trat Zeus dazwischen. Er wollte seine Geliebte vor dem Tod bewahren. Er nahm sie mit in den Himmel und verwandelte sie in das Gestirn des Großen Bären."
„Das Gestirn gibt es wirklich?"
„Natürlich gibt es das und es ist eine schöne Geschichte. Möchtest du noch eine andere Variante über mich und die Bären hören?"
„Ja, bitte erzähle. Ich liebe alte Geschichten und der Mythos von Kallisto oder eben von dir als Artemis finde ich spannend."
„Eine andere Version, die erzählt wurde, war, dass sich Zeus in einen Bären verwandelt hatte, damit er Kallisto verführen konnte. Auch gab es die Variante, dass Zeus selbst Kallisto in eine Bärin verwandelt hatte und die eifersüchtige Hera habe Artemis irrtümlich beauftragt, Kallisto zu jagen. Doch

in der frühesten Version der Kallisto-Geschichte vereinigen sie und Zeus sich als Bär und Bärin und spielen so auf die heilige Hochzeit der Tiere an."
„Und welche Geschichte stimmt?"
„Wer weiß, vielleicht diese: Es war einmal eine wunderschöne Nymphe, sie hiess Kallisto. Sie gehörte zum Gefolge von mir, der Jagdgöttin Artemis, die in der Mitte des Peleponnes lebte. Kallisto hatte der Göttin geschworen, jungfräulich wie sie zu bleiben. Doch ihre Schönheit wurde ihr zum Verhängnis, denn Zeus, der Vater aller Götter, hatte sich in sie verliebt. Um ihr näher zu kommen, nahm er die Gestalt von mir an. Kallisto küsste sie, durchschaute aber bald sein falsches Spiel und wehrte sich, jedoch vergeblich. Aus Angst, von mir verstossen zu werden, versteckte sie sich tief im Wald, wo sie nach dem zehnten Vollmond ein Kind von Zeus gebar. Sie gab dem Kind den Namen Arkas. Die eifersüchtige Gattin des Zeus, die Göttin Hera, sann auf Rache. Nach der Geburt des Kindes spürte sie die Nymphe im Wald auf, und als Strafe für ihre Schönheit verwandelte sie Kallisto in eine große Bärin. Fünfzehn Jahre vergingen und inzwischen war Arkas zu einem kräftigen Jüngling herangewachsen. Als er eines Tages mit seinen Jagdhunden in den Wald ging, traf er an einem Brunnen auf die große Bärin. Tief in ihrem Herzen erkannte Kallisto ihren Sohn Arkas. Sie ging langsam auf ihn zu. Aber der Jüngling, der nichts vom Schicksal seiner Mutter ahnte, fürchtete sich vor dem großen Tier. Er holte mit seiner Keule aus und wollte es erschlagen. Doch der allwissende Zeus verhinderte dieses Unglück und erhob sie alle zusammen als Sternbilder an den nördlichen Himmel: Kallisto als den großen Bären und ihren Sohn Arkas als den Boten des Bärenhüters."
Und während Artemis die Geschichte erzählt, zeichnet sie auf den Boden das Sternenbild, welches den großen Bären darstellt.
Ich höre ihr gebannt zu. Ich liebe solche Geschichten, das war schon immer so.

„Und was hat es mit den Hirschen auf sich. Gibt es da auch eine entsprechende Geschichte?"
„Ja, der Mythos von mir und Aktäon. Möchtest du davon hören?"
„Ja, bitte."
„Tief im Wald lag ein heiliges Tal. Es war dicht bewachsen mit Pinien und Zypressen. Da lag eine Waldhöhle, welche die Zeit aus den Felsen gehauen hatte, also ein natürliches Gewölbe. Davor war ein prächtiger Teich, der von klarem Quellwasser gespeist wurde. An diesen Ort zog ich mich zurück, wenn ich erschöpft von der Jagd war. Zusammen mit meinen Nymphen erholte ich mich an diesem Ort und freute mich an der Erfrischung eines Bades. Eines verhängnisvollen Tages verirrte sich der junge Jäger Aktäon in diesen abgelegenen Teil des Waldes. Umringt von meinen Nymphen stand ich, die große Göttin selbst, vor der heiligen Höhle; Pfeil und Bogen lagen auf dem Boden. Ich überragte die Nymphen um Kopfeslängen, und der erschrockene junge Jäger sah mich in meiner ganzen Blöße.

Die Nymphen stießen Entsetzensschreie aus und taten alles, um mich, ihre Herrin, vor dem ungebetenen Sterblichen zu schützen. Überrascht, ohne die heiligen Waffen in der Hand, schöpfte ich etwas Wasser mit der Hand und schleuderte es dem Jüngling ins Gesicht: „Nun sprich, wenn du es wagst, da du mich ohne Kleider erblickt hast." Kaum fielen die ersten Tropfen des Quellwassers auf den Kopf des Jägers, da spürte er, wie ihm die Spitzen eines Hirschgeweihs sprossen. Dann wurde sein Hals länger, seine Ohren wurden spitz, die Arme und Beine verlängerten sich zu spindeldürren Beinen mit Hufen, und ein geflecktes Fell bedeckte ihn. Da erblickte er sein Gesicht im Wasser und sah, dass er sich in einen Hirsch verwandelt hatte. Er stieß einen verzweifelten Schrei aus, aber kein Ton entrann seiner Kehle. Während er verharrte und nicht wusste, was zu tun war, erspähten ihn seine Hunde. Im Nu waren sie über ihn hergefallen. Da er nicht rufen konnte, dass er ihr Herr sei, floh er erschrocken. Als Aktäons Jagdgefährten das hungrige Rudel einholten, hatten die Hunde ihr blutiges Werk schon verrichtet. Da lag ihr Herr, in Stücke gerissen, seinen zahlreichen Wunden erlegen."
„Das ist aber eine traurige Geschichte. Stimmt sie?"
„Vielleicht, vielleicht auch nicht. In jedem Mythos steckt ein Körnchen Wahrheit, doch oft ist es wirklich nur ein Körnchen. Doch lass uns jetzt essen und danach schlafen. Wir hatten beide einen anstrengenden Tag."
Tag ist gut, denke ich. Die ganze Zeit ist für mich anstrengend. Ich lächle bei diesem Gedanken, denn irgendwie gefällt es mir immer besser in dieser Wildnis. Während wir meinen selbst erlegten Hasen verspeisen, kreisen meine Gedanken um Hirsche und Bären, um Geschichten aus der Mythologie. Ich sehe mich wieder vor dem Bären stehen, wie ich da erschrokken und erstarrt, mich nicht mehr bewegen konnte. Ich schaue zu Artemis, die genüsslich ihr Essen verschlingt und frage mich, ob es wohl etwas gibt, dass ihr Angst macht.

Sie schaut mich lächelnd an und fragt: „Was möchtest du wissen?"
„Gibt es etwas, das dir Angst macht?"
„Angst? Angst ist oft ein schlechter Ratgeber, doch manchmal ist es genau richtig. Angst kann dich davor bewahren, eine Dummheit zu begehen oder dich in Gefahr zu bringen. Angst ist nicht gleich Angst. Auch ich kenne Ängste, lasse mich jedoch von ihnen nicht beherrschen, sondern nehme sie als das, was sie sein können, Ratgeber oder noch besser, Hinweise. Wenn ich Angst verspüre, frage ich mich: Was macht mir Angst? Wieso habe ich Angst? Ist es eine begründete Angst, oder besteht diese Angst nur in meiner Vorstellung, was geschehen könnte?"
„Ich verstehe nicht, was du meinst."
„Ich will es dir an einem Beispiel erklären. Es ist Mitternacht und du befindest dich in einer fremden Stadt. Da hat es kleine Gässchen, die dich zu deinem Hotel führen. Auch auf der Hauptstrasse könntest du zu deinem Hotel gelangen, doch es dauert etwas länger. Du beschließt also, den kürzeren Weg zu

nehmen. Kurz bevor du in das dunkle, kleine Gässchen einbiegst, spürst du eine Angst. Du nimmst deine Angst ernst und beschließt, den Umweg über die Hauptstrasse zu nehmen. Du kommst sicher in deinem Hotel an. Wenn du jedoch die Abkürzung genommen hättest, wärest du Banditen begegnet, und alles andere als sicher in deinem Hotel angekommen. Dank deiner Angst hast du den längeren, dafür sicheren Weg gewählt. Es ist eine Angst, die aus deinem Bauch kommt. Sie signalisiert dir – Achtung: Gefahr – und weil du auf deine innere Stimme gehört hast, ist dir nichts passiert."

„Es hätte aber auch sein können, dass keine Banditen im Gässchen sind!"

„Ja, natürlich. Doch mit diesem Beispiel wollte ich dir nur zeigen, dass Angst nicht immer schlecht ist."

„Und wann behindert mich die Angst?"

„Wenn deine Angst nicht aus dem Bauch kommt, sondern aus deinem Verstand."

Ich blicke sie verständnislos an.

„Nehmen wir wieder ein Beispiel. Du bewirbst dich um eine neue Stelle und hast einen Termin für ein Vorstellungsgespräch. Du freust dich sehr darüber und beginnst zu überlegen, ob du den Anforderungen überhaupt gewachsen bist. Je länger du nachdenkst, desto unsicherer wirst du. Deine Angst wird übermächtig und du beschließt abzusagen, weil du die Stelle ja sowieso nicht bekommen hättest. In diesem Fall ist die Angst nicht förderlich, sondern hinderlich. Du hast dich in eine Angst hinein gesteigert, dabei konntest du nicht wissen, wie es wirklich sein würde, wenn du die Stelle angetreten hättest."

„Ja, ich kenne diese Angst. Ich kann mich gut in etwas hineinsteigern und weiß dann nicht mehr, wie es weiter gehen soll."

„Du denkst dir Dinge aus, die vielleicht geschehen oder nie geschehen werden. Also sind es deine Gedanken, deine Vorstellungen, die dir Angst machen. Du bist somit in der Zukunft oder wirst von der Vergangenheit eingeholt. Doch du bist nicht in der Gegenwart, nicht im Hier und Jetzt."

„Wie kann mich meine Vergangenheit einholen und mir Angst machen?"

„Deine Vergangenheit ist in dir gespeichert. Alles, was du je erlebt hast, ist in dir archiviert. Wenn nun also eine ähnliche Situation in dein Leben tritt, die du kennst, kommt die alte Situation in dein Unterbewusstsein und kann dir Angst machen, weil du denkst, dass es wieder dasselbe sein wird."

„Ich stand noch nie vor einem Bären und hatte trotzdem Angst. War das jetzt eine begründete Angst?"

„Was meinst du? War sie begründet?"

„Ich weiß nicht. Ich weiß nur, dass ich wie erstarrt war und mich nicht mehr bewegen konnte. Wenn der Bär mich hätte angreifen wollen, wäre ich ihm, dir, ausgeliefert gewesen."

„Das ist eine weitere Art von Angst. Deine Angst vor dem Bären kommt aus dem Instinkt heraus. Auch, wenn die Menschen heute hochzivilisiert sind, so unterscheiden sie sich doch nicht groß von den Tieren. Die unwillkürlichen, instinktiven Bereiche des menschlichen Gehirns und Nervensystems sind praktisch identisch mit den betreffenden Arealen bei anderen Säugetieren oder Reptilien. Das Gehirn eines Menschen besteht aus drei Systemen, die in einer engen Verbindung zueinander stehen. So hast du ein Reptiliengehirn mit dem instinktiven Teil. Das Emotionale kommt aus dem Säugetiergehirn oder limbischen System. Und dann gibt es noch das menschliche Gehirn, welches den rationalen Teil beinhaltet. Beim Bären hast du nun aus dem Reptiliengehirn reagiert. Wenn eine solche Gefahr besteht, schöpfst du automatisch aus dem Instinkt heraus und da hast du drei Möglichkeiten: Kämpfen, fliehen, erstarren. Es ist wie bei den Tieren. Du hast nun unbewusst die Erstarrung gewählt, welche manchmal auch sehr sinnvoll ist. Wenn du zum Beispiel einer Schlange begegnest und erstarrst, geht sie an dir vorbei und es geschieht dir nichts. Also ist in diesem Fall die Erstarrung sinnvoll. Wenn dein Gegenüber kleiner ist als du, wählst du wahrscheinlich das Kämpfen, weil du die Chance siehst, zu gewinnen. Und wenn dein Gegner groß und stark ist, wählst du als Mensch die Erstarrung oder Flucht. Diese Wahl geschieht nicht aus dem Bewusstsein heraus, sondern passiert in deinem Unbewusstsein."

„Wenn ich also aus meinem Instinkt heraus handle, habe ich nur drei Möglichkeiten: kämpfen, fliehen, erstarren?"

„Ja, das ist ein Urprinzip, welches sofort von dir Besitz ergreift, wenn Gefahr droht. Es ist wie bei den Tieren. Der Prozess der Erstarrung ist oft der Bestandteil eines Traumas. Die Grundlage einer übergroßen Bedrohung. Es ist ein plötzlicher Schock, und es gibt keine Möglichkeit, zu fliehen oder zu kämpfen. Der Körper friert dabei ein. Tiere kennen die Auflösung der Erstarrung als natürlichen Prozess. Nach kürzerer oder längerer Zeit erwacht das erstarrte Tier wieder zum Leben. Häufig schüttelt es sich kurz hinterher, oder ein leichtes Zittern ist zu beobachten. Das ist die Abreaktion der eingefrorenen Energie."

„Ist das immer so?"

„Es gibt auch bei den Tieren mögliche Unterschiede in der Tiefe der Erstarrung mit den entsprechenden Auswirkungen. Wenn sich ein Vogel von draußen in dein Zimmer verirrt und du ihn fängst, erstarrt er. Setzt du ihn ab, kehrt er nach kurzer Zeit wieder ins Leben zurück und fliegt davon. Wenn du ihn erneut fängst, dauert die Erstarrung länger, und er kommt ein Stück desorientierter aus ihr heraus. Beim nächsten Mal dauert das Erstarrt sein noch länger, der Vogel schwankt, braucht Zeit, um sich zu orientieren, und pickt erst einmal wild um sich. Wiederholst du das, kann der Vogel an Herzschlag sterben."

„Und wie es das bei den Menschen?"

„Der Mensch hat den natürlichen Prozess verlernt, aus der Erstarrung wieder in den natürlichen Lebensfluss zu gelangen. Oft findet er nicht mehr von allein aus der Erstarrung zurück. Er lebt zwar weiter, doch ein Teil der Energie bleibt wie eingefroren im Nervensystem gebunden. Aus der mangelnden Auflösung bilden sich oft Symptome wie Ängste, Depressionen, Verwirrtheit und Stress."

Am nächsten Tag erwache ich wieder mit diesem Bild vom Sternenhimmel im Kopf. Da war wieder diese Explosion, die mir wohl irgend etwas sagen will. Ich liege da und überlege, was es wohl mit dieser Explosion auf sich hat? Was hat es mit mir zu tun? Ich schaue hinüber zu Artemis, welche noch immer schlafend da liegt und still vor sich hin träumt. Sie ist wirklich eine Amazone. Ihr Körper strahlt auch im Schlafen eine Kraft aus, die mit noch so viel Bodybuilding und Training nicht zu erreichen ist. Ein wenig neidisch schaue ich sie an und vergleiche sie mit mir und meiner Figur. Das ist wirklich ein riesiger Unterschied, was mich zu einem großen Seufzen verführt. Und genau in diesem Augenblick öffnet Artemis ihre Augen und lachend mustert sie mich und meint: „Bist du am Vergleichen?“
„Ja. Logisch, wenn ich dich so ansehe und mich mit dir vergleiche...“
„Machst du Zweite und dich damit schlechter als du bist. Doch das wird ein Thema sein, welches eine andere Göttin mir dir besprechen wird. Erzähle mir lieber von deinem Traum.“ Sie setzt sich auf und sieht mich erwartungsvoll an.
„Woher weißt du, dass ich geträumt habe?“
„Ich sehe es dir an deiner Nasenspitze an. Also rede mit mir. Du hast doch sicher Fragen.“
Ich teile ihr meinen immer wiederkehrenden Traum mit. „Ich weiß nichts damit anzufangen und frage mich, ob er etwas mit mir zu tun hat?“
„Was meinst du?“
Ich zucke mit den Schultern und bin froh, dass Artemis mir meinen Traum erklärt.
„Dein Traum zeigt die Kraft des Feuers. Da auch du ein Feuer in dir trägst, könnte es dir sagen, dass du dein Feuer explodieren lassen kannst und so den Weg frei machst für neue Welten in dir zu entdecken. Auf der anderen Seite zeigt es dir die Entstehung der Welt.“
„Die Entstehung der Welt? Entstand die Welt durch eine Explosion?“
„Das ist eine Variante. Sicher ist, dass das Element Feuer der Beginn der Erde war.“
„Aber in der Bibel steht doch, am Anfang war das Wort?“
„Wenn du die Bibel zitieren willst, dann heißt es: Am Anfang schuf Gott Himmel und Erde; die Erde aber war wüst und wirr, Finsternis lag über der Urflut, und Gottes Geist schwebte über dem Wasser. Gott sprach: Es werde Licht. Und es wurde Licht. Gott sah, dass das Licht gut war. Gott schied das Licht von der Finsternis und Gott nannte das Licht Tag und die Finsternis nannte er Nacht. Es wurde Abend, und es wurde Morgen: erster Tag.
„Wow, du kennst die Bibel?“
„Klar, du nicht?“
„Nein. Ich weiß ein wenig davon, doch ich könnte nie daraus zitieren. Doch wie kannst du als Göttin der Bibel Glauben schenken? Da gibt es nur Gott und keine Göttin.“ Ganz aufgebracht sage ich weiter: „Genau die Bibel ist es doch, welche das patriarchale System fördert und uns Frauen die Göttinnenkraft abstreitet.“

„Macht sie das? Bist du sicher? Ist Gott denn eine männliche Figur oder ist Gott einfach ein Name und beinhaltet alles? Alles ist aus ihm entstanden, so auch das Weibliche und das Männliche. Gott ist weder noch. Gott ist beides. Das Göttliche ist alles."
„Und doch sprechen wir von ihm, also vom männlichen Gott."
„Ja, das macht ihr Menschen und im Matriarchat war nur die Rede von der Göttin, der Urmutter allen Lebens. Ihr Menschen teilt gerne auf, entweder oder. Also, entweder gibt es einen Gott und vielleicht noch eine Göttin oder es gibt eine Göttin und vielleicht noch einen Gott......." Sie macht eine lange Pause, steht auf, schaut auf mich hinunter, lacht mich an, streckt ihre Hand nach mir aus und sagt: „Anstelle von entweder oder gibt es noch ein sowohl als auch. Gott ist Göttin und Göttin ist Gott."
„Da kommt mir der berühmt gewordene Satz von Juliana von Norwich aus dem Mittelalter in den Sinn: Gott ist unsere Mutter."
„Genau, Gott ist unsere Mutter. Komm, lass uns gehen und den heutigen Tag mit einem erfrischenden Bad beginnen."
Sie zieht mich hoch und wir machen uns auf den Weg zum nahe gelegenen Teich. Den Tag verbringen wir mit viel Muse und lassen es uns gut gehen. Wir spielen wie kleine Kinder Fangen, lassen uns von der Sonne trocknen, fangen ein paar Fische zum Nachtessen und scherzen. Ich fühle mich so wohl, wie schon lange nicht mehr. Es ist schon komisch, wie ich mich verändert habe. Zu Beginn meiner Reise mit Artemis war mir alles fremd und seltsam vorgekommen, doch jetzt habe ich überhaupt keine Sehnsucht mehr nach der sogenannten Zivilisation und freue mich an kleinen Dingen. Ich kann stundenlang die Wolken beobachten oder einem Schmetterling zusehen, wie er in der Luft seine Tänze vollbringt, oder einen Regenwurm beobachten, wie er langsam in die Erde versinkt, oder dem Wind lauschen, wie er mir ein Lied vorsingt. Alles Dinge, die immer um mich herum waren, und die ich nie wahrgenommen habe. Ja, ich habe mich wirklich verändert und freue mich, zusammen mit Artemis in dieser Wildnis zu sein. Am Abend erklärt mir Artemis, dass in jeder Frau auch eine Artemis steckt, dass jede Frau dieses Urbild in sich trägt. „Doch ist es für eine Artemis-Frau nicht sehr einfach, in der technisierten Welt zu leben. Die Artemis-Frau führt in der modernen Welt eine Randexistenz. Sie fühlt sich oft unwohl und hat es schwer, ihren Platz zu finden. Sie kommt den Mitmenschen recht schüchtern, vielleicht auch reserviert vor. Denn sie hat an oberflächlichen Gesprächen kein Interesse und möchte lieber woanders sein. Sie liebt die Natur und die Natur gibt ihr auch Kraft. Eine Artemis-Frau legt nicht viel Wert auf Äußerlichkeiten. Sie hat einen geschmeidigen, athletischen Körper und trägt selten bis nie hochmodische Sachen. Viel lieber trägt sie abgetragene Jeans und ein weites Hemd, was ihr ermöglicht, sich gut und frei zu bewegen. Kleidung als Statussymbol oder gar als Mittel, damit sich die Männer nach ihr umdrehen, interessiert sie nicht. In der Großstadt fühlt sie sich fremd, weil ihre Heimat die Natur ist. In ihrem Innern gehört sie der Wildnis und so kann es gut sein, dass eine Artemis-Frau einen

Beruf in der Natur sucht. Es kann jedoch auch sein, dass sie ihre innere Berufung als Kunst umsetzt. Du erinnerst dich, das Feuer kann kreativ genutzt werden."
„War die Künstlerin Georgia O'Keeffe, die am Rand der Wüste in New Mexico lebte, so eine Artemis-Frau? Oder die christliche Heilige Hildegard von Bingen, die Heilerin, Dichterin, Musikerin und Seherin war?"
„Ja, das waren Frauen, die nach dem Artemis-Prinzip lebten. Bei solchen Menschen verbleibt die Energie im Innern und wird in Visionen, mystischen Ekstasen und in einer tiefen Anteilnahme für die gesamte Natur und alle ihre Lebewesen umgewandelt."
Sie macht eine Pause und fährt fort: „Eine Artemis-Frau kann ein raues Leben führen, weil sie den Körper dazu hat. Sie hat eine jugendliche, manchmal sogar jungenhafte Figur. Selten bis nie ist sie übergewichtig, denn sie geht gerne spazieren, joggen, macht bei Sportwettkämpfen mit, hält sich Tiere, segelt, reitet, macht einfach alles, um an der frischen Luft zu sein. Es ist die körperliche Energie, die sie antreibt. Und genau, weil sie körperlich so voller Energie steckt und auch einen ausgeprägten Hang zur Leistung hat, haben die Männer oft ein bisschen Angst vor ihr. Es kann vorkommen, dass sie schneller rennt, besser hämmert oder schwerere Arbeit verrichtet als die Männer. Oftmals kommt sie auch gut ohne einen Mann aus. Eigenschaften wie aktiv, streitbar und vor allem unabhängig, sind bei ihr sehr ausgeprägt. Fähigkeiten, die den Mädchen oft abgesprochen oder gar abgewöhnt werden. Durch ihr Vertrauen zu ihrem weiblichen Selbst ist eine Artemis-Frau in der Lage, ihr männliches Ich, also ihre freiheitsliebende Seite, frühzeitig und mit großer Energie zu erkunden. Für Puppen, Parties, Flirten und hübsche Kleider hat sie kaum Zeit. Sie weist das kulturell vorgeschriebene Bild zurück, wonach Mädchen „lieb und brav" zu sein haben. Ihr ist klar, dass sie nie so sein wird. Sie weiß also, was sie nicht will.
Doch hilft es ihr angesichts ihrer freiheitsliebenden Wesensart kaum, zu wissen, was sie ist. Eine Karriere als erfolgreiche Sportlerin, Naturforscherin oder Meeresbiologin reicht ihr nicht, weil in diesen und ähnlichen Berufen nichts steckt, das sie als Frau definiert. Es handelt sich vielmehr um neutrale Rollen, die Frauen und auch Männer ausfüllen können. Zudem sind es einsame Beschäftigungen, sie fordern wenig von Artemis, was ihre Beziehungsfähigkeit oder die Entwicklung ihrer Weiblichkeit betrifft. Im Inneren so mancher super fitten Stadtathletin, welche diszipliniert Fitness macht oder Bodybuilding bis zum letzten Exzess betreibt, schlummert eine antike Amazone, die sich nach einem ganz anderen Leben sehnt."
„Und wie kann eine Artemis-Frau ihre Sehnsucht stillen?"
„Indem sie in die Natur geht und wirklich das macht, was ihr Spaß bereitet. Indem sie ihre Energie wirklich auslebt, auch, wenn es anderen nicht passt. Sie muss sich nicht den Anderen anpassen, sondern ihr Leben leben. Als Artemis- Frau kann sie auch gut allein sein, denn ihre Kraft kommt aus ihr selbst heraus und ist nicht abhängig von anderen.

Doch das ist nicht nur bei Artemis-Frauen so, sondern bei fast jedem Menschen. Viele Artemis-Frauen fühlen sich oft allein. Sie kennen die Einsamkeit. Aufgrund der unzähmbaren Freiheitsliebe und der unabhängigen Geisteshaltung fällt es ihnen oft schwer, die Lebensweise einer Mutter, Ehefrau oder Berufstätigen anzunehmen. In der Tat empfindet sie häufig Verachtung für die Werte und Formen der bürgerlichen Gesellschaft. Die Tatsache, dass das Patriarchat nie ihren unbezähmbaren Geist in sich aufnehmen oder ihre einzigartigen Gaben als Frau ganz anerkennen konnte, bewirkte eine tiefe Kränkung.

Im Grunde ist die Artemis-Frau androgyn veranlagt. Darauf kann sie stolz sein. Hier liegt das wahre Geheimnis der ausgeprägten inneren Kraft und Unabhängigkeit der Artemis-Frau. Sie verfügt bereits über jene männlichen Eigenschaften in ihrer Psyche, die viele andere Frauen den Männern überlassen und auf sie übertragen. Dies ist der Schlüssel zu ihrem „jungfräulichen" Wesen. Psychologisch gesehen bedeutet übrigens Jungfräulichkeit nicht das, was du denkst, sondern es bedeutet „Selbstgenügsamkeit". Also etwas Starkes und Kraftvolles. Ist eine Frau ganz und gar sie selbst, braucht sie zur Vervollständigung ihrer selbst nur wenig – wenn überhaupt – äußere männliche Energie. Sie hat sie bereits, also braucht sie es nicht mehr in anderen Menschen zu suchen. Die wahre Beziehung gilt ihr selbst, dem Aufspüren ihres inneren Gleichgewichts zwischen männlich und weiblich."
„Wow. Bin ich eine Artemis-Frau?"
„Möchtest du denn eine sein?"
„Ja und nein."
„Gut."
„Wie gut? Wieso gut?"
„Weil du von allen Göttinnen etwas in dir trägst und auch findest. Jede von uns hat ihre Qualitäten und ihre Berechtigung. Nur, wenn du alle deine weiblichen Potentiale in dir anerkennst, befreist und liebst, findest du zu deiner Kraft. Also ist es gut, wenn du eine Artemis-Frau bist und doch nicht. Denn so hast du noch Platz für weitere Göttinnen-Qualitäten."
„Und welche Qualitäten sind das?"
„Das wirst du noch früh genug erfahren. Lass uns jetzt schlafen, morgen ist auch noch ein Tag."
Sie streicht mir liebevoll über mein Haar, was mich etwas erstaunt und meint: „Denk daran, du hast ein inneres Feuer. Vergiss es nicht. Und halte dir immer dein Ziel vor Augen. Der Pfeil ist die Fortsetzung deiner Energie – denk daran."

Sie geht hinüber zu ihrem Nachtlager, schaut mich noch einmal an, dreht sich um und schläft ein. Ich liege noch ein wenig wach und überlege mir, was sie mir vorher genau hatte sagen wollen. Na ja, ich kann sie ja morgen fragen, denke ich. Da wusste ich noch nicht, dass am nächsten Tag alles anders sein würde. Wenn ich das gewusst hätte, ich wäre sicher nie und nimmer eingeschlafen.

2. Aphrodite mit Schönheit und Leidenschaft

Irgend etwas ist anders. Ich liege mit geschlossenen Augen da und habe den Eindruck, dass sich etwas verändert hat. Langsam öffne ich meine Augen und schließe sie sofort wieder. Ich habe eine Halluzination. Doch nein. Wenn ich mit meinen Händen um mich taste, spüre ich nicht den Waldboden, sondern das Gleiche, was ich gesehen habe. Es fühlt sich an wie seidene Bettwäsche. Ich liege in einem Bett mit seidener Bettwäsche? Meine Gedanken überschlagen sich und mein Herz beginnt zu rasen. Wie komme ich von meinem Nachtlager aus Blättern und Zweigen in ein Bett mit Seidenwäsche? Träume ich? Ich setze mich auf und blicke erstaunt um mich. Was ist passiert? Wieso liege ich in einem goldenen Himmelbett mit weißen, seidenen Decken in einem durchsichtigen Nichts von Negligé. Ich kneife mich, um zu sehen, ob ich noch immer träume. Das ist nicht der Fall. Das Kneifen schmerzt. Während ich mich frage, was das wohl zu bedeuten hat, öffnet sich die Tür und erwartungsvoll sehe ich schon Artemis eintreten. Doch eine mir unbekannte junge Frau kommt herein. Sie macht einen Knicks, sagt „Guten Morgen, Madame", und öffnet die schweren, dunklen Vorhänge, damit das Tageslicht in den Raum eindringen kann. Ich blinzle, da mich die Helligkeit blendet. Die junge Frau stellt sich vor mein Bett und fragt mich, ob ich zuerst ein Bad haben will oder lieber mein Frühstück? Ich schaue sie verdutzt an, sodass sie ihre Frage wiederholt. Irritiert frage ich sie: „Können sie mir sagen, wo ich hier bin?"

„Natürlich, Madame, sie sind im Liebesschloss."

„Wo bin ich? Im Liebesschloss?", ich bin augenblicklich hellwach und schon jagen sich meine Gedanken.

Liebesschloss, das muss ein Bordell sein. Ich bin in einem Bordell gelandet. Soll ich nun das Leben einer Prostituierten erfahren? Wird das meine nächste Reise? Ich stehe auf, lege mich jedoch sofort wieder ins Bett zurück und ziehe die Decke über mich, als ich bemerke, dass mein Negligé wirklich nur ein durchsichtiger Stoff ist, der nichts verhüllt. Schließlich steht da eine fremde, junge Frau vor mir. Sie macht jedoch keine Regung und scheint sich an meinem Äußeren überhaupt nicht zu stören. Hartnäckig ist sie auch noch, denn schon wieder will sie wissen, wie ich den Tag beginnen will. Ich entscheide mich für das Frühstück, welches auch kurze Zeit später auf mein Zimmer gebracht wird. „Möchten Madame das Frühstück im Bett oder lieber am Tisch serviert haben?", fragt mich die junge Frau mit einem süßen französischen Akzent. Auf dem goldenen Tablett, verziert mit einer roten Rose, sehe ich Kaffee, frisch duftende Brötchen und weitere Köstlichkeiten. Das Wasser läuft mir im Mund zusammen. Endlich wieder einmal einen guten starken Kaffee. Ach, hatte ich den vermisst. Ich will schon aufspringen und dem jungen Mädchen das Tablett aus der Hand nehmen, als mir wieder in den Sinn kommt, dass ich ja fast nichts anhabe. Also entschließe ich mich, wohl oder übel, das Frühstück im Bett zu genießen. Ein wenig peinlich berührt, lasse ich mich bedienen. Ich komme mir wie krank vor, denn nur in diesem Zustand, besser gesagt im Spital, habe ich das Frühstück schon so zu mir genommen. Als sie das Zimmer endlich verlässt, bin ich froh, wieder allein zu sein.

Ich schaue mich um. Da ist alles prunkvoll, mit Antiquitäten vollgestopft und doch irgendwie harmonisch und schön. Das Zimmer ist in den Farben rot-gold eingerichtet und zeigt einen Luxus, den ich nur von alten Filmen her kenne. Ich habe gerade mein Frühstück beendet und überlege mir, wie ich nun zu einem Kleid kommen könnte, da erscheint wieder die junge Frau, welche mich nach dem Frühstück gefragt hatte. In der Hand hält sie einen goldfarbenen Bademantel. Ein wenig widerwillig schlüpfe ich in diesen hinein, welcher überhaupt nicht meinem Geschmack entspricht. Wenigstens verhüllt er meinen Körper. Also tut er im Moment seinen Dienst. Sie bittet mich, ihr in ein Nebenzimmer zu folgen. Ein Badezimmer wie aus tausend und einer Nacht. Alles ist aus weißem Marmor und Gold. Mitten drin, umrahmt von grünen Pflanzen, steht die Badewanne. Sie ist groß, rund und eingelassen. Neben den Stufen, die in die Wanne führen, stehen zwei Frauen. Sie beginnen mich zu entkleiden. Obschon es mir peinlich ist, nehmen sie mir Bademantel und Negligé ab, und fordern mich auf, über die fünf Stufen ins Badewasser zu steigen. Das Wasser fühlt sich samtartig, warm und wohlig an. Da die Badewanne, sehr groß ist, kann ich mich räkeln und strecken. Langsam verflüchtigen sich meine Schamgefühle und ich beginne, dieses Baderitual zu genießen. Kurz zucke ich zuerst noch zusammen, als ich die Hände einer der Frauen auf meinem Rücken spüre, doch indem ich mir selbst erlaube, dieses Ritual einfach auszukosten, kann ich mich entspannen und gehen lassen. So sitze und liege ich, in diesem Marmorbadesaal, in einer riesigen Badewanne, flankiert von zwei schönen, jungen Frauen, die mich verwöhnen. Nachdem mir auch noch die Haare gewaschen werden, liege ich gelöst im warmen Wasser und hänge meinen Gedanken nach. Im dösenden Zustand überlege ich mir, wie ich nun wieder aus der Wanne heraus komme. Schließlich bin ich es nicht gewohnt, dass jemand mich nackt sieht, schon gar nicht fremde Menschen. Ich fühle mich gestresst und obwohl meine Haut schon aufgeweicht ist, bleibe ich liegen. Das Wohlbefinden ist längst wieder einer Anspannung gewichen, doch ich bleibe im Wasser, welches mich bedeckt. Als eine der Frauen meint: „Möchten Sie jetzt herauskommen?“, füge ich mich, trotz meiner Scham, in mein Schicksal und steige die Stufen hinauf. Die zwei Frauen empfangen mich mit einem großen, weichen, weißen Tuch, welches sie um mich schlingen und damit abrubbeln. Obwohl ich dies einerseits genieße, kommen mir auch Zweifel. Ich bin hin und her gerissen zwischen meiner Hingabefähigkeit und meiner anerzogenen Prüderie, was mich wohl daran hindert, das ganze Ritual richtig zu genießen. Nachdem ich wieder trocken bin, streichen sie meinen Körper mit einem wohlriechenden Öl ein, obschon ich mich wehre und ihnen erkläre, dass ich das gut selber machen kann. Sie lachen nur. „Das wissen wir, doch es ist unsere Aufgabe, Sie zu bedienen. Genießen Sie es, Madame.“

Genießen? So was kann ich doch nicht genießen und das Madame kommt mir auch mehr als seltsam vor. Ich bin doch keine Dame. Nach der Tortur des Einölens helfen sie mir in zarte, seidene, rote Unterwäsche mit Spitzen, welche sich an meinen Körper anschmiegt. Ich komme mir vor wie ein kleines Kind, das nicht einmal fähig ist, seine Unterwäsche allein anzuziehen. Die zwei Frauen lassen sich durch meine Verlegenheit in ihrer Arbeit nicht stören. Sie ziehen mir den goldenen, prachtvollen Morgenmantel wieder an und führen mich zurück in mein Schlafzimmer. Erstaunt stelle ich fest, dass das Bett schon gemacht ist. Darauf sitzt eine schöne, vollbusige Frau in einem ähnlichen Mantel wie meinem.

„Guten Morgen, kleine Schwester, oder sollte ich besser sagen, guten Mittag. Du hast lange geschlafen."
Ich schaue sie mit offenem Mund an. Wahrscheinlich stehe ich noch immer unter Schock nach diesem Baderitual, welches ich gerade hinter mir habe, denn normalerweise bin ich nicht auf den Mund gefallen. Sie erwartet anscheinend keine Antwort, denn sie fährt ungeniert weiter. „Herrlich so ein Bad, nicht? Es gibt nichts Schöneres, als den Tag mit einem erfrischenden Bad zu beginnen."
Noch immer bin ich nicht in der Lage, etwas zu sagen und so schaue ich sie nur mit offenem Mund an und dem Gedanken, dass ich dieses Morgenbad nicht so toll gefunden habe. Die Frau steht vom Bett auf, kommt auf mich zu, bleibt vor mir stehen, lacht, nimmt meine Hand und führt mich zum Schminktisch, welcher vor einem großen, goldenen Spiegel steht. Ich setze mich davor und sie sich daneben, schaut mich an und meint: „Deine Haare haben in der Wildnis etwas gelitten. Na ja, mit 100 Bürstenstrichen werden wir wieder Glanz hinein bringen."
Gleichzeitig zu ihren Worten steht eine der beiden Frauen aus dem Badezimmer schon hinter mir, hat eine Bürste in der Hand und beginnt, mein Haar zu bearbeiten. Ich stehe wohl wirklich unter Schock, denn ich bringe keinen Ton heraus. Da sitze ich nun vor einem prunkvollen, goldenen Spiegel, auf einem rot-samtenen Sessel in einem goldenen Bademantel und hinter mir eine Frau, die sich mit meinem Haar beschäftigt. Wenn das kein Alptraum ist.
„Genieß es", meint die Frau neben mir, die ich mir jetzt genauer ansehe. Sie hat lange, wallende Haare, die ihr liebreizendes Gesicht umspielen. Ihre sinnlichen, großen Lippen sind leicht geöffnet und zeigen blendend weiße Zähne. Ihre blauen Augen sind groß und klar und schauen mich wissend, neckisch und gleichzeitig voller Liebe an. Ihr Körper wirkt sehr weiblich, feminin und ich finde, dass sie genau dort Rundungen hat, wo es sie braucht und ansonsten eine makellose schlanke Figur besitzt. Ihre Sitzstellung bezeichne ich als aufreizend. Sie zeigt ihre schlanken Fesseln und die entsprechenden Beine dazu, welche sie übereinander geschlagen hat. Ihr Bademantel ist kunstvoll so drapiert, dass ihr Brustansatz gut sichtbar ist und wäre ich ein Mann oder stünde ich auf Frauen, würde sie mein Blut sicher in Wallung bringen. Bei die-

sem Gedankten steigt mir die Schamesröte ins Gesicht, vor allem als ich feststelle, dass ich sie richtig gehend angestarrt habe. Ich fühle eine gewisse Erotik, Sinnlichkeit und Anziehungskraft, was ich auf keinen Fall zulassen will. Was soll das? Ich fühle mich doch nicht zu Frauen hingezogen!
Schnell konzentriere ich mich wieder auf mein Spiegelbild und die Frau, welche noch immer meine Haare bürstet. Ich nehme ihre Hand, welche die Bürste hält und sage: „Es reicht. Danke." Gerade als ich im Begriff bin, aufzustehen, erklärt die Sinnliche: „Es reicht noch lange nicht. Hat dir deine Mutter nie gesagt, dass du morgens und abends jeweils hundert Bürstenstriche durch dein Haar machen sollst, damit es glänzt und seine volle Wirkung zeigen kann?" Sie gibt der Frau hinter mir ein Zeichen und diese drückt mich wieder auf meinen Stuhl, sodass sie weiter ihre Bürstenstriche verrichten kann. Schicksalsergeben bleibe ich sitzen. Nach, wie mir scheint, endloser Zeit, lässt sie von meinen Haaren ab und cremt mir mein Gesicht ein. Das empfinde ich wieder als sehr wohltuend und schließe seufzend meine Augen. Lange kann ich dieses Gefühl nicht genießen, denn die Sinnliche erklärt: „So, jetzt siehst du schon fast wieder wie eine zivilisierte Frau aus. Komm lass uns schauen, was wir heute anziehen."
Mit diesen Worten steht sie auf und macht mir ein Zeichen, ihr zu folgen. Sie öffnet eine Türe und wir stehen in einem Raum, der voll gestopft ist mit Kleidern. Kleider in allen Farben und verschiedenen Stilen, Tageskleider, Abendkleider aus den teuersten Stoffen hängen da und warten darauf, getragen zu werden. Bevor ich mich von meinem Staunen erholen kann, sehe ich, wie die Sinnliche, so nenne ich sie, da ich ihren Namen noch nicht kenne, vor einen großen Spiegel steht und fragt: „Spieglein, Spieglein an der Wand, wer ist die Schönste im ganzen Land?"
Und der Spiegel antwortet: „Frau Königin, Ihr seid die Schönste im Land." Zufrieden dreht sie sich zu mir: „Willst du auch mal?" Perplex stehe ich da und stottere: „Bist du die böse Königin aus Schneewitchen?"
Da beginnt sie schallend zu lachen und erklärt mir: „Nein, das bin ich nicht. Ich bin doch keine Märchenfigur. Nein, ich bin die schöne, lustvolle, sinnliche, verspielte, leidenschaftliche Venus. Du kannst Aphrodite zu mir sagen. Das mag ich lieber als Venus."

Meine Gedanken kreisen um das, was ich soeben gehört habe. Venus, ist das nicht die Göttin der Liebe und Schönheit? Sie wurde aus dem Meeresschaum geboren und ...... „Glaub nicht alles, was du liest. Meine Geburt im griechischen Mythos ist sehr patriarchalisch geprägt. Da entstehe ich aus den abgetrennten Genitalien des Himmelsgottes Uranus."
„Uranus?", frage ich sie konsterniert.
„Ja, Uranus. Die Götter der Frühzeit, also die Erdmutter Gaia und der Himmelsvater Uranus hatten gemäß der Mythologie vielen Götterkindern das Leben geschenkt. Unter den später Geborenen befanden sich Söhne, welche ihren Vater hassten. Auch Uranus fand keinen Gefallen an seinen grässlichen

Söhnen und schob sie immer wieder in die bedauernswerte Gaia zurück, sobald ein neuer Sohn auf die Welt kam. Schließlich wandte sich einer der jüngeren Söhne, Kronos, der seinen Vater ebenfalls verabscheute, gegen Uranus und kastrierte ihn mit einer steinernen Sichel, die Gaia gefertigt hatte, um den grausamen Gefährten zu bestrafen. Das abgetrennte Glied wurde lässig weggeworfen und fiel auf die Erde. Aus den Blutstropfen entsprangen Furien und Titanen, doch das Glied selbst, fiel in die stürmische See, wo es die Wellen davon trugen. Der Gischt, welcher sich um das abgetrennte Glied bildete, entsprang ein Mädchen. Zunächst wurde es nach Kythera gespült, dann nach Zypern, umschlossen von den Wogen. Dort ging die anmutige Göttin mit ihren beiden Gefährten an Land, mit Eros, dessen Name Liebe bedeutet, und Himeros, dessen Name Verlangen heißt. Und während ihre Füße die Erde berührten, wuchs das Gras unter der Göttin. Den Sterblichen bedeutet ihr Name, Aphrodite, die Schaumgeborene."
„Und das bist du? Du bist die Schaumgeborene? Du bist also Venus?" Sie nickt. „Ja, ich bin die Verkörperung von Venus. Doch nenne mich lieber Aphrodite. Das ist kraftvoller und hat mehr Energie." Ich lächle vor mich hin. Bei Venus kommen mir billige Sexspiele und Sexhops in den Sinn.
„Wie viele Namen wird auch der von Venus oft missbraucht. Doch Sex ist nicht gleich Sex und ich bin vor allem für die Erotik und Sinnlichkeit zuständig. Doch komme jetzt vor den Spiegel, das macht Spaß."
„Und was soll ich vor dem Spiegel?"
„Deine Schönheit sehen, ehren, preisen und genießen. Dank diesem Spiegel musst du es dir nicht einmal selber sagen, sondern es wird dir gesagt – wie in Schneewitchen."
„Also sagt der Spiegel jeder Frau, dass sie schön ist?"
„Ja, weil - jede Frau ist schön!"
„Nein. Ich zum Beispiel bin nicht schön."
„Wer sagt das?", fragt mich Aphrodite, nimmt mich bei der Hand und stellt mich vor den Spiegel. „Schau hinein, schau dich an."
Ich schaue in den Spiegel und was ich sehe, ist alles andere als schön. Schnell schaue ich wieder weg. „Willst du dich nicht ansehen?", fragt mich Aphrodite und scheint das überhaupt nicht zu verstehen.
„Nein, will ich nicht. Ich schaue nicht gern in den Spiegel. Und überhaupt, eine Frau, die sich selber schön findet, ist eitel und eingebildet", schleudere ich ihr empört entgegen.
„Und weil du nicht als eitel und eingebildet angesehen werden willst, findest du dich nicht schön? Ist es das, was du mir sagen willst?"
Will ich das? Nein, die Worte waren mir einfach heraus gerutscht. Ich habe nicht groß nachgedacht, als ich ihr diese Worte an den Kopf warf. Anscheinend habe ich jedoch solche Gedanken. Aphrodite lässt nicht locker und fragt: „Was ist falsch daran, sich schön zu finden?" Ich hebe meine Schultern und frage mich das insgeheim auch. Ja, was ist falsch daran, sich selber schön zu finden? Sie fordert mich noch einmal auf, vor dem Zauber-

spiegel aus der Märchenwelt zu stehen und das Ganze als ein Spiel anzusehen.
„Wieso sind wir Frauen immer wieder von Selbstzweifeln geplagt? Wir sorgen uns ständig um unser Gewicht und grämen uns über jedes Fältchen, das sich in die Haut gräbt.“ Aphrodite schmunzelt: „Nimm es locker und genieße es. Sei einfach Frau. Denke nicht zuviel, sondern lasse es auf dich wirken. Sage jetzt: Spieglein, Spieglein an der Wand, wer ist die Schönste im ganzen Land?“
„Nein, das geht nicht.“
„Und wieso nicht?“
„Weil der Spiegel Frau Königin sagt und das bin ich nun wirklich nicht. Also spricht er nicht zu mir.“
„Woher willst du wissen, was der Spiegel sagt? Und wie kommst du darauf, dass du keine Königin bist? Jede Frau ist eine Königin. Sie ist nicht nur Königin sondern auch Herrscherin. Als Frau bist du Eroberin, Herrscherin und Königin zugleich. Also mach vorwärts, oder willst du den ganzen Tag vor dem Spiegel verbringen?“
„Ich habe Angst“, stottere ich leise, fast nicht hörbar vor mich hin und schaue betrübt auf den Boden.
„Du hast Angst? Höre ich richtig? Du hast Angst, dich selber anzusehen? Du kannst einen Hasen jagen und Tage und Nächte in der Wildnis verbringen, doch du hast Angst, dein Spiegelbild anzusehen?“ Sie schüttelt den Kopf und ihre Haare fliegen hin und her. „Schau, das ist kein Zerrspiegel der Unwissenheit und Lieblosigkeit, wie du ihn kennst. Das ist ein Zauberspiegel, der dich wieder mit dir selbst in Verbindung bringt. Also, habe Mut und schaue hinein. Schaue dich an und lasse dich von deiner Schönheit berühren.“
Skeptisch schaue ich wieder in mein Spiegelbild. „Ich weiß, was der Spiegel sagen wird.“
„Was denn?“
„Er wird sagen. Frau Königin, Ihr seid die Schönste hier, aber Aphrodite ist tausendmal schöner als Ihr.“
„Du denkst also, ich bin schöner als du? Du glaubst also an ein Märchen? Du glaubst, dass es wirklich eine böse Stiefmutter gibt?“ Ungläubig schaut sie mich an. „Du glaubst wohl jeden Quatsch. Doch an dich, an dich selber glaubst du nicht.“
Ich fühle mich missverstanden und völlig ungerecht behandelt. Mit weinerlicher Stimme antworte ich: „Wie kann ich an mich glauben? Schau mich an. Ich bin nicht schön. Du bist eine schöne Frau.“ Ja, neidlos muss ich das zugeben. Sie entspricht dem Schönheitsbild vieler Frauen und Männern. Aus ihr strahlt eine Sinnlichkeit, Erotik und Schönheit, von der ich nur träumen kann. Sie lässt sich von meinem Weinen nicht beeindrucken: „Jede Frau ist schön. Ich finde dich schön. Schaue in den Spiegel und betrachte dich. Blicke nicht auf das, was du nicht so toll an dir findest. Schaue dich einfach an. Ohne Vorurteile, ohne Erwartungen, sondern liebevoll und zärtlich.“

Ohne zu wissen, was sie mit liebevoll und zärtlich meint, schaue ich in den Spiegel und lächle mich ein wenig zaghaft an. Durch mein Lächeln verändert sich etwas in mir und auch an meinem Spiegelbild und als der Spiegel zu mir spricht: „Du bist meine Königin. Und Frau Königin, Ihr seid die Schönste im Land“, sehe ich, wie sich mein Gesicht durch mein Lächeln verändert. Natürlich ist mir klar, dass dieser Spiegel jeder Frau dasselbe sagt und doch verändert sich etwas in mir. Meine ganze Haltung wird weicher. Ich blicke in mein Spiegelbild und fühle ein Glücksgefühl in mir aufsteigen. In diesem Moment habe ich wirklich den Eindruck schön, begehrenswert, sinnlich und unwiderstehlich zu sein. Ich schaue mich an und erblicke mich zum ersten Mal als Frau ohne Wenn und Aber. Wann hatte ich zum letzten Mal dieses Gefühl? Hatte ich es überhaupt schon? Wenn ja, dann nur, wenn ein anderer Mensch mir seine Aufmerksamkeit schenkte. Wenn ein Mann mir dieses Gefühl gab. Doch heute ist es anders. Nicht ein anderer Mensch, nicht ein Mann, sondern ich selber habe das Gefühl von begehrenswert, schön und unwiderstehlich in mir erweckt. Es war nicht abhängig von jemand anderem. Ich selber habe es mir geschenkt. Allein schon dieser Gedanke bringt mein Blut in Wallung und mit geröteten Wangen stehe ich vor dem Spiegel, schaue mich an und habe den Eindruck, noch nie so schön gewesen zu sein.
„Schönheit kommt von innen“, höre ich Aphrodite sagen. Ich nicke. Ja, irgendwie hat sie Recht, Schönheit kommt von innen. Wenn ich mich schön finde, können die anderen sagen und tun was sie wollen, es verändert sich nichts, weil ich mich selber schön finde.

„Also, lass uns jetzt die Kleider für heute aussuchen. Was möchtest du anziehen?“, fragt mich Aphrodite und holt mich damit aus meinem Traumzustand heraus, zurück in die Wirklichkeit.
„Ich weiß nicht. Was ziehst du denn an?“
„Es spielt doch keine Rolle, was ich anziehe. Ich fragte dich, was du anziehen willst. Schaue dich um und ziehe an, worauf du Lust hast. Am Abend werden wir uns sowieso nochmals umkleiden.“
„Wieso das? Ich trage immer dasselbe.“
„Auch, wenn Gäste kommen?“
„Heute Abend kommen Gäste?“
„Natürlich. Was hast du denn gedacht. Ich liebe es, Gäste zu bewirten, zusammen zu speisen und es sich wohlergehen zu lassen. Ich liebe Gespräche und Unterhaltung. Hinzu kommt“, und sie blinzelt mir zu, „dass, wenn wir alleine sind, uns ja auch niemand bewundern kann.“ Sie wirft ihre Arme in die Luft und sagt laut: „Ich liebe es, bewundert zu werden. Also lade ich mir immer wieder Gäste ein.“
„Damit du bewundert wirst?“
„Damit wir bewundert werden. Ich habe uns ein paar tolle Männer eingeladen.“
„Männer!?“, also bin ich doch in einem Bordell gelandet. Sicher ist es ein Luxusbordell. Was hat mir die Frau am Morgen erzählt? Dies hier sei ein

Liebesschloss. Genau - und Aphrodite sagte doch irgend etwas von Venus und Sex. Ich spüre, wie sich mein Körper versteift und erkläre Aphrodite klipp und klar, dass ich mich überhaupt nicht eigne als Sexobjekt.
„Wie kommst du auf die Idee, ein Objekt zu sein und erst noch ein Sexobjekt?“, fragt sie mich erstaunt. „Ach die Frauen, sie denken einfach zu viel.“
„Wie kommst du darauf?“
„In den Augen der Welt wird eine schöne Frau schnell einmal zu einer Sexgöttin. Sie wird zum Inbegriff der Venus-Frau. Doch sie genießt es nicht, sondern leidet darunter.“
„Eine schöne Frau leidet unter ihrer Schönheit? Du meinst sie leidet, weil sie begehrt wird?“
„Ja, weil viele Männer sie nur wegen ihres Aussehens haben wollen. Weil die Männer sie als Ziel ihrer Eroberung oder als Statussymbol betrachten. Das führt bei vielen Frauen zu einem Mangel an Selbstwertgefühl. Sie glauben nicht mehr an sich und ihre Begabungen, weil der äußere Druck zu sehr auf ihnen lastet. Das geht vielen Frauen so. Sie werden nur nach dem Äußeren beurteilt.“
„Sie werden wenigstens bewundert, sind beliebt und begehrt.“
„Meinst du?“
Da kommt mir ein Satz von Marilyn Monroe in den Sinn: Ein Sexsymbol ist eine Sache. Ich bin aber keine Sache. Ich schweige und komme ins Grübeln. Vielleicht ist Schönsein wirklich nicht so einfach, wie ich mir das immer vorgestellt habe. Und was ist schön? Ist das nicht eine subjektive Wahrnehmung? Mit diesen Gedanken suche ich mir ein Kleid aus, ziehe es an und zusammen mit Aphrodite verlasse ich das Ankleidezimmer. Wir werden beide noch frisiert und geschminkt und danach zeigt sie mir das Schloss. Es ist wunderschön und liegt mitten in einem großen Park. Die Sonne scheint, sodass wir uns das verspätete Mittagessen draußen servieren lassen. Nach wie vor finde ich es seltsam, immer von Dienerinnen und Dienern umgeben zu sein. Nichts kann ich allein tun. Sofort ist jemand zur Stelle und bietet mir seine Dienste an. Auch während des Mittagessens sind wir nicht allein. Immer steht da jemand auf Abruf. Ich fühle mich beobachtet und unfrei. Ach, wie sehr sehne ich mich nach der Wildnis und Artemis.
„Ist das Leben nicht wundervoll?“, fragt mich Aphrodite und lehnt sich genüsslich in ihrem Stuhl zurück, nachdem wir beide das Mittagessen beendet haben.
„Lass uns einen Verdauungsspaziergang durch den Park machen und die Natur mit ihren grandiosen Sehenswürdigkeiten bewundern.“

Sie steht auf und schlendert mit einem verliebten Lächeln im Gesicht den Weg hinunter zum Rosenteich. Ich folge ihr und staune, wie leichtfüssig und tänzerisch ihre Schritte wirken. Sie schaut zurück, macht eine Drehung um sich selbst herum, zieht ihre Schuhe aus und tanzt wirklich und wahrhaftig zum Rosenteich. Ich habe sogar den Eindruck, sie singen zu hören. Das ist

vielleicht eine Verrückte. Oh, wie sehr sehne ich mich nach Artemis und ihrer Art. Im Vergleich zu Aphrodite sind meine Schritte langsam und schwerfällig. Ich sehe ihr zu, wie sie ihrem Spiegelbild im Wasser zulächelt und zuwinkt. Tanzend wirbelt sie herum, was mich schon beim Zuschauen schwindlig macht.
„Lass uns singen und tanzen. Lass uns das Leben genießen", ruft sie mir zu und ich überlege, ob ich nicht besser umkehren soll. Doch schon steht sie bei mir und nimmt meine Hände in ihre. Zusammen drehen wir uns im Kreis, bis wir beide lachend und ein wenig außer Atem auf dem Rasen landen. „Ach ist das Leben himmlisch", ruft sie und jauchzt dabei so laut, dass es mir für sie richtig peinlich ist. Ich schaue umher und bin froh, dass niemand zu sehen ist. So liegen wir eine Weile still nebeneinander bis Aphrodite plötzlich fragt: „Findest du das Leben auch schön?" Ich überlege und frage mich, was schön an meinem Leben ist.

„Ich frage nicht, ob dein Leben schön ist. Ich habe gefragt, ob du das Leben schön findest?", erklärt mir Aphrodite, was mich wütend macht. „Kannst auch du meine Gedanken lesen?" Und währenddem ich das sage, fällt mir der Satz ein: Gedanken machen Rauch und Rauch ist sichtbar. Aphrodite schaut mich von der Seite her an, schmunzelt und erklärt: „Mit der Zeit werden sie auch für dich sichtbar sein. Du wirst schon sehen."
Sie macht ein grüblerisches Gesicht und murmelt vor sich hin: „Ich denke, Athene wird dich in dieses Gebiet einführen." Und mit lauter Stimme wiederholt sie ihre Frage: „Nun sag, findest du das Leben schön?"
„Ich weiß es nicht", gebe ich kleinlaut zu. Aphrodite lässt einmal mehr nicht locker. „Sag mir etwas, das du schön findest." Sie sieht meinen zweifelnden, fragenden Blick und meint: „Irgend etwas, such nicht zu weit." Ich überlege, denke nach und spontan kommt mir ein Sonnenuntergang in den Sinn.
„Einen Sonnenuntergang am Meer finde ich sehr schön."
„Und warum ist er für dich schön?"
„Wie warum?" Diese Aphrodite bringt mich mit ihren Fragereien noch völlig aus der Fassung. „Ich weiß nicht, warum."
„Du kannst mir doch sicher erklären, was schön an einem Sonnenuntergang am Meer ist", meint sie und lächelt mich dabei unschuldig an, was mich noch mehr in Rage bringt. Weil ich ihr keine Erklärung geben kann, schweige ich. Aphrodite gibt nicht auf. „Schau dich um. Welche Blume findest du schön?" Ich schaue mich um und sehe Sonnenblumen, Margeriten, Rosen, Stiefmütterchen, Veilchen, Narzissen und viele mehr. „Jede ist auf ihre Art schön", sage ich. Aphrodite fordert mich auf, genauer zu sein: „Welche Blume zieht dich besonders an? Welche findest du besonders schön?"
„Die Sonnenblume finde ich faszinierend. Ja, die Sonnenblume oder nein, die roten Rosen sind schön. Ja, die Rosen finde ich sehr schön."
„Es fällt dir also schwer dich zu entscheiden?"
„Ja. Wenn ich mir die Blumen so anschaue, sind alle schön. Jede auf ihre Art.

Doch am meisten berührt mich die Sonnenblume – und die Rose finde ich schön."
„Und warum findest du die Rose sehr schön?" Aphrodite bringt mich mit ihrer hartnäckigen Fragerei richtig aus dem Konzept. „Warum, warum? Ich weiß nicht warum, darum."
„Darum?"
„Ich kann es dir nicht sagen. Ich finde die Rosen einfach schön, weil sie für mich schön sind."
„Verstehe ich dich richtig. Du kannst mir nicht erklären, warum du die Rosen schön findest oder warum du einen Sonnenuntergang schön findest?"
„Nein, das heißt ja, ich kann es nicht erklären."
„Und trotzdem findest du sie schön?"
„Ja." Langsam macht sie mich richtig kribbelig. Worauf will sie hinaus? Was will sie mir sagen?
„Kann es sein, dass schön nicht zu erklären ist? Dass Schönheit etwas mit dem Herzen, dem Fühlen zu tun hat?", fragt mich da Aphrodite. Ich verstehe nicht, was sie dazu veranlasst, weiter auszuholen.
„Ich habe dich gefragt, welche Blume du schön findest. Du hast dich für die Rosen entschieden, doch kannst du mir nicht sagen, wieso." Ich nicke und sie fährt fort. „Schönheit hat also nichts mit Logik zu tun. Aus diesem Grund kannst du mir auch nicht erklären, warum etwas schön für dich ist. Es ist einfach." Ich krause meine Stirn, was sie dazu bewegt, ins Detail zu gehen.
„Schau dir deine Lieblingsblume an. Du findest sie schön. Woher weißt du, dass sie schön ist? Ist es eine logische Schlussfolgerung? Nein. Sobald du die Logik ins Spiel bringst, kannst du nicht erklären, wieso diese Blume schön ist. Mit Logik kann das Phänomen der Schönheit nicht ergründet und noch weniger bewiesen werden. Wenn du also sagst, dass diese Blume schön ist, funktionierst du aus dem Herzen.
So ist es auch mit der Liebe. Wenn du dich verliebst, geschieht das aus dem Herzen und nicht aus deinem Verstand, deiner Logik. Wenn du sagst, dass du vom Sonnenuntergang überwältigt bist, ist das keine rationale Aussage. Wenn du nun gezwungen bist, es logisch zu beweisen, dass dieser Sonnenuntergang überwältigend ist, kommst du in die Klemme."
„Ja das stimmt. Ich kann es nicht erklären, weil es nichts mit dem Kopf, sondern vielmehr mit dem Herzen zu tun hat."
„Oft ist es so, dass der Kopf nicht versteht, was das Herz macht und will. Der Kopf sucht jedoch immer nach einer Erklärung. Nicht so das Herz, das ist einfach. Kurz und gut, Schönheit ist nicht zu erklären, weil es da auch nichts zu verstehen gibt." Kopf, Herz in meinem Kopf beginnt wieder alles zu kreisen, doch sie fährt unbeirrt fort. „Der Kopf ist unfähig zu verstehen, wie das Herz funktioniert. Das Herz hat jedoch diese Schwierigkeiten nicht. Der Grund liegt auf der Hand. Der Kopf ist rational, während das Herz tief in dein Inneres reicht. Das Niedrigere kann das Höhere nicht verstehen, doch das Höhere kann das Niedrigere ganz leicht verstehen."

„Also kann Schönheit nicht erklärt werden."
„Stimmt. So konntest du mir nicht sagen, wieso du die Rosen schön findest."

Sie macht eine Pause und schaut mich lange an. „Spannend finde ich, dass du mir genau erklären kannst, wieso du nicht schön bist."
Nun schaue ich sie lange und verdutzt an. Sie hat Recht. Wenn ich vor dem Spiegel stehe, sehe und vor allem weiß ich genau, wieso ich nicht schön bin. Dabei ist Schönheit nichts, das ich erklären kann. Doch wenn es um mich geht, kann ich genau erklären, wieso ich nicht schön bin. Irgendwie ist das unlogisch. Ich denke weiter nach und komme zum Schluss, dass ich mich vor dem Spiegel nicht einfach nur ansehe, sondern dass ich vor allem denke.
„Hat dir eigentlich schon mal jemand gesagt, dass du zuviel denkst?", fragt mich in diesem Augenblick Aphrodite. Ich lache und bejahe. Wir lachen beide.
„Ja mit der Schönheit ist es so eine Sache. Die Rose, der Inbegriff für die Liebe, ist auch die Blume der Schönheit. Die Poeten haben ihre Schönheit immer wieder gerühmt und nicht übertrieben. Mit Recht haben sie die Rose Tochter des Himmels, Glanz des Sommers, Schmuck der Erde und immer wieder Königin der Blumen genannt. Doch wer kann ihre hinreißende Harmonie und ihre überirdische Anmut wirklich beschreiben? Niemand, weil es nicht zu beschreiben, sondern vielmehr zu erfahren ist. Wenn sich die Rose öffnet, folgt das Auge den ausgewogenen Linien. Doch wer kann das Öffnen der Rose beschreiben, wer die verführerischen Farben und den zarten Duft, den sie ausströmt?" Sie zeigt auf eine besonders schöne, stolze Rose. „Sieh, wie die Knospen sich erheben aus ihrem zierlich geschnittenen Kelch. Oft wird gesagt, dass die Königin der Blumen mit dem Wind spielt, dass sie sich mit Tautropfen schmückt, dass sie die Sonnenstrahlen lächelnd empfängt." Und Aphrodite gerät ins Schwärmen. „Hat sich die Natur erschöpft, um die Frische der Rose, ihren Duft, ihren Glanz und ihre Anmut hervorzubringen? Die Rose verschönert den ganzen Erdkreis. Sie stirbt an dem Tag, an welchem sich ihre Schönheit vollendet hat und in jedem Frühling ersteht sie jung und schön. Die Rose ist nie alt geworden und ewig jung bleiben die Lieder und Gedichte über sie. Die Liebe bekränzt sich mit ihr, und die Unschuld entlehnt sich das sanfte Rosarot. Sie ist der Preis für Tugend und Verdienst. Sie wird der Venus zugeteilt, mir, der Göttin der Schönheit und Liebe. Sie ist schön wie ich, sie ist schöner noch als schön."

Wie Aphrodite komme ich ins Schwärmen und wiederhole: „Schöner noch als schön", als Aphrodite schon weiter über die Rose philosophiert: „Die Rose, die man ganz allgemein die Königin der Blumen nennt, vereint alles, was man an anderen Blumen einzeln bewundert. Die edle Haltung der Stiele, die harmonische Zusammenstellung der Blüte, den zarten Glanz der Farben und die Süsse des Duftes." Sie hält inne und beide lauschen wir den Worten nach, welche sie über die Rose gesagt hat.

„Ich liebe solche Ausführungen“, sage ich nach einiger Zeit, was Aphrodite dazu veranlasst, mir eine Entstehungsgeschichte der Rose zu erzählen.
„Nach einer Dichtung wird Flora für die Schöpferin der Rose gehalten. In jener goldenen Zeit, als die Himmlischen noch herniederstiegen von ihren Göttersitzen und ihre Gestalten in menschliche verwandelten. In ihrem Götterbusen fühlten sie menschlich, wenn sie auf der Erde weilten. So erblickte einst Amor die Göttin Flora schlafend inmitten von Blumen. Morpheus hatte auf Amors Bitten – keiner schlug so leicht dem kleinen Gott eine Bitte ab – seine Schlummerstengel über Flora geschüttet. So lag sie da. Eine jugendliche Mutter im Kreise blühender Kinder. Sie lag schlafend in der lieben Blumenwelt und deren üppige Fülle schützte das schlummernde Antlitz vor den brennenden Blicken des Amor. Aber gegen die Pfeile von Amor schützten sie nicht. Selbst Zephir, der Wind, hielt ängstlich den Atem an und wandte weinend sein Gesicht ab, als sich Amor näherte und sein triumphierender Blick seinen heimlichen Schalk verkündete. Lange schon war er, in heimlicher Liebe, der Blumengeschmückten nachgeschlichen. Die Göttin der Blumen hatte jedoch kalt seine liebesverheißenden Blicke gemieden. Niemand aber, und wären es die Götter selbst, kann der Macht Amors entfliehen. Keiner darf ihn ungestraft schmähen. So greift der kleine Gott nach dem schärfsten Pfeil in seinem nimmer leeren Köcher. Mit geübter Hand hält er den Bogen, das sichere Auge fasst sein nahes Ziel – und Floras Busen ist verwundet. Amor hat sich gerächt und entflieht. Durch das Brennen der Wunde wird die Schlafende geweckt und entbrennt in eine heiße namenlose Liebe für den kleinen Amor. Sonst zeigte sie ihm die kalte Schulter und floh in kalte Sprödigkeit. Doch jetzt wünscht sie ihn herbei. Umsonst. So sehr sie die Sehnsucht foltert, das Auge ihn verstohlen sucht, er meidet ewig ihre Nähe. Aus diesem Schmerz heraus erschuf die Göttin eine Blume, die sie an den Lieblichen mahnen sollte. Mit blassem Rot, der Sehnsucht Farbe, malte sie die blütenreiche Krone. In der Blüte Kelch hauchte sie ihren ambrosischen Atem. Die duftenden Blüten wiegen sich auf dem schlanken Stengel, biegsam war er wie der Bogen des verwundenden Gottes. In frischem Grün – sie hofft ja noch, dass der Entflohene wiederkehren könne – treiben Blätter um den Stiel, auch Dornen mischen sich darunter. So ist die Blume denn vollendet. Lieblich steht sie da in stillem Prange. Sie, die Liebe und Sehnsucht, Hoffnung und Schmerzen hat entstehen lassen, die Sinnigste und die Schönste unter ihren Schwestern.“
„Deswegen symbolisiert die Rose die Liebe.“
„Die Rose steht für die innigste Liebe und somit auch für Mut.“
„Was hat denn Mut mit Liebe zu tun?“
„Sehr viel. Nur ein mutiger Mensch ist bereit, wirklich zu lieben. Also ist es nicht erstaunlich, dass die Rose für Mut und Liebe steht. So war es immer und so wird es bleiben. Es wird erzählt, dass die alten Gallier, bevor sie in die Schlacht zogen, sich Rosenkränze auf das Haupt setzten, um ihren Mut anzudeuten. Auch als Scipio Africanus nach dem Sieg über Hannibal seinen

Triumphzug in Rom hielt, trugen die Soldaten der achten Legion, die als erste in das karthagische Lager gedrungen waren, Rosenzweige in den Händen."
Sie hält inne und fährt nach ein paar Sekunden weiter: „Eine andere Rosengeschichte findest du in einem Fragment des berühmten persischen Dichters Attor. Da erscheinen alle Vögel vor dem König Salomo und klagen die Nachtigall an. Sie fühlen sich durch ihren ununterbrochenen Klagegesang, den sie in eine Art Wahnwitz und Trunkenheit heraufwirbelte, in ihrer Ruhe gestört. Die Nachtigall wurde vorgeladen, zur Rede gestellt und freigesprochen von dem weisesten der Könige."
„Und warum wurde sie freigesprochen?"
„Die Nachtigall versicherte dem König, dass ihre heftige, aufwallende Liebe zur Rose sie zum Wahnsinn fortreiße. Nur dieser Grund lasse sie in die schmachtenden, rührenden Klagen ausbrechen, deren man sie beschuldigte. Und da König Salomo weise war, sprach er sie frei."
„Ich wusste gar nicht, dass es so viele Geschichten über die Rose gibt."
„Oh, es gibt noch viel mehr davon. So haben die Römer bei vertraulichen Gesprächen eine Rose aufgehängt. Die Dienerschaft wusste, dass alles, was unter der Rose - sub rosa - gesagt wurde, nicht weitergetragen werden durfte."
„Also ist die Rose auch ein Symbol der Geheimhaltung?"
Sie nickt: „Die Rose hat einen starken Bezug zum Weiblichen und gleichzeitig zur Vorstellung des Leitsterns, der dem Seefahrer die Richtung weist. Das Rosensymbol vereinigt die Vorstellungen über das Geheimnisvolle, das Weibliche, die Geburtssymbolik des Kelchs und das Bild des Leitsterns bei der Suche nach der verborgenen Wahrheit."
„Die Kompassrose hat etwas mit der natürlichen Rose zu tun?"
„Genau so auch die Windrose."
„Mit Norden, Süden, Osten und Westen."
„Wenn du dir den Kreis eines Kompasses ansiehst und diagonal miteinander verbindest, gleichen diese zweiunddreißig Punkte dem Bild einer voll erblühten Rose mit ihren zweiunddreißig Blütenblättern. Die Rose ist auch das vorrangige Symbol der weiblichen Sexualität. In primitiven Fruchtbarkeitskulten stehen die fünf Blätter der Rose für die fünf Wendepunkte im Leben der Frau: Geburt, erste Menstruation, Mutterschaft, Menopause und Tod. Die Rosenblüte ähnelt den weiblichen Genitalien jener verborgenen Blüte, durch die jedes Menschenwesen die Welt betritt." Mir kommen die Bilder der Künstlerin Georgia O'Keefe in den Sinn. Genau das habe ich auf ihren Gemälden gesehen. Und währenddem ich so an diese Bilder denke, frage ich: „Die Rose steht also in Bezug zum fünfzackigen Stern der Venus und zum Leitstern der Kompassrose."
„Die Rose ist eine spezielle Blume. Die Bezeichnung Rose ist übrigens im Englischen, Französischen, Deutschen und vielen anderen Sprachen gleich. Dabei ist Rose nichts anderes als ein Anagramm auf Eros, den griechischen Gott der geschlechtlichen Liebe."

„Und was ist ein Anagramm?“
„Du beginnst mit einem Wort, mehreren Wörtern oder einem ganzen Satz. Nun versuchst du, aus den vorhandenen Buchstaben neue sinnvolle Wörter oder Sätze zu bilden, indem du die einzelnen Buchstaben beliebig umstellst, dabei verwendest du alle Buchstaben, es darf keiner hinzugefügt oder weggelassen werden. In diesem Fall wird aus Rose, Eros.“
„Das ist wie ein Rebus aus der Rätselzeitung.“
Sie nickt: „Die wenigsten Menschen wissen, dass Anagramme mehr sind als ein kurzweiliges Vergnügen für die Zeitungsleserinnen und Leser. Sie haben eine reichhaltige Geschichte voller Bezüge zu heiligen Symbolen.“
„Wie das?“
„Die mystische Lehre der Kabbala stützte sich in hohem Umfang auf Anagramme - die Neuordnung der Buchstaben hebräischer Texte, wodurch diesen Texten eine neue Bedeutung zukam. Während der gesamten Renaissancezeit waren die französischen Könige von der heiligen Macht der Anagramme so sehr überzeugt, dass sie an ihrem Hof königliche Anagrammatiker beschäftigten, die ihnen durch die anagrammatische Analyse wichtiger Dokumente zu klügeren Entscheidungen verhelfen sollten. Die alten Römer bezeichneten das Studium der Anagramme als ars magna, große Kunst.”
„Und was ist die Kabbala?“
„Die Kabbala, das Herz der westlichen Mysterientradition, ist eine detaillierte, in sich geschlossene Philosophie, die sowohl das Wesen der menschlichen Existenz als auch die Beziehung zwischen dir und anderen Wesen, dem Planeten Erde und selbst dem Universum betrifft. Mit dem Baum des Lebens bietet die Kabbala eine Art Bewusstseinslandkarte, einen Führer auf dem Weg zu Selbstverwirklichung und innerer Weisheit. Doch nun hast du genug gehört. Das sind alles nur Geschichten, Theorie, doch nun lass uns Erfahrungen sammeln. Komm.“

Sie fordert mich auf, nun die Rose in ihrer Schönheit zu erfahren. „Nimm all deine Sinne zu Hilfe. Schau sie dir an. Schau genau hin. Schaue so, als ob du zum ersten Mal eine Rose erblicken würdest. Horch in dich hinein, was sie dir sagen will und rieche ihren Duft.“
So setze ich mich vor die Rose und lasse mich von ihr berühren. Ihr Parfum ist lieblich und trotzdem kraftvoll. Sie strahlt eine liebevolle, sanftmütige und doch starke Kraft aus. Mit jedem Einatmen ihres Duftes ist mir, als ob mein Körper weicher und entspannter wird. Ich vergesse Zeit und Raum. Da bin nur noch ich und die Rose. Wir werden eins und ich fühle mich als Tochter des Himmels und Schmuck der Erde, als Glanz des Sommers und Königin der Welt. Ich fühle eine belebende Harmonie in mir und eine überirdische Anmut breitet sich in meinem Körper aus. Ich weiß nicht, wie lange ich so da saß, doch es ist wunderbar. Mit strahlendem Gesicht schaue ich Aphrodite an, welche zärtlich meine Hand nimmt. „Jetzt bist du die Rose der Schönheit. Schau dich an.“

Sie führt mich zum Wasserteich und ich erkenne mein Spiegelbild. Ich werde mir meines strahlenden Gesichts gewahr und erblicke mich in vollendeter Schönheit. Bin das wirklich ich? Ich komme ins Zweifeln und sehe, wie die Schönheit einem Schatten weicht, der sich langsam über meine Gesichtszüge legt.
„Schade, dass du an dir zweifelst“, sagt in diesem Augenblick Aphrodite. „Lass die Schatten hinter dir. Mach es wie die Sonnenblume.“
„Wie? Was ist mit der Sonnenblume?“, frage ich sie perplex.
„Soll ich dir etwas über die Sonnenblume erzählen?“ Ich setze mich wieder hin und blicke sie mit glänzenden Augen an und nicke mit dem Kopf.

„Die Sonnenblume ist die Blume der Sonne. Sie liebt die Sonne. Wenn der Abend mit der Dunkelheit kommt, so lässt sie ihr Haupt sinken. Sie trauert die ganze Nacht hindurch wie ein untröstlicher Liebhaber wegen der Abwesenheit der Geliebten. Allein, sobald die Vorsehung die Augenlider des Tages eröffnet, so wendet sie sich dem Ziel ihrer Leidenschaft zu, schmeichelt demselben den ganzen Tag, und verliert ihren strahlenden Geliebten nicht aus den Augen, solange er über dem Horizont bleibt. Morgens hält sie ihre goldene Scheibe gegen Osten, mittags richtet sie sie aufwärts gegen die Mitte des Firmaments und abends folgt sie dem sinkenden Gestirn gegen Westen. Sie ist die Blume des Lichts und lässt den Schatten immer hinter sich.“
Verträumt höre ich ihr zu und sehe die Sonnenblume vor mir, wie sie sich immer wieder der Sonne zukehrt und den Schatten wirklich hinter sich lässt. Ja, ich bin da etwas anders. Ich folge oft dem Schatten und lasse die Sonne hinter mir. Bevor ich so richtig ins Grübeln komme, erklärt mir Aphrodite: „Eine Sonnenblume ist nur dann perfekt, wenn du sie als Sonnenblume anerkennst. Wenn du jedoch aus einer Sonnenblume eine Rose machen willst, ist die Sonnenblume nicht mehr perfekt. Genau so ist es mit dir als Frau. Es ist eine Arroganz zu meinen, alles machen zu können und in allem perfekt sein zu wollen. Es geht darum zu akzeptieren, was du bist und wie du bist, dann bist du demütig, offen für dein Leben und perfekt. Je weniger du sein musst, desto stärker bist du.“

Mit diesen Worten steht sie auf und erläutert mir, dass sie sich nun zurückziehe. „Wenn du willst, kannst du noch bleiben. Ich empfehle dir jedoch, einen kurzen Schönheitsschlaf zu halten. Der Abend wird lang und wie du ja weißt, haben wir Gäste. Wenn du etwas brauchst, klingle der Zofe und sonst sehen wir uns um sechs Uhr. Ich werde dich in deinem Zimmer abholen.“ Ich schaue ihr nach, wie sie, wie mir scheint, schwebend zum Schloss zurückgeht. Mit meinen Gedanken bin ich noch immer bei ihrer letzten Ausführung. Während ich so im Gras liege, reflektiere ich über mich. Was bin ich und was will ich sein? Bin ich eine Rose und möchte lieber eine Sonnenblume sein? Oder ist es umgekehrt? Bin ich wirklich, was ich auch bin, oder bin ich die, die ich sein möchte? Wenn ich immer anders sein will, als ich bin, werde ich immer in meinem eigenen Schatten stehen. Ein Kaktus ist perfekt, wie er ist als Kaktus; genau so ist es mit der Rose, der Sonnenblume ... mit allem. Ich bin also perfekt als ich und nicht, indem ich so werden will, wie andere sind. Es geht darum, mich so zu schätzen, achten und anzuerkennen, wie ich bin.

Einige Zeit später beschließe ich, auch in mein Zimmer zu gehen. Natürlich verlaufe ich mich im großen Schloss. Nachdem ich mein Zimmer wirklich nicht mehr finde, trotz intensiver Suche von mindestens einer Stunde, gebe ich mir die Blöße, zu fragen. Die junge Frau, die mich nach oben führt, lacht mich weder aus, noch macht sie Bemerkungen, sodass ich mich im Nachhinein frage, ob es für mich nicht besser gewesen wäre, wenn ich von Anfang an gefragt hätte. Aber eben, ich wollte stark sein und ja keine Blöße zeigen – schon gar nicht in einem, in diesem Schloss. In meinem Zimmer angekommen, mache ich mich über die Früchte in der Fruchtschale her, welche einladend auf dem Tisch in der Mitte des Zimmers stehen. Bis zum Abend lege ich mich noch etwas hin und als die Zofe mit meinem Abendkleid kommt, fühle ich mich fit genug, mich den Gästen zu zeigen. Beim Anblick des Kleides jedoch platzt mir der Kragen. „Das zieh ich auf keinen Fall an. Das ist viel zu eng. Die Brüste werden ja richtig heraus gequetscht. So gehe ich auf keinen Fall unter Menschen."
Die Zofe, welche nur ihre Arbeit tut, verlässt bei meinen Worten das Zimmer. Sie benachrichtigt Aphrodite, denn diese stürmt in mein Zimmer mit den Worten: „Was ist los?" Ich erkläre ihr die Lage der Dinge, und versuche, ihr klar zu machen, dass ich mit diesem Kleid unmöglich unter Menschen gehen kann und schon gar nicht, wenn es Männer sind. Sie versteht mich überhaupt nicht. Logisch, denn ihr Kleid ist nicht viel anders. Es betont vor allem ihre Brüste und Hüfte und bringt ihre langen Beine zur Geltung. Sie stellt sich vor mich hin und meint nur: „Du stellst dich richtig zickig an. Was soll das? Ein Kleid ist dafür da, dich und deine Schönheit, deinen Wert als Frau, hervor zu heben. Du hast wohlgeformte Brüste, also zeige sie. Du hast einen knackigen Po, also zeige ihn. Du hast weibliche Reize, die du zeigen sollt. Ich verstehe deine Aufregung nicht."
„Ich will das nicht. Ich will meine sogenannten weiblichen Formen und Werte nicht zeigen. Ich will das nicht."
„Am liebsten möchtest du wohl in einem Kartoffelsack herum laufen, dass ja niemand auf die Idee kommen könnte, dich als schön zu bezeichnen. Und wenn dich dann niemand begehrenswert findet, hast du wieder einen Grund, in Selbstmitleid zu baden. Hör auf. Das bringt nichts."

Ich fühle mich völlig unfair behandelt und beginne zu weinen. Aphrodite kommt langsam auf mich zu, nimmt mich in die Arme und sagt tröstend: „Lass es zu. Weine nur, kleine Schwester. Es ist gut, den Tränen seinen Lauf zu lassen." Sie hält mich in den Armen und ich spüre eine Welle der Liebe von ihr zu mir strömen sowie eine starke Verbundenheit. „Vielleicht brauchst du noch etwas Zeit, um lockerer zu werden, nicht alles so eng zu sehen und dich als Frau zu ehren, indem du dich als begehrenswerter Mensch zeigst. Lasse dir Zeit. Vielleicht habe ich zu viel verlangt", und als sie fragt: „Möchtest du heute Abend lieber in deinem Zimmer bleiben?", nicke ich nur und fühle einen Riesendruck von mir weichen. Ich muss mich nicht den Gästen stellen. Mensch, bin ich froh. Das Essen wird mir auf mein Zimmer gebracht und ich verbringe einen ruhigen Abend für mich allein.

Da ich weder ein Buch, geschweige denn einen Fernsehapparat habe, wird es mir mit der Zeit etwas langweilig. Irgendwie bin ich auch neugierig und so beschließe ich, im Morgenmantel einen Streifzug durch das Schloss zu machen, um zu sehen, ob ich vielleicht einen Blick auf die Gäste erhaschen kann. Und wirklich, auf einer der Treppenstufen sehe ich genau in den Cheminée-Raum, wo sich die Gäste zusammen mit Aphrodite aufhalten. Ich höre Aphrodite und empfinde es als Kichern. Ich sehe, wie sich die drei Männer um sie scharen. Sie sitzt lasziv in einem Sessel vor dem Kamin und geizt nicht mit ihren Reizen. Die drei Männer stehen um sie herum und immer, wenn ein Mann das Wort an sie richtet, höre ich ihr aufreizendes Lachen. Die Männer starren sie an. Sie hängen an ihren Lippen, an ihrem Busen, und sie weiß geschickt ihre Reize als Frau einzusetzen. Angeekelt und gleichzeitig auch fasziniert schaue ich ihr zu. In den Blicken der Männer kann ich lesen, dass sie Aphrodite geheimnisvoll, faszinierend und exotisch finden. Je länger ich dem Treiben zusehe, desto enttäuschter werde ich. Eine Göttin habe ich mir wirklich anderes vorgestellt. Ich verlasse meinen Beobachtungsplatz und bin froh, dass ich diesen Abend nicht zusammen mit ihr und den Männern verbringen muss.

Als ich am nächsten Tag erwache, bin ich noch immer schockiert über das Verhalten von Aphrodite. Wie kann sie sich nur so zur Schau stellen. Wie kann sie sich nur so billig „verkaufen"? Sie ist doch keine billige Nutte, die sich ihre Reize von Männern bezahlen lässt. Oder doch? Vielleicht ist sie das. Natürlich, das Liebesschloss ist ein Luxusbordell. Desillusioniert, enttäuscht und irgendwie auch schockiert stelle ich sie beim gemeinsamen Frühstück zur Rede. Mein Wortschwall bringt sie überhaupt nicht aus der Fassung. Sie streicht sich seelenruhig ihr Brötchen, schaut mich nur belustigt an, und schmunzelt.

„Du kleine Puritanerin. Was stört dich daran, dass ich meine Attraktivität, meinen Sex-Appeal einsetze und damit die Aufmerksamkeit der verschiedensten Männer auf mich ziehe? Bist du eifersüchtig?"

Heftig wehre ich mich dagegen, das hat nun wirklich nichts mit Eifersucht zu tun.

„Angesichts deines Puritanismus denkst du schlecht über mich? Du glaubst der Kirche, liebes Kind. Die Gründungsväter des Christentum stellten sich gegen meine freizügige Liebe zum Körper und zur sexuellen Lust. So lernten

sie die Menschen diese heiligen Eigenschaften, Sexualität und Schönheit, zu diffamieren und zu unterdrücken. Und obwohl du von dir behauptest, eine aufgeklärte, moderne Frau zu sein, glaubst du dem Puritanismus." Ich spüre, wie mein innerer Widerstand langsam zusammenbricht angesichts ihrer Worte. Vielleicht hat sie Recht, zum Teil jedenfalls?
„Du hast zwiespältige Gefühle gegenüber mir. Auf einer Seite findest du es faszinierend und bist sogar ein wenig eifersüchtig. Auf der anderen Seite findest du es abstoßend und einer Frau nicht würdig. Also hast du auch zwiespältige Gefühle gegenüber dir als Frau und gegenüber dir und deinen weiblichen Reizen. Dabei habe ich als Göttin der Schönheit, Sinnlichkeit und Sexualität viele Gaben für dich bereit. Ich schätze diese Eigenschaften wie Lust, Leidenschaft, Sinnlichkeit, Erotik und Schönheit", sie macht eine kleine Pause, schaut mich mit ihrem intensiven Blick an: „Schönheit und Sexualität, also auch Lust und Sinnlichkeit, sind heilige Eigenschaften."
Das gibt Sinn und gleichzeitig auch nicht. Ich nehme wieder einen starken Widerstand in mir wahr und merke zum ersten Mal meine Eifersucht. Ja, ich möchte mich auch so wie Aphrodite erfahren, mich auf diese Weise kennen lernen und doch wende ich noch zaghaft ein: „Aber das tut man nicht."
„Das tut man nicht, stimmt – ich bin auch nicht man sondern ich", und bei diesem Wortspiel fängt sie an zu lachen. Sie lacht immer lauter, was den Bann bricht, und sie steckt mich mit ihrem Lachen an. Wir lachen Tränen und dadurch wird die Stimmung wieder viel friedlicher und sanfter. So verbringen wir den Tag in Harmonie zusammen am Swimmingpool, genießen die Sonne und vergnügen uns im Wasser. Schläfrig mit geschlossenen Augen liege ich auf der Wiese und lasse mich von der Sonne trocknen.
Plötzlich spüre ich eine sanfte Berührung auf meinem Gesicht. Ich öffne die Augen und sehe die lächelnde Aphrodite, die mit einem Grashalm sanft mein Gesicht streichelt. Nachdem ich weiß, um was es sich handelt, schließe ich wieder meine Augen und lasse mich auf diese zarte Begegnung ein. Ein wohliger Schauer durchfährt meinen Körper und ich finde es wundervoll.

Als sie meine Nase kitzelt, muss ich niesen und höre sie sagen: „Wünsch dir was!" Lächelnd öffne ich die Augen und setze mich auf: „Wieso wünsch dir was? Das heißt bei uns Gesundheit."
„Wieso soll ich dir Gesundheit wünschen? Du bist nicht krank. Ein Niesen ist nichts anderes als ein Durchschütteln deiner Energiefelder, somit kommt Bewegung in deine Körper und etwas Neues kann entstehen. Also kannst du wünschen, was nun entstehen soll?" Überrascht schaue ich sie an und sie erklärt weiter: „Du hast neben deinem physischen noch andere Körper."
„Der physische Körper ist mein sichtbarer Körper?"
Sie nickt und fährt fort: „Nach dem physischen Körper kommt der ätherische Körper. Dieser wird in der Akupunktur gebraucht, denn darauf befinden sich die Meridiane. Dieser Körper ist nahe beim physischen Körper und diesem sehr ähnlich. Er verteilt die Energie durch deinen physischen Körper. Da sind

keine Gefühle, keine Farben. Dieser Körper hat auch kein Gedächtnis. Es ist ein Energiekörper. Danach kommt der Astralkörper. Das ist deine Aura. Da befinden sich Farben und auch die Chakren. Da sind deine Gefühle gespeichert. Dieser Körper spricht in Symbolen und er hat Erinnerungen. Der Mentalkörper ist ähnlich wie der ätherische Körper. Er ist jedoch feiner. Es ist ein energetischer Körper. Und dann gibt es noch weitere."
Sie überlegt und erklärt mir dann, dass die anderen drei Körper zur Zeit noch kein Thema sind. „Wichtig ist dein Wunsch. Hast du dir schon etwas gewünscht?"
Ich überlege noch einen Augenblick und nicke dann. Zufrieden legt sie sich wieder hin und ich beschließe, noch einmal zu baden. Dieser Nachmittag ist himmlisch und als ich dann auch noch in den Genuss einer Massage mit viel Öl komme, was ich als sehr wohltuend und belebend empfinde, fühle ich mich wunderbar erholt. Ja, so ist das Leben schön und ich genieße es in vollen Zügen. Gerade, als ich so denke, fragt Aphrodite: „Findest du dich heute schön?"
„Ich weiß nicht", antworte ich wahrheitsgemäß und sinniere: „Ich bin von all den Eindrücken etwas verwirrt."
„Das ist völlig normal. Wenn du darüber nachdenkst, kannst du es auch nicht wissen. Schönheit ist ein Gefühl, du kannst es fühlen, und wie du ja weißt, nicht erklären. Und gerade, weil Schönheit ein Gefühl ist, ist es logisch, dass es von innen kommt."
„Das sehe ich nicht ganz so. Nimm zum Beispiel all die Hollywood Diven. Die sind wirklich schön. All die Mannequins in Frauenzeitschriften und auf Plakaten sind schön. Also gibt es doch eine allgemeine Schönheit."
„Ja, jede Epoche bringt ihr schönstes Körpermodell hervor und die „Wichtigen" erklären es dann als Maß aller Dinge. Doch Schönheit ist weit mehr und kommt immer von innen. Ein Mensch, der sich schön findet, ist schön. Es ist ein Strahlen, das von innen kommt. Schaue dir berühmte Menschen an. Sie fühlen sich begehrt, anerkannt und geliebt und das gibt ihnen ein Gefühl von Schönheit. Sie haben ein Strahlen um sich, was die anderen Menschen dazu verführt, sie auch als schön zu bezeichnen. Und so kommt es, dass berühmte Menschen oft als schön gelten."
„Ja, berühmt müsste man sein", seufze ich. Aphrodite schüttelt leicht den Kopf.
„Du kannst auch schön sein, wenn du nicht dem Schönheitsideal deiner Zeit entsprichst und nicht berühmt bist."
„Und wie mache ich das?"

„Indem du dich selber anerkennst, liebst und dich als begehrenswert ansiehst. So einfach ist das. Dazu kommt, dass sich das Schönheitsbild immer wieder verändert."
„Du meinst, wenn eine schöne Frau alt wird?"

„Nein, ich meine, dass die sogenannten Schönheitsideale sich verändern. So war zur Zeit von Rubens eine vollschlanke Frau schön. Heute, in deiner Zeit, ist es anders. Also hat sich das Schönheitsbild verändert."
„Und woher kommt das? Wer sagt und entscheidet eigentlich was schön ist?"
„Am Besten jeder und jede für sich selbst. Doch das ist eine Kunst. Das wussten schon die Götter und Göttinnen."
„Wie meinst du das?", frage ich sie, sodass sie mir die Geschichte von Paris und dem Apfel erzählt.

„Peleus, der König von Phythia, heiratete die Meernymphe Thetis. Alle Götter waren zur Hochzeit eingeladen. Nur eine Göttin wurde von den Feierlichkeiten ausgeschlossen. Eris, die Göttin der Zwietracht und des Streits. Voller Zorn erschien sie dennoch auf der Feier und warf mitten unter die Gäste einen goldenen Apfel mit der Aufschrift: „Für die Schönste".
Unter den drei Göttinnen, Hera, Athene und mir, Aphrodite, brach ein Zank aus, da jede den Apfel für sich beanspruchen wollte. Schließlich sprach Zeus ein Machtwort, um den Zwist zu beenden. Paris, der jüngste Sohn des Trojanerkönigs Priamos, sollte die Entscheidung treffen. Paris befand sich zu dieser Zeit auf dem Berg Ida. So begaben sich die drei Göttinnen zusammen mit dem Götterboten Hermes zum Berg Ida, wo der Jüngling die väterlichen Herden hütete. Alle drei umwarben ihn sogleich und versprachen ihm Geschenke, wenn die Wahl auf sie fallen werde. Hera stellte ihm die Herrschaft über die Erde in Aussicht. Athene versprach ihm Heldenruhm. Ich verführte ihn mit der schönsten Frau der Welt. Das war damals die schöne Helena. Die sagenhafte Schönheit Helenas war Paris schon zu Ohren gekommen und da entschied er sich für mein Angebot. Hera und Athene waren wütend, voller Zorn und Rachsucht. Sie wandten sich von Paris ab.
Ich geleitete nun meinen Schützling nach Sparta zu König Menelaos, dessen Gattin eben die schöne Helena war. Paris gewann mit meiner Hilfe die Zuneigung von Helena und in der Abwesenheit ihres Gemahls flüchteten sie beide nach Troja. Der so betrogene Gatte schwor sogleich Rache und rüstete zu einem gewaltigen Feldzug gegen Troja."
„Aufgrund eines Schönheitswettbewerbs unter den Göttinnen und einer schönen Frau kam es zum Kriegszug mit dem trojanischen Pferd", hake ich ein, um zu zeigen, dass ich auch über ein wenig Wissen verfüge. „Stimmt. Du siehst, Schönheit kann auch gefährlich sein. Vielleicht hast du deswegen Angst, dich in deiner ganzen Schönheit zu zeigen", neckt sie mich.

Mit jedem Tag, den ich mit Aphrodite verbringe, fühle ich mich wohler in meiner Haut. Noch immer ist es für mich irritierend, mich bedienen zu lassen. Nach wie vor bereitet es mir Mühe, stundenlang vor dem Spiegel zu sitzen, mich zu schminken oder Kleider auszuprobieren. Der wiederkehrende Gedanke, dass diese Art von Leben oberflächlich ist und ich doch zu etwas Größerem bestimmt bin, lässt mich nicht los. Und doch, mit jedem Tag, fällt es

mir leichter. Ich genieße das morgendliche Bad und das anschließende Eincremen. Ich erfreue mich an den Massagen, welche meinem Körper ein Wohlbefinden bringen und ich fühle eine Lust, ja Lebenslust in mir, die ich vorher nie wahrgenommen habe. Es macht mir Spaß, jeden Tag anders geschminkt zu werden, mit den Farbtöpfen herum zu spielen, Frisuren auszuprobieren und mich je nach Stimmung anders zu kleiden. Es ist wie ein Spiel, und doch kommen mir immer wieder Zweifel. Zweifel an dieser Oberflächlichkeit.
„Was lässt dich zweifeln, wenn du das Leben in seiner ganzen Fülle genießt?"
Ja, was lässt mich zweifeln? Nach längerem Überlegen antworte ich. „Ich denke, dass du genau die Art von Frau bist, welche sich die Männer wünschen. Doch eine Frau ist mehr als nur das."
„Welche Art von Frau bin ich denn, deiner Meinung nach?" „Du spiegelst mir Männerphantasien, wie eine Frau zu sein hat."
„Und wie hat eine Frau gemäß Männerphantasien zu sein?"
„Sie soll eine niedliche kleine Ehefrau und Mutter sein, das hinreißende Sexobjekt, die Bewunderin des heiligen männlichen Egos oder vielleicht noch die erfolgreiche Karrierefrau."
„Und du glaubst das?"
„Ja, ich glaube, dass die Männer die Frauen so haben wollen."
„Und weil du glaubst, dass sie das wollen, willst du das auf keinen Fall sein?"
Wieder einmal hat sie mich erwischt. Will ich nicht so sein, weil ich denke, dass die Männer mich so wollen oder will ich nicht, weil ich nicht so sein will? Ach, ist das kompliziert.

„Es ist nicht so kompliziert, wie du denkst. Drehen wir das Rad der Geschichte wieder etwas zurück." Und sie holt weit aus. „Die Wesenheit, die im griechischen Sprachraum Aphrodite und im lateinischen Venus genannt wurde, war nicht nur eine Personifizierung der bedingungslosen Liebe, sondern auch der Keuschheit, Tugendhaftigkeit, Schönheit und natürlich der Sexualität. Sexualität gehört dazu, weil dies der kreative Bestandteil der Liebe ist. Verstehst du das?"
„Ja, das gibt Sinn."
„In deiner Zeit, also heute, wird das Wort „Erotik" manchmal für pornographische Angebote missbraucht. Das ist schade, denn Erotik ist das Urprinzip der Schöpfung und in allem, was Göttin-Gott geschaffen hat, enthalten."
„Wie das?", frage ich sie, weil Erotik für mich wirklich eine andere Bedeutung hat.
„Erotik ist das Prinzip der Anregung und Anziehung. Erotik ist auch ein Wesensmerkmal des Lichts und der Liebe. Wenn dich etwas erotisiert, spürst du ein Kribbeln in deinem Körper und eine Verbundenheit. Denk an dein Zusammenfinden mit der Rose. Erotik führt dich also zu deiner Spiritualität. Etwas, das im Laufe der Zeit immer mehr in Vergessenheit geraten ist. Früher war die Sexualität noch heilig. Ausgedrückt wurde das zum Beispiel durch die „Heilige Hochzeit" und andere Fruchtbarkeitsrituale.

Die Sexualität war und ist immer noch die Grundlage des irdischen Lebens. Durch die Sexualität wird neues Leben von Menschen hervor gebracht. Auch werden die Menschen durch fruchtbare Erde ernährt. Deshalb galt die Erde auch immer als Mutter der Menschen, die mit ihren Brüsten, den Feldfrüchten und dem Wasser, ihre Kinder, die Menschen, ernährt. Heute ist es anders. Beim Wort Erotik oder Venus denkst du sofort an schlüpfrigen Sex?" Ich nicke. „Eine wesentliche Rolle, dass das so ist, spielt dabei die Kirche. Ab dem frühen Mittelalter galt „Frau Venus" als Inbegriff der Verführerin von ehrbaren, frommen Männern. Das war eine bewusste Verbiegung von spirituellen, antiken Inhalten und eine bewusste Unterdrückung der Frau, ihrer Sinnlichkeit und Spiritualität. Die Frau trägt viel Wissen in sich und verfügt über die Kraft, Leben zu schenken. Sie war immer eng verbunden mit der Natur und feierte auch dementsprechende Rituale. Die Kirche war sich dieser Frauenkraft und somit auch Macht bewusst. Sie begann, alle heidnischen Religionen und Bräuche einschließlich der Fruchtbarkeitsriten zu bekämpfen. Sie haben sie aber nicht ausgelöscht, sondern in stark abgewandelter Form übernommen. Dasselbe geschah mit der Sexualität. Sie ist etwas Grund-Heiliges. Der Mensch ist von seinem Ursprung her ein sexuelles, erotisches Wesen. So wie Göttin-Gott selbst und alle Schöpfungen. Liebe beinhaltet Sexualität und Erotik. Wenn du also diesen Aspekt des Menschlichen ablehnst und verteufelst, lehnst du das Göttliche in dir ab." Staunend höre ich ihr zu. So habe ich es noch nie gehört, geschweige den gesehen. Und sie fährt fort.
„Spannend ist auch, dass Sexualität nach wie vor ein Tabu- Thema ist, Gewalt jedoch verherrlicht wird. Morde, Schießereien, Prügeleien und Schlägereien aller Art flimmern täglich über die Mattscheibe. Anders ist es mit der Sexualität. Da findet eine penible Zensur von Szenen sexuellen Inhalts statt. Es scheint, als ob die Kultur einen unstillbaren Hunger nach Gewalt hat und eine ungeheure Angst vor geschlechtlicher Lust."
Stimmt. Da gibt es nichts zu erwidern. Auch ich sehe immer wieder Filme an mit Themen der Gewalt. Pornostreifen jedoch sehe ich mir selten bis nie an. Also ist Gewalt für mich ein Thema, das ich, ohne weiter darüber nachzudenken, konsumiere, doch bei der Sexualität habe ich meine Bedenken.
„Ich sehe, du verstehst, was ich meine", schmunzelt Aphrodite.

In trauter Zweisamkeit, wenn man von der Dienerschaft absieht, verbringen wir viel Zeit miteinander. Langsam, aber sicher, gewöhne ich mich an diese Art von Leben und beginne, es zu genießen. Immer wieder überrascht mich Aphrodite mit neuen Einfällen, die mir zu Beginn mehr als komisch vorkommen, doch immer wieder dasselbe Thema haben.
So sitzen wir eines mittags im Grünen und laben uns an den Köstlichkeiten, welche wir mitgenommen haben. Diesmal ist keine Dienerschaft zugegen, denn das Mittagessen findet als Picknick statt. Zum Nachtisch haben wir frische Erdbeeren dabei, welche durch die Sonnenstrahlen einen süssen Duft ausströmen. Gerade, als ich meine erste Frucht nehmen will, stoppt mich

Aphrodite. „Warte. Lass uns die Erdbeeren ganz in ihrer Sinnlichkeit erfahren.“
Ich schaue sie erstaunt an. Wie kann eine Erdbeere sinnlich sein? Sie hat wieder dieses wissende, schelmische Lächeln auf dem Gesicht, das mich ein wenig unsicher macht. Was hat sie vor?
Sie fordert mich auf, mich hinzulegen und meinen Kopf auf ihren Schoss zu betten. Ich komme ihrer Aufforderung nach und bin gespannt, was nun kommen wird. „Schließe die Augen, entspanne dich“, und mit diesen Worten hält sie eine Erdbeere unter meine Nase, sodass ich ihren süsslichen Duft einatmen kann. „Nimm den Duft ganz in dir auf. Spüre, wie er durch deine Nase in deinen Körper fließt.“ Ich liege entspannt da und rieche den Duft und nehme wahr, wie er durch meine Nase in meinen Körper fließt. Ich fühle, wie mich dieser Duft berieselt. Aphrodite nimmt die Erdbeere, halbiert sie und streicht mit einer der Hälften langsam über meine Lippen. Ich fühle sie auf meinen Lippen, rieche ihren herrlichen Duft und schmecke ihre Süsse. Mein Körper fängt an zu kribbeln. Ich fühle eine wohlige Wärme in mir aufsteigen. Mit samtiger Stimme spricht Aphrodite mit mir, während sie mir langsam, mit viel Zeit und auf spielerische Weise, eine Erdbeere nach der anderen als Dessert verabreicht.

„Lasse dich entführen in das Reich der Berührung. Lasse die Verführung als Berührung zu. Erfreue deine sämtlichen Sinne. Sei ganz in deinem Körper und nimm wahr. Sobald du voll und ganz in deinem Körper bist, geschieht manchmal ein kleines Wunder. Du beginnst, wahrhaft zu fühlen. Nicht nur sexuelle Erregung, auch wenn die da ist, sondern eher eine Art Verschmelzung.“ Genau so fühle ich mich. Es ist wie ein Sesam-öffne-dich. Ich spüre, wie ich mich öffne, wie sich etwas in mir öffnet.
„Lasse es zu. Öffne deine verletzlichen Orte. Spüre deine Empfindungsfähigkeit.“ Ich liege da und habe den Eindruck, auf einer Wolke zu schweben. Ich spüre ein Knistern zwischen mir und Aphrodite, was mich erstaunt. „Habe keine Angst, kleine Schwester, dieses Knistern heißt nicht, dass du auf Frauen stehst. Es entsteht automatisch, wenn du dich öffnest, ganz in deinem Körper bist und mit deinen Sinnen all das wahrnimmst, was da ist.“
Obwohl ich mich wunderbar fühle, sinnlich berührt und vertrauensvoll im Schoss von Aphrodite liege, überkommt mich plötzlich eine tiefe Traurigkeit, eine Angst und Verstörtheit. Die Entspannung in meinem Körper weicht einer Anspannung und ich schaue Aphrodite mit feuchten Augen an. Was ist geschehen? Aphrodite streichelt sanft über meine Wangen, trocknet meine Tränen und erklärt: „Du bist traurig, weil du dich wieder zurückgezogen hast. Durch das sich Öffnen ist dein Schutzpanzer verschwunden. So kommen deine verletzlichen Seiten zum Vorschein. Das kann Angst machen und zu einer Verstörung führen. Vielleicht kennst du das auch, wenn du dich verliebst. Zu Beginn einer Beziehung öffnest du dich und lässt dich ganz auf das Gefühl der Liebe ein. Irgendwann kommst du in Versuchung, dich wieder zu

verschließen, dich wieder in deinen Kopf zurückzuziehen, deine Gedanken kreisen zu lassen, fortzulaufen, alle Dinge beherrschen zu wollen und dich zu beklagen. Du reagierst so auf das Auftauchen deiner verborgenen Gefühle. Sei also tolerant und geduldig mit dir. Es ist noch kein Meister vom Himmel gefallen .....", und sie beginnt zu lachen, „und auch keine Meisterin."
Ich setze mich wieder auf und lache mit. Es hat ja wirklich keinen Sinn, bei diesem schönen Wetter Trübsal zu blasen. Wir beschließen, einen Spaziergang zu machen. Längere Zeit laufen wir neben einander her und erfreuen uns an der Natur. Da beginnt Aphrodite über die Leidenschaft zu sprechen: „Wenn sich eine Frau vorbehaltlos den großen Leidenschaften hingibt, so lernt sie, ganz in dem und für den Augenblick zu leben. Es gibt dann nichts Anderes als Leidenschaft."
„Klar und im Wort Leidenschaft steckt das Wort Leiden", sinniere ich. „Nur, wenn Leidenschaft uns Leiden schafft, so hasse ich jene Leidenschaft, welche Leiden schafft." Kopfschüttelnd sieht sie mich an, doch ich bin in meinem Element und fahre fort: „Eifersucht ist auch eine Leidenschaft. Eifersucht, ist eine Leidenschaft, die mit Eifer sucht, was Leiden schafft."
Sie lacht und meint: „Nein, hör auf, du lenkst vom Thema ab. Bleib bei der Leidenschaft. Bleib bei dem Gefühl. Wenn eine Frau ganz in ihrer Leidenschaft ist, hat das Zen-Qualitäten. Sie ist einfach. Da gibt es kein Gestern und kein Morgen. Da gibt es einzig und allein die strahlende Gegenwart, in der ein Blick eine Ewigkeit ist, eine Berührung ein Augenblick der Gnade."

„Was ist eine Zen-Qualität?"
„Zen ist Zazen. In der richtigen Haltung sitzen, auf den Körper und die Atmung konzentriert, indem man die Gedanken beobachtet, ohne ihnen zu folgen oder sie zu verwerfen. Zazen ist nichts Anderes, als die Rückkehr zum Normalzustand von Körper und Geist. Zen ist die ursprüngliche Haltung Buddhas, in welcher er die völlige Befreiung erlangte, die höchste Weisheit und die wahre Freiheit. Zen ist nichts Anderes als die Praxis von Zazen. Zen bedeutet die Essenz, das Universum verstehen, *za*, sich hinsetzen ohne sich zu bewegen, wie ein Berg."
Auf dem Rückweg kommt mir der Gedanke, dass ich vielleicht gerade vor diesem Augenblick des Seins Angst habe, vor diesem Augenblick der Gnade.

Bevor ich weiter darüber nachgrübeln kann, sind wir schon im Schloss, wo alles in heller Aufregung ist. Schließlich ist an diesem Abend ein Maskenball geplant und die Dienerschaft ist emsig damit beschäftigt, die entsprechenden Vorbereitungen zu treffen. Aphrodite führt mich ins Ankleidezimmer. Da liegt ein Traum von einem Kleid, doch ich finde es überhaupt nicht passend für mich.
„Darin sehe ich ja aus wie eine Prinzessin!", rufe ich mit empörter Stimme.
„Und was stört dich daran, für einen Abend eine Prinzessin zu sein?", fragt mich Aphrodite.

„Weil ich es nicht bin. Dieses Rosarot steht mir doch überhaupt nicht. Viel lieber wäre ich ein Gespenst, ein Seeräuber oder so was“, erwidere ich. Aphrodite schaut mich lange an und fragt: „Warst du denn noch nie eine Prinzessin?“
„Natürlich nicht. Ich lebe im 21. Jahrhundert und bei uns gibt es keine solchen Prinzessinnen.“
„Wolltest du nie eine Prinzessin sein?“
„Nein .... ich glaube nicht. Prinzessinnen haben so viele Pflichten. Sie stehen in der Öffentlichkeit und ... nein, das wollte ich nie.“
„Schade. Schade auch, dass du dich nie als Prinzessin gefühlt hast.“ Verständnislos sehe ich sie an. Wieso ist das schade? „Schade, weil jede Frau einmal in ihrem Leben eine Prinzessin sein sollte. Eine Prinzessin, die auf Händen getragen wird. Eine Prinzessin, die verehrt wird und die sich ganz ihrer Schönheit widmen kann, ohne irgendwelche Pflichten erfüllen zu müssen. In jeder Frau steckt eine kleine Prinzessin. Das ist einer der Gründe, dass viele Frauen eine romantische Hochzeit in einem langen weißen Kleid lieben und sich wünschen. So fühlen sie sich einmal als märchenhafte Prinzessin in einem traumhaft schönen Kleid und stehen im Mittelpunkt der Gesellschaft.“
„Ich nicht. Das ist mir zu romantisch“, erwidere ich voller Stolz. „Ich kenne auch viele Frauen, die sicher nie den Wunsch verspürten, eine Prinzessin zu sein.“

Ich sehe in ihr Gesicht und beginne zu lachen: „Deine Schwester Artemis wollte sicher nie eine Prinzessin sein.“
„Artemis?“ Aphrodite scheint mit ihren Gedanken weit weg zu sein. „Artemis war die beliebteste Göttin Griechenlands. Nein, sie wollte nie eine solche Prinzessin sein. Sie war mehr die Königin der Natur. Die Artemis des Volksglaubens war eine ganz andere Person, als die stolze Jungfrau der Mythologie und die Schwester Appolons. Ja, Artemis ist die Göttin der ungezähmten Natur. Sie durchstreift Wälder, Haine und saftige Wiesen. In ihrem Kultus gibt es orgiastische Tänze und natürlich den heiligen Pfeil. Du siehst, sie ist auch eine Prinzessin, einfach auf eine andere Art.“
„Du sagst, sie war die beliebteste Göttin in Griechenland?“
„Ja. Eines der größten Heiligtümer der Griechen ist der berühmte Tempel der Diana von Ephesus in Kleinasien, der heutigen Türkei. Dieser Tempel war Artemis geweiht. Es gibt auch eine riesige Artemis-Statue, die in Kopien aus der Römerzeit überliefert ist. Sie zeigt Artemis mit vielen Brüsten. Diese Statue stellt Artemis als die alle nährende Große Göttin dar.“
„Also ist Artemis die Große Göttin?“
„Artemis, die „Große Mutter“ mit der dreifachen Macht.“
„Was ist die dreifache Macht?“
„Das ist Neumond, Vollmond und der abnehmende Mond oder anders gesagt Jungfrau, Mutter und die weise Alte.“

„Das alles ist Artemis?", frage ich erstaunt.
„Ja. Doch das spätere griechische Patriarchat hielt es für bequemer, diese mächtigen Kräfte getrennt zu halten. So beschränkte sie die Rolle der Mutter überwiegend auf Demeter. Die weise Alte mit ihrer Nähe zum Tod und dem Leben nach dem Tod schoben sie Persephone und Hekate zu. Und die vielschichtige Naturpsychologie von Artemis wurde so abgewertet."
„So gilt sie heute als Jägerin, die in den Wäldern mit Pfeil und Bogen spielt."
„Genau. Dabei gehört Artemis zu der ältesten Schicht menschlicher Erinnerungen.... und dazu gehört auch die Rolle der Prinzessin."

Ich gebe mich geschlagen und schlüpfe in mein Kleid aus rosarotem Tüll, welches schmeichelnd meine Figur zur Geltung bringt. Trotzdem komme ich mir sehr fremd vor. Im Spiegel schaut mich eine Frau an, die ich bis anhin noch nicht kenne. Bin das wirklich ich?
„Dein Problem ist, wie das von vielen Frauen, dass du dich in deinem Körper nicht wohlfühlst. Du musst deinen Körper wieder zurückerobern. Beginne damit, dass du deinen Körper wieder ganz und gar liebst und schätzt. Liebe und schätze das, was er ist und nicht, wie er sein sollte. Nicht, wie er im Sinne irgendeines Ideals sein sollte. Liebe und schätze dich. Du bist eine Frau, ganz und gar, kein Modell aus einer Frauenzeitschrift, keine Schauspielerin auf der Leinwand. Du bist einfach du. Eine wunderschöne Frau, die beginnt ihre Sinnlichkeit zu leben." Erschüttert höre ich ihr zu. Sie hat mich ertappt. Schon wieder habe ich mich verglichen und natürlich wieder einmal schlecht abgeschnitten. Ich schaue noch einmal in den Spiegel und versuche, nur mich zu sehen. Mich, wie ich da stehe. Mich zu sehen ohne Vorurteile, ohne große Gedanken, was besser sein könnte, sondern einfach den Augenblick zu genießen, mich in einem rosaroten Ballkleid mit viel Spitzen zu bewundern. Und es klappt. Ich kann mir sogar zulächeln, was ein Glitzern in meinen Augen hervor bringt und ein wohliges Rieseln durch meinen Körper zur Folge hat. „Schön", meint Aphrodite. „Langsam beginnst du zu begreifen. Es ist nichts Verkehrtes daran, sich selbst zu mögen, noch besser zu lieben."
„Oh doch. Das nennt man bei uns Narzissmus", erkläre ich ihr mit erhobener Stimme.
„Narzissmus?", wiederholt sie. „Weißt du woher das kommt?" Bevor ich ihr eine Antwort geben kann, erklärt sie schon: „Das kommt vom griechischen Narkissos. Das war ein schöner Jüngling, der die Liebe der Echo verschmähte. Dafür wurde er mit unstillbarer Selbstliebe bestraft. Er verzehrte sich in Sehnsucht nach seinem Bilde, das er im Wasser erblickt hatte. Und schlussendlich wurde er in die Narzisse verwandelt."
„Eben", rufe ich triumphierend. „Das war ein eitler, ja krankhafter Selbstbewunderer. Er war in sich selbst verliebt". Und schnell drehe ich mich weg von meinem Spiegelbild. Aphrodite beginnt wieder zu lachen. „Und aus diesem Grund magst du dich nicht?" Ich erläutere ihr des Langen und Breiten, dass ich mich wohl mag, doch keinen Narzissmus betreiben will. Sie schaut

mich nur verwundert an. „Wenn du dich selber nicht bewunderst, wie können dann andere dich bewundern?“, fragt sie mich. „Wie können andere dich lieben, wenn du dich selber nicht liebst und begehrenswert findest?“ Das ist nicht unlogisch und doch habe ich noch immer meine Zweifel. Sie jedoch fährt ungeniert fort: „Kennst du das Zitat „Liebe deine Nächsten wie dich selbst?“ Natürlich kenne ich das Zitat, was sie dazu veranlasst zu sagen: „Wenn du also dich selbst nicht liebst, kannst du somit auch niemanden sonst lieben, oder?“
Das sitzt. Ja, wie kann ich behaupten, jemanden zu lieben, wenn ich nicht einmal mich selbst liebe? Vielleicht ist das mit der Selbstliebe doch nicht so schlecht, wie ich bis anhin dachte. Vielleicht? Aphrodite nimmt meine Zweifel wahr, geht jedoch nicht darauf ein und meint nur: „Tu deinem Leib etwas Gutes, damit deine Seele Lust hat, darin zu wohnen. Komm, wir wollen noch etwas essen, bevor die Gäste eintreffen.“

Das Nachtessen schmeckt wie immer vorzüglich. Dass wir von mehreren Menschen bedient werden, daran habe ich mich bereits gewöhnt. Und langsam spüre ich in mir eine Vorfreude auf den Ball. Natürlich habe ich auch ein mulmiges Gefühl dabei, doch Aphrodite versichert mir, dass es ein schöner Abend werden wird. „Machmal bist du wirklich ein kleiner Angsthase. Es ist nur ein Ball. Da treffen sich Menschen um zu feiern, festen, fröhlich zu sein. Wir werden tanzen und uns unterhalten. Was gibt es Schöneres? Du wirst sehen, dass es ein wahrer Genuss ist, umschwärmt zu werden.“
„Wie kommst du darauf, dass ich umschwärmt werden könnte?“, frage ich sie konsterniert.
„Weil du wunderschön aussiehst. Du bist auf dem Weg, dein Mauerblümchen-Dasein immer mehr abzulegen. Du bist nicht mehr die Frau, die hier ankam. Du hast dich verändert. Deine innere Schönheit strahlt jetzt aus dir heraus.“
Verdutzt schaue ich sie an. Habe ich mich wirklich verändert. War ich ein Mauerblümchen gewesen? Unbeeindruckt von meinem Mienenspiel erklärt Aphrodithe: „Denk daran, das Leben ist ein Abenteuer, bei dem Eskapaden oft ein romantisches Ende finden.“
Ich lache: „Vielleicht in deiner Welt, bei mir nicht. Da gibt es nur auf der Leinwand das romantische Happy-End.“
„Das denkst du. Weißt du es auch oder lässt du dich gar nicht erst auf ein Abenteuer ein, weil du denkst, dass es sowieso schlecht endet?“
Ja, das könnte sein. Einmal mehr ertappe ich mich beim Gedanken, es lieber sein zu lassen, als enttäuscht zu werden. Also hindere ich mich immer wieder selber mit meiner Angst, etwas auszuprobieren. Wer nichts wagt, gewinnt nichts. Ich schaue Aphrodite an. Sie ist ganz anders. Sie lebt ihr Leben ohne zu fragen oder gar zu hinterfragen. In diesem Moment finde ich, dass ich noch nie eine schönere, eine verführerische Frau gesehen habe. Sie zeigt alles, was sie hat und das auf eine sehr direkte Art und Weise. Ich lächle, als mir in den Sinn kommt, dass ich sie vor kurzem noch sehr billig fand. Ein wenig nei-

disch sitze ich da, bis ich mir bewusst werde, dass ich mich wieder einmal damit beschäftige, zu vergleichen. Ich lächle vor mich hin. Sicher, sie ist eine schöne Frau, schlussendlich ist sie ja auch eine Göttin. Die Göttin der Liebe und der Schönheit, was mich zu der Frage verleiten lässt: „Glaubst du an die große Liebe?“
„Ich denke, dass die Liebe kommt und geht. Ich bin nicht für die Monogamie gemacht. Das ist mir zu langweilig. Ich liebe das Spiel zwischen Frau und Mann und bin gerne ungebunden.“
„Und welche Art von Männern bevorzugst du?“
„Ich nehme mir erotische, aktive und ungebundene Partner. Am liebsten ist mir ein gebildeter Mann, der sich im Leben auskennt und viel Geld hat. Da ich kultiviert und sinnlich bin, fällt es mir nicht schwer, genau solche Männer zu finden.“

„Also treu bist du nicht?“ Sie lacht schallend. „Kennst du die Geschichte über mich und Ares nicht?“ Ich verneine, sodass ich in den Genuss der Sage von Aphrodites Affäre mit Ares komme.
„Ich hatte eine heftige Affäre mit Ares, dem Kriegsgott, obwohl mein Vater Zeus mich mit Hephaistos verheiratet hatte, dem hässlichen, lahmen Schmied. Ares und ich trafen uns heimlich. Eines Tages beschlossen wir, uns in Hephaistos Palast zu treffen, als der Schmied weg war. Die Sonne spionierte uns nach und erzählte dem lahmen Schmied von diesem Betrug. Von Zorn verzehrt, begab er sich geradewegs zum Amboß und begann, ein mächtiges Kettennetz aus Gold zu schmieden, um uns zu fangen und festzuhalten.
Schlau wie er war, befestigte er das Netz mit feinen Fäden an den Bettpfosten und tat so, als verlasse er die Stadt. Ares, der auf diese Gelegenheit gewartet hatte, traf bald ein und fand mich, die auf ihn wartete. Voller Verlangen füreinander begaben wir uns geradewegs in die Bettkammer und legten uns nieder. Und prompt fiel das goldene Netz über uns, sodass wir uns weder bewegen noch entkommen konnten. Die Sonne berichtete Hephaistos von seinem Fang, und der Schmied rief in seinem Zorn die Götter des Olymps an, sie mögen kommen, um Zeuge des Verrats zu sein.
„Mein schlaues Netz wird sie festhalten, bis Vater Zeus alle Geschenke zurückgibt, die ich ihm gab, um sie zu gewinnen. Sie mag ja seine Tochter und ein herrliches Geschöpf sein, doch sie ist die Sklavin ihrer Leidenschaften.“ Aufgerüttelt durch seine Rufe, eilten alle Götter des Olymps herbei, um zu sehen, was geschehen war. Als sie uns als erbarmungswürdiges Paar erblickten, fingen sie an zu lachen. Sie beschlossen, dass Ares die Strafe des Ehebrechers erleiden sollte. Hephaistos war damit einverstanden und ließ uns frei, sodass wir fliehen konnten. Ares floh ins nördliche Griechenland und ich zu meinem Lieblingsheiligtum bei Paphos auf Zypern, wo meine Dienerinnen, die Grazien, mich badeten und salbten.“
„Du, Aphrodite, warst in Ares verliebt! In den Kriegsgott! Wie konntest du nur. Findest du den Krieg etwas Schönes?“

„Nein. Doch Ares ist ein schöner Mann. Er ist sehr machtvoll, was ich bewundere."
„Du bewunderst also Männer in ihrer ungestümen Aggressivität, die unverkennbar ihre phallische Macht unter Beweis stellen?"
„Rege dich nicht künstlich auf. Es ist eine Geschichte. Mars und Venus ist eine idealisierte Allegorie der Vereinigung. Sie gehören zusammen wie Krieg und Frieden. In der Geschichte sowie in der Literatur gibt es viele solche Verbindungen. Denk nur an Antonius und Cleopatra, Siegfried und Brunhilde, Othello und Desdemona, Napolen und Josephine." Ich verstehe, was sie sagen will und will es doch nicht verstehen, also kontere ich: „Kommt diese Vorliebe daher, dass du aus den Genitalien eines Mannes erzeugt wurdest?" Sie lacht wieder laut heraus und spricht wie zu einem kleinen Kind zu mir: „Aus dem Mann ist die Frau entstanden. Das ist nicht nur in meiner mythologischen Geschichte so, auch die Bibel erzählt etwas Ähnliches."
„Nur ist in der Bibel die Frau aus den Rippen eines Mannes entstanden und nicht aus seinen Genitalien", entfährt es mir.
„Und was macht das für einen Unterschied?"
„Ich weiß nicht. Keinen?"
„Genau, keinen. Und ob Bibel oder Mythologie vergiss das. Du als Frau kannst deine Verführungskünste ins Spiel bringen und wirst so zur privilegierten Zeugin der verborgenen Vorgänge in der Männerwelt. Mächtige, einflussreiche und manchmal auch bedeutende Männer, die in der Öffentlichkeit stehen, lassen sich gerne verführen. Nicht nur Politiker haben einen ausgeprägten Hang zu ihrem Sexualtrieb. Fast alle Männer haben das. Nutze das."
„Ich will keinen Mann verführen. Ich bin keine „femme fatale"."
„Was spricht dagegen? Als „femme fatale" kannst du in mehr als nur einer Hinsicht dieser Welt ins Herz schauen. Als Frau bist du privilegiert dazu."
Ich habe den Eindruck, eine andere Frau vor mir zu sehen. Was ich da höre, bringt mich in einen inneren Konflikt. Bis zu diesem Augenblick habe ich eine zarte Zuneigung zu Aphrodite verspürt, eine Art Bewunderung, doch nun, in diesem Moment, beginnt sich etwas in mir zu verändern. Sie ist nicht nur die schöne Göttin der Liebe – nein, sie ist die Verführerin in Person. So ist es für sie ein Leichtes, auch mich zu verführen. Mit einem Mal wird mir klar und fällt mir wie Schuppen von den Augen, was sie bezweckt. Sie will mich verführen. Sie will mich vom rechten Weg abbringen. Ich soll, wie sie, eine Verführerin werden. Ich springe von meinem Stuhl auf und habe nur noch einen Gedanken, weg, weg von dieser Schlange, dieser verführerischen Schönheit, die mich fast mit ihren Worten, Berührungen und der Sinnlichkeit umgarnt hat. „Warte", ruft sie mir zu. Ich drehe mich um, und sehe sie an, die Verführerin in der Person von Aphrodite. „Bevor du gehst, lasse mich noch etwas klar stellen." Unsicher bleibe ich stehen.
„Du hast Angst, verführt zu werden. Du hast Angst zu verführen und du hast Angst vor der „femme fatale" in dir?" Ich will gerade etwas erwidern, als sie mir zu verstehen gibt, dass ich einfach mal zuhören soll.

„Bei den Christen galt eine verführerische Frau als Inbegriff der Sünde. Das war vorher nicht der Fall. Da freuten sich die Männer und die Frauen an den Verführungskünsten. So galten Tänze jeder Art als Werbung und waren für alle ein wahrer Augenschmaus. Denke zum Beispiel an den Bauchtanz. Das ist Erotik pur, das ist Verführung. An dem ist nichts falsch und schon gar nichts Schlechtes. Du erinnerst dich doch noch an unser Gespräch über die Erotik." Ich nicke. „Als Köder nimmt die Kirche stets die sexuelle Faszination, der ein Mann offenbar unmöglich widerstehen kann. Um den Mann zu schützen, stellte die Kirche die verführerische Frau als Sünde hin. Mit anderen Worten werden die Männer durch die Kirche als Opfer dargestellt. Gemäß der Kirche sind die Männer ein Opfer der Frau. Die Armen. Vielleicht sind sie auch Opfer. Wer weiß. Doch wenn sie Opfer sind, dann sind sie Opfer der eigenen uneingestandenen Gefühle. Doch keinesfalls sind sie ein Opfer der Frauen. Das stimmt nicht. Wenn irgendeine soziale Gruppe im patriarchalen System zum Opfer gemacht wurde, dann sind es die Frauen. Verstehst du das?" Ich bin noch immer nicht fähig zu sprechen und nicke nur.

„Es ist die Angst der Männer, die dich ängstigen lassen vor deiner „femme fatale". Die Männer fürchten ihren Machtverlust, den sie haben, wenn eine Frau ins Spiel kommt. Die Machtfrage hat mit dem Wechsel von der matrilinearen zur patrilinearen Familie zu tun. Ein Thema, das dir zu einem späteren Zeitpunkt noch näher erläutert wird. Dazu kommt, dass die meisten Männer auch eine große Angst vor dem Körperlichen haben. Dieses Problem ist jüngeren Datums und hat seinen Ursprung in der christlichen Tradition der Askese. Doch denk daran, du als Frau bist nicht verantwortlich für den Mann. Du trägst für dich und dein Leben die Verantwortung, nicht für den Mann. Wenn nun zu viel Eros einen Mann von seinen öffentlichen Aufgaben ablenkt, ist das sein Problem und nicht deines."

Sie hält inne, schaut in die Ferne und fährt fort. „Kennst du die Geschichte des griechischen Helden Odysseus?" Ich bejahe. „War er ein Opfer?", fragt sie mich. Ich bin mir nicht ganz sicher. „Ich denke schon. Er hat durch die Frauen seinen Orientierungssinn verloren und wurde mehrmals verführt", erwidere ich.

„Die alten Geschichten der Griechen zeigen genau das Frauenbild, welches das Patriarchat geprägt hat. Und mit deiner Antwort zeigst du mir, dass du als moderne Frau glaubst, was dir erzählt wird. Oysseus wurde nicht verführt. Er ließ sich verführen. Wenn wir die drei Frauengestalten anschauen, welche ihn verführt haben sollen, da kann ich nur lachen." Gespannt setze ich mich wieder hin und schaue sie erwartungsvoll an.

„Da war einmal Kirke. Als Zauberin verhexte Kirke die Männer, welche ihre Insel erkunden sollten, und verwandelte sie in Schweine. Einer war misstrauisch genug, nicht bei ihr einzutreten, und kehrte zum Schiff zurück, um Odysseus Bericht zu erstatten.

Odysseus überwand Kirkes Zauber mit Hermes Hilfe, der ihm ein Kraut gab, das ihn gegen Zaubersprüche feite. Er überwältigte Kirke und erreichte, dass sie seine Männer in Menschen zurück verwandelte. Sie schwor ihm auch, ihm nichts Böses zu tun und ihn im Bett nicht zugrunde zu richten. So verbrachte Odysseus ein ganzes Jahr mit ihr. Erst, nachdem seine Männer ihn überredet hatten, setzten sie ihre Fahrt mit dem Rat und der Hilfe der Kirke fort."
„Also doch, die Frau als Zauberin und Verführerin!?"
„Ja und nein. Er kam unaufgefordert auf ihre Insel. Er blieb ein Jahr und sie gab ihm schlussendlich auch gute Ratschläge mit auf die Reise. Sie wurde also zu seiner Ratgeberin, denn er suchte noch ein zweites Mal ihre Hilfe auf. Als Odysseus auf einer seiner vielen Fahrten das Totenreich verließ, kehrte er nach Aiaia zurück und erhielt weitere Ratschläge von Kirke. So segelte er Richtung Heimat. Als sie sich der Insel der Sirenen näherten, verstopfte er seinen Männern die Ohren mit Wachs, damit sie sich von dem Gesang nicht betören ließen. Er selbst lauschte ihm, ließ sich aber vorher am Mast festbinden. Seinen vorherigen Anweisungen gemäß band ihn die Mannschaft sogar noch fester, als er, begeistert von dem Gesang, verlangte, losgebunden zu werden."
„Er wollte die Sirenen hören, obschon er wusste, dass es gefährlich werden könnte. Typisch Mann", gebe ich in diesem Moment zum Besten.
„Und noch eine weitere Frau wurde ihm fast zum Verhängnis. Nachdem sein Schiff kenterte und seine ganze Mannschaft unterging, schwamm Odysseus halb tot auf dem Meer umher, bis er auf Ogygia an Land gespült wurde. Das war die Insel der schönen Kalypso, die ihn heiraten und unsterblich machen wollte. Sieben Jahre lang lebte er bei Kalypso, bis seine Sehnsuchtstränen nach der Heimat und seinem Weib die Götter rührten. Sie sandten Hermes zu Kalypso und geboten ihr, Odysseus ein Floß zu bauen und ziehen zu lassen. Sie fand Odysseus am Strand sitzend und verloren über das Meer schauend, wie er es immer tat. Zunächst glaubte er ihr nicht und ließ sie schwören, dass sie ihn nicht mehr quälen wollte.
Indes, während sein unversöhnlicher Feind Poseidon bei den fernen Aithiopiern weilte, sorgte Athene dafür, dass Odysseus davon segeln konnte. Als der Gott jedoch nach siebzehn Tagen zurückkehrte, schickte er einen mächtigen Sturm, der Odysseus` Floß zerschmetterte. Da kam die Meeresgöttin Leukothea in Gestalt einer Möwe und hieß ihn, um sein Leben zu schwimmen. Sie gab ihm auch einen Schleier, mit dem er sich umhüllte, um nicht zu ertrinken. Auf hohen Wogen trieb er zwei Tage lang im Meer, bis Athene sie schließlich glättete und er an den Strand von Scheria geworfen wurde, dem Land der Phäaken, wo er den Schleier mit abgewandtem Gesicht ins Meer warf und sich in einem Gebüsch zu Ruhe legte."

„Und was willst du mir genau mit dieser Geschichte von Odysseus sagen?", frage ich Aphrodite.
„Dass die Frauen lange genug zum Sündenbock gemacht wurden. Immer wieder und immer wieder anders. Sei es durch die Kirche, die Mythologie oder

Schriftsteller und deren Geschichten. Die Frau darf und soll ihre Verführungskünste ausleben können. Es ist nichts Verwerfliches daran, es wurde nur von den Männern schlecht gemacht, weil sie sich nicht gut wehren können."
„Also wirst du heute Abend beim Maskenball die Männer verführen?"
„Natürlich, und ich hoffe du auch. Es ist ein Spiel zwischen Frau und Mann. Also lasse uns spielen." Ja, wenn ich es als Spiel betrachte und nicht als todernste Sache, dann kann es wohl Spaß machen. Ich beschließe, es zu versuchen.

So gehe ich in den Ballsaal und finde Gefallen an diesem wunderschönen Abend. Ich tanze die ganze Nacht und genieße die Schmeicheleien der Männer. Ab und zu schaue ich zu Aphrodite, welche immer wieder im Mittelpunkt von Männern steht, verfolgt von eifersüchtigen Augen anderer Frauen und den begehrten Blicken der Männerwelt. Was ich sehe, amüsiert mich. Mein besonderes Interesse erweckt bald einmal ein farbig gekleideter Mann, welcher immer wieder zu mir hinsieht. Ich lächle ihm zu, mit der stillen Aufforderung, mit mir zu tanzen. Als wir dann zusammen über das Parkett wirbeln, stellt er sich mir als Papageno vor. Auf seine Frage, mit wem er das Vergnügen habe, antworte ich ihm kokett: „Ich bin Venus, Prinzessin und Göttin der Liebe", was ihn dazu verführt, mich als seine Muse zu bezeichnen. „Ich wusste es schon den ganzen Abend. Du bist meine „femme inspiration". Du inspirierst mich auf jede Art und Weise, vor allem in schöpferischer Hinsicht. Lass mich dich malen."
Er führt mich in ein Zimmer, wo eine große, weiße Leinwand steht mit Farben und Pinseln daneben. Er fordert mich auf, mich aufs Bett zu legen und ihn mit meinen Blicken zu verführen. „Lade mich zu dir ins Bett ein. Verführe mich." Obwohl ich zuerst nicht recht weiß, wie ich das anstellen kann, gelingt es mir scheinbar, denn er beginnt zu malen. Je länger ich mich auf dem Bett in Szene setze, desto einfacher fällt es mir und ich finde sogar Spaß daran. Ich spüre mich und meinen Körper, der voll elektrisierender Energie ist. Ich spüre ein sehnsüchtiges Verlangen in meinem Körper, das nichts mit dem Mann vor mir zu tun hat. Bevor ich dazu komme, näher darüber nachzudenken, wendet er sich vom Bild ab, reinigt seine Hände an einem Tuch und fragt mich: „Möchtest du es sehen?" Der Anblick, der sich mir bietet, verschlägt mir den Atem. Noch nie habe ich mich so gesehen. Noch nie so romantisch und entspannt, zugleich auch erotisch und verträumt. Die Farben lassen mich irgendwie verwegen erscheinen. In seinen Augen bin ich anscheinend schön. Begehrenswert, kommt mir in den Sinn. Ich schaue ihn an. Er lächelt zurück. Ich bin erstaunt, wie schnell er das Bild gemalt hat, was er mit einfachen Worten erklären kann: „Das hier ist nicht die reale Welt. Du bist in der Göttinnenwelt. Da spielt die Zeit keine Rolle und alles ist möglich."
Noch immer kribbelt es in meinem Körper. Ich spüre mein Verlangen mich hinzugeben und treiben zu lassen. Gleichzeitig höre ich eine Stimme in mir, welche mir rät, nun zu gehen. Bevor ich mich entscheiden kann, nimmt er meine Hände in seine, schaut mich liebevoll an und haucht mir einen Kuss auf meine

Stirn. In meinem Inneren beginne ich zu schmelzen. Ich lasse meine Bedenken los und übergebe mich ganz meinen Gefühlen und meinem Körper. Ich führe ihn zum Bett und beginne ihn lustvoll und spielerisch auszuziehen. Mit viel Gespür zieht auch er mich langsam und mit zärtlichen Worten und Berührungen aus. Unsere Hände erforschen langsam und geduldig den Körper des anderen. Mit seinen Händen fährt er genüsslich meinen Rücken hoch und senkt seinen Mund auf den meinen. Ich genieße es, ihn zu berühren und seine nackte Haut zu spüren. Seine Hände gleiten über meinen Körper hinweg und entfachen in mir ein Feuer, welches ich vorher noch nicht gekannt habe. Ich lasse es zu und gebe mich ganz meinem Gefühl hin. Er streichelt meinen Körper voller Zuneigung und gleichzeitiger Leidenschaft. Er lässt sich viel Zeit und das wilde Pochen meines Herzens ist nicht nur auf das Verlangen zurückzuführen, sondern auch auf meine Angst, mich zu verlieren. „Entspanne dich, lasse dich gehen", flüstert er mir leise ins Ohr, währenddem seine wundervollen Hände über meinen Körper streichen. Seine Lippen streifen meine Wangen, meine Brüste und seine Zunge sucht sich immer wieder neue Wege auf meinem Körper. Seine Berührungen lösen eine wohlige Gänsehaut bei mir aus. Ich habe das Gefühl, zu fliegen und gleichzeitig bin ich mir ganz meines Körpers bewusst. Seine Küsse sind heiß und hart, gleichzeitig auch verträumt und sanft. Der Wechsel von verspielt zu Besitz ergreifend erfolgt so unglaublich schnell, dass ich mich vor Lust an ihn klammere, während er mich leidenschaftlich küsst. Meine Beine schließen sich fester um seine Taille, und von Leidenschaft überwältigt, beantworte ich seinen fordernden Kuss mit meinem eigenen Verlangen. Ich höre mich, wie ich ein leises, kehliges Stöhnen von mir gebe, wenn er mich berührt. Bin das wirklich ich? Mit seinen Händen bringt er mein Blut in Wallung. Wenn seine Zunge über meinen Körper gleitet, habe ich das Gefühl, zu zerfließen. Beinahe ehrfürchtig streichen seine Hände über meinen Körper und erforschen meine Schultern, die Wölbung meiner Brust, die zarte Haut meines Oberkörpers sowie meine Beine, ohne dabei die Füße auszulassen. Mein Verlangen wird immer größer und ich habe den Eindruck, gleich zu platzen, zu zerfließen. Meine Hände greifen ins Laken und ballen den Stoff zusammen, um ein Stöhnen zu unterdrücken. Er knabbert an meinen Brüsten und meinen Oberschenkeln. Mein Stöhnen wird immer lauter und verwandelt sich in ein Schluchzen, welches zu einem schnellen, keuchenden Schreien wird, als ich seine Finger in mir fühle. Ich bäume mich auf und sehe nichts mehr, ich bin blind vor Erregung. Ich erschauere unter seinen Küssen. Mein Herzschlag erhöht sich und rast, als sich seine Lippen um meine Brustwarzen schließen. Mein ganzer Körper beginnt zu zittern und ich klammere mich an ihn, als ob mein Leben davon abhängt. Ich will ihn spüren, ganz in mir, noch tiefer. Ich will das Wunder der Vereinigung erleben. Ich bäume mich auf, spüre, wie ich unweigerlich auf etwas zuschieße, das dem Wahnsinn gleichkommt. „Gott! Göttin! Oh Gott! Jetzt! Bitte!", höre ich mich rufen. Bevor ich wieder richtig weiß, wie mir geschieht, dringt er in mich. Ich umfange ihn mit meinen Beinen, wölbe

mich ihm entgegen und zusammen finden wir unseren gemeinsamen Rhythmus, bis wir den Gipfel der Lust erreichen. Ich komme mit einer solchen Macht, dass ich hilflos zitternd liegen bleibe. Noch lange Zeit später streichelt er meinen Körper. Ich liege befriedigt in seinen Armen und fühle mich wundersam geborgen und entspannt. So schlafe ich ein und erwache erst am späten Nachmittag. Da ist kein Mann, kein Bild, keine Leinwand. Habe ich das alles nur geträumt? Nein. Neben mir liegt eine Rose und ein Brief mit folgendem Inhalt:
„Göttin der Venus, ich danke dir für die wundervolle Nacht und deine Inspiration. Du als Frau bist die Königin und nach dem Gesetz Gottes Herrscherin über die ganze Welt, Bewahrerin des Lebens und Hüterin aller Wesen. So herrsche weise über mich und die Erde, auf dass die Flamme des Lebens niemals erlöschen möge. Ich werde dich nie vergessen."

Nur mit dem Morgenrock bekleidet, dem Brief und der Rose in der Hand suche ich Aphrodite, welche im Salon Rouge schon auf mich wartet. Sie begrüßt mich lächelnd: „Na, Prinzessin. War es ein toller Abend?" Ich lächle zurück und nicke. Noch immer bin ich ganz gefangen von den Gefühlen, die ich letzte Nacht bei mir entdeckt habe. „Liebe und Leidenschaft ist etwas Wunderbares, nicht wahr", höre ich Aphrodite sagen. Ich stimme ihr zu und reiche ihr den Brief. Mit leuchtenden Augen gibt sie ihn mir zurück mit den Worten: „Die Verführerin steht dir gut."
Strahlend erzähle ich ihr von meiner Nacht und den Gefühlen, die ich bei mir entdeckt habe. Sie hört mir aufmerksam zu, lächelt hin und wieder und sagt schlussendlich: „Als Frau hast du die besondere Begabung, eng mit dem Gefühlsleben eines Mannes vertraut zu sein und auch an seinen schöpferischen Unternehmungen teilzuhaben. So bringst du das in einem Mann hervor, was Jung die Anima des Mannes nannte. Die Anima ist der weibliche Teil in jedem Mann. Bei den meisten Männern ist die Anima mit seiner unterentwickelten Fähigkeit zum Fühlen und zum Eingehen menschlicher Beziehungen eng verbunden. Als Frau kannst du ihm eine Brücke zu seiner Anima bauen. Du wirst so zur Erweckerin des individuellen psychischen Lebens im Manne, das ihn über seine männliche Verantwortlichkeit hinaus zur ganzen Persönlichkeit macht. Du stärkst sein Selbstbewusstsein und seine Fähigkeit zur Nähe. Das bringt enorme Vorteile für die Entwicklung des schöpferischen Eros des Mannes, wovon du als Frau dann wieder profitieren kannst."
„Und wie steht es bei uns Frauen, machen die Männer dasselbe mit uns?"
„In gewisser Weise schon. Sie können den Animus, also den männlichen Teil in dir als Frau stärken. Doch bald wirst du mehr darüber erfahren, denn die nächste Göttin wartet schon auf dich und sie kennt den Animus sehr gut."
Betrübt schaue ich sie an: „Kann ich nicht noch etwas bleiben?" Sie legt beruhigend eine Hand auf meine, zwinkert mir zu und meint: „Bei Athene wirst du dich wohl fühlen. Du bist ihr nicht unähnlich. Habe Vertrauen und lass uns einfach noch den Abend zu zweit genießen."

3. Athene: Wissen ist Macht, nichts wissen macht nichts

Am nächsten Morgen ist es soweit. Nach dem morgendlichen Bade- und Schönheitsritual, das mir mit der Zeit sehr lieb geworden ist und dem ausgiebigen Frühstück, ist es an der Zeit mich von Aphrodite zu verabschieden. Draußen vor dem Schloss steht eine große, schwarze Limousine mit Chauffeur, die mich nun zu Athene bringen soll. Mit Tränen in den Augen und einem schweren Herzen stehe ich da. „Hab keine Angst, kleine Schwester, Athene wird dir gefallen“, muntert mich Aphrodite auf und nimmt mich noch einmal fest in die Arme. Da gibt es kein Halten mehr und ich schluchze an ihrer Brust. „Bitte lasse mich bleiben. Ich habe mich doch erst gerade eingewöhnt. Ich kann noch so viel von dir lernen. Ich möchte noch nicht weg“, sage ich ihr mit erstickter Stimme. „Abschied ist ein bisschen wie sterben“, erwidert Aphrodite. „Doch all das, was du zusammen mit mir erlebt hast, ist ein Teil deines Lebens, den dir niemand mehr nehmen kann. In deinem Herzen bin ich bei dir, immer, überall. Also ist es kein Abschied, sondern nur eine räumliche Trennung. Wenn du etwas von mir wissen willst, kannst du mich jederzeit fragen, denn ich bin bei dir, wenn du es erlaubst, immer und überall.“ Sie nimmt ein Taschentuch und tupft mir die Tränen weg, lacht und ihre Augen haben wieder diesen schelmischen Blick, schubst mich in die Limousine und sagt, bevor sie die Tür schließt: „Ich habe dich lieb, vergiss das nicht. Viel Spaß in Big Apple.“

Bevor ich überhaupt etwas erwidern kann, schließt sie die Tür und die Limousine setzt sich in Bewegung und fährt los. Noch immer traurig und auch ängstlich vor dem Neuen sitze ich in diesem Auto, das mich zu Athene bringen soll. Was hatte Aphrodite gesagt, Big Apple? Ist das nicht New York? Was soll ich in New York? Ich schaue mich um und sehe eine Landschaft, die überhaupt nicht amerikanisch aussieht. Auch die Dorfschilder lassen eher darauf schließen, dass ich in Frankreich bin. Wie zum Teufel also soll ich nach New York kommen? Nach etwas dreißig Minuten erhalte ich meine Antwort. Die Limousine parkt bei einem kleinen Flugplatz. Der Pilot und seine Crew des Privatjets von Athene empfangen mich herzlich und mir wird klar, dass mir ein Flug bevorsteht. Auch das noch. Ich hatte schon immer Flugangst und jetzt soll ich mit einem Privatjet fliegen? Das kann ja heiter werden. Den Einstieg in das Reich von Athene habe ich mir wahrlich etwas anders vorgestellt. Mit zittrigen Knien steige ich ein und bin erstaunt über das Interieur des Flugzeuges. Da sind keine üblichen Sitze aneinander gereiht, wie ich das von anderen Flugreisen her kenne. Da ist ein gemütliches Zimmer, eingerichtet mit einem Sofa, wo ich mich gemütlich hinsetzen kann. Trotzdem ist mir unwohl bei dem Gedanken, dass ich nun fliegen soll. Flug bleibt Flug. Ob nun auf einem schmalen, kleinen Sitz, eingeengt zwischen zwei anderen Passagieren oder alleine auf einem gemütlichen Sofa mit viel Platz um mich herum. Die zwei Stewards fordern mich auf, mich anzugurten, da in wenigen

Minuten gestartet wird. „Sie brauchen keine Angst zu haben“, meint einer der Stewards und fügt noch an: „Wir haben gutes Flugwetter.“
Ob gutes oder schlechtes Flugwetter ist mir ziemlich egal. Mir war schon immer klar, dass der Mensch nicht dazu gemacht ist, zu fliegen. Wenn der Mensch hätte fliegen sollen, hätte er zwei Flügel. Das war schon immer meine Devise und dabei spielt das Wetter überhaupt keine Rolle. Doch was bleibt mir übrig. Wieder einmal habe ich keine Wahl. Ich sitze in diesem verfluchten Flugzeug. Ich versuche, mich innerlich zu beruhigen, atme ein paar Mal tief ein und aus, sinke in das Sofa, gurte mich an und schließe meine Augen. Schon bald darauf spüre ich die Vibration, ausgelöst durch die Geschwindigkeit des Flugzeuges, bevor es sich vom Boden abhebt und in den Himmel steigt. Gut ein- und ausatmen sage ich mir innerlich immer wieder und spüre trotzdem dieses beklemmende Gefühl im Bauch, welches sich nun in meinem ganzen Körper ausbreitet. Das fängt ja gut an.
Auf jeden Fall ist mir bis jetzt diese Athene alles andere als sympathisch. Das ist doch eine Göttin! Wieso muss ich zu ihr fliegen? Die kann mich doch einfach zu sich hinzaubern. Was soll das? Nein, ich bin alles andere als gut auf diese Fluggöttin zu sprechen, die mich zwingt, in ein Flugzeug zu steigen. Noch immer halte ich die Augen geschlossen und sitze wohl etwas verkrampft auf dem Sofa, als mich einer der Stewards darauf hinweist, dass ich nun die Gurten lösen kann. „Sie können sich frei bewegen, so lange wir in der Luft sind. Wenn sie etwas zum Lesen möchten, hat es Zeitschriften sowie Bücher dort in der Ecke und zu trinken können wir ihnen bringen, was sie sich wünschen. Sie können sich auch einen Film ansehen oder Musik hören. Wenn sie wünschen, können sie den Piloten im Cockpit besuchen. Wir können ihnen auch ein Bett richten, dass sie schlafen können. Sagen Sie einfach, was sie möchten. Gilbert und ich, meine Name ist Henry, stehen ganz zu ihrer Verfügung.“
Ich bedanke mich artig und beschließe, ein Glas Champagner zu trinken. Wenn schon, denn schon, wie heißt es so schön: nobel muss die Welt zugrunde gehen. Wenn schon abstürzen, dann mit Champagner. Kurze Zeit später habe ich das Glas Champagner auf dem Salontisch und dazu in einer Schale Oliven und Nüsse. Ich nippe an meinem Glas und beginne, herum zu laufen. Es ist ein komisches Gefühl in einem Wohnzimmer zu sein, dass sich in luftiger Höhe befindet, in einem Flugzeug, welches mich nun zu Athene bringen soll. Ich stöbere etwas in den Zeitschriften und Büchern herum, setze mich wieder aufs Sofa und sehe hinaus in den blauen Himmel.

Das ist also das Flugzeug von Athene. Die muss ja steinreich sein, wenn sie sich so etwas leisten kann. Ich überlege, was ich von dieser Göttin weiß. Hat die was mit Geld zu tun? Nein, das ist doch die Göttin, welche aus dem Haupt von Zeus entsprungen ist. Also eine richtige Vatertochter. So ganz sicher bin ich mir nicht und beschließe, Henry zu fragen, als er mir mein Champagnerglas wieder auffüllt. „Sie meinen die Athene aus der griechischen Mythologie?“ Ich bejahe und er setzt sich zu mir und beginnt zu erzählen. „Athene ist die Tochter des Zeus. Er verschlang ihre Mutter Metis, die schwanger mit Athene war, da Uranos und Gaia vorausgesagt hatten, dass ein Kind der Metis eines Tages über die Olympier herrschen würde. Nach der Tat litt Zeus unter rasenden Kopfschmerzen, die erst nachließen, als Hephaistos ihn mit einer Doppelaxt auf das Haupt schlug. Die Geburt von Athene erfolgte also, indem Hephaistos den Kopf des Zeus mit dem Beil spaltete, worauf die Göttin Athene bereits erwachsen und zum Kampf gerüstet mit einer Lanze heraussprang. Diese wundersame Geburt erfolgte am Ufer des Flusses Triton, weshalb Athene den Beinamen Tritogeneia erhielt. Es wird erzählt, dass sie, als sie aus dem Haupt des Zeus entsprungen war, sagte: „Ich stehe ganz auf der Seite meines Vaters.“ Von da an hatte der Vater eine ebenbürtige, weibliche Gottheit an seiner Seite, die ihm alle Ehre machte und trotz ihres kriegerischen Auftretens Waffen nur zur Verteidigung der Schutzbedürftigen einsetzte und ansonsten den Menschen mit ihrer Weisheit in Rat und Tat zur Seite stand.“

„Wird sie nicht auch Pallas genannt?“

Er schaut mich belustigt an: „Sie wissen viel, ja das stimmt. Gemäß der Sage wurde Athene von ihrer Geburt an bei einem Triton, einem Meergott, erzogen, der eine Tochter namens Pallas hatte.

Pallas hatte das gleiche Alter wie Athene und die zwei wurden gute Gespielinnen. Eines Tages nun, als die beiden Jungfrauen ihren kriegerischen Übungen oblagen, traten sie zu einem scherzhaften Wettkampf einander gegenüber. Eben wollte die Tritonentochter Pallas einen Streich auf ihre Gespielin führen, als Zeus, für seine Tochter bangend, das Schild aus Ziegenfell, die Aigis, dieser vorhielt. Dadurch erschreckt, blickte Pallas furchtsam auf und wurde in diesem Augenblick von Athene tödlich verwundet. Tiefe Trauer bemächtigte sich der Göttin, und sie ließ zum dauernden Andenken ein recht ähnliches Bild ihrer geliebten Gespielin Pallas anfertigen, legte demselben einen Brustharnisch aus dem gleichen Ziegenfell, wie das Schild war, um, der nun auch Aigispanzer oder Aigis hieß, stellte das Bild neben die Bildsäule des Zeus und hielt es hoch in Ehren. Sie selbst nannte sich seitdem Pallas Athene, das jungfräuliche Mädchen. Übrigens ist sie eine der bedeutendsten Göttinnen in der griechischen Mythologie.“

„Sie war eine jungfräuliche Göttin?“, frage ich etwas verwirrt.

„Ja, so wird es erzählt. Es gab drei wichtige jungfräuliche Göttinnen in der griechischen Mythologie: Artemis, Athene und Hestia.“

„Das waren Jungfern! Die waren nie mit einem Mann zusammen?“ Henry lacht: „Doch und es waren keine alten Jungfern. Jungfräulich bezieht sich darauf, dass diese Göttinnen den Aspekt der Unabhängigkeit, den der Aktivität und den der Beziehungslosigkeit lebten. Der Aspekt der jungfräulichen Göttin ist jener Teil einer Frau, von dem kein Mann Besitz ergreifen kann, den er nicht „penetrieren“ kann. Es ist ein Teil, der vom Bedürfnis der Frau nach einem Mann oder von ihrem Bedürfnis, eine Wertschätzung durch ihn zu erfahren, unangetastet bleibt und der völlig unabhängig vom Mann existiert, ohne dass die betreffende Frau ihre Daseinsbereichtigung vom Mann ableiten müsste."

„Es bedeutet also, dass bei diesen Göttinnen ein wesentlicher Teil ihrer selbst psychologisch betrachtet jungfräulich ist und nicht, dass sie im wahrsten Sinn des Wortes, also physisch, jungfräulich gilt." Henry bestätigt mir meine Aussage mit Kopfnicken. „Der Begriff jungfräulich bedeutet unbefleckt, rein, völlig unberührt, noch von niemandem angetastet, nicht bearbeitet, nicht erschlossen, unverletzt. Athene ist eine dieser Göttinnen. Sie ragte innerhalb eines von männlichen Gottheiten beherrschten religiösen Systems und einer von männlichen Gottheiten dominierten Epoche als Ausnahme hervor. Sie hat nie geheiratet, wurde nie von männlichen Gottheiten oder von Sterblichen überwältigt, verführt, vergewaltigt oder gedemütigt. Sie blieb unversehrt, unverletzt. Der Haupttempel von Athene heißt Parthenon, was auf griechisch Jungfrauengemach bedeutet. Er befand sich auf der Akropolis in Athen, dessen Schutzgöttin sie war. Dieser Tempel soll ihr gemäß dem Mythos geweiht worden sein, nachdem sie dem athenischen Volk den Olivenbaum geschenkt hatte."

„Sie hat den Athenern den Olivenbaum geschenkt? Wie denn das?"

„Man sagt, dass die Göttin der Weisheit den ersten Baum in Athen pflanzte, und zwar auf dem heiligen Felsen der Akropolis. Alles begann, als sich Poseidon, der Gott der Meere, mit Athene, der Göttin der Weisheit, anlegte. Beide Götter wollten Herrscher über Athen sein, der schönsten und blühendsten Stadt des klassischen Griechenlands. So wurde beschlossen, dass die beiden Götter der Stadt ein teures Geschenk bringen sollten. Als Sieger dieses einmaligen Wettbewerbs würde der erkoren, welcher das wertvollere Geschenk bringen würde. Die übrigen Götter, die keineswegs erfreut waren über den Streit der zwei Unsterblichen, hatten über Sieger und Verlierer zu entscheiden. Poseidon, der Gott aller Meere, erschien in seiner vollen Pracht. Er hielt seinen gefürchteten Dreizack in der Hand, den er nur zu heben brauchte, um die wildesten Stürme auf Meeren und Ozeanen hervorzurufen. Poseidon hob also seinen Arm und schleuderte den Dreizack gegen den heiligen Felsen auf der Akropolis, und siehe da, Meerwasser sprudelte alsbald aus dem Felsenspalt und lief den Felsen hinunter. Poseidon glaubte wohl, dass er mit dieser Geste den Wettbewerb gewinnen würde, gab es doch auf der Akropolis kein Wasser. Und bis zum heutigen Tag gibt es in den Berghöhen rund um Athen frisches Quellwasser.

Athene ihrerseits brauchte kein so extravagantes Wunder zu vollbringen. Sie bückte sich lediglich und pflanzte einen Olivenbaum. Andere Quellen wiederum behaupten, dass Athene die Olive nicht eigentlich gepflanzt hätte, sondern lediglich ihre Lanze in den Boden stieß, worauf augenblicklich ein Olivenbaum aus dem Boden schoss. Wenige Minuten später fing der Baum an zu blühen. Sein silbergrünes Blätterwerk hinterließ bei allen, die das Wunder sahen, einen tiefen Eindruck. Das war es! So einen Baum hatten selbst die Götter

noch nie gesehen. Die Götter brauchten nicht lange, um eine Entscheidung zu treffen. Sie waren sich alle einig, dass Athenes Geschenk für die Menschheit von unschätzbarem Wert war und ist ...
Der Olivenbaum ist ein Symbol des Friedens, seit es Menschen gibt und seit jeher ein heiliger Baum.
Athene errang also den Sieg und gab der Stadt auch ihren Namen. Ein Fries im Westgiebel des Parthenon, dem Haupttempel der Akropolis, der ihr zu Ehren geweiht wurde, erinnert noch bis heute an diese Geschichte. Der Olivenbaum breitete sich bald überall in Griechenland und besonders in Attika aus und noch in den 60er Jahren waren die Olivenhaine in den nördlichen Vororten von Athen das beliebteste Erholungsgebiet der Athener."

Ich höre gespannt zu. Das ist also die Göttin, die ich nun kennenlernen soll. Nicht ganz klar ist mir jedoch, für was sie steht. Ist sie Athene die Kriegs- oder doch mehr die Weisheitsgöttin. Ich beschließe, nicht lange zu überlegen und frage.
„Sie ist eine weise Kriegsgöttin und noch mehr", antwortet mir Henry. „Sie hat den Menschen viel beigebracht. Als Spezialistin des Wagenkampfes lehrte sie die Menschen den Gebrauch von Pferd und Wagen. Sie war auch die Göttin des Schiffsbau, denn sie half den Argonauten beim Bau ihres Schiffes und unterwies die Frauen im Spinnen und Weben. Gemäß der Überlieferung erfand sie die Flöte, die Trompete, das Tongefäss, das Ochsenjoch, den Pflug und das Schiff. Sie lehrte die Menschen die Kunst der Tierzucht und der Herstellung von Schuhen. Sie galt als Schutzgöttin des Ackerbaus und des Handwerks. Sie brachte dem griechischen Helden Bellerophontes den goldenen Zaum, mit dem er das geflügelte Pferd Pegasos bändigen und zähmen konnte und setzte einen Gerichtshof auf dem Aerophag ein.
Ihr Symbol ist die Eule, deren wichtigste Eigenschaft die Weisheit ist", er macht eine längere Pause und fährt fort:
„Ursprünglich war Athene die Schirmherrin der griechischen Städte, des Fleißes sowie der Künste und in der späteren Mythologie auch der Weisheit. Als Schutzgöttin der Städte in Kriegszeiten unterstützte sie die Griechen im Trojanischen Krieg."
„Soviel ich weiß, versagte sie jedoch ihre Hilfe nach dem Untergang Trojas", füge ich bei, um zu zeigen, dass ich auch eine Ahnung von der griechischen Geschichte habe.
„Das ist richtig. Nachdem Ajax die trojanische Prophetin Kassandra im Athene-Tempel vergewaltigt hatte, wo sie sich schutzsuchend an das Bildnis der Göttin klammerte, verweigerte Athene ihre weitere Hilfe. Da die Griechen sich für diese Missetat nicht an Ajax rächten, schickte der Meergott Poseidon auf ihr Geheiß hin Stürme, durch welche die meisten griechischen Schiffe auf der Heimreise von Troja zerstört wurden."
„Also ist Athene doch eine Kriegsgöttin oder sogar Rachegöttin?"
„Nicht unbedingt. Vom vorgriechisch minoischen Ursprung her wurde sie ver-

mutlich zunächst als friedliebende Hausgöttin verehrt. Erst später wandelte sie sich zur kriegerischen mykenischen Palastgöttin."
„Und wie war ihr Verhältnis zu ihrem Vater?"
„Sehr gut. Zeus vertraute seiner Lieblingstochter sehr. So übergab er ihr sein Schild, welches mit dem Schrecken erregenden Kopf der Gorgo Medusa geschmückt war und auch seine wichtigste Waffe, den Donnerkeil."
„Also doch eine Kriegerin", bemerke ich trocken und wäre am liebsten umgekehrt. Nach der Liebesgöttin nun die Kriegsgöttin denke ich mir und fühle mich überhaupt nicht geborgen bei diesem Gedanken. Ich erkläre Henry, dass ich nun genug gehört habe, freue mich an dem guten Mittagessen und beschließe, noch ein kleines Nickerchen zu machen. Zur Landung werde ich geweckt, damit ich mich angurten kann.

Auf dem John F. Kennedy Flugplatz angekommen, bin ich erstaunt, dass ich keine Einreiseprozedur hinter mich bringen muss. Ich kann in die weiße Limousine mit Chauffeur einsteigen und wir fahren los, ohne die zeitaufwändige Einreisekontrolle. Ich sitze hinten im Wagen und bin erstaunt, wie lange wir noch fahren müssen, bis ich endlich die ersten Wolkenkratzer sehe, die für mich doch so typisch für New York sind. In den Strassen von Big Apple habe ich den Eindruck, dass wir überhaupt nicht vorwärts kommen und als wir vor einem Wolkenkratzer halten und der Chauffeur mir die Türe öffnet, bin ich froh, endlich angekommen zu sein. Wir gehen hinein und nachdem der Chauffeur erklärt hat, wer ich bin, werde ich in den Lift begleitet und in das weiß nicht wievielte Stockwerk hinauf befördert. Der Lift hält direkt in der Wohnung, wo mich eine freundliche, runde Frau begrüßt, mit lustigen Augen, die mich wohlwollend anblicken. Nachdem sich die Lifttüre hinter mir schließt, stehe ich nun also da und schaue Athene an. Ich habe sie mir ganz anders vorgestellt, was schlussendlich logisch ist, denn die Frau, die vor mir steht, ist Rosa, die Haushälterin. Sie spricht spanisch, was mir nicht geläufig ist und so kann ich mich nicht richtig mit ihr verständigen. Sie zeigt mir die acht Zimmer der Penthouse-Wohnung und vor allem mein Schlafzimmer. Mit Händen und Füßen unterhalten wir uns, und wenn ich sie recht verstehe, erklärt sie mir, dass Athene noch am Arbeiten ist und erst gegen Abend wieder zurück kommen wird. Ich bin erstaunt und irgendwie auch wütend. Wie kann sie mich kommen lassen und dann nicht da sein. Das ist eine Frechheit. Sie will, dass ich da bin, also hat sie gefälligst auch da zu sein. Wirklich, diese Göttin ist alles andere als nach meinem Geschmack. Rosa kümmert sich nicht groß um meinen Unmut. Und als sie mir wieder etwas erklären will, werde ich auch wütend über sie, weil ich kein Wort verstehe. Ich muss raten und nehme an, dass sie mir sagen will, dass sie jetzt geht. Sie zeigt mir noch den Kühlschrank, wo ich alles finde, wenn mich Hunger oder Durst plagen sollten. So sitze ich schlussendlich im Wohnzimmer mit einer Riesenwut im Bauch und warte, warte und warte. Es scheint mir unendlich lang. Ich fühle mich einsam und verlassen und werde immer wütender. Wie kann sie mich nur warten lassen? Als ich endlich die Lifttüre höre, bin ich erleichtert, nicht mehr allein zu sein und warte gespannt, wie sich mir Athene zeigen wird.

Eine große, schlanke, drahtige Frau mit einem rassigen Kurzhaarschnitt kommt herein. Sie trägt einen eleganten, weißen Hosenanzug und hat eine schwarze Aktentasche in ihrer rechten Hand. „Es tut mir leid, dass du warten musstest, doch wir hatten noch eine wichtige Geschäftssitzung, die ich nicht verpassen durfte", ruft sie mir zu, indem sie ihre Aktentasche auf den Stuhl wirft, direkt zur Bartheke schreitet, sich einen Drink mixt und mich fragt, ob ich auch einen Aperitif möchte. Ich sage nichts, mir bleiben die Worte im Hals stecken, was für eine arrogante Person. „Was möchtest du gerne?", fragt sie mich noch einmal, ohne mich dabei anzusehen. Da platzt mir endgültig der Kragen. „Weißt du, wie lange ich schon auf dich warte?"
„Nein, keine Ahnung, wie lange?", antwortet sie ohne irgendwelches Bedauern oder irgendwelche Schuldgefühle in ihrer Stimme. Das bringt mich erst recht in Rage. „Ich finde es eine Frechheit, dass ich hierher beordert wurde, ohne gefragt zu werden, und du nicht einmal da bist."
„Aber Kleines, ich habe dir doch soeben gesagt, dass ich noch eine wichtige Sitzung hatte."
„Erstens ich bin nicht dein Kleines. Und zweitens, wenn das so ist, dann hätte ich ja erst morgen zu kommen brauchen und hätte noch bei Aphrodite bleiben können", erwidere ich ihr erbost.
„Wieso, jetzt bist du da und ich bin da, wo liegt das Problem?", fragt sie mich und will noch einmal wissen, ob ich auch einen Drink will. Ich verneine, verschränke meine Arme vor der Brust und beschließe, zu schmollen. So nicht, nicht mit mir, was denkt sich diese eingebildete Kuh. Weder Artemis noch Aphrodite haben mich so behandelt. Sie will etwas von mir, also hat sie sich entsprechend Mühe mit mir zu geben. Sie will mich in ihre Welt einführen, dann soll sie das auch richtig machen und nicht so wie... wie diese Athene. Sie setzt sich mir gegenüber auf das weiße Ledersofa, zieht ihre Schuhe aus, lehnt sich zufrieden nach hinten, nippt kurz an ihrem weißen Martini, lächelt mich an und fragt: „Du willst also schmollen? Wie lange willst du das?"
„Ich will überhaupt nicht schmollen. Ich bin wütend und enttäuscht. Zuerst musste ich fliegen, obschon ich Angst vor dem Fliegen habe und dann musste ich nur warten, warten, und noch einmal warten. Wie würdest du reagieren, wenn das jemand mit dir gemacht hätte."
„Das hätte niemand gewagt", erklärt sie mir unverfroren, was mich völlig aus der Fassung bringt.

„Wie, das hätte niemand gewagt. Wieso wagst du es dann bei mir?"
„Weil du gerne ein Opfer bist. Du bist ein prädestiniertes Opfer und als Opfer kann ich dich warten lassen. So einfach ist das."
Jetzt ist das Maß voll. Das lasse ich mir nicht bieten, Athene hin oder her. „Jetzt reicht's. Ich will entweder zu Aphrodite, zu Artemis oder noch besser nach Hause. Hier bleibe ich keine Minute länger."

„Du bist und bleibst störrisch. Das ist gut. Das zeigt, dass du Mut, Kraft und Emotionen hast. Schön, das ist eine gute Ausgangsbasis für uns. Möchtest du vielleicht jetzt einen Drink?“ Das ist wie eine Ohrfeige. Die nimmt mich nicht ernst. Alles, was ich sage, prallt an ihr ab und sie scheint überhaupt nicht berührt zu sein. Das macht mich nicht nur wütend, sondern vor allem ohnmächtig. Wie kann ich darauf reagieren? Athene steht auf, schaut mich, wie es mir scheint, von oben herab an, und fordert mich auf, zusammen mit ihr etwas zu essen. „Rosa hat uns ein wunderbares Menü gekocht. Ich wärme es noch schnell in der Mikrowelle auf, dann können wir essen.“

Mit diesen Worten verlässt sie den Raum und ich sitze da. Toll. Soll ich nun das Essen verweigern, einfach hier sitzen bleiben oder soll ich mich fügen. In mir findet ein Kampf statt. Einerseits habe ich langsam aber sicher Hunger, auf der anderen Seite will ich nicht nachgeben. Die soll mich noch kennen lernen, so nicht, nicht mit mir. Schlussendlich siegt der Hunger und ich folge Athene in die offene Küche, welche gleichzeitig auch das Esszimmer ist. Sie sitzt schon am Tisch und wartet auf mich. Als ob nichts geschehen wäre, füllt sie meinen Teller, sagt „Guten Appetit“, und beginnt zu essen. Da ich nicht weiß, was ich machen kann und soll, beschließe ich, nichts zu sagen und das Essen zu genießen, welches Rosa für uns gekocht hat.
„Hattest du einen guten Flug?“, fragt mich Athene.
„Es geht“, murmle ich vor mich hin. „Ich finde einen Flug nie gut.“
„Was ist an einem Flug nicht gut?“
„Ich habe Flugangst, also kann ein Flug nie gut sein“, erkläre ich ihr und im gleichen Atemzug schleudere ich ihr entgegen. „Wieso musste ich überhaupt fliegen? Wolltest du mir zeigen, wie reich du bist? Du hättest mich, so wie die anderen, einfach hierher befördern können, ohne Flugzeug. Du bist doch eine Göttin! Wieso also musste ich fliegen?“
„Weil fliegen wunderschön ist und ich das so wollte.“
„Ja, du wolltest, ich aber nicht.“
„Ach Kindchen, war es wirklich so schlimm?“ Ich blicke sie an, das Kindchen bringt mich schon wieder in Rage, und erneut lächelt sie mich herablassend an. Das verschlägt mir die Sprache. Ich senke meinen Blick und konzentriere mich auf mein Essen, das vor mir liegt. Athene isst weiter, als ob nichts geschehen wäre und in mir zieht sich alles zusammen. Mir ist klar, dass sie mich verachtet. Das ist keine liebevolle Göttin, das ist wirklich die Rachegöttin Athene. Die will Krieg. Na, den kann sie haben. Ich bin auch gut im Krieg führen. Ich beschließe, mich nach dem Essen zurückzuziehen und einfach nichts mehr zu sagen. Das ist meine Taktik und damit habe ich schon viele Kämpfe gewonnen. Rückzug ist die beste Art der Verteidigung. „Sagst du nie, was du denkst?“, fragt mich da plötzlich Athene. Ich sehe erstaunt hoch. „Wie?“
„Ich habe dich gefragt, ob du nie sagst, was du denkst, oder ob das heute eine Ausnahme ist?“
„Ich weiß nicht, was du meinst“, versuche ich auszuweichen.

„Du bist doch der Meinung, dass ich dich verachte, aus welchen Gründen auch immer. Wieso fragst du mich nicht, ob das stimmt?“
„Ob was stimmt?“
„Dass ich dich verachte.“ Sie hat mich erwischt. Sie kann meine Gedanken lesen und ich fühle, wie sich langsam eine Röte über meinem Gesicht ausbreitet.
„Auch, wenn du mich nicht fragst, dieses Mal werde ich dir antworten. Nein, ich verachte dich nicht. Ich habe dich auch nicht herablassend angesehen. Das ist eine Idee von dir und daran beißt du dich gerne fest. Doch was du denkst, ist nicht immer das, was ist. Verstehst du das?“
„Ja, ich bin ja nicht blöd“, gebe ich gereizt zurück. Gleichzeitig bemerke ich, dass ich selten sage, was ich denke. Das hat nichts mit Ehrlichkeit oder Unehrlichkeit zu tun, sondern damit, dass meine Gedanken bleiben, was sie sind, oft unausgesprochen.
„Das ist nicht nur bei dir so. Bei den meisten Menschen bleiben ihre Gedanken unausgesprochen. Das ist schade, weil viele Missverständnisse gelöst werden könnten, wenn die Menschen untereinander ihre Gedanken austauschen würden“, erklärt Athene. „Ihr Menschen denkt zu viel, klärt nicht ab und beginnt zu interpretieren.“
„Und wenn ich immer sage, was ich denke, dann hört es mit der Interpretation auf?“
„Logisch. Indem du mir deine Gedanken mitteilst, klärst du ab, ob das auch stimmt, was du gedacht hast, wahrzunehmen.“ Ich bin unsicher. Was sie sagt, gibt einen Sinn und gleichzeitig sind da auch Zweifel.
„Vielleicht hast du mir nicht die Wahrheit gesagt. Vielleicht verachtest du mich gleichwohl und hast es einfach nicht gewagt zu sagen.“
„Denkst du das wirklich?“
„Ja und nein. Ach, ich weiß auch nicht.“
„Und wieso sollte ich dich deiner Meinung nach verachten?“
„Weil ich Flugangst habe?“, erwidere ich zögerlich.
„Du denkst also, dass ich dich verachte, weil du Angst vor dem Fliegen hast?“
„Ja“, ich nicke dabei heftig mit dem Kopf. Genau, das ist es.
„Kann es sein, dass du dich selber dafür verachtest?“
„Wie, dass ich mich selber dafür verachte?“
„Ja, dass du dich verachtest, weil du Flugangst hast?“ Ich schüttle den Kopf. Nein, so ist es nicht. Wieso sollte ich mich dafür verachten? „Nein, ich verachte mich doch nicht. Ich bin nur der Meinung, dass der Mensch ein Mensch ist und kein Vogel, also sollte er auch nicht fliegen.“ Athene lacht und ich fahre fort. „Der Mensch ist kein Vogel. Manchmal hat er einen, doch er ist keiner. Also soll er auf dem Boden bleiben.“
„Und weil der Mensch kein Vogel ist, hast du Angst vor dem Fliegen?“ Die macht mich noch ganz wirr mit ihren Aussagen und Fragen. Ich habe den Eindruck, in eine Ecke gedrängt zu werden, aus der ich nicht mehr heraus komme.

„Ich weiß nicht, wieso ich Angst vor dem Fliegen habe, doch ich habe sie. Jedes Mal, wenn ich in ein Flugzeug steige, habe ich das Gefühl, in einen Sarg aus Metall zu steigen. Also habe ich Angst."
„Du hast also Angst, weil du denkst, dass das Flugzeug ein Sarg aus Metall ist?"
Ich schaue sie mehr als verwirrt an. Was will sie mir sagen? Ich habe den Eindruck, überhaupt nichts mehr zu verstehen.
Athene schaut mich intensiv an und erklärt: „Deine Gedanken, dein Denken erschafft unsichtbare Welten. Mit deinem Denken beeinflusst du deine Gefühle und deinen Körperzustand. Wenn du also schon beim Einsteigen denkst, dass das Flugzeug ein Sarg ist, kann es dir beim Fliegen nicht gut gehen."
„Wenn ich also anders denke würde, dann macht mir das Fliegen nichts mehr aus?"
„Ja, so in etwa. Doch so einfach ist das nicht. Dein Denkapparat ist auf gewisse Dinge eingeschult und ganz automatisch wird dein Denken in die Bahnen gelenkt, die du kennst oder gelernt hast."
„Also wäre es besser nicht zu denken?"
„Nein, denken ist eine wertvolle Eigenschaft. Vor allem wir Frauen können froh sein, dass wir unseren Verstand endlich auch öffentlich einsetzen und zeigen können."
„Wie meinst du das?"
„Komm, gehen wir ins Wohnzimmer und machen es uns bequem. Ich werde dir heute Abend etwas über das kollektive Frauenbild erzählen und wieso das Denken für uns Frauen so von Bedeutung ist."

Wir machen es uns gemütlich im Wohnzimmer und Athene beginnt: „Es ist noch gar nicht so lange her, als den Frauen das Denken abgesprochen wurde. Sie durften keine Schulen besuchen und sich nicht öffentlich äußern. Die Frau war ein zweitklassiges Wesen im Vergleich zum Mann. So galt im gesamten Mittelalter, das zeitlich ungefähr von 500 bis 1500 währte, der Mann als das einzige wahre Ebenbild Gottes. Mit lautstarker Unterstützung der Kirche konnte der Mann im Laufe dieser Jahrhunderte seine dominante Position ausbauen. Nur die Kinder männlichen Geschlechtes wurden im Alter von zwölf bis fünfzehn Jahren für mündig erklärt. Die Kinder weiblichen Geschlechtes blieben auch als Ehefrauen und Witwen unmündig und waren stets auf ihren Vormund, sei es der Gatte, Vater, Onkel, Bruder oder Sohn, angewiesen.
Die Geburt einer Tochter löste bei ihren Eltern selten Freudenschreie aus. Ein Mädchen zu gebären, war geradezu eine Strafe Gottes! Die eifrig predigenden Geistlichen überzeugten fast jeden Mann und auch jede Frau davon, dass das weibliche Geschlecht von Natur aus boshaft, gehässig, spottsüchtig, unehrlich, lügnerisch, eitel, hochmütig, zanksüchtig, listig, heuchlerisch und völlig ungebildet ist. Das Weib wurde hingestellt als die Feindin jeder

Freundschaft, eine unentrinnbare Strafe, ja, eine Fehlkonstruktion der Natur."
„Und als Fehlkonstruktion wurde uns logischerweise auch der Verstand abgesprochen."
„Genau. Schon das große geistige Vorbild aller mittelalterlichen Intellektuellen, Aristoteles, hatte laut und deutlich verkündet, dass Knaben stets dann geboren werden, wenn der Samen für die Zeugung in Ordnung ist. Nur aus schadhaften Samen entwickeln sich Mädchen."
„So ein Quatsch. Und so was will ein Gelehrter sein?", rufe ich entrüstet dazwischen.
„Er war ein Gelehrter. Aristoteles war ein großer, griechischer Philosoph. Doch sein Frauenbild war etwas verzerrt. Seine Idee, dass die Frau ein unvollständiger Mann ist, führte unter anderem zum abwertenden Frauenbild in der Kirche. Auch der heilige Thomas von Aquin war übrigens der Meinung, dass jeder Mann wegen seiner Vollkommenheit ausschließlich männliche Kinder zeugen müsste. Nur durch widrige Umstände, wie zum Beispiel durch feuchte Südwinde mit viel Niederschlägen, produziere der Mann während der Begattung Mädchen. Kurz und gut: die Frau ist nichts anderes als ein missglückter Mann oder ein unvollkommener Mensch!"
Ich höre ihr schockiert zu. Irgendwie habe ich das alles schon einmal gehört und doch ist es mir nicht richtig bewusst. Das ist ja unerhört. Das kann doch nicht wahr sein.
Athene sitzt ruhig da und erzählt weiter: „Nicht nur der Heilige Thomas von Aquin war fest davon überzeugt, dass die Frauen aufgrund dieser genannten „Tatsachen" sowohl geistig als auch moralisch minderwertiger als die Männer seien. Die vielen Beispiele an intelligenten, tatkräftigen, mutigen, unerschrokkenen und politisch hochbegabten Frauen, die immer wieder in der Geschichte auftauchten, konnten das negative Urteil der Geistlichen über das weibliche Geschlecht nicht aufheben."
„Wie kam es dann, dass es trotzdem Frauen gab, die studierten, die ihren Verstand bewusst einzusetzen wussten?"
„Keine Regel ohne Ausnahme. So gab es zum Beispiel die medizinische Hochschule von Salerno, die als Ausnahme unter den italienischen Universitäten im Hochmittelalter Frauen aufnahm. Es gab auch Frauen, die sich dem Verbot widersetzten und ein Selbststudium betrieben. Es gab auch Väter oder Brüder, die sich ihrer intelligenten Tochter oder Schwester annahmen und sie förderten. Es gab immer welche, die sich dem Verbot widersetzten. Doch das waren Ausnahmen. Von der Kanzel her hieß es nach wie vor, dass jede Frau die Versuchung, die Ablenkung, das Hindernis der Männer auf ihren Weg zur Heiligkeit und den Lockvogel des Teufels in sich trägt."
„Und wieso haben sich die Frauen nicht zur Wehr gesetzt?"
„Weil die meisten Frauen selbst von der Minderwertigkeit ihres Geschlechts überzeugt waren."
Sie macht eine Pause, schaut mich lange an und fragt: „Wie steht es mit dir? Warst du immer stolz darauf, eine Frau zu sein oder gab es Augenblicke in

deinem Leben, wo du gern ein Mann gewesen wärst? Dieses Minderwertigkeitsgefühl des Weiblichen ist noch immer tief in den Menschen und auch in den Frauen verankert. Ein Teil in dir glaubt doch auch noch immer dem alten Kollektiv. Schau tief in dich hinein. Was findest du da? Das ist tief in dir als Frau, als Mensch verwurzelt. Das geht nicht so schnell. Vergiss nicht, wenn viele dasselbe denken, heißt es nicht, dass es stimmt, doch es erhält Kraft. Da war eine starke kollektive Kraft im Spiel und die Frauen hatten keine Chance, dagegen anzukommen."

Ja, das stimmt. Es gab Augenblicke in meinem Leben, wo ich lieber ein Mann gewesen wäre. In mir ist ein Teil, der davon überzeugt ist, dass ich es als Mann einfacher hätte.

„Sagt dir der Name Paolo da Certaldo etwas?" Ich verneine. „Das war ein italienischer Kaufmann und Moralist aus dem 14. Jahrhundert. Er riet seinen Lesern folgendes: Sorge dafür, dass der Junge mit sechs oder sieben lesen lernt und lasse ihn entweder studieren oder das Gewerbe erlernen, das ihm die meiste Freude bereitet. Handelt es sich um ein Mädchen, so setze sie in die Küche und nicht hinter das Lesebuch, denn es schickt sich nicht für Mädchen, Lesen zu lernen, es sei denn, du willst, dass sie eine Nonne wird."

„Uff, bin ich froh, dass ich damals nicht gelebt habe, sonst hätte ich noch Nonne werden müssen. Gab es keine bekannten Männer, die den Frauen Verstand zutrauten?"

„Doch natürlich. Ein langjähriger Schüler von Sokrates und Verfasser der Dialoge mit seinem Lehrer war der große griechische Philosoph Platon. Er entwickelte ebenfalls seine Vorstellungen von einem idealen, vernunftgeleiteten, gerechten Staat und zeigte, dass Frauen dieselbe Vernunft wie Männer haben können, wenn sie nur dieselbe Ausbildung erhielten und ansonsten vom Kinderhüten und der Hausarbeit befreit würden.

Der italienische Schriftsteller und Diplomat, Graf Baldassare Castiglione, hielt die Frauen für vollkommene Geschöpfe, die selbstverständlich dieselben geistigen Fähigkeiten wie die Männer besitzen würden. Er sagte: „Sind diese zufälligen Eigenschaften geistiger Art, so erwidere ich, dass alles, was die Männer begreifen können, auch von den Frauen begriffen werden kann und dass, wohin der Verstand des einen dringt, der der anderen auch dringen kann."

Auch der italienische Schriftsteller und Geistliche Agnolo Firenzuola beurteilte die Frau positiv: „... dass Ihr Damen eben so edel seid wie wir Männer, ebenso weise, ebenso begabt, sittlich zu denken und der Forschung zu pflegen, und ebenso geschickt zu Handfertigkeiten und ähnlichen Kenntnissen und dass Euer Geist über dieselben Kräfte und Fähigkeiten gebietet wie unserer..."

Als radikaler Verteidiger der Frauen im Mittelalter gilt Cornelius Agrippa von Nettesheim. Er war deutscher Humanist und Leibarzt von Louise von Savoyen, der Mutter des französischen Königs Franz I. Mit Hilfe der Bibel versuchte er, seine Leser zu überzeugen, dass die Frau in Wirklichkeit höher als der Mann stehe. Die Frau sei seiner Meinung nach schließlich nicht umsonst als letztes von allen Geschöpfen erschaffen worden. Als das Vollkommenste von allen sei sie aus besserem Stoff – nicht aus Lehm wie Adam –, sondern aus dem Leib ihres Mannes geschaffen worden. Außerdem habe nicht Eva gesündigt, sondern nur Adam, denn nur ihm sei verboten worden, Früchte von dem Baum der Erkenntnis zu essen. Anders ausgedrückt, bedeutet das, dass Gott der Frau erlaubte, vom Baum der Erkenntnis zu essen, und damit nur ihr gestattete, den geistigen Zustand der Unwissenheit zu verlassen. Cornelius Agrippa von Nettesheim hielt jedenfalls die Unterordnung der Frau für eine anstosserregende Ungerechtigkeit, die nur durch die Tyrannei der Männer verursacht würde. Und zwar von Vertretern des männlichen Geschlechtes, die dem weiblichen Geschlecht seine Rechte, besonders das auf eine Erziehung gemäß ihrer geistigen Fähigkeiten, nur deshalb vorenthalten würden, weil sie Angst hätten, die Frauen könnten sie geistig überflügeln."

„Also war die Angst vor dem Weiblichen Schuld an der Unterdrückung der Frau?"

„Lassen wir die Schuldfrage aus dem Spiel. Es geht nicht um Schuld. Es geht darum, dass die Frauen ihr eigenes, inneres Weltbild und somit ihren Wert neu definieren sollten."

„Das ist doch auch passiert. Dank dem Feminismus und den Frauenrechtlerinnen, die für uns Frauen gekämpft haben."

„Das stimmt. Trotzdem denke ich, dass das Patriarchat als tief eingeprägte gesellschaftliche Institution in der Psyche von Frauen nach wie vor Gefühle des Ungleichgewichts und der inneren Unruhe hervorbringt, die aus einer viel tieferen Schicht stammen."

„Du meinst die Schicht, die C.G. Jung das kollektive Unbewusste nannte?"

„Ja. Der Zorn, der sich seit Generationen in den Frauen angesammelt hat, bildet die Energie, mit deren Hilfe immer mehr Frauen zu radikalen Mitteln griffen. Diese Maßnahmen waren gut und wirkungsvoll, doch sie waren männlich geprägt. Diese Tatsache ist ein wesentlicher Teil der machtvollen Dynamik, die derzeit deine Kultur von ihren archetypischen Wurzeln trennt. Weil, es ist nicht der weibliche Weg."

„Aber dank den radikalen Haltungen dieser Frauen konnte viel erreicht werden und die Frau ist nicht mehr minderwertig. Frauen können Schulen besuchen, haben das Stimmrecht und sind dem Mann gleichgestellt."

„Denkst du das wirklich? Ich rate dir, selber zu denken und nicht nach zu denken."

Sie steht auf, erklärt, sie sei müde und gehe nun ins Bett. „Morgen ist auch noch ein Tag und wir können uns am Abend weiter darüber unterhalten."

„Wieso erst am Abend?"

„Weil ich tagsüber noch geschäftliche Verpflichtungen habe. Du kannst dir die Stadt ansehen, etwas mit Rosa unternehmen oder komm mit." Zusammen gehen wir in ein Zimmer, das voller Bücher ist. „Das ist meine Bibliothek. Da findest du alles, was du wissen willst." Sie geht zu einem Büchergestell und holt ein paar Bücher heraus, welche sie mir gibt. „Hier kannst du noch mehr über das Frauenbild, der sogenannten gebildeten Männer nachlesen. Geh damit in den Central Park, der ist ganz in der Nähe oder bei mir auf der Terrasse liest es sich auch ganz gut.“ Ich bemerke meine Enttäuschung. Ich soll also die Tage allein verbringen und nur die Abende mit Athene zusammen sein. Und wieder einmal errät sie meine Gedanken, ohne dass ich mich geäußert habe und meint: „Die nächsten paar Tage werde ich nicht da sein. Danach habe ich Zeit für dich. Mit den Büchern hier kannst du alles erfahren, was du wissen willst. Hol dir dein Wissen. Bücher sind ein wertvolles Gut. Als Frau dieses Jahrhunderts hast du das Glück, dass du lesen kannst und auch darfst, also nutze diese Chance. Ich habe dir einen Stadtplan in dein Zimmer gelegt, etwas Geld, ein Handy mit meiner Nummer eingespeichert, sodass dir nichts passieren kann. Freue dich an deiner Eigenständigkeit. Du kannst selbst deinen Tagesablauf bestimmen und tun und lassen, was du willst.“

Ich nehme die Lektüre, die mir Athene gezeigt hat. Bevor wir den Raum verlassen, schaue ich mich noch um und bin erstaunt, wie viele Bücher da sind. Es müssen Tausende sein und alle haben etwas mit dem Thema Frau zu tun. Nein, langweilig wird es mir nicht. Ganz hinten im Raum sehe ich eine steile Eisentreppe, die nach oben führt. Ich frage Athene, ob diese Türe bei der Treppe zu einer Dachterrasse führt. Sie verneint und erklärt mir, dass mich diese Türe nichts angeht. „Die hat dich nicht zu interessieren. Da ist keine Dachterrasse, also brauchst du dich gar nicht darum zu kümmern. Es ist besser, wenn du gar nicht in ihre Nähe kommst.“ Mit diesen Worten verlässt sie die Bibliothek, zeigt mir in meinem Zimmer noch meinen gefüllten Kleiderschrank, wünscht mir eine gute Nacht und verschwindet in ihr Reich. Ich liege noch lange auf meinem Bett und kann nicht einschlafen. Zu viele Gedanken gehen mir durch den Kopf, bis ich endlich einen geruhsamen Schlaf finde.
Den nächsten Tag verbringe ich damit, die Umgebung auszukundschaften. Ich lese, dass New York aus fünf Stadtteilen besteht, Manhattan, Bronx, Queens, Brooklyn und Staten Island. Das Penthouse von Athene ist in einer der begehrtesten Gegenden von New York, in der Upper West Side. Es liegt in der Nähe der Metropolitan Opera, dem American Museum of Natural History, dem Rose Center for Earth and Space, dem Central Park, dem Broadway Theater District und den vielen Einkaufsmöglichkeiten in Midtown Manhattan. Es bieten sich mir also viele Möglichkeiten. Bevor ich jedoch aus dem Haus gehe, will ich mir die Bibliothek noch einmal genauer anschauen. Eigentlich ist es nicht unbedingt die Bibliothek, die mich anzieht, sondern viel mehr die ominöse Treppe. Zielgerichtet gehe ich zur Eisentreppe und steige hinauf. Oben bei der Türe angelangt, versucht ich diese zu öffnen. Sie hat es mir ja nicht verboten. Sie hat nur gesagt, es sei besser, wenn ich es lasse, denke ich. Es geht nicht. Der Schlüssel lässt sich nicht drehen. Ich versuche es auf verschiedene Art und Weise, es funktioniert nicht. Ich schaue mir die Türe genauer an. Mit Erstaunen stelle ich fest, dass sie zwei Türgriffe hat. Ich

versuche es nun auf der linken Seite, doch auch das geht nicht, obschon auch da ein Schlüssel steckt. Die Türe ist aus altem, massivem, hellem Holz mit zwei dunklen Gestalten drauf. Auf der Türe steht geschrieben: *Wir sind die Türwächter. Einer von uns sagt immer die Wahrheit. Der andere lügt immer. Mit der richtigen Frage weißt du, welche Seite ins Paradies führt und welche in die Hölle. Du darfst nur eine Frage stellen, die mit ja oder nein beantwortet werden kann. Viel Glück.* Ich lese es zwei-dreimal durch und kann mir keinen Reim machen. Wie Himmel und Hölle. Das gibt es doch gar nicht. Ich denke nicht weiter nach und verlasse den Raum. Mit den Büchern von Athene bewaffnet, mache ich mich auf in den Central Park, setze mich auf eine Bank und beginne zu lesen.

Das äußere Idealbild einer perfekten Frau war im 14. bis 16. Jahrhundert in den Köpfen der Männer noch dasselbe wie im Mittelalter geblieben. Schön hatte die Frau auf alle Fälle zu sein, das heißt: sie musste eine hohe, breite, glatte und schimmernd weiße Stirn besitzen, zudem leichtgeschwungene, dunkle, schmale Augenbrauen, die mit kurzen, seidenweichen Härchen besetzt waren. Die Augen durften azurblau, schwarz oder braun sein. Von der dunklen Augenfarbe versprachen sich die Männer eine sanfte, heitere, milde Frau. Die Nase sollte zierlich und schmal sein. Hässlich ist eine Nase, die jeden Augenblick in den Mund fallen wird. Bei geschlossenem Mund sollten die Lippen sich genau zusammenfügen. Auf keinen Fall durfte die obere über die untere oder die untere über der oberen vorstehen. Das Kinn hatte rund zu sein und der Hals schlank, weiß, zart, makellos und durchsichtig. Die kleinen Zähne sollten weiß sein, wie auch der Teint weiß und zart erscheinen musste. Nur die Wangen durften sich rosig färben. Die zarten, schneeweißen, weichen Hände mit ihren langen Fingern, die mit glänzenden Nägeln geziert waren, sollten sich wie feine Seide oder dünne Wolle anfühlen. Gleiche Erwartungen wurden an die weichen Arme gestellt. Das blonde, wie Gold glänzende Haar hatte gelockt bis zu den Kniebeugen zu reichen. Die schlanke Gestalt der Idealfrau sollte weder übermäßig groß, noch allzu kindlich wirken. Letztlich waren noch runde, breite Schultern und zart gewölbte Brüste gefragt. Letzterer Wunsch änderte sich im Laufe des 16. Jahrhunderts jedoch noch, als schließlich vollbusigere Damen bevorteilt wurden.

Ich überlege mir, wie es wohl mit den inneren Werten der Frau aussah. Hat sich da der Geschmack des Mannes auch geändert? Bevorzugt er immer noch die „dümmliche" Frau oder interessiert ihn nun mehr eine gebildete Lebensgefährtin? Sieht man das weibliche Geschlecht immer noch als ein minderwertiges Geschöpf? Ich lese, dass führende männliche geistliche und humanistische Persönlichkeiten des 16. Jahrhunderts über den Wert und die Funktionen der Frauen sehr unterschiedlicher Meinung waren.
Der große Reformator, Martin Luther, war weiterhin davon überzeugt, dass das weibliche Geschlecht weniger körperliche und geistige Fähigkeiten als

das männliche besitze und sich dem Manne unterzuordnen habe. 1524 nannte er die Frau in einer Predigt sogar „ein halbes Kind" und „ein tolles Tier". Die Aufgaben des weiblichen Geschlechtes definierte Luther folgendermassen: sie sollte die Gefährtin des Mannes sein, Kinder gebären und für den Haushalt sorgen. Immerhin gab er zu, dass der Einsatz der Frauen für die Religion oft größer und mutiger als der der Männer sei.
Ein anderer großer Reformator des 16. Jahrhunderts, Johannes Calvin, war von der Minderwertigkeit und der gottgewollten Unterordnung des weiblichen Geschlechtes ebenfalls überzeugt. Er hielt die Frauen deshalb auch für grundsätzlich unfähig, irgendwelche kirchlichen oder bürgerlichen Ämter zu übernehmen. Wie Martin Luther sah er die Frau hauptsächlich in der Rolle der Gattin und Mutter. Er war felsenfest von der weiblichen Inferiorität überzeugt. Zudem war und musste der Mann seiner Meinung nach das Haupt der Frau bleiben.
Der französische Dichter, Geistliche und Arzt, François Rabelais, war überzeugt, dass die Frau ausschließlich um des Mannes willen geschaffen wurde und kein eigenes Lebensziel besitze. Zudem, so ließ er verlauten, sei auch auf eine anscheinend tugendhafte Frau kein Verlass, da das weibliche Geschlecht einen unwiderstehlichen Hang zum Verbotenen hätte.

Doch auch Aussagen, die Athene gestern erwähnt hat, lese ich, wie die von Graf Baldassare Castiglione oder Cornelius Agrippa von Nettesheim, die sich mehr für die Frauen einsetzten. Weiter stand:
Diese unterschiedlichen Aussagen führender Theologen, Dichter und Humanisten des 16. Jahrhunderts zeigen wohl deutlich, dass die Männer nicht mehr geschlossen die Meinung von der Inferiorität des weiblichen Geschlechtes vertraten. Und wie letztendlich immer in solchen Situationen, wenn die starken Gegner uneinig geworden sind, bietet sich für den Schwachen, die Frauen, die Chance zur Entfaltung. Nun erhalten die Töchter aus adligen, patrizischen und humanistischen Familien eine umfassende Erziehung, die denen der Söhne nicht mehr nachsteht. Anders sieht die Situation in den unteren Ständen aus. Hier hat sich, was die Erziehung der Töchter betrifft, nichts geändert.
Tatsache ist zudem, dass es im 15. und 16. Jahrhundert wie bisher nur einmal in der Geschichte und zwar im ersten Jahrhundert vor und im ersten Jahrhundert nach Christi Geburt so viele hervorragende, zähe, intelligente und mutige Frauen gab, die es mit jedem männlichen Gegner aufzunehmen wagten. Dieses Aufblühen und Erstarken der Frauen zeigt sich erst wieder im 19. und 20. Jahrhundert.

In einem anderen Buch ist von Frauen die Rede, welche sich schon früh für die Rechte der Frauen eingesetzt hatten, z. B. die französische Literatin Olympe de Gouges.
Sie schuf sich ohne Rücksicht auf gesellschaftliche Konventionen autodidaktisch eine Existenz als Schrifstellerin. 1791 lehnte sie sich dagegen auf, dass

die Menschenrechte der bürgerlichen Aufklärung nur Männerrechte festschrieben und dass die in der Französischen Revolution proklamierte „Gleichheit" keineswegs auf die Aufhebung der Geschlechterhierarchie abzielte. „Wenn die Frauen ein Recht auf das Schafott haben, dann haben sie auch ein Recht auf die Rednerbühne", meinte sie. Das Revolutionstribunal gestand Olympe de Gouge nur das erstere zu. Sie starb am 3. November 1793 unter der Guillotine.

Eine andere Frau, die erwähnt wird, ist Agnodike. Sie lebte in der Antike.
Damals war, trotz der Präsenz vieler mächtiger Göttinnen, die reale Position der Frauen eher niedrig. Man gewährte ihnen nur selten ein Recht auf Bildung. So gab es zum Beispiel zwar eine Schule für Geburts- und Frauenheilkunde von Hippokrates (460 - 377 v. Chr.), seine eigene, eigentliche Schule blieb für Frauen jedoch unzugänglich. Agnodike studierte deshalb in Männerkleidung bei Herophilus Medizin und Geburtsheilkunde. Anschließend praktizierte sie erfolgreich in Athen. Neider sagten dem vermeintlichen Arzt nach, er verführe die Patientinnen, und klagten ihn an. Agnodike gab sich daraufhin als Frau zu erkennen und mußte sich nun wegen zweier Delikte verantworten: Vorspiegelung falscher Tatsachen und Praktizieren als Frau. Wenn nicht Massen von Frauen sich auf ihre Seite gestellt und gedroht hätten, ihre Männer im Falle einer Verurteilung Agnodikes zu verlassen, wäre sie zum Tode verurteilt worden. So aber bewirkten diese Frauen, daß die Ärztin ihre Praxis weiterführen konnte. Eine weitere Folge des Widerstandes der Frauen war, daß eine Gesetzesänderung beschlossen wurde. Von da an durften frei geborene Frauen Medizin studieren und praktizieren, allerdings durften sie nur Patientinnen untersuchen und behandeln.

Ich lese, dass die Universität Zürich 1864 eine der ersten Hochschulen in Europa war, die Frauen zum Studium zugelassen hatte.
Vor allem Russinnen nahmen die Möglichkeit wahr, in der Schweiz Medizin zu studieren, weil ihnen im eigenen Land der Zugang zu den Hochschulen verwehrt war. Als erste Frau in der Schweiz und im deutschsprachigen Raum erwarb die Russin Nadezda Suslova 1867 den Doktorhut der Medizin in Zürich. Da ein Gymnasium für Mädchen zu diesem Zeitpunkt noch nicht existierte, mussten sich die Frauen die nötige Vorbildung für den Eintritt in eine Hochschule durch Privatlehrer und eigenes Studium aneignen.

Ich staune und bemerke, dass mich dieses gebieterische öffentliche Denkverbot für Frauen, das bis heute noch in fast allen Kulturen der Erde größtenteils unbewusst und selbstverständlich eingehalten wird, stark beeinflusst. Ein Teil in mir gibt diesen Philosophen recht. Die Denkweise, die solche Verbote rechtfertigen, sind mir nicht fremd. Dabei wäre es eine wunderbare Bereicherung für uns alle, Männer wie Frauen, wenn auch die Talente von Frauen öffentlich wirksam wären. Ich lese weiter:

Aufklärung sei die Beendigung der selbstverschuldeten Unmündigkeit, schrieb Kant vor mehr als zweihundert Jahren. Er forderte, daß die Vernunft sich unzensiert frei auf dem Markt äußern können müsse. Dabei aber war es ihm selbstverständlich, daß nur Männer diese neuen aufgeklärten Menschen sein könnten, da er die Frauen lediglich als „Verstandeswesen" definierte, die der Vernunft nicht mächtig seien.

Wütend, traurig, ohnmächtig, enttäuscht, voller Emotionen lege ich die Bücher beiseite und bemerke, dass es schon langsam Abend wird. Ich beschließe, ins Penthouse zurückzukehren, mich noch etwas auszuruhen und vor allem zu beruhigen. Doch noch beim Nachtessen mit Athene bin ich voller Wut. Ich bin wütend auf das System, auf das Patriarchat, auf die Männer und auch auf mich selber, weil ich einen Teil in mir habe, der an die Minderwertigkeit der Frauen glaubt.
„Ich verstehe nicht, wie das passieren konnte. Wieso trage ich dieses Minderwertigkeitsgefühl noch immer in mir?", frage ich Athene.
„Weil du am Kollektiv angeschlossen bist. In dir trägst du dieselbe Angst vor dem Weiblichen wie die Männer. Das Weibliche entspringt dem Irrationalen, dem mysteriösen Aspekt unseres Menschseins. Das Weibliche ist das Mysterium, das Unbekannte selbst und liegt deshalb auch jenseits aller Logik. Sie ist ungebunden, unerklärbar und mit dem Denken nicht zu erfassen. Das ist ihre Freiheit und auch ihre Quelle für Missverständnis und Leid. Das ist die Quelle der weiblichen Kraft, der Anima, deiner inneren Priesterin und Mystikerin."
„Aber warum haben wir diese Kräfte vernachlässigt? Wieso haben wir Menschen eine solche Angst davor?"
„Wir können endlos darüber spekulieren, warum die Menschen diese wundervollen Kräfte vernachlässigt haben, oder ob es eine „Strafe" des Schicksals war. Karma, weil wir Frauen vor Tausenden von Jahren unseren männlichen Gegenpol vielleicht ebenso missachtet und misshandelt haben, wie es uns Frauen oft heute noch widerfährt."
„Haben wir Frauen die Männer auch unterdrückt?"
„Ja, denke nur an die Amazonen. Das war ein Volksstamm kriegerischer Frauen aus Kappadokien. Männer wurden in ihrem Staat nur als Zeuger der Nachkommenschaft geduldet. Daher pflegten sie auch nur einmal im Jahr Geschlechtsverkehr mit ihnen. Nur die Mädchen wurden von ihnen aufgezogen, während man die Knaben fortschickte."
„Also ist es eine gerechte Strafe?"
„Darüber zu spekulieren wieso und warum ist sinnlos. Wir werden nie genau wissen, warum es so ist, wie es ist. Und selbst, wenn wir auf intellektueller Ebene alle Teilchen des Puzzles vor uns liegen hätten, so würde es doch nichts ändern. Denn nur vom Kopf her verstehen, hilft dir nicht. Du musst tiefer graben, dich tiefer fallen lassen in dein Dasein. Das Verständnis, das dann erwacht, ist jenseits aller Gedanken. Es entsteht aus einem völlig anderen Kontext, einer viel tieferen Dimension deines Seins. Dagegen ist das Denken

ein dunkler Kerker, den du dir selbst erschaffen hast und in dem sich die Menschen seit Jahrtausenden im Kreis drehen. Wenn du innerlich heilen willst, musst du die Situation jetzt annehmen. Also alles so, wie es gerade in deinem Leben ist. Nur aus dem Jetzt heraus kannst du die Heilung anstreben. Das Jetzt ist die einzige wirkliche Realität, die du in diesem Augenblick hast und immer haben wirst."

„Was hat das mit dem Gedanken der Minderwertigkeit der Frau zu tun? Ich verstehe nicht, was du mir sagen willst."

„Wenn du an die Minderwertigkeit der Frauen denkst, bist du in der Vergangenheit und lässt dich davon beeinflussen. An die Vergangenheit denken, heißt in ihr zu leben. In ihr zu leben heißt, darin gefangen zu sein. Die Vergangenheit ist der Mörder der Intuition. Lebe weder im Gestern noch im Morgen noch in der Gegenwart, lebe wirklich. Das Gestern, das Morgen und die Gegenwart sind Geflechte des Denkens, leere Worte, leere Hülsen, wie Gespenster, die ruhelos umherirren. Sie sind die Mörder der Liebe."

„Also ist es besser nichts zu wissen, nichts zu denken?"

„Dank dem Verstand konnte sich der Mensch technisch, wissenschaftlich und intellektuell weiter entwickeln. Heute geht es jedoch um mehr. Es geht um die Liebe. Die Liebe ist das Größte überhaupt und die Liebe ist mit dem Verstand nicht zu erfassen."

„Und doch hast du gestern gesagt, dass ich stolz darauf sein soll, meinen Verstand gebrauchen zu können?"

„Ja, das stimmt. Es ist auch wichtig. Doch es geht darum, dass du deinen Verstand zu deinem Vorteil einsetzt und dich nicht von ihm kontrollieren und dirigieren lässt."

„Kontrolliert mich mein Verstand?"

„Ja, was auch völlig logisch ist. Du kommst aus der westlichen Welt und da wird vor allem der Verstand geschult. In der Schule musst du und lernst du deinen Verstand zu gebrauchen. Die anderen Werkzeuge des Menschen wie Gefühle und Körper, nehmen nur eine sekundäre Stellung ein. Aus diesem Grund ist es oft so, dass der Verstand das Zepter übernimmt und sagt, was zu tun ist. Das ist mitunter auch der Grund, dass du nicht mehr auf deine innere Stimme hörst. Du hast sie vergessen. Wenn du das einmal wirklich verstanden hast, verändert sich auch deine Vorstellung von Zeit. Es bringt also nichts, Tausende von Jahren zurückzugehen und genau nachprüfen zu wollen, wie die Frauen in die heutige Lage gekommen sind. Es ist auch unmöglich. Vergangenheit wie Zukunft existieren nur in deinem Denken, auf deiner äußeren Uhr, nicht im Universum. Es geht nur im Hier und Jetzt. In der Gegenwart. Die Heilung der beiden Pole in dir - männlicher und weiblicher - muss in der Gegenwart geschehen. Nicht gestern, nicht morgen, sondern jetzt. Ich betone dies so oft, weil es eine ungeheure wichtige Erkenntnis ist, denn damit hörst du auf, die Dinge aufzuschieben und auf ein Morgen zu hoffen, um die Dinge zu tun, die getan werden müssen. Verstehst du das?"

„Ja, ich begreife, doch ich erfasse es nicht."

„Komm mit ich zeige es dir auf der Terrasse." Sie steht auf und geht voraus ganz nah an die Balustrade. Ich bleibe zurück und erkläre Athene, als sie mich auffordert näher zu kommen, dass ich Höhenangst habe. „Du denkst, du hast Höhenangst. Doch hast du das wirklich?"
„Natürlich. Schon als Kind hatte ich Höhenangst."
„Und wie nimmst du deine Höhenangst wahr?"
„Ich weiß nicht, was du damit meinst. Ich weiß, dass ich Höhenangst habe und basta."
„Du weißt es nicht, du denkst es. Du benutzt zuviel deinen Kopf und darin besteht dein Hauptabwehrmechanismus. Doch du bist mehr als dein Verstand. Du solltest dich auch mit deinem Körper- und Gefühlsbewusstsein auseinander setzen. Was spürst du in deinem Körper, wenn du an deine Höhenangst denkst?"
„Ich spüre ein Zittern in meinen Körper, ich habe weiche Knie und Mühe mit dem Atmen."
„Gute Wahrnehmung deines Körpers. Versuche jetzt langsam ein- und auszuatmen. Spüre deine Atmung in deinem ganzen Körper." Ich atme ein paar Mal tief ein und aus und spüre, wie sich in meinem Körper eine Ruhe ausbreitet.
„Nimm dich nun wahr, jetzt in diesem Augenblick. Wie geht es dir, jetzt gerade? Wie nimmst du jetzt deinen Körper wahr?"
Ich spüre wie mein Körper ruhiger ist. Meine Füße sind gut verankert und das Zittern hat aufgehört. Auch fühlen sich meine Knie nicht mehr weich an. Athene lächelt, nimmt mich bei der Hand und führt mich an die Balustrade.
„Schau nun hinunter und beginne nicht zu denken, sondern nimm einfach wahr, was ist. Bleibe bei deinem Atem, spüre die Verankerung mit dem Boden und atme gleichmässig ein und aus."
Und es geht. Ich stehe da und kann zum ersten Mal in die Tiefe sehen, ohne dass ich das Gefühl habe, zu fallen. Ich kann den Ausblick sogar genießen. Ich sehe hinauf in den Sternenhimmel und hinunter auf die Strassen von New York. Es ist ein berauschendes Gefühl. Athene zeigt mir die Columbus Avenue und Amsterdam Avenue, die bekannt sind für ihre trendigen Restaurants und Straßencafés. Ich blicke nach Westen in Richtung Broadway und Hudson River, nach Osten zum Central Park und auf die strahlenden Lichter von Midtown im Süden. Die Terrasse bietet eine wundervolle Aussicht auf Manhattan. Athene lacht und beginnt einen alten Evergreen zu singen: „New York, New York...if you can make it there, you make it everywhere."
Bisher waren das für mich zwei Zeilen eines, um diese Stadt zu beschreiben oft bemühten Evergreens. Jetzt symbolisiert dieses Lied für mich meine überwundene Höhenangst. Ja, wenn ich es hier schaffe, dann überall. Wir gehen wieder hinein und Athene meint: „Geh doch morgen zusammen mit Rosa auf das Empire State Building. Jetzt kannst du die Aussicht von da oben richtig genießen. Es umfasst 102 Stockwerke und ist insgesamt 443 m hoch."
„Ich weiß nicht, ob ich das kann."
„Doch natürlich kannst du das. Die Frage ist, ob du es willst?"

„Natürlich will ich, doch vielleicht kann ich es nicht.“
„Denkst du schon wieder?“
„Stimmt“, bejahe ich lachend und werde mir einmal mehr bewusst, wie schnell mein Verstand sich einschaltet. Auch erinnere ich mich wieder, dass ich das mit dem Können und Wollen schon einmal gehört habe. Wenn ich sage, ich kann nicht, heißt es nichts anderes als ich will nicht.

„Genau so ist es. Wenn du also nicht willst, dann sage es auch so und verstecke dich nicht hinter dem „ich kann nicht.“
„Und doch gibt es Dinge, die ich nicht machen kann, auch wenn ich will, weil es nicht geht.“
„Gib mir ein Beispiel.“
„Ich kann zum Beispiel nicht in die Ferien fahren, wenn das Geld nicht reicht. Also will ich, doch ich kann nicht, weil mir die finanziellen Mittel fehlen.“
„Die kleine Logikerin hat gesprochen. Dein Verstand ist heftig am Arbeiten. Gut. Frage dich einfach andersherum. Wieso willst du etwas machen, dass du dir gar nicht leisten kannst? Und wieso müssen Ferien etwas kosten?“
„Hör auf. Wenn du so argumentierst, werde ich wütend. Da kann ich nicht mehr reagieren und wenn ich nicht mehr reagieren kann, dann fühle ich eine Ohnmacht in mir, also lass das bitte.“
„Wieso soll ich es lassen. Wenn du wütend wirst, ist das gut. Dann beginnst du zu fühlen. Das ist sogar sehr gut. So ist nicht nur dein Verstand eingeschaltet, sondern auch deine Gefühle. Toll!“
„Toll findest du das? Ich finde das überhaupt nicht toll. Wenn ich wütend werde, kann ich nicht mehr richtig denken. Ich weiß dann nichts mehr, weil ich nur noch wütend bin. Also will ich nicht wütend werden, weil ich doch argumentieren will. Bitte hör auf.“
„Okay, ich höre auf, damit du gut schlafen kannst. Doch denke daran, schon der griechische Philosoph Sokrates sagte: Ich weiß, dass ich nichts weiß. Es geht also nicht ums Wissen und schon gar nicht ums Recht haben.“
„Wie meinte er das, ich weiß, dass ich nichts weiß?“
„Sokrates versuchte durch eindringliches Fragen vermeintliches und scheinbares Wissen zu zerstören und zum „Wissen des Nichtwissens“ hinzuführen. Diese Infragestellung des Herkömmlichen zeigte ihm den Weg, zu einem Wissen zu gelangen, in dem wahres, dauerndes Sein erfasst wird. Dieses Wissen trägt jeder Mensch in sich und es wird ihm nicht von Außen beigebracht.“
„Habe ich das auch?“
„Ja, es ist das Göttliche in dir, dein inneres Wissen. Es geht nicht um das Wissen, welches dir von den Eltern, in der Schule und von der Gesellschaft eingeprägt wurde. Das Wissen von außerhalb ist patriarchalisch geprägt, wie auch die Gesetze vom Männlichen gemacht wurden. Fast alles, was du zur Zeit zu wissen glaubst, beruht auf dem männlichen Prinzip. Doch es geht nicht um dieses Wissen. Schlussendlich geht es um die Weisheit und die

Weisheit ist hinter dem Wissen. Je mehr du weißt, desto weniger Zugang zu deinem inneren Wissen hast du. Es wird zugedeckt durch das Wissen, das du dir angeeignet hast. Also lass los."
„Zuerst soll ich mir Wissen aneignen, um es dann wieder loszulassen?"
„Genau. So einfach ist das."
„Einfach? Paradox ist das! Dann wäre es doch besser, wenn wir keine Schulen mehr besuchen und nichts wissen."
„Wissen ist gut und wichtig, doch nicht alles. Dank dem Wissen hast du Erkenntnisse über Dinge, die einmal geschehen sind, sodass du sie nicht mehr machen musst. Dank dem Wissen erweitert sich dein Bewusstsein. In der Schule wird dir Bildung vermittelt. Dank der Bildung gibt es die Demokratie. Nur, wenn Menschen lesen und schreiben können, kann eine Demokratie entstehen."
„Demokratie braucht also nur Bildung?"
„Nicht nur. Die Demokratie braucht auch ein annähernd gerechtes Volkseinkommen, sodass alle leben können. Doch lesen und schreiben sind eine Grundvoraussetzung für die Demokratie."
„Also ist Schulwissen doch für etwas zu gebrauchen. Aber durch das Wissen, dass ich mir angeeignet habe, habe ich meinen Zugang zur inneren Weisheit verloren."
„Du denkst schon wieder zuviel. Schließe die Augen und atme ein paar Mal tief ein und aus. Und gehe jetzt mit deiner Aufmerksamkeit zu deinen Gedanken. Nimm wahr, was du gerade denkst. Lasse diesen Gedanken los und schaue dahinter. Was ist hinter diesem Gedanken. Lasse auch den nächsten Gedanken los und geh immer weiter. Schaue hinter deine Gedanken. Was liegt dahinter. Lasse den jeweiligen Gedanken immer wieder los und schau dahinter. Gehe immer weiter und weiter."

Ich sitze da und immer wieder kommen neue Gedanken. Ich lasse sie los und andere Gedanken folgen. Ich weiß nicht, wie lange ich da sitze und meine Gedanken sowie die Gedanken hinter den Gedanken loslasse. Plötzlich fühle ich eine Leere in mir. Da ist nichts mehr. Mein Körper fühlt sich schwerelos und ich habe den Eindruck, ins Nichts zu versinken. Sofort öffne ich meine Augen und sehe Athene entsetzt an. „Ich kann das nicht. Das macht mir Angst."
Sie schaut mich verständnisvoll an, nimmt meine Hände in ihre und erklärt: „Ja, zu Beginn kann es Angst machen. Es ist eine Übungssache. Du hast den Eindruck, dass dir deine Gedanken Halt geben, doch das ist ein Trugschluss. Hinter den Gedanken ist das Nichts, die Leere und dahinter das Göttliche, das Licht."
„Und das Göttliche macht mir Angst."
„Vor allem macht dir Angst, dass du dich an nichts mehr festhalten kannst. Doch es ist nur ein vermeintliches Festhalten. Cogito ergo sum."
„Was heißt das?"

„Ich denke, also bin ich. Das erklärte der französische Philosoph René Descartes. Durch sein kritisches Denken und seine Naturauffassung wurde Descartes zum ersten systematischen Denker der Neuzeit."
„Den Satz habe ich auch schon gehört und er gibt mir Sinn. Wenn ich denke, weiß ich, dass ich bin. Bei der Übung, die du soeben mit mir gemacht hast, hatte ich das Gefühl, nichts mehr zu sein. Das hat mir Angst gemacht."
„Sage mir, was du denkst, und ich sage dir, wer und wie du bist. Beginne aufmerksam zu denken. Wende hilfreiche Denkmuster und Gedanken an."
„Und wie kann ich das machen?"
„Indem du beginnst, zu beobachten, was du denkst. Du wirst erstaunt sein, welche Gedanken sich bei dir bemerkbar machen. Werde dir bewusst, dass ein Gedanke eine Kette von Reaktionen auslöst. Dein Gedanke stößt an die Gefühle und bringt sie in Bewegung. Oder auch umgekehrt. Deine Gefühle stoßen an die Gedanken und bringen diese in Bewegung."
„Wenn ich also anders denke, habe ich auch andere Gefühle?"
„Ja. Im Paradies war das Denken und das Fühlen eins. Es war ein Prinzip. Denken ist ein schöpferisches Prinzip. Mit dem Denken schaffst du dir Wirklichkeiten und ziehst die entsprechende Energie an. Als Mensch kannst du dein Denken steuern und so auch dein Umfeld verändern. Durch das Denken wird ein heiliges Prinzip beseelt und bewegt. Mit dem Denken wirst du zur Schöpferin deiner Wirklichkeit. Du kreierst dir deine Wirklichkeit. Die wichtigen Wirklichkeiten sind: Wahrheit, Schönheit und Liebe."
„Aber genau die drei sind doch objektiv gesehen eine reine Ansichtssache. Wenn ich etwas schön finde, findest du es vielleicht nicht schön und wenn ich der Meinung bin, dass...."
„Du denkst schon wieder zuviel. Liebe, Wahrheit und Schönheit siedeln auf dem Niveau des Unpersönlichen und Anonymen. Es ist das Reich der Heiligen. Heilig in der Wissenschaft ist die Wahrheit; heilig in der Kunst ist die Schönheit, heilig im Menschsein ist die Liebe. Wahrheit, Schönheit und Liebe sind unpersönlich. Du machst sie mit deinen Gedanken persönlich. Ich werde versuchen, es dir mit einem Beispiel zu erklären. Ein Kind macht eine Rechenaufgabe. Löst es sie falsch, so trägt der Fehler den Stempel seiner Persönlichkeit. Löst es die Rechenaufgabe richtig, so kommt seine Persönlichkeit überhaupt nicht ins Spiel. Vollkommenheit ist unpersönlich.
Die Persönlichkeit des Menschen ist der Teil von ihm, der dem Irrtum und der Sünde angehört. Das ganze Streben des Mystikers hat stets darin bestanden, so zu werden, dass in seiner Seele kein Teil übrigbleibt, der „Ich" sagt. Der Mensch kann dem Kollektiv dadurch entfliehen, dass er sich über das Persönliche hinaus hebt und in das Reich des Unpersönlichen eintritt. In dem Augenblick, da er dies tut, entsteht etwas in ihm, ein kleiner Bereich in seiner Seele, dem das Kollektiv nichts anhaben kann. Kann er sich in das unpersönliche Gute einwurzeln, sodass er Kraft daraus zu schöpfen vermag, dann ist er fähig, wann immer er die Verpflichtung spürt, es zu tun, eine zwar geringe, aber wirkliche Kraft, ohne jede Hilfe von außen, gegen jedes Kollektiv, aufzu-

bringen. Aus diesem Grund rate ich dir, ab jetzt bewusst zu denken. Hör auf mit der Trennung und lasse Gefühle und Gedanken wieder eins werden. Werde bewusst zur Schöpferin deiner Realität."

Das tönt ja alles sehr logisch und irgendwie auch einfach, und trotzdem habe ich so meine Zweifel. Athene bemerkt meine Unsicherheit. „Kann es sein, dass du von den Lehren C. G. Jungs ausgehst? Gemäß ihm funktioniert der Mensch nach dem Entweder-Oder-Prinzip:
So ist er in seiner Einstellungsweise entweder extrovertiert oder introvertiert, in seinen Wertungen entweder denkend oder fühlend und nimmt die Dinge entweder mittels der Intuition oder der Empfindung durch die fünf Sinne wahr. Zudem geht Jung davon aus, dass eine dieser vier Bewusstseinsfunktionen, also denken, fühlen, intuieren oder empfinden, die am stärksten differenzierte, ins Bewusstsein gehobene und gebrauchte Funktion ist. Er ist der Meinung, dass unabhängig davon, welches die Hauptfunktion ist, die ihr entgegengesetzte Funktion am wenigsten ins Bewusstsein gehoben und differenziert ist und somit am wenigsten zur Verfügung steht. Doch das stimmt nicht. Eine Frau kann mal so und mal anders sein. Mal ist sie extrovertiert und logisch und dann in einer anderen Situation introvertiert und gefühlvoll, also ganz im Stil von stille Wasser gründen tief. Vergiss das Entweder-Oder, gehe ins Sowohl-als-auch. Nichts ist unmöglich. Du selbst bestimmst, was möglich ist und was nicht. Du bist die Schöpferin deiner Realität, vergiss das nicht."
Meine Gedanken fangen an, sich im Kreis zu bewegen. Ich habe so viel gehört, dass ich schon gar nicht mehr weiß, was ich denken soll.

„Ich glaube ich sollte ins Bett gehen. Ich habe Kopfschmerzen", erkläre ich Athene und will mich gerade erheben. Sie jedoch fordert mich auf, mich noch einmal zu setzen, legt eine ihrer Hände auf meine Schulter und sagt: „Mache noch einmal die Augen zu. Und jetzt denke an eine Situation in deinem Leben, als es dir sehr gut ging. Lasse ein Bild vor deinem inneren Auge entstehen, als du glücklich und zufrieden warst und lasse dein Bewusstsein sich ausweiten. Erlaube dir, dich an diesen glücklichen Augenblick zu erinnern, in der deine Lebenskraft frei und ungehindert fließen durfte. Und jetzt werde wieder zu dieser Frau in deinem inneren Bild und spüre, wie es sich anfühlt. Werde eins mit deiner eigenen Schwingung. Sei wieder eins und in Harmonie mit dir selbst. Erinnere dich an das Gefühl in deinem Körper. Werde zu diesem Gefühl. Gehe mit dieser Schwingung. Erlaube diesem wonnevollen Gefühl, sich in deinem ganzen Körper auszudehnen, es überall zu spüren. Wie eine warme, weiche Strömung, in wundervoller Harmonie. Spüre, wie dein Körper sich tief entspannt und wieder mit neuer Kraft auflädt. Spüre deine Kraft."
Ich fühle, wie mich eine wohlige Wärme durchdringt, meine Kopfschmerzen verschwinden und ich bin glücklich - wie damals. Eine Weile bleibe ich noch in diesem Bild und fühle diese Kraft, dieses Glücklichsein in meinem ganzen Körper. Als ich kurze Zeit später meine Augen wieder öffne, sind die Kopf-

schmerzen weg. Ich fühle mich gut und ausgeruht. Athene lächelt: „Du siehst, mit deinen Gedanken kannst du dich auch positiv beeinflussen. Indem du an eine schöne Situation denkst, kannst du das entsprechende Gefühl wieder in deinem Körper aktivieren. Gedanken sind also nicht schlecht, sondern ein wichtiges Hilfsmittel für dein Leben. Es geht darum, dass du dein Werkzeug, deinen Verstand, zu deinen Gunsten einsetzt und dich nicht von ihm kontrollieren lässt. So einfach ist das."
Ich strahle sie an, lache und mir ist in diesem Moment völlig klar, was sie damit meint.
„Erinnere dich immer daran, das zu vergessen, was dich traurig gemacht hat. Aber vergiss nie, dich dessen zu erinnern, was dich glücklich gemacht hat. Danke also deinen Gedanken. Sie sind wichtig. Und lasse uns nun ins Bett gehen."
Kurze Zeit später liege ich zufrieden in meinem Bett. Ja, ich bin froh, dass ich denken kann. Ich bin auch froh, dass ich meinen Verstand habe und gebrauchen darf. Ich danke meinen Gedanken und dabei wird mir bewusst, dass im Wort Gedanken das Wort danken bereits vorhanden ist. Mit der Idee, dass ich das unbedingt Athene mitteilen will, schlafe ich ein.

Den nächsten Morgen verbringe ich in der Bibliothek und finde das Buch „Der Weiblichkeitswahn oder die Mystifizierung" von Betty Friedan. Ich lese, dass die amerikanische Autorin und Psychologin zu den Wegbereiterinnen der US-amerikanischen Frauenbewegung gehört. Lange, bevor sich Frauen auf breiter Ebene organisierten, um für Gleichberechtigung zu kämpfen, veröffentlichte die Autorin 1963 dieses Buch. Darin beklagt sie das frustrierende Leben US-amerikanischer Kleinstadt-Hausfrauen. Bevor sie das Buch schrieb, arbeitete sie als Journalistin bei der Tageszeitung Worker's Press. Nach Kriegsende kehrten viele Männer an ihre Arbeitsplätze in den Redaktionen zurück, die Frauen wurden entlassen. Dieses Schicksal ereilte auch Friedan. Ihr als diskriminierend empfundenes Hausfrauendasein veranlasste sie, ihr erstes Buch zu schreiben. Sie schildert darin die spezielle Frauenproblematik in den 50iger Jahren. Betty Friedan erkannte, dass die Frauen nicht nur von außen, den Männern, unterdrückt werden, sondern sich selbst freiwillig auf das Frau-Sein einschränken lassen. Die Ursache dafür nannte sie den „Weiblichkeitswahn". Ein Name für das, was immer es war, das uns Frauen davon abhielt, unsere Rechte wahrzunehmen, das Schuldgefühle bei uns hervorrief bei allem, was wir nicht als Frau unseres Mannes, nicht als Mutter unserer Kinder taten, sondern als eigenständige Person. Noch 1940 verkörperten in den USA die Heldinnen von Geschichten und Romanen ein neues Frauenbild. Sie waren unternehmungslustige, attraktive, berufstätige Frauen, die liebten und von Männern geliebt wurden. Aber ab 1949 geschah eine Rückkehr zum alten Leitbild der nur-Hausfrau. Propagiert wurde nun der Weiblichkeitswahn. Der besagt, dass der höchste Wert und die einzige Verpflichtung für Frauen die Erfüllung ihrer Weiblichkeit sei.

Die neuen Medienleitbilder bestanden nun aus einer Welt von Schlafzimmern, Küchen, Sex, Kindern und dem schönen Heim. Ein Zeitschriftenredaktor meinte: „Unsere Leserinnen sind hauptberuflich Hausfrauen. An den Tagesfragen des öffentlichen Lebens sind sie nicht interessiert. Sie erwärmen sich weder für Innen- noch für Außenpolitik. Nur ihre Familie, ihr Heim und die Erziehung ihrer Kinder ist ihnen wichtig." Diese kommerziellen und medialen Interessen führten dazu, dass die meisten Frauen in den 50iger Jahren ernsthaft dem Traumbild der Vorort-Hausfrau verfallen waren. Ein Jahrhundert früher hatten die Frauen um die höhere Bildung gekämpft. Jetzt besuchten die Mädchen ein College, um sich einen Mann zu angeln. Dass sich die jungen Frauen freiwillig diesen Leitbildern unterwarfen, hing laut Betty Friedan auch mit dem Fehlen persönlicher Leitbilder zusammen.
Die meisten Mädchen stoppen ihre eigene Entwicklung, ehe sie zur Identität gelangen, und spielen stattdessen die von ihnen verlangte weibliche Rolle.
Letztlich wurden die Frauen damit aber nicht glücklich. In den 50iger und 60iger Jahren entstand zuerst ein Problem ohne Namen, das auch das Hausfrauensyndrom genannt wurde. Die Frauen fühlten sich irgendwie leer, unvollständig. Als ob sie gar nicht da wären. Ihre Tage sind ausgefüllt, aber langweilig. Stumpfsinnig. Sie sind immer die Mütter der Kinder oder die Frau ihres Mannes und niemals sie selbst.
Mir kommen die Frau Doktor und Frau Pfarrer in den Sinn, welche nicht als eigenständige Frauen gesehen werden, sondern nur als Ehefrauen ihrer Männer. Ein Satz berührt mich besonders: *„Ich glaubte, mit mir würde etwas nicht stimmen, wenn ich beim Bohnern des Küchenbodens keinen Orgasmus hatte."*
Auch das kenne ich. Ich zweifle an mir, nur weil mir gesagt wurde, wie etwas zu sein hat und es dann bei mir nicht so ist. Ich lese fasziniert weiter, dass Betty Friedan diese Leiden in einen Zusammenhang stellt, der verdeutlicht, dass auch Frauen ihre menschlichen Bedürfnisse nicht ewig unterdrücken können. Im Gegensatz zu einem Baum oder Stein kann ein Mensch aufgrund seiner eigenen Entscheidung sein eigenes Sein einbüßen. Es ist aber das Kennzeichen des Menschen: Die Fähigkeit, die Gegenwart zu transzendieren und im Lichte des Möglichen zu handeln, dank der geheimnisvollen Fähigkeit, die Zukunft zu gestalten. Gerade diese einzigartige menschliche Fähigkeit, die Gegenwart zu transzendieren und Ziele im Leben zu verfolgen, die sich in die Zukunft erstrecken, nicht der Gnade und Barmherzigkeit der Welt ausgesetzt zu sein, sondern für diese Welt etwas aufzubauen und zu ersinnen, kennzeichnet den Unterschied zwischen tierischem und menschlichem Verhalten oder zwischen Mensch und Maschine.
Amerikanische Hausfrauen sind im Namen der Weiblichkeit der Entscheidung ausgewichen, die ihnen ein persönliches Ziel, ein Gefühl ihres eigenen Seins gegeben hätte. Jedoch erst ein gesundes Maß an Eigenliebe kann auch Verbundenheit mit anderen Menschen speisen. Professor Maslow stellte fest, dass eine Frau, je größer ihre Dominanz oder je stärker ihr Ich war, desto

mehr kümmerte sie sich um andere Menschen und um die Probleme der Welt. Andererseits waren die mehr konventionellen und weniger dominierenden Frauen hauptsächlich mit sich und ihrer eigenen Minderwertigkeit beschäftigt. Auch in der Liebe erreichen Frauen niemals sexuelle Erfüllung und den Höhepunkt menschlicher Liebe, solange sie nicht zu voller geistiger Kraft als Menschen heranwachsen. Das Motiv wirklich glücklicher Liebe ist nicht das Bedürfnis, einen eigenen Mangel wettzumachen. Die Transzendenz des eigenen Ich im sexuellen Organismus wie im schöpferischen Erlebnis kann nur ein Mensch erreichen, der selbst vollständig ist, der seine eigene Identität verwirklicht hat.
Auch Lohnarbeit alleine kann nicht zu einer eigenen Identität verhelfen. Identitätskrisen können so nicht bewältigt werden. Manche überwinden diese Krise nie, denn bloßes Herumpusseln oder das Stechen einer Kontrolluhr verleihen keine Identität; man erlangt sie auch nicht, wenn man bloß Geld verdient, nach Vorschrift arbeitet oder sich einen gesicherten Posten als Parteifunktionär sucht. Weil man in einer als Lohntütenposten bezeichneten Arbeit seine Identität nicht mehr findet, setzt voraus, dass die Identität des Menschen aus eigener schöpferischer Arbeit hervorgeht, die der Allgemeinheit zugute kommt.

Auch, wenn die Hausfrauen anscheinend mehr für ihre Kinder tun können, wenn sie zuhause sind, so wirken sie sich auf die Entwicklung der Kinder eher negativ aus. Die Persönlichkeit der Kinder kann sich durch Überbetreuung nicht frei entfalten, sie wird absorbiert. Durch das „Drillen“ auf Reinlichkeit und Perfektion sind die Kinder kaum mehr zu eigener Leistung und selbständigem Handeln fähig. Es entsteht Passivität, Verweichlichung und Langeweile bei Kindern; kein starkes, ausgeglichenes Ich entwickelt sich, sondern eine vage, amorphe, außengeleitete Persönlichkeit. Das hatte beispielsweise tragische Auswirkungen auf das Verhalten von gefangenen amerikanischen GI's im Koreakrieg: sie waren vorwiegend gleichgültig, inaktiv, apathisch, unselbständig, infantil und ca. 38 % der Gefangenen starben.

Auch die Hausarbeit kann das vertane Leben einer Hausfrau nicht völlig rechtfertigen: „Die Zeit, die eine Frau benötigt, um die Hausarbeit zu erledigen, schwankt je nach den Anforderungen einer anderen Tätigkeit, die ihr am Herzen liegt.“ Und: trotz neuer arbeitssparender Geräte verbringt eine moderne amerikanische Hausfrau mehr Zeit mit Hausarbeit als ihre Großmutter. In einem beigefügten Kommentar beschreibt Arianna Giachi die Situation in der Bundesrepublik Deutschland. Für 70% aller Bundesbürger war es, wahrscheinlich 1963, bei der ersten Auflage des Buches, nicht normal, wenn Frauen einen Beruf hatten. Und auch in der BRD sei es so, dass eine Frau ihr Ansehen in der Gesellschaft nur selten durch berufliche Leistung, aber immer durch Heirat gewinnen könne. In einem Epilog beschrieb Betty Friedan noch, wie dieses Buch zur Frauenbewegung führte: Sie bekam persönlich in ihrem

Wohnumfeld Probleme, als das Buch veröffentlicht war. „Jetzt, da ich mich wie eine regelrechte Schriftstellerin aufführte und sogar im Fernsehen interviewt wurde, war die Sünde allzu öffentlich und konnte mir nicht verziehen werden. Frauen in anderen Vororten schrieben mir Briefe, als ob ich Johanna von Orleans wäre, aber praktisch musste ich aus meinem von Wegerich überwucherten Vorgarten fliehen, um nicht auf dem Scheiterhaufen verbrannt zu werden." Sie erkannte, dass es nicht möglich ist, sich allein einen neuen Lebensstil zu schaffen. „Es war einfacher für mich, die Frauenbewegung ins Leben zu rufen, die nötig war, um die Gesellschaft zu verändern, als mein persönliches Leben zu ändern."
Zum Schluss lese ich noch einige Zahlen, dir mir zu denken geben. So hatte 1956 in den USA nur eine von dreihundert Frauen die Begabung, um zum Dr. phil. zu promovieren. Bei den Männern ist das Verhältnis 1:30. Im Jahre 1962 waren in der Sowjetunion 70% aller Ärzte Frauen, in Amerika hingegen nur 5 %.

Ich lege das Buch beiseite und spüre wieder einmal eine Ohnmacht in mir. Dieses Buch hat nichts von seiner Aktualität und Aussagekraft verloren. Die sexusgeleitete Erziehung findet nach wie vor statt. Die Frau als kaufkräftige Konsumentin gibt es noch immer. Die Frau als Sexsymbol mit Warencharakter oder die glückliche Hausfrau auf der Jagd nach Liebe ist mir bekannt. Ich fühle mich unwohl, wütend und auch ein wenig deprimiert. Gleichzeitig kommen mir die gestrigen Erläuterungen von Athene in den Sinn. Ich stelle einmal mehr fest, dass ich mich nicht wohl fühle, weil ich wieder angefangen habe zu denken. Meine Gedanken drehen sich um das eben Gelesene, also um das Frauenbild. Es sind keine hilfreiche Gedanken, da ich mich dabei unwohl fühle. Ich beschließe, nicht weiter darüber zu sinnieren und gehe noch einmal zu der ominösen Türe in der Bibliothek. Vielleicht lässt sie sich ja heute öffnen. Doch es geschieht nichts. Nach wie vor sehe ich die zwei Türwächter, welche anscheinend von mir eine Frage erwarten, damit sich die Türe öffnen kann. Da ich keine Lust habe, der Frage nachzugehen, beschließe ich, nun mit Rosa einen Ausflug zu den Sehenswürdigkeiten von New York zu machen. Zusammen sehen wir uns die Freiheitsstatue an. Danach führt uns der Weg von China-Town zur Brooklyn Bridge, die mich sehr beeindruckt.
Ich sehe die berühmte Wall Street und besuche den schönsten Wolkenkratzer von New York, das Empire State Building. Zuhause erwartet uns Athene. Völlig erschöpft und müde lasse ich mich nach dem Essen auf das Sofa im Wohnzimmer fallen.

„Ich möchte dir etwas über das Empire State Building erzählen", erklärt Athene, als sie kurze Zeit später auch ins Wohnzimmer kommt.
„Das Empire State Building wurde in den 30iger Jahren während der Wirtschaftsdepression in nur neun Monaten erbaut. Es wurden vier Etagen pro Woche erstellt. Das war nur möglich, indem viele Teile vorgefertigt und vor

Ort zusammengebaut wurden. Am 1. Mai 1931 war es soweit und Präsident Hoover konnte den Wolkenkratzer spektakulär eröffnen. Mit einem Knopfdruck im Weißen Haus in Washington erstrahlte das Empire State Building im Lichterglanz. Für die Menschen sollte dies ein Zeichen der Hoffnung und des Aufschwungs sein, welches sich leider, wie man weiß, nicht bewahrheitet hat. So wurde durch die Investoren in den folgenden Nächten die Lichter in den unvermieteten Stockwerken brennen gelassen. Damit konnte verheimlicht werden, dass zahlreiche Räume leer standen."

„Und somit wurden die Menschen getäuscht. Sie sahen die Lichter und dachten sich etwas dabei."

Athene nickt mit dem Kopf und ich komme ins Grübeln. Wo wurde ich getäuscht? Zeigen mir meine Augen immer was ist oder werde auch ich in die Irre geführt. Ich sehe mich wieder auf dem Empire State Building stehen.

„Es war wunderschön, den Sonnenuntergang zu bewundern. Als ich dort oben stand, dachte ich an Spielfilme wie „King Kong", „Die große Liebe meines Lebens" oder die Neuverfilmung „ Love Affair", aber auch „Sleepless in Seattle". Alles Filme, in welchen das Empire State Building eine Hauptrolle spielte."

„Und wie hast du dich mit Rosa verstanden?"

„Wir haben uns mit Händen und Füßen verständigt. Du weißt ja, sie spricht nur spanisch."

„Was willst du mir damit sagen."

„Dass wir uns nicht verstanden haben."

„Wie meinst du das, nicht verstanden?" Ich schaue sie verdutzt an. Dann verstehe ich: „Ja, wir haben uns gut verstanden. Sie ist eine Seele von einem Menschen, doch wir konnten nicht kommunizieren."

„Aha."

„Was heißt hier aha."

„Du kannst also nur mit einem Menschen kommunizieren, der die gleiche Sprache spricht? Wann spricht den ein Mensch die gleiche Sprache wie du?"

Ich beginne zu überlegen. Ja, wann spricht ein anderer Mensch die gleiche Sprache? Wenn ich deutsch spreche und er auch deutsch spricht, heißt das noch nicht, das wir dieselbe Sprache sprechen. Dasselbe gilt wohl für alle Fremdsprachen.

„Es ist die Sprache der Herzen, die dich mit einem anderen Menschen verbindet. Die Sprache ist nichts anderes als eine Ausdruckskraft. Indem du sagst, was du denkst, kannst du deine inneren Gefühle, deine Gedanken ausdrükken. Ob du verstanden wirst, liegt nicht immer nur an der Sprache. Es gibt auch Momente, in denen du gar nicht willst, dass die Anderen dich verstehen."

„Und doch ist es so, dass ich mit einem Menschen, der meine Sprache spricht, besser kommunizieren kann, als mit jemanden, der eine Fremdsprache spricht."

„Jeder andere Mensch spricht für dich eine Fremdsprache. Du kannst nicht wissen, was er meint, wenn er sagt: Mir geht es gut. Was heißt gut für ihn? Ist

gut einfach gut oder ist gut etwas anderes? Indem du nachfragst, klärst du ab und beginnst, seine Sprache zu verstehen. Je nach Umfeld, Erziehung, Schulbildung ist die Sprache anders, auch, wenn du oberflächlich der Meinung bist, dass du dieselbe Sprache sprichst."
„Und wenn ich nachfrage, nerve ich. Oft wollen die Menschen gar nicht genau sagen, wie es ihnen geht."
„Oder was sie denken. Das stimmt. Trotzdem liegt hier eine Gefahrenquelle von Missverständnis und Leid. Indem du nachfragst, gibst du zu erkennen, dass es dich wirklich interessiert und gleichzeitig gibst du dem anderen Menschen die Gelegenheit, wirklich zu sagen, wie es ihm geht."

„Ist die Sprache auch Energie?"
„Natürlich. Alles ist Energie. Die Sprache und ihre Energie wird ein Thema sein, welches eine andere Göttin mit dir noch genauer anschauen wird. Ich bin für dein Denken zuständig. Lasse uns also noch ein wenig vom Verstand sprechen. Wie geht es dir mit deinem Verstand?"
„Ich weiß nicht. Seit gestern habe ich den Eindruck, dass für mich mein Verstand nicht sehr hilfreich ist und ich manchmal lieber darauf verzichten würde."
„Du möchtest auf deinen Verstand verzichten?" Athene schaut mich entsetzt an. Ich blicke sie schuldbewusst an und zucke mit den Schultern.
„Ohne Verstand bist du wie ein Tier, das aus seinen Instinkten heraus handelt. Dank deinem Verstand kannst du analysieren, konkretisieren, interpretieren, kommentieren, lernen, Wissen ansammeln und denken. Du kannst verstehen und dadurch Verständnis haben. Der Verstand kann dir Halt geben. Wichtig ist nur, dass du beginnst zu verstehen, was dein Verstand braucht. Was er will, wie er funktioniert und welche Vorstellungen wirklich aus dir kommen und welche dir angelernt wurden. Es ist wichtig, dass du deine Denkmuster überprüfst. Mit deinem Denken schaffst du Energiefelder. Es sind mächtige, magnetische Wolken, zweipolige Kraftfelder, die von dir ausgehen und in Wechselwirkung auf dich zurückstrahlen. In diesen Kräfteverhältnissen und durch sie lebst du. Sie sind das Daseinsfeld, in dem du existierst. Vom Denken geht eine schöpferische Kraft aus, die sich verstärkt und wieder auf den Absender zurückgeworfen wird. Das ist das magnetische Gesetz. Und so schließt sich der unheilvolle Kreislauf, der dich in deinem eigenen Gefängnis gefangen hält. Der Denker und das von ihm Gedachte, der Schöpfer und seine Schöpfung sind unzertrennlich miteinander verbunden."
„Wenn ich also schlecht über mich denke, ist es so, dass auch andere das von mir denken."
„Genau. Erinnerst du dich noch an unsere erste Begegnung. Du dachtest, dass ich dich wegen deiner Flugangst verachte. Ich fragte dich, ob du dich dafür verachtest. Du verneintest. Ich glaube jedoch, dass du nur so von mir denken konntest, weil es in deiner Gedankenwelt, also in deinem Energiefeld war, sonst wärst du gar nicht auf die Idee gekommen."

Das gibt mir Sinn und ich horche in mich hinein. Gibt es da wirklich einen Teil in mir, der mich für meine Flugangst verachtet? Ja, der ist da. Einmal mehr hat Athene Recht, was ich nur sehr widerstrebend zugebe.
„Es geht nicht um Recht oder Unrecht. Du bis schon wieder im Entweder-oder-System. Es geht darum, dass du dich und deine Gedanken entdeckst. Was denkst du über dich, über die Welt, über die Menschen. Und was denkst du wirklich. Schaue dich einmal im Raum um. Und sage mir, was du siehst."
„Ich sehe, dass du auf einem Ledersessel sitzt."
„Nein, sage mir nur, was du wirklich siehst." Ich schaue sie erstaunt an. Wie was ich wirklich sehe? „Ich sehe, dass du auf einem weißen Ledersessel sitzt."
„Nein, das siehst du nicht. Was siehst du genau. Sage mir nicht, was du denkst, sondern genau, was du siehst."
Ich schüttle den Kopf. Ich verstehe wieder einmal überhaupt nichts. Athene hat wohl Bedauern mit mir und hilft mir auf die Sprünge. „Du siehst einen weißen Sessel und ich sitze darauf. Das ist es, was du siehst."
„Und wo ist da der Unterschied?"
„Du kannst nicht sehen, dass es sich um einen Ledersessel handelt. Das nimmst du an. Doch du siehst es nicht. Schaue also genau hin. Sage mir, was du wirklich siehst, ohne zu interpretieren." Ich verstehe und schaue mich um. „Ich sehe ein Bild von dir mit einer Eule und daneben dich als kleines Mädchen mit einem Eulengesicht."
„Nein, das siehst du nicht. Du interpretierst. Du denkst, dass es so ist. Doch schaue genau hin und sage mir nur, was du siehst." Ich blicke genau hin und versuche nur zu beschreiben, was ich wirklich sehe. Dabei bemerke ich, dass das gar nicht so einfach ist. Ich bin sehr schnell im logischen Kombinieren und dementsprechenden Interpretieren.
„Okay. Ich sehe eine Zeichnung. Darauf befindet sich eine weibliche Statue, die eine Eule in der Hand hält. Neben der Statue steht ein Kind mit einem Gesicht von einer Eule."
„Genau. Und was löst dieses Bild bei dir aus? Welche Gedanken hast du dazu?"
„Ich denke, dass du diese Statue bist und die Eule ein Symbol von dir ist. Die Eule steht für Weisheit, also hat sie etwas mit dir zu tun. Das Kind bist du, weil du schon als Kind weise warst ."
„Das denkst du. Möchtest du wissen, ob das stimmt, was du denkst." Ich nicke.
„Kennst du das Sprichwort: Eulen nach Athen tragen?" Ich bejahe. „So nennt sich das Bild. Es ist ein Bild aus der Antike. Wie du schon gesagt hast, ist die Eule ein symbolisches Zeichen für die Weisheit Athenes und gleichzeitig ihr Wappen für den Athener Handel. Auf vielen antiken Münzen war die Eule zu finden und mit der Einführung des Euro kehrte sie auch wieder zurück. Gemäß der Mythologie ist mir als Athene die Eule heilig. Meine Mutter Metis, ihr Name bedeutet übrigens guter Rat, gebar bereits vor mir das eulenäugige

Mädchen Tritogenaia, welches du auf dem Bild siehst. Was siehst du noch?“ Ich schaue mich wieder im Raum um und entdecke ein Namensschild. „Ich sehe deinen römischen Namen auf einem Messingschild.“ Athene schüttelt den Kopf. „Sag mir, was du genau siehst.“

„Ich sehe ein schwarzes Holzbrett, darauf steht der Name Minerva. Die Buchstaben sind aus einem glänzenden Material.“

„Nicht schlecht, nur siehst du von hier aus nicht, ob es wirklich Holz ist. Doch jeder Anfang ist schwer. Du siehst, wie schnell du im Kombinieren und Interpretieren bist. Genau so machst du es, wenn du mit anderen Menschen zusammen bist. Du beginnst zu denken, zu kombinieren und interpretieren. So vergisst du, nur zu sehen, was jetzt gerade in diesem Moment ist. Ich habe es dir ja schon oft gesagt: du denkst zuviel.“

Dem ist nichts beizufügen oder zu erwidern. Es stimmt und ich nehme mir vor, den nächsten Tag einmal anders zu erleben. Ich will mich darauf konzentrieren, nur zu sehen, was ich wirklich sehe, zu hören, was ich wirklich höre. Ich will mehr darauf achten, wann und wie ich interpretiere.

Am nächsten Tag mache ich genau das und bin erstaunt, wie wohltuend das ist. Natürlich schaltet sich immer wieder mein Verstand ein und beginnt zu interpretieren. Doch indem ich innerlich Stopp sage, hört es auf. Ich nehme die Welt, in diesem Fall New York, aus einer anderen Perspektive wahr. Auch die Verständigung mit Rosa geht leichter. Ich fühle mich an diesem Tag wohl in ihrer Gesellschaft. Irgend etwas hat sich verändert. Als wir gegen Abend wieder im Penthouse sind, lege ich mich aufs Sofa und lasse den Tag noch einmal Revue passieren. Was war anders? Ich war anders. Ich war bereit für etwas Neues in meinem Leben. Ich war bereit, nicht nur nachzudenken, sondern, wie Athene mich aufgefordert hat, selber zu denken. Ich beginne, meine Gedanken zu kontrollieren und nicht sie mich. Als ich so auf dem Sofa liege, kommt mir plötzlich wieder die Türe in den Sinn. Irgendwie lässt sie mich nicht los. Schon immer hat mich das Verbotene, das Mysteriöse angezogen, so auch dieses Mal. Ich gehe noch einmal in die Bibliothek und lese das Rätsel:
Wir sind die Türwächter. Einer von uns sagt immer die Wahrheit. Der andere lügt immer. Mit der richtigen Frage weißt du, welche Seite ins Paradies führt und welche in die Hölle. Du darfst nur eine Frage stellen, die mit ja oder nein beantwortet werden kann. Viel Glück.

Das gibt keinen Sinn. Wie kann ich mit nur einer Frage die richtige Antwort erhalten? Ich beginne zu überlegen und als Athene nach Hause kommt, bin ich noch immer ganz in meinen Gedanken versunken. Auch beim Nachtessen bin ich ein wenig abwesend, weil ich immer wieder über die Antwort nachdenke. Athene sagt nicht viel, lächelt ab und zu einfach vor sich hin und lässt mich in Ruhe. Als wir zusammen im Wohnzimmer sitzen, fragt sie mich nach meinem heutigen Tag. Ich erzähle ihr von meinen neuen Erfahrungen und den entsprechenden Eindrücken. Sie hat wieder ihre wissendes Lächeln im Gesicht und meint: „Du hast viel gelernt. Bleibe dabei. Beobachte deinen

Verstand und deine Gedanken. Doch sei liebevoll. Verurteile dich nicht für das, was du denkst. Nimm einfach wahr. Die Veränderung geschieht mit der Zeit wie von selbst. Du musst nichts tun, nur beobachten."
„Aber wenn ich doch feststelle, dass ich Gedanken habe, die mir schaden, also nicht hilfreich sind, dann muss ich sie doch verändern."
„Wieso? Willst du dich schon wieder unter Leistungsstress stellen? Lasse dir Zeit."
Genau das ist der Punkt. Ich will und kann mir diese Zeit nicht geben. „Wenn ich bemerke, dass etwas nicht gut ist, dann will ich es verändern. Das ist doch logisch", erwidere ich.
„Nein, logisch ist das nicht. Es ist verständlich. Doch nicht logisch. Zeit ist relativ. Zeit existiert nur in deinem Denken. Also lasse los. Löse dich davon. Gib dir die Zeit, die du brauchst. Beobachte dich mit Liebe und Liebe hat unendlich viel Zeit."
„Ach am liebsten möchte ich ein neues Leben und noch einmal beginnen. Dann würde ich von Anfang an alles besser machen."
Athene antwortet mir mit einem lauten Lachen. „Ein neues Leben kannst du nicht anfangen, doch täglich einen neuen Tag. Beginne also so zu leben, wie du willst. Dabei kann dir dein Verstand helfen. Nimm seine Hilfe an."

Mit diesen Worten verlässt sie den Raum. Wieder einmal sitze ich in Gedanken versunken alleine da und sehe, wie sich eine Spinne über das Sofa in meine Richtung bewegt. Hilfe, eine Spinne. Ich beginne zu kreischen, denn vor Spinnen ekle ich mich. Athene kommt herein gerannt, schaut sich um und sieht mein entsetztes Gesicht. „Was ist los?"
„Da ist eine Spinne." Ich sitze da und kann mich nicht bewegen. Ich bin wie unter Schock. Das ist ein Riesending von einer Spinne. Ich bin wie gelähmt.
„Du hast Angst vor einer Spinne?" Ich kann nur noch nicken und stammle: „Bitte, nimm sie weg." Athene tut, um was ich sie bitte und bringt die Spinne nach draußen. Zurück im Wohnzimmer schaut sie mich an: „Furcht gibt es nicht, es ist eine Illusion. Furcht und diese Art von Angst ist das Ergebnis von Unklarheiten und Missverständnissen. Es ist die Fessel der Angst, etwas zu verlieren, zu versagen oder nicht geliebt zu werden. Was ängstigt dich an einer Spinne."
„Ich weiß auch nicht. Sie sind so widerlich. Sie haben lange Beine und ..." ich schüttle mich vor Ekel. „Ich finde sie einfach grauenhaft."
„Kennst du das Wort Arachne?" Ich verneine.
„Arachne bedeutet in der heutigen griechischen Umgangssprache nichts anderes als Spinne. Es gibt eine schöne Geschichte darüber. Es war einmal ein bildhübsches, junges Mädchen, das Arachne hieß.
Dieses Mädchen konnte wundervoll sticken und weben. Niemand anders als die Göttin Athene hatte ihr diese Kunst beigebracht, und sie wurde überall bewundert. Doch der Erfolg stieg ihr in den Kopf und sie begann, sich über Athene und die Götterwelt lustig zu machen. Der Göttin blieb nichts anderes

übrig als nach mehrmaliger Verwarnung das Mädchen zu einem Wettkampf herauszufordern, in welchem es natürlich unterlag. Zutiefst beschämt, versuchte das Mädchen, Selbstmord zu begehen. Da hatte Athene jedoch Mitleid und verhinderte das in letzter Minute, indem sie Arachne in eine Spinne verwandelte, die noch heute ihre wundervollen Netze webt."
„Gut, das ist eine schöne Geschichte. Das ändert jedoch nichts daran, dass ich mich vor Spinnen ekle."
„Was ekelt dich daran?"
„Ich weiß auch nicht. Ich mag diese Achtbeiner einfach nicht."
„Spinnen haben in allen Kulturen der Erde die unterschiedlichsten Bedeutungen. Sie gelten als Glücksbringer und Todesboten, sind Krankheitsdämon und Medizin. Sie sollen das Wetter „vorhersagen", dienen als Orakel beim Glücksspiel, sollen vom Militärdienst befreien, gegen Blitz schützen und vieles mehr. Manch ein Volksglaube hat sich über Jahrhunderte bis heute behauptet.
In vielen Mythen wurde die Spinne zum Sinnbild der Schöpferin. Dies aufgrund ihrer Fähigkeit, aus sich heraus einen Faden zu erzeugen, mit der sie Netze bauen kann. Die Spinne als Weltenweberin kommt beispielsweise in den Mythen der Indianer Nordamerikas vor. Das Spinnenweib Kokyangwuti formte die Erde und unhüllte sie mit einem weißen Umhang der schöpferischen Weisheit selbst. Bei den Navajos gibt es die Legende der Spinnenfrau, die am Spider Rock im Canyon de Chelley den ersten Menschen, den „Dineh", das Weben gelehrt haben soll . In der indischen Mythologie ist das Spinnennetz das Sinnbild der kosmischen Ordnung. Der Körper der Spinne in der Mitte wird durch die liegende Acht, also das Unendlichkeitssymbol, dargestellt. In China gilt die Spinne als Glückstier. Eine Spinne, die sich am Faden herablässt, bedeutet „Glück kommt vom Himmel herab". Ganz anders in Japan. Dem japanischen Volksglauben zufolge hausen gewaltige Spinnendämonen in Erdlöchern. In den Mythen Westafrikas steht der Name Anansi für eine trickreiche Spinne, der es immer gelingt, sich mit Charme und Witz aus hoffnungslosen Situationen zu befreien. Je nachdem, welcher Idee du Glauben schenken willst, ist die Spinne gut oder böse. So hatte im Altertum das Erscheinen einer Spinne eine durchwegs negative Bedeutung. Noch im Mittelalter galt die Spinne als Hexentier, nur die Kreuzspinne war, dank des Kreuzes auf ihrem Rücken, ein gutes Omen. Die spätere dualistische Auffassung zeigt sich noch heute in vielen Sprichworten: Spinne am Morgen bringt Kummer und Sorgen. Spinne am Mittag bringt Glück am dritten Tag. Spinne am Abend erquickend und labend.
Oder im englischen Aberglauben: One for sorrow – two for mirth – three for a wedding – four for death. Bist du abergläubisch?" Nein, das bin ich nicht. Trotzdem ekelt mir vor diesen Tieren, auch wenn ein Teil in mir nun darüber lacht. Es ist ja wirklich nur eine Spinne. Wieso lasse ich mich so davon paralysieren?

„Für die Ursache deiner Spinnenphobie gibt es zahlreiche Theorien. Doch vor allem findet die Angst in deinem Kopf statt.“ Ich will wissen, welche Ursachen es haben kann und Athene zählt auf: „Je mehr ein Tier vom Körperschema des Menschen abweicht, desto eher erzeugt es Angst, weil du es nicht kennst. Die Spinne ist schnell. Das plötzliche Auftauchen in Körpernähe kann Angst auslösen. Sie ist schnell und kann nicht vorhersehbare Bewegungsänderungen machen. Ein anderer Grund kann der Ekel vor Schmutz sein, mit dem Tiere meist in Zusammenhang gebracht werden. Dazu kommt, dass alle Spinnen giftig sind. Nur ist das meiste Spinnengift für Menschen ungefährlich. Trotzdem kann eine angeborene Schutzreaktion vor Giftspinnen in dir sein. Und es kann auch ein erlerntes Verhalten sein. Das heißt, du hast als Kind die Spinnenangst bei einem Elternteil beobachtet.“
„Ja, meine Mutter hat Angst vor Spinnen. Also habe ich es von ihr übernommen.“
„Du hast mehr von deiner Mutter, wie auch deinem Vater übernommen, als dir lieb ist“, erklärt mir Athene. Als ich jedoch wissen will, wie sie das meint, erklärt sie mir, dass dies nicht ihre Aufgabe ist. „Selene wird dich bei dieser Frage begleiten. Sie wird die nächste Göttin sein.“ Doch als ich wissen will, ob ich schon bald bei Selene sein werde, erklärt mir Athene, das liege ganz bei mir. „Du entscheidest, wann es soweit ist. Du hast es in der Hand. Du bist die Schöpferin deiner Realität. Es liegt also nicht an mir oder an Selene. Es liegt nur an dir.“

Einmal mehr kann ich mir keinen Reim darauf machen. Es ist wie mit dem Türrätsel, das nicht zu lösen ist. Das sollte sich jedoch ändern, denn in der Nacht habe ich einen Traum, der mir bei meinem Rätsel einen großen Schritt weiterhilft. Ich höre eine Stimme, die mir immer wieder sagt: „Es geht um die Antwort und nicht um den Weg. Frage so, dass beide schlussendlich lügen und nimm den anderen Weg.“
Beim Aufwachen am nächsten Morgen ist mir des Rätsels Lösung klar. Es geht um die richtige Frage. Es ist so logisch. Ich will es sogleich versuchen und gehe noch bekleidet im Pyjama in die Bibliothek und sage zum linken Türwächter: „Was würde der andere sagen, wenn ich ihn fragen würde, ob seine Seite die richtige Seite zum Paradies ist?“ Und ich höre die Antwort. Ja. Und siehe da, die rechte Türe öffnet sich. Wie durch Zwang setze ich einen Fuss vor den anderen und höre gleichzeitig, wie sich hinter mir die Türe schließt. Es sieht ganz so aus, als ob das nächste Abenteuer auf mich wartet. Es hat sich in mir eine weitere Türe geöffnet. Und ich frage mich, welche Schwelle ich nun überschritten habe.

4. Der Mond geht auf mit Selene

Ich sehe nichts, alles ist hell und blendet mich. Ganz in der Nähe höre ich Wassergeplätscher und spüre, wie meine nackten Füße frisches Gras berühren. Ich habe starkes Herzklopfen und wäre am liebsten umgekehrt. Doch mir ist klar, dass ich eine weitere Türe geöffnet habe und nicht zurück kann. Ich bin nicht mehr in New York und die Zeit mit Athene ist vorbei. Was erwartet mich jetzt? Ich lächle vor mich hin, als ich bemerke, dass mein Verstand schon wieder heftig am Arbeiten, noch besser am Rotieren ist. Ich sage meinem Verstand und meinen Gedanken innerlich Stopp und fühle mich danach freier. Ich bin offen für das, was nun auf mich zukommt. Langsam gewöhnen sich meine Augen an die Helligkeit und so kann ich ganz in der Nähe einen Wasserfall wahrnehmen. Gleichzeitig fühle ich mich auf unerklärliche Weise erfrischt. Dieses Gefühl innerer Kraft wird immer intensiver, je weiter ich in die Lichtung trete, die verborgen hinter dicht stehenden Bäumen liegt. Da steht ein kleines Holzhaus umringt von Blumen, die darauf schließen lassen, dass es bewohnt ist. Bevor ich das Haus erreicht habe, kommt eine dunkelhäutige, kleine, runde Frau heraus. Sie hat ein Tuch um sich geschlungen, trägt einen Blumenkranz im Arm und läuft barfüßig auf mich zu. „Aloha und Hoʻomaikaʻi", begrüßt sie mich und legt mir den Blumenkranz um den Hals. Sie lächelt mich liebevoll an und lädt mich ein, zusammen mit ihr zu frühstücken. Noch etwas verdattert folge ich ihr hinter das Haus. Auf dem Tisch steht ein ausgiebiges Frühstück für zwei Personen. Ich setze mich widerspruchslos und folge der Aufforderung, zu essen. „Ich freue mich sehr, dass du den Weg zu mir gefunden hast. Ich bin Selene und wir werden wunderschöne Tage und Nächte zusammen verbringen."
„Selene? Bist du auch eine Göttin?"
„Ja. Eine Göttin wie du."
„Ich bin keine Göttin", erkläre ich ihr, worauf sie lacht und meine Hand streichelt. „Jede Frau ist eine Göttin, also auch du. Und ich werde dich mit deiner inneren Mondgöttin in Verbindung bringen."
„Ich habe eine innere Mondgöttin?"
„Natürlich. Als Frau bist du sehr mit dem Mond verbunden. Als moderne Frau beträgt dein Zyklus durchschnittlich 29,5 Tage, was sich bis heute verblüffend mit dem Mondzyklus deckt, der 29,8 Tage dauert. Wenn du als Frau im Einklang mit dem Mondzyklus lebst, so wird deine Periode mit der Neumondzeit und der Eisprung mit der Vollmondzeit zusammenfallen."
Ich überlege und komme zum Schluss, dass dies bei mir überhaupt nicht der Fall ist. Irgendwie ist es mir auch peinlich, darüber zu reden, und so versuche ich, abzulenken.

„Du bist also Selene."
„Ja, Selene die Mondgöttin."
„Ich habe etwas über dich in der Bibliothek von Athene gelesen.

Als Schwester des Sonnengottes Helios repräsentiert Selene den Mond und musste ihn, laut Mythologie, über den Himmel führen. Eines Nachts sah Selene nach unten und erblickte den Schäfer Endymion. Sie konnte seiner Schönheit nicht widerstehen, verliebte sich auf der Stelle in ihn und vernachlässigte deshalb ihre nächtlichen Pflichten. Sie schlich davon und legte sich neben ihren Geliebten. Zeus, erzürnt über den dunklen Himmel, beschloss, Selene zu bestrafen, und ließ Endymion für immer schlafen. Doch selbst das tat der Liebe der Mondgöttin zu dem stattlichen Burschen keinen Abbruch, und bis heute stiehlt sich Selene jeden Monat ein paar Nächte davon, um ihren schlummernden Liebsten zu liebkosen, und lässt den dunklen, mondlosen Himmel zurück."
„Das stimmt, du hast ein gutes Gedächtnis. Von Selene leitet sich Selenologie, die wissenschaftliche Lehre vom Mond, ab."
„Also werde ich von dir einiges über den Mond erfahren?"
„Ja und nein. Vor allem werden wir über deine Gefühle sprechen, dein inneres Kind, deine Mutter, deine Mutterschaft und natürlich auch über deinen Zyklus, der dich mit dem Mond verbindet."
„Nun ja, wenn ich ehrlich bin, ist mein Monatszyklus alles andere als im Einklang mit dem Mond."
„Und wie ist deine Einstellung dazu?"
„Meine Einstellung zum Mond?"
„Nein, zu deinem Zyklus."
„Ich glaube, ich habe keine spezielle Einstellung dazu. Mal ist mir meine Menstruation lästig, mal ist sie mir egal. Eigentlich habe ich noch nie darüber nachgedacht."
„Dann wird es Zeit. Die Menstruationstage sind eine wichtige Zeit im Leben einer Frau." Ich schaue sie ungläubig an, was Selene überhaupt nicht beirrt: „In früheren Zeiten war es in vielen Teilen Europas üblich, dass die Frauen während ihrer Tage von den anderen Frauen oder von ihren Männern versorgt wurden. Somit konnten sie diese Zeit für Regeneration und innere Reinigung nutzen."
Während ich zuhöre, kommt mir der Gedanke, dass dies wohl mal so gewesen war, doch heute ein wenig anders läuft. Ich erkläre Selene lang und breit, wieso diese Art von Regeneration heute nicht mehr möglich ist. Die Gesellschaft, die Familie nimmt überhaupt keine Rücksicht mehr darauf, ob nun eine Frau ihre Tage hat oder nicht.
„Und wie ist es mit dir selber. Nimmst du darauf Rücksicht?"
Ich, nein, wenn ich ehrlich bin, muss ich eingestehen, dass ich selber auch keine Rücksicht darauf nehme. Selene zeigt sich sehr verständnisvoll und erklärt mir, warum auch wir Frauen keine Ehrfurcht mehr vor unserem Monatszyklus haben.
„Im Zuge der patriarchalen Entwicklung wurde das ursprünglich heilige Blut der Frau zum Verfluchten und Unreinen erklärt. Die Verdrängung des ursprünglich Heiligen führte dazu, dass in der modernen Medizin die

Menstruation als eigene Phase des Zyklus nicht ernst genommen wird. Darüber wird nicht gesprochen. Weder von ihr noch vom Schwarzmond als einer eigenen Phase des Mondzyklus."
Sie hält inne und schaut mich lange an: „Das Blut-Ei-Energiefeld in der Frau ist ein religionsstiftendes und kulturprägendes Muster, das in Vergessenheit geraten ist. Die Frau wurde so ihrer religiösen Potenz beraubt. Doch nur in der Wiedergewinnung ihrer kultischen und kulturellen Vollmacht ist die Heilung der Frau möglich." Sie runzelt ein wenig die Stirn, blickt mich ernst an und erklärt: „Nicht nur die Heilung der Frau ist so möglich, sondern auch für den Umgang des Menschen mit der Natur und ihren kosmischen Rhythmen ist es unabdingbar."
Ich höre ihr erstaunt zu. Das sind für mich völlig neue Aspekte. Meine Menstruation soll etwas Heiliges sein?

Während ich noch nachdenklich dasitze, steht Selene auf und beginnt, den Tisch abzuräumen. Ich schaue ihr unbeteiligt zu. In meinen Gedanken bin ich noch ganz bei meiner Menstruation. Erst als der Tisch abgeräumt ist, springe ich auf und gehe ins Haus, um Selene beim Abwasch zu helfen. Das Haus ist einfach und ohne Komfort, jedoch sehr heimelig eingerichtet. Es hat eine Feuerstelle, zwei Betten, ein Tisch, dekoriert mit einem Blumenstrauss, mehrere Stühle, ein Schaukelstuhl, eine große Kommode sowie ein Schrank. Durch die zwei Fenster scheint die Sonne hinein, was allem einen lieblichen und hellen Glanz verleiht. Selene befindet sich nicht im Haus und ich sehe, wie sie Richtung Wasserfall läuft. Ich folge ihr und als ich bei ihr ankomme, ist sie gerade dabei, die Teller und Tassen im kleinen See zu waschen, der sich unter dem Wasserfall ausbreitet. Entzückt schaue ich ihr zu. Mir zeigt sich ein liebliches Bild, wie sie da in ihrem blumengeschmückten Tuch, welches sie um sich gewickelt hat, am Wasser kauert. Sie fügt sich ganz in das natürliche Bild ein mit dem kleinen See, umringt von Büschen, Blumen und Bäumen. Nur auf der Seite der Lichtung ist ein natürlicher Zugang zum See. Gefangen in diesen Anblick stehe ich da und schaue einfach zu. Als Selene wieder auf mich zukommt, habe ich ein schlechtes Gewissen, weil ich ihr nicht geholfen habe. Sie scheint sich darüber keine Gedanken zu machen. Und so schlendern wir gemeinsam wieder ins Haus. Als mir Selene ein rotes Tuch hinhält, welches in nun anziehen soll, wird mir erst bewusst, dass ich noch immer in meinem Pyjama dastehe und erröte. Unbeeindruckt davon, hilft mir Selene beim Anziehen dieses mir unbekannten Kleidungsstücks und ich stelle fest, dass es sehr bequem ist.
„Du kannst mir helfen. Wir werden nun ein Ritual vorbereiten."
„Ein Ritual für mich?" Sie verneint und erklärt mir, dass ein junges Mädchen zusammen mit seinen Freundinnen, der Mutter und Großmutter sowie anderen Frauen vorbei kommt, da sie ihre erste Menstruation hatte. „Und dafür gibt es ein Ritual?" Ich sehe sie erstaunt an. „Natürlich. Ab dem Zeitpunkt, zu dem ein Mädchen seine erste Monatsblutung bekommt, wird es zur Frau.

Sie hat das Kindsein hinter sich gelassen, und ist im Bewusstsein, sich zu verändern. Sie hat von nun an eine große Verantwortung zu tragen, wie jede andere Frau auch. Sie hat die Macht des Blutes erhalten, die Macht, Leben hervorzubringen. In ihr spiegelt sich ab jetzt die Göttin wieder. Das ist gleichbedeutend mit einer Initiation."
Davon habe ich noch nie gehört. Ich denke an meine Freundinnen und andere Kolleginnen. Ich kann mir nicht vorstellen, dass sich eine von ihnen dessen bewusst ist oder gar ein Ritual für ihre erste Monatsblutung durchgeführt hat. Selene lässt mich nicht lange in meinen Gedanken. Wir gehen zusammen in den Garten und unter ihrer Anleitung lege ich mit weißen Kieselsteinen einen Kreis aus. Wie Selene mir erklärt, soll dieser Kreis als Ritualplatz dienen.
„Indianer Südamerikas denken, dass die gesamte Menschheit aus „Mondblut" erschaffen worden sei", erklärt sie mir, während wir gemeinsam den Platz reinigen.
„Von der mesopotamischen Muttergöttin Ninhursag heißt es, sie machte die Menschen aus Lehm und ihrem „Blut des Lebens". Als Empfängniszauber wies sie die Frauen an, aus Lehm kleine Puppen zu formen und diese mit ihrem Menstruationsblut zu bestreichen. Auch in der biblischen Genesis findest du Blut. Der Name Adam leitet sich vom hebräischen „adamah" ab, was soviel wie blutiger Lehm bedeutet. Du siehst also, Blut hat nichts Anrüchiges sondern etwas Heiliges." Ich schaue etwas skeptisch und rufe zynisch: „Die erste Menstruation, die Magie des Blutes!" Selene schmunzelt: „Die erste Menstruation wird in deiner Welt von den meisten jungen Mädchen einerseits neugierig und anderseits mit gewissen Ängsten erwartet. Keineswegs wird sie jubelnd begrüßt oder gar gefeiert. Diese Tage werden eher als lästig und mühsam empfunden. Die Frauen von heute sprechen nicht mehr darüber. Sie sollen so leben, als ob die Blutung gar nicht stattfinden würde. Das war nicht in allen Zeiten so. Mit dem Einsetzen der Blutung wird das Mädchen zur gebärfähigen Frau und noch heute gibt es Naturvölker, die dieses einschneidende Ereignis mit speziellen Ritualen und Festen feiern."
„Das ist das, was wir heute machen. Wir feiern die Menstruation eines jungen Mädchens?"
„Richtig. Es wird auch für dich eine wunderbare Feier sein. Denn das Blut der Frau, aus dem die Schöpfung entsteht, ist die Urmacht der kosmischen Göttin. Bei der Geburt eines Menschen fließt Blut, wenn das Mädchen zur Frau wird, fließt Blut und wenn eine Frau entjungfert wird, fließt Blut. In vorchristlicher Zeit war das Blut der Frau heilig." Heilig? Ganz überzeugt hat sie mich nicht, doch ich beschließe, zu schweigen.

Kurze Zeit später kommen die Frauen und füllen den Garten mit lautem Gerede, Lachen und ansteckender Vorfreude. Auf dem Tisch stapeln sich verschiedene Köstlichkeiten, welche die Gäste mitgebracht haben. Die jungen Mädchen tragen alle weiße Tücher um sich geschlungen. Ein paar Frauen tragen rote Tücher und andere schwarze. Ich sehe, dass sich auch Selene in ein schwarzes Tuch gewickelt hat. Selene fordert nun alle auf, sich im Kreis zu setzen. Sie selber steht außerhalb des Kreises. Sie bittet das junge Mädchen zu sich und wäscht ihr hingebungsvoll in einer weißen Schale die Füße. Danach streicht sie die Aura des Mädchens aus und führt sie in unseren Kreis. Die Mutter nimmt ihre Tochter in ihre Arme und wickelt sie in ein rotes Tuch. Begleitet wird sie dabei von einem sanften Trommelschlag. Als das Mädchen das rote Tuch umgewickelt hat, beginnt Selene, die Trommel laut zu schlagen. Die Frauen und ich tanzen gemeinsam im Uhrzeigersinn um die Mitte des Kreises, welcher mit Geschenken gefüllt ist. Nach dem Tanz setzen wir uns alle wieder in den Kreis. In der Mitte bei den Geschenken sitzt das junge Mädchen. Selene ergreift das Wort und sagt einiges in einer Sprache, die ich nicht verstehe. Trotzdem berühren mich ihre Worte. Etwas in mir beginnt zu schmelzen und ich fühle mich auf einmal jung, stark und aufgehoben in diesem Kreis von Frauen. Ich spüre eine Kraft in mir, die mir auch ein wenig Angst macht. Nun bringt jede Frau einen Wunsch für das junge Mädchen zum Ausdruck und zündet gleichzeitig eine Kerze an. Mir wird ganz warm ums Herz. Als die Reihe an mir ist, weiß ich nicht, was ich sagen soll und stottere: „Ich wünsche dir, dass du dein Frausein genießen kannst." Ich zünde eine Kerze an und schaue zu Selene, die mich liebevoll anblickt. Nachdem jede Frau einen Wunsch angebracht hat, schlägt Selene wieder die Trommel. Wir alle tanzen im Gegenuhrzeigersinn und sagen noch einmal laut unseren Wunsch für das junge Mädchen. Mit einem Kreistanz wird das Mädchen, nun als junge Frau, von den rot gekleideten Frauen in ihren Kreis aufgenommen. Sie wird bejubelt und gefeiert und erhält ihre Geschenke. Ich bin sprachlos und schaue ergriffen zu, wie sie ihre Geschenke auspackt. Es sind vor allem Steine, die sie erhalten hat. Auch ein Amulett kommt zum Vorschein, welches sich die junge Frau sofort um den Hals hängt. Zum Ausklang des Rituals wird noch einmal getrommelt. Es ist ein anderes Trommeln als vorher und die Frauen zeigen ihre Freude und Leidenschaft, indem sie ihren Körper ganz im Takt der Trommel bewegen. Plötzlich ist es still. Wir alle stehen da und schauen uns an. Selene sagt wieder etwas in einer Sprache, die ich nicht kenne und löst das Ritual auf. Die Frauen verlassen den Kreis und gehen zum Tisch, um sich nun an Speis und Trank zu laben.

Wie in Trance folge ich ihnen. Gleichzeitig fühle ich mich frisch, froh und beschwingt, und auch eingebettet bei diesen Frauen, obwohl ich sie nicht kenne und zum Teil nicht einmal verstehe. Eine der Frauen, die meiner Sprache mächtig ist, erklärt mir die Bedeutung der verschiedenen Geschenke, welche das junge Mädchen erhalten hat. So erfahre ich, dass das Amulett Tjet heißt und eines der heiligsten ägyptischen Amulette ist. Oft wurde es für eine archaische Form des Anch gehalten. Als ich es jedoch näher betrachte, habe ich den Eindruck, dass es aussieht wie ein kleiner stehender Engel. Die Frau erklärt mir, dass es kein Engel ist. Aus dem Koptischen geht hervor, dass dieses Amulett die Vulva oder die Matrix der Isis darstellt. Sie soll der Trägerin oder dem Träger, ob sie nun leben oder verstorben sind, die Kraft des Blutes der Isis vermitteln. Damit ist das Menstruationsblut gemeint, jener göttliche Stoff des Lebens, der aus den Genitalien der Göttin hervor fließt. Dieses Amulett wird im allgemeinem aus rotem Material geschliffen oder geschnitzt, aus rotem Jaspis, Achat, Karneol oder Porphyr, aus Rotholz oder rotem Glas. Die Steine, welche das Mädchen erhalten hat, sind allesamt Blutsteine. Der Name „Blutstein", erklärt mir die Frau, wird allen roten oder rotgefleckten Mineralien verliehen. Also dem Rubin, Granat, Karneol und dem Hämatit. Üblicherweise wird damit eine Art von Jaspis gemeint, der auch Helitrop heißt. Ein dunkelgrüner, opaker Stein mit roten Flecken. Ägypter setzen diesen Stein mit dem Blut der Isis gleich. Er unterstützt schwangere Frauen, heilt weibliche Beschwerden und ist vor allem bei Problemen mit der weiblichen Menstruation nützlich. Die römischen Gladiatoren trugen den Blutstein, im Glauben, dass er ihre Wunden mildern würde. Die Christen behaupteten, dass dieser Stein mit dem Blut Christi oder des heiligen Stephan befleckt worden sei. Ein weiterer Stein, der mit dem Menstruationsblut assoziiert werde, sei der Basilisk. Früher wurde behauptet, dass aus dem Haar einer menstruierenden Frau, das unter der Erde vergraben würde, ein Basilisk wachsen könne.

Als die Frauen einige Zeit später zurück in ihr Dorf gehen, fühle ich mich ein wenig verloren. Ich bin froh, als Selene mich bittet ihr beim Aufräumen zu helfen. So bin ich wieder beschäftigt. Etwa eine Stunde später ist alles aufgeräumt. Wir setzen uns auf die Bank hinter dem Haus und ich genieße die Stille, bis Selene fragt, wie ich das Ritual empfunden habe: „Ich weiß nicht recht. Es war schön. Andererseits fand ich es ein wenig komisch. Ein Fest für die Menstruation? Das ist für mich schon sehr fremd." Sie nickt. „Das kann ich gut verstehen. Die Frauen von heute, und eine davon bist du, haben ihren natürlichen Zugang zu sich und ihrem Körper verloren. Das ist schade. Die Menstruation ist heiliges Blut. Es ist das weibliche Sakrament."
„Das weibliche Sakrament?"
„Ja. Das Wort Sakrament hat sich aus den Worten sacer mens entwickelt. Das heißt wörtlich: heilige Menstruation. Heute wird jedoch dieses Sakrament nicht mehr gefeiert und geschätzt. Würde deine Gesellschaft das Sakrament des Blutes wieder wertschätzen, würden viele der Menstruationskrankheiten und Beschwerden, wie Rückenschmerzen, Spannungen, Völlegefühl, Bauchweh sowie Seelenleiden verschwinden."
„Was verstehst du unter Seelenleiden?"
„Viele Frauen sind während ihrer Menstruation überspannt, nervös, traurig, reizbar. Das nenne ich Seelenleiden. Die roten Geheimnisse der Frau", und sie lächelt mich mit einem großen Seufzer an. „Mit dem roten Faden kannst du wieder zum weiblichen Leben und der eigenen Urmacht zurückfinden."
Sie macht eine längere Pause und schaut mich lange an. „Jedes Mädchen, welches zum ersten Mal das eigene Blut sieht, steht an einer großen Entwicklungsschwelle. Leider wird die Menstruation auf falsche Weise tabui-

siert und deshalb oft mit Schrecken erlebt. Das ist betrüblich, denn mit diesem Erlebnis geht immer ein Bewusstseinsschub einher, wenn auch oft nur unbewusst. Menstruation heißt übersetzt nichts anderes als Mondwechsel."
„Also ist die Assoziation von Monaten, Monden und Menstruation auch in unserer heutigen Sprache noch präsent?"
„Genau. Menstruation kommt vom lateinischen Wort Menses, was Menstruationsfluss bedeutet. Die Pluralform des Wortes Mensis, bedeutet nichts anderes als Monat. Diese lateinischen Wörter kommen vom griechischen Wort für Mond Meine. Das Schlüsselwort Mens findest du in vielen Wörtern, die mit Maßsnehmen zu tun haben. Das Wort für die erste Periode eines Mädchens, Menarche, kommt vom griechischen Wort für Monat men und dem Wort für Anfang arché. So zeigt sich, wie eng diese drei Dinge, Zeitmessung, Mond und Menstruation zusammen hängen."
„Und trotzdem haben wir es vergessen. Obwohl es so eng zusammen liegt?"
„Je näher etwas ist, desto weniger siehst du es. So ist das."
„Wie ist das mit dem Tragen von Tampons. Meine Großmutter war der Meinung, dass das schädlich ist."
„Na ja, ganz unrecht hat deine Großmutter nicht. Durch das Tragen von Tampons kann das Blut nicht fließen, was auf der energetischen Ebene zu Blockaden führen kann. Ich betone, dass es kann, es muss nicht. Jede Frau spürt für sich, wann es gut ist eine Monatsbinde zu tragen und wann Tampons angebracht sind. Sicher ist, dass die beiden unteren Chakren von der Monatsblutung betroffen sind."
„Was sind Chakren?"
„Chakren sind Energiezentren im menschlichen Körper. Es ist ein Wort aus dem Sanskrit, dessen Bedeutung Rad ist. Ein Chakra ist rund und besitzt die Fähigkeit, sich zu drehen. Es entspricht einem Wirbel. Die Chakras wurzeln in der Wirbelsäule. Das unterste, das Wurzel-Chakra, hat seinen Ursprung am Ende der Wirbelsäule im Bereich des Steißbeins. Dem Verlauf der Wirbelsäule nach oben hin folgend, reihen sich die Energiezentren übereinander. Im Bereich der Lendenwirbelsäule befindet sich das zweite Zentrum, das Vitalitäts- oder Sakral-Chakra. Oberhalb der Taille wurzelt in der Wirbelsäule das dritte Energiezentrum, das Sonnengeflecht oder anders ausgedrückt, der Solarplexus. Ein wenig höher, ungefähr zwischen den Schulterblättern, entspringt der Wirbelsäule das vierte Energiezentrum, das Herz-Chakra. Im Nacken finden wir das fünfte Zentrum, das Kehlkopf-Chakra oder Hals-Chakra. Wenn wir uns den Verlauf der Wirbelsäule weiter nach oben hin vorstellen, entdecken wir hinter der Stirn im Kopf das sechste Energiezentrum, das Dritte Auge. Das Kronen-Chakra bildet als siebtes Chakra den Abschluss, oben auf dem Scheitel gelegen, als Teil der Achse, die unseren Körper aufrichtet."
„Also habe ich nur hinten am Rücken diese Chakren?"
„Nein, sie sind vorne und hinten."
„Und was haben die Chakren mit meiner Menstruation zu tun?"

„Um auf das Thema Monatsbinden und Tampons während der Regel einzugehen, sollten die beiden unteren Chakren, die auf der Ebene der Medizin des Ostens mit den Themen Sexualität, Vitalität und Macht zu tun haben, betrachtet werden. Durch das Tragen von Tampons kann das Blut nicht fließen, was auf der energetischen Ebene zu Blockaden in diesen Bereichen führen kann. Auf der körperlichen Ebene kann es zu Abwehrschwäche oder zur Erhöhung der Infektionsgefahr im Unterleib führen."
„Also wäre es besser, wieder Monatsbinden zu tragen?"
„Spüre in dich hinein. Was sagt dir dein Körper? Die Antwort ist in dir. Ich rate dir, beides zu nutzen. Je nach Anlass nimmst du Tampons, weil es praktisch ist und wenn es dir möglich ist, gebrauchst du Binden."
Ja, genau. Je nachdem, wie sich mein Körper fühlt, je nachdem, was ich vorhabe, oder was ich anziehen will, kann ich mal das eine und mal das andere benutzen. Wieso kompliziert machen, wenn es so einfach ist?
„Haben Bulimie und Magersucht auch etwas mit der Menstruation zu tun?"
„Zu den erschreckenden Leiden deiner Zeit, die besonders junge Mädchen betreffen, obwohl Jungen nicht immun sind, zählen die nervös bedingte Magersucht und die übermäßige Ess-Brechsucht, Bulimie genannt. Beide Erkrankungen stehen für die Abwertung weiblicher Fülle und Rundheit, also eigener Geschlechtlichkeit. Das Erbrechen als Strafe und Reinigung zugleich, mit Gewalt wieder hergeben, was man sich gleichsam illegal einverleibt. Hier gilt es, sich als Frau anzunehmen. Mit dem Ritual von heute Nachmittag haben wir das gemacht. Das junge Mädchen feierte zusammen mit Großmutter, Mutter und Freundinnen ein Frauenfest, bei dem die Tochter in die Frauengemeinschaft aufgenommen wurde."
„Es geht also darum, sich selbst gegenüber und seinem Schatten ehrlich zu werden." Selene nickt.
„Und die Menstruation gehört zu mir, weil ich eine Frau bin?" Und wieder nickt Selene. Mir kommen all die Namen in den Sinn, die ich für die Menstruation kenne. Namen, die nicht so toll sind. Zeigt die Sprache die Abwertung der Menstruation? „Im Volksmund reden wir vom „roten Besucher", die „rote Strasse", „Heimsuchung" oder „die rote Tante vom roten Ufer", „das rote Meer"."
„So hat jede Kultur ihre Sprache. Die Indianer sprechen von „Zeit der Blumen", die Franzosen „les fleurs", die Engländer „blood-flower", die Amerikaner sagen „her cherry is in cherry" und die Inder reden von „der roten Dakini"."
Von diesen Namen und Ausdrücken habe ich noch nie gehört. Dabei sind sie viel schöner als die Namen, welche ich kenne. Ist das typisch für mich? Ich komme ins Grübeln. Je mehr ich über meine Tage nachdenke, desto klarer wird mir, dass ich keine Ahnung habe, was in dieser Zeit mit meinem Körper geschieht. Ich beschließe, mich zu überwinden, und einfach zu fragen.
„Es gibt, wie beim Mond, verschiedene Phasen. Da ist einmal die präovulatorische Phase. Das Ei reift im Ei-Bläschen und entspricht somit dem zuneh-

menden Mond. Danach kommt die Ovulationsphase. Sie beginnt mit dem Eisprung. Das ist, wenn das Ei das Ei-Bläschen verlässt und in die Eileiter wandert. Da wird die Gebärmutterschleimhaut eingedickt durch ein Hormon, welches Progesteron genannt wird. Diese Phase entspricht dem Vollmond. Danach kommt die prämenstruelle Phase. Wenn keine Befruchtung stattfindet, stimulieren die Hormone das Abstoßen der Gebärmutterschleimhaut. Diese Phase entspricht noch immer dem Vollmond. Schlussendlich kommt die menstruelle Phase. Die Schleimhaut wird ausgestossen, es blutet. Diese Phase entspricht dem Neumond. In dieser Zeit haben Frauen oft bedeutsame Träume und eine natürliche Beziehung zu ihrem inneren Wesen. Vier Tage vor und vier Tage nach der menstruellen Phase sind Frauen äußerst wahrnehmungsfähig und die Klitoris ist speziell sensibel und bei Stimulation zu vielen Orgasmen fähig." Sie schaut mich lächelnd und wissend an: „Jede Frau kann sich während der Menstruation selber zum lösenden Orgasmus führen und so auch Spannungen abbauen."

Ich höre ihr zu, bin interessiert und gleichzeitig auch peinlich berührt. Ich habe noch nie über solche Sachen geredet. Ich bemerke, wie mein Gesicht langsam rot wird und drehe mich ab, damit es Selene nicht sehen kann. Sie sieht es trotzdem. Ich spüre, wie sie ihre Hand auf meinen Arm legt und höre sie sagen: „Es ist dir peinlich. Das ist okay. Du kennst es nicht anders. Doch stell dir vor, wie schön es wäre, wenn du in Zukunft mit deinen Freundinnen genau über solche Themen sprechen könntest. Es ist wichtig, darüber zu reden. Es betrifft jede Frau. Also hör auf, es zu tabuisieren, sprich darüber."
„Du hast Recht. Ich weiß auch nicht, warum es mir so peinlich ist. Die Monatsblutung ist ein Teil von mir und trotzdem... Ich kann nichts dagegen machen."
„In den vorigen Jahrhunderten konnten die Menschen nicht begreifen, warum eine Frau bluten konnte ohne verletzt oder krank zu sein. Die Männer machten daraus etwas Dämonisches, Unheilbringendes. Vielen Frauen war es untersagt, in dieser Zeit aktiv am Familienleben teilzunehmen oder die Kirche zu besuchen. Und so sind Vorurteile und Tabus entstanden. Es war eine weitere Demütigung der Frau. Noch heute, in deiner aufgeklärten Gesellschaft, haben viele Frauen Probleme, öffentlich ihre Tampons zu kaufen. In der Werbung wird Blut als blaue Flüssigkeit dargestellt und viele Frauen haben Schwierigkeiten, über ihre Regel frei und offen zu reden. Dabei sind es die Frauen, die das Wunder des Lebens in sich tragen."
„Wie meinst du das. Das Wunder des Lebens?"
„Dank deiner Menstruation bist du fähig, zu gebären. In dir, nicht im Mann, sondern in dir als Frau, kann neues Leben heranwachsen. Dein Körper ist so gebaut, dass du als Frau dieser Belastung standhalten und extreme Schmerzen aushalten kannst. Als Frau kannst du neun Monate ein kleines Wunder in dir tragen. Bist du dir dessen bewusst? Die Frauen sind die Mütter aller Kinder", und ihre Stimme wird laut und heftig. „Es ist an der Zeit, dass die

Frauen sich dessen bewusst werden, es sich zugestehen und auch stolz darauf sind. Es ist eine großartige Leistung, zu welcher die Frau, nur die Frau, fähig ist. Das ist auch einer der Gründe, warum der Mann sich benachteiligt fühlt."

Ich staune, welche kraftvolle Stimme sie haben kann. Das ist Power, Frauenpower. Nachdem wir beide eine Zeitlang schweigend dasitzen, kommen mir ihre letzten Worte in den Sinn und ich wiederhole: „Der Mann fühlt sich benachteiligt?" Sie nickt heftig mit dem Kopf.

„Ja, die Frau hat die Fähigkeit, Kinder zu bekommen. Nicht der Mann, nur die Frau. Die besondere Funktion der Mutter ist, das Kind neun Monate in ihrem Bauch zu tragen, auf die Welt zu bringen und zu nähren. Aus diesem Grund ist die Mutter immer etwas Besonderes. Sie gibt das Leben weiter. Wenn nun eine Tochter will, kann sie auch Kinder gebären. Also ist sie gegenüber dem Leben im Gleichgewicht. Sie kann dasselbe geben, das sie erhalten hat. Ein Mann kann diesen Ausgleich nie machen. Der Mann hat somit unbewusst immer das Gefühl, in der Schuld der Mutter zu stehen."

„Und wenn ich als Frau keine Kinder haben will oder kann? Fühle ich dann wie ein Mann?"

„Nein. Du bist und bleibst eine Frau. Du bist die Trägerin des Wunders, des Lebens. Ob du als Frau Kinder haben willst oder kannst, ist ein anderes Thema."

„Ist also eine Frau widernatürlich veranlagt, wenn sie lieber Karriere machen will, als die Mutterrolle einzunehmen?."

„Nein. Das ist ein weiterer Blödsinn, den die Männerwelt dir einzureden versucht. Vergiss es."

„Du sagst, dass der Mann im Nachteil ist, weil er seine Schuld gegenüber dem Leben nie ausgleichen kann. Also bist du nicht besser als Freud, der die Meinung vertrat, dass normale Frauen an Penisneid leiden."

Da prustet sie los: „Freud, willst du nun über Freud reden?"

Wie kann sie mich einfach auslachen. Ihre Behauptung, dass Frauen besser sind als Männer, macht mich rasend. Und so beginne ich zu deklarieren. „Freud erklärte, dass Frauen nicht nur unter Penisneid leiden, sondern auch masochistisch und narzistisch sind und nur über ein schwaches Über-Ich verfügen. Gemäß der Freudschen psychoanlaytischen Theorie wurde das Verhalten von Frauen folgendermassen interpretiert." Jetzt bin ich in meinem Element und beginne aufzuzählen. „Eine Frau, die in unserer Gesellschaft etwas leistet und selbstsicher auftritt, die im Leben etwas erreicht hat und es zu genießen scheint, die ihre Intelligenz und ihre Fähigkeiten verwirklichen kann, legt einen „Männerkomplex" an den Tag. Gemäß Freud handelt sie in der irrigen Annahme, sie sei nicht kastriert worden, wo dies doch eindeutig der Fall gewesen sei. In Tat und Wahrheit wolle keine Frau sich in irgend einer Form auszeichnen. Das Bedürfnis dazu sei ein Symptom für einen Männlichkeitskomplex, eine Verleugnung der „Realität". Eine Frau, die ein Kind haben will, will in Tat und Wahrheit einen Penis und sublimiert diesen

Wunsch. Sie ersetzt ihr Verlangen nach einem Penis durch den Wunsch nach einem Kind. Eine Frau, die sich sexuell von Männern angezogen fühlt, reagiert so, weil sie entdeckt hat, dass ihre Mutter keinen Penis hat. Gemäß der Theorie von Freud ist die Heterosexualität der Frau auf jenen traumatischen Augenblick in ihrer Kindheit zurückzuführen, als sie entdeckte, dass sie keinen Penis hat und dann herausfand, dass ihre Mutter auch keinen Penis hat und folglich ihre Libido von der Mutter abzog und auf ihren Vater übertrug, der über einen Penis verfügt."

Je mehr ich aufzähle, desto mehr lacht Selene. Das spornt mich an und sie scheint sich nicht mehr beruhigen zu wollen, was mich außer Fassung bringt. Ich schaue sie entgeistert an, was sie schlussendlich dazu bringt, mich wieder ernst anzusehen. „Es geht nicht darum, die Männer schlecht zu machen. Auf diesen Penisneid-Quatsch will ich gar nicht eingehen. Es geht darum, dass Frauen und Männer nicht die gleichen Eigenschaften haben. Der Mann ist nicht befähigt, Leben zu schenken. Das kann er nicht. Er kann seinen Teil dazu beitragen, indem er den Samen gibt. Doch das Wunder des Lebens entsteht im Bauch der Frau. Sie ist die Trägerin des Lebens. Aus diesem Grund war es auch folgerichtig, dass der Mann dafür gesorgt hat, dass die Familie sich ernähren konnte. Als Ausgleich ging er auf die Jagd. Das Leben ist ein Geben und Nehmen. Heute geht der Mann nicht mehr auf die Jagd, doch er verdient das Geld für die Familie. Indem nun die Frau auch diese Rolle ausfüllt, fühlt sich der Mann noch minderwertiger. Es findet kein Ausgleich mehr statt. Denn Leben schenken, das kann er nicht. Das wird er auch nie können. Das steckt nicht in seinen Möglichkeiten. Im Unbewussten weiß der Mann das auch. Er steht immer in der Schuld seiner Mutter, also einer Frau. Das ist vielleicht auch einer der Gründe, wieso der Mann die Frau klein gemacht und gedemütigt hat."

Ich werde still und nachdenklich. Die Frau, Trägerin des Wunders. So habe ich es noch nie gesehen. Ich fühle einen Stolz in mir und bemerke, wie sich meine Schultern und mein Kopf heben, und ich mit einem geraden Rücken dasitze. Das ist ein gutes Gefühl. Selene beobachtet mich schmunzelnd.

„Viele Menschen in der Antike waren davon überzeugt, dass Menschen buchstäblich aus dem Gebärmutterblut ihrer Mütter geschaffen worden seien. In den meisten Mythen erschuf die Muttergöttin genau auf diese Weise die ganze Welt. Sie presste aus ihrer Urtiefe, ihrem kosmischen Schoß, die Erde hervor. Manche afrikanischen Stämme betonen noch immer, dass Abstammung gleichbedeutend mit Blut sei und nur Frauen die Stammesblutverwandtschaft auf ihre Nachfahren übertragen können."

„Und bei uns ist es gerade umgekehrt. Die Männer sind es, die den Namen weitertragen und das Erbe weitergeben."

„Und doch hat sich schon einiges geändert."

Mit diesen Worten steht sie auf und geht zurück ins Haus. Ich sitze noch eine Weile draußen. Mein Blick wandert über den Ritualplatz zu den Bäumen und

zur Hängematte, die einladend zwischen zwei großen Ästen baumelt. Ohne lange nachzudenken gehe ich hin und mache es mir bequem. Noch ganz mit meinen Gedanken beim Blut, dem Wunder des Lebens, schaukle ich hin und her und wiege mich so in einen sanften Schlaf. Als ich von Selene geweckt werde, ist es bereits Nacht. Sie fordert mich auf, ihr zu folgen. Mit leichten Schritten geht sie voraus, und obwohl wir keine Taschenlampe haben, kann ich alles gut sehen, da zur Zeit Vollmond ist. Im Mondlicht betrachtet scheint mir die Landschaft noch weicher. Einzelheiten wirken verschwommen, wunderschön und irgendwie auch geheimnisvoll. Mein Blick richtet sich instinktiv nach oben auf den sternenübersäten Himmel. Es ist im wahrsten Sinne des Wortes himmlisch. Beim Sinken des Kopfes sehe ich auf ein weites Naturpanorama und habe das Gefühl, ein Teil dieser unberührten Natur zu sein. Ich vergesse Zeit und Raum. Erst die Stimme von Selene weckt mich aus meinem Trance-ähnlichen Zustand. Ich beschleunige meine Schritte und stehe kurze Zeit später bei ihr. Sie hat ein Picknick vorbereitet und lädt mich ein, mich hinzusetzen. „Bediene dich. Wenn du kalt hast, nimm eine Decke."
Ich tue, wie mir geheißen. Nach einiger Zeit liege ich satt und eingewickelt in die Decke auf dem Boden. Ich genieße das Naturschauspiel, das sich mir bietet. Es ist faszinierend, wie der sternenüberdeckte Himmel die Landschaft in ein romantisches Licht hüllt.

„Lasse dich zurückfallen, gib dich ganz der Natur und dem Sternenhimmel sowie dem Mond hin. Fühle, wie du in die Natur eingebettet bist. Wie du ein Teil davon bist. Fühle, wie du für eine Zeitspanne eins mit ihr bist." Mit offenen Augen liege ich da und habe dennoch den Eindruck zu träumen. Eine wohlige Wärme durchdringt meinen Körper. Je länger ich hinauf schaue, desto mehr habe ich den Eindruck, hinter den Sternen noch weitere Sterne zu sehen. Schlussendlich sehe ich den ganzen Himmel voller Sterne. Da ist keine Nachtschwärze mehr. Da ist alles goldig und hell. Versunken in dieses Sternengold liege ich da und staune. Um mich wieder abzulenken, schaue ich zum Vollmond, welcher seinen hellen Schein auf die Erde zaubert. Im Mond selber sehe ich dunkle Konturen und denke an den Mann im Mond.

„Siehst du ihn, den Mann im Mond?", fragt mich in diesem Moment Selene. Ich schüttle meinen Kopf. „Nein, natürlich nicht. Ich sehe dunkle Konturen. Doch den Mann im Mond gibt es nicht."
„Ach ja, und woher weißt du das?"
„Der Mann im Mond ist ein Spruch, ein Lied, doch weit weg von jeglicher Realität. Das weiß ich, weil wir Menschen den Mond erforscht haben. Auf dem Mond ist kein Leben, kein Lebewesen", erkläre ich mit Überzeugung in meiner Stimme.
„Und du glaubst nur, was du auch weißt und siehst?"
Erwischt, ist mein erster Gedanke. Gleichzeitig lächle ich vor mich hin. Seit meiner Reise mit den verschiedenen Göttinnen ist das nicht mehr so explizit

der Fall. Etwas in mir hat sich verändert. Mir ist klar, dass es auch noch Dinge gibt, die ich mit meinem Verstand nicht oder nur schwer erfassen kann. Selene schaut mich lange an und meint: „Über den Mann im Mond gibt es verschiedene Geschichten. Eine Variante ist, dass dieser Mann einmal verbotenerweise am heiligen Sonntag gearbeitet haben soll, weshalb Gott ihn auf den Mond versetzte. Seither sieht man ihn dort ständig ein Bündel Reisig schleppen. Auch der Rhythmus von Ebbe und Flut im Einklang mit dem Mondstand regte schon immer die Phantasie der Menschen an. So heißt es auf Sylt, dass der Mann im Mond ein Riese sei. In der Zeit der Ebbe schöpft er gebückt Wasser. Regelmässig richtet er sich zum Ausruhen auf und derweil strömt das Wasser zurück."

„Ist der Mond weiblich oder männlich?"

„Weiblich! Eine Besonderheit der deutschen Sprache ist die Umkehrung der Geschlechter von Sonne und Mond. Die Sonne, die im Deutschen weiblich ist, bekommt in allen romanischen Sprachen den männlichen Artikel. Der im Deutschen männliche Mond ist in Spanien „la luna". Und von „luna" ist das englische Wort „lunacy", übersetzt Wahnsinn, abgeleitet."

„Ja, ein mondsüchtiger Mensch kann wahnsinnig sein. Wieso gehört der Wahnsinn zum Mond und nicht zur Sonne?"

„Weil der Mond das Irrationale, das Unbewusste, das Träumerische verkörpert. Alles Dinge, die mit der Logik nicht zu erfassen sind. Tagsüber ist es sonnenklar, doch in der Nacht wird es dunkel und weniger gut sichtbar. Lass die Symbolik und das Bild des nächtlichen Mondes und der Sonne am Tag auf dich wirken. So kannst du leicht nachvollziehen, warum trotz der sprachlichen Abweichung die Sonne das männliche und der Mond das weibliche, passive, empfangende Prinzip verkörpert."

„Die Frau ist also mehr Mond als Sonne?" Selene schüttelt den Kopf. „Nein, so kannst du das nicht sagen. Mann und Frau tragen beides in sich, Sonne und Mond, Tag und Nacht, Licht und Schatten, Feuer und Wasser, Yin und Yang." Ich schaue wieder zum Mond und fühle eine starke Verbundenheit mit „la luna", wie ich ihn nun innerlich nenne. Irgendwie fällt es mir leichter, eine Verbindung mit diesem passiven Prinzip aufzunehmen, wenn ich ihr einen weiblichen Namen gebe.

„Der Mond leuchtet nicht aus sich selbst heraus. Er reflektiert nur das Licht, das an der Erde vorbei auf seine Oberfläche trifft. Alle 29,53 Tage begegnet der Mond unserer Sonne, was wir als Neumond wahrnehmen."

„Da ist alles dunkel?"

„Ja, und vor dem Neumond, kurz vor Sonnenaufgang ist nur eine schmale Sichel am östlichen Himmel sichtbar, ehe der Mond für drei Tage verschwindet. Dann ist er wieder als schmale Sichel sichtbar, diesmal kurz nach Sonnenuntergang im Westen. Dieses Verhalten machte den Mond zum Vorbild verschiedener Mythen von Helden, die für drei Tage in die Unterwelt ziehen und nach drei Tagen wieder auferstehen, wie der Mond. Dem Neumond folgen die Mondphasen „Erstes Viertel", „Halbmond", „Letztes

Viertel“ und „Vollmond“, ehe der Mond wieder abnimmt“, erklärt Selene weiter, indem wir beide zum Mond blicken.
„Ich weiß nie, wann welche Phase ist. Es gibt doch eine Eselsbrücke?“
„Das kleine z steht für Zunahme, das kleine a für Abnahme des Mondes. Oder es ist ein großes D für „dick” und ein kleines a für „abmagern”. So kannst du es dir merken.“ Und sie holt weiter aus: „Ein besonderes Ereignis ist die Mondfinsternis, wenn der Mond aufgrund besonderer Konstellation von Sonne, Mond und Erde zur Unzeit ganz oder teilweise unsichtbar ist. Alle 18 Jahre wiederholen sich Sonnen- und Mondfinsternisse in gleicher Reihenfolge. Dem Mond wird vieles zugesprochen. Er verursacht Ebbe und Flut und wirkt auf das Wetter. Seine Wirkung auf das Gemüt, besonders bei Vollmond, erleben viele Menschen. Sogar Pflanzen können von ihm beeinflusst werden.“
„Das stimmt. Der Vollmond beeinflusst uns Menschen stark. Bei Vollmond finden mehr Geburten statt. Es kommt häufig zu Schlafstörungen oder zum Nachtwandeln. Gemäß Statistik gibt es in dieser Zeit mehr Selbstmorde, Zunahme von Gewalttaten, mehr Aggressionen. Die Geschwindigkeit des Blutflusses ist stärker, also sollte in dieser Zeit nicht operiert werden, weil das Blut mehr fließt und das Wachstum der Haare und Fingernägel ist größer. Und bei mir selber habe ich festgestellt, dass ich eine unterschiedliche Farbwahrnehmung habe bei Voll- und Neumond.“ Selene hört mir schweigend zu. Ab und zu nickt sie mit dem Kopf, was mir das Gefühl von „ich weiß es und habe Recht“ gibt.
„Ja, das Licht des Vollmondes hat eine eindeutige Wirkung auf das menschliche Hormonsystem. Dazu kommt, dass es in den Vollmondnächten sehr hell ist. Spezielle Lichtsensoren in der Netzhaut melden diese ungewohnte Lichtintensität an die „innere Uhr“ des Menschen und diese sorgt dafür, dass das Schlafhormon Melatonin nicht weiter ausgeschüttet wird. Dadurch fühlen sich viele Menschen wacher und können nicht einschlafen. Du als Mensch bist wie Ebbe und Flut. Der Mond hat dementsprechend Einfluss auf dich.“ Ich schüttle den Kopf. Ich habe weder einen starken Bezug zum Mond, noch sind meine Tage im Einklang mit dem Mond.

Selene lächelt. „Heutzutage, mit dem elektrischen Licht, spielt der Vollmond nicht mehr so eine große Rolle. Früher war das anders. In der Nacht war es dunkel, kein Licht erhellte die Wohnungen und Häuser. Nur bei Vollmond war es hell. Der Körper der Frau war noch ganz nach dem Mond ausgerichtet und hatte somit seinen Eisprung meistens bei Vollmond. Die Verbindung zum Mond war viel stärker spürbar. Und so haben sich Frauen beim Gebet an den Vollmond, das heißt an „die Mondin” gewandt, wenn sie sich etwas von höheren Mächten erbaten.

In Ägypten galt der Mond als Personifikation des Gottes Thot, der von Re an den Himmel versetzt wurde. Ständig nagten Ungeheuer an ihm und zehrten

ihn Stück für Stück auf. Doch bei zunehmendem Mond spiehen sie ihn wieder aus. Der Mond hatte einen Zyklus, der die Menschen schon immer beschäftigt hat. Er war sichtbar, veränderte sich immer wieder und war aus diesem Grund auch mysteriös. Nicht so die Sonne. Die ist immer rund, hell und klar. Da finden keine „unerklärlichen" Veränderungen statt. Aus diesem Grund steht der Mond auch für deine Gefühle, Instinkte und Stimmungen. Er verkörpert das Unbewusste und Unergründliche in Natur und Mensch. Gemäß dem Menschen ist der Mond zwar öde und unbelebt, nach anderen Darstellungen ist der Erdtrabant jedoch von verschiedenen Wesen bevölkert. Von Geistwesen auf der erdzugewandten Seite, auf der anderen von einer Art kleiner Wichtel, die sich von Wurzeln und der Milch des Mondschafs nähren."
Sie macht eine längere Pause und schaut intensiv den Mond und dann wieder mich an. „Nach dem Mondstand werden viele Feiertage berechnet. Der gesamte jüdische Kalender richtet sich nach dem Mond. Die Babylonier, Römer, Inder oder Moslems machten das Mondjahr zur Grundlage ihres Kalenders. Das christliche Osterfest wird noch immer am ersten Sonntag nach dem ersten Vollmond nach Frühlingsanfang gefeiert. Und einem Aberglauben zufolge soll Wasser, in dem bei zunehmendem Mond ein Achat gewässert wurde, als ein Heilmittel gegen Geisteskrankheit helfen."
„Und je nachdem, ob der Mond zu- oder abnimmt sollen bestimmte Handlungen unternommen oder unterlassen werden", füge ich bei.
„Stimmt. Es bringt zum Beispiel Glück, wenn du eine neue Wohnung bei zunehmendem Mond beziehst. Wechselst du deine Wohnung bei abnehmendem Mond, so soll das Unglück ins neue Heim bringen."
„Das ist Aberglaube. Ich bin nicht abergläubisch."

Trotzdem schaue ich ergriffen in den Nachthimmel und muss mir eingestehen, dass ich vollkommen im Dunkeln tappe, was die grundlegenden, wissenschaftlichen Fakten und auch mystischen Geschichten des Universums anbelangen. Indem ich so in den Mond schaue, kommt mir das Ritual des Nachmittags wieder in den Sinn.
„Haben die weißen, roten und schwarzen Tücher beim Ritual heute Nachmittag auch etwas mit dem Mond zu tun?"
„Natürlich. Das weiße Tuch symbolisiert die Jungfrau, also den Neumond. Das rote Tuch ist die fruchtbare Mutter und somit der Vollmond."
„Und das schwarze Tuch ist die reife, alte Frau und somit der Schwarzmond."
Selene lacht und schüttelt den Kopf. „Du denkst, dass der Schwarzmond die alte Frau symbolisiert?" Ich nicke. Das ist doch logisch. Schwarzes Tuch gleich schwarzer Mond.
„Schwarzmond werden die drei Tage vor dem Neumond genannt. Das ist eigentlich keine Mondphase. Ein anderes Wort dafür ist Höllenmond. Es ist die beste Zeit, um destruktive Magie zu betreiben, Schadenzauber, Flüche, Bannzauber", erschrocken unterbreche ich sie. „Also ist der Schwarzmond für die schwarze Magie zuständig?"

„Nicht nur. Es ist auch eine gute Zeit, um sich auf sich selbst zu besinnen, in sich zu schauen. Es ist die Zeit des Blutes, des Todes und der inneren Landschaft, der Augenblick tiefer, dunkler, unbewusster Kräfte, der Träume und Visionen, des Hexens und der Geister. Es ist eine gute Zeit für Zauberei, denn dazu ist der Schatten besser geeignet als das Licht.
Der dunkle Mond ist die Zeit des Loslassens, wo du dich von alten Dingen lossagen kannst."
„Gehört die Magie zum Mond?"
„Ja, Mond und Magie gehören zusammen. Von Neumond bis Vollmond ist die Phase des zunehmenden Mondes. Während dieser Mondphase wirken die aufbauenden Kräfte in der Natur. Für eine Hexe ist es die Zeit, um positive Magie auszuüben. Da werden Zauber und Rituale durchgeführt, die etwas anziehen sollen: Liebe, Glück, Schutz und Reichtum. Der zunehmende Mond ist die Zeit für Magie, die etwas steigern soll, für das Wachsen und Gedeihen, für Erfolg, Selbstbewusstsein und Glück.
Bei Vollmond werden vorhandene Kräfte gestärkt. Es ist ein guter Zeitpunkt für magische Experimente. In dieser Zeit werden vor allem Zauber und Riten durchgeführt, die mit Liebe und Fruchtbarkeit zu tun haben oder um die magischen und medialen Kräfte zu stärken. Es ist eine gute Zeit für Schutzzauber, um schlechte Einflüsse zu bannen. Der Vollmond eignet sich auch, um zurückzuschauen, um loszulassen.
Magische Arbeiten werden am besten drei Tage vor und drei Tage nach dem Vollmond ausgeführt.

Zwischen Vollmond und Neumond ist die Phase des abnehmenden Mondes. Er wird benutzt, um Dinge zu verbannen, zu binden, sich von Ängsten zu befreien oder um destruktive Magie zu treiben, denn während dieser Mondphase wirken zerstörerische Kräfte. Der abnehmende Mond ist auch gut, um Negatives loszuwerden, schlechte Gefühle und Angewohnheiten, um sich von Krankheiten oder negativen Energien zu befreien.
Neumond ist die Zeit, wo der Mond gar nicht aufgeht, der dunkle Mond, eine Zeit der Ungewissheit. Viele Hexen scheuen sich davor, an Neumond Magie zu betreiben, denn es ist schwer einzuschätzen, wie der Zauber wirkt. Er kann übers Ziel hinaus schießen, oder sich auch ins Gegenteil wenden. Früher jedoch war der Neumond für Zauber sehr beliebt. Moderne Hexen brauchen ihn vor allem, wenn es um Neuanfänge geht, um einen Zauber zu brechen oder Personen zu bannen.
Drei Tage nach dem Schwarzmond, wenn die Mondsichel wieder am Himmel erscheint, ist eine gute Zeit, um neue Unternehmen zu starten, für Heilzauber, um neu anzufangen. Diese Phase eignet sich für alle Zaubereien, die neue Schritte, Veränderungen, Planungen und Zukunftsentwicklungen beinhalten."

Ich höre staunend zu. Hexen, Magie, Mond, das sind für mich ganz neue Themen. Natürlich habe ich schon davon gehört. Doch ich habe mich noch

nie damit beschäftigt und irgendwie ist es mir auch unheimlich. Ist Selene eine Hexe? Gibt es überhaupt einen Unterschied zwischen Hexen und Göttinnen? Bevor ich ganz ins Grübeln komme, fährt Selene fort: „Der zunehmende Mond entspricht der Jungfrau, der Sexualität. Das sind die jungen Mädchen, die heute Nachmittag ein weißes Tuch trugen. Der Vollmond ist die Mutter, also das Leben. Das sind die Frauen mit ihrer Menstruation und sie trugen beim Ritual ein rotes Tuch. Der abnehmende Mond symbolisiert die alte weise Frau, welche ihre Menstruation hinter sich hat und mit einem schwarzen Tuch bekleidet ist. Dazu gehört auch der Neumond, welcher den Tod symbolisiert. Dank dem Tod kann wieder Neues entstehen. Anders ausgedrückt zu Neumond erneuert sich alles und ein neuer Zyklus kann beginnen."
„Deswegen die Farben weiß, rot und schwarz?"
„Genau. Der Göttin werden drei Manifestationen zugeschrieben: Jungfrau, Mutter/Liebhaberin/Gattin und Greisin.

Als Jungfrau symbolisiert die Göttin das, was noch nicht ist, was sich noch nicht vollständig entfaltet hat. Sie vertritt die noch nicht gesammelten Lebenserfahrungen und noch nicht offenbarten Mysterien. Aber sie ist nicht statisch. Sie symbolisiert das unbändige, unzähmbare Heranwachsen alles Lebens, stetiges Wachstum. Sie ist nicht, wie die Jungfrau Maria, asexuell, sondern präsexuell. Wenn ihre Zeit herankommt, entwickelt sie sich zur Liebhaberin, Mutter und Gattin. Die Jungfrau ist die Schöpferin. Sie erschafft die Erde mit allen Pflanzen, Tieren und Menschen. Sie ist die erste Göttin auf dieser Welt und sie wird auch die letzte sein. Sie existiert jenseits aller Zeit. Als Jungfrau ist sie frei und gehört niemandem außer sich selbst. Sie braucht niemanden, um ihre Aufgabe zu erfüllen. Sie lockt die Männer auf die Suche nach ihrer eigenen Weiblichkeit und Schaffenskraft, die Suche nach dem heiligen Gral. Und sie lockt die Frauen auf die Suche nach ihrem unabhängigen Selbst, ihrer eigenen schöpferischen Kraft. Sie ist unerreichbar, eine Göttin im Himmel. Sie kann nur verehrt und verfolgt werden. Ihre Schönheit liegt in ihrer Unerreichbarkeit. Wenn sie einmal erreicht wird, erscheint sie nicht mehr begehrenswert. Sie ist die Inspiration des Lebens, die uns immer weiter lockt und schließlich uns über uns selbst hinaus führt.

Als Mutter, Liebhaberin oder Gattin ist die Göttin weder Hausfrau noch Prostituierte. Sie ist weder Dienst- noch Sexobjekt, im Gegenteil. Wenn sie zur fürsorgenden Mutter, liebevollen Gattin oder leidenschaftlichen Liebhaberin wird, geschieht das nur, weil sie es so will. In dieser Stufe ist sich die Göttin ihrer eigenen Kraft voll bewusst und übt sie aus, als kosmische Machthaberin, auf dem Höhepunkt ihrer Entfaltung, in der Fülle ihres Reichtums, in all ihrer Kraft und Kreativität. Hier ist sie Mutter, Schöpferin, Künstlerin, Fürsorgerin, Kriegerin. Die Muttergöttin ist die Erde, der heilige Gral, aus dem alles Leben entspringt. Sie kennt ihre eigene Sexualität und trägt den Samen eines Kindes in sich. Sie ist vom Himmel aus ihrer

Unerreichbarkeit auf die Erde herabgestiegen. Sie steht mitten in der Welt und muss sie erleben und verstehen, um zu sich selbst zu finden. Sie kennt die Welt, ihre Schönheit und Trauer, ihre Freuden und Ängste. Ihre Wünsche sind erfüllt und sie hat gelernt, die Lebenskraft zu meistern. Sie ist Königin und Mutter, Ernährerin und Beschützerin. Sie kennt Verantwortung und Liebe. Sie flieht nicht mehr vor dem Mann, sondern ruft ihn zu sich, um ihr Kind zu zeugen und zu dienen. Die Göttin gebärt eine Tochter. Dieser Tochteraspekt ist der Aspekt der Geliebten, der sexuell verlangende Aspekt, voller Lust und Lebenskraft. Die Göttin kann sich nun an sich selbst in Begriffen wie älter, jünger, stärker und schwächer definieren und erreicht damit ein größeres Verständnis ihrer selbst. Sie ist in der Lage, ihr eigenes Schicksal zu lenken und zu bestimmen.

Die Greisin ist zugleich liebende Großmutter und finstere Zerstörerin. Sie benutzt ihren reichen Schatz von Lebenserfahrungen, um die jüngeren Generationen zu lehren und auf die Zukunft vorzubereiten. Als Zerstörerin schneidet sie alles Überflüssige und Veraltete aus der Welt heraus, um Platz für neues Leben zu schaffen. Die Göttin in ihrem Aspekt der „Dunklen Mutter" ist Meisterin der Transformation. Sie ist eine Gestaltwandlerin und Zauberin. Durch ihre Verwandlungen führt sie den Lauf der Dinge zu seinem Ende. Sie lockt einen Mann zu sich als schöne junge Frau und verwandelt sich in die Spinnenfrau, die ihn verschlingt. Sie führt zum Tod und zur Erfüllung des Schicksals. Aber nur durch den Tod können wir uns im Leben erneuern. Erst wenn das Ego stirbt, kann das Selbst sich voll entfalten und uns so vervollständigen und in Einklang mit uns und der Welt bringen. Für einen Mann ist die „Dunkle Mutter" seine eigene weibliche Kraft, die das Ego zu Fall bringt. Für eine Frau ist sie das Selbst. In beiden Fällen ist sie weiser als wir, denn sie kennt den Tod und was dahinter liegt. Sie ist die Königin der Unterwelt, die uns Schutz und Ruhe gibt und uns für die Wiedergeburt vorbereitet. Sie ist die Hohepriesterin, welche die Mysterien bewacht und die den Kessel der Weisheit hütet. Sie ist Wahrsagerin und Hüterin der Magie."
„Ist es das, was die dreifache Mutter genannt wird?"
„Die dreifache Mutter hat alle drei Aspekte in sich vereinigt. Sie ist nicht länger in ihrer Entwicklung, sondern hat sie abgeschlossen. Sie ist das vollständig entwickelte Selbst, in Harmonie mit sich selbst und der Welt, in der sie lebt. Sie bestimmt ihr Schicksal vollständig und weiß, wohin sie ihr Weg führt. Sie verbindet den Himmel, die Erde und die Unterwelt, oder anders gesagt, die bewusste und unbewusste Welt in Harmonie mit ihrer materiellen Welt."
„Im Prinzip ist es dasselbe wie die Dreifaltigkeit der Kirche. Da heißt es im Namen des Vaters, des Sohnes und des heiligen Geistes."
„Wenn du dich im patriarchalen Prinzip ausdrücken willst, kannst du es auch so nennen." Ich schüttle den Kopf, nein, das will ich nicht. Doch ein Gedanke lässt mich nicht los: „Die Göttin ist also Schöpferin des Lebens und gleichzeitig Zerstörerin?"

„Genau. Du vereinst beides."
„Ich?"
„Du als Göttin. In dir ist Leben und Tod. In dir trägst du die drei Gesichter der Göttin: Jungfrau, Mutter und Alte, Geburt, Leben und Tod. Die Göttin in dir ist die Jungfrau im Frühling, welche das Symbol des knospenden wiedererwachenden Lebens ist. Im Sommer reift sie zur Frau und Mutter heran, welche ihre Kinder nährt und schützt. Im Winter ist sie die weise Alte und gibt dem Hilfesuchenden Rat. Du bist Geliebte und Mutter zugleich im immerwährenden Lebenskreis."
Ich hole tief Luft. Selene nimmt mir mit ihren Ausführungen den Atem. Ich soll das alles in mir tragen. Ich? Ich soll eine Göttin sein?
„Du verkörperst Jungfrau, Mutter und Greisin in dir. Es ist nichts anderes als der Kreislauf der menschlichen Existenz. Darin spiegelt sich die Geburt, das Leben und der Tod wieder, welcher sich fortwährend wiederholt, denn der Tod schafft ebenfalls das Leben und so folgt nach ihm die Wiedergeburt."
„Und wenn ich nicht an die Wiedergeburt glaube?"
„Wenn es dir hilft, dann glaube daran, dass du nicht daran glaubst. Das ist okay. In der modernen Welt ist das Rad des Lebens sowieso nicht mehr vollständig. Alter und Tod wurden aus der Gesellschaft verbannt. Die Natur wird als grausam und gewalttätig empfunden und die Menschen wollen sie zähmen. Das Wort des Christengottes: „Macht Euch die Erde untertan", war ein Sakrileg gegen die Göttin. Sie ist jedoch unsere Mutter. Sie gibt uns Essen und Trinken, freiwillig, weil sie es will und weil sie uns liebt. Wir sind ihre Kinder und sie lässt uns nicht allein. Wir brauchen sie nicht zu unterwerfen."
„Und trotzdem tun wir es?"
„Ja." Der traurige Blick von Selene berührt mich und bei ihren Worten: „Das Gesetz der Göttin ist ganz einfach: Tu was du willst, aber schade keinem anderen", wird mir bang ums Herz, denn dieses Gesetz habe ich definitiv schon mehrmals gebrochen. Ich bin froh, als Selene den Vorschlag macht, zurück zu gehen und noch etwas zu schlafen. So muss ich nichts sagen. Schweigend, in Gedanken versunken, treten wir den Rückweg an.

Am nächsten Morgen werde ich von Vogelgezwitscher und Sonnenstrahlen geweckt. Ich fühle mich wieder frisch und froh und begebe mich auf die Suche nach Selene. Sie sitzt hinter dem Haus und hat bereits ein ausgiebiges Frühstück für uns vorbereitet, welches ich sehr genieße. Danach schlendern wir gemeinsam zum Wasserfall. So mitten in der Natur macht sogar das Geschirrspülen richtig Spaß. Beim Wasser angekommen, erschrecke ich über mein Spiegelbild. Wo ist die Geschäftsfrau geblieben, die immer alles unter Kontrolle hat? Was ist geschehen? Ich schaue einer neuen, einer anderen, einer mir unbekannten Frau ins Gesicht. Was mir entgegen blickt, ist eine Frau, die sich ihrer Weiblichkeit bewusst ist. Zuerst nimmt es mir den Atem und ich beginne, langsam ein- und auszuatmen, sodass sich meine Anspannung im Körper wieder lösen kann. Ich schaue noch einmal genau hin.

Dieses Mal nimmt es mir nicht den Atem, sondern gibt mir ein gutes Gefühl. Das bin ich. Ja, diese Frau, die mir da entgegen blickt, bin ich. Zum ersten Mal habe ich wirklich das Gefühl, ganz Frau zu sein. Ich halte meinen Atem an und spüre, wie sich eine Träne aus meinem linken Auge löst. Peinlich berührt, wische ich die Träne schnell weg, denn Selene soll auf keinen Fall sehen, was in mir vorgeht. Doch schon höre ich sie sagen: „Die Tränen sind die Perlen der Seele. Sie sind der Spiegel von Freud und Leid. Wenn du sie nicht zeigst, zeigst du dich nicht. Tränen können sehr befreiend sein. Tränen des Schmerzes sind Tropfen des Herzens. Tränen der Freude zeigen die Schönheit der Seele. Perlen der Seele, das sind Tränen der Liebe, darum lasse sie zu. Es befreit dich." Ich blicke hoch, sehe in ihr liebevolles Gesicht und lasse meinen Tränen freien Lauf. Es sind nicht Tränen des Leids, sondern viel mehr Tränen des Glücks, wieso also will ich sie festhalten? Selene sagt nichts und schweigsam waschen wir das Geschirr.

„Wieso nennt man Tränen die Perlen der Seele?", frage ich nach einiger Zeit.
„Perlen entstehen als Reaktion des Weichtieres gegenüber eines Fremdkörpers, der in das Innere des Mantels oder zwischen Muschelschale und Mantel eingedrungen ist."
„Also sind Tränen auch ein Fremdkörper?"
„Bitte lasse mich ausreden." Und sie beginnt noch einmal von vorn. „Es kommt vor, dass in eine Muschel ein Fremdkörper gelangt. Ein Sandkorn oder ähnliches, das nicht auf normalem Weg verarbeitet und ausgeschieden werden kann. Der innere Zusammenhang des Muschelorganismus wird also gestört. Unmittelbar um den Fremdkörper zieht sich das Muschelfleisch zusammen oder ist entzündet. Es können Verhärtungs- oder Fäulnisprozesse beginnen. Das hat Auswirkungen auf das Gesamtsystem. Krankheiten können entstehen. Dagegen wehrt sich die Muschel. Sie legt Schicht um Schicht aus glattem, schimmernden Perlmutt um das Sandkorn und so entsteht die Perle. Der ehemalige Fremdkörper ist von der Umgebung komplett isoliert und kann daher kein Unheil mehr anrichten. Das weiche Muschelfleisch kann mühelos daran vorbeigleiten. Für uns ist die Perle kostbar, für die Muschel sichert sie das Überleben. Vielleicht werden aus diesem Grund Perlen mit Tränen verglichen, da ihnen sozusagen Schmerz innewohnt. Ähnlich geht der menschliche Organismus mit traumatischen Erfahrungen um. Die schrecklichen Erlebnisse, die nicht verarbeitet werden können, werden sowohl körperlich als auch seelisch isoliert, damit sie nicht mehr wahrgenommen werden müssen. Traumatische Erinnerungen haben etwas Überwältigendes, dem wir hilflos ausgeliefert sind. Ab einem gewissen Ausmaß des Schreckens ist es unserem psychischen System nicht mehr möglich, diesen zu verarbeiten. Daher wird das traumatische Erleben isoliert und als nicht wahrnehmbar, manchmal sogar als nicht erinnert, abgespeichert. Bei verschiedensten Ereignissen oder lebensgeschichtlichen Krisen drängt der alte Schrecken jedoch in den Vordergrund. Folgen sind oftmals chronische posttraumatische

Belastungsstörungen - Ängste, Depressionen und Schlafstörungen. Diese Symptome sind auch eine Chance, der Seele eine neuerliche Heilungsmöglichkeit zu geben. Im Rahmen der Traumatherapie werden die besten Kräfte und Eigenschaften mobilisiert, es wird möglich, ins Innere der Muschel vorzudringen und den persönlichen Schatz zu heben. Das bedeutet, den inneren Reichtum des seelischen Erlebens zu entdecken und dem Schrecken der Vergangenheit die traumatische Wirkung in der Gegenwart zu nehmen. Traumaverarbeitung ist wichtig, um traumatische Erfahrungen so zu integrieren, dass alle Fähigkeiten und Talente sich entfalten können, ohne durch Ängste und Gefühle von Hilflosigkeit unterdrückt und blockiert zu werden. Das Erlebnis selber bleibt Bestandteil unserer persönlichen Geschichte. Es kann jedoch als eine sinnhafte Erfahrung eingebettet werden und als wertvolle Perle in unserem Erfahrungsschatz seinen Platz haben. So können wir reifer, mit einem Zuwachs an Möglichkeiten, im Erleben und Handeln, in die Zukunft schauen."
„Und deswegen sind Tränen Perlen der Seele! Sie können mich zu meinem Schatz führen."
„Möchtest du den deinen eigenen Schatz finden?" Ich nicke. „Dann wirst du ihn auch finden. Soviel ich weiß, wird eine der Göttinnen mit dir eine Schatzsuche absolvieren. Also wirst du ihn sicher finden.
Die Perle gilt übrigens als besonderer Stein des Mondes. Diesen Schmuckstein solltest du nur nachts tragen, weil das Mondlicht den Glanz der Perle verstärkt, das Sonnenlicht sie hingegen verdirbt."

Nach diesen Ausführungen genehmige ich mir ein Bad im See. Es ist wohltuend, im Wasser zu liegen und an nichts zu denken, nichts zu tun, einfach zu sein. Selene wartet am Strand auf mich. Sie sitzt auf dem Boden, die Beine angewinkelt, sodass sie mit ihren Armen ihre Knie umfassen kann. Als ich wieder ans Ufer komme, fordert sie mich auf, die gleiche Stellung einzunehmen. „So kannst du dich selbst umarmen. So kannst du dich selbst in den Arm nehmen. Spüre dich und wie es dir gut tut."
Ich tue, wie sie gesagt hat und bin erstaunt, dass ich mich dabei wohl fühle, obwohl ich noch nass bin. Nachdem ich eine Zeitlang so gesessen bin, überlege ich mir, ob ich mich noch unter den Wasserfall stellen soll. Das wäre wie eine Dusche. Selene lächelt und schüttelt belustigt den Kopf, als ich ihr sage, was ich mir überlege. Sie blickt mich ein paar Sekunden lang unverwandt an; dann schaut sie zum Wasserfall. „Ja", meint sie. „Gehe und lasse dir den Kopf waschen."
Mit ihrer Aufforderung, das zu tun, was ich beabsichtigt habe, ist das Bedürfnis danach schon wieder verschwunden. Sie lacht, lässt sich zurückfallen und beginnt, über das Element Wasser zu rezitieren. „Ohne Wasser kann ein Mensch nicht leben. Der Mensch besteht zu 60 bis 70 Prozent seines Körpergewichts aus Wasser. Das stellt schon einmal eine innige Verbindung zu diesem Element her. Wenn dieser Anteil um zehn Prozent sinkt, stirbst du.

Wenn du das Verlangen hast zu trinken, ist es übrigens schon zu spät, weil dein Körper hat vorher Durst. Es ist wichtig, dass du als Mensch viel trinkst. Je mehr du trinkst, desto gesünder ist dein Körper. Am besten trinkst du pures Wasser oder Tee. Alles andere löscht den Durst nicht. Komme und trinke ein wenig Wasser aus dem See.“ Ich folge ihr, nehme wie sie ein wenig Wasser in meine hohle Hand. „Trinke langsam. Verfolge den Schluck Wasser in deinem Körper. Wie ist das? Wie fühlt es sich an? Wie schmeckt dir das Wasser?“ Natürlich spüre ich nichts. Ich trinke einfach Wasser. Was gibt es da zu spüren? Selene lässt nicht locker und fordert mich auf, einfach nur das Wasser anzuschauen. Was ich sehe, ist mein Spiegelbild, sonst nichts. „Schaue nicht nur direkt ins Wasser, blicke auf den See. Was siehst du?“
Ich sehe Wasser, nicht mehr und nicht weniger. Wieder einmal habe ich das Gefühl, dass sie mir etwas zeigen will, das ich irgendwie nicht sehen und noch weniger verstehen oder gar spüren kann. Doch Selene gibt nicht auf. „Komme ins Wasser und bleibe stehen. Spüre, wie das Wasser dich umgibt. Spüre, wie es dich umfließt. Und wenn das Wasser um dich herum ruhig geworden ist, dann blase hinein. Was siehst du dann?“ Durch mein Blasen kommt wieder Bewegung ins Wasser. Der See um mich ist nicht mehr ruhig, sondern bildet Wellen, die sich um mich schmiegen. Als Selene langsam wieder an Land geht und ich ihr folge, erklärt sie: „Wasser ist greifbarer als Luft, formbarer als Erde, substanzieller als Feuer. Es passt sich an, solange es kann. Um Hindernisse fließt es geschmeidig herum. Doch wird ihm der Weg versperrt, entwickelt es eine beharrliche und gewaltige Kraft, um sich Freiheit zu verschaffen. Manchmal auf ungewöhnliche Weise. Es verschwindet, sickert ein, kommt an anderer Stelle wieder hervor. Oder es bricht Dämme, unterhöhlt Mauern, lässt Felsen bersten und zermahlt sie zu Staub und Sand.
Im Menschen verbinden wir mit dem Element Wasser die Gefühlswelt und das Unbewusste. Es quillt aus unseren Augen hervor, wenn die Gefühle zu heftig werden. Ob Trauer, Schmerz, Freude oder unbändiges Lachen, es tropfen die Tränen.
Tropfendes Wasser, Regen, der ans Fenster klopft, leise brandende Wellen, das Rauschen eines Wasserfalls, das sind Geräusche, die tiefe Entspannung hervorrufen, die dich in die Traumwelten leiten, die Phantasien freisetzen und den Blick nach innen ermöglichen. Das Wasser öffnet die Wege in die normalerweise verschlossenen Bereiche des Unbewussten. Dort kannst du Heilung finden und dort findet das Mitgefühl mit anderen Kreaturen statt. Dort tauchen Bilder aus der Vergangenheit auf, die der eigenen und die der Menschheit, manchmal sogar die aller Lebewesen. Dessen musst du dir bewusst sein, wenn du hinab tauchst in die Tiefe des Wassers. Das Wasserelement ist das Meer der Emotionen und der Seelenbewegung. Lasse deine Seele sich also bewegen.“ Während ich Selene zuhöre, schaue ich ins Wasser. Es ist ein Element, das mir nicht fremd ist und ich fühle mich wohl darin. Selene fährt fort: „Wasser reinigt. Stehe unter den Wasserfall und lasse dir so wirklich den Kopf waschen. Male dir aus, dass all die negativen Einflüsse und Gedanken

von dir abgewaschen werden. Nach der Reinigung kannst du dir vorstellen, wie lichtvolle Energie in dich einströmt und dich mit dieser belebenden Kraft des Wassers füllt. Diese Art von Reinigung kannst du übrigens auch unter der Dusche vornehmen, es braucht keinen Wasserfall dazu. Jeden Tag, wenn du unter der Dusche stehst, kannst du dich und deine Aura reinigen."

„Und was ist meine Aura?"
„Deine Aura ist dein Energiefeld."
„Und was heißt das genau?"
„Das menschliche Energiefeld ist die Manifestation der universalen Energie auf der menschlichen Ebene. Du kannst es als Lichtkörper beschreiben, der den physischen Körper umgibt und durchdringt und der eine spezifische Ausstrahlung besitzt. Dieses Energiefeld wird gewöhnlich Aura genannt. Die Aura ist der Teil des universalen Energiefeldes, der alle Objekte umgibt. Aufgrund von Beobachtungen haben Auraforscher theoretische Modelle entwickelt, welche die Aura in verschiedene Schichten aufteilen. Diese Schichten werden manchmal Körper genannt, die sich schichtweise überlagern und durchdringen. Aufsteigend von innen nach außen besteht jeder folgende Körper aus einer feineren Substanz und hat höhere Schwingungen als der Körper, den er überlagert und durchdringt."
„Und wie kann ich meine Aura wahrnehmen?"
Selene scheint belustigt. „Indem du dich darauf einlässt. Doch lasse uns nun gehen. Aura hin oder her, dieses Thema wird zu einem späteren Zeitpunkt noch wichtig für dich."

Und schnell wie ein Wiesel springt sie auf und läuft davon. Mit ein paar Schritten Abstand folge ich ihr. Bevor ich ins Haus eintrete, kommt sie schon wieder hinaus. Sie hängt sich bei mir ein, kichert vor sich hin und scheint sich riesig über etwas zu freuen. Als ich sie jedoch frage, was so lustig oder freudvoll ist, erklärt sie mir, dass ich zu neugierig sei. So schlendern wir zusammen genüsslich und langsam die Strasse hinunter, welche nach einer längeren Zeit zu einem von Bäumen verborgenen kleinen Tempel führt. Kurz vor dem Tempel erklärt mir Selene, dass wir nun eine Mischung aus Ritual, Massage, Tanz und Körperarbeit erleben werden. Sie freue sich auf ein Lomi-Lomi. „Das ist wie der kraftvolle, wellenförmige Tanz des Meeres und wirkt wie Balsam auf Körper, Geist und Seele. Durch die tiefe Entspannung in der respektvollen Atmosphäre kannst du den Alltag verlassen und kommst so an den Ort der Harmonie und Ausgeglichenheit in dir. Ziel dieser zuwendungsvollen Massage ist es, dich als Mensch wieder zu regenerieren und in Einklang mit dir selbst und deiner Umgebung zu bringen."
Etwas skeptisch und doch gespannt und neugierig, was mich nun erwartet, betrete ich den Tempel und werde von einer dunkelhäutigen Frau herzlich begrüßt. Wie mir Selene erklärt, ist sie die Kahuna Lomi, was soviel bedeutet wie Priesterin, Expertin oder Hüterin der Geheimnisse. Die Kahuna Lomi führt

mich in einen Raum voller Blumen und fordert mich auf, mich auszuziehen und hinzulegen. So lege ich mich auf die einladende Pritsche und warte ab, was nun geschehen wird. Die Kahuna Lomi beginnt mit einem wunderschönen, wenn für meine Ohren auch etwas wundersamen Gesang, bevor sie mich mit viel Öl einreibt. Das heilige Massageritual, das durch die Kraft der Berührung von Kopf bis Fuß wirkt, fühlt sich wundervoll an. Der Hauptteil der Massage konzentriert sich auf den Bauchbereich, opu, und von dort bewegt die Kahuna die Energie nach unten und leitet sie über meine Hände und Füße nach außen. Sie bewegt sich während der ganzen Zeit mit Hula-Schritten, die dem Tai-Chi ähnlich sind, um den Tisch herum. Dabei wendet sie eine sehr intensive Atemtechnik an und setzt so in mir Energie frei. Ich spüre, wie die Energie fließt, was mich ermutigt, mich stärker auf diese Art von Körperarbeit einzulassen. Ich fühle mich so entspannt wie schon lange nicht mehr. Vom Rhythmus der Bewegung werde ich in meine innere Welt geführt. Ich erfahre mehr über mich und spüre meine Ängste. Gleichzeitig genieße ich das Gefühl, alles loszulassen, was auf mir lastet. Ich empfinde diese Körperarbeit extrem nährend, liebevoll, beruhigend und gleichzeitig anregend, spielerisch sinnlich und angenehm, öffnend, erweichend, kreativ und inspirierend. Nach diesen zwei Stunden fühle ich mich erholt. Meine Haut ist weich und geschmeidig und noch immer bin ich ziemlich ölig. Selene freut sich wie ein kleines Kind, als sie sieht, dass mir die Massage gut getan hat. Sie überredet mich, ungewaschen zu bleiben, sodass wir uns wie zwei Ölsardinen auf den Heimweg machen. Nachdem wir einige Zeit schweigend nebeneinander her gehen, sage ich zu Selene: „Dieses Lomi-Lomi erinnert mich an bekannte Techniken wie Rolfing, Akupressur, Reflexzonenmassage, Polartity, Esalen-Massage und es hat auch Elemente des Handauflegens. Woher kommt es?"
„Die Art der Lomi-Lomi, die seit 1981 auch außerhalb Hawaiis gelehrt und auch als hawaiianische Tempelmassage bezeichnet wird, stammt von einem Kahunader, der zurzeit auf Hawaii lebt. Er lehrt uns, dass die alten Völker auf der Welt, einschließlich Hawaii, viel von der Bedeutung der Tempelstätte (heiaus) verstanden. Diese heiligen Stätten waren häufig nach bestimmten Stern- und Sonnenmustern ausgerichtet. Bei denjenigen, die eine Lomi-Lomi innerhalb dieser heiaus erhielten, hinterließ die Lomi-Massage einen tiefen Eindruck und die Bereitschaft für eine Veränderung in ihrem Leben. Der Empfangende von heute hat die gleiche Möglichkeit. Lomi-Lomi ist der aktive, heilende Beginn, um ein neues, bewusstes Leben zu erkennen, wenn wir unseren innersten Fähigkeiten erlauben, die solange unterdrückt wurden, sich zu entfalten."
„Und was ist Lomi-Lomi genau?"
„Lomi ist der hawaiianische Ausdruck für Massage und bedeutet: drücken, kneten, reiben, arbeiten am Innen und Außen. Lomi-Lomi ist ein Massageritual, das früher nur innerhalb bestimmter Familien weitergegeben wurde. Ein Familienmitglied wurde in jungen Jahren ausgewählt, dieses Wissen zu erlernen, um Experte oder Kahuna darin zu werden. Durch die

mündliche und praktische Überlieferung entwickelten sich im Laufe der Zeit und Generationen verschiedene Lomi-Arten."
„Und heute kann ich das nicht nur in Hawaii erleben, sondern überall auf der Welt." Selene nickt und hängt sich bei mir ein.
So gehen wir glücklich, zufrieden und vor uns hin summend zurück zum Haus. Die letzten Strahlen der Sonne, die inzwischen schon tief am Horizont steht, zwängen sich durch das dichte Laub und zaubern ein Muster aus Lichtbändern auf all das Grün um uns herum. Einmal mehr bin ich überwältigt von der Schönheit der Natur, die mich immer mehr fasziniert. Vor dem Haus setze ich mich auf einen weichen Blätterteppich, der nur leicht feucht ist. Selene bleibt neben einem Kukui-Baum stehen und blickt ins Leere. Als ich mich auf meinem Lager aus Laub zurücklehne und durch ein Gewirr von Zweigen zum Himmel emporblicke, höre ich Selenes Stimme: „Es gibt mehr Dinge zwischen Himmel und Erde... als du dir in deinen Philosophien träumen lässt", zitiert sie William Shakespeare. Ich schaue sie an und lächle ihr zustimmend zu. So bleibe ich noch eine Weile liegen, als Selene schon längst wieder im Haus ist und fühle mich rundum wohl. Nach dem ausgiebigen Nachtessen nicke ich einmal mehr in der Hängematte ein.

Ich träume von der griechischen Mondgöttin Selene. Sie steht mit einer Fackel in der Hand auf einem fahrenden Wagen. Sie ist wunderschön mit ihren großen, schönen, alles sehenden Augen. Auf dem Haupt trägt sie eine Mondsichel aus Stierhörnern, was wie eine Strahlenkrone aussieht. Der Wagen wird von Stieren gezogen. Plötzlich verändert sich jedoch das Bild und aus der schönen Göttin wird eine grässliche Fratze. Erschreckt wache ich auf und habe immer noch dieses hässliche Gesicht vor mir. Mein Körper ist angespannt und gleichzeitig spüre ich ein Zittern. Langsam rapple ich mich auf und gehe zu Selene. Noch immer spüre ich die Angst in meinem Körper, meine Gefühle sind aufgewühlt und vor mir sehe ich dieses grauenhafte Gesicht der Mondgöttin, die sich in eine furchterregende Fratze verwandelt hat.
Selene nimmt mich tröstend in die Arme und erklärt mir, dass ich Medusa gesehen habe. Ich vernehme, dass im Mythos der Medusa Blut eine wichtige Rolle spielt. Als sie starb, entstand aus ihrem Blut das Mondpferd, der Pegasos, und ihr Schlangenhaar symboliserte die Menstruationsgeheimnisse. „Schlangen finde ich grauenhaft. Sie machen mir Angst", erkläre ich Selene.
„Sie müssen dir keine Angst machen. Die Schlange begegnet uns als Hüterin von Schätzen oder Geheimnissen weltweit in Schöpfungsmythen und Legenden. Dem Volksmund zufolge tragen Schlangen den Schlüssel zum Schatz im Maul. Dahinter verbirgt sich das uralte Wissen von der Heilkraft des Schlangengifts, das schon in den alten medizinischen Hochkulturen als Lebenselixier galt. Die Schlange ist ein sagenumwobenes Symboltier und muss dir keine Angst machen. Kennst du den pelasgischen Schöpfungsmythos?"

Ich schüttle den Kopf und Selene erzählt von der Schlange und dem Weltenei: „Im Anbeginn der Welt gab es nur das finstere Urmeer Nun. Es herrschte also Chaos. Aus diesem Chaos ging Eurynome, die Mutter der Welt, nackt hervor. Sie trennte zuerst das Meer vom Himmel und tanzte einsam auf den Wellen gegen Süden. Da erhob sich hinter ihr der Nordwind und die Göttin spürte, dass das Werk der Schöpfung beginnen konnte. Also rieb sie den Wind zwischen ihren Händen und die Riesenschlange Ophion entstand. Eurynome tanzte nun immer wilder, bis sich Ophion, lüstern geworden, um ihre göttlichen Glieder schlang und sich mit ihr paarte. Dann nahm die Göttin die Gestalt einer Taube an und legte beizeiten das Weltenei. Auf ihr Geheiß wand sich die Schlange siebenmal um das Ei und bewachte es, bis es ausgebrütet war. Aus dem Weltenei wurden alle Dinge geboren: die Gestirne des Himmels sowie die Erde mit all ihren Lebewesen und der Sonnengott Re, der die Welt erhellte."
„Auch wenn du mir noch so viele Geschichten erzählst, ich mag keine Schlangen und diese Medusa macht mir Angst." Selene streicht mir sanft über meine Haare indem sie weiter erzählt: „Das grässliche Antlitz von Medusa ist nichts anderes als die Schutzmaske einer Mondgöttin, welche die Nichteingeweihten von den Geheimriten fernhalten will. Sie ist nicht gefährlich."
Und ich vernehme die Geschichte von Perseus. „Er war ein Held, der verschiedene Abenteuer überlebte. Er hatte einen eifersüchtigen Stiefvater. Dieser übertrug ihm die Aufgabe, eine der drei todbringenden Gorgonen-Ungeheuer, also die Medusa, umzubringen. Der König dachte offenbar, so könne er sich Perseus entledigen. Denn jeder Sterbliche, der Medusa ins Gesicht blickte, ward zu Stein. Doch Hermes und Athene kamen Perseus zu Hilfe. Athene gab ihm ihren blankpolierten Bronzeschild. So konnte er das Spiegelbild der Medusa sehen, ohne zu versteinern und ihr das grässliche Haupt abschlagen, das von Schlangen wimmelte.
Psychoanalytiker sowohl der Freudschen als auch der Jungschen Schule haben diesen Mythos als den Kampf eines jungen Mannes mit dem verschlingenden, besitzenden Bild des Weiblichen interpretiert, welches das Kleinkind zuerst in der Mutter erblickt. Als Kind fürchtet der Junge, vom Mutterschoß verschlungen zu werden, den er sich als Vagina dentata, als Vagina mit Zähnen, vorstellt. In seiner universellen Gestalt nennt Erich Neumann diese grauenerregende Vorstellung den Archteypus der furchtbaren Mutter, da sie in der einen oder anderen Form in der Ikonographie aller matriarchalen Kulturen existiert. Üblicherweise hat ein junger Held solche Ungeheuer zu töten; es ist eine Initiationsprüfung, mit der er sich von der regressiven Anziehungskraft der Mutter in seinem Unbewussten trennen kann. In der Perseus-Erzählung repräsentiert Athene die höhere oder geistige Mutter, die dem Patriarchat angehört. Aus dem Blickwinkel des Kampfes zwischen Matriarchat und Patriarchat betrachtet, handelt Perseus, dessen Name der Zerstörende bedeutet, im Dienste des Patriarchats. Er soll das alte matriarchale Bewusstsein unterdrücken."

Gespannt höre ich zu und frage: „Also muss sich ein Held von seiner Mutter lösen, ein solches Ungeheuer töten, damit er sich von der regressiven Anziehungskraft der Mutter in seinem Unbewussten trennen kann.“
„Genau. In jeder Frau steckt dieser furchtbare Teil, der jedoch zum Fruchtbaren werden kann.“
„Und wie das?“
„Je mehr du dagegen ankämpfst, desto stärker manifestiert sich der weibliche Archetyp des Todes und der Zerstörung in deinem psychischen Schutzpanzer. Du wirst immer das, was du am stärksten bekämpfst. In dir ist die patriarchalische Angst vor der Macht der dunklen Mutter. Einfacher für dich als Frau ist es, wenn du diesen Teil der eigenen Psyche anerkennst. Mach aus dem Furchtbaren das Fruchtbare. Anscheinend bist du immer noch fixiert auf entweder oder, alles oder nichts. Etwas von dieser Starre muss verschwinden.“
„Also findet auch in mir der Kampf zwischen dem Matriarchat und Patriarchat statt?“
Selene nickt. „Es gibt einen wunderschönen Satz der Schrifstellerin Zsuzsanna Budapest: „Jeder Mensch ist zwischen den Beinen einer Frau hervor gekrochen. Es wird Zeit, dass der Ort zwischen den Beinen einer Frau wieder zu etwas Heiligem wird, was er einst war“, sie macht eine lange Pause, schaut mich mit ihrem intensiven Blick an und lächelt.
Den Ort zwischen meinen Beinen empfinde ich nicht unbedingt als heilig. Selene sieht mir das wohl an. „Heilige und Hure, Jungfrau und Dirne, Mutter und Geliebte. Das sind Begriffe des Patriarchats. Es ist alles dasselbe.“ Ich schüttle den Kopf, um zu zeigen, dass ich nicht dieser Meinung bin.
„Jede Göttin geht aus der Aufsplitterung der einen Göttin, der Großen Göttin hervor, aus dem ganzen weiblichen Menschenwesen, das einmal in vorpatriarchalischen Zeiten gelebt hatte, wenigstens in der Religion und in der Phantasie.“
„Und diese Phantasie kann wohl nicht der Grundstein sein“, melde ich mich zu Wort.

Selene schaut mich nachdenklich an. „Bist du die Tochter deines Vaters oder deiner Mutter?“
„Von beiden!“
Selene lacht mir zustimmend zu. „Stimmt. Trotzdem könntest du dich mehr auf die Seite der Frauen stellen. Indem dieses patriarchale Denken noch so tief in dir verwurzelt ist, ist es nach wie vor möglich, dass Frauen verstümmelt und gedemütigt werden können. Noch immer werden vielen Frauen auf dieser Welt grausame Verstümmelungen und Demütigungen angetan. In vielen Drittwelt-Ländern werden Frauen aus religiösen Gründen heute noch beschnitten, eine sehr grausame Art der Verstümmelung des weiblichen Sexualbereiches. Dies geschieht je nach Stamm entweder bei Babys, Mädchen zwischen vier und zwölf Jahren oder bei erwachsenen Frauen aus unterschiedlichsten Gründen. Doch wenn wir genau hinschauen, geht es nur

darum, dass der Mann die Macht über die Frau bekommt und auch behält. Um sozusagen ihre Jungfräulichkeit zu bewahren hat nur der Ehemann das Recht, seine Frau zu besitzen."
Ich habe schon davon gehört und werde still. Ich verstehe, was Selene mir damit sagen will. Eine Frau ist eine Frau, ob nun Hure oder Heilige, es ist dieselbe. Sie ist Frau. Nur durch meine Gedanken, durch meine Erziehung, durch die Religion ist ein Teil in mir davon überzeugt, dass eine Heilige etwas Besseres ist als eine Hure und eine Frau davon abgehalten werden muss, zur Prostituierten zu werden. Doch was ist schlecht an einer Hure? Ist sie weniger Frau als eine Heilige? Es ist nicht meine Angst, die ich spüre. Es ist die Angst des Mannes in mir.
Selene beobachtet mich und meint: „Das matriarchale Bewusstsein richtet sich nach den zyklischen Werten, nicht so das patriarchale."
„Und wie kam es zum Wechsel von der matriarchalen zur patriarchalen Gesellschaftsform?"
„Diese Frage ist nicht mit der Angabe nur einer Ursache zu beantworten, solche Erklärungsversuche sind von vornherein zum Scheitern verurteilt. Sie ersetzen Geschichtsforschung durch Spekulation. Es ist ein Thema, welches Demeter, oder ist es, na ja egal, jedenfalls eine andere Göttin mit dir genauer anschauen wird.
Doch kommen wir zurück zum weiblichen Teil, der dir soviel Angst macht. Dieser Teil hat viele Namen und jede Kultur oder Religion ein anderes Wort dafür. Jedenfalls zählt die grauenerregende Medusa zu den vielen Bildern der furchtbaren Mutter, die in den Mythen und Religionen auf der ganzen Welt vorkommen. Diese Gestalt trinkt gerne Blut, sie schlägt Leibern die Gliedermassen ab und verschlingt Kinder. Die indische Kali, die hebräische Lilith, die keltische Sheila-na-gig und die balinesische Hexe Rangda sind einige der bekannteren Variationen dieser archetypischen Personifikation des Todes. Die furchtbare Mutter ist nichts anderes als der andere Pol der Mutter des Lebens. Gemeinsam bilden sie die allumfassende Große Mutter, die Leben und Tod gleichzeitig bedeutet."
Sie schaut in mein entsetztes Gesicht, lacht, hakt sich bei mir ein und sagt vergnügt: „Komm lass uns noch etwas Nachtwandeln."
Bei hellem Mondschein wandern wir bergauf über den Grat und wieder den Berg hinunter, vorbei an knorrigen Baumveteranen und den Knochengerüsten sterbender Bäume, die vom Mond gespenstisch erhellt werden. Schlussendlich kommen wir wieder beim Haus an.

Der nächste Morgen beginnt voller Hektik. Kaum sind wir aufgestanden, kommt eine Frau aus dem Dorf, um Selene zu holen. Eine Frau liegt in den Wehen und braucht die Unterstützung der Mondgöttin. Ich verspüre keine große Lust dabei zu sein und beschließe, lieber ein wenig zu baden und beim Wasserfall auf die Rückkehr von Selene zu warten. Nach ein paar Stunden kommt sie zurück. Sie sieht müde und abgespannt aus. Ich bin froh, dass ich

nicht mitgegangen bin, als ich höre, dass es eine schwere Geburt war. Nachdem sie sich im See erfrischt hat, verköstigt sie sich mit viel Lust am Essen, welches ich für uns vorbereitet habe. Danach döst sie vor sich hin, bis ich es nicht mehr aushalte und sie mit Fragen über Schwangerschaft und Kinder bombardiere. Seelenruhig wie immer hört sie sich an, was ich zu jammern habe. „Ja, die Schwangerschaft ist für viele die vorübergehende Deformation des Körpers für die Zwecke der Gattung, wie es Feministinnen zum Teil formulieren. Für andere ist es eine wunderbare Zeit, in der sie sich ganz als Frau fühlen. Auch ist keine Schwangerschaft wie die andere."
„Und woher kommt das?"
„Schwangerschaften bilden eine massiv gesteigerte Bildung des für die Gravidität benötigten Hormons Progesteron. Frauen reagieren unterschiedlich darauf. Einige Frauen finden in dem durch die Schwangerschaft bedingten zunehmenden Körperumfang emotionale Erfüllung und kommen sich wie die Verkörperung der Muttergöttin Demeter vor. Andere schenken ihrer Schwangerschaft kaum Beachtung und arbeiten wie gewohnt weiter oder leiden darunter. In den Wechseljahren, wenn die Menstruation wegen der schwächeren Östrogen- und Progesteronproduktion aufhört, kommt es erneut zu einer Umstellung des Hormonhaushaltes. Auch hier hängt die Reaktionsweise der einzelnen Frau davon ab, wie sie ist. Für jede trauernde, an einer Depression des leeren Nestes leidenden Demeter scheint es eine Post-Menopausen-Lebenslust zu geben. Dieser Energiezuwachs kann auftreten, wenn ein neu aktivierter Archetypus nun endlich zum Zug kommt. Einige Frauen erleben das auch während der Menstruation - wenn die Hormone und Archetypen in ihr zusammenwirken und die Psyche beeinflussen. So kann es sein, dass eine Frau in der ersten Hälfte des Zyklus eher auf die unabhängige Frau eingestimmt ist und extrovertiert, weltzugewandte Aufmerksamkeit will. In der zweiten Hälfte des Zyklus, wenn es zu einer vermehrten Produktion des Schwangerschaftshormons Progesteron kommt, stellen sie fest, dass ihre Bedürfnisse nach einem gemütlichen Nest stärker werden und ihr Sinn für Häuslichkeit und ihr Anlehnungsbedürfnis ausgeprägter sind. Diese Hormonveränderungen sowie der Wechsel der inneren Göttinnen können zu Konflikten und Verwirrungen führen."
„Kannst du mir ein Beispiel geben?"
„Nehmen wir eine klassische Artemis-Frau, die mit einem eingefleischten Junggesellen zusammen lebt. Diese Art von Zusammenleben ist die Lösung, die ihr sehr entgegenkommt. Bis sich ihr Hormonhaushalt umstellt. Irgendwann in der zweiten Zyklushälfte wird das Bedürfnis nach dem Status der Ehefrau durch die Hormone gestärkt. Die Tatsache, dass sie nicht verheiratet ist, erweckt nun Gefühle des Grolls oder des zurückgewiesen Werdens, was wiederum ein Unverständnis beim Mann hervorruft. Ein monatlicher Krach findet statt oder eine Minidepression, die vorbei ist, sobald die Menstruation vorbei ist."

Ich verstehe und nicke. Diese Gefühlsschwankungen kenne ich gut. Mal bin ich so und dann wieder so. Bis heute habe ich jedoch noch nie darüber nachgedacht, geschweige denn eine Erklärung dafür gesucht oder gefunden.
„Die meisten Frauen empfinden in ihrer ersten Zyklushälfte einen Tatendrang. Das hat mit dem Anstieg des Östrogenspiegels zu tun. Es ist eine Zeit der Inspiration. Bei vielen Frauen gilt der Eisprung, wenn die körpereigenen Fruchtbarkeitshormone FSH und LH plötzlich ansteigen, als Höhepunkt ihrer Kreativität. Oftmals haben Frauen in dieser Zeit einen zündenden Gedanken, sie sind zufriedener und empfänglicher für Zuwendungen und Liebe. Mit dem Anstieg des Progesteronspiegels beginnt die Zeit der prämenstruellen Phase. In dieser Zeit ist es möglich, das in einem Monat Gewachsene bewusst abbrechen zu lassen, um ganz neu anfangen und aufbauen zu können. Also eine Zeit des Nachdenkens, des Zurückblickens auf das Geschaffene. Eine Chance, die innere Stimme deutlicher wahrzunehmen. Ist das nicht der Fall, können in dieser Phase vielseitige Beschwerden auftreten, wie Regelstörungen, PMS, Unfruchtbarkeit, Migräne oder anderes."
„Was ist PMS?"
„PMS ist das prämenstruelle Syndrom, von dem etwa 30 Prozent aller Frauen betroffen sind, und das von vielen Ärzten noch immer belächelt wird. Diese Frauen leiden unter quälenden, belastenden körperlichen und psychischen Beschwerden, an den Tagen vor den Tagen. Die Art und Schwere der Beschwerden kann sehr unterschiedlich sein."
„Stimmt. Jetzt kommt es mir wieder in den Sinn. Eine Freundin von mir hat solche Beschwerden. Sie nimmt nun Bachblüten."
„Ja, Bachblüten wie Scleranthus bei Stimmungsschwankungen oder Impatiens bei wachsender Ungeduld sind hier mit sehr gutem Erfolg einsetzbar. Schulmedizinisch wird die Antibabypille als Mittel der Wahl verordnet, was eher zu einem mechanischen Takt anstatt zu einem lebendigen Rhythmus führt. Es gibt auch Ärzte, die schon sehr früh Hormonpräparate verordnen. Die Gefahr dabei ist, das es damit zu einer Verkleinerung der Gebärmutter kommen kann, was wiederum die Empfängnis eines Kindes in späteren Jahren in Frage stellen kann."

„Nun ja, nicht jede Frau will auch Kinder haben und Mutter sein."
„Stimmt. Manche Frauen sind auf Monogamie, Ehe oder Kinder angewiesen, um Erfüllung zu finden und empfinden Schmerz und Wut, wenn sie ihr Ziel nicht erreichen können. Für diese Frauen haben die traditionellen Rollen deshalb eine persönliche Bedeutung. Dieser Frauentyp unterscheidet sich stark von einem anderen Typ von Frauen. Diese schätzt in erster Linie ihre Unabhängigkeit und konzentriert sich darauf, Ziele zu erreichen, die für sie persönlich wichtig sind. Sie stehen auch im Gegensatz zu einem dritten Typ von Frauen, die vor allem emotionale Intensität und neue Erfahrungen suchen und folglich von einer Beziehung oder kreativen Tätigkeit zu einer anderen wech-

seln. Ein vierter Typ Frau strebt nach Einsamkeit und wird sich darüber klar, dass Spiritualität ihr am meisten bedeutet. Was dem einen Frauentyp Erfüllung bringt, kann für den anderen Typ völlig bedeutungslos sein."
„Also ist nicht jede Frau eine geborene Mutter?"
„Nein. Eine Frau ist mehr als nur Mutter. Durch das Patriarchat wurde sie jedoch in diese eine und einzige Rolle gedrängt."
„Und woher kommt die Mutterschaftspsychose? Hat die auch etwas mit den Hormonen zu tun?"
„Die Mutterschaftspsychose hat in den letzten Jahren sehr zugenommen. Jede dritte junge Mutter leidet an Depressionen oder psychotischen Zusammenbrüchen. Mutter zu sein ist neben der Bereicherung auch mit einer Reihe von Ansprüchen verbunden. Während die glückliche, zufriedene Mutter, die alles meistert, das öffentlich vermittelte Bild dominiert, ist die Alltagserfahrung von Frauen eine andere: Sie leben in einem Spannungsfeld von ständig wachsenden Anforderungen und hohen persönlichen wie gesellschaftlichen Erwartungen. Das ist vielen jungen Müttern schon kurz nach der Geburt klar. Die Geburt ist überstanden und alle strahlen vor Stolz und Glück, doch die Frau, welche nun Mutter ist, hat Angst. In so vielen Büchern steht beschrieben, wie sich glückliche Mütter zu verhalten haben. Das ist in der Theorie so und in der Praxis sieht es ganz anders aus. Das von den Frauen erwartete und vollkommene Mutterglück besteht plötzlich nur aus Tränen, aus einer großen Angst und dieser absoluten Unsicherheit wie es weiter gehen soll. Sie will die perfekte Mutter sein und nun das. Niemand um sie herum, will wahrhaben, was in ihr vorgeht. Sie müsste doch soooo glücklich sein! Müsste... Doch Glück stellt sich nicht auf Kommando ein. Es kann ganz schnell kommen, dieses Glücksgefühl, es muss aber nicht. Wenn nun eine junge Mutter dieses Glücksgefühl nicht erlebt, wird sie noch als undankbar hingestellt. Eine Mutter, die ihr Baby gar nicht sehen und vom Stillen auch nichts wissen will, ist nicht die Mutter, die sich die Gesellschaft wünscht. Doch der jungen Mutter ist alles zuviel. Sie möchte eine glückliche Mutter sein und kann nicht, das macht sie traurig und sie bekommt den Baby-Blues."
„Nennst du so die Heultage nach der Geburt?"
„Ja, doch Baby-Blues tönt liebevoller und verständnisvoller, als der alte herkömmliche Begriff Heultage."
„Also gibt es dieses Stimmungstief einer Mutter schon länger, vielleicht schon immer?" Selene nickt.
„Eine Freundin von mir weinte auch nach der Geburt ihrer Tochter. Wir alle, die sie im Spital besuchten, erklärten ihr, dass sich das schon wieder gibt und völlig normal ist. Das machte sie wohl noch trauriger und hilfloser."
„Was würdest du heute tun und sagen?" Ich zucke mit den Schultern, denn ich weiß es nicht. „Wie wäre es gewesen, wenn du deine Freundin nicht mit Worten getröstet, sondern einfach in den Arm genommen hättest? So hätte

sie ihren Tränen freien Lauf lassen können. Und wie du ja weißt, sind Tränen sehr hilfreich."
Ich bin mir nicht sicher, ob ich das gekonnt hätte und sie das zugelassen hätte. Denn weinen vor anderen, war nicht unbedingt ihre Stärke. „Die jungen Mütter werden nicht in die Arme genommen, weil Frau ja glücklich sein sollte. Das wird von ihr erwartet. Muss aber nicht sein! Deshalb finde ich es auch besonders wichtig, diese Sorgen auszusprechen und zu thematisieren. Beim Baby-Blues sinkt die Stimmung der Mutter auf ein absolutes Minimum. Dies erfolgt innerhalb der ersten zehn Lebenstage ihres Kindes. Oftmals tritt er zwischen dem dritten und dem fünften Tag nach der Geburt auf."
„Wie kommt es zu diesem Stimmungstief?"
„Schuld daran und Auslöser sind die starken hormonellen Veränderungen, die mit der Geburt einsetzen. Dazu kommt die nun völlig neue und andere Lebenssituation, in der sich die Mutter wiederfindet."
„Wie ist der Baby-Blues zu erkennen?"
„Die Mutter empfindet eine große Traurigkeit und weint sehr oft. Sie ist empfindlich, gereizt und ihre Stimmung schwankt sehr stark. Sie fühlt sich erschöpft und müde. Sie findet keine Ruhe und keinen Schlaf. Sie hat Angst vor dem was ist und was kommt. Sie hat Mühe, sich zu konzentrieren. Der Baby-Blues hält nicht unendlich lange an und sie braucht auch keine Medikamente. Zum größten Teil ist er zeitlich begrenzt und kommt auch öfter vor, als du dir denken kannst. Fast jede dritte Mutter ist davon betroffen. Was sie nun braucht, ist viel Geduld und Verständnis, Zuwendung und Streicheleinheiten, damit sie ihr seelisches Tief überwinden kann. Ihr Partner, ihre Familie, eine gute Freundin, sie alle können ihr helfen, indem sie die junge Mutter so annehmen, wie sie ist. Sie ist eine Mutter, die Zeit braucht für sich und das Kind. Der Baby-Blues ist eine Krise nach der Geburt."
„Was sind die Gründe dieser Traurigkeit?"
„Das können mehrere Gründe sein. Da ist einmal die Veränderung des Hormonhaushaltes. Dazu kommen kann ein traumatisches Geburtserlebnis. Eine Frau, die Stunden in den Wehen liegt und schlussendlich noch mit einem Kaiserschnitt, den sie nicht erwartet hat, konfrontiert wird, ist oft traumatisiert. Eine Geburt kann traumatisch für das Kind und die Mutter sein. Dazu kommt die eigene und gesellschaftliche Erwartungshaltung, ab jetzt eine glückliche Mutter zu sein. Die Angst, diesem gesellschaftlichen Bild einer Mutter nicht zu entsprechen, macht die Sache nicht einfacher."
„Ich kenne auch Mütter, die diese Krise nie ganz überwunden haben."
„Mutter sein ist anstrengend und wird nach wie vor unterschätzt. Eine Mutter hat einen 24 Stunden Tag, viel Verantwortung und wenig Zeit für sich selber. Das Baby ist da und stellt alles vorher Gewesene auf den Kopf. Es ist ein unbekanntes Wesen, das die junge Mutter noch nicht kennt. Es ist jedes Mal eine neue Erfahrung, auch wenn schon andere Kinder da sind."
„Also ist es ein Ammenmärchen, dass jede Frau glücklich ist, sobald sie ihr Kind in den Armen hält?"

„Bei einigen Müttern entsteht eine sofortige Bindung zu ihrem Neugeborenen. Sobald sie das süße, hilflose Baby, das sie eben zur Welt gebracht haben, in den Armen halten, quillt eine stark von Beschützerinstinkt geprägte Liebe und eine tiefe Zärtlichkeit in ihnen empor. Doch das ist nicht bei allen Müttern so und nicht bei jedem Kind gleich. Bei anderen frisch gebackenen Müttern entwickelt sich die Mutterliebe nach und nach über einen Zeitraum von Monaten hinweg und wird manifestiert, wenn der Säugling acht oder neun Monate alt ist."
„Und wieso gibt es diese Unterschiede?"
„Weil jede Frau anders ist. Auch kann die Lebenssituation anders sein. Wird der Mutterarchetyp in einer Frau nicht durch die Geburt eines Kindes aktiviert, so ist sich die Frau meistens darüber im Klaren, dass sie nicht dasselbe wie andere Mütter fühlt oder nicht das, was sie selbst einmal einem anderen Kind gegenüber gefühlt haben mag. Zusätzlich hat sie dann noch ein schlechtes Gewissen, was dem Verhältnis von Mutter und Kind nicht förderlich ist. Die Mutter fühlt sich innerlich gestresst und möchte dabei doch dem Mutterbild von sich und der Mitwelt entsprechen."

„Also trägt nicht jede Frau den Mutterarchetyp in sich?"
„Nicht unbedingt. Jede Frau ist anders, ist ein Individuum und somit nicht unbedingt die Art Frau, welche die Gesellschaft als Mutter sieht. Wenn nun der Mutterarchetyp in der Frau nicht aktiviert wird, entbehrt das Kind eine lebenswichtige Beziehung, die es nun dauernd herbeisehnt. Die Sehnsucht nach dieser Beziehung, die sich nie ereignet hat, kann bis ins Erwachsenenalter fortbestehen. Genau wie das Muttersein ein tief empfundener Wesenszustand ist, den ein Kind in einer Frau aktivieren kann, ist auch jedes Kind darauf programmiert, die Mutter zu suchen. Sowohl bei der Mutter als auch beim Kind, mit anderen Worten bei allen Menschen, wird das Bild der Mutter mit mütterlichem Verhalten und mütterlichen Gefühlen in Verbindung gebracht. Dieses innere, in der Psyche wirkende Bild, das sowohl das Verhalten als auch die emotionalen Reaktionen eines Menschen unbewusst bestimmt, ist ein Archetyp. Der Mutterarchetyp ist jedoch nur einer von vielen Archetypen, oder latenten, von innen her bestimmte Rollen, die in einer Frau aktiviert werden können."

„Du und die anderen Göttinnen seid also Archetypen, die in mir sind und durch äußere Umstände aktiviert werden können?"
Selene nickt mir zustimmend zu. „Die Göttinnen sind machtvolle, unsichtbare Kräfte, die das Verhalten und die Gefühlswelt formen. Das Wissen um die Göttinnen in jeder Frau ist für die Bewusstseinserweiterung in Bezug auf die Frauen noch Neuland. Weiß die Frau, welche Göttinnenkräfte in ihrer Psyche dominieren, so gewinnt sie Kenntnisse über sich selbst. Sie kennt die Stärke gewisser Instinkte, weiß von ihren Prioritäten und Fähigkeiten. So hat sie mehr Möglichkeiten und kann Entscheidungen treffen, die von anderen unter

Umständen nicht befürwortet werden. Sie hat so die Chance, in ihrem Leben einen persönlichen Sinn zu finden."
„Wenn nun eine Frau kein Muttertyp ist und trotzdem Kinder hat, sind also die Kinder gestraft?"
„Nein, so einfach ist das nicht. Es kommt darauf an, wie das Kind ist. Nicht jedes Kind braucht dasselbe. Wenn nun eine Mutter sehr fürsorgend ist, kann das genau so schädigend für ihr Kind sein, wie eine Mutter, die sich fast nicht um ihr Kind kümmert."

„Und das ist dann das, was man das verletzte Kind nennt?"
Lächelnd schaut mich Selene an: „Kennst du dein verletztes Kind?" Ich schüttle den Kopf.
„Die Verletzungen aus der Kindheit sind die ersten und meist sehr nachhaltigen Verletzungen. Diese kann ein Mensch schon sehr früh bekommen, nämlich in seiner Kindheit. Psychologen nehmen sogar an, dass ein Kind bereits im Mutterleib verletzt werden kann. Zum Beispiel, wenn es von seiner Mutter abgelehnt wird. Kinder sind formbare Wesen. Sie sind wie heißes Wachs. Sie haben noch nicht gelernt, sich vor Verletzungen zu schützen. Was eine Kinderseele an Verletzungen speichert, kann das ganze weitere Leben beeinflussen. Da schnappt ein Mädchen den vielleicht unachtsam ausgesprochenen Satz der Eltern auf: „Eigentlich hatten wir uns ja einen Jungen gewünscht!" Der Satz ist nicht böse gemeint, aber er sitzt wie ein Stachel. Das erste Mal steigt in dem Mädchen vielleicht die Ahnung auf: „Eigentlich bin ich gar nicht gewollt!" Die Beziehung zu den Eltern ist für alle die erste prägende Beziehung ihres Lebens. Ob du dich gewollt und geliebt fühltest oder eben nicht, das spielt in deinem weiteren Leben eine große Rolle. Ob Wärme und Geborgenheit oder Distanz und Kälte die tägliche häusliche Atmosphäre bestimmte, das hat Auswirkungen. Kinder, deren Kindheit durch Ehekonflikte und Scheidung der Eltern extrem belastet werden, tragen das in sich. Kinder aus Alkoholiker-Familien, denen tiefe innerliche und zum Teil auch äußerliche Wunden zugefügt wurden, nehmen diese Verletzungen mit ins Erwachsenensein. Ein Kind, das sexuell missbraucht wurde, trägt eine innerliche Wunde. Dazu kommen all die Verletzungen durch Verwandte, Lehrer oder Mitschüler. Durch lieblose Ironie, durch Nichtanerkennung von Leistungen, durch Bloßstellen der Schwächen, durch Hänseln auf dem Schulhof und vielem mehr."
„Somit haben viele meiner alltäglichen Probleme eine unverarbeitete Kindheit als Wurzel?"
„Das, was du als Kind und als Jugendliche erlebt hast, ist bis in die Einzelheiten in deinem Gedächtnis, deinen Gefühlen und deinem Körper gespeichert. Wenn du heute in ähnliche Situationen kommst, werden Erlebnisse aus der Kindheit in dir wach und du erlebst wieder dieselben Gefühle, Gedanken und körperlichen Empfindungen.
Wenn du zum Beispiel ein Lied aus deiner Kindheit hörst oder ein Märchen,

ein Buch, das für dich wichtig war, wieder in der Hand hältst, dann fühlst du dich dieser Zeit ganz nah. Auch wenn du verletzt wirst oder Angst hast, sind die früheren schweren Erfahrungen wieder wach. Erlebnisse von heute bringen ähnliche Situationen deiner Kindheit wieder ins Bewusstsein. Nicht allein die Erfahrungen sind gespeichert, sondern auch dein Lebensgefühl, als du klein warst. Deine damalige Identität. Deine Persönlichkeit als Kind in den verschiedenen Altersstufen ist in dir noch immer vorhanden. Von daher kommt der Ausdruck, das Kind in dir ist noch da."
„Habe ich keine Chance, das zu ändern?"
„Das Kind in dir bleibt, doch die Verletzungen können geheilt werden. Wenn du dich als erwachsene Frau mit deinem inneren Kind in Verbindung setzt, kannst du es heilen und ihm das geben, was es als Kind vermisst hat. Meistens ist es jedoch so, dass wir uns selber auch immer wieder verletzen und somit die Verletzungen nicht kleiner sondern immer größer werden. Wenn du nun beginnst, mit deinem inneren Kind zu arbeiten, wirst du als Erwachsene klarer und deutlicher. Du fällst weniger zurück in das Verhalten des verletzten Kindes. So lernst du, als starke und tragfähige Erwachsene selbst frühere Wunden zu heilen. Du wirst gestärkt in deiner Verantwortung. Gleichzeitig kannst du auch die schönen Erlebnisse der Kindheit, die damaligen Ressourcen, wieder wachrufen. Du kannst Personen, die wichtig für dich waren, mit dem, was sie dir gaben, wieder deutlich spüren. Orte, die dich glücklich machten, Geschichten, die dich berührten, wiederfinden. Die Arbeit mit dem inneren Kind ermöglicht dir, als Erwachsene gestärkt zu werden und die Ressourcen deiner Vergangenheit neu zu beleben."

„Also ist meine Mutter Schuld an meinen Ängsten und Problemen?"
„Schuld! Was heißt hier Schuld? Deine Mutter hat ihr Bestes getan, wie du dein Bestes für deine Kinder geben wirst. Wenn du bei der Schuldfrage bleiben willst, kommst du nicht weiter. Wenn deine Mutter Schuld hat, hat ihre Mutter Schuld, dass deine Mutter so ist, wie sie ist und die Mutter deiner Großmutter ist Schuld, dass deine Großmutter deiner Mutter nicht eine bessere Mutter war und ...", Selene kommt richtig in Rage, was mich zum Lachen bringt: „Hör auf. Ich weiß, es geht nicht um Schuld. Trotzdem hätte meine Mutter mich besser unterstützen können."
„Sie hätte, wenn sie gekonnt hätte. Es stand nicht in ihrer Macht. Sie ist, wie sie ist und hat das Bestmögliche getan. Sie hat dir das kostbarste Geschenk gemacht, das sie machen konnte. Sie hat dir das Leben geschenkt."

Ich werde ganz still. Ja, sie hat mir das Leben geschenkt. Unbeeindruckt von meinen Gefühlsschwankungen fordert mich Selene auf, die Augen zu schließen und mir meine Mutter vorzustellen: „Schau deine Mutter an. Bedanke dich bei ihr für alles, was sie dir gegeben hat. Bedanke dich bei ihr für dein Leben. Sie hat dich neun Monate lang in ihrem Bauch getragen und auf die Welt gebracht. Sag danke." Stillschweigend mache ich, wie mir geheißen,

spüre jedoch einen starken Widerstand in mir. Okay, sie hat mich auf die Welt gebracht. Doch habe ich viel mehr von ihr gewollt, gewünscht und vor allem gebraucht.
Als ob sie meine Gedanken erraten hat, sagt Selene: „Kein Kind hat alles und bekommt genug. Es geht jedoch nicht darum zu sehen, was nicht vorhanden ist, sondern zu sehen, was da ist. Nimm die Fülle wahr und nicht das Defizit. Das Geheimnis liegt darin, dafür zu danken, was du bekommen hast und nicht, darauf zu achten, was dir gefehlt hat. Du hast durch sie dein Leben erhalten. Deine Mutter hat dir gegeben, was sie dir aus ganzem Herzen geben konnte. Sage nur für das danke. Nicht für mehr und nicht für weniger. Sage danke für das Leben, das sie dir geschenkt hat."
Noch etwas zaghaft sage ich innerlich danke und wiederhole den Satz: „Ich bin dir dankbar für alles, was du mir gegeben hast."
Etwas in mir beginnt sich zu verändern. Auch das Bild meiner Mutter wird sanfter und sie sieht mich plötzlich liebevoll an. Ich spüre ein wohliges Glücksgefühl in mir und etwas in mir lässt los. Eine Art Verkrampfung löst sich auf und mein Körper fühlt sich frei und offen an. Ich öffne meine Augen und sehe Selene lange an. So sitzen wir schweigend da und schauen uns nur an. Ich weiß nicht wie lange, doch es ist kraftvoll und berührend. Nach einer Weile steht Selene auf und hält mir ihre Hand hin. Dankbar nehme ich sie, stehe auf und zusammen gehen wir ins Haus zurück, um zu schlafen.

Am nächsten Morgen überrascht mich Selene nach dem Frühstück mit einer Bastelstunde. Unter ihrer Anleitung nähe ich eine Puppe, die, wie sich später herausstellt, mein inneres Kind darstellen soll.
„So kannst du dein inneres Kind halten, liebkosen, mit ihm reden und ihm genau das geben, was es braucht." Ich sehe Selene verwirrt an. Aus dem Alter bin ich definitiv raus, dass ich noch mit Puppen spiele.
„Stell dir vor, das ist dein inneres Kind. So kannst du mit ihm Kontakt aufnehmen. Sprich mit ihm und lerne so seine unerfüllten Wünsche kennen und entdecke seine Liebenswürdigkeit, seine Freude und seine Unschuld."
„Indem ich mit einer Puppe spreche?"
„Ja. Am Anfang ist es einfacher mit einer Puppe, einem Teddybären oder was auch immer zu sprechen und sich vorzustellen, dass dies das eigene innere Kind ist. Mit der Zeit brauchst du das nicht mehr, dann kannst du die Dialoge auch so führen. Doch mit dieser Puppe kannst du dich um dein verängstigtes, verunsichertes, zurückgewiesenes, ungeliebtes oder unverstandenes innere Kind kümmern. Du lernst so, seine Wünsche zu erfüllen, seine Ängste zu verstehen und sein Urvertrauen wieder aufzubauen. Verstehst du das?"
Ich schüttle den Kopf. Ich verstehe es und doch nicht. Etwas in mir findet es auf jeden Fall ziemlich doof. Ich, als erwachsene Frau, soll wieder anfangen, mit einer Puppe zu spielen, mit ihr reden. Nein, das ist mir nun doch zu blöd. Selene kann ich mit meinen Zweifeln nicht beeindrucken. Sie erklärt mir, dass sie heute keine Zeit für mich hat, gibt mir einen Kuss auf die Stirn und verab-

schiedet sich mit den Worten: „Du bist in guter Gesellschaft mit deinem inneren Kind. Ich bin heute den ganzen Tag im Dorf und werde erst am Abend zurückkommen. Ich wünsche dir viel Spaß und einen angenehmen, schönen Tag“, und weg ist sie.
So sitze ich da, alleine mit einer Puppe, die mein inneres Kind darstellen soll und fühle mich im Stich gelassen. Ich schaue die Puppe an und werde wütend. Verdammt, was soll das? Ich will nicht mit einer Puppe spielen. Ich will nicht. Ich werde immer wütender und gleichzeitig auch traurig. Die Tränen laufen mir hinunter, was ich meiner Einsamkeit zuschreibe. Wieso ist Selene einfach gegangen? Wieso hat sie mich im Stich gelassen. Jetzt, gerade jetzt, wo ich sie am nötigsten habe. Ich nehme die Puppe und schmeiße sie in einem riesigen Bogen weit weg von mir. Das tut gut. Ich stehe auf und gehe zur Puppe, um sie dann wieder wegzuschmeißen. Je mehr ich sie von mir werfe, desto besser geht es mir. Ich fühle mich gut dabei. Nach einer halben Stunde werde ich langsam müde. Ich setze mich zur Puppe, schaue sie lange an und beginne, wieder einmal grundlos zu weinen. Man könnte meinen, dass die Welt im nächsten Moment untergehen wird, so schluchze ich. Ach wie schön wäre es, wenn Selene da wäre und mich in die Arme nehmen könnte. Doch sie ist nicht da. Da ist niemand. Nur ich und diese Puppe. Ich nehme die Puppe in meine Arme und drücke sie fest an mich. Sie ist zwar kein Ersatz für Selene und doch gibt sie mir ein Gefühl, nicht einsam zu sein. Ich lege mich auf den Boden, die Puppe fest an mich gedrückt, schluchze, weine und schlafe schlussendlich in der Embryo-Stellung ein.

Mir träumt, als sei ich in Ägypten. Ich sehe Sekhmet, die löwenköpfige Sonnengöttin der Ägypter. Sie stellt in meinem Traum den zerstörerischen Aspekt der Sonne dar. In einem Wutanfall schwört sie, die gesamte Menschheit auszulöschen und beginnt, wie im Rausch, ein wahres Blutgemetzel. Da greift Ra, der höchste Gott, ein, um sie zu bremsen. Er mischt riesige Fässer Bier mit Granatapfelsaft und gießt diese Flüssigkeit auf ihrem Weg aus. Sekhmet hält sie für menschliches Blut und trinkt sie gierig. Davon betrunken schläft sie ein. Als sie wieder aufwacht, ist ihre Wut verraucht. Im Traum lächle ich und sehe vor mir eine Frau, die sich mir als Sekhmet vorstellt und wie sich herausstellt, bin ich gar nicht mehr am Träumen, sondern wirklich und wahrhaftig bei dieser Göttin gelandet.

5. Tefnut fällt ein Stein vom Herzen

Ich liege noch immer in der gleichen Stellung, wie ich eingeschlafen bin. In dieser Embryo-Stellung halte ich meine Puppe, also mein inneres Kind, im Arm und sehe diese dunkelhäutige Frau an, die vital, lebensfroh und voller Lebenskraft vor mir steht, mich anlächelt und nichts anderes sagt als: „Hallo."
Ich blicke sie mehr als skeptisch an und grüße schlaftrunken zurück. „Du bist also Sekhmet und somit meine nächste Begleiterin?"
Sie schüttelt ihre Löwenmähne, lacht laut und zeigt mir dabei ihre weißen Zähne, setzt sich zu mir auf den Boden und streckt mir zur Begrüssung ihre Hand hin. „Ja, ich bin Sekhmet, doch mehrheitlich Tefnut. In deinem Traum hast du nur einen Teil von mir gesehen. Doch ich bin mehr als nur Sekhmet. Im Ganzen bin ich Tefnut, die Sonnenkönigin."
Ich setze mich auf, noch immer meine Puppe im Arm, schaue mich um und dann Tefnut an. „Du bist die Sonnenkönigin?" Sie nickt. „Und wo bin ich hier? In Ägypten?"
„Nein. Wir sind in Ostafrika und machen zusammen eine Safari."
Eine Safari? Also ist das hier ein Zelt. Ich schaue mich noch einmal genau um und wirklich, ich sitze in einem großen, weißen Zelt. Es ist luxuriös eingerichtet und, wie ich nun feststellen kann, sitze ich auf einem weichen, großen, farbigen Teppich, welcher das ganze Zelt ausfüllt. Am Zeltrand sind Kissen in den unterschiedlichsten Farben und Größen verteilt. Von draußen höre ich Stimmen und schaue Tefnut fragend an. „Wir sind zusammen mit einer Gruppe Reisender unterwegs. Wir werden also nicht allein sein. Doch wir können uns jederzeit zurückziehen. Ich führe hier in Ostafrika ein großes Hotel. Jede Woche haben meine Gäste die Gelegenheit, für ein paar Tage eine Safari zu machen und weil ich wusste, dass du kommst, habe ich beschlossen, dieses Mal mitzugehen. Du wirst sehen, die Safari wird dir Spaß machen."
Spaß? Die Stimmen draußen werden immer lauter und ich habe den Eindruck, dass es mit der Ruhe nun wohl vorbei sein wird. Die Stille und Einsamkeit mit Selene ist vorüber und wie es scheint, ist Tefnut aus einem ganz anderen Holz geschnitzt. Doch eines haben die Göttinnen wohl gemeinsam, auch sie kann meine Gedanken lesen: „Ja, ich bin anders als Selene. Doch du wirst sehen, wir werden eine Menge Spaß zusammen haben."
Schon wieder Spaß. Das ist wohl die Göttin des Spaßes. Eine Spaßgöttin, die sich Sonnengöttin nennt. Na, das kann ja heiter werden, denn zum Spaßen bin ich überhaupt nicht aufgelegt. Bevor ich antworten kann, nimmt mich Tefnut bei der Hand, zieht mich auf meine Beine und macht einen Rundgang mit mir. Sie stellt mich verschiedenen Leuten vor, bis mein Kopf völlig wirr ist vor lauter neuen Namen und Gesichtern und schlussendlich zeigt sie mir mein Zelt.
„Zieh dich um. Ich habe dir Kleider mitgenommen, sodass du dich zivilisiert anziehen kannst." Da erst wird mir bewusst, dass ich nur mit einem Tuch

bekleidet dastehe. Ich werde rot, was Tefnut amüsant findet und sie schubst mich in mein Zelt mit der Aufforderung: „Komm rüber zum großen, offenen Zelt, wenn du fertig bist." Drinnen in meinem Zelt stelle ich fest, dass da ein Liegebett steht mit einem großen weißen Netz darüber. Erwartet habe ich einen Schlafsack. Doch dem ist nicht so. Im Zelt steht ein Stuhl, eine Kommode mit Schminkutensilien, einem Kamm, einer Bürste und einem Spiegel. Es scheint wirklich eine luxuriöse Reise zu werden. Ich lege meine Puppe aufs Bett und schaue nach den Kleidern. Diese liegen in der Kommode und sind alles andere als aus einfachem und billigem Material. Sie sind weich, anschmiegsam und scheinen mir recht teuer. Ich freue mich richtig, wieder einmal Shorts anzuziehen, ein T-Shirt und die passenden Schuhe dazu. Die Kleider- sowie die Schuhgröße stimmen und so bin ich schnell angezogen und gehe froh gelaunt und neugierig zum offenen Zelt. Tefnut erwartet mich schon. Sie hat ihre langen, schlanken Beine übereinander geschlagen, strahlt über das ganze Gesicht und fordert mich auf, mich zu ihr zu setzen. Sie sitzt an einem langen weißen Tisch. Also gehe ich davon aus, dass es wohl eine größere Gruppe ist, die hier auf Safari geht und schon erklärt Tefnut: „Die anderen sind unterwegs. Sie kommen erst am Abend zurück. Du wirst sehen, sie sind sehr nett. Da jetzt fast alle weg sind, haben wir mehr Zeit, uns etwas besser kennen zu lernen."

Ich setze mich ihr gegenüber und bin froh, als mir ein Glas Wasser gereicht wird. Es ist heiß und die Sonne scheint unerbittlich auf das Zelt. Tefnut macht das wohl nichts aus. Sie sitzt lächelnd und entspannt da. „Es ist Mittag und somit recht heiß. Falls du Hunger hast, dort stehen Früchte, die du essen kannst. Da die Leute tagsüber unterwegs sind, wird hier kein Mittagessen serviert. Am Morgen und am Abend gibt es jeweils eine ausgiebige Mahlzeit. Doch nun erzähl. Wie geht es dir?" Mit einem erwartungsvollen Blick sieht sie mich an und ich weiß überhaupt nicht, was ich sagen soll. Ja, wie geht es mir? Keine Ahnung. „Ich weiß nicht, wie es mir geht. Irgendwie bin ich noch gar nicht da. Ich habe das Gefühl, noch zu träumen und gleichzeitig weiß ich, dass dem nicht so ist. Ich denke, ich bin neugierig, vielleicht ein wenig ängstlich und angespannt. Und vor allem interessiert an dem, was du mir zeigen und sagen wirst."
„Das ist gut. Gibt es etwas, das du jetzt wissen möchtest?"
Ich schüttle den Kopf. Was könnte ich schon fragen. Alles hier ist fremd für mich. Ich brauche Zeit, mich umzustellen. Schließlich bin ich schon wieder in einer neuen, anderen, mir völlig fremden, Welt gelandet. „Warst du schon mal in Afrika?" Ich schüttle wieder den Kopf. Was Tefnut dazu veranlasst, sich über den Tisch zu mir zu beugen und zu fragen: „Aber stumm bist du hoffentlich nicht."
Ich will gerade wieder den Kopf schütteln, beschließe aber, etwas zu sagen. „Nein, ich bin nicht stumm."
„Hhm, das ist gut."

Und so sitzen wir beide da, in diesem offenen Zelt, unter der brütend heißen Sonne und schweigen. Es ist nicht das beglückende, schöne Schweigen, wie ich es zwischen Selene und mir kennen gelernt habe. Dieses Schweigen ist anders. Eine Spannung liegt in der Luft und ich habe den Eindruck, dass Tefnut darauf wartet, dass ich etwas sage. Das macht mich nervös. Was soll ich denn sagen? Ich weiß es nicht.
Schließlich steht Tefnut auf, blickt auf mich hinunter und meint: „Ich habe noch zu tun. Wenn du etwas willst, brauchst oder reden möchtest, rufe mich."

Und weg ist sie. So sitze ich allein an diesem riesigen Tisch und weiß überhaupt nicht, was ich jetzt machen soll. Ich kann es ihr nicht verdenken, dass sie wegging. Doch anderseits, sie ist es doch, die mir etwas sagen will, wieso also sagt sie nichts. Ich bin hin und her gerissen zwischen einem Wut- oder Lachanfall. Das ist ja wirklich zu komisch. Da sitze ich nun in Afrika und habe keine Ahnung wieso, weshalb oder auch warum ich hier bin. Wer ist diese Tefnut? Was will sie? Ich habe noch nie von dieser Göttin gehört. Ich habe überhaupt noch nie von einer Sonnengöttin gehört. Die Sonne ist männlich und somit ein Gott und nicht eine Göttin. Jedenfalls ist die Sonne heiß und ich habe nicht vor, mir daran die Finger zu verbrennen. In diesem Moment lerne ich George kennen. Er ist auch einer der Touristen, die bei dieser Safari mitmachen. Heute hat er einen Ruhetag eingelegt. George ist Engländer und wie sich herausstellt, ein pensionierter Geschichtslehrer und Mythologe. Also ein Idealfall. So kommt es, dass er mir einiges über die Mythologie der Sonne erzählt. Er ist es auch, der mich von meinem Irrtum befreit, dass die Sonne schon immer männlich war: „Junge Frau, das sehen sie völlig falsch. Natürlich gibt es Sonnengötter. Apollo, Helios, Re oder wie sie alle heißen. Doch es gibt genau so viele Sonnengöttinnen. Afrodull, Saule, Amaterasu, Tefnut, Beiwe, Etain, Olwen, Sunna, Sunnu oder Sol. Es gab einige Kulturen, welche die weibliche Sonnengöttin verehrten."
„Und wieso hört man nie von ihnen. Wieso ist immer nur die Rede von Helios, Apollo oder Re als Sonnengott?" Er schaut mich mit seinen blauen, lustigen Augen vergnügt an: „Ist das so? In Britannien zum Beispiel wurde die Sonnengöttin Sul sehr verehrt. Sie wurde auf dem Silbury Hill gefeiert und die Anlage von Stonehenge wurde zur Beobachtung des Sonnenlaufs verwendet."
„Und was brachte diese Beobachtung?"
„So konnten die Tagundnachtgleichen und Sonnenwenden bestimmt werden und es ermöglichte auch, Sonnenfinsternisse im Voraus zu berechnen. Dieses Gebiet wird noch heute Salisbury Plain genannt. Gerade Stonehenge, das erbaut wurde, bevor die Kelten und Keltinnen die Insel besiedelten, kann als weiteres Indiz dafür gewertet werden, dass die Göttin Sul nicht keltischen Ursprungs gewesen, sondern auf eine noch ältere Göttin zurückzuführen ist."
Ich werde nachdenklich, doch ganz überzeugt hat er mich nicht. Für mich ist der Mond weiblich und die Sonne männlich. Hat nicht gerade meine letzte

Reise zu Selene genau das gezeigt? Doch George gibt nicht auf: „Nehmen wir die Sonnengöttin Saule, die auch Sul oder Sun genannt wird. Sie wurde von den Eroberern Ägyptens zum Sonnengott Re gemacht und von den Azteken zum Huitzilopochtli. Wenn wir jedoch die baltische Sprache anschauen, finden wir den richtigen Schlüssel."
„Und wieso die baltische Sprache?"
„Sie gehört zu den ältesten, bis heute erhaltenen, indoeuropäischen Sprachen. Wenn wir nun die indoeuropäischen Völker ansehen, so ist eine patriarchal hierarchische Götterfamilie charakteristisch für ihre Mythen. Also musste der oberste Gott jeweils ein Himmels- oder Sonnengott sein. Jedoch im baltischen Raum war das anders. Saule blieb eine starke und selbständige Sonnengöttin. Sie war und ist eine alteuropäische Göttin jener frauenverehrenden Kultur, die bereits vor dem Eindringen der Indoeuropäer bekannt war. Saule war zu groß und zu mächtig, um einer männlichen Sonnengottheit Platz zu machen." Ungläubig schüttle ich den Kopf:
„Ich habe noch nie von dieser Saule gehört." George lacht nur und fährt unbeeinflusst weiter: „Nehmen wir das Brauchtum der Lettinnen. Vor allem im bäuerlichen Leben der Letten ist diese Sonnengöttin fest verankert. Es ist Saule, die das Korn reifen und die Ähren schwer werden lässt, indem sie durchs Roggenfeld watet. Dabei rafft sie ihre Röcke. Dort, wo sie ihre Röcke, den Mantel oder die Schürze niederlässt, neigen sich die Ähren."
„Und gibt es auch ein Fest für Saule?"
„Natürlich. Das Fest zu ihren Ehren wurde im Sommer, zur Sommersonnenwende, gefeiert. Die Frauen und jungen Mädchen schmückten sich mit Kränzen aus Blumen und frischem Grün. In der Nacht vor der Sommersonnenwende tanzten die Menschen um zahlreiche Feuer, die zu Ehren Saules brannten. Junge Mädchen baten ihre Mütter um goldene Gürtel, um mit Saule tanzen zu können. In dieser Nacht verwischte sich die Grenze zwischen den Festteilnehmerinnen und der Göttin. Die Menschen hatten teil an ihrer Göttlichkeit. Bei diesem Fest warteten alle auf den Aufgang der Sonne, bis Saule in ihren goldenen Schuhen am Morgen der Sommersonnenwende über den Himmelsberg oder durch den Apfelgarten tanzte."
Es ist spannend, George zuzuhören. Er hat ein erfrischende Art, Geschichten zu erzählen und ich denke, dass ich gerne einen solchen Geschichtslehrer gehabt hätte.
Vielleicht hätte ich heute mehr Wissen. „Ist die Sommersonnenwende nicht ein Fest des Christentums?", frage ich ihn erstaunt.

„Das Christentum versuchte, den Kult um die Sonnengöttin zu unterdrücken. So hat einerseits Maria die Rolle der Saule übernommen und andererseits wurde mit Johannes dem Täufer versucht, die Sonnengöttin zur Sommerzeit durch einen Mann, den Vorgänger Christi, zu ersetzen."
„Aha, deswegen denke ich, dass die Sommersonnenwende zum Christentum gehört." Ich staune immer wieder, wie das Christentum es geschafft hat,

ursprüngliche Feiern für sich zu beanspruchen... und ich staune über mich, dass ich der Kirche immer wieder glaube.
George schüttelt vehement den Kopf. „Auch, wenn viele heute der Meinung sind, dass die Kirche Feiern wie Ostern, Sommersonnenwende, Weihnachten und wie sie alle heißen initiiert hat, wurden die Göttinnen und die ursprünglichen Feste damit nicht verbannt. Vielleicht vordergründig ja, doch nicht wirklich. Nehmen wir als Beispiel wieder Lettland. Das Christentum brachte Johannes ins Spiel und die Lettländer nannten ihn Janis. Doch sie vergaßen dabei die Göttin Saule nicht. Nein, sie machten einfach aus der völlig unchristlichen Gestalt der Frau des Janis oder der Mutter Janis, der Johannismutter, die Sonnengöttin. Sie haben sie also wieder hinein geschmuggelt."
„Also war Saule noch immer da." Er nickt. „Das Bild der Saule, die durchs Roggenfeld watet, wurde mehrmals kopiert. Im Christentum übernahm die Johannismutter oder die heilige Maria diese Rolle. Auch der Sonnentanz zur Sommersonnenwende wurde in die christliche Mythologie aufgenommen und in den Tanz der Sonne am Ostermorgen, aus Freude über die Auferstehung Christi, verwandelt."
„Der Sonnentanz? Gehört der nicht zu den Indianern?"
„Nein, nicht nur. Den Sonnentanz kennen viele Völker. Es ist nichts anderes als eine Erneuerungszeremonie."
„Doch bei den Indianern ist es ein wichtiges Ritual?"
„Ja. Der Sonnentanz war bei den meisten Prärie- und fast allen Plainstämmen verbreitet. Er wurde vom späten Frühling bis zum Frühsommer abgehalten und soll den Glauben an die Geister bei den Stammesangehörigen erneuern. Früher nahm man an, dass der Sonnentanz im folgenden Jahr große Büffelherden garantierte."
„Und was beinhaltet so ein Sonnentanz?"
„Für die meisten Völker der Ebenen war und ist der Sonnentanz ein viertägiger Zyklus heiliger Rituale und Tänze. Sie sind mit langen Torturen und teilweise mit Selbstquälereien verbunden. Jeden Tag fasten und tanzen die Tänzer stundenlang um einen heiligen Baum. Am letzten Tag werden jene, die sich für die Selbstquälung entschieden haben, mit Riemen an diesen Baum gebunden. An den Riemen sind Holzstifte befestigt, die tief in die Brust oder den Rücken gestoßen werden. Diese Qual dauert 24 Lieder des Tanzes, mehrere Stunden lang. Am Höhepunkt dürfen die erschöpften Tänzer versuchen, sich ihrer Riemen zu entledigen und die Spieße aus dem Fleisch zu ziehen. Ein Erfolg tritt ein, wenn ein Teilnehmer während des langwierigen Martyriums eine Vision bekommt."
„Das ist ja grauenhaft."
George zuckt nur seine Schulter. „Andere Kulturen, andere Sitten. Im 19. Jahrhundert schockierte diese Selbstmarterung beim Sonnentanz weiße Beobachter, und 1881 wurde das Piercing verboten. Ein harter Schlag für die Indianer der Plains, die glaubten, dass der Sonnentanz ohne die Torturen unwirksam sei und die Erneuerung der Welt somit nicht stattfinde könne. In

den folgenden Jahren führten viele Indianer für die Weißen Sonnentänze auf, bei denen sie mit Pferdegeschirr die alten Praktiken simulierten. Andere praktizieren die traditionellen Sonnentänze einschließlich der Marterungen im Geheimen weiter."
„Also gibt es diesen Sonnentanz noch heute."
„Sogar offiziell. Das Piercing wurde anlässlich des Indian Reorganization Act im Jahre 1934 wieder erlaubt. Der Sonnentanz lebte jedoch erst in den Sechziger Jahren mit der wachsenden Militanz der Indianer wieder auf. Heute finden sie in den meisten Wohngebieten der Plains-Indianer statt."

„Unklar ist mir immer noch das Geschlecht der Sonnen- und Mondgottheit."
„Was du dich fragen kannst: Wie wichtig das Geschlecht überhaupt ist, denn du trägst das Männliche und das Weibliche in dir. Doch ich will dir gerne antworten. Es ist zunächst einmal einleuchtend, dass ein Klima, in dem Schutzlosigkeit gegenüber der Sonne den Tod bedeuten kann, dem Solaren etwas Militantes, etwas Agressives verleiht. Und ob wir jetzt den herrschaftlichen babylonischen Schamasch, den Soldatengott Mithras, den Bogenschützen Apollon oder die alles beobachtenden und überwachenden Sonnengötter Indiens nehmen, sie alle entsprechen dem Bild eines Gottes, dem man sich in seiner Erhabenheit und Stärke nur mit äußerster Vorsicht zu nähern vermag. Dabei ist auch die Erkenntnis nicht unerheblich, welche wichtige Rolle der Kult des Sonnengottes etwa in Ägypten und Indien für die Genese des Monotheismus gespielt hat.
Demgegenüber steht die Göttin des Mondes: Als verschleierte Isis auf ihrem hohepriesterlichen Thron, was Assoziationen an orientalische Frauenbilder weckt, und andererseits an die fruchtbar gebärende und die nächtlich die Wälder durcheilende, durchjagende Diana. Bei diesen Vorstellungsbildern tritt uns das Heimliche, das verbergen Wollende und Versteckende hervor, wie es eben auch zum Wesen der Nacht gehört. Wir treffen hier das Weibliche auf der Nachtseite der Dinge an, oder begegnen, wie es die moderne Tiefenpsychologie jungianischer Prägung auch formuliert hat, der Anima in den Regionen des Unbewussten. Also drängt sich uns die Frage auf, was uns dies über die Einstellung der Menschen der orientalischen und hellenistischen Kulturen, die in den Jahrhunderten vor Christi Geburt in ein inniges Beziehungsgeflecht geraten, zur Bewertung von Mann und Frau in der menschlichen Gemeinschaft verrät. Und hier ist uns nun bekannt, dass der Stellenwert der Frau sowohl in den Kulturen, die den Monotheismus hervorbrachten, von Ägypten über Israel bis hin zum alten Iran, eine denkbar Miserable war. Es würde zu weit führen, die Ursachen dieser Entwicklung zu erkunden. Was du im Alten und Neuen Testament und im Koran zu dieser Problematik findest, spricht eine deutliche Sprache.
Heute können wir in jenen Kulturen in vereinzelter Hinsicht, ganz verstärkt aber in nördlicheren Breiten einer Reihe von Gestalten begegnen, in denen uns eine Göttin der Sonne und ein Gott des Mondes erscheint. Und denke

daran, dass die in jenen Kulturen herausragende Bedeutung der Frau als Priesterin, Kriegerin und Seherin zum Ausdruck einer verstärkten Konservierung matriarchalischer, matristischer bzw. matrilinearer Vorgeschichte wird. Die Diskussion um diese Kennzeichen menschlicher Gemeinschaft der Frühzeit ist von heftigen Gefühlen geprägt, weil es hinsichtlich der daraus zu ziehenden Schlüsse um Macht und Herrschaft geht, was insbesondere die Kleriker und die Eingeweihten der männlichen Mysterienbünde bewegen wird, sich ihr zu entziehen. Von den Germanen erfahren wir aus der jüngeren Edda, dass sie an eine Sonnengöttin namens Sol und einen Mondgott Mani glaubten. Die kontinentalgermanische Überlieferung erwähnt im Zweiten Merseburger Zauberspruch eine Göttin namens Sunna. Trotzdem spricht man im Deutschen von der Sonne und dem Mond. Auch den Gott Mani stellte man als literarische Erfindung hin, obwohl die deutsche Volksüberlieferung mit dem Mann im Mond wohl vertraut ist. Die volkskundliche Forschung hat erwiesen, dass die meisten Mondsagen über männliche Gestalten im Mond berichten. Dieser Mann wird meist irgendeiner Straftat beschuldigt, wegen der er in den Mond verbannt wurde.
Vielleicht spiegelt sich auch hierin die Ablösung einer urgeschichtlichen durch eine spätere Religion? Meist wird ja in einem Religionswechsel die alte Überlieferung kriminalisiert und verteufelt. Dass die Sonnengöttin in vorgeschichtlicher Zeit einen wichtigen Rang gehabt haben muss, können wir auch aus dem Runenfuthork, der alten, heiligen Symbolschrift der Germanen, ersehen: Die 16. Rune des älteren gemeingermanischen Futhorks mit 24 Runen trägt den Namen Sol."
Ich höre ihm gebannt zu und mir schwirrt der Kopf. Trotzdem ist mir immer noch nicht klar, wieso es Sprachen gibt, in denen die Sonne männlich, der Mond weiblich ist - und im Deutschen ist es gerade umgekehrt.
„Ein möglicher Ansatz könnte die Tatsache sein, die Leo Frobenius bereits 1923 aufgedeckt hatte, als er die Verbreitung des Glaubens an die Göttin der Sonne in geographischer Hinsicht untersuchte. Er stellte fest: Die großen Landmassen im Norden sahen und sehen den Mond als männlich, die Sonne als weiblich an. Die pazifischen und mediterranen Randkulturen dagegen sehen die Sonne als männlich und den Mond als weiblich, ihr Verhältnis zueinander aber als das eines Gattenpaares an."

In diesem Moment wird George von einer älteren, blonden, rotgesichtigen, rundlichen Frau begrüßt, die zusammen mit weiteren Besuchern ins Zelt kommt. Ich habe gar nicht bemerkt, dass die Jeeps mit den anderen Gästen ins Camp gefahren sind. Liliane, die Frau von George, sowie die anderen plappern wild drauf los und erzählen von ihrer ersten Reiseetappe. Mir wird es zu laut und so ziehe ich mich in mein Zelt zurück. Nach einiger Zeit findet mich Tefnut und fordert mich auf, zusammen mit der Reisegruppe zu speisen. Das Essen empfinde ich als Tortur. Alle reden drauf los, niemand hört wirklich zu und vor allem ist es laut. Ich beschließe, früh ins Bett zu gehen, denn am nächsten Morgen soll es zeitig losgehen. Nach einem unruhigen Schlaf steige ich noch ziemlich schlafgetrunken in den Jeep. Tefnut sitzt bei uns vorne im Jeep und erklärt, dass wir nun beim Kokerboomwoud vorbeifahren. Dieser Köcherbauchwald ist ein bizarres Örtchen. Da stehen vereinzelte wuchtige Bäume, die mehrere hundert Jahre alt sind und doch scheinen sie nur auf Steinen zu wachsen. Von einem Wald im europäischen Sinne kann keine Rede sein. Also habe ich wieder einmal eine Vorstellung, die nicht mit der Realität übereinstimmt. Ich lächle still vor mich hin. Danach fahren wir zum Orange River, wo die idyllischen Augrabies Falls liegen. In der Nähe des Wasserfalls treffen wir auf die ersten wilden Tiere. Es sind drollige Nager, die Rock Dassie. Diese Nager lösen bei den weiblichen Gästen Entzücken aus, was ich überhaupt nicht verstehe. Ich finde die Reise bis jetzt sowieso weder wahnsinnig spannend noch abenteuerlich. Die anderen Fahrgäste sehen das anders und sind ganz aufgelöst und voller Euphorie, von der ich mich jedoch nicht anstecken lasse. In meinen Gedanken bin ich viel lieber beim Wasserfall und Selene. Da ist es viel schöner und vor allem: die Ruhe, wo ist die Ruhe geblieben? Wie sehr sehne ich mich nach der Zweisamkeit zurück. Doch nun bin ich in dieser Gruppe und fühle mich überhaupt nicht zugehörig. Will auch nicht dazu gehören. Nicht einmal George ist mir mehr nahe. Zusammen mit seiner Frau ist er genau so kindisch doof, wie die anderen, die immer wieder laut ihr Entzücken zum Ausdruck bringen. Der Tag neigt sich endlich seinem Ende entgegen. Natürlich schauen alle entzückt dem Sonnenuntergang zu und kurze Zeit später senkt sich die Finsternis über Südafrika. Nach dem Essen ziehe ich mich wieder in mein Zelt zurück, welches nun nicht mehr so luxuriös ist, wie das erste. Am Morgen werden wir alle früh geweckt. Es ist bitterkalt und noch stockfinster, als wir aufbrechen. Kurz vor unserem nächsten Ziel sehen wir sie, die Löwen, die Könige der Tiere. Die Fotoapparate werden gezückt und alle scheinen entzückt. Mich lässt das kalt. Ich habe ja auch keine Safari geplant und monatelang dafür gespart. Ich weiß auch nicht, was ich von diesem Ausflug halten soll. Mir ist klar, dass es einen Sinn hat. Keine Göttin macht etwas, was keinen Sinn gibt. Mir ist nur noch nicht klar, was Tefnut bezweckt. Ich sehe die anderen Gäste, wie sie sich freuen und der nächsten Tierbegegnung entgegen fiebern. Wie sie alle entzückt im Jeep sitzen und sich am Abend lang und breit über alles Gesehene und nicht Gesehene austauschen. Das geht mir auf die Nerven. „Hast du gesehen, wie die Springböcke dastanden?“ Jede unbekannte Tierart ist ein Thema, jede Schönheit der Natur muss herhalten und natürlich sind die bekannten Tiere, wie Löwen oder Elefanten, der Gesprächsstoff überhaupt. An diesem Abend vergnügen sich alle mit sportlichen Aktivitäten im puren Wüstensand, während das Koch-Team das Essen vorbereitet. Ich schaue zu. Nach dem Dinner habe ich endgültig genug und setze mich ein wenig abseits unter den südafrikanischen Sternenhimmel. Ich höre die anderen reden, lachen und sogar singen und fühle mich allein. Allein in einer Gruppe von Menschen, die sich anscheinend toll amüsieren. Die Tränen laufen mir hinunter. Ich bin so unglücklich, wie schon lange nicht mehr in meinem Leben.

„Jeder Mensch ist seines Glückes Schmied“, höre ich da Tefnut sagen. Sie setzt sich neben mich und schaut mich mit ihren ausdrucksstarken Augen an. „Lass mich allein. Ich brauche keine guten Ratschläge“, gebe ich ihr zur Antwort und wünsche wirklich, dass sie mich allein lässt.
Sie geht jedoch nicht, sondern fragt statt dessen: „Was macht dich traurig, dass du weinen musst?“
Ich zucke mit den Schultern. Ich weiß es nicht. Es ist wohl dieses Gefühl, allein zu sein in einer Gruppe, die sich köstlich amüsiert. Wieso fühle ich mich allein, wenn die anderen es lustig haben? Egal. Ich will allein sein, wenn ich mich schon allein fühle. Logisch. „Willst du wirklich einsam hier draußen sitzen oder willst du das Alleinsein für dich nutzen?“, höre ich Tefnut schon wieder. Da explodiere ich. „Hör auf, lasse mich in Ruhe. Ich bin nach draußen gegangen, um dich und die anderen weder sehen, noch hören zu müssen. Du hast dich bis jetzt auch nicht um mich gekümmert. Also gehe.“
„Ich bleibe, weil du endlich bereit bist, dich zu öffnen. Endlich lässt du Gefühle zu, also bleibe ich.“
Ich stehe auf, sehe auf sie hinunter und brülle sie an: „Ich hasse dich. Ich hasse dich und diese Safari. Ich hasse die Menschen, die dort singen und lachen. Ich hasse es, von euch Göttinnen benutzt zu werden. Ich hasse es, von einer Göttin zur anderen geschubst zu werden, ohne, dass ich mich vorher darauf einstellen kann. Ich hasse diese Art von Leben.“
Nach diesem Wutausbruch breche ich zusammen und weine nur noch. Ach, ich Arme. Ich bin ja so unglücklich. „Ich wünschte, ich wäre wieder bei mir zu Hause, da war ich glücklich. Ich wusste es nur nicht“, schluchze ich vor mich hin. Tefnut sitzt schweigend da, bis ich mich ein wenig beruhigt habe. „Der Mensch ist schon komisch. Er erkennt sein Glück erst, wenn es vorbei oder nicht mehr da ist. Im Moment selber nimmt er sein Glück oft gar nicht wahr.“
„Oh doch. Ich war glücklich bei Selene.“
„Und hast du dort das Glück gespürt oder weißt du es erst jetzt, im Nachhinein, dass du dort glücklich warst?“
Ich überlege und komme zum Schluss, dass ich es erst jetzt weiß. Also ist Glück etwas, das ich erst im Nachhinein wahrnehme?
„Glück ist eine geistige Einstellung und wurzelt in der inneren Wahrnehmungsfähigkeit“, erklärt in diesem Moment Tefnut.
„Was heißt das? Ich verstehe dich nicht.“
„Menschen suchen ihr Glück im Außen. Sie suchen es in der Liebe, im Beruf, im Spiel oder noch schlimmer: sie warten auf glückliche Zufälle des Lebens.“
„Und was ist daran falsch?“
„Daran ist nichts Falsches, doch es macht abhängig. Glücklich sein hat jedoch nichts mit einer Abhängigkeit zu tun, sondern mit der eigenen Einstellung.“
„Demzufolge wäre es ein Leichtes, sein Glück zu finden, und trotzdem suchen wir unser Glück ein Leben lang und finden es trotz intensiver Suche nicht.“
„Ja, weil du es abhängig machst von anderen Menschen, von Dingen, Orten. Das Glück liegt viel näher. Es liegt in dir.“

„Und wieso fühle ich mich dann so unglücklich?"
„Du strebst nach Dingen, von denen du glaubst, dass sie dich glücklich machen würden. Doch horche mal in dich hinein. Was macht dich wirklich glücklich? Oder bist du gar glücklich und weißt es nur nicht?"
„Glück, glücklich, es gibt eben Glückspilze und Pechvögel. Ich gehöre wohl mehr zur zweiten Sorte."
Tefnut lacht und schüttelt dabei ihre Löwenmähne. „Nein, du bist kein Pechvogel. Mit dem Glück verhält es sich so, dass es jederzeit für dich da ist. Ich erkläre es dir an einem Beispiel. Stell dir ein Kind vor. Von den Kindern kannst du nämlich viel lernen. Sie sind glücklich ohne einen besonderen Grund, es ist ihre Grundeinstellung. Oder nimm eine Pflanze in der Natur. Sie ist immer glücklich, weil sie alles so nimmt, wie es kommt. Sie nimmt die Herausforderungen an und versteht, dass der Wind sie stark machen wird, dass trübe, regnerische Tage ihr ermöglichen zu wachsen. Sie freut sich an dem, was kommt. Also höre auf, Trübsal zu blasen. Du hast keinen Grund dazu. Gehe in dich hinein, da findest du dein Glück."
„Nein, in mir ist nichts Glückliches. Siehst du denn nicht, wie sehr ich leide? Und wenn ich leide, kann ich nicht glücklich sein!"
„Du leidest?"
„Ja, ich leide. Ich fühle mich einsam in dieser Gruppe."
„Du fühlst dich einsam?", wiederholt sie meine Worte und zieht dabei ihre Augenbrauen in die Höhe, was wohl bedeutet, dass sie mich nicht versteht. Und wirklich, ihre nächsten Worte bestätigen mir meinen Eindruck: „Wenn du dich nicht in die Gruppe einfügen willst, ist das okay. Doch gleichzeitig das arme Opfer zu spielen, das doch so einsam und verlassen ist, geht nicht."
Diese großkotzige Göttin hat ja keine Ahnung. Was fällt ihr ein. Sie hat gut reden. Sie ist jeweils der Mittelpunkt der Gruppe. Die Männer himmeln sie an, die Frauen suchen ihre Nähe und alles dreht sich um sie. Ich hingegen bin das Mauerblümchen. Niemand nimmt Notiz von mir, niemand spricht mich an. Niemand sucht meine Nähe. Die kann gut reden.
„So, wie du dich gibst, kommt niemand in deine Nähe, spricht dich niemand an. Du hast eine Mauer um dich errichtet und ziehst dich immer zurück, wenn jemand auf dich zukommt. Nimm also den Stein von deinem Herzen. Hör auf mit dem Zumauern. Nimm diesen Koloss von einem Stein weg und öffne dich. Hör auf, dich in deine Angst vor Verletzungen zu vergraben. Solange du dich nicht öffnest, sondern in der Angst vergräbst, kann gar niemand in deine Nähe kommen. Also hör auf, so erstaunt zu sein, dass du genau das erhältst, was du auch willst und suchst."
„Nein, das will ich sicher nicht und suche ich auch nicht."
„Oh doch, junge Frau. Wenn du dich offen gibst, kommt Offenheit zu dir zurück. Wenn du dich verschlossen gibst, prallt alles an dir ab. Dir ist anscheinend gar nicht bewusst, wie glücklich du dich schätzen kannst, von uns Göttinnen erwählt worden zu sein. Wahrscheinlich gehörst du auch zu den Menschen, die ihr Glück erst erkennen, wenn sie das Unglück der anderen

sehen. Glücklich ist jedoch, wer sein Glück auch erkennt. Also, öffne die Augen und höre auf, die Leidende zu spielen. Wenn du schon spielen willst, dann spiele die Glückliche. Werde zum Glückspilz, denn dieser trägt die Saat zum Glücklichsein in sich."
Nach diesem Wortschwall steht sie auf, schaut auf mich hinunter und meint: „Ich wünsche dir, dass du das Glück in dem findest, was du hast und bist", und geht zurück ins Zelt.

Ich sitze allein da und spüre in mich hinein. Sehe ich wirklich nur das, was ich nicht habe und gar nicht, was ich habe? Verfüge ich wirklich über die Fähigkeit, das Glück in mir selber zu entdecken? Ist das möglich? Spiele ich wahrhaftig die Leidende? Ich muss zugeben, dass ich das ab und zu mache. Und wieso mache ich das? Damit die anderen sich um mich kümmern? Gleichzeitig will ich jedoch nicht, dass mir jemand zu nahe kommt. Paradox und doch sonnenklar. Ja, es liegt an mir, wie ich diese Reise verbringen will und nicht an meinen Reisegefährten. Dass ich die Reise machen muss, ist klar, da komme ich nicht darum herum. Wie ich jedoch die Reise für mich nutzen kann, liegt allein an mir. Und ob ich die Reise einsam und verlassen in einer Gruppe von Menschen verbringe oder in einer Gemeinsamkeit, auch das kann ich bestimmen. Ich habe die Wahl. Das wird mir in diesem Moment zum ersten Mal wirklich bewusst. Ich kann wählen und somit auch mein Leben bestimmen. Es liegt an mir. Das gibt mir ein gutes Gefühl. Ich spüre eine Kraft in mir und fühle mich gleichzeitig glücklich. Ja, ich fühle ein Glücksgefühl in mir und in diesem Zustand gehe ich schlafen.
Am nächsten Morgen erwache ich mit einem Lächeln im Gesicht. Also beginne ich den Tag, wie ich ihn beendet habe, mit einem Glücksgefühl im Bauch. Beim Frühstück sitze ich neben George, der sich freut, mit mir zu plaudern und auch die anderen scheinen mir heute wie verwandelt. Sie suchen das Gespräch mit mir und ich fühle mich an diesem Morgen geborgen und aufgenommen in dieser Reisegruppe. Es ist schon komisch. Ich habe überhaupt nicht mehr das Gefühl, nicht dazu zu gehören.
Nach dem Frühstück nimmt mich Tefnut zur Seite. „So, wie du einschläfst, so erwachst du. Heute strahlst du wie die Sonne, sodass ich dich mit deiner inneren Sonne bekannt machen will. Auf der feinstofflichen Ebene befindet sich deine eigene Sonne im Solarplexus. Das ist eines deiner Energiezentren. Mit dem Sonnengruß kannst du Geduld, Ausdauer und physische Stärke in dir fördern. In der Regel wird der Sonnengruß morgens in zwölf Zyklen wiederholt." Sie zeigt mir jede der Stellungen, die ich von da an täglich für mich übe.

Nachdem wir in Rietfontein die namibische Grenze überschritten haben, treffen wir in Keetmanshoop ein. Spuren der deutschen Kolonialzeit sind hier zu sehen, was zu Diskussionen führt. Doch Tefnut lässt uns nicht lange Zeit für große Weltverbesserungsvorschläge. „Heute werden wir etwas früher essen und die Nacht mit einer Geschichte beginnen. Danach werden wir noch tanzen und ein kleines Fest feiern", erklärt sie uns. Damit kommen wir auf andere Gedanken und die ganze Kolonialzeit rückt in den Hintergrund.

Als wir am Abend am Feuer sitzen, beginnt Juan, uns eine Sonnengeschichte zu erzählen: „Mein Vater ist Spanier, meine Mutter Japanerin und von ihr kenne ich folgende Geschichte: In einer Zeit, als auf der Erde noch die Götter herrschten, lebte in Japan die Göttin der Sonne. Sie ist, im Glauben der Japaner, eine direkte Vorfahrin des japanischen Kaiserhauses. Sie liebte den Frieden und war eine leuchtend schöne Frau. Wenn sie über das Land schritt, wurde alles hell und warm. Ihr Bruder hingegen war ein böser Gott, der zu sinnlosen Gewalttätigkeiten neigte. Er verbrachte die meiste Zeit damit, die Lebewesen auf der Erde zu quälen und zu töten. Die Sonnengöttin verabscheute die Taten ihres Bruders und stellte ihn vor den anderen Gottheiten zur Rede. Doch er lachte sie nur aus. Als er es eines Tages besonders wild trieb, beschloss die Sonnengöttin in ihrer Ohnmacht, sich wegen der Taten ihres Bruders von der Erde zurückzuziehen und fortan in einer tiefen, dunklen Höhle zu leben. Als sie in der Höhle verschwunden war, wurde die Erde augenblicklich in absolute Dunkelheit getaucht und die Götter der Zerstörung und Trauer übernahmen fortan die alleinige Herrschaft. Bevor sich die Sonnengöttin der Erde abgewandt hatte, herrschte zwischen den Göttern ein Gleichgewicht. Solange sie auf der Erde wandelte, gab sie mit ihrer Anwesenheit allem Leben Wärme und das Licht, um sich davon zu ernähren und zu kräftigen. Legte die Sonnengöttin sich schlafen, wurde es zwar dunkel und die Götter der Finsternis konnten auf der Erde wirken, doch es blieb immer soviel Licht, um eine Herrschaft der Finsternis in Grenzen zu halten. Ein ständiger Kreislauf, der nun aus dem Gleichgewicht geraten war. Die Götter, die das Licht zum Überleben brauchten wurden krank und kraftlos. Zunächst waren die Götter der Finsternis über diese Tatsache erfreut. Sie hatten nun im Kampf gegen ihre Gegner von der hellen Seite der Macht leichtes Spiel. Sie bemerkten jedoch schnell, dass ein Kampf mit einem kranken und deshalb hilflosen Gegner keinen Spaß machte und vor allem keinen Ruhm einbrachte. Unter den Göttern machte sich also eine allgemeine Missstimmung breit und nach und nach begannen alle, das Licht und die Wärme und somit auch die Sonnengöttin zu vermissen. Selbst ihr gewalttätiger Bruder bereute seine Taten und hoffte, dass seine Schwester wieder aus der Höhle steigen würde. Aber alles Bitten, wieder zu erscheinen, traf bei der Sonnengöttin auf taube Ohren. Da alles nichts half, hielten die Götter am Ufer des heiligen Flusses Amano yasukawa no kawara eine Versammlung ab. Nach langer Zeit der Beratung, die oft durch Streitigkeiten unter den Göttern unterbrochen wurde, beschloss man, dem Vorschlag eines Gottes zu folgen, der die Sonnengöttin durch eine List aus der Höhle locken wollte. Seinen Anweisungen entsprechend wurde unweit des Höhleneingangs eine Stelle mit Hilfe ritueller Handlungen zu einem Tanzplatz umgewandelt. Als alle Vorbereitungen getroffen waren, fing einer einer der Götter ein rituelles Shinto Gebet an zu sprechen, und begleitet vom dumpfen Klang der Trommeln begann eine der Göttinnen, mit den Füßen auf den Boden zu stampfen und zu trampeln und einen immer wilder werdenden Tanz zu tanzen. Bei ihrem tanzenden Anblick brachen alle anwesenden Götter in tosendes Gelächter aus. In der Höhle wurde die Sonnengöttin auf das Spektakel vor der Höhle aufmerksam und fragte sich, warum wohl alle so fröhlich waren, obwohl die Erde im Dunkeln lag. Als sie an den Eingang der Höhle schlich, um sich Klarheit über das Verhalten der anderen Götter zu verschaffen, wurde sie von dem stärksten der Götter gepackt, ins Freie gezerrt und augenblicklich wurde es wieder hell und warm auf der Erde." Juan schließt seine Geschichte und wir alle sitzen still da.

Niemand sagt etwas und alle sind noch ganz im Bann dieser Geschichte. Da schlägt Tefnut die Trommel lacht und sagt: „Diese Geschichte wird auch heute noch von den Japanern als Entstehungsgeschichte des Rhythmus und der Trommeln erzählt. Nach Meinung der Japaner glauben seit jener Zeit die Menschen daran, dass sie mit Hilfe des Stampfens und Trampelns sowie anderen, auf Trommeln geschlagenen, Rhythmen die Götter beeinflussen können. Also, lasst uns Lärm machen und tanzen."
Damit ist der Bann gebrochen und fast alle stehen auf und beginnen, sich zum Takt der Trommeln zu bewegen. Ich sitze noch immer wie benommen da und als sich George neben mich setzt, teile ich ihm meine Gedanken mit. „Ohne die Sonne gibt es kein Leben. Und weil die Frau Leben schenkt, ist sie die Sonne. Das ist eigentlich logisch, nicht?"
George nickt. „Und doch ist es so, dass vor allem männliche Gottheiten die Sonne symbolisieren. Doch du hast Recht, ohne die Sonne gibt es kein Leben. Auf der anderen Seite, erinnerst du dich an den heutigen Sonnenuntergang? Ich denke dabei oft an das Männliche, welches in das Weibliche, die Erde, eintaucht. Wenn die Sonne versinkt, hält die Natur den Atem an. Für einen Moment ist es so, als wäre alles still. Kein Geräusch, kein Rascheln, absolute Ruhe, während sie versinkt. Das andächtige Schweigen vor dem Wunder, das jeden Tag aufs Neue geschieht. Wie schnell sie doch versinkt, so schnell wandert sie den ganzen Tag, und wir bemerken es meist gar nicht.
Der große Wagenlenker geht in der Nacht schlafen. So nannten die Ägypter den Sonnengott Re, der die Geschicke der Menschen lenkte, während er mit seinem Wagen über den Himmel fuhr. Jeden Morgen spannte er seine Pferde an und zog seine Bahn. Er kannte alle Geheimnisse und Pläne, sah alles, wusste alles und griff in das Leben der Menschen ein, wenn er es für richtig hielt. Sie beteten zu ihm um die Erfüllung ihrer Wünsche. Er hatte, wie jede Gottheit, seine eigenen Pläne. Doch wer lenkte in der Nacht? Ist es die Göttin? Wenn die Sonne untergeht, sinkt das Männliche in den Schoß der weiblichen Erde. Sie nimmt das Männliche in sich auf und am nächsten Tag gibt sie es wieder frei. Es symbolisiert für mich den Sterbe- und Werdeprozess."

George scheint mich vergessen zu haben, denn in seinem Blick kann ich erkennen, dass er nicht mehr zu mir spricht. Doch plötzlich sieht er mich wieder an, lächelt und fragt: „Weißt du, warum wir heute diese Sonnengeschichte gehört haben?" Ich schüttle den Kopf. „Heute ist Sommersonnenwende, also die kürzeste Nacht des Jahres und der Tag, an dem die Sonne am längsten scheint."
„Und das feiern wir?"
Er nickt und zeichnet auf den Sand einen Kreis, umgeben mit Strahlen. „Die Sonne", bemerke ich trocken. Er nickt wieder und beginnt mir zu erklären, dass die Sonnengottheiten vielfach als Rad, Feuerrad, Radkreuz oder Hakenkreuz, bei dem die Speichen die Sonnenstrahlen symbolisieren, dargestellt werden.
„Das Hakenkreuz symbolisiert auch die Sonne?"
„Ja, auch wenn dich das erstaunt. Seit matriarchalen Zeiten ist das Symbol für die Sonne ein Kreis mit umgebenden Strahlen. In der Grabkammer von Sess Kilgren in Irland zum Beispiel treffen die Strahlen der Sonne zur Sonnenwende exakt auf dieses in Stein geritzte Zeichen. Die einfachste Version des Sonnensymbols ist ein Kreis mit einem Punkt in der Mitte und wird bis heute in der Astrologie verwendet. Es steht für die Mitte und die konzentrierte Lebenskraft. Das Sonnenmotiv ist zugleich auch ein Augensymbol, das strahlende göttliche Auge, und kommt besonders in Westeuropa häufig paarweise vor."

Da gesellt sich Juan zu uns und fügt bei: „Der rote Kreis auf der japanischen Nationalflagge stellt auch die Sonne dar. Es ist das alte matriarchalische Symbol der Sonnengöttin Amaterasu."
„Und wie kommt es, dass gerade Japan eine Sonnengöttin hat?", frage ich.
Juan erzählt uns mehr darüber: „Das frühere Japan wird zwar häufig als barbarisch beschrieben, doch es gibt eindeutige Belege, die aufzeigen, dass Japan ein Matriarchat hatte. Japan war in viele kleine Staaten aufgeteilt, die häufig von Zauberinnen regiert wurden. Eine dieser Hexenköniginnen hieß Himiko. Sie lebte hinter verschlossenen Türen in einem Palast, mit tausend Dienerinnen und einem Mann, dessen Amt es war, zwischen ihr und ihren Untertanen Verbindung zu halten."
„Also alles andere als eine barbarische, primitive Lebensweise", fügt George bei.
„Nein, im Gegenteil. Das war ein ausgefeiltes politisches System. Diese tausend Frauen waren auch keine Dienerinnen, sondern der Kronrat und das Kontaktnetz der Königin mit den matriarchalen Sippen des Landes. Die Priesterin-Königin des Ur-Shinto stand in engstem Bezug zur Göttin, die in schamanischen Ritualen von ihr verehrt wurde und durch sie erschien. Im ekstatischen Zustand war sie eine Verkörperung der Göttin selber. Dies spiegelt der japanische Begriff „Kami" für Gottheit, der gleichzeitig für „einer Gottheit dienen" und „eine Gottheit sein" steht. In chinesischen und japani-

schen Geschichtswerken werden zahlreiche regierende Königinnen zur Zeit des Ur-Shinto erwähnt, die alle zugleich Schamanninen waren. Die lange Reihe der Schamanninen-Königinnen reichte bis ins dritte Jahrhundert unserer Zeit. Es gilt als sicher, dass die ersten japanischen Chroniken im achten Jahrhundert als „amtliche Auftragswerke" entstanden sind. Alles, was wir darin über die japanische Frühgeschichte lesen können, ist genauso gefälscht wie die jüdische Geschichte des Alten Testaments oder die christliche Bibel."
„Die Bibel ist gefälscht?", wiederhole ich ungläubig. Die beiden Männer lächeln sich und dann mich an und nicken vehement mit dem Kopf. „Was hast du denn geglaubt? Ob in Japan, China, Italien oder wo auch immer, die Geschichten sind verfälscht. In Japan war es jedenfalls so, dass ab dem siebten Jahrhundert der Einfluss des aus China kommenden Buddhismus stärker wurde. Der obersten Shinto-Göttin, der Sonnengöttin Amaterasu, wurden Worte zugeschrieben, wonach beide Religionen Formen des gleichen Glaubens wären. Frauen blieben weiterhin als Stammespriesterinnen tätig, beim staatlichen Schrein-Shinto allerdings nicht mehr ausschließlich. Auch Männer wurden zu verbeamteten Priestern gemacht, aber sie bekamen weibliche Namen und trugen Frauenkleidung. Danach wurde die Shinto-Religion mit ihren Göttinnen uninteressant, bis sie 1868 in völlig veränderter Form zur Nationalreligion wurde."
„Also wurden die Frauen auch in Japan langsam verdrängt?", bemerkt George.
„Ja. Nehmen wir als Beispiel die Literatur. Im zehnten und elften Jahrhundert wurde diese praktisch ausschließlich von Frauen geschrieben. Im 12. Jahrhundert entwickelte sich dann die Kriegerkaste der Samurai. Japan wurde zunehmend zu einer Militärdiktatur, deren Festigung die Entwertung und Entrechtung der Frauen mit sich führte. Im Jahr 1629 wurden alle Schauspielerinnen von der Bühne verbannt, um eine Gefährdung der öffentlichen Moral zu verhindern, wie einige Jahrhunderte früher in Europa. Im Ur-Shinto waren alle Frauen Priesterinnen. Jede Frau, welche die Initiationsriten vollzogen hatte, konnte Rituale ausüben. Das altjapanische Wort „Imo" bedeutet zugleich Schwester, Geliebte und Gattin. Als die Japaner ihre Mythologie überarbeiteten, um sie den neuen patriarchalen Gedanken anzupassen, wurde die Göttin vermännlicht und ihre frühere Identität als Omikami Amaterasu geriet in Vergessenheit. Doch bis heute leitet sich der kaiserliche Stammbaum von der Sonnengöttin her und die japanische Nationalflagge trägt mit dem roten Kreis deren Sonnensymbol."

Staunend höre ich zu und bin irgendwie auch ein wenig deprimiert. George schaut mich belustigt an: „Ja, die alten Religionen sickern immer wieder durch. Wir müssen sie nur erkennen. Das Weibliche ist überall." Ich schaue ihn mit großen Augen an und er meint: „Das Neue Testament ist nichts anderes als eine Reihe von Erzählungen."
„Also eine Erfindung der Menschen?", frage ich ungläubig.

„Jeder Glaube beruht auf Erfindungen. Das ist doch gerade die Definition von Glaube. Etwas als wahr zu akzeptieren, das wir für wahr halten wollen. Etwas, wofür es keinen wissenschaftlichen Beweis geben kann. Jede Religion beschreibt Gott durch Sinnbilder, Allegorien und Übersteigerungen, von den alten Ägyptern bis zu unserer heutigen Sonntagsschule. Metaphern ermöglichen es unserem Geist, mit dem Unvorstellbaren umzugehen. Kritisch wird es erst, wenn wir unsere Metaphern für die Wirklichkeit halten."
„Also stimmt die Bibel nicht", und irgendwie macht mich das traurig. George legt seine Hand auf meine Schulter und erklärt: „Die Bibel bietet Millionen Menschen auf der ganzen Welt einen geistigen Rückhalt, genauso wie der Koran oder die Thora für die Menschen anderer Religionen. Daran ist nichts Schlechtes. Wer wirklich in seinem Glauben lebt, weiß ohnehin, dass diese Geschichten Metaphern sind."
„Nein, das denke ich nicht", erkläre ich skeptisch. „Ich kenne gläubige Katholiken, die davon überzeugt sind, dass Jesus wirklich auf dem Wasser gewandelt ist, dass er wirklich Wasser in Wein verwandelt hat, dass er ......", George unterbricht mich. „Darauf wollen wir ja gerade hinaus. Die Allegorien der Religionen sind ins Alltagsbewusstsein eingegangen und helfen Millionen Menschen, mit ihrem Leben besser zurechtzukommen und tugendhafter, aufrichtiger und anständiger zu sein."
„Wenn es doch aber falsch ist. Die Menschen leben doch mehr oder weniger in einer falschen Wirklichkeit."
„Wirklichkeit?", fragt George. „Was ist Wirklichkeit? Ist es das, was wir wissen oder fühlen? Was wir erleben oder meinen zu erleben? Was ist Wirklichkeit? Gibt es überhaupt eine falsche Wirklichkeit?"

Bevor ich mich noch weiter dazu äußern kann, spüre ich die Hand von Tefnut auf meiner Schulter und höre sie sagen: „Du hast genug gehört für heute. Lasse deinen Verstand nun etwas zur Ruhe kommen und bewege dich."
„Ich habe keine Lust zu tanzen. Ich schaue lieber zu."
„Natürlich hast du Lust zu tanzen. Du weißt es nur noch nicht. Stehe auf und komme."
„Nein. Lass mich. Ich habe keine Lust und überhaupt: ich kann gar nicht tanzen."
„Du kannst nicht tanzen? Jeder Mensch kann tanzen. Du willst nicht. Du weißt, wie das ist mit dem ich kann nicht."
„Ja, ich gebe es zu, ich will nicht."
„Und wo ein Wille ist, ist ein Weg, also komme und tanze."
Sie zieht mich trotz meiner Widerrede auf die Beine. „Tanze mit dem Leben." Und schon werde ich von den anderen in die tanzende Reihe aufgenommen und beginne, mich wohl oder übel zu bewegen. Es ist mir peinlich und so bewege ich mich nur sehr langsam und zaghaft. Tefnut würde wohl sagen gehemmt und steif. Doch je länger ich mich bewege, desto einfacher geht es, mit der Zeit tanzt es sich wie von selbst. Mein Körper bewegt sich zu den

Klängen der Trommeln und ohne, dass ich es gewollt oder nicht gewollt habe, fühle ich mich immer besser. Ich spüre die kraftvolle Erde unter meinen Füßen, mein Kopf fühlt sich leer und schwerelos an und mein Körper wiegt sich im Takt der Musik. Ich weiß nicht, wie lange ich getanzt habe, denn irgendwie habe ich mein Zeitgefühl verloren. Es gibt nichts anderes mehr als tanzen. Es ist mir egal, wie ich mich bewege, es bewegt mich einfach. Durch das Tanzen fühle ich mich eins mit dem Universum, mit der Welt, mit allem. Ach, ist das Leben schön. So schön. Plötzlich hören die Trommeln auf und ziemlich verdattert stehe ich da. Ich habe gar nicht bemerkt, dass viele das Fest schon verlassen haben. Nur noch George, seine Frau Liliane und Tefnut sitzen am Feuer und schauen mich an.
Die Kraft, die ich vorher gefühlt habe, diese Freude, dieses Glücksgefühl, ist wie weggeblasen. Ich stehe da und habe ein ungutes Gefühl. Wie peinlich, die haben mich sicher beim Tanzen beobachtet. Mich, die nicht tanzen kann. Meine Gedanken scheinen sich wohl auf meinem Gesicht wieder zu spiegeln, denn in diesem Moment bricht Tefnut in schallendes Gelächter aus. George, seine Frau und ich schauen Tefnut verwundert an, was sie überhaupt nicht stört. Sie lacht Tränen und mit ihrem Lachen scheint die ganze Schöpfung mitzulachen, so elektrisierend, so ansteckend kommt es mir vor. So gluckst George plötzlich vor sich hin, Liliane beginnt zu kichern und ich kann mich auch nicht mehr wehren und pruste los. Durch das Lachen hat Tefnut meinen Bann gebrochen. Ich lache und weiß nicht einmal warum. Wahrscheinlich lache ich über mich und, dass ich mich so peinlich berührt gefühlt habe. Nach unserem Lachanfall gehen George und Liliane in ihr Zelt und Tefnut und ich sitzen noch eine Zeitlang am Feuer.

„Ist tanzen nicht etwas Wunderbares?", fragt mich Tefnut. Ich nicke. Ja, es ist eine beglückende Erfahrung, so zu tanzen. Bis zu diesem Tag habe ich mich geweigert zu tanzen. Ich fand es blöd, doof, mich nicht gut genug ....
„Du hattest Ideen in deinem Kopf, ohne es auszuprobieren. Tanzen ist nichts anderes, als sich zu spüren, sich zu bewegen. Durch das Tanzen oder eine Bewegungsmeditation kannst du deine eigene innere Wahrheit ausdrücken. Deine innere Göttin, deine Urmutter, die ewig kreative Energie des Universums ist Weisheit, Inspiration und Glück. Kundalini Shakti ist das Geheimnis des Lebens und spiegelt sich in den Botschaften deiner Chakren. Mit der Bewegung aktivierst du deine Urinstinkte und deine Urweiblichkeit. Durch das Tanzen und Ausdrücken deiner Licht- und Schattenaspekte umarmst du nicht nur deine Lebensfreude, deine Kreativität und deine Lebenskraft, sondern auch deine chaotische, zerstörerische, dunkle Kraft, welche dich in ein neues Bewusstsein führt. Du fühlst dich angstfrei, geschützt und tief verbunden im All-Eins-sein. Echte Spiritualität heißt nicht nur mystisch, gut und lieb zu sein, sondern wach, offen, echt, sichtbar und geerdet dazustehen."
„Und wieso hatte ich Hemmungen und Ängste zu tanzen?"

„Weil du dich wieder mehr um das Außen als um das Innen gekümmert hast. Dir war wichtig, was die anderen wohl denken, wenn sie dich beim Tanzen sehen. Doch im Leben geht es nicht um die anderen, es geht um dich. Um deine Lebenskraft, deine Liebe, deine Fülle. Freue dich, das erleichtert. Lache - und das Leiden hört auf. Lächle - und das Leben lächelt zurück. Gib die Angst auf, dich lächerlich zu machen, sondern lache, wenn jemand findet, dass du lächerlich bist. Lachen befreit."

Wo sie Recht hat, hat sie Recht. Es stimmt, Lachen befreit. Und trotzdem: „Was meinst du mit der Fülle?"
„Die Fülle des Lebens. Alles ist da und du darfst dir nehmen, was du willst."
„Nicht alle Menschen können im Luxus leben, wie du das machst", bemerke ich ein wenig verbittert.
„Was nennst du Luxus? Das Empfinden von Luxus ist wunderbar, aber unbeständig - wie alles im Leben. An Luxus kannst du dich gewöhnen, dann ist es normaler Lebensstandard. Mit der Zeit ist es nichts Besonderes mehr und alles ist normal. Alles ist wieder wie immer, keine Spur des Besonderen bleibt übrig. Bewusstheit ist dein persönlicher, kostenloser und kostbarster Luxus. Das Schöne im Augenblick zu genießen und auch bewusst wahrzunehmen als etwas Einmaliges, was so, genau so, nicht wiederkommen wird. Zeit zu haben für dieses Anhalten der Gedanken, um sich dem Augenblick zuzuwenden, das ist Luxus. Wie ein Schmetterling, der sich für einen Augenblick auf deine Hand setzt und dessen zarte Füßchen deine Haut streicheln. Das ist Schönheit, das ist Vollkommenheit und das ist Vergänglichkeit. Wie alles im Leben und deshalb so kostbar und besonders wie jede Sekunde im Leben und die Sekunde der Ewigkeit, die du dein Leben nennst. Festhalten ist Stillstand, und Stillstand ist sterben." Das ist nicht der Luxus, den ich meine, also erwidere ich: „Du lebst im Luxus, indem du teure Kleider trägst, dir keine Sorgen um das Essen machen musst, die Rechnungen alle bezahlen kannst, kurz und gut, im Geld schwimmst."
„Höre ich da einen Vorwurf in deiner Stimme?" Ich nicke.
„Kann es sein, dass du Erleuchtung mit Armut verbindest und die Fülle, das Glück, also schlecht ist. Und weil es so gar nichts Edles an sich hat, willst du es gar nicht annehmen?" Ich überlege, ist das so?
„Ach Mensch. Wieso denkt ihr mehr an den Mangel als an die Fülle, die da ist."
„Weil der Mangel groß ist. Es gibt viele Menschen, die sich nichts zu essen kaufen können, die verhungern, verdursten......."
„Und es gibt auch die anderen."
„Du meinst ein Glas ist halb leer oder halb voll. Ich entscheide selbst, wie das Glas ist?"
„Genau. Du hast Vorstellungen und diese Vorstellungen prägen deine Realität."
Sie macht eine Pause, schaut mich von der Seite her an und fragt: „Was denkst du, wie wäre Jesus heute?"

„Jesus? Ich denke, dass er ..., ich weiß nicht."
„Er predigte Liebe, Freude und Fülle. Also wäre er heute wahrscheinlich als Sektenführer verschrien."
„Sicher nicht. Jesus ging für uns den Weg des Leidens. In seinem Leben war keine Fülle und keine Freude und mit Sekten hatte er nie etwas zu tun."
„Oh doch. Die christliche Religion ist erst 300 Jahre nach Christus vom Sektenstatus zur römischen Staatsreligion avanciert. In den folgenden 1700 Jahren hat sie es geschafft, von einer frischen, lebendigen, freudigen Lehre des Wortes und der Handlung zu einer staubigen, steifen, machtvollen Religion zu werden, die in ihrer äußeren Formen erstarrt ist."
„So kannst du das nicht sagen."
„Nicht?"
„Nein, so stimmt das nicht."
„Also, ist der christliche Glaube eine Religion der Freude, der Lebendigkeit, der Frische?" Nein, so kann ich das auch nicht bestätigen, doch ....
„Doch du denkst, dass ein heiliger Mensch, ein erleuchteter Mensch, in Armut und passivem Widerstand lebt, nicht wahr?" Ich nicke.
„Gandhi entspricht wohl deinem Bild. Da findest du Armut, passiven Widerstand und Gerechtigkeit. Buddha entspricht zum Teil deinem Bild. Er hat sich von seinem äußeren Reichtum verabschiedet und wurde in der Armut und Einsamkeit erleuchtet. Doch es gibt auch andere."
Mir kommt Osho in den Sinn. Der war eindeutig ein Sektenführer. „Vielleicht war er ein Sektenführer, vielleicht auch nicht. Jedenfalls freute er sich am Luxus", erklärt in diesem Augenblick Tefnut.
„Er hatte eine Vorliebe für Armbanduhren und Rolls-Royce. Das machte ihn sehr menschlich und alles andere als erleuchtet. Er wurde ja auch verhaftet."
„Wie Jesus. Der wurde auch verhaftet."
„Aber, ...", doch bevor ich meinen Satz richtig beginnen kann, fällt sie mir ins Wort, „nichts aber. Aber heißt nichts anderes als nein. Hör auf nein zu sagen, sondern sag JA. JA zum Leben, JA zur Freude, JA zur Leichtigkeit, JA zur Fülle. Sag einfach JA. Und bevor du wieder etwas erwidern kannst, ziehe ich mich zurück." Und schon steht sie auf und geht davon.

Am nächsten Tag fahren wir zum Namib Naukluft National Park und durchqueren die Maltahöhen. Den Sonnenuntergang beobachten wir am Sesriem Canyion und ich denke dabei an die Worte von George. Das Männliche versinkt in den Schoß des Weiblichen, um am nächsten Morgen wieder zu erscheinen. Ein Kreislauf, ein Kommen und Gehen. Das Weibliche nimmt das Männliche in sich auf. Das ist wie beim Sexualakt, kommt mir in den Sinn und ich lächle bei dieser Vorstellung.
Am nächsten Tag heißt es früh aufstehen. Kurz nach vier Uhr morgens erklimmen wir noch völlig schlafgetrunken und fröstelnd eine Düne. Der wunderschöne Sonnenaufgang über der Namib entschädigt uns jedoch für die Mühen des 170 Meter langen Aufstiegs. Mit dem Geländewagen geht es dann

weiter. Wir legen die verbleibenden fünf Kilometer zum Sossusylei zurück. Wie uns erklärt wird, nennen die Namas ihn den blinden Fluss, Sossus, weil nur die Bäume an seinen Ufern verraten, dass hier tief unter der verkrusteten Oberfläche Wasser fließt.

„Schau es dir genau an", fordert mich Tefnut auf. „Es ist da, das Wasser, nur nicht sichtbar und trotzdem können die Bäume nur dank dem Wasser bestehen. Es ist wie beim Menschen. Das Wasser, die Gefühle, sind nicht sichtbar, doch ohne Gefühle gibt es kein Leben. Darum ist es wichtig, deine Gefühle zu leben. Zeige dich mit deinen Gefühlen, zeige dich mit deiner ganzen Fülle, dazu gehören dein Verstand, dein Körper und auch deine Gefühle."
„Willst du mir damit etwas Spezielles sagen?"
„Ja. Ich will dir damit sagen, dass Trauer und Wut auch Teile von dir sind, also lebe sie, bringe sie zum Ausdruck." Wir stehen da und schauen auf die Bäume, die da stehen, obwohl es so trocken und sandig ist. „1997 stand das Vlei zum letzten Mal unter Wasser. Da waren hier tiefblaue Seen zwischen feuerroten Dünen zu sehen. Es war ein wunderschöner Anblick. Genau so schön bist du, wenn du dich als ganzer Mensch zeigst, mit deinen Schwächen, Ängsten, Wutausbrüchen und Tränen."
„Ich will mich aber nicht so zeigen. Und wütend war ich schon lange nicht mehr. Es gibt keinen Grund dazu."
„Kann es sein, dass du Angst vor deiner Wut hast, weil sie wie ein Vulkan ist? Deswegen machst du lieber nichts und gehst auf keinen Fall in die Wut?"
„Ich bin nicht wütend. Doch wenn du so weitermachst, werde ich es. Was soll das?"
„Ich erinnere mich, mit welcher Wut du zu mir gekommen bist. Da warst du wütend. Vor allem dein inneres Kind war wütend. Erinnerst du dich?"
Stimmt. Mein inneres Kind war wütend oder war ich es, waren wir beide wütend? Mein inneres Kind hatte ich völlig vergessen.

„Du hast mich damals gefragt, ob ich Sekhmet bin. Das bin ich auch. Ich bin Tefnut, Sekhmet und Bast. Als Sekhmet zeige ich mich mit dem zerstörerischen Aspekt der Sonne." Und George, der sich gerade zu uns gesellt, fügt bei: „Bast, die katzenköpfige Göttin und Sekhmet, die löwenköpfige Sonnengöttin, wurden in Ägypten verehrt. Sie verkörpern beide zwei kraftvolle Ausdrucksformen der Sonne: den lebensspendenden und genussvollen Aspekt und den verbrennenden und zerstörenden Aspekt. Bast herrscht über die Freude, das Vergnügen, die Musik, den Tanz, Gesundheit, die Heilkünste, über den Mond und natürlich über die Katzen. Sekhmet ist anders."
„Ich weiß, ich habe von ihr geträumt. Sie schwor in einem Wutanfall, die gesamte Menschheit auszulöschen und mit einer List konnte Re sie davon abhalten. Indem er sie betrunken machte und sie einschlief, ist ihre Wut verraucht. Was zeigt, dass Wut nicht gut, sondern etwas ist, das mit der Zeit vergeht und somit unnötig ist zu leben", frohlocke ich.
George und Tefnut lachen und schütteln beide den Kopf.

„Wenn du deine Wut nicht auslebst, wird sie zu Zorn. Zorn ist angesammelte Wut, die außer Kontrolle gerät. Also ist es besser, die Wut zu leben. So bleibst du mit deiner Energie im Fluss“, erklärt Tefnut und George fügt bei: „Wenn du deine Wut nicht lebst, reagiert dein Körper. Du bekommst ein Magengeschwür, einen Herzinfarkt oder was auch immer. Jedenfalls ist es wichtig, die Wut zu leben und sie sich zuzugestehen. Frauen, Männer und Kinder sind wütend und werden wütend, das ist menschlich.“
Da lache ich sie aus und schüttle meinen Kopf. „Nein, es gibt Menschen, die mit sich im Einklang sind. Die werden nicht mehr wütend. Da ist nur noch Liebe, Freude,...“
„Eierkuchen“, unterbricht mich Tefnut. „Menschen, die ganz in ihrer Kraft sind, haben sich mit ihrer Wut auseinandergesetzt. Sie kennen diesen wütenden Teil in sich und gestatten ihm auch, sich zu zeigen. Das heißt, sie kennen ihr inneres Kind und haben sich mit ihm versöhnt. Sie respektieren ihre Eltern und haben Frieden mit ihnen geschlossen. Und solche Menschen gibt es, das stimmt, doch es sind leider nur wenige.“
„Also muss ich Wut zulassen, um ganz zu werden.“
„Ja. Der Mensch ist wütend. Zu Recht wütend, weil er nicht das erhält, was ihm zusteht.“
„Was meinst du damit?“
„Jedem Menschen steht es zu, geliebt zu werden. Liebe ist das tragende Element auf der Erde. Doch solange du dich als Mensch nicht mit all deinen Licht- und Schattenseiten liebst, fühlst du dich nicht geliebt und bist dementsprechend wütend. Wütend auf dich, auf das System, auf deine Eltern, auf das Universum und das ist gut so. Das gibt dir die Kraft, auszubrechen. Auszubrechen aus deinem Käfig, den du dir gebaut hast. Spüre die Rebellin in dir, spüre die Rebellion, den Aufbruch, den die Wut mit sich bringt. Lass dir nicht alles gefallen, nur weil du lieb sein willst. Für wen willst du lieb sein, für dich oder die anderen? Lebe deine Wut, liebe deine Wut, nimm sie an.“
„Wie kommst du auf die Idee, dass ich wütend auf meine Eltern sein könnte?“
„Weil das so ist. Dein inneres Kind ist wütend. Es gibt kein Kind, das genau das erhalten hat, was es gewollt oder gebraucht hätte. Die Eltern machen das Beste, das sie können, was in ihrer Macht steht. Doch das ist nicht unbedingt das Beste für das Kind. Und solange dein inneres Kind wütend ist, und seine Wut von dir nicht anerkannt wird, kann es nicht spielen. Also steckt in dir Sekhmet und erst, wenn Sekhmet anerkannt ist, kann Bast in dein Leben treten und du beginnst, das Leben als Spiel zu sehen. Ein Spiel, das Freude und Fülle verspricht.“
„Ein Spiel mit Gewinnern und Verlierern“, erwidere ich.
„Wie kommst du darauf, dass es Gewinner und Verlierer gibt?“
„Weil das bei einem Spiel immer so ist.“
„Du bist im entweder oder. Wenn du beginnst, dich mit all deinen Seiten anzuerkennen und zu lieben, gibt es kein Verlieren, sondern nur noch ein Gewinnen. Es geht um die Liebe. Die Liebe zu dir selbst, die Liebe zum

Leben. Jeder Mensch ist es wert, geliebt zu werden. Jeder Mensch darf so sein, wie er ist. Also beginne damit."
„Und das kann ich nur, wenn ich meine Wut annehme?"
Tefnut nickt und George fügt bei: „Die Aggressionen der Menschen wurzelt in der Wut. Wenn du also deine Wut nicht lebst, kann das verheerende Folgen haben."
„Und wie komme ich an meine Wut?"
„Warte einen Moment", sagt Tefnut, geht und kommt einige Minuten später mit einem Kissen zurück. „Hier, schlage auf das Kissen." Ungläubig, verdattert, schaue ich sie an. Was soll ich? „Schlage auf das Kissen. Lasse deine Wut heraus."
„Ich bin jetzt gerade nicht wütend."
„Das macht nichts. Schlage auf das Kissen und mache Töne dazu. Probiere es einfach."
Da ich weiß, dass sie keine Ruhe geben wird, bis ich es mache, knie ich mich hin und schlage auf das Kissen. „Schlage fester", höre ich Tefnut sagen. Ich schlage fester und denke mir dabei, dass dies ein völliger Quatsch ist, was ich da mache. „Schlage noch fester und vergiss nicht, zu atmen. Gib Geräusche von dir."
So langsam nervt sie mich. In mir steigt eine kochende, unkontrollierbare, gewaltige Zorneswelle hoch. Einmal mehr fühle ich mich auf miese Art von ihr manipuliert. Ich beginne, in das Kissen zu schlagen mit einer Kraft, die mich erstaunt. Ich vergesse Tefnut und George und schlage in das Kissen, als ob mein Leben davon abhängen würde. Nach einiger Zeit werden die Schläge sanfter und ich höre ganz auf. Ich sitze vor dem Kissen und fühle mich müde, doch irgendwie auch gelöst. Da höre ich Tefnuts Stimme: „Bleibe ruhig sitzen und beobachte deine Gefühlsstürme und Regungen."
Ich spüre eine ruhende Kraft in mir, gleichzeitig durchzucken mich Gefühle wie Freude und Trauer. Ich nehme Gewohnheiten, Mechanismen und Denkkonzepte wahr, die damit verbunden sind. Ich spüre meine ganze chaotische Triebhaftigkeit. Traurig und verblüfft schaue ich Tefnut an. „Spüre noch einmal deine Kraft, deine Mitte. Bleibe ganz in deiner Mitte. Da sitzt deine Lebenskraft. Fühle sie."

Es geht nicht. Ich bleibe am Boden sitzen, schaue zu Tefnut und Tränen kugeln meine Wange hinunter. „Es tut mir leid."
„Was tut dir leid?", fragt Tefnut.
„Dass es nicht geht."
„Höre auf, dich zu entschuldigen. Wenn du dich oft entschuldigst, ziehst du nur die Aufmerksamkeit auf deine Fehler. Und es ist kein Fehler, etwas nicht zu können. Tu dein Bestes, dann lächle und gehe weiter. Nur Göttin und Gott sind vollkommen. Du bist vollkommen in deiner Unvollkommenheit." Ich bin vollkommen in meiner Unvollkommenheit? Ich bemerke, wie mir dieser Satz hilft. Ich muss und kann nicht vollkommen sein. Ich atme auf. Tefnut setzt sich

nun zu mir auf den Boden: „Wenn es dir nicht gut geht, du in einer finsteren Zeit in deinem Leben bist, bist du auf der Suche nach einem Licht. Ein Licht, das dir den Weg zeigt. Dieses Licht suchen die Menschen meistens im Außen. Sie suchen es bei einem anderen Menschen."

„Und darum geht es nicht?"

„Es ist gut, wenn du Menschen um dich hast, die dich begleiten, dich unterstützen. Es ist wichtig, Freunde und Familie, ein intaktes soziales Netz, eine Gemeinschaft, zu haben. Sie geben dir Halt, wenn alles um dich zerbricht. Und doch ist dieses Licht, das von außen kommt, nicht wirklich jenes, das du suchst. Dieses Außen ist wieder eine Abhängigkeit von anderen."

„Und das macht schlussendlich wütend, weil ich auf sie angewiesen bin?"

„Ja, sie müssen da sein, wenn du sie brauchst. Dazu kommt, dass sie dich in diesem Moment stärken müssen, doch oft ist es so, dass sie dich genau in diesem Moment mit Kritik überhäufen."

„Also erhalte ich wieder nicht, was ich brauche?"

„Nein. Dein Gegenüber weiß vielleicht gar nicht, wie er sich verhalten muss, damit es dir gut geht. Er hat seine eigenen Probleme, seine eigenen Bedürfnisse. In so einem Moment bist du wieder das Kind. Du hoffst auf die Liebe und die Kraft der Eltern, oder anders ausgedrückt, von deinem Gegenüber."

Das leuchtet mir ein. Was ich gut kenne ist, dass genau in diesem Moment niemand da ist, niemand Zeit hat oder mir gerade das geben kann, was ich in diesem Moment brauche.

„Nur du selbst kannst wissen, was du genau brauchst. Niemand sonst, nur du. Also wirst du immer wieder enttäuscht, weil die anderen dir nicht das geben, was du brauchst. Du stellst also einmal mehr fest, dass dir etwas fehlt. Die Leere bleibt, der innere Hunger bleibt."

„Ich verstehe nicht."

„Je mehr Kontakte du hast, je größer der Kreis von Menschen, die dir nahe stehen, je aufwändiger dein Leben ist, desto weiter entfernst du dich vom Inneren. Es ist wie eine Mauer, die du dir selbst aufbaust, um dich zu schützen, wenn du Zugang zu deinem Inneren suchst. Dahinter ist das Bild, das du selbst von dir hast."

„Und was für ein Bild habe ich von mir?"

Lachend sagt Tefnut: „Das kannst nur du wissen. Es ist dein Bild." Ich sitze schweigend da und überlege. Wie sehe ich mich? Ich weiß es nicht.

„Wenn du dir Stille und Zeit gibst, schwindet der Widerstand, kann die Mauer dünner werden, die dich von deinem Innern trennt. Das Ego stellt sich als ein Konzept heraus, austauschbar und veränderbar."

„Was für ein Konzept?"

„Das Konzept Beziehung oder Beruf und Berufung oder viele andere Gedankenhüllen, von denen du glaubst, sie seien wichtig im Leben. Solche Konzepte sind abhängig von den Menschen, den Erfahrungen, von Zeitgeist und Alter, der Kultur, in der du lebst - und das zeigt, wie beliebig sie sind. Das

innere Licht brennt ohne Nahrung, ohne Bestätigung durch das Außen. Es ist da, schon seit Anbeginn deines Lebens und wartet geduldig darauf, dich zu erleuchten. Dieses Licht begleitet dich durch dein Leben und ist das Einzige, das Bestand hat, wenn du dieses Leben verlässt. Dieses Licht ist göttlich. Wenn du das Licht in dir selbst erkennst, findest du Geborgenheit und Liebe in dir, die dir niemand geben kann, wenn du sie nicht zuerst in dir spürst. Vor dem Außen steht das Innen. Du kannst nur finden, was du schon kennst, vielleicht aus einem früheren Leben, oder weil es ein Bewusstsein gibt, das dich mit allem verbindet, was jemals war, ist und sein wird."
Ich höre zu und bemerke George. Er nimmt das Kissen und geht nun wohl zurück zur Gruppe.

Da steht Tefnut auf, zieht mich hoch, hakt sich bei mir ein und schlägt einen Spaziergang vor. Nachdem wir eine Zeitlang schweigend nebeneinander her gegangen sind, fragt sie mich plötzlich: „Wie siehst du mich?"
Ich schaue sie an. „Für mich bist du eine Königin. Da sind keine Flecken und alles ist sonnig."
„Hilfe, du siehst keinen Makel an mir?"
„Nein, hast du welche?"
„Oh ja, hoffentlich. Wenn ich keine Makel hätte, wäre ich unantastbar. Ich will jedoch nicht unantastbar sein, also erlaube ich mir, wütend zu werden, traurig zu sein, und auch glücklich und freudig mein Leben zu leben. Ich erlaube mir, die gesamte Palette der Gefühle zu leben und somit ganz in der Fülle zu sein."
„Eben, du bist eine Gewinnerin, ein sogenannter Winnertyp."
„Ja, das bin ich, weil ich auch meine Schatten kenne und zeige, also auch meine Gefühle. Ich bin wie die Sonne. Mal stehe ich am Horizont und leuchte und mal bin ich unten und nicht sichtbar."
„Ein Leben ohne Schatten gibt es also nicht."
„Nein, zum Leben gehört Licht und Schatten. Wenn du nur im Licht stehst, ist es eine Zerrform. Da sind keine Flecken und alles ist sonnig. Also lebst du nur einen Teil deiner Persönlichkeit."
„Die Sonne als lebensspendende und zerstörerische Kraft."
„Ja, schau hinauf. Schau zur Sonne. Sie ist fix und ein Zentralgestirn. Wenn du hier stehst und hinauf blickst, hast du den Eindruck, dass sich die Sonne um dich dreht. Das ist deine Wahrnehmung. Doch die Erde dreht sich um die Sonne und der Mond dreht sich um die Erde. Zusammen gibt das eine Ekliptik. Mond und Sonne treffen sich. Wenn nun die Sonne dein Bewusstsein und der Mond dein Unterbewusstsein ist, so treffen sie immer wieder aufeinander. Mit anderen Worten: was du außen wahrnimmst, geschieht auch in deinem Inneren."
„Also ist es wichtig, Sonne und Mond zu leben mit all ihren Aspekten", murmle ich vor mich hin.
„Jede bewusste Handlung ist eine kosmische Handlung, die sowohl im Innern wie im Äußeren Ordnung schafft."

„Doch was hat das mit meinem inneren Kind zu tun?"
„Sehr viel. Wenn du als Kind unter irgend etwas gelitten hast, bewusst oder unbewusst, kommst du als erwachsene Frau immer wieder in ähnliche Situationen, damit du daran wachsen kannst. Es geht um dein Wachstum, um dein Erwachen, um das Erwachsenwerden."
„Wie erwachen? Denkst du, ich schlafe?"
„Ein wenig", schmunzelt Tefnut, „schlafen fast alle. Im Wort erwachsen ist das Wort erwachen. Erwache also aus deinem Traum, aus deinen Illusionen. Erwache und beginne zu strahlen. Zeige dich mit deiner Sonne und deinem Mond."
„Und damit ich meine Sonne und meinen Mond zeigen kann, brauche ich meine Gefühle?"
„Ja, und wenn du deine Sonne, deine Lebenskraft, nicht lebst, hat das oft mit deinem Vater zu tun."
„Was hat mein Vater damit zu tun?"
„Dein Vater steht für das männliche Prinzip in deinem Leben. Je nachdem, wie du als Kind deinen Vater wahrgenommen hast, bist du offen oder verschlossen dafür. Also geht es darum, mit deinem Vater Frieden zu schließen und ihn gleichzeitig loszulassen, damit du deine eigene Lebenskraft finden und leben kannst."
„Und wenn ich nun einen Vater hatte, der ein unmöglicher Tyrann war? Oder ich ihn gar nicht gekannt habe?"
„Auch dann. Es ist wie bei deiner Mutter. Deine Mutter hat dir das Leben geschenkt - zusammen mit deinem Vater. Er gab den Samen dazu. Sie ließ den Samen in sich fruchten und daraus bist du entstanden."
„Heißt das, ich sollte mich innerlich bei meinem Vater bedanken, dass er den Samen für mein Leben gegeben hat."
„Genau. Setz dich hin und schließe deine Augen. Stell dir deinen Vater vor deinem inneren Auge vor. Was empfindest du, wenn du ihn siehst? Wie geht es dir damit?"
„Ich nehme wahr, dass sich mein Körper beim Anblick meines Vaters etwas versteift."
„Du hast eine gute Wahrnehmung. Sage deinem Vater, was du gerade empfindest."
Während ich mit meinem Vater spreche, bemerke ich, dass sich mein Körpergefühl verändert.
„Jetzt bedanke dich bei deinem Vater, dass er den Samen für dein Leben gegeben hat. Dank ihm bist du auf der Welt. Sage einfach danke."
„Aber", bevor ich weiter sprechen kann, fällt mir Tefnut ins Wort. „Hör auf mit Vorwürfen, sage einfach danke zu dem, was Tatsache ist." Etwas in mir sträubt sich dagegen, wieso soll ich mich bedanken. Er kann froh sein, mich als Tochter zu haben. „Du bist wieder am bewerten und gleichzeitigem Abwerten. Höre auf zu denken. Mache einfach, was ich dir sage, ohne abzuwägen."

Völlig überrumpelt von Tefnuts Worten danke ich meinem Vater und siehe da, er lächelt mich an. Mit seinem Lächeln löst sich etwas in mir, überrascht und freudig öffne ich die Augen und schaue Tefnut an. Sie beugt sich über mich, streichelt mein Haar und meint: „Es geht doch."
„Ich verstehe immer noch nicht, wieso mein Vater so wichtig ist."
„Es geht darum, dass du dir deine Selbstsicherheit aufbaust und deine innere Autorität kennen lernst. Dein Vater weist dir den Weg, wie du zu dir selbst finden kannst und wie du das, was du gefunden hast, zum Ausdruck bringst. Er steht für das handelnde Prinzip, für deine Logik und für die Autorität, die du anerkennst oder vor der du Angst hast."
„Ich habe keine Angst vor Autoritäten."
„Umso besser. Erkennst du Autoritäten an?" Ich überlege und komme zum Schluss, dass es wenig Menschen gibt, die ich in ihrer Autorität anerkenne.
„Genau aus diesem Grund ist es wichtig herauszufinden, was du von deinem Vater gelernt hast. Welches Verhältnis du zu ihm als Kind hattest. Je nachdem fällt es dir leichter oder schwerer, deine Mitte zu finden."
„Ich werde es versuchen."
„Du sagst, du willst es versuchen. Also glaubst du nicht daran."
„Wie kommst du darauf."
„Versuchen heißt nichts anderes, als sich innerlich schwach fühlen. Kennst du den Satz: Führe mich nicht in Versuchung?" Ich nicke.
„Niemand kann dich in Versuchung führen, nur du selbst kannst dich versuchen. Sage lieber probieren. Probieren bedeutet, du bist offen für Neues. Auf dieser Reise mit uns Göttinnen bist du auf der Suche nach dir selbst. Das Erproben durch Handeln bedeutet auch, eine anfängliche Unsicherheit und Abhängigkeit von der Bestätigung der Umgebung. Daher ist es eine grundlegende Aufgabe von dir, zu deiner eigenen Mitte, zu deinem Zentrum, zu finden, aus dem heraus du autonom und sicher agieren kannst."

„Ihr Göttinnen verfügt alle über so viel Strahlkraft, Würde, Selbstsicherheit und Kraft. Ich bin nur ein Mensch, eine Frau, verlange also nicht zu viel von mir."
„Du bist genau so eine Göttin wie ich und die anderen. Unterschätze dich nicht. Glaube an dich. Wenn du an dich glaubst, tun das auch andere. Du bist ein Teil der Natur, der Welt, des Universums. Also trage Sorge für dich und die Welt."
„Ich vergesse das manchmal."
„Und damit bist du nicht allein. Die Sonnenfinsternis 1999 hat jedoch eine neue Energie frei gesetzt, sodass der Wandel kommen wird."
„Welcher Wandel?"
„Es geht um die Ehrfurcht vor dem Leben, der Welt, des Universums. Werde wieder zu einem Gefäß. Es geht darum, dass die Menschen die Natur, die Erde, wieder achten."
„Gab es deswegen so viele Naturkatastrophen in der letzten Zeit?"

Tefnut nickt. „Die Erde ist eine weibliche Kraft. Diese wurde lange Zeit ausgenutzt, benutzt und unterdrückt. Also muss eine Änderung geschehen. Es geht jetzt darum, sie wieder zu beseelen, auch in dir selber."
„Was heißt das konkret?"
„Nehmen wir ein Beispiel. Du gehst an einen Kraftort, von denen gibt es ja inzwischen viele, die wieder entdeckt wurden. Wenn du dort bist, kannst du nicht einfach konsumieren und erwarten, dass der Ort dich mit Kraft auftankt."
„Sondern?"
„Es geht darum, etwas zu geben und zu sein. Indem du mit Hingabe und Ehrfurcht an diesen Kraftort gehst, wird dir die Kraft dieses Ortes zufliegen."
„Also geht es um das Nehmen und das Geben?"
„Ja, es geht um den Ausgleich."

Als Tefnut vorschlägt, nun zurück zu den anderen zu gehen, beschließe ich, noch eine Weile allein zu bleiben. Ich lege mich in den Sand und lasse mir noch einmal alles durch den Kopf gehen. Als ich mich nach einiger Zeit wieder aufrichte, bleibt mir mein Herz stehen. Ein paar Schritte vor mir kriecht eine Schlange. Ich kann den Blick nicht mehr von ihr lösen. Als ob sie mich in diesem Moment bemerkt hätte, bleibt sie stehen, richtet sich auf und schaut mich an. Zur Salzsäule erstarrt, schaue ich eine dicke, ca. zwei Meter lange, dunkle Schlange an, die sich keine drei Schritte vor mir befindet. Ich vergesse zu atmen, sitze stocksteif da und denke mir, dass nun meine letzte Stunde geschlagen hat.
Da höre ich Tefnuts Stimme: „Sie ist göttlich wie du. Sie tut dir nichts. Erblicke ihre Schönheit, ihre Kraft, ihre Anmut. Hör auf zu denken und sei einfach eins mit der Natur. So bist du ein Teil der Welt wie sie. Sie tut dir nichts. Zeige ihr nicht deine Angst, sondern deine Achtung."
Obwohl ich Tefnut nicht sehen kann, tun mir ihre Worte gut. Sie gibt mir Kraft und Stärke. Ich beginne, wieder zu atmen und blicke die hoch aufgerichtete Schlange einfach an. Da höre ich wieder Tefnuts Stimme: „Sprich mit ihr. Mit viel Liebe und Einfühlungsvermögen kannst du mit ihr sprechen."
Obschon ich es versuche, höre ich nichts. Die Schlange sagt nichts, oder ich verstehe sie nicht. Doch ich vergesse Zeit und Raum. Ich bin nur noch auf die Schlange fixiert und sie auf mich. Es ist, als ob wir eins werden. Ich weiß nicht, wie lange wir uns ansehen, bis sie sich nach einiger Zeit wieder zusammenrollt und davon schlängelt, als ob nichts geschehen wäre. Sobald sie aus meinem Blickfeld entschwunden ist, beginne ich zu zittern. Mit meiner Ruhe, die ich vorher empfunden habe, ist es vorbei. Noch ganz unter Schock stehe ich auf und schwanke langsam zurück zur Gruppe. Noch immer habe ich zittrige Knie, meine Beine können mich fast nicht tragen und ich habe Gänsehaut trotz der Hitze. Als erstes laufe ich George über den Weg. Mit angsterfüllten Worten erzähle ich ihm, was passiert ist. Er führt mich ins große Zelt, gibt mir ein Glas Wasser und lässt mir Zeit, mich zu beruhigen.
„Du hattest Glück. Gut, dass du so ruhig warst."

Ich nicke ihm beistimmend zu. Ja, das war wirklich Glück im Unglück.
„Ich kann Schlangen nicht ausstehen. Obwohl, heute war es irgendwie anders. Sie hat mich auch fasziniert."
„Die Schlange ist ein altes, starkes Symbol, weißt du das?"
Ich nicke, noch immer unter Schock. „Ich weiß, viele Könige trugen eine Schlange als Symbol der Weisheit und Kraft auf ihrer Krone."
„So auch die Sonnenkönigin Tefnut. Ihr Zeichen ist auf dem Kopf die Sonnenscheibe mit einer Kobra."
„Wird Tefnut nicht eher mit einem Löwen identifiziert?"
„In ihrem Hauptkultort Leontopolis wurde sie mit einem Löwen identifiziert. In Buto wird sie als flamingogestaltiges Kind des unterägyptischen Königs verehrt. Sie wird auch als menschliche Gestalt mit einem Löwenkopf dargestellt. In Elkab erscheint sie sogar in Gestalt eines Geiers. Doch als Kopfbedeckung trägt sie eine Sonnenscheibe, die von zwei Schlangen umringt ist. Tefnut hat die Beinamen: Herrin der Schlange, Stirnschlange am Haupte aller Götter. Sie wurde zur Uräusschlange, die zugleich das Sonnenauge ist. So wird Ramses III. vor ihr als der Tochter des Re, die an seiner Stirn ist räuchernd dargestellt und in späten Texten wird sie dann als die Stirnschlange am Haupte aller Götter verehrt. Daher kann sie auf ihrem Löwenhaupt an Stelle der mit einem Uräus umwundenen Sonnenscheibe nur eine Schlange tragen. Zu ihrem Wesen fügt sich die Auffassung als feuersprühendes, verzehrendes Sonnenauge. Die ungebändigte Kampfeslust, die ihr als Löwin eigen ist, entlädt sich in ihrem Walten als Stirnschlange des Re. Wenn Re den Himmel jeden Morgen durchfährt, dann ruht Tefnut auf seinem Haupt und sendet ihren Feuerhauch gegen seine Feinde. Eines ihrer häufigsten Beiworte ist daher Herrin der Flamme."
„Es ist die Schlange, die in den Geschichten der Menschen eine überragende Rolle spielt", meldet sich in diesem Augenblick Tefnut zu Wort. George und ich schauen sie an, sie lächelt, setzt sich neben mich, nimmt meine Hand in ihre und sagt: „Die Schlange wollte dich nicht verletzen. Die Angst und gleichzeitige Faszination, die du gespürt hast, kommen sicher daher, dass die Schlange ganz anders als der Mensch gebaut ist. Ihr fehlen jegliche Gliedmassen und auch ihre Lebensweise ist ganz anders: Unauffällig, meist lautlos schlängelt sich die Schlange über ihr Element, den Erdboden."
„Sie können auch klettern", melde ich mich zu Wort.
„Europäische Schlangen klettern wenig bis gar nicht. Was die Menschen jedoch erschreckt, ist ihr starres Auge, was auf uns zwinkernde Wesen unheimlich wirkt."
„Es ist wie der tödliche Blick der Medusa", meint George, und ich vergleiche es innerlich mit den Augen der Haie.
„Die Schlange streift ihre Haut ab und scheint sich so ständig zu erneuern, weshalb ihr Unsterblichkeit zugesprochen wird", erläutert Tefnut und Georg fügt bei: „Die Königin Kleopatra nahm sich durch den Biss einer Schlange das Leben, wohl wissend, dass dies ihre Auferstehung garantiert."

Tefnut lacht, als sie mein ungläubiges Gesicht sieht: „Die Schlange steht nicht nur für die Wiedergeburt. Nehmen wir nur die gespaltene Zunge. Sie symbolisiert die Lüge. Viele Schlangen sind Gifttiere, das Serum kann zum Tode führen, lähmen oder durch psychedelische Wirkung metaphysische Erlebnisse bescheren", erklärt Tefnut und George ergänzt: „Die Verbindung der Schlange mit der Gesundheit zeigt sich im Asklepiosstab, den sie umringelt. Auch die Göttin des römischen Staatswohls, Salus, wurde in Begleitung dieses Tiers gezeigt. Der Ouroborus, König der Magie, dargestellt als sich selbst in den Schwanz beißende und so einen Kreis bildende Schlange, wurde von mittelalterlichen Hermetikern verehrt. König der Schlangen soll auch der Basilisk sein."
Die beiden kommen richtig in Fahrt und überbieten sich mit Schlangengeschichten.
„Die altägyptische Götter-Achtheit sind vier Götterpaare, bei der die vier männlichen als Frösche, die weiblichen als Schlangen dargestellt sind", fügt Tefnut bei und George führt aus: „Nehmen wir die Bibel. Schon bei den Juden und den Christen war die Schlange ein starkes Symbol. Eine Schlange überredet die Frau, vom Baum der Erkenntnis zu versuchen, was zur Vertreibung der Menschen Adam und Eva aus dem Paradies führt. Die Schlange wird dazu verdammt, auf dem Bauch zu kriechen. Offenbar verfügte sie vor ihrer Tat über Gliedmaßen. So steht es jedenfalls im 1. Moses 14ff."
„Wenn du schon bei Moses bist. Er erhält von Jahwe die Gabe eines Stabes, der sich, zu Boden geworfen, in eine Schlange verwandelt. Auch sein Bruder Aaron und die Zauberer des ägyptischen Pharao beherrschen diese Kunst."
„Und das apokryphe Buch Henoch nennt als Vorsteher der Schlangen den Erzengel Gabriel."
„Du findest die Schlange auch im chinesischen Horoskop. Es ist ein festes Element und gehört zum Feuer. Schlangenmenschen sind energisch, zielstrebig, wendig, klug und verständnisvoll. Ein Mensch im Zeichen der Schlange bindet sich stark an die Familie, als Freund ist er aufrichtig und ehrlich, finanziell meist gut abgesichert. Die Schlange ist scharfsinnig und philosophisch, ihr Instinkt ist stark ausgeprägt. Schlangen sind die gründlichsten Denker des Tierkreises. Die Schlange wird in den asiatischen Ländern sehr geachtet und geehrt. Der Schlange wird oft List und Hinterhältigkeit zugeschrieben. Menschen dieses Zeichens sind jedoch nett und freundlich, solange man sie auch freundlich behandelt. Sobald eine Schlange angegriffen wird, schlägt sie zurück. Meistens dann, wenn der Angreifer seine „Schulden" längst vergessen hat. Die Chinesen glauben, dass die im Sommer und im Frühjahr geborene Schlangen gefährlicher sind, als die Winterschlangen."
Und dann kommt George wieder zum Zug: „Da die Schlange ihre alte Haut abstreift, Winterschlaf hält und im Frühjahr wieder erscheint, galt sie bei unseren Vorfahren und Ahninnen als Symbol der Erneuerung und Wiedergeburt. Die Griechen nannten die abgelegte Haut der Schlange *geras*, Altersschwäche. Die Chinesen stellten sich die Auferstehung vor wie eine Person, die ihre

alte Haut aufschlitzt und, der Schlange gleich, als Jugendliche daraus hervorgeht. Die Melanesier sagen, die Haut abzustreifen bedeutet ewiges Leben. In dem italienischen Ausdruck *aver piu anni d'un serpente* älter sein als eine Schlange sind ewiges Leben und Schlangendasein immer noch aufeinander bezogen. Und Schlange des Nils war nicht nur der Titel Kleopatras, sondern aller ägyptischen Königinnen."

Ich höre den Beiden zu, die mich wohl vergessen haben. Doch da schaut mich Tefnut an und meint: „Die alterslose Schlange wurde ursprünglich mit der Großen Göttin selbst gleichgesetzt. Hast du schon einmal von Kundalini gehört?"
Ich schüttle den Kopf. Das Wort habe ich schon gehört, doch weiß ich nicht was es heißt.
„Kundalini kommt aus dem Hinduismus. Es ist die innere, weibliche Seele der Menschen, die sich schlangenhaft zusammengerollt im Becken befindet und dazu gebracht werden kann, sich zu entrollen und durch die Chakren zum Kopf hin aufzusteigen und so Erleuchtung zu bringen."
George nickt ihr zustimmend zu und ergänzt: „Die alte ägäische Welt verehrte in erster Linie Frauen und Schlangen. Bis zum Ende der Bronzezeit nahmen Männer an den religiösen Zeremonien nicht teil. Allmählich machten sich aber die dominatorischen Eroberer breit und es entstanden in verschiedenen Gegenden auch deren männliche Gottheiten. Auf babylonischen Walzensiegeln ist dargestellt, wie die Herrin der Schlangen über ihrem Gemahl, dem Gott Pazuzu, der mit dem Schlangenpenis sitzt. Als Herr des Todes opferte er sich selbst, um von der Göttin verschlungen zu werden. Das Bild von der männlichen Schlangengottheit, die von der weiblichen umschlossen und verschlungen wird, ließ eine sonderbare Vorstellung vom Sexualleben der Schlangen aufkommen: Sie wurde von Plinius geschildert und noch bis ins 20. Jahrhundert in Europa ernsthaft geglaubt. Das Schlangenmännchen sollte seinen Kopf in das Maul seiner Partnerin stecken und sich von ihr auffressen lassen. Die männliche Schlangengottheit wurde zum phallischen Gatten der Großen Mutter, manchmal galt er als Vater der Menschheitsvölker, weil er der ursprüngliche Gefährte der Mutter war. In manchen Mythen war er nicht mehr als ein lebendiger Phallus, den sie sich zu ihrem sexuellen Vergnügen geschaffen hatte. Als dieser Schlangen-Schöpfer sich in seiner Überheblichkeit zu der Behauptung verstieg, das Universum allein geschaffen zu haben, bestrafte ihn die Göttin, indem sie ihn mit der Ferse zermalmte und ihn in die Unterwelt verbannte. Auf dieser Version des Schöpfungsmythos gründeten die Juden ihre Meinung, dass Evas Nachkommenschaft der Schlange den Kopf zertritt; auf ihr beruhte auch die rabbinische Ansicht, die Schlange sei der erste Geliebte der Eva und der wahre Vater von Kain gewesen. Tatsächlich wurde die Schlange in Palästina schon verehrt, lange bevor es den Jahwe-Kult gab. Die frühen Hebräer übernahmen den Kult des zu ihrer Zeit überall verehrten Schlangengottes; die Angehörigen des jüdischen

Priesterstammes der Leviten nannten sich Söhne der großen Schlange Leviathan. Der Leviathan, der sich Windende, wurde gemeinsam mit seiner Göttin, der Mondin verehrt.
Die Schlangenverehrung wurde auch später noch in Israel fortgesetzt. Jüdische Münzen aus dem ersten und zweiten Jahrhundert v. Chr. zeigen Jehovah als Schlangengott. In vielen gnostischen Schriften wird die Schlange des Paradieses dafür gepriesen, dass sie der Menschheit gegen den Willen eines tyrannischen Männer-Gottes, der die Menschen in Unwissenheit halten wollte, das Licht des Wissens gebracht hat."
„Also stellt die Schlange etwas Göttliches dar", sinniere ich laut vor mich hin und beide nicken.
George, nun ganz in seinem Wissensgebiet, erzählt weiter: „Das gnostische Evangelium heißt übersetzt Wirklichkeit der Herrscher und wurde um das dritte Jahrhundert n. Chr. geschrieben. Es enthält eine alternative Version des Mythos von Adam und Eva. Die Hypostase der Archonten offenbart, dass die Schlange ein Totem der Göttin war. Letztere hatte offenbar Mitleid mit ihrer schicksalsgeschlagenen Kreatur und unterrichtete sie, wie ewiges Leben zu gewinnen sei."
„Was ist ein Totem?", frage ich George.
„Es ist ein tierisches, pflanzliches Wesen oder ein Gegenstand, das als zaubermächtiger Helfer verehrt wird und nicht getötet oder verletzt werden darf. Doch lass mich weitermachen. Im Evangelium heißt es weiter: Das weibliche Prinzip der Spiritualität kam von der Schlange, der Unterweiserin und sie lehrte Eva und sprach: Ihr werdet nicht sterben, denn es war aus Eifersucht, was er, der tyrannische Gott, euch da sagte. Im Gegenteil werden eure Augen geöffnet werden und ihr werdet den Göttern gleich werden und Gut und Böse unterscheiden. Und daraufhin verfluchte der anmaßende Herrscher, Gott, die Schlange und die Frau. So verehrten einige gnostischen Sekten sowohl Eva als auch die Schlange wegen ihrer Bemühungen um die Menschheit. Und viele gnostische Traditionen setzten die Schlange mit Jesus gleich."
„Somit ist die augenblickliche Form der biblischen Geschichte offensichtlich eine oft revidierte Version der ursprünglichen Erzählungen von der Großen Mutter und ihrer Schlange", bemerke ich.
George bejaht. „Ich gebe dir ein Beispiel, wie die Kirchenmänner die Mythen für ihre Zwecke drehten: Im Frankreich des 13. Jahrhunderts wurde eine dem Christusbild ähnelnde Schlange an einem Stab in der Osterwoche im Triumphzug zum Taufbecken der Kirche getragen. Manchmal war der Fetisch eine riesige ausgestopfte Schlange in der Art eines chinesischen Festdrachens. Die Kirchenmänner versuchten, diesen Brauch umzudeuten, indem sie behaupteten, die Schlange sei der Teufel, der durch die Passion Christi aus seinem Königreich vertrieben wurde. Eine schwache Erklärung für einen Ritus, der bereits ein ehrwürdiges Alter hatte, als das Christentum noch in den Kinderschuhen steckte."

„Du siehst also, deine Begegnung mit der Schlange war etwas Göttliches. Indem du ruhig da gesessen bist, ist dir nichts passiert“, sagt Tefnut und schließt somit die Geschichtskunde über die Schlange ab.

Die kommende Nacht verbringen wir am Bloedkoppie/Blutkopje, den wir mühsam auf allen Vieren erklimmen, um den Sonnenuntergang zu bewundern. Und dieses Mal fasziniert mich dieses Naturschauspiel mehr denn je. Ich versinke in den Anblick und fühle mich ganz eins mit dieser Kraft, die sich nun zur Ruhe legt, um einer anderen Platz zu machen. Da ich an diesem Tag ziemlich viel erlebt habe, gehe ich zeitig zu Bett und schlafe sofort ein. Am nächsten Tag treffen wir in Swakopmund ein. Die Kolonialzeit hat diese Stadt geprägt, wie kaum eine andere in Namibia. Durch und durch deutsch wirkt die 17’000 Einwohner zählende Kleinstadt an der Atlantikküste, die seit 1894 einen regelmässigen Frachtverkehr mit Hamburg unterhält. Mich überrascht vor allem das auffällig viele Grün, sind wir doch gerade erst durch die Wüste gefahren. Staunend und bewundernd sehen wir die deutsche Architektur, eingerahmt von Palmen, ein afrikanischer Handwerksmarkt - eine interessante Mischung. Besonderer Höhepunkt des Nachmittags ist ein ausgedehnter Trip mit dem Quad-Bike durch die hohen Dünen am Rande der Namib. Ich finde es wundervoll und kann mir nicht mehr vorstellen, irgendwo anders zu sein. Danach geht‘s zurück zum Hotel. Es wirkt wie ein tropisches Feriendorf direkt am Meer. Wir sonnen uns, baden im Meer und genießen den Luxus des Nichtstuns. Am Abend werden wir mit Fischgerichten verwöhnt, da der Fischreichtum, den der Benguelastrom mit sich bringt, die Küste Namibias ausmacht. In der Nacht habe ich Mühe, einzuschlafen, da mich die Geräusche der Zwergpelzrobben nicht schlafen lassen. Wegen der vielen Fische ist es für sie wie ein Paradies, und so leben sie hier am Cape Cross zu Zehntausenden. Ihre Laute wirken sehr unwirklich und erinnern mich eher an eine Schafherde. Von diesem „Möäääh!“ werde ich am nächsten Morgen geweckt, nur, dass es sich dieses Mal wirklich um die Laute von Schafen handelt, wie ich erschrocken feststellen kann, als ich aus dem Fenster blicke.

6. Demeter mit der Vernunft der Unvernunft

Ich öffne einen Spalt breit die schweren, dunklen Vorhänge. Da sehe ich auf Felder und weit dahinter liegende Berge. Beim Öffnen der Fenster höre ich einen Brunnen, der vor sich hin plätschert, und sehe Kühe, Schafe, Ziegen und Pferde, die sich auf den verschiedenen Wiesen tummeln. Dann höre ich Kindergeschrei und eine Frau, die mit resoluter Stimme für Ruhe sorgt. Ich schließe das Fenster und die Vorhänge, gehe wieder zurück ins Bett, lege mich noch einmal einen Moment hin und schlafe wieder ein. Beim Aufwachen ist mein erster Gedanke: Wo bin ich gelandet? Es sieht nach einem Bauernhaus aus. Was hat die nächste Göttin mit einem Bauernhaus zu tun? Was kann und soll ich hier lernen? Meine Gedanken rasen von einer Überlegung zur nächsten bis es an der Tür klopft. Nachdem ich „herein" gemurmelt habe, mich bis zum Hals unter der Bettdecke verstecke, öffnet sich die Tür und eine mittelgroße, mollige Frau kommt herein. Mit energischen Schritten geht sie zum Fenster, und zieht die Vorhänge auf die Seite, sodass das Sonnenlicht das Zimmer durchflutet. „Guten Morgen, Langschläferin", sagt die Frau und bleibt vor meinem Bett stehen. Leise und etwas unsicher erwidere ich ihren Gruss.

„Wie du sicher bemerkt hast, bist du nicht mehr auf Safari. Tefnut hat dich zu mir geschickt. Ich bin Demeter und führe hier ein Bauernhaus für Kinder. Also stehe auf, das luxuriöse Leben hat nun ein Ende. Die Dusche befindet sich hinten im Gang und Frühstück gibt es bei mir unten in der Küche."

Mit dem Hinweis, dass ich Badetücher im Badezimmer vorfinde und im Schrank Kleider für mich bereit liegen, verlässt sie den Raum. Noch ganz verdattert, stehe ich auf und tue, wie mir geheißen. Nach einer ausgiebigen Dusche, die ich auf Safari doch sehr vermisst hatte, gehe ich ganz in Jeans gekleidet die Treppe hinunter und suche die Küche. Da finde ich Demeter. Sie steht am Herd und rührt in großen Kochtöpfen. Sie hat mir den Rücken zugekehrt, sodass ich mir die riesige Küche in aller Ruhe anschauen kann.

Da steht ein großer, langer Holztisch mit Bänken und Stühlen. In der Mitte des Raums befindet sich eine Feuerstelle, ausgerüstet mit Herd und Backofen. Ein uralter Abwaschtrog steht unter den zwei großen Fenstern, die den Blick ins Grüne erlauben. Alles sieht alt und ziemlich verbraucht aus. Jedoch macht es einen sehr sauberen Eindruck und strahlt auf mich eine wohltuende Wärme aus.

Da dreht sich Demeter um, sieht mich und fordert mich auf Platz zu nehmen.

„Was möchtest du zum Frühstück? Eier, Omeletten oder lieber Brot und Käse?"

„Ich esse nichts zum Frühstück, danke. Wenn es geht, möchte ich einen Kaffee."

„Du isst nichts zum Frühstück?"

Ich verneine, was Demeter nicht verstehen kann. „Damit du den Tag gut beginnen kannst, ist es wichtig, dass du dich anständig ernährst. Das Essen

am Morgen ist die wichtigste Mahlzeit des Tages. Ein Kaffee ist keine Nahrung für den Körper, im Gegenteil, er entzieht dem Körper wichtige Nährstoffe. Also iss etwas."
Sie stellt vor mich einen vollgepackten Teller mit Käse und Brot hin, eine riesige Tasse Milchkaffe und ein Glas Wasser dazu. „So und jetzt ernähre dich. Trink zuerst das Wasser, das fördert deine Gesundheit."
„Das ist ja warmes Wasser."
„Natürlich ist das warmes Wasser. Das reinigt und bringt dich in Fahrt, du wirst schon sehen. Also trink. Ab jetzt ist es wichtig, wie du dich ernährst, denn die Ferien, die du bei Tefnut hattest, sind nun vorbei. Das kann ich dir nicht bieten. Wie du sicher bemerkt hast, sind wir hier auf einem Bauernhof. Da pakken alle mit an, und auch du bist gefragt. Also iss, damit du zu Kräften kommst."
Mit diesen Worten steht sie auf, dreht sich um und rührt wieder in ihren Kesseln. Ich beginne zu essen und beobachte dabei Demeter, wie sie da steht, den Raum ausfüllt und trotz ihrer resoluten Art etwas mütterlich Liebevolles an sich hat. Sie strahlt eine Wärme aus, die mir Geborgenheit vermittelt. Während ich mir noch so meine Gedanken über sie mache, setzt sie sich zu mir an den Tisch und schaut mir beim Essen zu. Als ich fertig bin, räumt sie die Sachen weg und mumelt: „Na siehst du, du hattest doch Hunger."
Ich schmunzle. Nein Hunger hatte ich nicht, irgendwie hatte ich den Teller leer gegessen ohne zu überlegen, ob ich überhaupt will oder nicht.
„Ich wohne hier nicht allein. Du wirst die anderen heute Abend kennen lernen. Da sind Peter, Fritz und Max, die sich um die Feldarbeit kümmern. Die wohnen nicht hier, sondern gehen nach dem Nachtessen ins Dorf zurück. Hier im Haus wohnen die Kinder sowie Milly, die gute Seele des Hauses. Wir sind so etwas wie eine Großfamilie. Du wirst sehen, du wirst dich schnell eingewöhnen. Zu Beginn wird dich die Arbeit vielleicht etwas ermüden, doch mit der Zeit wirst du feststellen, dass es schön ist, auf einem Bauernhof zu leben, trotz der intensiven Arbeit."
Danach macht sie mit mir einen Rundgang, damit ich das Anwesen kennenlerne. Sie zeigt mir die riesige Wohnstube, die mit einem einladenden Backsteinkamin ausgestattet ist, und mit uralten üppigen gepolsterten, groß gemusterten Sofas und Sesseln möbliert ist. Alles sieht ein wenig alt, abgenutzt und verblichen aus, sogar das Klavier, das ganz hinten im Raum steht. Der erste Stock mit dem gemeinsamen Badezimmer, einem Schlafzimmer für Milly, einem für Demeter und meinem, ist schnell besichtigt und im Dachgeschoss befinden sich zwei große Räume mit den dazugehörenden Badezimmern. Eines ist der Mädchenraum und das andere Zimmer ist für die Jungs. Draußen besichtigen wir die Ställe und schlussendlich noch den Blumen- und Kräutergarten.
Da kommt uns Streuner entgegen. Ein mittelgroßer Hund mit dunklen, flehenden Augen, denen ich nicht widerstehen kann. So kraule ich sein dichtes wei-

ßes Fell, das ihm teilweise über die Augen fällt, bis Demeter mich zum Blumen- und Kräutergarten weiter drängt.

„Nachdem heute Mittag niemand nach Hause kommt und du so lange geschlafen hast, kannst du mir heute im Garten helfen. Das ist mein Revier und meine große Leidenschaft."
Und schon drückt sie mir eine Hacke in die Hand mit dem Hinweis, dass ich das vor mir liegende Beet jäten und danach auflockern soll, sodass sie es dann bearbeiten kann. Etwas ratlos stehe ich davor. Dann knie ich mich hin und beginne, das Unkraut, welches zahlreich in diesem Beet wuchert, zaghaft herauszureißen. Beim ersten Regenwurm, den ich erblicke, überlege ich mir, ob Demeter wohl Handschuhe hat. Ich verwerfe jedoch den Gedanken und überwinde mich. Der Schweiß rinnt mir die Stirne hinunter und ich bemerke gar nicht, wie die Zeit vergeht. Erst, als Demeter mit einem Vesper kommt, stelle ich fest, dass ich hungrig und vor allem durstig bin. Wir setzen uns auf die Bank an den Holztisch bei der Hauswand und genießen schweigend die Ruhepause. Ich schaue mir den Garten genauer an. Er ist wunderschön. Einmal mehr bedauere ich, dass ich über kein Blumen- und Kräuterwissen verfüge. Ich bin sicher, dass dieser Garten viele Wunder in sich trägt.
„Im Garten zu arbeiten, bringt dich mit der Natur und somit auch mit dir selber in Verbindung. Es ist eine andere Art von Meditation. Dazu kommt, dass der Garten neben der Sinnesfreude für die Augen auch viel für deine Gesundheit beitragen kann. Nehmen wir zum Beispiel den Fenchel, er stärkt die körperlichen Abwehrkräfte; mit Rosmarin kannst du einen Tee aufgießen, der die Frühjahrsmüdigkeit vertreibt; Salbei ist ein gesundes Würzkraut und gibt spirituelle Lebenskraft. Daneben eignet sich Salbei, um Räume von negativen Einflüssen zu reinigen. Doch das Faszinierendste bei den Blumen oder Kräutern ist das sichtbare Wachstum. Durch den Garten wirst du teilhaftig an einem Wunder der Natur."
„Wie das?"
„Du setzt einen Samen oder einen Kern in den Boden. Nach einiger Zeit sprießt dieser aus dem Boden und erblickt das Licht der Welt, sodass für alle Augen sichtbar wird."
„Es braucht jedoch die richtige Erde dafür, genug Wasser und Sonne, damit er gedeihen kann."

Sie nickt: „Es ist dasselbe wie bei den Menschen. In dir trägst du viele Samen und Kerne. Ob und wie sie wachsen, entscheidest du selbst, indem du ihnen die entsprechende Nahrung gibst." Sie macht eine längere Pause und schließt dabei ihre Augen. Als sie diese wieder öffnet, erzählt sie weiter: „An der Natur siehst du die Veränderung. Sie ist nie gleich, immer wieder ist sie anders. Es ist ein Kommen und Gehen. Die Natur ist ein Spiegelbild der Frau. Das Wesen der Frau erfährt auf ihrer Reise durch das Leben die größte körperliche und seelische Umstellung, die ein Mensch überhaupt erleben kann.

Von der Menstruation, welche das Mädchen erst richtig zur Frau macht, über das tiefe Erlebnis der Geburt bis zur Transformation der Menopause. Diese drei wichtigen Einweihungsstationen bedeuten für viele Frauen oft sehr unberechenbare und schwierige Zeiten. Alles verändert sich; die Gefühle, die inneren und äußeren Welten und vor allem auch der Körper."
„Und das ist alles andere als einfach."
„Wenn du willst, wirst du Wege finden, wie du die seelischen Höhen und Tiefen dieser Stationen erforschen und herausfinden kannst, wie du damit am positivsten umgehst. Es kommt die Zeit, in der du diese Stationen in einem neuen Licht sehen wirst und gerade sie dir Kraft und Zuversicht geben können."
„Bist du sicher?"
„Was ist sicher! Sicherheit kannst nur du selbst dir geben. Doch sei optimistisch. Mach es wie die Kinder. Kinder sind voller Zuversicht. Sie gehen mutig an Neues heran. Sie wagen, sind neugierig. Das Neue regt das Bedürfnis nach Wachstum an. Neues erfordert nichts anderes als Mut und einen klaren Willen, sich zu erproben."
„Ich bin weder mutig, noch habe ich einen starken Willen."
„Blödsinn. Was du dir alles einredest. Ohne Mut und Willen wärst du heute nicht hier, wo du bist. Erinnere dich nur daran, als du laufen gelernt hast. Du bist oft hingefallen und doch immer wieder aufgestanden und hast es probiert, bis es funktioniert hat. Alle Kinder sind mutig und stark, nicht so die Er-wachsenen. Sie sind nicht ermutigt sondern oft entmutigt. Zweifel sind da, Unsicherheit. Doch denke daran, ein Zweifler ist das Verlieren gewohnt. Also werde wieder zum Kind."
Das steht auch in der Bibel, denke ich, doch schon fährt Demeter fort: „Die Natur zeigt den Kreislauf des Lebens. Das große Runde der Natur, vom Getreidesamen unter der Erde zum Wachstum des Getreides oben und seinem Absterben und Wiederaufkeimen. Im matriarchalischen Bewusstsein stellt die Natur das Kontinuum dar, worin verschiedene Phasen einfach als Umgestaltung ein und derselben Energie erfahren werden. Für das Patriarchat aber bedeutet der Tod eine Vergewaltigung des Lebens, einen Gewaltakt, den es zu fürchten und so gut wie möglich unter Kontrolle zu halten gilt."

„Was bedeutet Matriarchat?"
„Vor langer Zeit war die Welt nicht von den Männern und ihrem Denken beherrscht, sondern die Frauen führten die Menschen im Einklang mit der Natur. Diese Zeit wird Matriarchat genannt. Doch der Begriff Matriarchat wird wie kaum ein anderer bewusst missverstanden, nämlich als Herrschaft der Mütter, respektive der Frauen über die Männer. Mit diesem rhetorischen Schachzug gelingt es immer wieder, die Existenz des Matriarchats als unmöglich erscheinen zu lassen. Allein das Wort Matriarchat, das dem Wort Patriarchat nur abgeleitet zu sein scheint, führt in die Irre. In beiden Wörtern findest

du arché was früher soviel hieß wie Beginn. Also kann der Begriff Matriarchat mit am Anfang die Mütter übersetzt werden. Später erhielt das Wort arché die Bedeutung von Herrschaft und so kannst du den Begriff Patriarchat mit Herrschaft der Väter übersetzen."
„Also ist das Matriarchat eine Gesellschaftsform, in der Frauen alle Bereiche der Gesellschaft prägen und dominieren, in der sie aber nicht herrschen?"
„Ja und nein. Der Begriff Matriarchat redet uns ein, dass wir nur unsere Gesellschaft, das Patriarchat, nehmen und mit vertauschten Rollen haben wir dann ein Matriarchat. Das ist ein fundamentaler Irrtum. In diesem Sinne hat es wirklich ein Matriarchat nie gegeben. Um dieses Missverständnis zu vermeiden, sprechen viele Forscherinnen von gynozentrischen Gesellschaften, also Gesellschaften, die frauenzentriert sind. Andere Wörter dafür sind: Matrizentrisch, matristisch, matrifokal oder gynaikokratisch-statisch."
„Könnte man sagen, es ist eine regulierte Anarchie oder eine Autorität ohne Herrschaft?"
Demeter schmunzelt. „Und was könnte das bedeuten, deiner Meinung nach, wenn Frauen dominieren, jedoch nicht herrschen?"
„Dass es wohl Autoritätspersonen gab, jedoch alle ein Mitspracherecht hatten?", sage ich mit zweifelnder Stimme und schaue sie an. Sie nickt und ich erkläre: „Führung ohne Herrschaft bedeutet, dass die Führer der Stämme keine Exekutive bei der Hand haben, um auf Normbrüche offiziell zu reagieren. Sie vertreten den Stamm nach außen, müssen jedoch jede Entscheidung der Gruppe zur Billigung vorlegen."
Somit ähnlich wie eine Demokratie?", fragt mich Demeter.

Ich bin mir nicht sicher, doch da kommt mir eine Geschichte aus dem Buch: „Begrabt mein Herz an der Biegung des Flusses" von Dee Brown in den Sinn. „Viele Indianer lebten nach diesem Prinzip", und ich erzähle Demeter die Geschichte: „Ein Häuptling geht zu Verhandlungen mit den Weißen. Die Weißen wollen das Land und stellen ihn vor die Wahl, friedlich und unter schlechten Bedingungen in einem Reservat zu leben oder der Vertrag wird nicht unterschrieben. Der Häuptling weiß, dass die Weißen dann seine Gruppe auslöschen werden. Er unterschreibt also mit Kreuzen und Fingerabdruck, und kehrt zurück nach Hause. Dort ist ein jüngerer Mann schon kräftig am Agieren. Schließlich ist allen klar, dass in den Reservaten der Tod schleichend ist, also möchten sie ihm folgen, da sie lieber schnell sterben als langsam zu verhungern. Der Häuptling ist also kein Häuptling mehr. Es wird diskutiert, denn sie müssen sich entscheiden. Der alte Häuptling redet auf seine Leute ein, dass solange sie leben, noch Hoffnung ist, dass sie später noch kämpfen können. Viele finden seinen Vorschlag gut und folgen ihm. Er ist wieder Häuptling. Die Geschichte zeigt, dass die Leute dem Häuptling nicht gehorchen müssen. Sie müssen nicht mit in den Krieg ziehen. Jeder kann frei entscheiden. Bei den Weißen heißt diese selbstverständliche Entscheidung desertieren und darauf stand der Tod. Viele Soldaten wurden einfach wie Vieh als Söldner verkauft."

„Ein ziemlich drastischer Vergleich über den Unterschied zwischen Herrschaft und Autorität, doch genau darum geht es. Das wichtigste im Matriarchat ist die freie Entscheidung jeder einzelnen Person, etwas, das in der heutigen Demokratie nicht mehr möglich ist“, erklärt Demeter, „sie ist leider gekennzeichnet vom sozialen Druck, von Befehlen und von menschlichen Gesetzen. In matriarchalen Gesellschaften, die vom Beginn der Menschheitsgeschichte durch die ganze Steinzeit, bis in die Zeit der Waffen hinein und in Enklaven bis heute bestehen, lebten die Menschen in Clangruppen. Ein weiterer Faktor war das Heiraten. Es gab die unterschiedlichsten Formen des Heiratens oder überhaupt kein Heiraten. Wichtig ist, dass die Abstammung von der Mutter hergeleitet wird, und dass die Töchter im Clan der Mutter blieben und der Besitz des Clans dadurch von den Müttern auf die Töchter weitergegeben wurde.“

„Bei den Juden ist das noch heute so.“

Demeter nickt: „Die matrilineare Erbfolge weist viele Vorteile auf im Gegensatz zur patrilinearen Erbfolge. Auch gab es zu dieser Zeit keine Scheidungskinder. In den Clans übernahm oft der Bruder der Mutter die Rolle des sozialen Vaters und war den Kindern ein männliches Vorbild. Eine matriarchale Sippe umschließt drei Generationen von Frauen und zusätzlich die Männer, die als Söhne oder Brüder noch in der Sippe wohnen. Eine Vater-Sohn-Beziehung gab es nicht, da die biologische Vaterschaft unbekannt oder bedeutungslos war. Die Brüder waren dagegen die sozialen Väter der Kinder ihrer Schwestern, die sie ihm Rahmen der Sippe mit erzogen. Emotional stand die Mutter-Tochter-Beziehung allen voran, ebenso innig war die Schwester-Bruder-Beziehung. Die Gattenbeziehung war demgegenüber nebensächlich. Sie reichte über flüchtige Begegnungen nicht hinaus. Eine feste Eheform gab es nicht. Der Mann war im Matriarchat anerkannt als Sohn oder Bruder und als Vertreter der Sippe und des Stammes nach außen. Eine Rolle als Gatte oder Vater, als Oberhaupt oder Herr, gab es für ihn nicht. Daher ist die Konstellation Mutter-Tochter und Schwester-Bruder, wo immer sie auftaucht, klassisch matriarchal, während die Konstellation Vater-Sohn und Gatte-fremde Gattin als klassisch patriarchal zu gelten hat.“

„Und wieso ist heute oft noch immer der Sohn wichtiger als die Tochter?“

„Früher gab es eine Unwissenheit oder Unsicherheit, wer der Vater eines Kindes war. So war es natürlich leichter, die Abstammung von der Mutter auf das Kind zu übertragen. Darin bestand die matrilineare Lösung des Vaterschaftsproblems. In dieser Ordnung war meistens der Bruder der Mutter die Autoritätsfigur und die Quelle von Macht und Reichtum. Den Vater verband nur eine liebevolle Zuneigung mit dem Kind, doch kaum mehr. In einem solchen Rahmen genossen die Frauen die gleichen sexuellen Freiheiten wie die Männer, da alle Kinder, die sie empfingen, aufgrund der matrilinearen Abstammung zu ihr gehörten. Am wichtigsten aber war: Aller Besitz ging von der Mutter auf das Kind über. Anders ist es in der patriarchalisch orientierten Gesellschaft. Da wird die Übertragung des Eigentums und der Erbfolge vom

Vater zum Sohn gemacht. Das ist die patrilineare Erbfolge. Bei dieser Regelung ist die rechtmässige Vaterschaft von entscheidender Bedeutung. Also ist die Treue der Ehefrau – als Garant des Fortbestandes der materiellen und geistigen Macht des Mannes von grösster Wichtigkeit. Es versteht sich also von selbst, dass die sexuelle Freizügigkeit einer Ehefrau nicht gestattet wird, weil sie das Gefüge der patriarchalen Gesellschaft im Kern bedroht."

„Und wieso wurde das Matriarchat überhaupt vom Patriarchat abgelöst?"
„Mögliche Antworten auf diese viel diskutierte Frage, warum die ideal wirkende Lebensform des Matriarchats zerstört wurde, gibt es viele. Konkret kann diese Frage nur beantwortet werden, wenn das ganze Bündel von Ursachen berücksichtigt wird, das zu einem so komplexen und lang dauernden Umwandlungsprozess geführt hat. Dazu kommt, dass jedes Land, jedes Volk, sich anders verändert hat und zu einer anderen Zeit. Die Vielfalt dieses Umwandlungsprozesses geht schon allein daraus hervor, dass er weltweit stattfand und einen Zeitraum von etwa 2000-3000 v. u. Z. bis heute umfasst. Dabei werden immer andere Bündel von Ursachen wirksam, die jeweils gesondert erforscht und beschrieben werden müssen.

Die geschichtlich relativ späte Entstehung von Herrschaft ist identisch mit der Entstehung des Patriarchats. Und sowohl eine patrilineare Abstammung wie eine Herrschaftsstruktur setzen so viele und komplizierte Vorkehrungen voraus, dass es lange geschichtliche Zeiträume brauchte, bis sie aufkamen und perfektioniert wurden. Zur Erkennung der Vaterschaft einer patrilinearen Genealogie gehören Vereinzelung, Einsperrung und lebenslange Monogamie für die Frau, damit individuelle Vaterschaft gesichert ist. Eine Einrichtung, die erst sehr spät und nur unter Herrschaftsdruck eingeführt werden konnte. Und zur Errichtung von Herrschaft gehört der Aufbau eines Erzwingungsstabes, der so stabilisiert werden muss, dass er sich zur Unterwerfung und Unterdrückung der Mehrheit des Volkes eignet, einschließlich aller kulturellen Vereinnahmungen und religiösen Ideologiebildungen, die mit Herrschaft einhergehen. Das sind schwierige und gegen die Natur der Mehrheit der Menschen gerichtete Vorkehrungen, die über die längsten Zeiträume der Menschheitsgeschichte unbekannt waren. Denn von der Altsteinzeit an bis zum Ende der Jungsteinzeit, einschließlich der Bronzezeit, etwa 100.000 bis 2000 v. u. Z., galten die natürlichen Prinzipien von Gleichheit unter den Menschen, Egalität zwischen den Geschlechtern, großer sexueller Freiheit und Gemeinschaftsehe als Wechselheirat zwischen zwei Sippen, und sie gelten in den Rückzugsgebieten noch heute. Letzteres ließ das Erkennen von Vaterschaft, wie wir sie verstehen, nicht zu, und ersteres gestattet keinerlei Unterdrückung eines Geschlechts oder irgendeiner Gruppe von Menschen in der Gesellschaft."
„Ist Herrschaft immer patriarchale Herrschaft?"

Demeter bejaht. „Matriarchale Gesellschaften kannten zwar die Spielregeln der natürlichen Autorität, doch nicht die Struktur von Herrschaft. Bei Gleichheitsgesellschaften ist die Ansammlung von großem Besitz in den Händen weniger nicht möglich, weil die Stammesmitglieder sich dagegen aktiv wehren würden. Dabei gibt es verschiedene Formen der Intervention. Eine Methode ist, einen solchen Menschen zu ermahnen oder gar zu verprügeln und seinen Besitz zu verteilen. Eine andere, feinere Methode ist, ihn zum Häuptling zu wählen, eine Rolle, die ihn dazu verpflichtet, bei den zahlreichen Festen den ganzen Stamm aus seinem Besitz zu verköstigen, bis er wieder arm geworden ist; dann wird er abgesetzt und der nächste wohlhabende Mann zum spendenfreudigen Häuptling gemacht. Unter diesen Umständen der bewusst durchgeführten Gleichheitsprinzipien in matriarchalen Stammesgesellschaften kann niemand durch Ansammlung von privatem Reichtum patriarchale Herrschaft erwerben.
Erst müssen Herrschaftsstrukturen eingeführt sein, bevor jemand gegen die alten Gleichheitsprinzipien Privatbesitz in großem Ausmaß bei sich anhäufen kann - wogegen die anderen sich dann nicht wehren können, vor allem, wenn sie die Ausgebeuteten sind. Schwach ist auch das patriarchale Argument, dass höhere Arbeitsteilung und damit verbundene gesellschaftliche Differenzierung zur patriarchalen Herrschaftsgesellschaft geführt habe. Dieses Argument setzt stillschweigend voraus, dass matriarchale Gesellschaften, nur weil sie geschichtlich früher waren, „primitiver“ gewesen sein müssen als patriarchale Gesellschaften. Diese Stufentheorie der geradlinigen Höherentwicklung des gesellschaftlichen Lebens in der Menschheitsgeschichte ist pure Fiktion. Wenn sie richtig wäre, dann hätten wir jetzt die beste, schönste, vollkommenste Gesellschaft überhaupt! Diese rigoros verkürzende Perspektive auf die Geschichte übersieht, dass es viele verschiedene Gesellschaftsformen mit verschiedenen besonderen Fähigkeiten gegeben hat, die ohne Erben untergegangen sind. Und matriarchale Kulturen haben als die frühesten Stadtkulturen, ab 9000 v. u. Z., in Anatolien und Palästina eine hohe Arbeitsteilung und Differenziertheit besessen, die bei den sie erobernden patriarchalen Kriegerhorden keineswegs vorzufinden waren. In jeglicher Hinsicht, sowohl im sozialen Leben wie in der geistigen Kulturentwicklung, waren sie den frühpatriarchalen Krieger-Königtümern überlegen, nur in einer Hinsicht nicht: im militärisch-strategischen Denken und in nackter Waffengewalt.“

„Also ist nur durch die Waffengewalt das Patriarchat entstanden?“ Demeter schaut mich lange und schweigend an: „Um deine Frage zu beantworten, muss ich ausholen. Die Frage ist doch, wie kam es zu diesem geschichtlich so weittragenden Patriarchalisierungsprozess, der die lange frauenzentrierte und matriarchale Phase der menschlichen Geschichte abgelöst hat und an einzelnen Orten heute noch abzulösen im Begriff ist? Es ist gleichzeitig die Frage nach der Entstehung und Stabilisierung von Herrschaft, denn

Herrschaft ist immer Männersache gewesen. Doch die Antwort kann nicht in einem Satz und nicht mit einer Ursache gegeben werden. Es ist eine umfangreiche Forschungsaufgabe für sich. Was ich dir geben kann, ist lediglich eine Erklärungsskizze, das heißt, ich kann die Linien grob anzeigen, nach denen eine volle, gültige Erklärung dieser Zusammenhänge entwickelt werden kann. Dazu gilt diese Erklärungsskizze nur für einen bestimmten Raum und eine bestimmte Zeit. Denn Umwandlungsprozesse von matriarchalen zu patriarchalen Gesellschaften sind in den verschiedenen Kontinenten höchst unterschiedlich verlaufen. Ebenso sind sie zeitlich verschieden. So wissen wir sehr genau, welche Faktoren zum Beispiel zur Zerstörung der matriarchalen Irokesenkultur und anderer Indianerkulturen geführt haben - nämlich das erobernde, aggressive Eindringen der Weißen in den nordamerikanischen Kontinent und ihre waffentechnische Überlegenheit. Andere Faktoren, welche die restlichen matriarchalen Kulturen auf der Erde zerstören, sind Kolonialisierung, Missionierung und die neue Industrialisierung einschließlich des Massentourismus in den Ländern der sogenannten Dritten Welt. An solchen Beispielen brauchen wir nicht zu rätseln, denn sie sind belegte Geschichte oder sogar Gegenwart. Sie zeigen, wie unterschiedlich, auch in zeitlicher Hinsicht, das Ursachenbündel ist, das zur Zerstörung von matriarchalen Kulturen führte und noch führt.
Der Kern der dich interessierenden Frage kreist allerdings nicht um diese späteren Umbruchsereignisse, sondern um die Erstentstehung von patriarchalen Herrschaftsstrukturen. Darauf wird sich auch meine Erklärungsskizze beziehen, in der ich mich auf den westasiatisch-europäischen Raum zur Zeit der großen Völkerwanderungen um etwa 3000 bis 2000 v. u. Z. beschränke. Diese, mehrere Jahrhunderte dauernde, Zeitphase ist gekennzeichnet von den wiederholten Wanderungswellen indoeuropäischer Völker, die - von Osten kommend - das Gebiet der großen matriarchalen Stadtkulturen im Vorderen Orient und im östlichen Mittelmeerraum erreichten und sich bis in die westlichen Gebiete Europas ausdehnten. Andere Teile dieser indoeuropäischen Wanderungswellen erreichten im Süden den indischen Subkontinent und verursachten auch dort die Zerstörung der alten matriarchalen Stadtkulturen, die am Indus lagen."

„Was hat diese Völkerschaften zu diesen großen Wanderungen bewegt?"
„Da gibt es verschiedene Arten von Wanderungen. Ich teile sie in zwei Kategorien ein. Da ist einmal die geordnete Wanderung und die katastrophische Wanderung. Wanderungsbewegungen hat es in der Geschichte der Menschheit immer gegeben, wenn auch auf sehr unterschiedliche Art. Geordnete Wanderungen nenne ich zum Beispiel die der altsteinzeitlichen Sammlerinnen und Jäger, die den Zügen des Wildes folgten und regelmäßig zu alten Weidegründen zurückkehrten, wo sie als feste Siedlungspunkte Wohn- und Kulthöhlen besaßen. Ein anderes Beispiel für geordnete Wanderungen sind die Besiedlungsbewegungen der jungsteinzeitlichen Ackerbau-

kulturen, zu denen es immer dann kam, wenn ein Dorf oder eine Stadt für das umliegende Ackerland zu groß geworden war. Eine Tochtersippe trennte sich friedlich von der Muttersippe und zog ein Stück weg, erschloss neues Areal als Ackerland und legte eine neue Siedlung, eine Tochterstadt an, die freundschaftliche Beziehungen zur Mutterstadt pflegte. Diese Wanderungsbewegungen erschlossen, meist entlang der Flussläufe und der Meeresküsten, bisher ungenutztes Land für die Kultivationstätigkeit der Menschen und führten auf diese Weise langsam zur weltweiten, friedlichen Ausbreitung der jungsteinzeitlichen matriarchalen Ackerbaukultur. Beide Typen von Wanderungen waren beabsichtigt und verliefen ruhig. Sie wurden nicht durch Katastrophen ausgelöst. Und es spielte sich im leeren Land ab, da in der Frühgeschichte nur eine dünne Menschenbesiedlung auf der Erde war. Bei katastrophischen Wanderungen ist die Situation anders. Ausgelöst werden sie durch großräumige Naturkatastrophen, die nicht plötzlich kommen müssen, sondern sich schleichend, doch mit verheerenden Auswirkungen, ereignen. Solche Naturkatastrophen sind, bedingt durch eine allmähliche Verschiebung der Erdachse, Austrocknung oder Überflutung riesiger Landgebiete, Wechsel von Eiszeiten und Warmzeiten, also natürliche Klimaveränderungen größten Ausmaßes. Solche großflächigen Katastrophen durch Klimawechsel hat es in der langen Menschheitsgeschichte, etwa sechs Millionen Jahre, immer wieder gegeben. Immer wieder mussten ganze Völker und Kulturen solchen Katastrophen ausweichen oder gingen daran zugrunde. Solange in der Frühgeschichte noch genügend leeres Land zum Ausweichen, auch bei katastrophischen Wanderungen, vorhanden war, hat diese Situation nicht zu einer drastischen Veränderung der menschlichen Sozialformen geführt. Weil - im neuen Siedlungsgebiet wurde der alte Kulturtypus regelmäßig wieder aufgenommen.

Anders in der Zeitspanne um 3000 bis 2000. In dieser Zeit muss Innerasien eine Klimaveränderung erfahren haben, die zur Versteppung und Verwüstung riesiger Gebiete führte. Die zentralasiatischen Gebirgsgürtel besaßen einst viel mehr Wasser und boten fruchtbares Ackerland, die Steppen waren satte Anbaugründe, und in der extremen Wüste Gobi gab es einst blühende Ackerbaustädte, was durch archäologische Funde belegt ist. Den großen Völkerschaften, die dort lebten und aller Wahrscheinlichkeit nach matriarchal organisiert waren, verdorrte und versteppte buchstäblich der Boden, ihre Nahrungsquelle, unter den Füßen. Sie waren des Überlebens wegen zur Auswanderung gezwungen. Solche Wanderungen gehen nun nicht so rasch wie beim modernen Tourismus vor sich, sondern sehr langsam. Schritt für Schritt versuchten die Menschen während dieser Verschiebung, den Boden wieder zu bearbeiten, neue Siedlungen anzulegen. Doch die um sich greifende Versteppung holte sie immer wieder ein. Dieser Kampf ums Überleben in einem immer unwirtlicher werdenden Land muss Generationen gedauert haben. Wegen seiner Aussichtslosigkeit führte er allmählich zum Zusammenbruch der bestehenden Gesellschaftsordnung, eben der matriarchalen

Ackerbaukultur. In der Not tendieren menschliche Gesellschaften dazu, von entwickelteren Gesellschaftsformen auf ältere und einfachere zurückzugreifen - so auch hier. Da kein Boden mehr zu bearbeiten war, sanken diese Völker aus Not auf das Niveau der Altsteinzeit zurück und wurden Steppenjäger. Immer mehr dominierte nun die Tätigkeit der Männer, mit ihren Waffen Nahrung herbeizuschaffen, während die Frauen noch eine kümmerliche Pflanzerinnentätigkeit aufrechtzuerhalten versuchten. Es ist zu vermuten, dass auf diese Weise ganze Völkerschaften immer weiter westwärts und südwärts getrieben wurden, wobei sich ihr Gesellschaftsgefüge auflöste. Große Sippengefüge können in der Not selten aufrecht erhalten werden, sodass zum Beispiel die sekundärjägerischen Männer sich von den zurückbleibenden Clans der Frauen, Kinder und Alten gelöst haben, die mit der angestammten Ackerbautechnik zu überleben versuchten und vermutlich untergingen. Als ungeordnete Jägerhorden mit einer zusammengebrochenen Sozialstruktur und ohne Kultur, die aus Not zur Brutalisierung tendierten, kamen die Männer dann in den Gebieten der alten, hochstehenden Stadtkulturen an den großen Flussoasen Westasiens an. Sie erblickten staunend deren Fülle und Reichtum, und sie erschienen ihnen wie das Gelobte Land, nach dem sie sich sehnten. Sollten sie nun zurückkehren in die Steppen und Wüsten, ständig dem Hunger ausgeliefert, oder sollten sie ihre Waffen statt gegen Tiere gegen Menschen richten, um in den Besitz dieser Reichtümer zu kommen, die ihnen das Überleben garantierten?

Im Existenzkampf wird logischerweise die zweite Wahl vorgezogen, sodass zum ersten Mal in der Geschichte Menschen gegen Menschen mit organisiertem Krieg ums Überleben kämpften. Die friedlichen Stadtkulturen waren auf solche Überfälle nicht gefasst und fanden sich Ihnen hilflos ausgeliefert. Sie wurden eine leichte Beute für die kriegerischen Horden, die in schierer Existenznot zur Brutalität griffen. Wahrscheinlich fanden auch friedliche Ansiedlungen und Koexistenzen statt. Doch wenn Welle auf Welle von entwurzelten Völkerschaften kommen und ins fruchtbare Gebiet herein drängen, dann schmilzt die Chance zur friedlichen Lösung rasch dahin. Als Folge von Eroberung und Erstüberlagerung entstand zum ersten Mal in der Geschichte in den einzelnen eroberten Städten der Zweischichtenstaat. Also eine kleine Gruppe von Herrschern, die einem fremden Volk angehören, und eine große Gruppe von Unterworfenen, die das einheimische Volk sind. Nun würde das einheimische Volk, zahlenmässig größer und untereinander durch Blutsbande versippt und verschwägert, eine solche Fremdherrschaft nicht lange geduldet haben, wenn die durch pure Waffengewalt herrschende Gruppe der Kriegerkönige und ihres Gefolges nicht sehr bald weitere Methoden einer Herrschaftstechnologie entwickelt hätte.
Dazu gehören klassisch-patriarchale Prinzipien wie „divide et impera!“, was inhaltlich besagt: Teile das Volk, indem du durch Ungleichbehandlung Zwietracht säst, und herrsche mit Hilfe der untereinander zerstrittenen

Parteien! Ferner gehört dazu die Vereinnahmung der gesamten Kultur der Unterworfenen, deren Erfindung sich die Herrschenden nun selber zuschreiben und behaupten, erst sie hätten das vor ihrer Ankunft kulturlose Volk aus seiner tierischen Dumpfheit zur Kultur geführt. Denn immer stellen sich die Herrschenden als die Überbringer des Geistes hin, womit sie nur in einer Hinsicht recht haben: Neu ist die Verdrehung der alten, von ihnen nicht geschaffenen, Kultur und damit die Entwicklung des patriarchalen Geistes! Es ist klar, dass nur Kriegerkönige, die solche Herrschaftstechnologien entwickelten, sich in einem System der Herrschaft der Wenigen über die Vielen halten konnten. Die anderen wurden absorbiert oder vertrieben. Was sich hier anbahnt, ist nach der puren Eroberung der Prozess der Entwicklung von Herrschaft, deren Technologie keineswegs vom Himmel fiel, sondern sehr mühsam unter zahllosen Fehlschlägen über Jahrhunderte hinweg erarbeitet wurde.
Ein zentraler Punkt dieser Entwicklung von Herrschaft war immer die Speerspitze gegen die Frau, denn sie war die Trägerin aller matriarchalen Kulturen. Die Frau wurde gesellschaftlich immer mehr diskriminiert, ihre matriarchalen Clans zerschlagen, sie wurde vergewaltigt und in die patriarchalen Sippen gezerrt, vom gesellschaftlichen Leben abgespalten, ihrer erwachsenen Kinder beraubt, bis sie nur noch eingesperrtes Gebärvieh war. Auch das war kein rascher Prozess, sondern einer, der allein in der europäischen Geschichte Jahrtausende eingenommen hat.
Über diesen langen Zeitraum hinweg haben sich matriarchale Völker als Ganzes und Frauen insbesondere gegen diesen Unterjochungsprozess gewehrt. Die Männer waren nicht von Anbeginn an patriarchal, sondern wandelten sich dazu. Sie wurden von einem verwahrlosten und verzweifelten Haufen zu patriarchalen Herren. Sie veränderten damit auch ihr Bewusstsein. Sie wurden stolz auf ihre neue Lebensart, die Herrschaft. Im Verlauf der Jahrtausende, in denen sich die Entwicklung der patriarchalen Gesellschaft bis heute vollzog, wurde die Herrschaftstechnologie immer weiter verbessert, immer rigider und raffinierter zugleich, immer weiter in allen Kontinenten der Erde verbreitet. Denn wer einmal Herrschaft erworben und deren Vorteile zu schätzen gelernt hat, hat keinen Grund, sie freiwillig wieder abzugeben."

„Also machen wir heute dasselbe in den Drittwelt Ländern?" Demeter nickt. „Und doch es gibt noch vereinzelte, abgelegene Völker, wo diese Lebensform des Matriarchats überleben konnte."
„Von denen habe ich noch nie gehört."
„Die Moso leben ein reines Matriarchat, ein chinesisches Bergvolk oder auch die Trobriander von Neuguinea. Und doch bleibt das Thema Matriarchat umstritten und gilt in traditionellen Fachkreisen weiterhin als empirisch nicht beweisbar, so auch für die breite Öffentlichkeit, die im Lexikon leider genau dieses nachlesen muss. Natürlich ist aus patriarchalem Blickwinkel keine andersartige Erfahrung machbar. Hier hat schon immer das Prinzip gegolten,

dass nicht sein kann, was nicht sein darf. Dieser nicht nur traurige Umstand regt jedoch umso mehr an, die Forschung auf diesem Gebiet voranzutreiben. So findest du in den Mythologien und auch in den Märchen aller Völker zahlreiche Spuren einer alten Religion und Gesellschaftsform, die trotz der Einführung des Patriarchats mit den großen Weltreligionen nicht vollständig ausgetilgt werden konnte. In den Mythologien aller Völker stehen am Anfang der Schöpfung ein oder zwei weibliche Wesen. Diese wurden jedoch später dämonisiert und sind somit als solche nicht mehr erkennbar. Nehmen wir nur das Wort Paradies. Das war der Name der großen Göttin als Jungfrau. Ihr Schoß war der Paradiesgarten, in dem nicht ein Gott, sondern eine Schlange wohnte. Einige Sprachen des Altertums gaben der Schlange den Namen Eva, was Leben bedeutet. Die Schlange ist als sich häutendes, erdnahes Tier ein Symbol für die Göttin. Ihr Zeichen ist die sich aus- und einwickelnde Lebensspirale. Sie ist auch ein phallisches Symbol, wenn sie nur in Begleitung der Göttin ist. In der altjüdischen Mythologie war Lilith Adams erste Frau, die aus dem Paradies vertrieben wurde, weil sie bei der geschlechtlichen Vereinigung nicht unter Adam liegen wollte. Dem Mythos nach wurde sie von Gott durch Eva ersetzt. Aus der kanonischen Bibel verschwand sie, aber im jüdischen Aberglauben verfolgten Liliths Töchter, die Lilim, als lüsterne Dämoninnen die Männer und sitzen breitbeinig im Schlaf auf ihnen, in der in antiken Matriarchaten üblichen Stellung. Im babylonischen Schöpfungsmythos ist die Göttin Tiamat, dämonisiert als der Drache des Chaos, der Ursprung der Schöpfung, obwohl der Stadt-Gott Marduk, der lediglich ihr Sohn war, Himmel und Erde geschaffen haben soll. Solche Verdrehungen wurden in patriarchaler Zeit vorgenommen, um den Göttinnen ihre Macht zu rauben. Der Mythos der Genesis ist das bekannteste Beispiel. Der großen Göttin in ihren Aspekten wurden bald Götter zugeordnet. Später wurde die Göttin und ihre Gefährtinnen diesen als Ehefrauen untergeordnet. Dazu trat eine Fülle weiterer neuer Göttinnen, die wiederum nur Teilaspekte der bereits dreifachen Göttin waren."
„Also eine Art Zerstückelung der großen Mutter?"

Demeter stimmt zu: „Die großen Weltreligionen beendeten schließlich diesen Prozess damit, dass sie die Göttin völlig abschafften, indem sie sie vermenschlichten oder ganz ignorierten. Als Ergebnis gebären Götter Menschen oder Göttinnen, indem Frauen aus Rippen von Männern geformt werden oder gar dem Kopf entspringen, also eine sprichwörtliche Kopfgeburt."
„Du meinst die Geschichte von Athene?"
Demeter nickt. „Oder Maria gebärt als Menschenfrau einen göttlichen Sohn, dabei war Maria die ursprünglich große Göttin Kleinasiens. Die Un-Natur-Wissen-Schaft, im wahrsten Sinne des Wortes, war nur durch erhebliche Glaubensanstrengung seitens der Bevölkerung zur Religion geworden. Es ist wenig erstaunlich, dass diese Verdrehung biologischer Tatsachen als Religion mit allen Mitteln der Gewalt durchgesetzt wurde. Die Naturreligion, die sich

von selbst erklärt, also ohne Dogmen, wurde degradiert und verteufelt. Der ursprüngliche Hexenglaube wurde schließlich zum Hexenwahn, der sich als Paradoxon zum Glauben von der Allmacht Gottes nur durch völlige Verdrehung der Köpfe durchsetzen konnte. In Märchen, in denen sich die älteren Mythologien erhalten haben, sind Hexen, weise Frauen, Großmütter, Stiefmütter, Mütter und Mädchen ursprünglich nicht böse, sondern einfach die Verkörperung der Großen Göttin in ihren drei Aspekten. Die Jungfrau als Mondgestalt, die Mutter aller Geschöpfe und die Jägerin, Zerstörerin oder die Alte. Diese Märchen haben überlebt und du findest darin die große Göttin.
Märchen sind nichts anderes als Geschichten, welche die alte Religion verschlüsselt haben. Zum Beispiel Schneewitchen, Frau Holle oder die drei Spinnerinnen und viele mehr."
Staunend höre ich ihr zu und sehe Bilder von Schneewitchen oder Frau Holle vor mir.
Doch schon führt Demeter weiter aus: „Diese Vorstellung von Trinität, wie sie zum Beispiel im Christentum fortlebt, ist eine der ältesten religiösen Vorstellungen überhaupt und hat ihren Ursprung im Mondkult. Die drei Phasen des Mondes, der in fast allen Sprachen weiblich ist, beinflussen den Menstruationszyklus und wurden deshalb mit der Großen Göttin gleichgesetzt und führten zur Erfindung des ersten Kalenders. Die heilige Zahl drei taucht immer wieder in den frühesten Abbildungen der großen Göttin auf, sei es als Schoßdreieck, Drei-Linien oder in der direkten Verdreifachung einer menschlichen Darstellung und gilt bis heute als besonders harmonisch."

Das alles gibt mir einen Sinn und doch: „Wenn das alles bekannt ist, wieso wird der Stellenwert der Frau heutzutage nicht mehr geschätzt? Wieso erfährt noch immer der Mann mehr Wertschätzung?"
„Einen Grund findest du sicher darin, dass die Ethnologen bei ihrer Erforschung stets die männlichen Mitglieder eines Volkes befragten. So erhielten sie nicht nur die ausschließlich männliche Sicht dieses Volkes, sondern auch den Eindruck, Männer wären überall dominierend und projizierten damit westliche Verhältnisse auf die gesamte Welt. Erst zu Beginn der siebziger Jahre gab es eine neue Sicht, die wesentlich differenziertere Ergebnisse herbeiführte, die darüber hinaus längst entdeckte, ignorierte matriarchale Völker bekannt machte."
„Und wieso befragten die Ethnologen nicht von Anfang an die Frauen?"
„Viele Ethnologen und Ethnologinnen beklagen sich noch heute, dass bei jeder Frage nach dem Sinn einer Handlung, den Ursprüngen eines Rituals oder ähnlichem die Frauen vorgaben, nichts zu wissen und an die Männer verwiesen. Die Männer gelten nicht nur als Spezialisten fürs Reden, sie besitzen auch noch die Zeit dazu. Während Frauen meist rund um die Uhr mit ihren Arbeiten beschäftigt sind und sich so manches Gespräch durch Kindergeschrei als unmöglich erweist, besitzen Männer spezielle Räume und ausreichend Muse, um dem Gast alles in Ruhe zu erläutern. Zudem beherr-

schen Männer, die oft eine bessere Ausbildung genossen haben, meist die Verkehrssprache, die auch die Ethnologen gelernt haben und die Frauen nur den lokalen Dialekt."

Ich bin fasziniert und gleichzeitig rauscht mir der Kopf. Bevor ich weiter fragen kann, steht sie auf, was wohl soviel bedeutet, wie dass die Ruhepause, verbunden mit einer Geschichtsstunde, vorbei ist und so gehe auch ich wieder an meine Arbeit. Während ich mit der Erde arbeite, raucht mein Kopf und meine Gedanken fliegen hin und her. Ich bin hin und her gerissen von all dem, was ich gehört habe und möchte noch viel mehr darüber wissen. Nachdem das Beet frei von Unkraut und aufgelockert ist, kommt Demeter und zeigt mir, wie ich mit der Hacke Rinnen in das Beet machen kann. In diese Rinnen lege ich die Samen und decke sie danach mit ein wenig Erde zu. Nach getaner Arbeit schaue ich mein Beet an und bin stolz auf meine vollbrachte Arbeit. Ich habe aus einem furchtbaren Beet ein fruchtbares gemacht. Ich setze mich wieder auf die Bank und schaue Demeter zu, wie sie liebevoll im Kräutergarten arbeitet.
Da kommt eine ältere Frau auf mich zu, die sich mir als Milly vorstellt. Sie hat ein weiches Gesicht, umringt von grauen welligen Haaren und ihr Mund und ihre blauen Augen scheinen immer zu lächeln. Von ihr vernehme ich, dass sie zusammen mit Demeter dieses Bauernhaus für Kinder führt.

„Die Kinder, die hier wohnen, kommen aus zerrütteten Ehen. Sie haben nicht die Liebe und Anerkennung, die Kinder so dringend brauchen, erhalten. Dabei ist das die wichtigste Nahrung für das Fundament eines glücklichen Lebens - Liebe und Anerkennung. Demeter sorgt nun für sie und sie sind wieder glücklich."
„Vermissen sie denn nicht ihre Eltern?" Milly schüttelt den Kopf. „Nein, denn Kinder fühlen sich immer dann glücklich, wenn sie spüren, dass ihre Eltern glücklich sind. Kein Kind fühlt sich wohl, wenn seine geliebten Eltern unglücklich zusammen bleiben. Also ist es besser, wenn sie in einer Umgebung aufwachsen, wo sie glücklich sein können, auch, wenn es nicht bei den Eltern ist. Sabrina übrigens ist Demeters Tochter."
„Und wer ist der Vater?" Milly zuckt mit den Schultern. „Das wissen die zwei, das geht mich nichts an. Ich weiß, dass es ihn gibt, doch er wohnt nicht hier", und sie wechselt gekonnt das Thema. „Tagsüber gehen die Kinder im Dorf, welches etwa eine Viertelstunde entfernt ist, zur Schule. Einer der Männer holt und bringt die Kinder jeweils hinunter. Das ist sicher eine Aufgabe, die du übernehmen kannst", meint Milly. „Ja, das mache ich gern. Ich kann autofahren, also ist das kein Problem."
„Wir haben kein Auto."
„Kein Auto? Und wie werden die Kinder geholt und gebracht?"
„Wir machen das mit dem Pferdewagen. Du wirst es jedoch schnell lernen, wie man mit einem Pferd umgeht, sodass das kein Problem für dich sein wird."

Ich schaue sie ungläubig an, doch bevor ich etwas erwidern kann, kommen die Kinder um die Ecke gerannt und stellen sich mir vor. Das älteste der Mädchen ist Sabrina. Sie hat ein hübsches, freundliches Gesicht, umrahmt von goldig schimmernden rötlichen Haaren und strahlt mich schon von weitem an. Das andere, fast gleich große, Mädchen heißt Jasmin und dann ist da noch die kleine Desirée sowie die Jungs Philippe, Jan und der lustige Alex. Mit den Kindern ist es mit der Ruhe vorbei und eine elektrisierende Freude liegt in der Luft. Sie erzählen ihre Erlebnisse von der Schule, was ich als heilloses Durcheinander empfinde. Nicht so die zwei Frauen. Milly und Demeter hören ruhig und interessiert zu und geben jedem Kind den Raum, den es in diesem Moment braucht.
Da kommen auch die Männer von den Feldern zurück und ich lerne Max, Fritz und Peter kennen. So schnell, wie sich die Gruppe gebildet hat, so schnell geht sie auch wieder auseinander. Vor dem Abendessen haben alle noch Pflichten zu erledigen, was anstandslos auch von den Kindern gemacht wird. Ich begleite die kleine Desirée zum Heuschober, wo sie mir mit leuchtend glänzenden Augen die kleinen Katzen zeigt. Nachdem wir das Katzenfutter hingestellt haben, bekommt auch Streuner sein Fressen. Damit hat sie ihre Arbeit für heute Abend getan und erklärt mir nun, dass sie jetzt an die Schulaufgaben geht. Ich schaue ihr perplex nach. Ein Kind, das freiwillig seine Schulaufgaben macht?
Langsam schlendere ich über den Hof und wage einen Blick in den Kuhstall. Da sind Max und Fritz damit beschäftigt zu melken. Ich schaue einen Moment zu und gehe dann weiter und sehe, wie Peter, zusammen mit den Jungs, die Schweine füttert sowie die anderen Tiere verpflegt. Jeder auf dem Hof ist beschäftigt und weiß, was zu tun ist. Ich gehe in die Küche, wo Milly und Demeter am Kochen sind. Sabrina ist gerade fertig mit Tisch decken und ich setze mich hin. Ich komme mir etwas überflüssig vor. Jeder scheint hier eine Aufgabe und etwas zu tun zu haben, nur ich nicht.
Langsam füllt sich die Küche. Alle reden durcheinander und mir wird ganz wirr im Kopf. Nachdem sich alle an den Tisch gesetzt haben, fragt Demeter zwei der Jungs, ob sie ihre Hände gewaschen haben. Haben sie nicht. Und da auch ich das nicht getan habe, gehe ich zusammen mit ihnen an den Spültrog und wasche mir meine Hände.

„Es ist ein schönes Ritual, sich die Hände vor dem Essen zu waschen“, sagt Milly in diesem Augenblick und Peter fügt hinzu. „Es entspricht dem Ritual der Liturgie, wenn wir bitten: Herr erbarme dich unser. So können wir uns unsere kleineren Verfehlungen bewusst machen, realisieren, dass nicht alles optimal gelaufen ist. Nichts absichtlich Böses, keine erkennbaren Schmutzfinger, aber doch das Bedürfnis nach sicherer Sauberkeit vor der Kommunion. Schließlich kommt man manchmal im Rahmen der üblichen Höflichkeit nicht umhin, sich die Hände ein bisschen schmutzig zu machen.“

„Du meinst, dass nicht immer alles okay ist, aber wir können es begründen und doch ist es nicht ganz sauber. Vielleicht hätte ein Heiliger oder eine Heilige die Situation anders durchgestanden, aber...“, meint Fritz.
Peter nickt dazu und unterbricht. „Verständlich, aber halt nicht ganz sauber. Doch nicht jeder, der sich die Hände wäscht, ist ein Schmutzfink, ganz im Gegenteil. Nicht jeder, der Buße tut und sich seine Fehleranfälligkeit bewusst macht, ist ein schwerer Sünder, ganz im Gegenteil? Wir sind nur Menschen und das Bewusstsein unserer Fehlbarkeit, unserer Schwächen, vermeidet Hochmut, Intoleranz, Selbstgerechtigkeit und Arroganz. Auch das sind Sünden! Gemessen am göttlichen Maßstab, glaube ich nicht, dass es sündenlose Menschen gibt. Wobei Sünden die gesamte Palette umfassen, vom Fall in die Jauchegrube bis zu den nicht sicht- oder riechbaren Verunreinigungen der Finger. So umfasst auch das Angebot der Reinigung die gesamte Palette.“
Da beginnt Demeter zu lachen. „So fertig. Was für ein Geschwätz.“ Sie schaut mich an. „Glaube nicht alles, was die Herren der Schöpfung von sich geben. Hände waschen ist nichts anderes als ein Reinigungsakt. So rein, wie wir das in diesem Moment sein können, kommen wir an den Tisch und nähren uns. Wir haben das Glück, dass wir uns ernähren können und deswegen danken wir nun dafür.“
Sie nimmt meine Hand und die andere wird von Desirée genommen. Alle geben sich die Hand und bilden so einen Kreis. Da schaut Demeter zu Sabrina und diese beginnt:
„Dank für das Brot auf unserem Tisch.
Dank für den Trunk, an dem wir uns laben!
Dank für die Frucht des Feldes und des Ackers,
für die Früchte der Bäume und Sträucher,
für das Gedeihen der Tiere
und die Gesundheit unserer Familien!
Lasse bitte auch dieses Jahr die Saat fruchtbare Erde finden,
damit sie wachse und gedeihe!
Wir danken für das Schöne und Gute in unserem Leben und preisen dich.
Behüte uns mit deinen gütigen Händen und lasse die Liebe fließen.
Amen.“

Das Amen wiederholen alle im Chor und ich mache mit, ohne groß nachzudenken. Nachdem Demeter und Desirée meine Hände losgelassen haben, sitze ich noch immer etwas erstaunt da. „Was ist los?“, fragt mich in diesem Moment Demeter.
„Ich staune über das Gebet. Betet ihr immer vor dem Essen?“
„Ja. Wir danken der Göttin, der Mutter Erde, für die Nahrung, die sie uns hat zukommen lassen. Mit einem Danken und Bitten öffnest du mehr Tore, als du dir vorstellen kannst. So einfach und naiv ein Gebet auch klingt, es beinhaltet den Dank an die Göttin für Dinge, die uns selbstverständlich erscheinen, es

aber nicht sind. Es ist nicht selbstverständlich, dass wir genug zu essen und zu trinken haben. Mit dem Gebet werden wir uns wieder bewusst, wie gesegnet wir sind und dafür danken wir." Das gibt mir Sinn und so lasse ich mich von der ausgelassenen und fröhlichen Stimmung der Kinder wieder anstekken. Nach dem ausgiebigen Mahl verabschieden sich die drei Männer und ich setze mich mit den zwei Frauen in die Wohnstube, da für den Abwasch die Kinder zuständig sind. Milly setzt sich in eine Ecke und holt ihr Strickzeug heraus. Demeter setzt sich zu mir aufs Sofa und fragt: „So, wie gefällt es dir bei uns?"
„Ich weiß nicht. Das ist alles sehr fremd für mich. Ich komme mir auch ein wenig überflüssig vor, da alle ihre Aufgaben haben, nur ich nicht."
„Du möchtest also eine Aufgabe?"
Ich bin mir zwar nicht ganz sicher und doch nicke ich.
„Das kann ich gut verstehen. Wir werden sehen, was du für Aufgaben übernehmen kannst. Ich denke, dass du morgen mit aufs Feld gehst und beim Heuen hilfst. Das wird dir gut tun und du hast eine Aufgabe. Vorher kannst du mit Peter noch die Kinder zur Schule fahren, sodass du auch das Dorf einmal siehst."
In diesem Moment höre ich, wie jemand Klavier spielt. Ich drehe mich um und sehe, dass Sabrina sich ans Klavier gesetzt hat. Sie spielt wunderbar und ergriffen höre ich ihr zu. Nach einiger Zeit kommen auch die anderen Kinder ins Wohnzimmer und setzen sich vor Demeter hin. Sabrina verlässt ihren Platz beim Klavier und setzt sich zu den anderen, als Demeter ein riesiges Buch hervornimmt und beginnt, ein Märchen zu erzählen. Wie die Kinder höre ich ihr gebannt zu und vergesse die Zeit um mich herum. Als die Geschichte fertig ist, Demeter das Buch schließt und erklärt, dass nun Bettzeit ist, bin ich erstaunt und fast ein wenig erschrocken. Ich erwache wie aus einem Traumzustand und folge den anderen nach oben. Ich höre, wie Demeter und Milly jedem einzelnen Kind noch gute Nacht sagen und verschwinde in mein Zimmer. Doch ich bin zu aufgeregt, um zu schlafen, also gehe ich noch einmal hinunter ins Wohnzimmer und da sitzt Milly.
Als sie mich sieht, lächelt sie und fragt, ob ich auch ein Glas Wein möchte. Ich bejahe, woraufhin sie in die Küche geht und ein zweites Glas holt. Zusammen sitzen wir dann gemütlich am offenen Kamin.

„Du siehst fragend aus", meint Milly in diesem Augenblick. Ich nicke. Ja, das stimmt und doch kommt mir in diesem Moment keine Frage in den Sinn.
„Ich weiß auch nicht. Demeter hat heute Nachmittag viel über das Matriarchat erzählt. Mir ist einiges klar geworden und gleichzeitig weiß ich nichts." Ich schaue Milly an und nippe an meinem Glas Wein.
Sie runzelt ein wenig die Stirn und beginnt: „Die Mythologie der griechischen Göttinnen und Götter, wie du sie kennst, entstand aufgrund historischer Ereignisse. Es handelt sich auch hier um eine patriarchalisch gefärbte Mythologie, die ein Loblied auf Zeus und die Helden singt. Doch langsam wird

den Menschen bewusst, dass es nicht so war und ist. Kennst du vielleicht Marija Gimbutas?“ Ich verneine.
„Das ist eine der Frauen, die ein anderes Bild zeigt und der Wahrheit wohl sehr nahe kommt.“
„Was ist das für ein Bild?“
„Vor mindesten 5000 Jahren, vielleicht sogar noch früher, vor dem Aufkommen der patriarchalisch orientierten Religionen war das vorgeschichtliche Europa eine mutterzentrierte, sesshafte, friedliche, kunstliebende, der Erde und dem Meer verbundene Kultur, welche die große Göttin verehrte. Aufgrund von Beweismaterial, das dank Funden von Grabstätten erbracht werden konnte, lebte im vorgeschichtlichen Europa eine klassenlose, egalitäre Gesellschaft, die durch das Eindringen halbnomadischer indoeuropäischer Reitervölker aus dem hohen Norden und dem fernen Osten zerstört wurde. Die Invasoren waren vaterzentriert, mobil, kriegerisch, ideologisch am Himmel orientiert und standen der Kunst gleichgültig gegenüber. Sie unterwarfen das Volk, welches an die Große Mutter glaubte. Die unter zahlreichen Namen, unter anderem als Astarte, Ishtar, Innana, Nut, Isis, Ashtoreth, Au Set, Hathor, Nina, Nummu und Ningal bekannte Große Göttin wurde vor dem Auftauchen der patriarchalischen Religionen als unsterblich, unveränderlich und allmächtig betrachtet. Sie hatte zwar Liebhaber, aber nur zu ihrem Vergnügen, nicht, um ihren Kindern einen Vater zu geben. Wie dir Demeter sicher erklärt hat, war der Begriff Vaterschaft noch nicht in die religiöse Gedankenwelt aufgenommen worden und es gab auch keine männlichen Götter.
Aufeinanderfolgende Wellen von Invasionen durch die Indo-Europäer führten zur allmählichen Entthronung der Großen Göttin. Der Beginn dieser Invasionswelle wird von verschiedenen Gelehrten in die Zeit zwischen 4500 und 2400 v. Chr. datiert. Die Göttinnen wurden vorerst nicht vollständig abgeschafft, sondern in die Religionen der Invasoren integriert. Die Invasoren zwangen den besiegten Völkern ihre patriarchalische Kultur und ihre Kriegsreligion auf. Die Große Göttin wurde die untertänige Gemahlin der Götter der Eroberer, und die Attribute oder die Macht, die ursprünglich einer weiblichen Gottheit zugeordnet worden waren, wurden ihr geraubt und einer männlichen Gottheit zugesprochen.
Zum ersten Mal tauchte in den Mythen das Thema der Vergewaltigung auf, in anderen Mythen wurden Schlangen, das Symbol der Großen Göttin, durch männliche Helden erschlagen. Und wie aus der griechischen Mythologie hervorgeht, wurden die einst der Großen Göttin zugeordneten Attribute und Symbole sowie die ihr beigemessene Macht nun auf zahlreiche Göttinnen verteilt. Der Vatergott wurde ins Zentrum gerückt. Die Entthronung der Großen Göttin wurde durch die später auftretenden hebräischen, christlichen und islamischen Religionen endgültig besiegelt. Die weiblichen Gottheiten, wie auch die Frauen in der Gesellschaft, traten zusehends in den Hintergrund. Früher wurde die Große Göttin als Schöpferin und Zerstörerin des Lebens verehrt,

die für die Fruchtbarkeit und die zerstörende Gewalt der Natur verantwortlich war."
Milly schaut mich an und ihre blauen Augen fixieren mich dabei. „Doch sie konnten sie nicht auslöschen. Die Große Göttin existiert immer noch, in jedem von uns, als Archetyp im kollektiven Unbewussten."

Bei diesen Worten kommt Demeter ins Zimmer, holt sich auch ein Glas aus der Küche, setzt sich zu uns und fügt bei: „Das Matriarchat lebt in uns allen, in Frauen wie in Männern. Es umfasst die lebensgeschichtlich bedingte Entwicklungsstufe des Menschen, wo Mutterumwelt alle Macht und Ohnmacht bedeutet. Die ersten äußeren Gesetze, Forderungen und Strafen erlebt das Kind normalerweise in einem Mutterumfeld. Unbewusste seelische Reaktionen auf die Erfahrungen, die in dieser Lebensphase gesammelt werden, prägen teilweise die Ich-Entwicklung eines Individuums. Jede Gesellschaftsform zeigt Spuren des psychischen Matriarchats. Meist ist die unterdrückte Frau und Mutter nur für das kleine Kind eine omnipotente Gestalt. Doch bald nehmen die Kinder wahr, dass die Mutter dem Vater zudient, dass oberflächlich und nach außen der Vater die Gesetze der Familie bestimmt. Diese schizophrenogene Familiensituation fördert Konflikte aus dem psychischen Matriarchat. Die ganzheitliche Göttin war für Frau und Mann ein Schutz gegen die Folgen dieses psychischen Matriarchats. Doch unter dem Patriarchat fehlt dieser Schutz vor allem bei den Männern. Die unverarbeiteten, meist unbewussten Kränkungen aus dem psychischen Matriarchat fixieren den Patriarchen auf Besitz, auf Habmacht, auf den Intellekt, den Matriarchen auf Spaltung, Gefühlswelt und Seinsmacht. Da beide Muster der Muttermacht entgegenwirken, unbewusste Erinnerungen an alte Kränkungen verdrängen und gemeinsam stark machen, sind Spaltung und Besitzdenken zu allgemeinen Fundamenten der patriarchalen Gesellschaft geworden."
„Also ist nach wie vor die Mutter das wichtigste im Leben eines Kindes und dafür verantwortlich, wenn das Kind als erwachsener Mensch nicht bestehen kann?", frage ich.
„Bei der Auseinandersetzung mit dem weiblichen Heiligen stoßen die Menschen oft auf alte Gefühle von Enttäuschung über die eigene Mutter. Doch du kannst nicht dein Bedürfnis nach der bedingungslosen Liebe von einer göttlichen Mutter auf deine irdische Mutter übertragen und von ihr erwarten, dass sie eine Göttin ist. Dann wirst du enttäuscht und auch wütend werden, wenn sie sich als menschlich und unzugänglich erweist. In einer Welt, in der Mütter die einzige Vertreterin von weiblicher Perfektion und Fürsorge sind, kann keine von ihnen alle Bedürfnisse ihrer Kinder erfüllen. Angesichts der Komplexität ihrer Aufgabe und des Vakuums, das sie ausfüllen soll, kannst vielleicht auch du ihr leichter Fehler verzeihen. Wenn die Beziehung zu deiner Mutter sehr schwierig war, hast du möglicherweise Probleme, einer weiblichen Gottheit zu vertrauen. Wenn du die Beziehung heilen und die unrealistischen Erwartungen aufgibst, entdeckst du vielleicht eine Chance, für eine

Beziehung zur weiblichen Göttlichkeit. Gleichzeitig kann ein Bewusstsein des weiblich Heiligen für eine Heilung der Beziehung zur eigenen Mutter sorgen."
„Und was ist mit der perfekten Mutter?"
„Es gibt keine perfekte Mutter. Das ist ein Trugbild. Es gibt Frauen, die sich gut in die Mutterrolle einfügen können. Doch die perfekte Mutter gibt es nicht, weil es perfekt nicht gibt. Perfekt bei euch Menschen heißt besser als gut. Wie immer du dich entscheidest, es ist nie ganz gut, weil du immer noch denkst, es besser machen zu können. Doch das Bessere ist der Feind des Guten, und wenn etwas perfekt ist, gibt es kein Leben mehr. Es ist perfekt, also fertig. Eine vollständig abgeschlossene Erfahrung ist im Energiefeld nicht mehr sichtbar. Doch Leben ist Ausdruck dessen, was ist. Wenn es existiert, ist es Leben und in Bewegung. Leben hat viel mit Kraft und Bewegung zu tun, mit Loslassen und Zulassen von dem, was ist."
„Also war auch das Matriarchat nicht perfekt?"
„Das Matriarchat war im Einklang mit der Natur, also in seiner Art perfekt, weil die Natur perfekt ist. Doch alles ist so, wie es ist, perfekt."
„Auch das Patriarchat?"
„Ja, auch das Patriarchat."

„Gibt es überhaupt Beweise, dass es das Matriarchat wirklich gab?"
Milly schaut mich entsetzt an, doch Demeter schmunzelt. „Mit dem Beginn der Archäologie, jedoch vor allem seit der Entdeckung der ersten steinzeitlichen Frauenstatuetten, ist es möglich, die Theorien der Matriarchatsforschung mit greifbaren Fakten zu beweisen. Zuerst galten diese Frauenstatuetten als Darstellung eines vermeintlichen Schönheitsideals oder gar als Pornographie der Steinzeit. Die ersten Entdecker bezeichneten sie als hässlich, unförmig oder gar als Ausdruck mangelnder künstlerischer Verständnisse. Später wurden sie als Fruchtbarkeitsidole bezeichnet und legten damit den weiblichen Körper auf die Rolle der Gebärenden fest. Erst Urgeschichtsforscherinnen wie Marija Gimbutaas entschlüsselten die religiöse und gesellschaftliche Bedeutung der Figuren, die schließlich nur selten schwanger und fast nie mit Kind dargestellt waren. Aus der Tatsache heraus, dass Religionen eng an das Gesellschaftssystem gebunden sind und die Gottheiten einer Religion etwas darüber aussagen, wer in der Gesellschaft dominiert, war es nur noch ein kleiner Schritt, zu entdecken, dass die fast ausschließlich weiblichen Figuren der Steinzeit ein Beleg für die weibliche Dominanz in dieser Zeit sind", führt Demeter weiter aus.
Ich nicke. „Ich habe gelesen, dass nach dem heutigen Stand der Forschung die menschengestaltigen Kleinplastiken aus den ersten Jahrtausenden der künstlerischen Entwicklung als überwiegend weiblich gelten. Auch solche ohne explizite Geschlechtsmerkmale werden heute als Frauenfiguren gedeutet. Wie sah eigentlich der Alltag der Frau in urgeschichtlichen Zeiten aus? Gab es da auch schon die rollenspezifische Tätigkeit der Frau?"

Demeter schüttelt den Kopf. „Nein, das gab es nicht. Lange Zeit galt das Jagen als rein männliche Domäne und das Sammeln als weibliche. Vergleiche der ethnologischen und archäologischen Befunde unter Berücksichtigung der biologischen Unterschiede bei Frau und Mann ergaben jedoch nicht nur, dass Frauen, wie die Männer, zur Jagd fähig waren, sondern auch, dass sie es tatsächlich taten und beispielsweise bei den Eskimo Sibiriens heute noch tun. Selbst Frauen, die ein Baby mit sich tragen, sind als jagend belegt. Nachdem zahllose Skelettfunde mit Grabbeigaben, die der Jagd dienen konnten, stets als männlich eingestuft wurden, erwiesen sich viele erst nach anthropologischer Untersuchung als eindeutig weiblich. Doch derartige Untersuchungen galten lange als überflüssig. Eng damit in Zusammenhang steht die Frage nach der Ernährung des Menschen und welchen Anteil dabei jeweils Gesammeltes oder Jagdbeute hatten. Lange galt das Jagen als die wichtigste Art der Nahrungsbeschaffung sowohl bei Naturvölkern als auch den frühen Menschen. Heute ist nun klar, dass lediglich ca. 20% der Nahrung aus Fleisch bestanden und manchmal sogar Fleisch nur ausnahmsweise verzehrt wurde. Untersuchungen an Skelettfunden lassen auf Ernährungsweise, Erkrankungen sowie die Art der Arbeitsbelastung schließen. Letzteres ist vor allem für Funde aus der Zeit des beginnenden Ackerbaus interessant."
„Gut, gibt es die Urgeschichtsforschung, so kann das Matriarchat bewiesen werden", erkläre ich.
Demeter verneint. „Urgeschichtsforschung ist nicht mit Matriarchatsforschung identisch. Feministische Urgeschichtsforschung ist immer Matriarchatsforschung. Matriarchatsforschung hingegen ist nicht immer feministisch." Da mischt sich Milly ein. „Marie E.P. König erforschte die Kulthöhlen Frankreichs vor Ort und entdeckte dort die ältesten Spuren des steinzeitlichen Weltbildes. Dabei waren es nicht nur die berühmten Höhlen von Pech Merle oder Lascaux, deren Tierdarstellungen sie als Metapher für das weibliche Prinzip erkannt hat, sondern vor allem die weitgehend unbekannten und schwer erreichbaren Höhlen im Wald von Fontainebleau, in denen sie unter anderem zum ersten Mal die Vulva-Symbolik in den von Menschen in den Fels gehauenen Zeichen erkannte und die Netzmuster und Linien, die dort ganze Wände und Böden überziehen als ersten Ausdruck einer Vorstellung von den Himmelsrichtungen deutete. Sie war es auch, die den Zusammenhang des Mondkultes mit der Stier-Symbolik erklärte."
„Wann lebte diese Frau?"
„Sie lebte von 1899 bis 1988. Sie ist zwar in der feministischen Forschungswelt anerkannt, wird aber in der übrigen Fachwelt namentlich ignoriert, da sie nur Autodidaktin war", erklärt mir Milly.

„Ich habe einmal gehört, dass sich mit dem Aufkommen des Ackerbaus die Ernährung und der Arbeitsalltag des Menschen erheblich geändert hat", füge ich bei.

Milly schüttelt ihren Kopf: „Ob daraus der Wandel zum Patriarchat erklärt werden kann, wie es immer wieder versucht wird, ist umstritten. Wahrscheinlich hat die Erfindung des Ackerbaus eine Stärkung der männlichen Position und ein Anwachsen der Bevölkerungszahl zur Deckung des Bedarfs an Arbeitskräften mit sich gebracht. Bei diesen radikalen Veränderungen der Bräuche und der daraus folgenden größeren Gruppendichte, stieg wahrscheinlich das Aggressionspotenzial der Männer. Sie wurden mehr und mehr in die Zentren des sozialen Lebens gezogen. Sie wurden damit auch zunehmend wichtiger. Ihre zusätzliche Arbeitskraft war und ist eine starke Kraft, und so hatten sie zunächst ihren Platz in der Gruppe, bis sie schließlich das Kommando gerade dort übernahmen, wo sich vorher eine rein weibliche Domäne etabliert hatte: bei der Versorgung mit pflanzlicher Nahrung."

„Also ist der Mensch im Ursprung Vegetarier?", frage ich.
„Der Mensch ist nicht Veganer, Vegetarier oder Fleischesser, sondern vor allem ein Individuum", erklärt Demeter.
„Und was heißt das?"
„Das heißt, dass jeder Mensch auf sich und seinen Körper hören sollte. Es geht nicht darum, sich nach einem Modell zu ernähren, sondern vielmehr, wieder sich selber zu finden und zu spüren, was der eigene Körper braucht. Mal ist es Fleisch, dann Fisch, Gemüse, Früchte.
Jeder Mensch, vor allem die Kinder, wissen genau, was ihnen gut tut, nur denken die Erwachsenen immer, dass sie es viel besser wissen. Auch beim Essen sollte der Mensch spüren, was er braucht und nicht darüber nachdenken. Nehmen wir zum Beispiel den Fisch. Sicher kennst du die Regel, nach denen einige Menschen am Freitag nur Fisch essen." Ich nicke.
„Diese Regel entstand in einer Zeit, als die sogenannten Höhergestellten und Reichen Angst hatten, dass sie zu wenig Fleisch haben könnten. Also gaben sie unter dem Deckmantel der Religion die Regel heraus, dass am Freitag nur noch Fisch gegessen werden darf. Dieses Gesetz galt für alle, doch nicht für sie."
Mit offenem Mund sitze ich da. Es geht wohl darum, immer wieder alles in Frage zu stellen. Wichtig ist nicht, was ich höre oder denke, sondern herauszufinden, was ich brauche, was ich will, was mir gut tut und nicht, was für Gesetze es gibt oder was mir einmal gesagt wurde.
Demeter nickt. „Ja, es geht um dich, um dich als Individuum. Höre auf, anderen zu glauben, an Ernährungsmodellen festzuhalten, sondern vertraue wieder vermehrt deinem Körper. Er weiß genau, was gut für dich ist und was nicht."

Eine Zeitlang sitzen wir schweigend da und meine Gedanken kreisen um meine Ernährung. Doch dann komme ich wieder auf das Matriarchat zurück. „Was ich immer noch nicht verstehe, wieso die Frauen wie selbstverständlich ihre Domänen abgegeben haben. Frauen, die sich ihrer selbst und ihren Stärken doch eigentlich bewusst waren?"

„Ja, das ist eine gute Frage“, meint Milly. „Denn tatsächlich widerlegen archäologische und anthropologische Befunde für Mitteleuropa die Annahme, dass Männer an der schweren Feldarbeit beteiligt waren. Frauen wurden dort offensichtlich durch gesellschaftlichen Druck oder gar Gewalt zur Feldarbeit gezwungen. Anders kann ich es nicht erklären, dass sie die meiste Arbeit taten, ohne das zugehörige Sozialprestige zu behalten. Bei Untersuchungen an Skelettfunden der mitteleuropäischen bandkeramischen Kultur, ca. 5500 bis 5000 v.u.Z., wurden vor allem bei den Frauen an den Knochen ungewöhnlich stark ausgeprägte Muskelmarken entdeckt, die auf allerschwerste körperliche Arbeit schließen lassen. Bei beiden Geschlechtern fand man Spuren von Mangelnahrung infolge einseitiger Nahrung oder Hunger infolge von Missernten.“ Demeter unterbricht und meint:
„Derartige harte Lebensbedingungen waren nicht überall vorhanden. In Kleinasien, dem Ursprung des Ackerbaus, war das nicht der Fall.“
„Stimmt“, sagt Milly. Frauen gelten nicht nur im allgemeinen als Erfinderinnen des Ackerbaus, sondern standen auch nachweislich im Mittelpunkt des Kultes der Großen Göttin, der in der traditionellen Sicht fälschlicherweise Fruchtbarkeitskult genannt wird. Da eine Fruchtbarkeitsreligion allein keine Antworten auf existentielle Fragen von Leben und Tod gibt, kann das Bitten um Fruchtbarkeit der Felder allenfalls ein Nebenaspekt der jungsteinzeitlichen Religion gewesen sein. Der Wunsch nach möglichst vielen Kindern ist noch weniger beweisbar, da Frauenstatuetten fast nie mit Kind und überhaupt nicht mit mehreren Kindern abgebildet sind.“ Demeter lächelt weise und fügt bei:
„Das weibliche Prinzip war eben nicht auf Reproduktion reduziert, sondern war der Ausdruck der drei Aspekte des Daseins: Leben, Tod und Wiedergeburt, also eines zyklischen Geschehens, welches durch die dreifache Göttin in ihren Erscheinungsformen repräsentiert wird.“
„Ob sich die Männer im Matriarchat doch unterdrückt und machtlos fühlten, oder ob einzelne kriegerische Männergruppen die zufrieden lebenden und friedlich gesinnten Männer zum Umdenken zwangen, kann letztlich nicht geklärt werden“, fügt Milly bei.

„Das ist auch nicht entscheidend“, sagt Demeter. „Wichtig ist, dass sich die Frauen, dass du dir als Frau wieder bewusst wirst, wer du bist.“
„Ja“, fügt Milly bei, „nehmen wir zum Beispiel die Herstellung der heiligen Speisen wie Brot und Bier. Diese galten als Ehrenaufgabe der Hausfrau. Auf matriarchaler Kulturstufe war das eine religiöse Handlung. Die heiligen Bereiche der Göttin wurden auf den Alltag übertragen. Also war die Frau in ihrer Tätigkeit auch gleichzeitig Priesterin, Dienerin der Göttin. So galt der Backofen als demetrische Stufe und auch der Mann wurde durch seine ackerbauliche Tätigkeit ein Diener und Priester der Göttin. Wichtig war, dass auf dieser Kulturstufe Gleichberechtigung zwischen Frau und Mann herrschte, da mit dem Matriarchat nicht das umgekehrte Patriarchat stattfand.“
„Hat der Untergang des Matriarchats etwas mit der Zerstückelung der Großen Göttin in verschiedene Aspekte zu tun?“, frage ich laut.

Milly nickt. „Da dem Alltag in Haus und Feld sakrale Bedeutung zukam, scheint sich mit dem Tempel- und Kirchenbau eine Wende angebahnt zu haben. War früher jedes Haus, jeder Naturort, eine heilige Stätte göttlicher Kraft, an der alle Lebewesen unterschiedslos partizipieren konnten, so begann mit dem Tempelbau eine Aufgliederung, die neue Hierarchien mit sich brachte und langsam die Spaltung des ganzheitlichen Religionsverständnisses bewirkte. Ich denke, dass mit dem Tempelbau der Grundstein zur patriarchalen Gesellschaftsform gelegt wurde. Auch mit dem Wissen, dass der Mann als Samenspender am Zeugungsakt beteiligt ist, wurde die Vorstellung von der Jungfernzeugung hinfällig. Diese neue Erkenntnis schmälerte mit der Zeit die Stellung der Göttin und auch die der Frau. So wurde die Religion der Göttin, von den großen Kirchen als Sektiererei verunglimpflicht."
„Doch heute erlebt sie zum Beispiel im englischen Wicca-Kult eine Renaissance", füge ich nachdenklich bei.
„Ja, im Ökofeminismus ist eine weiblich orientierte Religiosität ein Bestandteil des alltäglichen Lebens, da das Anerkennen der Natur als heilige Materie Grundlage für einen bessern Umgang mit ihr ist. Nicht die Natur untertan machen, sondern mit ihr leben ist das Ziel. Die Rückeroberung der Heiligkeit des Weiblichen soll die Position der Frau in der Gesellschaft derart stärken, dass Männer weibliche Grenzen nicht mehr ungefragt überschreiten", erklärt Demeter.
Und mit lauter Stimme fügt Milly bei: „Alle sogenannten Religionen, die das Patriarchat legitimieren, sind lediglich Sekten, die unter einem riesigen Schirm zusammengefasst sind. Trotz aller Unterschiede sind sie im Prinzip alle gleich. Alle, von Buddhismus und Hinduismus zum Islam, Judaismus, Christentum, bis zu so säkularen abgeleiteten Formen wie Freudianismus, Junganismus, Marxismus und Maoismus, sind sie nichts anderes als Infrastrukturen des Gebäudes Patriarchat." Da lacht Demeter, steht auf und erklärt: „So, das ist für heute genug. Ich denke, du hast reichlich gehört, und kannst dir nun deine eigenen Gedanken machen. Morgen schläfst du noch einmal aus, sodass du alles gut verdauen kannst, was du heute gehört und erlebt hast."
Etwas erstaunt nehme ich das zur Kenntnis, gehe ins Bett und liege noch lange wach, weil mich meine Gedanken nicht einschlafen lassen. Als ich am nächsten Tag aufwache, bin ich froh, über die weise Entscheidung von Demeter, gegen die ich mich gestern noch ein wenig gesträubt hatte. Doch ich habe lange geschlafen, was darauf zu schließen ließ, dass ich diese Ruhe nötig hatte.

Nach dem ausgiebigen Frühstück lädt Demeter mich ein, zusammen mit ihr Beeren zu pflücken. So gehen wir wieder in den Kräuter- und Blumengarten und stillschweigend pflücke ich die Beeren. Ab und zu schaue ich zu Demeter hin. Sie hat eine Pause gemacht und spielt mit Streuner, der freudig und aufgeregt um sie herum springt. Immer mehr bewundere ich sie, wie einfach,

bescheiden, unkompliziert und liebevoll sie mit allen Lebewesen umgeht. Sie behandelt Mensch und Tier, die ganze Natur, mit der gleichen Behutsamkeit, dem gleichen umfassenden Verständnis. Ist es das, was eine Göttin ausmacht? Dieses umfassende Verständnis?
Beim gemeinsamen Mittagessen spreche ich sie darauf an. Sie zeigt auf den Garten. „Schau dir die Blumen an. Menschen sind wie Blumen. Sie brauchen liebevolle Zu-Wendung und einen gesunden Frei-Raum zum Gedeihen. Du kannst auch eine Pflanze nicht schneller wachsen lassen, indem du an ihr ziehst. Genau so ist es bei den Menschen. Alles braucht seine Zeit, um wachsen zu können. Vertraue darauf, dass deine Samen gedeihen und gib ihnen Zeit sich entfalten zu können."
„Ich bin nicht sehr geduldig. Wenn ich etwas erkenne, dann will ich es sofort ändern."
„Mit deinem Kopf willst du es ändern. Doch du bist mehr als nur dein Verstand. Dein Verstand arbeitet schnell und möchte, dass alles so schnell geht, wie er es versteht. Doch deine Gefühle und auch dein Körper brauchen Zeit. Also gib dir die Zeit, wie du sie auch einer Blume schenkst. Oder bist du auch bei einer Blume so ungeduldig?"
Lächelnd verneine ich, sitze wieder schweigend da und lasse mich von der Sonne bescheinen. Das Essen hat mich müde gemacht und mein Körper fühlt sich kraftlos an. Mein Bauch rumort und ich überlege mir, ob ich mich wohl zurückziehen soll. Demeter lächelt leise vor sich hin und überrascht mich mit den Worten: „Bei Verdauungsbeschwerden gibt es ein einfaches Mittel. Wühle den Bauch mit deinen beiden Mittelfingern auf. Scharre wie ein Hund und du wirst spüren, wie wohltuend das ist." Stimmt, durch das Scharren beginnt sich meine Bauchanspannung zu lösen.
„Jetzt klopfe noch wie ein Gorilla auf deiner Brust herum und bilde dazu Töne. Das gibt nicht nur Kraft und Energie, sondern stärkt auch dein Immunsystem." Und wirklich, durch diese Übung fühle ich mich wieder gestärkt und völlig wach.
Während ich den Tisch abdecke und danach die Küche aufräume, wandern meine Gedanken zur Großen Göttin und gleichzeitig auch zum Christentum, in dessen Glauben ich aufgewachsen bin. Als ich wieder in den Garten gehe, frage ich Demeter: „Der Göttinnenkult war, wie die christliche Lehre, ein monotheistischer Kult, nicht wahr?"
„Die christliche Lehre kannst du nicht wirklich als monotheistische Religion betrachten. Da gibt es einen Gott, seinen Sohn und den Heiligen Geist auf einem Thron."
„Doch sie sind alle eins."
„Auch, wenn sie alle eins sind, ihre Funktion, ihre Handlungen, die Konzepte über sie sind verschieden und im Katholizismus sitzt ganz offiziell noch ein weibliches Wesen mit auf diesem Thron."
„Ja, mit Maria hat der Volksglaube ein göttliches Symbol für die Weiblichkeit erhalten."

„Maria! Maria ist nichts anderes als eine Umwandlung der Göttin. Sie ist die große Göttin, die Himmelskönigin, der Meerstern und die Mutter Gottes. Maria ist ein Grundname der Großen Göttin. Ihr lateinischer Name war Maria, was die Meere bedeutet. Oft wird sie auch Stella Maris genannt, Meerstern. Maria gebar, wie so viele andere Muttergöttinnen vor ihr, eine Göttin oder einen Gott in Menschengestalt: Rhiannon gebar ihren Sohn Pryderi, durch Isis wird Horus wieder geboren. Ich, als Demeter bekomme meine heilige Tochter Persephone, die Erdgöttin schenkt Dionysos das Leben und in Japan kommt Amaterasu aus ihrer Höhle. In der christlichen Kultur schenkt eben Maria Jesus das Leben.

Kaiser Theodosius ließ um 384 das Christentum im römischen Reich zur Staatsreligion erheben und alle heidnischen Religionen verbieten. Doch es brauchte noch eine weibliche Gottheit. Der Glaube lässt sich nicht erzwingen, und so wurde Isis mit Maria identifiziert und aus Isis mit dem Horuskind die christliche Göttin Maria mit dem Jesuskind. Es gibt Statuen aus dieser Zeit des Übergangs von Isis zu Maria, von denen man nicht weiß, ob sie Isis mit dem Horuskind oder Maria mit dem Jesuskind auf dem Arm darstellen sollen. Die Christen wollten den matriarchalen Kult der Göttinnen-Verehrung vernichten und ihre eigene Religion, in der es keine Frauen gab, in der ein zorniger, strenger, herrischer und rachsüchtiger Vatergott mit seinem Sohn angebetet wurde, durchsetzen. Doch das Bedürfnis der Menschen, eine Mutterfigur, eine Frau als göttliches Wesen zu verehren, konnten sie nicht auslöschen. Nachdem die Kirche feststellte, dass die Menschen nicht davon abließen, weiterhin zu ihren Göttinnen zu beten, beschloss sie, die jahrtausende alte Göttinnen-Verehrung für sich zu nutzen, sie umzupolen und umzuleiten auf ihre eigene Religion. Eine Aussage von Papst Gregor I. macht diese Geisteshaltung recht deutlich: „...man soll die Bräuche und Glaubenslehren der Völker nutzen und nicht versuchen, sie auszulöschen. Wenn eine Gemeinschaft einen Baum anbetet, so soll man ihn, anstatt ihn umzuhauen, Christus weihen und sie ihre Anbetung fortsetzen lassen..."
In diesem Sinne beschloss Papst Julius I., den Geburtstag Jesu, also Weihnachten, auf den 25. Dezember zu legen, da dieses Datum mit den heidnischen Bräuchen zur Wintersonnenwende, meist um den 21./22. Dezember herum, zusammenfiel. Die Kirche wollte das heidnische Fest Wintersonnenwende durch die christliche Weihnacht austauschen. Doch der Anlass für die beiden Feierlichkeiten war sehr unterschiedlich. Beim heidnischen Fest wurde die Göttin als Mutter des Göttlichen Kindes gefeiert, der Schwerpunkt lag also auf der Frau, und der alte Name für diese Nacht lautete Modraniht, Mutter-Nacht. In der christlichen Weihnacht jedoch wurde der Gottessohn in den Mittelpunkt gestellt. Die christliche Gestalt der Maria entstand in den ersten vier Jahrhunderten der christlichen Ära aus einer Mischung althergebrachter Göttinnen, deren Attribute und Symbole sie vereint. Da war einmal der alte Aspekt der Jungfrau als Göttin. Dann die Rose als Sinnbild für Blut, Liebe,

Fruchtbarkeit und vor allem für die weibliche Sexualität und ihre Sinnlichkeit. Auch die Mondsichel und Spindel fanden ihre Verwendung, wie auch die Muschel als Symbol für die Vagina und ihr blauer Sternen-Mantel verweist auf ihre Identität als Himmelskönigin. Es hieß, dass die Zahl fünf, die der Marienanbetung geweihte Zahl sei. Die Frauen benutzten weiterhin das Pentagramm als Schutzzeichen und bekreuzigten sich mit dem fünffachen Kreuz. Die Kirchenmänner diffamierten jedoch das Pentagramm und assoziierten es mit Hexen; sie behaupteten, dass das Vollziehen des Pentagramms eine pervertierte Nachahmung des christlichen Kreuzzeichens sei. Dabei war es gerade umgekehrt. Die Christen waren es, die diesen Brauch übernommen und nachgeahmt haben! Die Verehrung der vielfältigen Muttergottheiten wurde also gebündelt und auf die Marienverehrung übertragen; so konnten breite Schichten der Bevölkerung angesprochen werden. Auf die Marienfigur wurden Wunderkräfte und die Züge zahlreicher gestürzter Heil- und Schutzgöttinnen übertragen. Sie spendete Segen und wirkte Wunder. Zahlreiche Heiligtümer und Tempel wurden in Marienkirchen umgewandelt. Die Rechnung, Maria als Stellvertreterin der weiblichen Gottheiten und weiblicher Kulte einzusetzen, schien aufgegangen zu sein: die Marien-Verehrung verbreitete sich stark, das Volk nannte sie Himmelskönigin und es gab sogar einige Gruppen, die versuchten, Maria als Göttin neben oder an die Stelle Gottes zu setzen.
Diese große Verehrung Marias war der Kirche natürlich überhaupt nicht recht, sie wollten Maria nicht zu viel Macht und Verehrung zugestehen und als Göttin wollten sie sie schon gar nicht. Die Kirchenmänner mussten verhindern, dass der Kult um die Jungfrau Maria im Mittelpunkt der Aufmerksamkeit stand - sie verlangten, dass die Menschen den Gottessohn anbeteten. So beschloss die christliche Kirche, die Gestalt Marias endgültig aus dem Bereich der Göttlichkeit zu verdrängen. Aus der jungfräulichen Großen Göttin, jungfräulich im Sinne von unabhängig von einem Mann machten sie eine Jungfrau im sexuellen Sinne. Obwohl in der Bibel eindeutig von Brüdern und Schwestern Jesu die Rede ist, beharrten sie darauf, dass Maria niemals Geschlechtsverkehr hatte. Sie versuchten, sie auf die Rolle der Gottesgebärerin zu reduzieren. Maria war zwar die Mutter Jesu, die Mutter Gottes, doch selbst nicht göttlich. Sie war nun keine selbständige Göttin mehr, sondern die Magd des Herrn.
Doch vom Volk erfuhr sie weiterhin eine besondere Form der Verehrung, denn die Menschen des Mittelalters betrachteten den christlichen Gott oft als ihren Verfolger, doch Maria als ihre Verteidigerin. So wurde Maria als Fürsprecherin der Menschen bei Gott betrachtet. Erst 1954 erklärte die katholische Kirche Maria offiziell zur Himmelskönigin.
„Der Volksglaube kommt also nicht ohne sie aus und braucht Abbilder für seinen Glauben. Hätte die christliche Religion nicht auch eine andere Frau als Symbol der Weiblichkeit wählen können?“
„Denkst du an Maria Magdalena?“ Ich nicke.

„Nein. Die Gefährtin Jesus der letzten drei Jahre scheidet aus, dafür war die Zeit zu kurz, die Erwähnung in der Bibel zu nebensächlich, ihr Vorhandensein für viele sogar skandalös. In allen Religionen, mit Ausnahme der sogenannten monotheistischen jüdisch-christlichen Religion, gab und gibt es heute weibliche Gottheiten. Die christliche Religion etablierte sich in einem Kulturraum, in dem weibliche und männliche Gottheiten ihren Platz hatten. Bei den Ägyptern wird Isis von Osiris schwanger und bringt Horus zur Welt. Ascherah heißt die semitische Mutter-Göttin, welche die Götter zur Welt bringt. Zeus trägt Metis, seine erste Frau in sich – hört auch auf sie – und lebt mit Hera, seiner zweiten Frau zusammen. Gerade vor dem Hintergrund der bestehenden weiblichen Gottheiten zur Zeit des Alten Testaments, deren Spuren erst heute wieder aufgenommen werden, lesen sich die Zehn Gebote, neben der moralisch-ethischen Forderung, wie das Einschwören einer Kampftruppe gegen den Feind: Es gibt nur einen Gott, und das ist der Herr, andere Götter abzubilden und anzubeten ist strengstens verboten. Die Bestrafung derer, die Gott hassen, hört nicht mit ihrem Tode auf, sondern setzt sich bis zu ihren Enkelkindern fort.“

„Ich bringe Maria nicht mit der Großen Göttin zusammen. Die Große Göttin, wie ich es von dir gelernt habe, ist ein sexuelles Wesen. Doch Maria ist für mich ziemlich asexuell.“

„Wenn du dir die Geschichte von Maria anschaust, findest du darin die Große Göttin. Denn sie verkörpert die drei Lebensphasen des Menschseins. Die Hoffnung, die Liebe und den Verlust. Sie zeigt den ewigen Kreislauf von Neubeginn, Hoch-Zeit und Vergehen. Sie ging ihren eigenen, spezifisch weiblichen Weg des Glaubens. Sie ließ sich ein, ganz und gar. Sie ging einen schönen und auch dornigen Weg, um am Ende mit leeren Händen dazustehen, aus denen Neues wachsen kann.“ Ich schaue Demeter zweifelnd an. Ich verstehe nicht, was sie sagen will.

„Schau dir ihre Geschichte an. Da haben wir Maria, die berühmteste Jungfrau und junge Mutter, dann als verzweifelte Mutter und schlussendlich als Trauernde. Sie hat somit auch etwas mit dir zu tun. Sie ist eine Frau, die glücklich war und gelitten hat.“

„Doch sie war so duldsam, gehorsam und fügsam. Das kann für mich als Frau kein Vorbild sein. Maria war voller Angst und Demut. Darauf kann ich verzichten.“

„Maria war nicht ängstlich, demütig ja, doch nicht ängstlich. Und wie du ja weißt, ist Angst auch wichtig und schützt davor, leichtsinnige, gefährliche Dingen zu tun. Ein mutiger Mensch ist ein Mensch, der seine Angst wahrnimmt und auch ernst nimmt. Mut ist stärker als Angst. Im Wort Demut findest du das Wort Mut. Demütig heißt nicht, unterwürfig und ängstlich sein, sondern sich mutig dem Lebensfluss hingeben. Und genau das tat Maria. Dort, wo die Angst sitzt, findest du meistens die größte Herausforderung und das persönliche Wachstum.“

„Führt jedes Risiko auch zum Erfolg?“

„Nein. Doch die ausgetretenen Pfade scheinen meist sicherer, sodass du diesen Weg vorziehst. Das ist jedoch ein Trugbild. Sicherheit gibt es nicht, nicht einmal, dass die intuitive Entscheidung die bessere ist. Es ist gut zu gehen, wenn gehen angesagt ist und zu verweilen, wenn eine Pause ansteht. Das ist die Lebenskunst. Zu erkennen, was ansteht und dies zu tun. Nicht verharren, nicht flüchten. Alle Flüsse führen ins Meer, enden dort, doch wer kennt ihren Weg, wenn man am Ufer steht? Maria hat genau das gemacht. Sie ist nicht verharrt, flüchtete nicht, sondern war da. Sie war einfach da. Still, unaufdringlich, manchmal unbemerkt und gleichzeitig kraftvoll, wie eine offene Hand, bereit zu geben, zu halten und zu beschützen. Sie hat Höhen und Tiefen erlebt und den ewigen Zyklus, Leben zu schenken und sterben zu lassen. Sie kennt den Kampf ums Dasein, Sorgen, Schmerzen und die Hoffnung. Sie kennt auch die Freude, das Glück und die Leichtigkeit. Sie ist ein Symbol für bedingungslose Hingabe und Liebe. Die Mutter Gottes. Das Symbol für das Göttliche."

Ich komme ins Grübeln. Wer war diese Maria? Sie wurde von der Kirche gelobt und verdammt. Sie ist es, die als einzige Frau in der Bibel eine große Rolle spielt. Papst Johannes II. verehrte Maria so sehr, dass er 1988 ein marianisches Jahr ausgerufen hat. Je mehr ich überlege, desto klarer wird mir das fortwährende Paradoxon. Wenn Maria verehrt wird, dann werden die realen Frauen ausgegrenzt, wie in der katholischen Kirche, oder Frauen dürfen auch lehren und predigen und Maria wird ausgegrenzt, wie in der evangelischen Kirche. „Kann es sein, dass es offiziellen Stellen Angst macht, die Weiblichkeit im Himmel und auf Erden zu einen?", frage ich Demeter.
Diese nickt. „Du hast es erfasst. Genau darum geht es, um die Einigkeit zwischen Himmel und Erde. Diese Einigkeit, die du in dir erschaffen kannst. Nehmen wir noch einmal die Symbolfigur Maria. Zu Beginn ihrer Entwicklung verkörpert sie den jungen Menschen, der sein Herz auf der Zunge trägt, spontan ist, mutige Entscheidungen treffen kann und für seine Liebe Wagnisse eingeht. Sie symbolisiert damit auch das junge Mädchen in der Frau. Voll der Hoffnung und Euphorie, begeisterungsfähig, bereit, sich einzulassen, nur aus dem Gefühl heraus, nur aus dem Moment heraus, gleichgültig, wie alt sie ist. Bereit zur Hingabe, ein Kind zu empfangen und zur Welt zu bringen; bereit, Verantwortung dafür zu übernehmen; bereit, andere Interessen zugunsten dieser neuen Liebe zurückzustellen. Maria trägt ihren Teil zum Gelingen des göttlichen Planes bei.

Gott übernimmt den männlichen Part. Er schafft stabile Rahmenbedingungen und beschützt seine Familie. Er wird aktiv, als sich Leihvater Josef aus der Verbindung zurückziehen will, und lässt es nicht zu, dass dieser abhaut. Gott gibt auch den Hinweis zur Flucht, als das Leben seines Sohnes gleich nach der Geburt in Gefahr ist.
Maria war aktiv, fleissig, hingebungsvoll und stets im Hintergrund. Ihr Sohn

Jesu - ein Rebell. Er stellte sich schnell einmal gegen die Ordnung. Als Frau und Mutter erkannte sie, wohin das führen würde. Rebellen haben keine lange Lebenserwartung. Also geht sie als besorgte Mutter noch einmal zu ihm.
Er empfängt sie nicht einmal. Dieses Verhalten würde jeden Menschen verletzen, vor allem eine Mutter. Doch ihr Sohn entsagt sich seiner Ursprungsfamilie und bekennt sich damit zu seiner Glaubensgemeinschaft. Denn Jesu kann seinen Weg nur gehen, wenn er Altes zurücklässt.
Neues kann nur ohne die Fesseln des Alten beginnen. Maria und Jesu lassen beide los. Sie hat ihr Kind losgelassen. Denn sie weiß, Kinder brauchen Wurzeln, wenn sie klein sind – und Flügel, wenn sie groß geworden sind.
Am Kreuz, als Jesu denkt, sein Vater habe ihn verlassen, ist sie wieder bei ihm. Sie ist da in der Stunde seiner Not. Sie hält zu ihm. Damit wird sie erneut zum Symbol der unerschütterlichen, bedingungslosen Liebe. Zur geöffneten Hand, die immer da ist, was auch geschieht. Damit erfüllt sie ihren Part im Geschehen. Sie zeigt mit ihrer Präsenz Liebe und Mitgefühl, obwohl sich ihr Sohn von seiner Familie losgesagt hat, zugunsten einer großen Familie, die wir heute Gemeinde nennen. Sie ist da im Schmerz."
„Aus diesem Grund gibt sie vielen Menschen Halt im Schmerz, wenn sie Verluste erleiden, trauern, oder Angst haben?"
„Ja, sie versteht, was die Menschen bewegt. Sie flüchtet nicht vor dem Leid und dem Tod, sie bleibt. Wer ein Kind verloren hat, weiß, dass dies der größte Schmerz und Verlust ist, den ein Mensch haben kann. Viel größer als jede andere Trauer. Denn mit dem Kind stirbt die Hoffnung, die Zukunft. Nach diesem Sterben scheint es kein neues Werden geben zu können."
„Also ist das ein weiterer Blickwinkel auf Maria. Sie erweckt Mitgefühl in uns?"
Demeter nickt. „Das schafft Nähe und Verbindung. Noch in seinem Sterben zeigt Jesu am Kreuz, dass nach seinem Tod Neues folgen wird. Er vertraut Maria einem seiner Jünger an, und gibt ihr damit einen neuen Sohn. Es beginnt also wieder etwas Neues. Stirb und werde – immer wieder."
„Mir gefällt das Bild von der geöffneten Hand, die immer da ist, was auch geschieht."
Demeter nimmt meine Hand in die ihre. „Das ist verständlich. Schaue dir deine Hand genau an. Beginne mit dem kleinen Finger. Er verkörpert die Erde, deinen Körper und Geist. Dein Ringfinger verkörpert das Wasser, deine Gefühle. Der Mittelfinger steht für das Feuer, deinen Tatendrang und die Umsetzung. Der Zeigefinger verkörpert die Luft, das Denken und dein Intellekt. Der Daumen verkörpert den Geist."
„Machst du jetzt Handlesen mit mir?"
Sie lacht. „Nein, ich will dir nur zeigen, dass es nicht erstaunlich ist, dass dich das Bild der geöffneten Hände berührt. In deinen Händen liegt dein Leben, im wahrsten Sinne des Wortes. Mit deinen Händen kannst du auch viel verändern."
„Was denn zum Beispiel?"

Sie lacht wieder und gibt meine Hände frei. „Eine einfache Handreflexzonen-Massage zum Beispiel befreit dich vom Stress.“ Sie sieht meine leuchtenden Augen und meinen fragenden Blick und fährt fort: „Die Massagepunkte liegen in der Mitte beider Handflächen zwei Fingerbreiten unterhalb der Ballen von Mittel- und Ringfinger. Drücke von der Seite des Zeigefingers her den Daumen der behandelnden Hand kräftig auf diese Zone, während die übrigen vier Finger den Handrücken abstützen. Und du wirst sehen, wie schnell es dir besser geht. So ein Mudra ist Gold wert.“
„Und was ist ein Mudra genau?“
„Mudras sind Hand- und Fingergesten und werden in der chinesischen, japanischen und indischen Medizin für das allgemeine Wohlbefinden zur Unterstützung von körperlichen Heilungsprozessen, zur Hebung von Gemütsverfassung und zur Aktivierung der Hirntätigkeit praktiziert. Mudras können effizient eingesetzt werden bei Stress, Müdigkeit, Depression, Verspannung, Konzentrations-, Lern- und Schlafstörungen, Asthma, Schnupfen, Rückenschmerzen und vielem mehr.“

Mit dieser Erklärung steht sie auf, nimmt den Korb voller Früchte mit und verschwindet im Haus. Ich bleibe noch eine Weile sitzen und versuche diese Handreflexzonen-Massage. Danach bringe auch ich meinen Korb in die Küche, zusammen mit den Essresten und dem Geschirr. In der Küche stehen Demeter und Milly und sind daran, aus den Beeren Konfitüren zu machen. Nachdem ich eine Weile schweigend zugesehen habe, fordern sie mich auf, mitzuhelfen. So vergeht der Nachmittag wie im Flug und beim Nachtessen stelle ich fest, wie müde ich bin. Also beschließe ich, nach dem Essen direkt in mein Zimmer zu gehen. Obwohl es noch recht früh ist, schlafe ich schnell ein. Am nächsten Morgen werde ich früh geweckt und esse mit den anderen zusammen das Frühstück. Erstaunt stelle ich fest, dass die Kinder auch am Morgen Aufgaben zu erledigen haben. So hat es frische Eier, die Desirée geholt hat und die Jungs waren schon im Kuhstall am Melken. Obwohl alle viel zu tun haben und niemand auf der faulen Haut sitzen kann, ist die Stimmung auch an diesem Morgen ausgelassen und fröhlich. Die Kinder essen ihr Müsli mit Haferflocken und Sabrina erklärt mir, dass das neue Kraft gibt. Also beschließe ich, dasselbe zu essen. Da kommt schon Peter, um die Kinder zusammen mit der Milch ins Dorf zu bringen. Ich schwinge mich gemeinsam mit ihm auf den Vordersitz des Pferdewagens und finde es spannend, zu sehen, wie er die Pferde lenkt. Wir laden die Kinder in der Schule ab und fahren zur Molkerei, um die Milch abzuliefern.
„Nach Hause kannst du fahren“, fordert mich Peter auf dem Heimweg auf. Er zeigt mir, wie man einen Pferdewagen lenkt und ich finde Spaß daran. Mal lasse ich die Zügel ein wenig schleifen und dann ziehe ich sie wieder an. Doch ganz so einfach, wie ich mir das vorgestellt hatte, ist es nicht. Sobald ich mich nicht mehr auf die Pferde konzentriere, machen die, was sie wollen. So bin ich froh, als wir endlich wieder beim Bauernhaus ankommen. Ich helfe ihm, die leeren Milchbehälter in den Stall zu stellen und bin schon wieder müde.

Am liebsten wäre ich ins Bett gegangen. Doch der Tag hat erst angefangen. So fahren wir zusammen aufs Feld, wo ich nun in den Genuss der Heuernte komme. Da lerne ich andere Leute aus dem Dorf kennen, die, wie ich, mit der Heugabel schwingend das Feld bearbeiten. Im Gegenteil zu mir scheinen sie nicht zu ermüden. Ich bin nach kurzer Zeit ziemlich kaputt, habe den Eindruck, jeden einzelnen Körperteil zu spüren und bin froh, als endlich eine Pause eingelegt wird. Am Abend kann ich mich kaum noch auf den Beinen halten und nach dem Abendessen verschwinde ich sofort in mein Zimmer. Die nächsten Tage verbringe ich nicht anders. Ich stehe am Morgen früh auf, bringe die Kinder zur Schule, danach bin ich mit den anderen auf dem Feld und falle abends todmüde ins Bett. Obwohl mich Demeter immer wieder auffordert, zusammen mit ihnen den Abend zu verbringen, geht es nicht. Mein Körper fordert meine ganze Aufmerksamkeit und Energie. Am fünften Tag spüre ich, dass sich mein Körper langsam an die Arbeit und den Tagesrhythmus gewöhnt hat. Ich bin nun sogar in der Lage, bei der Arbeit den anderen zuzuhören und finde es spannend, was die Frauen und Männer aus dem Dorf so alles zu erzählen haben. An diesem Tag verschwinde ich am Abend nicht einfach in mein Zimmer, um zu schlafen, sondern fühle mich frisch genug, um noch ein wenig im Wohnzimmer mit den anderen zusammen zu sein.

„Schön, dass du wieder bei und mit uns bist", begrüßt mich Demeter als ich in die Stube trete. „Ja, ich bin auch froh. Doch anscheinend hat sich mein Körper an die Strapazen gewöhnt, sodass ich nicht mehr so müde bin."
„Also hat dich dein Körper von uns ferngehalten?"
„Wenn du so willst, ja. Ich war einfach kaputt."
„Dein Körper war müde. Warst du es auch?"
„Natürlich! Ich bin mein Körper. Also wenn er müde ist, bin ich auch müde."
„Ach ja? Und ich dachte, bei Athene hast du gelernt, dass du mehr bist als deine Gedanken, deine Gefühle und dein Körper. Dein Körper ist nur ein Teil von dir. Ein wichtiger Teil, doch eben nur ein Teil."
Stimmt, das habe ich ganz vergessen und trotzdem, wenn der Körper nur noch schmerzt, fällt es mir nicht so einfach, noch andere Teile wahrzunehmen.
„Es kommt darauf an, worauf du deine Aufmerksamkeit richtest. Was ist es wert, von dir bemerkt zu werden? Was fällt auf? Es kann sich nur vermehren, was du auch wahrnimmst. Hast du ein Auge für die Schönheit, so wird die Hässlichkeit mit der Zeit ganz verschwinden. Genau so ist es mit dem Schmerz."

Na ja, so einfach ist es wohl nicht, wie sie meint. Bevor ich meine Zweifel anbringen kann, werden wir von einer weinenden Jasmin unterbrochen.
„Sabrina behauptet sie kenne die Eleusinischen Mysterien und will mich nicht einweihen." Demeter nimmt Jasmin in die Arme, streicht ihr über den Kopf und ruft nach Sabrina. Als diese kommt, hat sich Jasmin schon wieder beruhigt

und wendet ihren Blick triumphierend zu Sabrina. Demeter stellt diese zur Rede und kleinmütig gibt Sabrina zu, dass sie darüber gelesen hat und nun ein wenig angeben wollte, mehr sei da nicht. Langsam werde ich neugierig, und frage, was denn die Eleusinischen Mysterien sind.
„Ich denke, dass wir heute Abend eine Geschichtsstunde für unseren Gast machen. Was meint ihr?“, und dabei schaut sie fragend die Kinder an. Nachdem diese nicken, holt sie ein Buch hervor und fragt: „Wer möchte vorlesen?” Sabrina meldet sich und beginnt: „Bei der Eleusis geht es um die Trauer der Erdmutter Demeter, die ihre Tochter an die Unterwelt verloren hat und später wiederfand. Dabei sind beide Göttinnen so eng miteinander verbunden, dass weniger an zwei getrennte Gestalten zu denken ist als an eine Gottheit, die sich spaltet und wieder eins wird. Eleusis ist eine Stadt in der Nähe von Athen. Sie war zunächst unabhängig. Doch anfangs des sechsten Jahrhunderts musste sie sich der athenischen Macht beugen. Das Ansehen des Kultes war jedoch sehr hoch, sodass sich Athen mit diesem Vorort schmückte und eine Heilige Straße die beiden Orte verband. Auch der Tempeldienst verblieb in der Hand des eleusinischen Adels. Der Hohepriester, auch Hierophant genannt, die Demeterpriesterin und weitere Beteiligte des Kultes entstammten über Jahrhunderte hindurch den gleichen Familien. Wie alle Mysterienkulte waren auch die von Eleusis eine esoterische Alternative und Ergänzung, nicht aber Konkurrenz zum offiziellen, exoterischen Kultus. Wer in ihre Geheimnisse eingeweiht werden wollte, musste ein Mensch von Anstand sein. Klasse, Geschlecht oder Herkunft spielten keine Rolle. Jeweils im Frühjahr wurden die vorbereitenden Kleinen Mysterien abgehalten, Zeremonien der Reinigung mit Fastenzeit, Gebet, Tanz und Opfer.
Im Herbst war die Zeit der neuntägigen Großen Mysterien. Dabei wurden die heiligen Gegenstände des Kultes nach Athen gebracht, wo im Eleusinon die Feierlichkeiten begannen. Die Einzuweihenden unterzogen sich durch ein Bad in der Bucht von Phaleron einer Reinigung. Sie führten dabei ein Ferkel mit sich, das im Anschluss der Göttin Demeter geopfert wurde. Ihnen schlossen sich am folgenden Tage Gaben aus Getreide an, welches von dem benachbarten Feld stammte. Hier hatte Demeter einst dem Triptolemos das erste Getreidekorn geschenkt. Nachdem die angehenden Mysten die nötigen Vorbereitungen erledigt hatten, begaben sie sich am kommendem Morgen nach Eleusis. Dabei führten sie einen mit Myrten und Blumen geschmückten Stab mit sich, an dem ein Sack hing, in dem sich Nahrung und Kleider befanden. Denn nach der Initiation kleideten sie sich neu ein, um so die innere Erneuerung nach außen zu dokumentieren. Kurz vor der etwa 20 Kilometer entfernten Kultstätte überquerte man den Fluss Kephissos, wo die Teilnehmer von den dort versammelten Schaulustigen die oft derben Brückenspäße über sich ergehen lassen mussten. War das glücklich überstanden, stimmte man den Festruf „Iakchos” an und erreichte endlich den heiligen Ort. Den Mysten wurden rote Wollfäden umgebunden, eines um die rechte Hand, eines um das linke Fußgelenk und band sie so gleich einem tierischen Opfer an die Göttin.

Am Brunnen Kallichoros, der Brunnen der schönen Tänze, wo einst die Eleusiner versucht hatten, die trauernde Demeter mit Tanz und Gesang aufzumuntern, tanzten nun die Mysten und tranken das Kykeon, ein Trank aus Gerste und Wasser. Dann konnten die Mysten, deren Haupt verhüllt war und die sich so ganz dem Kommenden anvertrauten, in Begleitung ihres Mystagogen, einem bereits eingeweihten Beistand, den heiligen Bezirk betreten. Der Weg war gesäumt von Priestern, die Fackeln trugen. Es war eine symbolhafte Reinigung durch das Feuer. War diese Prüfung bewältigt, durfte der Myste die heiligen Gegenstände berühren, die sich in der cista mysthica befanden. Was diese Gegenstände genau waren, ist unbekannt, doch vermutet man Nachbildungen menschlicher Geschlechtsteile oder ihre symbolischen Entsprechungen, Mörser und Stößel. Danach gelangte der Myste in eine dunkle Grotte, einem Nachvollzug des Abstiegs der Kore in den Hades. Der letzte Abschnitt der Einweihung bestand im Gang zur Weihehalle, einer Wiederholung der auf der Suche nach ihrer Tochter umherirrenden Demeter. In diesem Telestrion fanden gut 3000 Menschen Platz, es war ein Bau, der unter Perikles um 440 errichtet wurde, 52 x 54 Meter im Geviert und wie ein Stadion von Rängen für die Zuschauer umgeben. 42 Säulen trugen das Dach des Heiligtums. Darin befand sich das Anaktoron, das Allerheiligste. An dieser Stelle wohnte einst die trauernde Demeter. Es wurde das heilige Feuer entfacht und die eigentliche Weihe vollzogen. Der Hierophant zeigte den Versammelten die heiligen Gegenstände, darunter eine geschnittene Ähre, deren Wunder dem Eingeweihten nun erkenntlich war. Unter Gongschlag und dem Ruf „Einen heiligen Knaben gebar die Herrin Brimo, den Brimos!" wurde ein Widder geopfert und den Versammelten erschien, wie auch immer, die Kore. Damit schließen die eigentlichen Riten.
Am nächsten Tag fand ein gemeinsames Festmahl statt, bei dem die mitgeführten neuen Kleider getragen wurden. Die Bedeutung dieser Mysterien muss im Altertum eine ungeheure gewesen sein, unzählige ließen sich einweihen, darunter mehrere römische Kaiser. Doch die neue Staatsreligion, das kurz zuvor noch selbst unterdrückte Christentum, duldete im Gegensatz zur freizügigeren Antike keinerlei anderen Glauben und 391 verbot der Kaiser Theodosius alle heidnischen Kulte, gut hundert Jahre später fanden die letzten Mysterienfeiern in Eleusis statt. Die Eleusinischen Mysterien wurden in Griechenland fast 2000 Jahre lang gefeiert. Erst im Jahr 396 n.Chr. wurde dieses älteste religiöse Zentrum Europas zerstört. In den Eleusinischen Mysterien, deren Teilnahme nur ein einziges Mal im Leben eines Griechen erlaubt war, und von Philosophen, Dichtern und Politikern als Höhepunkt eines Lebens beschrieben wurde, vermittelte die Göttin der Fruchtbarkeit den Teilnehmerinnen und Teilnehmern das Mysterium von Geburt und Tod; die Kunst, sich am Leben zu erfreuen und zu sterben, ohne den Tod fürchten zu müssen. Die athenischen Gesetze verlangten bei Androhung der Todesstrafe eine absolute Schweigepflicht über die Vorgänge in Eleusis. So ist der ganze Inhalt und die Bedeutung der Mysterien nicht bekannt"

Sabrina schaut etwas enttäuscht auf, doch da kommt Alex mit einem Buch in der Hand ins Zimmer und erklärt, dass es eine bessere Beschreibung über diese Mysterien gebe. Er schlägt das Buch auf und liest: „Nach langer Vorbereitung verbrachten oft bist zu 3000 Menschen gemeinsam eine schweigsame Nacht in Meditation. Vorher entledigten sie sich aller Hüllen: körperlich, seelisch und geistig. Den Höhepunkt der Zeremonie bildete das Erlebnis des blendend weißen Lichtes, das sie bei geschlossenen Augen wahrnahmen. Wem dieses Erlebnis des Urlichts zuteil wurde, der hatte damit die Gewissheit der Geborgenheit in der Urkraft und lebte fortan auch äußerlich als verwandelter Mensch.
Ein weiteres Hauptfest des Demeter-Kultes waren die Thesmophorien, ein weibliches Fruchtbarkeitsfest, dem kein Mann beiwohnen durfte. Das Fest der Thesmophorien fand in Athen alljährlich im Spätherbst zur Zeit der Aussaat statt. Während drei, fünf oder zehn Tagen, das ist nicht ganz belegt, feierten die Frauen Griechenlands dieses Fest zu Ehren der Demeter. Die Tage hatten eigene Namen: *Anodos*, Hinaufsteigen, Aufstieg, *Nesteia*, das Fasten und *Kalligeneia*, was in etwa schöne Geburt heißt, da das Wort auch als Name von Geburtsgöttinnen verwendet wurde.
Am ersten Tag, also an Anodos, stiegen die Frauen mit ihrer Ausrüstung, den Nahrungsmitteln und Ferkeln zum Tempel der Demeter hinauf und schlugen ihr Lager für die nächsten Tage auf. Sie wohnten in improvisierten Hütten, saßen am Boden und schliefen auf einem Lager aus Lygos-Pflanzen, also Mönchspfeffer. An diesem Tag feierten sie die Rückkehr und den Aufstieg der Persephone aus der Unterwelt.
Am zweiten Tag, Nesteia, fasteten die Frauen, und am dritten Tag, Kalligeneia, fanden Opfer und wohl auch ein Festmahl statt.
Bestimmte Frauen, die Schöpferinnen genannt wurden, holten aus Gruben, in denen sich Schlangen befanden, die durch Geräusche vertrieben werden mussten, die Überreste von Ferkeln, Gebäckstücke in Schlangen- und Phallusform sowie Kiefernzapfen herauf. Das Heraufgeholte wurde dann wie Getreide als Düngemittel auf den Altar gelegt und später dem Saatgut beigemischt, um eine gute Ernte zu erlangen. Eine gute Ernte war sehr wichtig, denn der tägliche Bedarf der Bevölkerung an Lebensmitteln wurde allein von der heimischen Landwirtschaft gedeckt.
Landwirtschaft hatte im antiken Griechenland einen sehr hohen Stellenwert, der ganze Mittelmeerraum war zu dieser Zeit von einer guten, jährlichen Ernte und der Fruchtbarkeit der Nutztiere abhängig. Und weil Demeter somit für das Überleben der Menschen sorgte, wurde sie allgemein als Spenderin der Lebenskraft angesehen; sie wurde auch um die Fruchtbarkeit der Frauen gebeten.
In Mykenä, eine der frühesten Kultstätte Demeters, standen Kuppelgräber mit dreieckigen Eingangspforten als Symbol für das Delta. Mit ihren kurzen, scheidenartigen Durchgängen und ihren runden Wölbungen symbolisierten sie den Mutterleib der Göttin, den Schoß der Wiedergeburt. So strichen zum

Beispiel die Sumerer diese rot an, um das weibliche Blut des Lebens zu veranschaulichen. Die Eingangspforten waren den Frauen geweiht. Das Symbol des Mutterbauches findet sich übrigens auf der ganzen Welt. So finden wir sie bei den Hügelgräbern der Wikinger, bei den indianischen Tipis, die Iglus der Inuit haben diese Form, sowie die Rundhütten verschiedener afrikanischer Völker."

Alex schließt das Buch und schaut in die Runde. Den Kleinen fallen fast die Augen zu, sie fanden es wohl nicht so spannend und Jasmin entrüstete sich: „Nun weiß ich immer noch nicht, was es mit diesen Eleusinischen Mysterien auf sich hat." Demeter lächelt still vor sich hin und Milly erklärt: „Nachdem Mutter und Tochter wieder vereint waren, ließ Demeter Fruchtbarkeit und Wachstum zur Erde zurückkehren. Daraufhin schuf sie die Eleusinischen Mysterien, ehrfurchtgebietende religiöse Zeremonien, die von den Eingeweihten nicht preisgegeben werden durften. Die Mysterien befähigten die Menschen, sich am Leben zu erfreuen und zu sterben, ohne den Tod fürchten zu müssen."
Jasmin, noch immer nicht zufrieden, und Sabrina mit einem wissenden Lächeln im Gesicht schauen sich kampflustig an. Ich bin ein wenig verwirrt, weil mir nicht klar ist, was es mit dieser Vereinigung auf sich hat und frage. Bevor mir jedoch Demeter eine Antwort gibt, schaut sie Jasmin an und sagt: „Sabrina weiß nicht mehr als du. Also hört auf mit diesem Machtkampf. Und während ich die Kleinen ins Bett bringe, könnt ihr zwei die Frage unseres Gasts beantworten. Also hört auf, euch zu streiten und erzählt lieber noch ein wenig aus der griechischen Mythologie."
Und so komme ich in den Genuss einer weiteren Demeter Geschichte. Jasmin beginnt und Sabrina hilft ihr dabei mit den jeweils entsprechenden Ergänzungen. „Demeter ist eine Erd- und Muttergöttin. Sie ist die Göttin der Fruchtbarkeit und des vegetativen Lebens, das im Frühjahr wiederkehrt, nachdem es im Herbst abgestorben ist."
„Sie ist Kornmutter und Getreidegöttin. Ihr Attribut ist die Ähre und ihr heiliges Tier die Biene."
„In der römischen Welt wurde sie Ceres genannt."
„Demeter sammelte aus allerlei Kräutern das Getreide heraus und erfand, wie es zu säen, dreschen, mahlen und zu verbacken ist und wie man aus zurückbehaltener Saat das Feld erneut bestellen kann. Außerdem gab sie dem Menschen Gesetze. Ihr bevorzugtes Opfertier war das Ferkel, da an der Stelle, wo ihre Tochter entführt wurde, gerade der Hirte Eubuleus seine Schweine hütete."

„Das Schwein gilt als besonders fruchtbares Haustier und hat durch sein Wühlen mit dem Rüssel besondere Verbindung zur Erdmutter."
„Demeter war die Tochter von Rhea und die Enkelin von Gaia. Gaia war die uranfängliche Erdmutter, von der alles Leben kam, einschließlich dasjenige

von Uranos, dem Gott des Himmels, der ihr Gatte wurde. Auch ihre Tochter Rhea war als die Erdgöttin bekannt, obwohl sie eher als Mutter der ersten Generation der Olympier berühmt wurde. Als Göttin der Kornfelder setzte Demeter die Linie der weiblichen Gottheiten fort, die sich um die Fruchtbarkeit kümmerten. Sie wies jedoch noch weitere Ähnlichkeiten mit ihrer Mutter und Großmutter auf."

„Alle drei litten, wenn ihre Gatten den Kindern ein Leid zufügten. Gaias Gatte vergrub ihre Kinder sogleich nach deren Geburt in ihrem Körper. Rheas Mann verschluckte die neugeborenen Kinder und Demeters Gefährte ließ es zu, dass ihre Tochter in die Unterwelt entführt wurde. Alle drei leiblichen Väter bekundeten einen Mangel an väterlichen Gefühlen."

„Während drei Generationen litten diese Muttergöttinnen. Da sie über weniger Macht verfügten als ihre Gatten, konnten sie letztere nicht daran hindern, den Kindern ein Leid zuzufügen. Sie weigerten sich jedoch, die Misshandlung zu akzeptieren, und sie gaben nicht auf, bis die Kinder wieder frei waren."

„Demeters Leben hatte einen schrecklichen Anfang. Sie war das zweitgeborene Kind von Rhea und Kronos, und das zweite, das er verschlang. Sie war die vierte göttliche Gemahlin von Zeus, der zugleich ihr Bruder war. Aus dieser Verbindung entstand Persephone."

„Sie hat noch andere Kinder. Von Iasion, einem Sohn der Titanin Elektra und des Zeus, der ihr im dreimal gepflügten Brachfeld beischlief, wurde Demeter Mutter des Plutos. Iasion wurde deshalb von Zeus mit dem Donnerkeil erschlagen."

„Auch der Bruder des Zeus, der Meergott Poseidon, fand an ihr Gefallen und vergewaltigte sie, obwohl sie in Gestalt eines Pferdes zu fliehen versucht hatte. Wegen dieses Verbrechens verließ Demeter die übrigen Götter und zog sich in eine Höhle zurück, wo sie eine Tochter, Despoina, sowie das Pferd Axion gebar. Darüber verdorrte auf der Erde das Getreide und es kam zu Hungersnöten. Die Götter begannen, nach Demeter zu suchen. Endlich machte sie Pan in Arkadien ausfindig und die zu ihr gesandten Graien vermochten es, Demeter leidlich zu besänftigen."

„Doch dann wird ihre Tochter Persephone vom Gott der Unterwelt, Hades, geraubt. Diese Entführung hat Zeus gebilligt."

„Ja, das war so. Persephone pflückte mit Freundinnen Blumen auf einer Wiese, als sie sich von einer außergewöhnlichen schönen Narzisse angezogen fühlte. Als Persephone die Hand ausstreckte, um die Blumen zu pflücken, spaltete sich die Erde vor ihr. In seiner goldenen, von schwarzen Pferden gezogenen Kutsche erschien Hades aus dem tiefen Inneren der Erde, packte Persephone und tauchte genauso schnell im Schlund unter wie er hochgekommen war. Persephone setzte sich zur Wehr und rief Zeus um Hilfe, doch vergebens."

„Die zutiefst getroffene Demeter begann am Tatort, dem Ätna in Sizilien, mit der Suche, wofür sie am Vulkan zwei Fackeln entzündete. Nach langer Suche teilte ihr die Nymphe Arethusa mit, dass Persephone in der Unterwelt sei. Das

Volk der Phetenser zeigt ihr den Eingang zur Unterwelt, und wird von Demeter reich beschenkt."
„Sie verwandelt sich in eine Frau und geht zu den Menschen. Neun Tage ist sie bereits unterwegs, ohne zu essen oder zu trinken. In Thrakien, bei der Meganeira und dem Hippothoon, bringt sie deren alte Dienerin Jambe, eine Tochter des Pan und der Echo, mit ihren lustigen Schwänken endlich wieder zum Lachen. Dann kommt sie nach Eleusis. Hier findet sie gastliche Aufnahme bei König Keleos und dessen Frau. Bei ihnen verdingt sie sich als Amme. Sie wollte deren Sohn Demophon unsterblich machen, indem sie sich anschickt, ihm im Feuer seine Sterblichkeit wegzubrennen. Doch die hinzukommende Mutter, Böses befürchtend, hindert sie daran, was den Tod des Jungen bedeutete."
„Den anderen Sohn, Triptolemos, beschenkt Demeter mit einem von Drachen gezogenen Wagen. Darin fährt Triptolemos mit ihr umher und verbreitet die ihm von Demeter gelehrte Kunst des Getreidebaus."
„Sie ordnet den Bau eines Tempels an, der sogleich in Angriff genommen wird und mit ihrer Hilfe zügig Vollendung findet. Demeter zieht nun in diese Wohnung, um dort um ihre Tochter zu trauern. Fortan herrscht Dürre, die Felder sind unfruchtbar, keine Saat geht auf. Dem abzuhelfen ruft Zeus nach Demeter, doch die kommt nicht zu ihm, da sie gar nicht daran denkt, den selbstherrlichen Gottvater im Olymp aufzusuchen. Dem bleibt nichts anderes übrig, als seinen Bruder Hades zur Rückführung der Persephone zu bewegen. Hades willigt ein, doch gibt er ihr in der Unterwelt den Kern eines Granatapfels zu essen, was ihre vollständige Rückkehr unmöglich macht. Zwei Drittel des Jahres darf Persephone nun bei ihrer Mutter sein, ein Drittel verbringt sie bei Hades."
„Zeus´ Mutter Rheia gelingt es, mit diesem Kompromiss Demeter zu versöhnen und das Wachstum der Vegetation setzt wieder ein, die Menschen sind gerettet."
Die zwei schauen mich an, kichern und sagen im Chor: „Das sind die Mysterien der Demeter."
Milly lacht und in diesem Moment kommt Demeter wieder in den Raum. Ich bin noch immer ganz gefangen in den alten Mysterien und doch höre ich mich fragen: „Macht diese Darstellung Demeter nicht zu einer dem Zeus nachgeordneten Gottheit? Sie widersetzt sich ihm zwar und doch wagt er es, ihre Tochter ohne Zustimmung der Mutter zu vergeben."
„Das ist nur eine Seite der Geschichte. Dagegen ist Demeter in den Mysterien von Eleusis die Große Göttin und da gibt es keinen Zeus oder ein männliches Wesen, der ihr das Wasser reichen kann", höre ich Milly sagen.
„Sie wurde von den Völkern, die ursprünglich in den heutigen Gebieten Griechenlands lebten, als die Große Göttin angebetet, lange, bevor die patriarchalischen Griechen die Zivilisationen, welche die Göttin verehrten, eroberten und an ihre Stelle das von männlichen Gottheiten dominierte olympische Pantheon setzten."

Demeter lacht und Jasmin fügt hinzu: „Sie ist Getreidegöttin, Vegetationsgöttin, Erdmutter, Kornmutter, Göttin der Zauberinnen, Göttin der Fruchtbarkeit und Regeneration, wie kann da ein Mann über ihr stehen. Sie ist das Leben selbst."
Und da meldet sich Alex zu Wort. „Sie entspricht der Vollmondphase und doch ist sie nicht nur Vollmondin. Sie ist die dicke, runde Erdgöttin. Sie ist die materiellste Gestalt der dreifachen Göttin. Aus dem Wort Mater kommt das Wort Materie. Materie ist diese böse, verachtenswerte Substanz, die unseren Geist daran hindert, in die endgültige Erleuchtung abzugleiten. Darum mögen viele Leute diese erdige, real-lebende-Göttin nicht so sehr."
„Ein Teil von Demeters Name, nämlich meter heißt nichts anderes als Mutter und deswegen ist sie die Erdmutter", verkündet da Jasmin und Sabrina fragt mich: „Findest du es nicht auch interessant, dass die Muttergöttinnen nicht mit schwangeren Bäuchen dargestellt werden, sondern mit großen Brüsten. Sie sind meist fett und schön. Aus diesem Grund will ich auch einmal große Brüste haben."
Milly legt ihr Strickzeug zur Seite und schwelgt in den Erinnerungen einer ihrer Reisen. „Eine berühmte Statue ist die Artemis von Ephesos, die hatte ein paar Dutzend Brüste. Diese Göttinnen der Fülle ernähren und lassen wachsen, bewahren, und stehen für die Fülle des Lebens. Doch wenn wir uns den Jahreszyklus anschauen, dann braucht es für die Fülle auch den Tod. Sie liegen nah beieinander: die Neuanfänge, die Geburten im Frühling, der Winter hat sie geboren. Der Tod ist nichts anderes als der neue Anfang." "Die Muttergöttin des Sommers und des Vollmondes lässt nichts sterben. Sie genießt und ist erdig, sie ist so eine Art Woge auf ihrem höchsten Punkt", erklärt Sabrina mit stolz erhobener Brust, doch Jasmin schüttelt den Kopf. „Nein, nehmen wir Demeter in Griechenland. Sie kann die Fülle versiegen lassen, die Erde kahl machen und ohne sie gibt es keine Früchte und keine Ernte. Was geboren wurde, reift heran, und die Göttin der Fülle ist diese Reife und Kraft, fette Erde, Roter Mond, Mutter Meer."
Da meldet sich Demeter zu Wort. „Es gibt noch andere Theorien. So wird gesagt, dass nach der Erfindung des Ackerbaus in der Steinzeit die eine, chtonische Erdgöttin, was soviel heißt wie die Göttin der Unterirdischen, von den Menschen jetzt als dreigestaltig angesehen wurde, weil ihre Welt sich ebenfalls geteilt hatte, in die Äcker und die Wildnis. Und doch ist es vielleicht nur eine Göttin, die für alles steht." Milly nickt zustimmend. „Viele Göttinnen haben den Aspekt der Fülle. Nehme wir Inanna. Sie hat den Menschen die Gegenstände der Kultur gebracht. Artemis wurde nicht nur als Jägerin, sondern auch als die vielbrüstige Göttin von Ephesos verehrt. Freya als Göttin mit großen sexuellen Kräften. Eurynome nannten sie die Göttin aller Dinge, die Yemaya ist bei den Yoruba die Personifizierung von Liebe, Fülle und bewahren und die Mutter der Gewässer, weil sie alles Leben und alle Fülle als Gabe des lebensspendenden Wassers sehen. Oder für die Völker von Peru und Bolivien, die dort vor den Inkas lebten, war Pachamama oder Mamapacha die

Erde, die in ihren vielfältigen Formen verehrt wurde: Die bestellten Felder und ihre Berge waren die Brüste, die fließenden Wasser ihre Milch. Um gute Ernten sicherzustellen, wurde in der Pflanzzeit Maismehl verstreut und die Göttin mit Ritualen gefeiert. Vergaß das Volk, sie zu ehren, schickte diese Drachengöttin Erdbeben."

„Bedeutet der Name Demeter nicht auch das Tor zum Geheimnis des Weiblichen?", fragt da Jasmin und schaut Demeter und Milly an. Demeter schaut auf ihre Uhr, mich und die Kinder an und sagt: „Ihr habt Glück, dass heute eure Ferien beginnen, sonst müsstet ihr schon lange im Bett sein. Ja, das stimmt. Das Tor zum Geheimnis des Weiblichen, oder auch das Tor des rätselhaften Weiblichen, die Wurzel, aus der Himmel und Erde entsprangen ist eng mit der Sexualität, dem Leben verbunden. Es ist Saft, Fleisch, Erde, Blut, Diesseits, Liebe, Dreck. Alles, was Materie ist, alles, was wir anfassen. Alle,s was ich anfasse ist MA - Vollmond-Mama. Körper, reif werden, prall und auskosten, was da ist. Die Menschen haben diese Kraft mit ihren patriarchalen Ideen aufgespaltet: in die Mutter, die ihre Sexualität dem Kinderkriegen weiht und die Hure, die Schlampe. Aber ich bin EINS. Milly erzähle doch bitte von der heiligen Hochzeit im Sommer."
„In dieser Zeit suchte sich die Vertreterin der Göttin der Fülle einen gutaussehenden Mann aus, um mit ihm zu schlafen. Da war also nie die Rede von einer Monogamie der Mama. Sie suchte sich die Männer aus, die sich eigneten, um gesunde Kinder zu empfangen. Denn die Vollmondgöttin ist die Göttin des Eisprungs, also ein sexuell potentes Weib. Wenn wir nun aber die griechische Mythologie anschauen, ist das ganz anders. Da sehen wir die betrogene und zugleich ein wenig frustrierte Hera und die liebende, erotische Aphrodite als abgespaltene Wesen. Schon damals war die heutige Zuteilung anscheinend Gang und Gäbe. Da war auf einer Seite die asexuell monogame Frau und auf der anderen Seite die Nymphomanin. Das macht mich wütend."
Ohne auf die Worte von Milly einzugehen und ihren entsprechenden roten Kopf, fragt mich Sabrina: „Weißt du, durch wen Demeter, als sie vom Verlust ihrer Tochter verzweifelt und verbittert war und die Erde verdorren ließ, wieder zurück ins Leben geholt wurde?"
„Durch Hades, weil er ihr ihre Tochter wieder hergegeben hat?"
Sabrina lacht ab meiner Unwissenheit, schaut zu Milly und sagt: „Sie kennt Baubo nicht. Erzähl uns noch einmal die Geschichte von der Göttin mit dem runden Bauch, deren Augen ihre Brüste sind, und die mit ihrer Vagina spricht."
Ich erröte und überlege mir, wie ein so junges Mädchen so ungeniert über solche Dinge reden kann. Auch erstaunt es mich, das Demeter nicht eingreift und Milly erzählen lässt. „Baubo und Demeter hatte immer eine Menge Spaß zusammen. Es war vor allem obszöner Spaß, welcher Demeter wieder in ihre gewohnte Kraft und Energie führte, sodass die Erde wieder fruchtbar wurde. Eine andere Version der Geschichte ist, dass Baubo Demeter nicht aufheitern konnte, doch als sie dann ihr Kleid hob und Demeter mit ihrer sprechenden

Möse angrinste, war's um Demeters Traurigkeit geschehen. Baubo wackelte mit ihren Brüsten, lüpfte die Röcke und grinste Demeter mit ihrer Vagina an, worüber Demeter unbändig lachen musste und wieder fröhlich wurde.
So war die sexuelle Kraft von Frauen in den Eleusischen Mysterien heilig, und es war ein Bestandteil des Rituals, dass sich die Teilnehmerinnen nach dem Vorbild der Baubo dreckige Witze erzählten, viel, viel lachten und Schweinekram trieben."
Demeter schaut mich in diesem Moment an und sieht wohl mein verblüfftes Gesicht und fragt: „Schockiert?"
Ich nicke, wo bleibt da das Heilige, Schöne, Wunderbare?
„Du vermisst wohl das Schweben in esoterischen Sphären bei diesen Geschichten?" Ich nicke wieder.
„Schau, die dicke, schöne, sexuelle Göttin der Fülle des Lebens holt die Menschen wieder auf die Erde zurück. Das mag auf den ersten Blick etwas ernüchternd wirken, doch wenn du es dir genau überlegst, ist es auch sehr befreiend. So darfst du sein wie du bist, ein sexuelles Wesen mit elementaren Bedürfnissen."
Ich nicke schon wieder und bin froh, dass Alex den Faden weiterspinnt. „Kennst du das Wort Dea?" Ich schüttle den Kopf. „Dea bedeutet Göttin und De steht für Dea. Meter oder Mater heißt nichts anderes als Mutter. Daraus ergibt sich: Dea Mater gleich Mutter Göttin."
Da ergreift Jasmin das Wort. „Nein, höre nicht auf ihn. Der Name Demeter geht zurück auf das griechische Meter, Mutter, und de was Delta, Dreieck bedeutet ist ein altes Symbol für die Vulva. Das Dreieick deutet auch auf die Trinität der Göttin hin."
„Ich kenne noch eine Variante von Raoul Schrotts", meldet sich da Alex wieder zu Wort. „Er bezieht auch den dunklen, furchterregenden Aspekt der Göttin mit ein. Er sagt: Die Göttin Demeter hieß eigentlich die Da-Mater, die Mutter Da, und das Da war ein Lallname. Man konnte sie nicht nennen, sonst wäre sie plötzlich in ihrer ganzen Schrecklichkeit aufgetaucht, und das wollte man nicht, also hat man sie Da genannt, ein abstrakter Name, der nichts bedeutet."
Und auch Sabrina gibt noch ihre Weisheiten zum Besten: „Demeter, die Mutter-Göttin, deren Delta das Tor zum Geheimnis des Weiblichen ist und die so schrecklich ist, dass man es nicht wagte, ihren Namen auszusprechen. Sie ist eine sehr alte, aus frühester Zeit stammende Muttergöttin, deren triadischer Charakter vollständig erhalten blieb, denn Demeter ist zugleich Kore, Persephone und Hekate. Kore, das Mädchen, die junge Frau, das grüne Getreide. Persephone, die Mutter, das Erwachsensein, die reife Ähre und Hekate, die Alte, der Tod, das geerntete Korn. Sie herrscht über alle Formen der Fortpflanzung und der Erneuerung des Lebens. Sie verweilte lieber auf der Erde, denn sie fühlt sich mehr mit den Menschen auf der Erde verbunden, als mit den Göttern oben am Olymp und das machte sie auf dem Olymp eher zur Außenseiterin.

Sie ist die Göttin der Erde, des Wachstums, der Reife und somit die Schutzgöttin für alles, was wächst: Menschen, Tiere und Pflanzen. Demeter bringt alles Leben auf der Welt hervor, das nach dem Tod wieder zurück in ihren Schoß fällt. Demeter stellt die Verbindung zwischen Sterblichen und Unsterblichen dar und begleitet die Menschen auch im Sterben und in den Tod. So können wir Demeter in Ritualen, die Altes sterben und Neues hervorbringen sollen, anrufen."
Und Jasmin fügt bei: „Ihre Attribute sind: Weizenähre und Mohn, zur Fortbewegung benutzte sie zu Lande ein Schwein, und im Wasser einen Delphin. Blumen, Früchte und Samen erinnern an sie als Herrin der Pflanzen. So wird sie häufig mit einer Mohnblume in der Hand dargestellt."
„Genau, das habe ich fast vergessen", ruft da Alex. „Um sie und den Mohn ranken sich verschiedene Sagen. So soll Demeter Samen des Schlafmohns genommen haben, um im Schlaf und Traum ihren Kummer und Schmerz zu vergessen."
„Doch das Zentrum ihrer Macht ist das Getreide", sagt in diesem Augenblick Sabrina. „Sie trägt eine Labrys als Zepter. Die zwei Mondsicheln symbolisieren die Polarität unseres Daseins. Also die schöpferische Kraft, die Schaffung von Leben, und auch die Zerstörung und der Tod. Die Doppelaxt findest du auch als Kult- und Machtsymbol bei den Amazonen."
Da meldet sich Demeter wieder zu Wort. „Kurz und gut, die Eleusinischen Mysterien, von denen wir ausgingen, haben die Botschaft, dass das innere Leben unauslöschbar ist. Alles andere kann sein, muss jedoch nicht. Doch jetzt ist Bettzeit, also hoch mit euch und ab in eure Zimmer."
Ohne Widerrede stehen alle auf, auch ich, und ziehen uns in unsere Zimmer zurück.

Am nächsten Tag erwache ich erst spät und bin erstaunt, dass mich niemand geweckt hat. Als ich in die Küche komme, sitzt nur Milly da und schaut mir freudig entgegen. „Ich habe verschlafen, tut mir leid."
Milly lacht. „Nein, du hast nicht verschlafen. Heute ist der erste Ferientag der Kinder und da schlafen alle aus. Fritz und Peter waren früh hier und brachten nach dem Melken die Milch ins Dorf. Also mache dir keine Gedanken darüber, dass du verschlafen haben könntest."
Während ich mich hinsetze, stellt Milly ein ausgiebiges Frühstück vor mich hin und leistet mir beim Essen Gesellschaft. Mit der Zeit trudeln auch die Kinder langsam in der Küche ein und als Demeter wieder ins Haus zurück kommt, sind alle Hausbewohner vollständig am Esstisch versammelt. Die Kinder beschließen, zusammen mit Milly ins nahe gelegene Schwimmbad zu fahren, und ich freue mich auf einen Tag mit Demeter, ohne etwas tun zu müssen. Wir setzen uns draußen auf die Holzbank beim Kräuter- und Blumengarten, strekken die Beine von uns und lassen uns von der Sonne bescheinen.
„Wie gefällt es dir bei uns?", unterbricht nach einiger Zeit Demeter das Schweigen. Ich überlege und bin erstaunt, dass ich mir diese Frage noch gar

nicht gestellt habe. Immer war etwas los und ich hatte gar nicht das Bedürfnis, mir solche Fragen zu stellen. Seltsam. Ich teile meine Gedanken Demeter mit. „Das ist überhaupt nicht seltsam. Durch die Aktivität kommst du nicht ins Grübeln, weil all deine Sinne für etwas anderes eingesetzt sind. Das hat, wie alles, seine Vor- und Nachteile."
„Na ja, so viel habe ich gar nicht getan. Wenn ich vergleiche, was du und Milly alles machen..."
„Du bist nicht ich und auch nicht Milly. Also höre auf, zu vergleichen." Lachend stimme ich ihr zu.

„Es ist schon erstaunlich, wie sehr du dich noch immer an den anderen, am Außen orientierst. Ich möchte dir gerne ein Gebet beibringen. Es ist ein Gebet an dich selbst."
Fragend und vor allem zweifelnd sehe ich sie an. Ein Gebet an mich selbst? Sie steht auf und holt etwas im Haus. Mit einem Glas Rotwein kommt sie zurück, stellt das Glas auf den Tisch, setzt sich auf die Bank und sagt: „Stehe auf und spüre, wie deine Füße mit der Mutter Erde verwurzelt sind. Spüre die Kraft der Erde, wie sie in dich fließt. Jetzt benetze deine Finger mit etwas Rotwein, berühre dein Kronenchakra, und sprich: Segne mich Mutter, denn ich bin dein Kind."
Etwas unsicher tue ich, wie mir geheißen. Und während ich den Satz nachsage, spüre ich einen wohligen Schauer durch meinen Körper fließen.
„Berühre jetzt mit dem benetzen Finger dein drittes Auge und sprich: Segne meine Sicht, sodass ich klar sehe und dich in meinem Leben wahrnehmen kann."
Ich berühre die Mitte zwischen den Augen und spüre, wie sich an oder eher auf meiner Stirn etwas verändert.
„Während du deine Kehle berührst, sprich: Segne meine Rede, damit ich aufrichtig und von dir spreche."
Meine Worte bleiben mir fast im Hals stecken und doch zwinge ich mich, genau das zu sagen, was Demeter mir vorsagt. „Während du dein Herzchakra berührst, sprich: Segne mein Herz, damit es offen ist und voller Liebe für alle."
Bei diesen Worten durchdringt eine wohlige Wärme meinen Körper und ich habe den Eindruck, stundenlang so dastehen zu können.
„Während du deinen Solarplexus berührst, sprich: Segne meine Lebensenergie, die von dir kommt."
Indem ich meine mit Rotwein getränkten Hände eine Handbreite oberhalb meines Nabels lege, spüre ich einen Widerstand, der sich nur allmählich legt, indem ich die Worte langsam und bedächtig wiederhole.
„Während du dein Nabel-Chakra berührst, sprich: Segne meine Eierstöcke und meine Gebärmutter für heiligen, liebevollen Geschlechtsverkehr."
Ich lege meine Hände unterhalb des Nabels auf mein Chakra und wieder durchflutet mich eine angenehme Wärme. „Während du dein Wurzel-Chakra berührst, sprich: Segne meine Vagina, das Tor zu Leben und Tod."

Ich berühre meinen Damm, meine Vagina und ein wohliger Schauer durchdringt meinen Körper.
„Während du die Sohlen beider Füße berührst, sprich: Segne meine Füße, damit sie deinem Weg folgen und meinem eigenen Pfad des Lebens.“
Etwas unbeholfen berühre ich die Sohlen meiner Füße und denke mir, dass es wohl einfacher wäre, wenn ich das sitzend machen würde.
„Während du die Handflächen beider Hände berührst, sprich: Segne meine Hände, die deine Arbeit tun, die in dieser Welt meine Arbeit ist.“
Während diesen Zeilen fühlen sich meine Hände, nein der ganze Körper, angespannt und gleichzeitig völlig entspannt an. Ich denke noch, dass dies unlogisch ist und schon macht Demeter weiter: „Während du erneut deine Krone berührst, sprich: Segne mich Mutter, denn ich bin dein Kind und ein Teil von dir.“

Nachdem ich alles so gemacht habe, wie Demeter mir sagte, stehe ich da, schließe meine Augen und spüre in mich hinein. Ich habe den Eindruck, ich selbst und gleichzeitig mit allem verbunden zu sein. Ich fühle mich grenzenlos. Ich empfinde eine Leere, die gleichzeitig auch eine Fülle ist und so verwurzelt wie ich mir vorstelle, dass es nur ein Baum sein kann. Ich weiß nicht, wie lange ich so dastehe. Als ich meine Augen wieder öffne, bin ich allein. Demeter ist wohl zurück ins Haus gegangen. Ich setze mich hin und meine Gedanken kreisen um Körper und Geist. Zwei Dimensionen des Selbst, die Veränderungen unterliegen aufgrund von äußeren Umständen, wie Krankheit und Verlust. Aber was ist mit der Seele? Gibt es überhaupt eine Seele? Wie kann ich fühlen, ob ich eine Seele habe? Und bin ich dort allein? Ist allein sein das, was ich vorher gerade gefühlt habe? Wahrscheinlich. Und indem ich gelassener, friedvoller, liebevoller mit mir umgehe, nähere ich mich meiner Seele, von der ich eigentlich immer angenommen habe, dass es sie gibt, aber nie begriffen habe, was sie für mich in diesem Leben ist, nicht vor diesem Leben, nicht nach meinem Tod, sondern genau jetzt. Nach diesem Aha-Erlebnis stehe ich auf und beschließe, mir noch ein wenig die Füße zu vertreten. Während meinem Spaziergang begegne ich einer jungen Mutter mit ihrem Kind. Ich schaue entzückt zu, wie sie ihrem Kind die Brust gibt und damit zu einer Einheit mit dem Kind wird. Dieses Bild, diese Liebe dieser Mutter, löst etwas in mir aus. So viel Liebe und Verbundenheit von beiden Seiten, dieses zärtliche Geben und Nehmen, es berührt mich beim Beobachten. Diese Einheit und zärtliche Fürsorge, dieses vertrauensvolle Anschmiegen kann keine Statue ausdrücken. Die Liebe zwischen Mutter und Kind ist in diesem Moment für mich spür- und fühlbar. Völlig berührt gehe ich meinen Weg weiter und bin ganz im Einklang mit der Natur. Erst, als die Sonne langsam ihren Rückzug antritt, beschließe auch ich, nach Hause zu gehen.

Beim Bauernhof angekommen, werde ich von Desirée empfangen, die mir weinend entgegen kommt. Als ich sie frage, was denn geschehen sei, erklärt

sie mir, dass ein junges Ehepaar mit Kind zwei junge Kätzchen abgeholt habe. „Das sind doch meine Kätzchen. Demeter hat sie einfach weggegeben. Sie ist ja so gemein." Tröstend nehme ich Desirée in die Arme und kann ihren Schmerz gut nachvollziehen. So stehen wir eine Weile da, bis Milly zum Nachtessen ruft. Beim Abendessen vernehme ich, dass im Dorf ein Jahrmarkt ist und Demeter den Kindern versprochen hat, dass sie diesen zusammen mit Milly am nächsten Tag besuchen können. Aus diesem Grund sind die Kinder sehr aufgeregt und seltsamerweise spüre auch ich ein Kribbeln im Bauch. Etwas verwirrt stelle ich fest, dass ich genau wie die Kinder aufgeregt bin und das wegen eines Jahrmarkts. Den Abend verbringen wir alle zusammen mit einem Kartenspiel. Es wird viel gelacht und auch die kleine Desirée scheint ihren Kummer vergessen zu haben, denn sie spielt und lacht, wie all die anderen. Am nächsten Morgen, nach dem ausgiebigen Frühstück, und nachdem alle ihre Pflichten getan haben, ruft Milly zum Aufbruch, damit wir gemeinsam ins Dorf gehen können. Bevor auch ich auf den Pferdewagen steigen kann, nimmt mich Demeter zur Seite, und drückt mich an ihre Brust.
„Es war schön mit dir. Ich hoffe, du hast gelernt, was zu lernen war."
„Heißt das, dass meine Zeit hier mit euch vorbei ist?" Sie nickt. „Und wer wird meine nächste Göttin sein?" Sie lässt mich los, lächelt und zuckt ihre Schultern.

„Du weißt doch sicher, wer die nächste ist!"
„Ja, natürlich. Doch lasse es einfach auf dich zukommen. Du musst nicht immer alles wissen. Lasse dich führen. Sei offen", sie schubst mich Richtung Pferdewagen, „und jetzt gehe, genieß den Tag mit den Kindern."
Verdattert sitze ich nun also auf dem Pferdewagen und bin froh, dass Milly lenkt. Meine Gedanken rasen und gleichzeitig spüre ich auch eine Traurigkeit des Abschieds, als ich mich umdrehe und Demeter vor dem Hof stehen sehe. Ja, schon wieder ist ein Kapitel meines Lebens vorbei und ein neues beginnt.

7. Maat, die Verbindung von Himmel und Erde

Auf dem Dorfplatz ist Jahrmarkt. Alles ist voller Musik, Menschen, die hin und her gehen, Kinder, die herum rennen; verschiedene Düfte ziehen mir durch die Nase und das Dorf ist voller Leben. Alles ist durchdrungen von Farben, Gerüchen, und einer Vielfalt und Heiterkeit, die auf jedes Gesicht ein Lächeln zaubern. Niemand kann sich diesem Sog der freudevollen Lust entziehen, auch ich nicht. Vor allem die Kinder stecken Milly und mich mit ihrem neugierigen Frohsinn an. Wir schlendern gemeinsam über den Dorfplatz und sehen uns die Buden, Wagen, Verkaufsstände, Theater, Spiele, Dekorationen an oder verweilen bei den diversen Attraktionen im Vergnügungspark. Da gibt es Autoscooter, ein Pferde-Karussell, ein Spiegelkabinett, eine große Schaukel, eine Gespensterbahn, eine Achterbahn und ein Riesenkarussell. Die Kinder sind außer Rand und Band. Milly und ich gönnen uns nach einiger Zeit eine Verschnaufpause und setzen uns in ein Straßencafé. Ich schaue dem bunten Treiben zu und überlege mir, wer wohl meine nächste Göttin sein wird. Bei jeder Frau, die an unserem Tisch vorbei kommt und mit Milly ein Gespräch anfängt, klopft mein Herz ein bisschen lauter. Erwartungsvoll und angespannt sitze ich da, was auch Milly auffällt.

„Entspanne dich und genieße den Tag. Indem du auf etwas wartest, das vielleicht gar nicht kommt, verpasst du ja alles andere."
„Wie meinst du das?"
„Ich stelle immer wieder fest, dass heute das morgen von gestern ist, und dass nichts in der Zukunft existieren wird, was nicht im Jetzt geschaffen wird."
Oh je, wieder so ein Satz über den ich stundenlang nachdenken kann, um ihn vielleicht einmal zu begreifen. Bevor ich jedoch etwas erwidern kann, hat sich Milly schon wieder umgedreht und plaudert mit einer Frau am Nachbarstisch. Ab und zu kommen die Kinder vorbei und erzählen aufgeregt, was sie wieder erlebt haben. Ich sitze da, bin einerseits nervös und angespannt, weil ich nicht weiß, was mich erwartet und auf der anderen Seite gelangweilt und genervt, weil ich hier einfach so herum sitze. Ich fasse den Entschluss, aktiv zu werden und die Göttin zu suchen. Während ich aufstehe, teile ich Milly mit, dass ich mir die Beine noch ein wenig vertreten will. Sie nimmt das gelassen zur Kenntnis und plaudert einfach weiter. So schlendere ich über den Jahrmarkt und schaue mir vor allem die Frauen genau an. Als ich vor einem Wahrsagerzelt stehe, bin ich mir sicher, dass hier die Göttin sein wird. Ich trete ein und da sitzt eine alte Zigeunerin, die mich freundlich anlächelt. „Du möchtest etwas über deine Zukunft wissen? Komm herein. Madame Etoile weiß alles."
Perplex stehe ich da und schaue sie an. Madame Etoile? Also ist meine nächste Göttin eine Wahrsagerin. Na ja, von etwas muss sie ja leben. Ich setze mich voller Vorfreude hin und schaue sie erwartungsvoll an. „Wie möchtest du

es gerne? Soll ich dir aus der Hand lesen, aus der Kristallkugel oder möchtest du lieber, dass ich dir ein Tarot lege? Die Preise sind jedoch unterschiedlich."
„Preise? Du verlangst einen Preis dafür?"
„Natürlich, was glaubst du denn?" Entgeistert schaue ich sie an und stottere: „Ich habe kein Geld dabei."
Bestimmt und auch ein wenig wütend erklärt sie mir, dass ich das Zelt verlassen soll und dreht mir den Rücken zu.
Ist das nun wieder so ein Spiel einer dieser Göttinnen? Ich bin mir nicht sicher und bleibe sitzen. Nach einiger Zeit erklärt sie mir mit entschiedener Stimme, dass ich sofort das Zelt verlassen soll, sodass mir nichts anderes übrig bleibt als zu gehen. Verdattert stehe ich wieder vor dem Zelt und bin unschlüssig, was ich nun unternehmen soll. Wieder zurück zu Milly gehen, weiter suchen, einfach hier stehen bleiben?
Langsam flaniere ich zum Strassencafé zurück und stelle entsetzt fest, dass Milly nicht mehr dort sitzt. Mein Herz beginnt zu rasen und meine Gedanken überschlagen sich. Was mache ich jetzt? Wie geht es mit mir weiter? Ich beginne, Milly und die Kinder zu suchen, renne umher, bis mir der Gedanke kommt, dass ich nachschauen kann, ob der Pferdewagen noch da steht. Eine wohlige Freude durchströmt mich, als ich ihn erblicke. Bei einem Baum in der Nähe setze ich mich hin, lehne mich an die Baumrinde und warte auf Milly und die Kinder. Dieser Jahrmarkt ist ein schöner Reinfall. Da ist nichts von einer nächsten Göttin und nun sitze ich hier, wie bestellt und nicht abgeholt und muss warten. Langsam habe ich Hunger und vor allem Durst, doch da ich kein Geld dabei habe, kann ich mir nichts kaufen. Als es schon langsam dunkel wird, frage ich mich wirklich, was das eigentlich soll. Gereizt und wütend sitze ich da, stehe ab und zu auf und laufe umher, dann wieder den Tränen nahe, weil ich auf andere angewiesen bin, setze ich mich wieder hin. Als Milly endlich mit den Kindern kommt, bin ich mit meinen Nerven ziemlich fertig. Als mich Milly noch mit den Worten begrüßt: „Ach, du bist noch immer da, hast du sie nicht gefunden?", beginne ich zu weinen. Milly tröstet mich, fordert die Kinder auf in den Wagen zu steigen und schaut mich skeptisch an: „Ja, was mache ich jetzt mit dir?"
„Am besten nimmst du mich einfach wieder mit", seufze ich unter Tränen. Sie schüttelt den Kopf und fragt Sabrina: „Hast du Maat irgendwo gesehen?"
„Ja, die ist bei der großen Schaukel."
In diesem Moment rennt ein junger Mann über den Platz. Er kommt im Laufschritt auf uns zu und bleibt außer Atem vor mir und Milly stehen. Da stelle ich fest, dass es sich nicht um einen jungen Mann, sondern vielmehr um eine Frau handelt.
„Tut mir leid, ich habe die Zeit vergessen", sagt sie und winkt den Kindern zu. Verdattert stehe ich da und sehe, wie Milly auf den Wagen klettert. Sie erklärt den Kindern kurz, dass ich bei Maat bleibe und fährt mit einem „Viel Spaß, mach's gut" mit den Kindern los.

Einen Moment lang blicke ich dem Wagen und den Kindern nach, die mir zuwinken, drehe meinen Kopf, als der Wagen aus meinen Blickfeld entschwindet und wende mich Maat zu. Sie ist älter, als sie auf den ersten Blick wirkt. Und doch kommt sie mir recht jung vor. Sie hat etwas Burschikoses an sich, wie sie da in ihrer Jeanskleidung steht. Sie streckt mir ihre Hand hin und strahlt mich an: „Hallo, ich bin Maat." Etwas verunsichert gebe ich ihr die Hand und weiß nicht recht, was ich tun oder sagen soll. Unbeschwert hakt sie sich bei mir ein und plaudert drauf los, während wir den Platz wieder überqueren. Ich höre gar nicht richtig zu, sondern bin mit meinen Gedanken ganz woanders.

Als wir dann vor ihrem Wohnwagen stehen, bin ich erstaunt und erwache wie aus Trance. Sie macht mit mir einen Wohnwagendurchgang, zeigt mir, wo was ist, erklärt mir, dass sie noch etwas zu erledigen habe und weg ist sie. Schon stehe ich wieder allein da. Es kommt mir vor, als ob ein Wirbelwind über mich hinweg gefegt ist. Da ist nicht mehr diese wohltuende Wärme und Ruhe einer Demeter. Maat ist ganz anders – und viel jünger. Ein junges Ding, das mich unterweisen soll? Ich hole mir aus dem Kühlschrank etwas zu essen und zu trinken und setze mich nach draußen auf einen der Stühle. Der Wohnwagen kommt mir sehr klein und etwas schmuddelig vor. Ich kann mir nicht vorstellen, darin zu leben - diesen so kleinen Raum noch mit jemandem zu teilen. Da kommt Billy vorbei, ein junger Mann, der sich nach Maat erkundigt. Nachdem ich ihm erkläre, dass sie nicht da ist, holt er sich ein Bier aus dem Kühlschrank, setzt sich zu mir hin und erklärt, dass er auf sie warten werde.
„Du kennst Maat wohl gut?", frage ich ihn, da er ohne zu fragen, einfach in den Wagen ging und sich holte, was er wollte. Er nickt und erzählt mir, dass ihn sein Großvater geschickt hat. „Maat braucht eine Aushilfe, und so bin ich da." Wir plaudern eine Zeitlang über dieses und jenes, als endlich Maat wieder erscheint. Sie begrüßt Billy und verschwindet zusammen mit ihm, sodass ich wieder allein da sitze. Langsam habe ich das Warten satt und doch habe ich Angst, dass ich, wenn ich nun umher spaziere, Maat verpassen könnte. Also bleibe ich sitzen und werde immer missmutiger.

Da kommt mir meine Geschichte mit Artemis in den Sinn. Bei ihr hatte ich dieselben Gefühle. Ich war missmutig, wütend und fühlte mich ausgeliefert. Dieselben Gefühle, die ich heute während des ganzen Tages erlebt habe. Nachdenklich sitze ich da und überlege mir, was ich jetzt, in diesem Moment, brauche. Was ist mein Bedürfnis? Ich möchte wissen, was auf mich zukommt? Wer diese Maat ist? Indem ich mir über meine Bedürfnisse klarer geworden bin, fühle ich mich sicherer. Es ist also diese Unsicherheit, die mich aus dem Konzept bringt. Ich bin nicht in meiner Mitte. Ich schließe die Augen und versuche, mit meinem Atem in meine Mitte zu gelangen. Mit dem Ausatmen lasse ich meine Anspannung los und mit dem Einatmen fließt nach

einer gewissen Zeit eine licht- und kraftvolle Zuversicht in mich hinein. Ich spüre wieder mein Feuer in mir. Ich öffne die Augen und fühle mich viel besser. Die Unsicherheit ist einer wohltuenden Neugier gewichen.
Ich stehe auf und beginne, den Wohnwagen nach Hinweisen zu durchstöbern. Ich muss gar nicht lange suchen, da stoße ich auf ein Buch, welches mir eine meiner Fragen schon beantwortet.

Damit ich es bequem habe, lege ich mich aufs Bett und beginne zu lesen: „Das älteste Schriftzeichen für Maat ist ein Postament, der ägyptische Thronsockel, welcher eine stilisierte Form des Urhügels ist. Die übliche Darstellung für ihren Namen war eine sitzende Göttin, um deren Haupt ein Band geschlungen war, in dem ihr Wahrzeichen, die Straußenfeder, steckte. Diese Feder konnte auch die Hieroglyphe ganz ersetzen und die Bedeutung Wahrheit, Gerechtigkeit haben.
Maat steht für Geradheit, Ebenheit, Kosmos, Ordnung, Recht, das Rechte und Richtige, Gerechtigkeit, Wahrheit, Wirklichkeit. Sie wird Tochter des Ra, Auge des Ra, Herrin des Himmels, Königin auf der Erde, Herrin der Westgegend, also der Unterwelt, und Königin der Götter und Göttinnen genannt.
Lapislazuli, der Stein der Wahrheit, war der Maat geweiht. Vielleicht erklärt die Bedeutung ihres Namens, der sowohl Wahrheit, als auch Alles-sehendes-Auge bedeutet, die weit verbreitete Auffassung, dass der Lapislazuli Augenkrankheiten heilen kann. Die Ägypter begruben Lapislazuli-Amulette mit ihren Mumien als Ersatz für das Herz, damit die Neuerschaffung im Jenseits gelinge. Richter und Hohepriester, Menschen, die für die Gerechtigkeit verantwortlich waren, trugen eine kleine Figur der Göttin aus Lapislazuli und Gold um den Hals. Gold stand bei den Ägyptern für das essentielle göttliche Leben. Maat war das ursprüngliche Alles-sehende-Auge und die Mutter der Wahrheit. Ihr Name leitet sich von dem Zeitwort sehen ab. Dies verbindet sie mit der frühsumerischen Augengöttin, 3500-3000 v.Chr., die auch den Geist des Gesetzes und der Wahrheit symbolisierte.

Sie hatte alles sehende Augen, denen kein Verbrechen verborgen blieb. Das Sternzeichen der Jungfrau wurde oftmals mit der Maat, sowie der lybischen Göttin der Wahrheit, Astraea, die Sternenhafte, gleichgesetzt, die bei den Römern als Inkarnation der Gerechtigkeit betrachtet wurde. Ihre Waage ging ebenfalls in den Tierkreis ein. Magische Schnüre, mit oder ohne Knoten, symbolisierten in der ägyptischen Unterwelt die Bindung des Gesetzes. Einige Engel trugen Gesetzesschnüre, die ihren Gehorsam gegenüber der Mutter Maat ausdrückten. So sagte Gott Ra: „Ihr Gesetz ist die Schnur in Amentet".
Ihr Symbol, die weiße Straußenfeder, war im alten Ägypten von sakraler Bedeutsamkeit. Jede Seele wurde nach dem Tod auf einer Waage gegen die Feder der Maat aufgewogen.
Bevor der Verstorbene im alten Ägypten die Schwelle zum Jenseits überschreiten durfte, musste er vor einem Totengericht bestehen. Hier thronte in

der Halle der beiden Wahrheiten der Totengott Osiris zusammen mit 42 grausigen Richtern mit Schlangen-, Widder- und Geierköpfen. Anubis, der schakalköpfige Gott, führte den Verstorbenen vor diesen Richter, wo er sein doppelt negatives Bekenntnis ablegen musste: „Nicht habe ich bewirkt das Leid der Menschen, nicht habe ich Unrecht an die Stelle des Rechts gesetzt, nie habe ich die Waagebalken verschoben, nie habe ich wissentlich gelogen, nie habe ich jemanden verleumdet, nie habe ich an Türen gelauscht, nie sündigte ich wider die Natur von Männern, nicht fluchte ich auf die Götter....."
Während er diese Bekenntnisse ablegte, wurde sein Herz auf die linke Waagschale des Totengerichts gelegt und von Anubis gegen die Göttin der Wahrheit und Gerechigkeit, Maat, oder stellvertretend für sie, gegen ihre Feder, aufgewogen. So leicht wie diese Feder sollte das Herz des Toten sein. War die Prüfung bestanden, wurde der Verstorbene zu Osiris, dem Totengott, geführt, mit dem er sich vereinte. Damit erlangte er das Weiterleben im Jenseits. Fiel die Wägung schlecht aus, so stürzte sich der neben der Waage sitzenden Höllenhund auf ihn und zerfleischte ihn, wodurch er endgültig starb. Leicht wie eine Feder bedeutete, der Schuldenlast enthoben zu sein.
In der christlichen Ikonographie hat der Erzengel Michael die Rolle der Göttin Maat übernommen. Er wog die Seele eines jeden Menschen vor dem Thron Gottes.
Die Ägypter hatten, nach ihrem Glauben, sieben Seelen. Eine davon war die Ab, die Herz-Seele, die wichtigste. Die Ab war die Seele, die durch göttliches, lebendiges Blut vom Herzen der eigenen Mutter verliehen wurde, das vor der Geburt in ihren Schoß herabgekommen war. Diese Ab war auch die Seele, welche nach dem Tod von Maat auf der Waage gewogen wurde. In der Hieroglyphenschrift erschien die Ab als kleine, tanzende Figur. Als Verbum bedeutete dieses Symbol denn auch tanzen.
Der Herzschlag galt als der innere Tanz des Lebens, solange dieser Tanz andauerte, ging auch das Leben weiter. In seiner Todesphase wurde Osiris stilles Herz genannt, weil er nicht mehr tanzte. Diese Vorstellung erinnert an den ewigen Tanz des Shiva oder der Kali, deren Tanz im Mittelpunkt des Universums stattfindet - und auch das ist das menschliche Herz. Für die Ägypter war das Herz das Organ, mit dem die Maat erfasst wurde. Maat in das Herz geben war eine häufige Wendung. Die Funktion der Speiseröhre, der Luftröhre und auch die Verrichtungen des Kehlkopfes werden ebenfalls der Maat zugeschrieben. Aus diesem Grund wird Maat auch mit der Göttin Mert, Kehle, gleichgestellt, welche den Kultgesang und die Tempelmusik verkörpert. „Jeder Mund ist versehen mit Maat", oder „Man lebt von der Maat" ist auch ganz konkret zu fassen, da sie tatsächlich auch Nahrung, Kehle und Speiseröhre war. Wie der Brustschmuck mit seinen Bändern den Hals umarmt und an den Platz des Herzens gehängt wird, „die Maat an ihren richtigen Platz setzen", so ist die Maat die Kehle, die das Leben, also Nahrung und Lebenshauch, dem Herzen vermittelt. Sie sagt: „Ich bin zu dir gekommen. Ich habe deinen Hals geschmückt. Ich versehe deine Kehle mit mir selbst, mit

meinem Leib. Deine Kehle ist es, die sich nicht von ihrem Sitzplatz entfernen wird. Unsere Brüste vereinigen sich miteinander."
Nach ältester ägyptischer Vorstellung war die Speiseröhre mit dem Herzen verbunden.

Das Herz galt als der Ort der sittlichen Entscheidungen. Das Gehirn diente nur dazu, die Nase zu befeuchten. Maat ermöglichte die richtige Verbindung zwischen Herz und Kehle. „Ein Menschenherz, das mit der Kehle verbunden ist, bedeutet einen Mund eines guten Menschen." Die vermittelnde Position der Maat zwischen Herz und Zunge war von großer Bedeutung für die ägyptische Auffassung von Schöpfung und Natur. Vor dem Gegensatz, der Trennung von Herz und Zunge, warnte ausdrücklich die Lebenslehre des Amenemope. Dieser Bruch wird durch falsche Rede, was den Göttern ein Abscheu ist, verursacht. „Bei falschen Eiden entfernt sich das Herz von seinem Platz im Leibe."
In ihrem zweifachen Ausdruck „MAATI", die beiden Maat/die doppelte Maat, verkörperte die Maat die gute Balance von zwei Größen. Sie ist also das rechte Verhältnis. Das Schaffen, Erhalten dieses gut abgewogenen Verhältnisses kann sowohl als ein Trennen, als auch als ein Vereinen betrachtet werden. In der Balance, in der Vereinigung der beiden Länder, der beiden Welten, der beiden Mächte, nicht in der Unterdrückung, Verdrängung oder Vernichtung des einen Teils, sah der Ägypter das ideale Verhältnis, also Maat.
Ich lese ein Zitat aus „Die Erste Pharaonin" von Susan von Ghyczy:
„Der andere Weg bin ich, Hatschepsut Maat-ka-re. Mein verewigter Vater hat mich zur Thronerbin gemacht. Ich werde den Willen meines Vaters erfüllen und mich zur Allein-Herrscherin krönen lassen. Bei der Krönung wirst du an meiner Seite stehen."
„Das Schicksal der Völker liegt in Gottes Hand", sagte Intef. „Ich werde mich Eurem Wunsch beugen und zu ihm beten. Er möge das Land vor einem Bürgerkrieg bewahren."
„Warum hast du einfach Gott gesagt, warum nicht Ptah oder Re? Antworte mir, wer ist der höchste Gott in Ägypten?"
„Ich möchte die Frage Eurer Majestät in einer anderen Form beantworten", sagte er. „Wer von den sichtbaren Göttern Ägyptens den ersten Platz einnahm, dessen Name änderte sich mit den Zeiten und wird sich auch in Zukunft ändern. Das höchste Prinzip aber, nach dem jeder Pharao in jeder Zeit handeln muss, bleibt immer das gleiche. Das ist die 'Maat'. Solange die 'Maat' über Ägypten herrscht, ist auch die Herrschaft des Pharao gut."
„Ich kenne Maat, die Göttin der Wahrheit, ich trage doch ihren Namen. Aber du sprichst nicht von ihr."
„Ja und nein. Die Göttin ist nur die Verkörperung dieses Begriffes, den wir 'Maat' nennen: 'Maat' ist alles, was gut ist. Alles ist gut, was gerecht ist. Und gerecht ist das, was sich harmonisch in die göttliche Ordnung einfügt. Wache also über die Ordnung in deinem Land, regiere so, dass jeder sein Recht bekommt, und du wirst gut regieren."

Vielleicht könnte die Achtung vor Maat, welche sich auf die gesamten ethischen und juristischen Normen der ägyptischen Gesellschaft übertrug und diese regelte, als ihr Kult betrachtet werden. Sie ist es, die das kosmische Gleichgewicht und die Beziehungen zwischen Göttern und Menschen regelt und verkörpert, die mit der Schöpfung gegebene Ordnung und der nach der Natur der Dinge richtige Zustand - auf ganz verschiedenen Gebieten. Sie ist die Norm, sowohl für die Natur als auch für die Menschheit. Sie regelt das kosmische Geschehen und das Leben der Natur, aber auch die sozialen und sittlichen Verhältnisse. Ohne Maat war nach ägyptischer Betrachtungsweise überhaupt keine Existenz möglich. „Wer aus ihr heraustritt, entfällt dem Sein." Sie ist das Symbol für die Einhaltung der höchsten Ordnung natürlicher und ethischer, kosmischer und sozialer Harmonie, die sich in der Befolgung einer Reihe von ethischen, juristischen und rituellen Gesetzen äußert, sich aber nicht in ihnen erschöpft.

Ich schließe das Buch. Mein Wissensdurst ist ein wenig gestillt. Nun weiß ich, dass Maat eine ägyptische Göttin ist. Ägypten, eine der ersten großen Zivilisationen. Da durften Frauen Besitz haben und sich scheiden lassen. Da war eine Gleichberechtigung von Mann und Frau. Diese Gerechtigkeit führte zu einer Stabilität und Maat war also das kosmische Gleichgewicht. Gedankenverloren sitze ich da und spüre dem Gelesenen noch einmal nach. Wie geht es mir mit diesen Informationen? Was bewirkt das in mir? Dass ich gespannt bin, sie und ihre Qualitäten kennen zu lernen. Ich bemerke eine Vorfreude in mir. Mein Körper weitet sich aus und eine elektrisierende Energie durchrieselt mich. Zufrieden mit mir und der Welt liege ich entspannt auf dem Bett und so ist es nicht erstaunlich, dass mir die Augen zufallen und ich in einen geruhsamen Schlaf versinke. Am nächsten Tag werde ich von zarten Sonnenstrahlen geweckt und bleibe erst einmal liegen. Vom Bett aus schaue ich mich um und bin angenehm überrascht. Gestern empfand ich den Wohnwagen als klein und schmuddelig. Jetzt im Tageslicht sieht alles hell und freundlich aus. Als ich Maat meine Beobachtungen beim Frühstück mitteile, lächelt sie weise: „Ja, wie innen so außen." Verdutzt schaue ich sie an. „Wenn es dir nicht gut geht, du traurig, wütend oder verletzt bist, siehst du in der Welt selten bis nie die Schönheit, das Freudvolle, die Liebe, die vorhanden ist. Du siehst nur, was du in diesem Moment sehen kannst. Also Dinge, die dich noch trauriger, noch wütender, noch verletzbarer machen."
„Und wenn es mir gut geht, dann sehe ich das Schöne in der Welt."
„Ja. Innen und außen gehören zusammen. Wenn dich etwas beschäftigt, wirst du diesem Thema in der äußeren Welt begegnen."
Stimmt. Als ich mit dem Gedanken spielte, schwanger zu werden, hatte ich den Eindruck, nur noch schwangere Frauen zu sehen und begegnete vielen Müttern mit ihren Kleinkindern. Als ich mich allein fühlte und auf der Suche nach einem Partner war, begegneten mir immer wieder verliebte Paare auf der Straße. „Alles was ich denke, fühle, spüre, ist in der Außenwelt sichtbar?"

Maat nickt: „Das eine gibt es nicht ohne das andere und beide beeinflussen sich gegenseitig."
„Ist das immer so?"
„Ja. Deswegen ist es auch wichtig, zu wissen, wie du innerlich funktionierst. Es nützt dir nichts, wenn du gute Energie aussendest, in dir jedoch Wut ist. Weil, dann kommt nichts anderes als Wut auf dich zurück. Es geht darum, auf allen drei Ebenen deine Energie zu spüren und allen Ebenen Aufmerksamkeit zu schenken."
„Meinem Körper, meinen Gefühlen und meinem Verstand."
„Genau. Oft ist es so, dass du dich als Frau schlecht abgrenzen kannst. Weil das Innere und das Äußere beschreiben einen Grenzbereich, der einen der ersten Anhaltspunkte kindlicher Wahrnehmung darstellt. In den tiefsten Schichten des Mutterkomplexes gelegen, ist er heute noch in keiner Weise erforscht. Denn Inneres und Äußeres tendieren dazu, auf der magischen Bewusstseinsebene zu verschmelzen und innerhalb der symbiotischen Verbindung hin- und herzufließen. Wenn zum Beispiel die Mutter die Bedürfnisse ihres Kindes als ihre eigenen empfindet und das Kind die unbewussten Gefühle der Mutter widerspiegelt. Im analytischen Bereich finden wir dies in der projizierenden Identifikation im Bereich der Übertragung und Gegenübertragung. Tatsächlich sind in diesem Feld das Ich und das Du derart fließend, dass kein klares Empfinden für Unterscheidung und Objektivität zwischen den psychischen Grenzen zweier Menschen möglich ist. Statt dessen besteht eine Empfindung der Einheit und Intimität, in die man sich nur mittels feinster intuitiver Wahrnehmung einfühlen kann. Die Grenze zwischen Innen und Außen, Ich und Du stellt die erste Wahrnehmung dar. Es ist der Ort der osmotischen Membrane zwischen Mutter und Kind, zwischen dem Selbst und dem anderen, dem Selbst und dem Göttlichen. Es ist das Tor, das unsere irdische Inkarnation, wie du sie kennst, eröffnet und abschließt. Am Anfang das Tor der Geburt - das, was innen und eins war, tritt nach außen: und am Ende das Tor des Todes - das, was außen getrennt war, tritt in die Einheit zurück. Es ist wie der Planet Venus, der sich als Morgen- und Abendstern zeigt. Dies ist der Punkt der Überschneidung, wo aus eins zwei wird und aus zwei eins. Diese Erfahrung der fließenden Identität über diesen Punkt hinaus in die Unbegrenztheit hinein, muss im archaischen Bewusstseinszustand Nahrung und Bestätigung erhalten, denn sie ist die urobische Seligkeit, die Leben erblühen und Bewusstsein sich ausdehnen oder auflösen lässt. In diese Wahrnehmung des Grenzbereichs hinein fließen zu können, bedeutet für einen Menschen, dass er seinen individuellen Seinsgrund finden wird. Oft erfahren sie diesen Grenzbereich aus der Sicht eines Bewusstseins, das aus Leiden und Verlust geboren ist. Entweder gewahren sie den Verlust der Seligkeit und der Verschmelzung dann, wenn sie in die Erfahrung des Abgetrenntseins vordringen, oder sie gewahren den Verlust der individuellen Autonomie, wenn sie in einem größeren Ganzen verschmelzen oder ver-

schlungen werden oder sich darin auflösen. Doch der Mensch kann nicht existieren, ohne beide Erfahrungen gemacht zu haben."

„Du sprichst vom bekannten Spiegelprinzip?"
„Was meinst du damit?"
„Ich habe einmal gelesen, dass das Spiegelprinzip uns auf einen äußerst wirksamen und dauerhaft begehbaren Weg zur Selbsterkenntnis führt. Vor allem Menschen, mit denen wir dauernd in Kontakt sind, spiegeln uns unsere Wahrheiten. So wie der Spiegel an der Wand optisch unseren Zustand wiedergibt, so bringt die selektive Wahrnehmung unseres Gegenübers unseren inneren Zustand zutage. Wir nehmen am Gegenüber Eigenschaften wahr und beschreiben es nach der unbewusst gestellten Frage »Wie ist sie? Wie ist er?« Aufgrund unserer versteckten Ich-Bezogenheit wählen wir von den vielen Eigenschaften des Anderen das aus, was uns besonders irritiert oder besonders imponiert. Wir glauben, mit einem schnellen Blick, durch ein vermeintliches Fenster, das Wesentliche im Anderen erfasst zu haben. Dieses Fenster zum Anderen spiegelt uns jedoch unsere eigene ungeliebte, allerdings als solche nicht wahrgenommene Eigenschaft wieder – oder auch eine Fähigkeit, die uns selbst fehlt, die wir aber sehr wohl entwickeln könnten."
„Ja. An einem anderen Menschen etwas wahrzunehmen ist, als würdest du in einen Spiegel sehen. In den Spiegel zu sehen heißt, sich selbst zu sehen. Du kannst nur wahrnehmen und benennen, was du schon kennst. Der Irrtum, dem du zum Beispiel oft unterliegst, ist die Annahme, der andere sei die Ursache für deinen Ärger. Dabei können andere nur das auslösen, was bei dir zum Ärger führt. Nicht mehr und nicht weniger. Wie du sein Verhalten interpretierst, ist allein deine Angelegenheit."
„Also geht es immer um mich."
„Es geht darum, dich selbst zu sehen und zu erkennen. Was sind deine Wünsche, die nicht befriedigt werden, was deine Werte, die in Frage gestellt werden? Immer wieder ist jemand da, der dir einen Spiegel vorhält, damit du dich mit deinen Anteilen beschäftigen kannst. Das heißt jedoch nicht, die eigenen Gefühle zu negieren. Wenn schon ärgern, dann aber richtig und heftig. Ärger ist nichts als ein Gefühl, das kommt und geht. Vor einer Stunde ging es dir noch gut, jetzt ärgerst du dich, in wenigen Minuten geht es dir wieder besser.
Was bleibt von dem Ärger über einen anderen, wenn du das Gefühl näher betrachtest? Wenig vom anderen, doch viel von dir. Zuwendung und Nähe sind nicht einforderbar, nicht mit dem Kopf steuerbar. Zuwendung ist weder durch Geschenke, Anpassung, noch durch Bedürftigkeit korrumpierbar. Nähe entsteht und Nähe ist. Dieses Gefühl gibt es jedoch nur in Freiheit. Alles andere schafft das Gegenteil des Ersehnten, Distanz."
„Und wie finde ich meine innere Freiheit?"

„Bevor du nicht deine dunkle Seite annimmst, die der andere zum Klingen gebracht hat, akzeptiere, dass du nun einmal so bist. Verzeihe dir den Unsinn,

den du gesagt und gemacht hast, denn ohne verzeihen wird kein Friede in dir herrschen. Dabei ist es völlig nebensächlich, wie der andere damit umgeht. Das ist nicht wichtig für das Selbst. Du brauchst diesen Spiegel für deine Entwicklung, um auf deinem Lebensweg voranzukommen.
Unter diesem Gesichtspunkt sind Menschen, die dir begegnen, mit Aufgaben verbunden, die du zu lösen hast, wenn du dich weiterentwickeln willst. Unter diesem Blickwinkel verliert vieles an Gewicht, was doch so groß und erdrükkend erschien."
„Das ist leichter gesagt als getan. Die angenehmen Eigenschaften von mir, die durch andere hervorgebracht werden, sehe ich mit Vergnügen. Doch wer stellt sich schon gern seinen dunklen Seiten? Wer sagt schon leichten Herzens, ja, das kenne ich auch von mir, so bin ich auch. Und nicht salopp ausgedrückt, sondern konkret auf eine Situation bezogen, einem bestimmten Menschen gegenüber. Da ist es meist der andere, der diese Eigenschaften besitzt, auf keinen Fall jedoch ich."
„Du siehst dich also eher als Opfer der Umstände: bei der Arbeit, in Beziehungen, in der Familie, bei Freunden, in größeren Zusammenhängen und erst recht bei Parteien, Volksgruppen, Staaten?"
Ich nicke; ja, ich fühle mich oft als Opfer der Umstände, denen ich ausgeliefert bin und nichts dagegen tun kann.
"Wer seine Schwächen liebevoll annimmt, für den Anfang reicht auch zähneknirschend, kann das auch beim anderen. Nur das, was du an dir wahrnimmst und akzeptierst, kannst du verändern. Es gibt nur einen Menschen, den du ändern kannst, dich selbst. Alles andere ist Zeitverschwendung. Du allein bist für alles verantwortlich, was du denkst, fühlst und machst. Jedes Urteil, das du über andere fällst, weist auf etwas hin, das du an dir selbst noch nicht akzeptierst. Es liegt in deiner Verantwortung, alle Aspekte deines Wesens anzunehmen, besonders die ungeliebten."
In diesem Moment wird mir klar, wie wichtig es ist, was ich mache oder unterlasse. Es spielt keine Rolle, was ich tun wollte, hätte tun können oder tun sollen. Es geht nur darum, was und wie ich etwas mache. Maat schaut mich wissend an und zeigt mit einem Finger auf mich mit den Worten: „Zeige mit einem Finger auf einen Menschen und drei Finger zeigen gegen dich."
Lachend steht sie auf, nimmt mich bei der Hand und kurze Zeit später stehen wir vor dem Spiegelkabinett. „Was siehst du?"
„Mich, doch etwas verzerrt."
„Ja, der Spiegel gibt immer nur deine augenblickliche, nicht deine grundsätzliche Wirklichkeit wieder."
„Mit dem Spiegel habe ich somit eine ständige Kontrolle meiner menschlichen Aufwärts- und Abwärtsentwicklung."
„Ja, doch denk daran, es gibt auch ein Leben ohne ständige Kontrolle. Kontrolle ist gut, doch Vertrauen ist besser."
Sie stellt mich vor einen anderen Spiegel.
„Je nachdem, vor welchem Spiegel du stehst, bist du mal dick, mal dünn. Dein

Blickwinkel verändert sich. Wie in einem Spiegelkabinett, kann er Verzerrungen und Übertreibungen zeigen. Und jetzt gehe ganz nah an den Spiegel und lege deine Hand darauf. Was siehst du jetzt von deiner Hand?"
„Nichts."
„Genau und damit sind wir bei den hermetischen Gesetzen: Du kannst nur auf Distanz sehen, was ist. Das ist das Spiegelprinzip. Wenn du deine Hand auf den Spiegel hältst, kannst du sie nicht sehen, weil sie sich nicht spiegelt."
„Aus diesem Grund ist es einfacher, bei anderen Menschen etwas wahrzunehmen, weil ich es auf Distanz sehen kann."
„Ja, die Wahrnehmung beginnt meistens mit einer Reaktion. Die Frage, die du dir jeweils stellen kannst: Welche Reaktion habe ich auf was? Was passiert im Außen und was geschieht in mir drinnen? Weil nicht alles ist eine Projektion."
Während wir wieder zurück zum Wohnwagen laufen, denke ich darüber nach und komme zum Schluss, dass es darum geht, Distanz zu halten. Ich teile meine Überlegung Maat mit.
„Du kannst alles objektiveren, indem du Distanz schaffst."
„Indem ich mir innerlich sage: Ich bin mehr als ..."
„Genau. Wenn du in einer Situation bist, in deinen Gefühlen sitzt, nur noch die Schmerzen deines Körpers spürst, ist es wie mit der Hand auf dem Spiegel. Du kannst nicht mehr wahrnehmen, was wirklich ist. Du bist gefangen in der Enge deines Denkens. Es ist von Vorteil, eine Situation, deine Gefühle, deine Gedanken aus der Distanz wahrzunehmen. So sieht alles ganz anders aus. Die Frauen tendieren jedoch dazu, sich zu sehr einzulassen und sich selber damit zu vernachlässigen."
„Wieso vor allem die Frauen?"
„Das empfängliche Bewusstsein des Weiblichen erfährt den Grenzbereich von innen und außen nicht als fein säuberlich gezogene Demarkationslinie zwischen Ich und Nicht-Ich. Sie unterscheidet oft nicht klar zwischen einer individuellen Identität und einer anderen, die ein Objekt irgendeiner Heldentat sein könnte. Statt dessen ist diese Grenzlinie eher durchlässig und transparent, leicht durch Einfühlung in den anderen zu durchdringen, also durch die Fähigkeit, mit dem anderen zu schwingen und seine Gefühle zu teilen.
Ein Mensch, der diese Grenze als zu starr oder als zu leicht durchdringbar empfindet - zu starr, weil er Angst vor Verlust und negative Erwartungen hat oder zu offen, weil ihn infantile Erwartungen ersticken - ein solcher Mensch leidet unter der mangelnden Fähigkeit, innen und außen klar zu trennen. Zugleich leidet er an seiner Unfähigkeit, hin- und herzufließen - nach außen und wieder zurück. Mitunter wird diese Unfähigkeit einfach nur als Verwirrung empfunden. Erschwert bei den Frauen kommt dazu, dass sie oft die schmerzhafte Diskrepanz zwischen den äußeren kollektiven Über-Ich-Idealen und der Wahrnehmung ihrer eigenen inneren Realität erleben. Sie versuchen, ihre innere Empfindung versteckt zu halten, weil sie einen zu starken Kontrast zu dem darstellt, was man außen von ihnen erwartet."

„Was meinst du mit Über-Ich-Idealen?"
„Jeder Mensch hat ein Ich. Aus diesem Grund ist es auch wichtig, sich zu fragen: Wer bin ich? Auch jede Gesellschaft hat ein Ich und jedes Ich hat seine Ideale. Da du in einer patriarchalen Gesellschaftsform aufgewachsen bist und lebst, hast du dich an einem Über-Ich-Ideal orientiert, welches männlich geprägt ist. Wichtig für dich als Frau ist es nun, dein Ich zu finden, nicht, indem du dir im therapeutischen Sichfallenlassen diese Frage stellst, sondern vielmehr einen existentiellen Sprung in den freien Raum wagst, wo der Mann, das männliche Potential, nicht das zentrale Objekt ist, also das Über-Ich-Ideal darstellt. Es geht um die radikale und konkrete Verlagerung deiner Loyalität gegenüber Frauen und dem Frau-Sein."
Ja, ja, meine Loyalität gegenüber den Frauen ist wohl immer wieder ein Thema. „Ist es nicht so, dass die Frau, die wir als Mutter gebraucht hätten, schon bevor wir als Tochter auf die Welt kommen, zum Schweigen gebracht wurde?"
„Ja, viele Frauen wachsen noch immer in einem schwierigen Zuhause auf. Sie sind geprägt von abstrakter kollektiver Autorität. Die Mütter sind noch immer von den Knöcheln der Erde abgetrennt, geprägt von Imperativen und Maßstäben des Über-Ich. Andere Frauen identifizieren sich mit dem Vater und dessen patriachalischer Kultur und sondern sich damit von ihrem eigenen weiblichen Urgrund und von der persönlichen Mutter ab, die sie oft nur als schwach und unzulänglich erleben."
„Und wenn ich so aufgewachsen bin, was kann ich dagegen tun?"
„Gefordert wird das Opfer deiner Identität als geistige Tochter des Patriarchats und das Hinabsteigen in die Tiefe des Geistes der Göttin. So viel Kraft und Leidenschaft des Weiblichen hat in fünftausendjähriger Verbannung in der Unterwelt geschlafen, die nun erweckt werden will."

Ich lasse die Worte auf mich einwirken und wir sitzen eine Zeitlang schweigend beisammen. „Du hast von den hermetischen Gesetzen gesprochen. Was meinst du damit?"
„Die hermetischen Gesetze sind Regeln, nach denen die Schöpfung funktioniert. Durch sie lässt sich im Leben alles auf ganzheitliche Weise verstehen. So können sie dir beispielsweise helfen, die wirklichen Ursachen einer Situation herauszufinden und Ziele optimal zu verwirklichen."
„Und woher stammt der Name?"
„Es waren die Mystiker, die Naturphänomene und Entwicklungsprozesse der Evolution. Sie erklärten den ständigen Wandel von Energien sowie energetische Seinszustände. Das Ziel war die Verschmelzung der Einzelseele mit der jeweiligen Gottheit. Im alten Ägypten gab es keine Trennung zwischen Religion und Wissenschaft. Die Gelehrten waren Mystiker, die wussten, dass sich die verschiedenen Seins-Zustände nach kosmischen Gesetzen in stetem Wandel entwickeln. Einer davon war Hermes Trismegistos, der Dreimalige Meister. Er lebte um 3'000 v. Chr., gilt als Lehrer Abrahams und hat sieben kosmische Gesetze formuliert, die nach ihm als Hermetische Gesetze

bezeichnet wurden. In Ägypten befand sich seinerzeit der Sitz der großen Loge der Mystiker. In Mysterienschulen wurden Novizen ausgebildet, die später als Hierophanten, Adepten und Meister in alle Welt auszogen und das Wissen all denen übermittelten, die bereit waren, es zu empfangen."
„Und was beinhalten diese Gesetze?"
„Es ist das Gesetz der Geistigkeit. Dieses Gesetz wird auch das Gesetz des Ursprungs genannt. Es besagt nichts anderes, als dass alles Existierende den gleichen Ursprung hat - den Geist. Dieses Wissen findest du auch in den verschiedensten Religionen und wissenschaftlichen Erkenntnissen."
„Alles hat im Geistigen seinen Ursprung?"
„Ob Kleidung, Berufe, Städte und überhaupt alle Erfindungen sind nichts anderes als verwirklichte Ideen. Auch deine Gesundheit und Gefühle haben im Geistigen ihren Ursprung. Gefühle sind die Reaktion auf bestimmte Gehirntätigkeiten. Wird beispielsweise von Wissenschaftlern ein spezieller Gehirnbereich stimuliert, so erlebt die Testperson ein spezielles Gefühl, das sie vielleicht als eine Mordswut bezeichnet. Wird ein anderer spezieller Gehirnbereich auf die gleiche Weise stimuliert, so erlebt die Person jetzt ein anderes spezielles Gefühl, wie starke Freude. Durch deine Gedanken kannst du - auch ohne äußeren Einfluss - von einem Moment zum nächsten, von einem Gefühlsextrem ins andere wechseln. So werden auch gleiche Situationen von jedem von uns anders erlebt. Für den einen Menschen ist es traurig, dass der schöne Abend schon vorbei ist, ein anderer freut sich, dass er eine so schöne Zeit hatte und ein dritter freut sich schon auf die schönen Abende, die noch vor ihm liegen.
Auch die Intuition entspringt im Geistigen: Du nimmst dabei in Form von Gefühlen, Bildern, inneren Stimmen oder Gedanken eine Botschaft von deinem höheren geistigen Selbst wahr. Die Botschaft kann dabei durchaus im Widerspruch zu deinem Verstand stehen, denn der Verstand hat nur ein sehr beschränktes Wissen und wird häufig auch von deinen Erwartungen beeinflusst.
Selbst die Materie hat einen geistigen Ursprung und reagiert auf deine Gedanken, wie die verschiedensten Wissenschaftler festgestellt haben. Dies zeigt sich auch bei Feuerläufen oder an den vielen unheilbar Kranken, die entgegen aller ärztlicher Weisheit wieder gesund wurden, indem sie geistig daran arbeiteten. Du kannst also immer dein Leben und Erleben selbst bestimmen."
„Das Prinzip der Geistigkeit zeigt, dass alles dasselbe ist."
„Es ist das erste von sieben Prinzipien. Es heißt nichts anderes als: Das All ist Geist, das Universum ist geistig. Und Geist ist der Ursprung aller nachfolgenden dichteren (geistigen, feinstofflichen und grobstofflichen) Zustandsformen. Die menschliche Entwicklungsstufe gibt dir die Möglichkeit, schöpferisch in die Evolution einzugreifen.
Das All als Ursprung aller Dinge ist ein Ganzes, es ist Mutter und Vater in einem, d.h. es weist nahezu keine Polarität auf, ist beständig und altert nicht. Polarität gibt es nur in den materiellen Welten, die als Schöpfungen aus dem

All hervorgehen. All diese Welten sind zyklischen Prozessen des Wandels, also Werden und Vergehen, unterworfen, denn Materie altert. Nach dem Universal-Prinzip entsprechen die verschiedenen Ebenen den einzelnen Energieniveaus. Die Entwicklung vollzieht sich stets zwischen den Extremen Raum und Materie."

„Und was heißt das genau?"

„Geist und Materie bilden eine Dualität. Auf der Erde hast du immer beides. Da ist Geist und da ist Materie. Es gibt immer zwei. Wenn ich schweige, liegt dahinter das Reden. Wenn ich rede, liegt dahinter das Schweigen. Es sind immer beide vorhanden, denn alles ist Eins."

„Wenn ich wegschaue, zeige ich, dass ich es wahrgenommen habe", murmle ich leise vor mich hin.

„Genau, denn das Unmanifeste ist vom Manifesten nicht getrennt. Hörst du die Autos, die vorbeifahren?" Ich nicke. „Lausche aufmerksam. Kannst du darin die Gegenwart des Unmanifesten spüren?" Ich schüttle den Kopf.

„Suche die Stille, aus der die Geräusche kommen und zu der sie zurückkehren. Achte mehr auf die Stille als auf die Worte. Wenn du auf die äußere Stille achtest, erschaffst du auch innere Stille. Jeder Ton wird aus der Stille geboren, stirbt zurück in die Stille und ist während seiner Lebensspanne von Stille umgeben. Erst die Stille ermöglicht dem Ton das Sein. Sie ist der unmanifeste Anteil, der jedem Geräusch zutiefst angehört, jeder Note, jedem Lied, jedem Wort. Das Unmanifeste ist in dieser Welt als Stille gegenwärtig. Nichts in dieser Welt gleicht dem Göttlichen so sehr wie die Stille. Du musst nur darauf achten. Werde dir selbst während eines Gesprächs der Lücken zwischen den Wörtern bewusst, der kurzen Zwischenräume zwischen den Sätzen. Dabei wird die Dimension von Stille in dir wachsen. Du kannst nicht auf die Stille achten, ohne auch innerlich still zu werden. Stille im Außen wird zur inneren Stille. So kannst du in das Unmanifeste eintreten. Kurz und gut, das Gesetz der Geistigkeit heißt nichts anderes als Eins ist Alles und Alles ist Eins."

„Also kann kein Geräusch ohne Stille existieren?"

„Ebenso gibt es auch kein Ding ohne die Ebene von Kein-Ding, ohne das Nichts, das es allen Dingen ermöglicht, zu sein. Jedes physische Objekt, jeder Körper ist aus dem Nichts entstanden, ist vom Nichts umgeben und wird irgendwann ins Nichts zurückkehren. Nicht allein das - innerhalb eines jeden physischen Körpers gibt es viel mehr Nichts als Etwas. Physiker sagen, dass die Festigkeit von Materie eine Illusion ist. Selbst augenscheinlich feste Materie, und das schließt deinen physischen Körper ein, besteht zu fast hundert Prozent aus leerem Raum - so riesig sind die Abstände zwischen den Atomen im Vergleich zu ihrer Größe. Ja mehr noch, jedes Atom besteht im Innern fast nur aus leerem Raum. Was übrig bleibt, ähnelt eher einer Vibrationsfrequenz, es ist mehr wie eine Note, wie Musik, weniger wie Teile solider Materie. Buddhisten haben das schon seit über zweieinhalbtausend Jahren gewusst: Form ist Leere, Leere ist Form, stellt das Herz-Sutra fest,

einer der bekanntesten alten buddhistischen Texte. Die Essenz aller Dinge ist Leere."
„Und kann ich diese Leere erfahren?"
„Ja, unterbrich den Strom von plappernden Gedanken in dir und komme in dir zur Ruhe. Es ist wohltuend, den eigenen Rhythmus zu finden, das eigene Tempo, die eigenen Ziele für die eigene Zufriedenheit. Sei eins mit dir, da gibt es keinen Mangel. Nichts, was in solchen Phasen fehlt. Du bist allein glücklich mit dir. In solchen Momenten kommst du dir näher und deinen Seelenverschlingungen auf die Spur. So kannst du den Raum wahrnehmen. Genau wie die Stille ist es leicht, ihn zu verpassen. Jede achtet auf die Dinge im Raum, aber wer achtet schon auf den Raum selbst?"
„Ist das lernbar?"
„Ja, du bist auf dem Weg. Versuche, den heutigen Tag einmal unter diesem Aspekt zu erleben."

Sie erklärt mir noch, dass sie nun Billy zur Hand gehen werde und dass wir uns dann am Abend wieder sehen. Als sie schon lange weg ist, sitze ich noch immer da und versuche, hinter den Geräuschen die Stille wahrzunehmen. Es gelingt mir nicht. Ich empfinde den Lärm des Jahrmarkts nur viel lauter als sonst. Beim Spazierengehen bemühe ich mich, neben dem Sichtbaren auch das Unsichtbare zu erkennen. Es geht nicht. Ich sehe nur, was sich meinen Augen zeigt. Ich höre keine Stille im Lärm des Jahrmarkts und sehe nichts, was ich sonst nicht gesehen hätte. Erst, als ich in einer Kirche Halt mache, erkenne und spüre ich die Stille im Außen, die mit der Zeit auch von mir Besitz ergreift, sodass eine angenehme Ruhe über mich kommt. Als ich am Abend Maat davon erzähle, lacht sie, zwinkert mir zu und meint: „Ja, die Kirchenväter wussten genau, was sie taten. Dumm waren die noch nie. Doch mit ein wenig Übung kannst du diese Stille, diese Ruhe, überall erkennen und spüren."
Also ist es eine Übungssache und dennoch kommen mir Zweifel. Wie kann ich das Unmanifeste, das Nichts, wahrnehmen?
„Dein Verstand sucht nach Erklärungen. Doch nichts ist nichts und kann nicht erklärt werden. Dein Verstand versucht, aus dem Nichts ein Etwas zu machen. Indem du das machst, hast du es verpasst. Als Nichts oder als Raum erscheint das Unmanifeste, wenn es ein äußeres Phänomen in einer Welt der Sinneswahrnehmungen ist. Mehr kann ich dir darüber nicht sagen, und selbst das ist ein Paradox. Das Nichts lässt sich nicht zu einem Objekt für dein Wissen machen. Wenn Wissenschaftler den Raum erforschen, machen sie auch ein Etwas aus ihm und gehen dadurch völlig an dem vorbei, was sie suchen. Es ist also nicht erstaunlich, dass die neuesten Theorien behaupten, das Universum bestehe nicht aus leerem Raum, sondern sei mit einer Art Substanz gefüllt. Wenn du erst einmal eine Theorie hast, dann findest du auch immer Beweise für sie, bis irgendwann eine neue Theorie aufkommt. Das Nichts kann für dich nur dann ein Tor zum Unmanifesten werden, wenn du nicht versuchst, es zu verstehen oder festzuhalten." Ich seufze und fühle mich

gleichzeitig auch vom Drang des Verstehens befreit. Hier gibt es nichts zu verstehen.
„Der leere Raum hat keine Existenz. Das Wort existieren bedeutet wörtlich genommen heraustreten, hervorstehen. Du kannst den Raum nicht verstehen, weil er nicht hervorsteht. Und obwohl er selbst nicht existiert, ermöglicht er doch allem, was es gibt, zu existieren. Auch Stille hat wie das Unmanifeste keine eigene Existenz."
Sie schaut mich an, nimmt mich bei der Hand und geht mit mir in den Wohnwagen. „Was ist die Essenz dieses Zimmers?"
„Die Möbel, Bilder und alles, was da ist?"
"Nein, sie sind in dem Zimmer, aber sie sind nicht das Zimmer. Der Boden, die Wände, die Decke begrenzen das Zimmer, aber auch sie sind nicht das Zimmer. Was ist also die Essenz dieses Zimmers?"
„Raum?"
„Natürlich, leerer Raum. Ohne ihn gäbe es kein Zimmer. Da Raum aus nichts besteht, können wir sagen, das, was nicht da ist, ist wichtiger als das, was da ist. Nimm jetzt bewusst den Raum wahr, der um dich herum ist. Denke nicht über ihn nach. Fühle ihn lieber. Achte auf nichts. Indem du dich auf das Nichts konzentrierst, verschiebt sich dein Bewusstsein. Die inneren Gegenstücke zu den Objekten im Raum wie Möbel, Wände und so weiter sind die Objekte deines Verstandes - Gedanken, Emotionen und die Sinneswahrnehmungen. Und das innere Gegenstück zum leeren Raum ist dein Bewusstsein, das es deinen Verstandesobjekten ermöglicht, da zu sein, so wie der leere Raum es allen Dingen ermöglicht, da zu sein. Wenn du also deine Aufmerksamkeit von den Dingen, von den Objekten im leeren Raum abziehst, dann entziehst du deine Aufmerksamkeit gleichzeitig auch den Objekten deines Verstandes. Anders gesagt: Du kannst nicht zugleich denken und dir des leeren Raumes bewusst sein. Das Gleiche gilt für Stille. Dadurch, dass du für den leeren Raum um dich herum Achtsamkeit entwickelst, entsteht in dir zugleich ein Bewusstsein für reines Bewusstsein. Raum und Stille sind zwei Aspekte derselben Sache, desselben Nichts. Sie sind eine äußere Darstellung von innerem Raum und innerer Stille, die Still-heit ist: Die endlose kreative Matrix für alles, was existiert. Die meisten Menschen haben keine Ahnung von dieser Dimension. Sie kennen keinen inneren Raum, keine Stille. Sie sind aus dem Gleichgewicht gefallen, oder anders gesagt, sie kennen zwar die Welt oder glauben sie zu kennen, doch sie erkennen das Göttliche nicht. Sie sind ausschließlich mit ihrer eigenen körperlichen und psychologischen Form identifiziert, ohne ein Bewusstsein von Essenz. Da jede Form jedoch höchst unstabil ist, leben sie in Angst. Aus dieser Angst heraus entsteht ein tiefes Missverständnis über sich selbst und andere Menschen, ein verdrehtes Bild von der Welt.
Wenn du mit dem Unmanifesten in bewusster Verbindung bleibst, dann würdigst, liebst und achtest du das Manifeste zutiefst und achtest alles, was in ihm lebt, als Ausdruck des einen Lebens jenseits der Form. Du weißt auch,

dass jede Form sich wieder auflösen wird und dass letzten Endes nichts hier draußen so extrem wichtig ist."
„Und da Eins alles ist und alles Eins ist, muss ich auch den Tod nicht mehr fürchten, weil er, wenn ich lebe, immer präsent ist. Da ich als Mensch Form angenommen habe, löse ich mich mit dem Tod einfach auf und gehe wieder dorthin zurück, woher ich komme."
„Stimmt. Nimm einmal an, es gäbe nichts als Stille. Sie würde dann in deiner Wahrnehmung nicht existieren; du wüsstest nicht, um was es sich da handelt. Erst, wenn Töne erscheinen, entsteht zugleich die Stille. Genauso würde auch der leere Raum für dich nicht existieren, wenn es nur ihn gäbe, ohne die Objekte, die ihn bewohnen. Stell dir vor, du wärst ein Punkt von Bewusstsein, der im leeren Raum umher schwebt - keine Sterne, keine Galaxien, nur Leere. Plötzlich wäre der Raum nicht mehr riesig, es gäbe ihn überhaupt nicht mehr. Es gäbe keine Geschwindigkeit, keine Bewegung von hier nach dort. Um Entfernung und Raum herzustellen, brauchst du mindesten zwei Bezugspunkte. Raum taucht in dem Moment auf, in dem das Eine sich in zwei teilt."
„Lao Tse sagte einmal: Wenn aus zwei die „Zehntausend Dinge" entstehen, dann wird Raum weiter und weiter."
„Genau. Die Welt und der leere Raum erscheinen also zur gleichen Zeit. Nichts könnte sein ohne den Raum, und dennoch ist der Raum nichts. Bevor das Universum entstand, gab es einen endlos leeren Raum, der darauf wartete, gefüllt zu werden. Es gab keinen Raum, denn es gab kein Ding. Es gab allein das Unmanifeste - das Eine. Und als das Eine zu den „Zehntausend Dingen" wurde, da war plötzlich auch Raum da, der es dem Vielen ermöglicht, zu sein. Wo kam der Raum her? Hat das Göttliche ihn geschaffen, um dem Universum einen Platz zu verschaffen? Natürlich nicht. Raum ist nichts, er wurde also nie geschaffen."

Sie nimmt mich wieder bei der Hand und als wir draußen stehen, fordert sie mich auf, in den Sternenhimmel zu sehen. „Schaue dir den Himmel an. Die Tausende von Sterne, die du mit dem bloßen Auge sehen kannst, sind nur ein minimaler Bruchteil von dem, was da oben ist. Eintausend Millionen Galaxien können bislang mit stärksten Teleskopen erblickt werden, und jede dieser Galaxien ist ein Insel-Universum, das tausend Millionen von Sternen enthält. Noch viel beeindruckender ist die Weite des Raumes selbst, die Tiefe, die Stille, die es diesem großartigen Wunder überhaupt ermöglicht, zu existieren. Nichts könnte größere Ehrfurcht erwecken als die unvorstellbare, majestätische Weite des Raumes - als seine Stille. Doch was ist sie? Leere, endlose Leere."

Mein Blick verliert sich in den Sternen und je länger ich hinauf schaue, desto mehr verliere ich mich darin. Ich höre auf zu denken und fühle mich verbunden mit den Sternen, den Galaxien. Erst die Worte von Maat holen mich wieder auf die Erde zurück.

„Was dir in deinem durch den Verstand und die Sinne gesehenen Universum als Raum erscheint, ist das Unmanifeste selbst, nach außen gekehrt. Es ist der göttliche Körper. Doch das größte Wunder überhaupt: Jene Stille und Weite, die das Universum ermöglichen, sind nicht nur dort draußen zu finden - sie sind auch in dir. Wenn du ganz und gar gegenwärtig bist, dann begegnest du ihnen im stillen inneren Raum. In dir ist der Raum endlos weit durch seine Tiefe, nicht durch seine Ausdehnung. Die unendliche Tiefe ist eine Eigenschaft dieser einen transzendenten Realität."
„Als ich die Sterne anblickte, hatte ich eine kurze Zeit den Eindruck, nicht mehr hier, sondern ein Teil von den Sternen, den Galaxien zu sein. Ich war dort und doch hier."
„Das, was du als Raum und Zeit wahrnimmst, sind letztendlich Illusionen und sie enthalten einen Kern von Wahrheit. Sie stellen die zwei essentiellen göttlichen Eigenschaften dar, Unendlichkeit und Ewigkeit, wenn sie außerhalb von dir existieren würden. In deinem Inneren haben Zeit und Raum ihre innere Entsprechung, die ihre wahre Natur darstellt, so wie sie auch deine eigene wahre Natur darstellt. Raum entspricht hier dem stillen, unendlich tiefen Bereich des Unmanifesten, während Zeit ihre Entsprechung in Gegenwärtigkeit, im Bewusstsein des ewigen Jetzt findet. Und da gibt es keinen Unterschied. Wenn du Raum und Zeit im Inneren als das Unmanifeste erkennst, dann gibt es im Außen zwar immer noch Zeit und Raum, doch sie verlieren ihre Wichtigkeit für dich. Auch die Welt existiert weiterhin für dich und sie wird dich nicht mehr fesseln.

Der letztendliche Sinn der Welt liegt nicht in ihr verborgen, sondern darin, sie zu überwinden. Genau, wie du den leeren Raum nur durch die Objekte wahrnehmen kannst, die ihn ihm sind, so brauchst du die Welt, um das Unmanifeste zu realisieren. Eine buddhistische Aussage beschreibt diesen Zustand: Gäbe es keine Illusion, so gäbe es auch keine Erleuchtung. Denn durch die Welt und letztlich durch dich gewinnt das Unmanifeste Einsicht in sich selbst. Du bist hier, um der göttlichen Absicht des Universums zur Entfaltung zu verhelfen."
Die Erklärungen von Maat lassen mich noch lange wach bleiben. Draußen vor dem Wohnwagen schaue ich über den Jahrmarkt in all seinen Facetten, höre die vielen verschiedenen Geräusche und versuche gleichzeitig, Raum und Stille zu erfahren. Plötzlich denke ich an einen Satz des Propheten Mohammad: Ich war ein Schatz und ruhte im Verborgenen und sehnte mich danach erkannt zu werden. Also erschuf ICH die Welt, auf dass ICH erkannt werde.

Am nächsten Morgen überrascht mich Maat mit einer Fahrt auf dem Riesenrad. Zuerst wehre ich mich, da ich Höhenangst habe, doch Maat hat eine starke Überzeugungskraft. Mir kommt auch die Szene mit Athene in den Sinn, als wir auf ihrem Balkon standen. Da überwand ich meine Höhenangst, indem ich mich auf meinen Atem konzentrierte. So sitzen wir einige Zeit spä-

ter zusammen in luftiger Höhe und Maat zeigt mir das Dorf und seine Umgebung aus der Luft.
„Hier kannst du das zweite hermetische Gesetz gut wahrnehmen. Es ist das Prinzip der Entsprechung - oder anders ausgedrückt: Wie oben, so unten; wie unten, so oben.
Die Hermetiker haben das Universum gedanklich in drei Ebenen eingeteilt. Jede der drei großen Ebenen unterteilten die Hermetiker nochmals in sieben kleinere. Auf der niedrigsten Stufe erscheint die Energie in der niedrigsten Frequenz in Form von kompakter Materie, auf der höchsten in Form von kleinsten, fein verteilten Teilchen."
„Und das bedeutet?"
„Jedes Ding erscheint auf den verschiedenen Ebenen in einer anderen Form und hat eine andere Frequenz. Zwischen den Erscheinungsformen der Dinge auf den verschiedenen Seins-Ebenen gibt es Harmonie und Entsprechungen. Durch Schlussfolgerung von Bekanntem auf Unbekanntes, von Sichtbarem auf Unsichtbares kannst du Dinge verstehen, die sich in Ebenen jenseits deines Vorstellungsvermögens abspielen. Auf diese Weise gelang es früheren Meistern, ohne technische Hilfsmittel zu Erkenntnissen zu gelangen, die wir heute mit Hilfe hochmoderner Technik zu erschließen beginnen.
Nehmen wir als Beispiel die Proportionen eines Menschen, also den goldenen Schnitt, welcher von Bekanntem auf Unbekanntes schließen lässt. So wurden ohne Fernrohr die Abstände und Bewegungen weit entfernter Sterne und Galaxien berechnet. Einfach ausgedrückt, wie im Mikrokosmos, so im Makrokosmos - und umgekehrt."
„Also ist es die Dualität der Schöpfung, die sich beim Menschen in seiner individuellen Persönlichkeit zeigt: oben und unten."
Maat nickt. „Ja, das ist die Einheit: wie oben so unten. Es gibt keinen Unterschied. Alles ist gleich. Alles ist schon da. Es gibt nichts zu erreichen."
„Und wieso haben wir Menschen den Ehrgeiz, etwas zu erreichen, wenn es nichts zu erreichen gibt?"
„Gute Frage. Was meinst du?"
„Ich weiß es nicht."
„Weil sie es vergessen haben. Dieses Gesetz besagt nichts anderes, als dass in allen Dingen, auf allen Ebenen, eine Analogie vorhanden ist. Wie oben so unten, wie innen so außen, wie im Kleinen so im Großen. Wir alle sind Teil der göttlichen Schwingung und aus diesem Grunde werden wir die Einheit wieder herstellen. Wir sind im All und das All ist in uns.
Es ist ein universales Gesetz, denn es besitzt Gültigkeit auf allen Ebenen, in den materiellen, den geistigen und den rein geistigen Universen. Dieses Prinzip ist eines der wichtigsten geistigen Werkzeuge, mit denen der Mensch die Hindernisse bei Seite räumen kann, die dem klaren Blick durch den Schleier des Vergessens entzogen wurden.
Dieses Gesetz befähigt jeden Menschen, von dem, was ihm bekannt ist, auf das universelle Unbekannte seine Schlüsse zu ziehen. Wie unten so oben.

Indem du das Einfache erforschst, lernst du das Schwierige verstehen.
Das Gesetz der Entsprechung richtig angewandt, macht den Menschen zum Meister des Begreifens. Dieses hermetische Gesetz beinhaltet die Erkenntnis, dass Harmonie, Übereinstimmung und Entsprechung zwischen den verschiedenen Erscheinungsebenen von Leben und Sein bestehen. Und das ist die wirkliche Wahrheit.
Denn alles, was im Universum - im ALL - enthalten ist, kommt aus derselben Quelle, das gesamte Wissen der Quelle ist in allem und jedem - in jeder Zelle, in jedem Atom, enthalten. Da alles, was existiert, Schöpfung des universalen Geistes ist, besitzt die gesamte Schöpfung alles Wissen. Auf den unterschiedlichen Ebenen kann die Schöpfung für sich als Individuum dieses Wissen erfahren. Jede einzelne Zelle, jedes kleinste Atom, beinhaltet das gesamte Wissen, welches bisher erfahren wurde mit allen möglichen zukünftigen Erscheinungsformen; und jede neue Erfahrung eines jeden Individuums wird hinzu gespeichert.
Die hermetische Lehre vereinfacht die Lehre der Ebenen und teilt diese in drei große Klassen der Erscheinungsformen ein. Bis der einmal ausgesandte Gedankenimpuls des Alles - bleiben wir beim Beispiel des Menschen - zu seiner Einheit zurückkehren kann, muss jeder einzelne Funke der Schöpfung alle sieben Ebenen durchlaufen, die wiederum in sieben Ebenen und sieben Unterebenen unterteilt sind. Somit werden alle die Gesamtheit des Geistes erfahren."
„Und damit sind wir wieder beim Geist."
„Ja, Geist benötigt keinen Ort, er ist allgegenwärtig. Es gibt auch keine Begrenzung im Sinne des materiellen Körpers. Du bist vollkommener Geist in einem vollkommenen Körper. Der irdische Körper, also dein materialisierter Geist, schwingt langsamer als der Geist selbst. Aus diesem Grund kann er mit dem schnell möglichen geistigen Wachstum auf Dauer nicht Schritt halten. Doch du solltest niemals deinen Körper bekämpfen, der langsamer schwingt, sondern warten, bis der physische Leib weiter voran schreiten kann."

Ich denke an Demeter und wie sie mir erklärte, dass eine Pflanze nicht schneller wächst, wenn ich an ihr ziehe, doch schon fährt Maat weiter fort.
„Das Atom der Materie, die Einheit der Kraft, der Menschengeist, sind alle nur eine Sache des Grades und der Höhe der Schwingung, alle sind Schöpfungen des Alls und haben ihr Dasein allein im unendlichen Geist des Alls. Und alle gehen den gleichen Weg der Erfahrung durch alle Ebenen. Niemand und nichts ist besser oder schlechter als ein anderer oder etwas anderes.
Alles was ist, ist hervorgegangen aus dem Geist des universellen Geistes. Was schwingungsmässig oben begann, wird das Unten erfahren. Was unten begann, wird das Oben erreichen. Dies ist das Gesetz der Entwicklung, der Entsprechung - wie oben so unten.
Das All ist bestrebt, sich zu entwickeln, zu erfahren und die sieben Ebenen auf immer neue Methoden zu untersuchen und sich zu eigen zu machen. Dies

ist die Erfahrung des Seins. Indem uns allen das All unseren freien Willen gab, wird jeder Mensch ein erweitertes Bewusstein der Gesamtheit kreieren. Dieser Gedanke, den ein jeder von uns einst darstellte, ermöglicht dem All, in unserer Weiterentwicklung und unserer ganz eigenen individuellen Entfaltung, mit uns zu erfahren, was es bedeutet, zu sein. Es ist der schöpferische Drang zu erforschen und sich weiterzuentwickeln, der auch dich antreibt. Wie oben so unten, wie unten so oben, wie im Kleinen so im Großen. Darum wirst du, wenn du alle sieben Ebenen durchschritten hast und wieder in die Einheit zur Quelle zurückkehrst, dich nicht auflösen im ewigen Meer der Unendlichkeit, sondern deine einzigartige Individualität behalten. Du wirst anderen Tropfen, die nach dir lernen, immer als Lehrerin zur Verfügung stehen. Die Schöpfung ist ewig. Und du kannst niemals etwas anderes sein als Schöpferin. Das ist das Gesetz."

„Kannst du mir mehr über die sieben Ebenen verraten?"
„Es sind die geistige Ebene, die seelisch-geistige Ebene, die Kausalebene, die Mentalebene, die Astralebene, die Ätherebene und die physische Ebene."
„Kann ich diese Ebenen mit meinen sieben Chakren vergleichen?"
„Ja. Du bist aus der geistigen Ebene herabgestiegen in die physische Ebene und befindest dich nun auf dem Rückweg. Die sieben Ebenen findest du in deinen Chakren und auch in deiner Aura."
„Gott hat die Welt in sieben Tagen erschaffen. Schneewitchen und die sieben Zwerge..."
„Ja, sieben ist eine heilige Zahl und doch ist alles dasselbe. Wie oben so unten, wie unten so oben. Es geht darum, dass du jede Ebene vollständig erfährst, bevor du in die nächste Ebene gelangen kannst.
Schau dir die Welt von oben an und alles sieht anders aus, obschon es dasselbe ist."
„Ja, alles ist kleiner und gleichzeitig erweitert sich mein Horizont, weil ich in die Ferne sehen kann."
„Du hast die Übersicht. Wenn du ein Problem hast, ist es einfacher, dieses von oben zu betrachten. So wird ein großes Problem plötzlich klein und durch die Erweiterung deines Horizonts siehst du Lösungen, die du unten nicht gesehen hättest."
„So bin ich nicht mehr mit meinem Problem identifiziert, sondern schaue es von außerhalb an", sinniere ich und Maat lächelt leise vor sich hin.
„Ein Problem beinhaltet immer auch gleichzeitig die Lösung, weil alles paarweise auftritt. Auf jedes Hinunter kommt das Hinauf. Jede Nacht mündet in den Tag. Konzentriere dich einfach auf die Lösung - nicht auf das Problem. Schließe dich nicht mit dem Problem in ein Zimmer ein, sondern gehe in die Höhe damit."
„Und wenn ich in einem Zimmer damit sitze und nicht hinaus finde?"
„Um die Türe zu finden, musst du auch die Türe suchen. Doch du hast die Tendenz, dich auf die Mauer zu konzentrieren, wenn du die Türe finden willst."
Stimmt, da kann ich nichts mehr dazu sagen.

Als wir einige Zeit später wieder beim Spiegelkabinett vorbei kommen, erblikke ich mein Spiegelbild. Erstaunt stelle ich fest, dass die Umkehrung von oben und unten unangetastet bleibt, jedoch links und rechts umgedreht wird. Bevor ich Maat meine neue Erkenntnis mitteilen kann, sagt sie: „Wenn du die Welt anschaust, siehst du nichts anderes als dich. Es ist eine Tatsache, dass du nur wirklich dem begegnen kannst, was in deinem Denken an Bildern, Vorstellungen und Ideen, sei es bewusst oder unbewusst, bereits enthalten ist. Anders ausgedrückt, du reagierst nur auf Menschen und Dinge, die bereits als Idee oder Vorstellung als eine Art Blaupause in dir enthalten sind."
„Also sehen wir nur, was wir sehen wollen?"
„Leider ist das so. Das Auge, als ein wichtiges Sinnesorgan nimmt viel Platz ein und führt zu vielen Täuschungen und dementsprechenden Enttäuschungen. Pro Tag gibst du siebzig Prozent deiner Energie durch die Augen ab." Ich bin erstaunt ab dieser Prozentzahl und mache instinktiv meine Augen zu. Wenn ich mit geschlossenen Augen bin, fühle ich mich jedenfalls viel mehr mit mir verbunden als mit offenen Augen. „Und hat meine linke und meine rechte Seite eine bestimmte Bedeutung?"
„Ja. Die linke Seite ist die weibliche, gebende Seite und die rechte Seite die männlich, handelnde. Die rechte Gehirnhälfte ist mit deiner linken Körperseite verbunden sowie die linke Gehirnhälfte mit deiner rechten Körperseite. Diese beiden Seiten sind auch in deinem Gesicht sichtbar."
„Stimmt, jeder Mensch hat seine Schokoladenseite. Wenn ich mich so ansehe, sind sogar die Augen sehr unterschiedlich."
„Bei jedem Menschen ist ein Auge kleiner, eines größer, eines stärker und eines schwächer. Dein rechtes Auge ist in Koordination mit der linken Gehirnhälfte und der rechten Körperseite."
„Also alles über das Kreuz."
„Versuch nun einmal deine Augen einzeln zuzukneifen." Ich versuche es, doch es geht nur mit dem linken Auge. „Aha, kann es sein, dass du gegenüber deiner Mutter recht kritisch bist?"
„Wie kommst du darauf?"
„Bei den Frauen bedeutet das linke Auge den Vater und das rechte die Mutter. Bei den Männern bedeutet das rechte Auge den Vater und das linke Auge die Mutter. Es zeigt die Sichtweise über deinen Vater oder deine Mutter. Zu welchem Elternteil fühlst du dich mehr hingezogen? Wo schaust du kritischer: beim Vater oder bei der Mutter? Indem du nun das linke Auge besser zumachen kannst, ist dir dein Vater klarer und die Mutter diffuser. Kann eine Frau ihr rechtes Auge nicht schließen, schaut sie die Mutter kritisch an."
Ich schaue noch einmal in den Spiegel und versuche, das rechte Auge zuzumachen. Trotz aller Kraft gelingt es mir nicht und so folge ich Maat nach einiger Zeit, die mich schon beim Wohnwagen erwartet. Mit meinen Gedanken bin ich noch immer bei meinem männlichen und weiblichen Teil, was mich zu der Frage veranlasst: „Gibt es Menschen, die beide Teile in sich vereint haben?"

„Ja und jeder Mensch ist dazu in der Lage."
„Auch wenn die Teile so gegensätzlich sind, wie in mir?"

„Damit sind wir beim Prinzip der Polarität. Das dritte Gesetz sagt nichts anderes als: Gegensätze sind identisch. Alles hat zwei Pole. Alles ist zweifach, alles hat sein Paar von Gegensätzlichkeiten; gleich und ungleich ist dasselbe. Gegensätze sind ihrer Natur nach identisch, nur verschieden im Grad. Extreme berühren sich. Alle Wahrheiten sind nur halbe Wahrheiten. Alle Widerstände können miteinander in Einklang gebracht werden.
Jedes Ding hat zwei Pole oder zwei gegensätzliche Aspekte, das sind seine Extremwerte. Da beide Pole zu dem Ding gehören, kann man sagen, dass die Pole identisch sind. Zahl und Wappen sind die zwei Pole einer Münze, sie sind gegensätzlich und sie gehören beide zur Münze. Sie berühren sich in der Mitte, daher sind sie ihrer Natur nach identisch, jede Seite ist nur die Hälfte der Münze. Die verschiedenen Grade unterscheiden sich durch die Frequenz, jede hat spiegelgleich zur Mitte ihr gleich großes und entgegengesetzt gepoltes Gegenstück.
Alle Dinge in der materiellen Welt haben zwei Seiten, es ist allerdings nicht immer einfach, dies zu erkennen. Wenn du die Pole oder Gegensätze oder die Grade dazwischen getrennt betrachtest, ist jeder Pol zur Hälfte falsch und zur Hälfte richtig. Zu derart unvollständigen Ergebnissen kommen auch viele wissenschaftliche Untersuchungen. Wahrheit ist nur zu finden, wenn du ein Objekt mit beiden Polen als Einheit erkennst. Unwissenheit ist schlecht, jedoch haben Halbwahrheiten zu weit größeren Tragödien geführt. Ein Beispiel dafür sind Konflikte, hervorgerufen von Extremisten, Radikalen oder Fundamentalisten. Als größte Zeitbombe betrachte ich jedoch die westliche Technik- und Wohlstandswelt, mit der massiv die Belange der Natur missachtet werden. Den Folgen polaren Ungleichgewichtes ist diese Welt bereits ausgeliefert. Die Artenvielfalt, aus der sich der Mensch als Krone der Schöpfung entwickelt hat, beginnt zu verarmen. Bedeutung hat dieses Gesetz auch bei der Beurteilung deiner Mitmenschen, oft siehst du nur eine Seite."
„Ein weiser Indianer sagte einmal: Einen Menschen kannst du erst dann beurteilen, wenn du zwei Jahre lang in seinen Mokassins gelaufen bist."
„Genau. Die Menschen sehen nur, was sie sehen wollen. Es geht jedoch darum, die alten männlichen Machtstrukturen der Vergangenheit und des Fische-Zeitalters liebevoll und dennoch in voller Kraft und Stärke aufzulösen und zu transformieren. Es geht darum, die weibliche, göttliche Energiequalität mit ihrer Sanftheit, Mütterlichkeit, Weiblichkeit, Fürsorge, liebevoller Annahme, Weichheit, Klarheit, allumfassender Liebe, umfangendes Sein, Zartheit und Weichheit sowie Reinheit in deiner linken Körperhälfte wieder zu aktivieren. Es ist ein Prozess, der nun begonnen hat und der sich noch einige Zeit fortsetzt, bis alles gut verankert ist, während nun die rechte Körperhälfte und die linke Gehirnhälfte miteinander verbunden werden, um alle männlichen aktiven Energien auszugleichen. Die männliche, aktive

Energie erstreckt sich in der linken Gehirnhälfte und in der rechten Körperseite. Es ist die Kraft des Handelns, die aktive männliche Kraft, das vorwärts Gehen in die Zukunft, Tatkraft und Geben."
„Im Gegensatz zu nehmen auf der weiblichen Seite."
„Auch das, was der Vergangenheit zugehört, ist weiblich, das Innen ist weiblich und das Außen ist männlich."
„Es geht also gar nicht um die äußerliche Verbindung von Mann und Frau sondern um die innerliche Verbindung des Männlichen und Weiblichen?"
„Es ist nicht gut, dass der Mensch alleine ist, sagt die Bibel und legt damit einen tonnenschweren Grundstein für Probleme und Verwicklungen. Ganze Bibliotheken können mit Büchern gefüllt werden, die sich damit befassen, warum Zwei- und Dreisamkeit so schwierig ist und der Mensch sich in größeren Gruppen auch nicht leichter tut. Deine Eltern lebten es dir vor: Zweisamkeit ist gut, mein Kind. Alleinerziehende Mütter und Väter tun sich zerknirscht mit anderen zusammen, um den Mangel auszugleichen. Die psychische Gesundheit wird unter dem Gesichtspunkt definiert, ob und wie du mit anderen kurzfristig oder dauerhaft auskommst. Kaum ein Job, bei dem nicht Teamfähigkeit gefordert wird. Wenn du feststellst, dass dies bei dir nicht funktioniert, erlebst du es als Mangel. Irgend etwas stimmt nicht mit dir, wenn du gern allein bist. Du bist nicht vollständig, wenn du allein bist, irgend etwas stimmt nicht mit dir – so wird dir suggeriert."

Maat verschwindet mit diesen Worten im Wohnwagen, und mir kommt der Gedanke, dass ich wohl zu einem Geschöpf werden sollte, das weder weiblich noch männlich ist. Es sind wohl herm-aphroditische oder androgyne, palymorphe Geschöpfe, die am großen Runden – dem ewigen Kreislauf des Universums - durch ihren Mangel an geschlechtlicher Unterscheidung teilhaben. Die beiden Gegensätze männlich und weiblich sind in ihnen noch nicht getrennt. Sie verkörpern also nicht das Bewusstsein der Unterscheidung, das auf Trennung und Gegensatz beruht, sondern das Bewusstsein des Einfühlens und Spiegelns.
Ein Gleichgewicht von männlich und weiblich. Jesus und Buddha kommen mir in den Sinn. Sie waren demütige, nicht heldenhafte Geschöpfe, die weder ein Bedürfnis nach Abgrenzung noch einen Sinn für das hatten, was wir Ego-Bedürfnisse nennen. Diese Figuren spiegeln alles mit Einfühlung wider, lassen sich aber nicht von einer Identifizierung aufblähen, die den Unterschied zwischen Ich und Du aufhebt. Sie sehen, fühlen und seufzen mit. Sie ehren die Göttin, indem sie das existentielle Leiden ausdrücken. Als Maat wieder herauskommt, überfalle ich sie mit der Bemerkung: „Es geht um die Androgynität?"
„Ja, die großen Urkräfte sind androgyn. Sie sind mit dem weiblichen und männlichen Pol eins. Es geht darum, beides in dir in ein Gleichgewicht zu bringen. Erst, wenn der Mensch beides in Einklang bringt, findet er die Erleuchtung. Das Wort Hermaphrodit aus den Namen der griechischen Götter Hermes und Aphrodite bedeutet mehr als nur Zweigeschlechtlichkeit."

„Jesus als Figur war wohl so eine androgyne Kraft?"
"Jeder Mensch in sich ist ein Paar."
„Und wie kann ich dieses Paar in mir zusammenbringen?"
"Zeige mir deine Verletzlichkeit und auch deine Stärke. Du kannst nur deine Mitte finden, wenn du deine Grenzen auch kennst."
„Androgynität als Ideal einer gesellschaftlichen Identität." Maat schmunzelt. „Schon sind wir beim nächsten Prinzip. Das Gesetz des Geschlechts. Alles hat männliche und weibliche Elemente, das Geschlecht offenbart sich auf allen Ebenen. Keine Schöpfung physischer, feinstofflicher oder reingeistiger Art ist ohne dieses Prinzip möglich. Im All offenbart sich das männliche Prinzip, indem es einen Impuls auf das weibliche Prinzip überträgt. Das weibliche Prinzip vollbringt dann den als Natur bekannten Entwicklungsprozess eines Universums. Bei allen weiteren Vorgängen im Universum sind wiederum ständig männliche und weibliche Aspekte wirksam.
Auf der physischen Ebene drückt sich das Prinzip als Geschlechtlichkeit aus. Jedes Ding, jede Form, enthält die zwei Elemente dieses Prinzips in sich. Alles Männliche besitzt auch einen Teil des weibliche Elements, jedes Weibliche besitzt auch einen Teil des männliche Elements. Der männliche Aspekt des Verstandes konzentriert seine Energie auf eine Idee und überträgt den Willen zur Umsetzung auf den weiblichen schöpferischen Teil des Gehirns. Der weibliche Teil setzt die Idee kreativ in die Welt. Nach dem universellen Prinzip besteht der Unterschied zwischen beiden Geschlechtern in der entgegengesetzten Polung. Dadurch entstehen zum Beispiel die Anziehungskräfte zwischen Menschen unterschiedlichem Geschlechtes."
„Es geht um die Gleichstellung vom Männlichen und Weiblichen in mir selber. Erst, wenn ich mir beider Pole bewusst bin, kann ich sie auch einbringen und gestalten. Dann habe ich auch die Möglichkeit, die Ebenen, also Polaritäten, schneller zu wechseln."
Maat klatscht erfreut in die Hände. „Ja. Diese reaktiven Pendelschläge im Verhältnis zwischen einem mehrtausendjährigen Matriarchat und einem ebenso hartnäckigen Patriarchat steht dem entgegen, was ich als ein prähistorisches Androgynat bezeichnen würde. Zu erkennen, dass das Männliche und das Weibliche jeweils eine besondere eigenständige Bedeutung im Gesamtgefüge des kosmischen Lebens haben, ist der Schritt in eine sinnvolle Zukunft."
„Uralte Mythen, aus der animistischen Jäger-Kultur vergangener Jahrtausende, könnten uns diesen Weg weisen. Wir wären dann nämlich in der Lage, von den Stereotypien des Geschlechtlichen wegzukommen, welche die Männlichkeit mit säbelrasselnder Grobheit, das Weibliche hingegen mit hausmütterlicher Enge und Demut in eins setzen", sinniere ich.
„Ein weiterer Vorteil besteht darin, dass sie dich wegbringen von der Idee, dass Gegensätzlichkeit die Konkurrenz zweier Prinzipien mit dem Ziel der Unterwerfung eines Prinzips unter das andere oder seine letztendliche Auslöschung sei. Diese Idee, wie sie in der Zeit vom monotheistischen

Despotismus gepflegt wird, hat bis jetzt nichts gebracht, als einen Weg zur Vernichtung unseres Heimatplaneten zu eröffnen. In der alten Sichtweise der Dinge ergibt sich eine Möglichkeit, in denen Gegensätze sich ergänzende Teile eines sinnvollen Ganzen bilden."

„Und so hätten wir auch keine Kriege mehr."

„Ja, wenn nicht mehr die Macht im Vordergrund steht, sondern das Zusammenspiel."

„Doch der Koran, die Bibel, Kabbala und viele mehr sind Glaubenssysteme, die Macht wollen. Je mehr Leute daran glauben, desto mehr Macht haben sie über die Menschen, die Welt. Also gibt es auch dem Machtgefühl heraus den Krieg."

„Naturvölker führen keine Kriege. Sie lassen einander leben, sie leben mit der Natur und leben im Einklang mit dem Ganzen."

„Wie lebe ich als Frau das männliche Prinzip am besten?"

„Das männliche Prinzip kann das zeugende, kreative, spielerisch-einfühlsame Männliche sein. Die Art der Ordnung kann schöpferisch - nicht statisch und erhaltend sein. Sei Erzeugerin der Kultur, nicht Erhalterin des Status quo. Deine Weisheit ist die der Improvisation und des Einfühlungsvermögens."

„Spannend finde ich, dass wir Frauen mit dem Alter mehr männliche Hormone haben und der Mann mehr weibliche Hormone."

„Die Natur hilft den Menschen einmal mehr und zeigt, um was es geht. Es geht um die Gleichstellung."

„Und aus diesem Grund ist das Göttliche weder weiblich noch männlich oder besser gesagt beides?"

„Wenn du eine eigene Beziehung zur göttlichen Präsenz aufbauen willst, musst du dich mit der Frage auseinander setzen, ob ein vermenschlichtes Gottesbild überhaupt nützlich ist. Erscheint dir dein Gott eher als weibliche oder männliche Energie beziehungsweise als weibliches oder männliches Abbild? Manche Frauen fühlen sich zwar nicht mehr mit einem männlichen Gott verbunden, haben aber Angst vor anderen Gottesbildern. Sie fallen in ein eher kindliches und primitives Schuldgefühl und haben Angst, weil sie nicht vornehmlich Christus oder einen männlichen Gott anbeten. Verändere dein Gottesbild und lasse zu, dass du Angst hast. Stell dir vor, du denkst nur über die Idee nach und überhaupt nichts anderes. Du musst nichts tun. Alles, was nichts nützt, wie zum Beispiel Angst, kannst du auf den Komposthaufen werfen. Denke an Menschen, die es gewagt haben, Konventionen zu sprengen und den eigenen Überlegungen zu folgen."

„Woher kommt diese Angst?"

„Die Bibel führt mehrere Kämpfe mit heidnischen Gottheiten an - Götzen und heilige Haine, die schlechthin als das Böse dargestellt werden. Ihre Abbildungen und Schriften verschwanden, die Orte gerieten in Vergessenheit. Die Geschichte wird immer von den Siegern geschrieben – und diese erledigten den Machtwechsel gründlich.

Das entscheidende Neue und Besondere der jüdischen, später christlichen und islamischen Lehre, der Glaube an einen Gott, schuf gleichzeitig klare Machtstrukturen. Bisher gab es mehrere Gottheiten, die man um Unterstützung bitten konnte. Hatte man es sich mit einer verdorben, konnte man immer noch eine andere um Hilfe bitten. Nun gab es lange Zeit nur noch einen Gott. Dadurch entstand eine große Abhängigkeit von seinem Willen, seiner Barmherzigkeit. Das öffnete gleichzeitig auch Türen für diejenigen, die glaubten, sein Wort besser zu verstehen als andere und die ihre Regeln aufstellten für das, was gut und richtig sein sollte. Sie nutzen den gleichzeitigen Wissens- und Bildungsvorsprung, um die Mehrheit zu lenken. Nur mit Maria hat das nicht geklappt. Sie war einfach stärker, weil weicher und fließender. Sie brauchte keine Machtkämpfe zu führen, war einfach nur da – und das Volk ließ sie nicht los. Dem Weiblichen in Gott einen Platz zu geben, hat nichts mehr mit Feminismus und weiblichen Ansprüchen zu tun. Es geht darum, den Menschen ganz werden zu lassen, Raum zu geben für männliche und weibliche Anteile. Gott hat beides in sich vereinigt – und beides ist gut, weil es göttlich ist. Der Mensch ist ein Abbild Gottes – und beide Anteile, männliche und weibliche, sind gut, weil daraus ein vollkommenes Ganzes wird, weil ein Teil ohne den anderen nicht sein kann, weil beides göttlich ist."

„Gott schuf den Menschen zu seinem Bilde, zum Bilde Gottes schuf er ihn; und schuf sie als Mann und Frau, das steht im 1. Kapitel von Moses. Deutlicher kann es nicht formuliert werden. Er schuf also beide Geschlechter als sein Ebenbild. Gott ist Frau und Mann. Aber wo ist Gott-Frau? Wo hat sie ihren Platz? Wo sprechen wir von ihr? Welcher Künstler hat sie dargestellt?"

Maat schmunzelt, legt ihre Hände auf meine und schaut mich liebevoll an. „Du in dir kannst es verändern. Es geht um dein Yin und Yang. Es sind die beiden Grundkräfte, in die sich die universelle Lebenskraft, Chi, aufspaltet. Yang ist männlich und wird oft mit der roten oder weißen Farbe dargestellt und Yin ist weiblich mit der schwarzen Farbe. Symbolisch werden sie verschlungen in einem Kreis dargestellt. Diese Zweiheit findest du im gesamten Kosmos: Himmel und Erde, Sonne und Mond, Mann und Frau. Das gleichmäßige Zusammenspiel beider Kräfte ist der Weg des Himmels und führt zur Harmonie."

„Ich empfinde mich sehr oft als unstet. Mal bin ich so, mal ganz anders. Hat das auch mit dem männlichen und weiblichen Prinzip zu tun?"

„Wechselhaftigkeit ist nicht krankhaft, sondern vielmehr ein Dienst an der bipolaren Göttin des Lebens und der Wandlung. Viele Frauen bleiben in der Phase der Selbstbezogenheit des Zyklus gefangen und reagieren mit Schuldgefühlen und tiefer Depression auf ihre scheinbar grausame Kälte. Andere flüchten sich in Beziehungen und klammern sich daran fest, selbst wenn sie fühlen, dass es falsch ist und ihrer eigenen Integrität nicht gerecht wird, weil dem ganzheitlichen bipolaren Muster dabei nicht Rechnung getragen wird."

„Ja, Schuldgefühle ist auch etwas, das ich gut kenne."

„Mit der Schuldfrage bist du bei Adam und Eva gelandet. Da entstand die Geschichte vom Sündenfall und dem hinlänglich mit Zorn belegten Schuld-und-Sühne-Konzept mit den bekannten Folgen. Aus dem Erklärungsmodell wurde über die Zeit eine Handlungsanweisung. Für die Frau sollte der Mann ihr Herr sein, nach ihm sollte sie verlangen, sich an ihm ausrichten, ihm zu gefallen. Der Mann sollte unter Mühe seinen Acker bestellen, im Schweiße seines Angesichts. Leistung, die von ihm erbracht wurde, sollte durch Mühe und Kampf erkauft werden. Damit bekamen die Männer von Gott Leistungsorientierung und dazu Macht und Vorherrschaft durch das Trachten der Frau, quasi als Geschenk. Denn Macht besteht nicht aus sich heraus. Macht kann nur genommen werden. Das zeigen uns andere Kulturen, in denen Frauen eine andere Rolle haben."
„Wenn ich mich also anstrenge, auch freudvoll, lebe ich meine männlichen Anteile aus."
„Das Muster des Weiblichen und Männlichen findest du in vielen Göttinnenpaaren wieder: in Athena und Medusa, der himmlischen und uranischen Aphrodite, der ältesten der Schicksalsgöttinnen, Mutter Kali und die verschlingende Kali-Durga, der hellen und dunklen Seite des Mondes. Diese Paare kannst du zu den beiden Energieformen des Menstruationszyklus in Beziehung setzen: der Ovulationsphase, weiß, und der Menstruationsphase, rot. Diese Dualität haben wir in oben und unten."
„Bei den meisten Menschen symbolisiert der obere Teil mehr die nährende und gesellschaftliche bzw. persönliche gute und sozial aufgeschlossene Seite, der untere steht mehr für widerlich, stinkig, und das unpersönlich Negative der aggressiven und unkontrollierbaren Energien."
„Die Große Göttin kennt diese Zuweisungen nicht."
„Stimmt. Ich habe gelernt, dass die Göttin ihre Vulva mit offensichtlichem Entzücken feiert und sich ihrer Macht erfreut." Maat lächelt in sich hinein: „Selbst innerhalb deiner Kultur gibt es allgemeine und individuelle Unterschiede.
Manche Frauen sind mehr von der erotischen, selbstbewussten Seite der Göttin fasziniert, sie erfahren, wie ihre eigenen, zuvor gefürchteten Energien sich in dieser Oberwelt-Göttin widerspiegeln können. Es ist, als müssten sie ihre Fähigkeit zu lustvoller Sexualität und aktiver Selbstbehauptung erst aus der Unterwelt ihrer Psyche zurückfordern. Andere Frauen, die sich ihrer Erotik und Fähigkeit zur Selbstbehauptung bereits ausreichend bewusst sind, müssen vielleicht erst noch ihr Potential an geduldiger Empfänglichkeit entdecken. Es geht um nichts anderes als die Vereinigung vom Männlichen und Weiblichen in dir. Denn erst, wenn du als Frau ein Gefühl für deine eigene, in dir selbst gegründete Individualität entwickelt hast, kannst du dich öffnen, um als starkes Gefäß einen anderen zu empfangen.
So hoch du bist, so tief musst du hinabsteigen - von der Extrovertiertheit und Aktivität hin zur Trägheit und Passivität, vom differenzierten Ideal zum undifferenzierten Uranfang. Nur so kann das Gleichgewicht, das zur Erhaltung des

Lebens erforderlich ist, erhalten bleiben. Es ist der Austausch der Libido gegen notwendige Erneuerungen. Gehe den Weg der Gesundheit und zur Heilung der Kluft zwischen oben und unten, dem kollektiven Ideal und der machtvollen, bipolaren, umwandelnden Realität, welche die Grundlage weiblicher Ganzheit ist. Erst dann, wenn der ganze bis ins Dämonische gehende Bereich der Affekte und die Objektivität des dunklen Weiblichen durchlebt wird, ist eine wahrhaft seelenverwandte, leidenschaftliche und individuelle Beziehung zwischen Mann und Frau als gleichwertige Partner möglich. Es geht darum, dass du als Frau für dich selber einstehen kannst, während du die direkte Verbindung zu deinen eigenen Tiefen behältst."

„In der ewigen Wirklichkeit, der Quelle der Gottheit, gibt es also weder Anfang noch Ende. Daher gibt es auch keine Unterscheidung, die dahingeht, zu sagen, was großartiger ist, Göttin oder Gott", murmle ich leise vor mich her.
„Durch die Manifestation der Gottheit aus der unmanifestierten Matrix, der Leere, wird der Raum erschaffen.
Doch Raum und Zeit, die Sterne und die Spiralen wurden von jenem formlosen Bewusstsein geschaffen, welches die Gottheit ist. Und um Veränderung zu ermöglichen, teilte sich die Gottheit in zwei - Göttin und Gott. Und die Göttin ist die Tochter der Matrix und des Raumes, und der Gott ist der Sohn des Lichtpunktes und der Zeit. Ihre Liebe zueinander lässt die Schöpfung entstehen.
Beide, Göttin und Gott, haben zwei Kräfte in vollkommenem Gleichgewicht in sich. Dies ist die goldene Kraft der Liebe und die silberne Kraft der Wahrheit. Ihre Polarität erschafft den Pantheon der Göttinnen und Götter."
„Göttin und Gott offenbaren sich also in mir und mit ihnen erhalte ich den Kraftstrom des goldenen und des silbernen Lichtes."
„Ja, diese beiden Kräfte wirken in jeder Galaxie, in jedem Atom, manchmal passiv, manchmal aktiv. Und beide funktionieren durch die Große Göttin und die großartigen Ausdrucksformen der Göttin.
Der Grund für die augenblickliche Turbulenz der Welt liegt in der mangelnden Balance dieser beiden Kräfte sowie in dem grundsätzlichen Missverstehen der Rollen von Göttin und Gott, Mann und Frau. Unter der patriarchalen Herrschaft wurden alle Qualitäten des Yang, des Aktiven, mit seinen Attributen des Intellektuellen, der Technologie und des autoritären Herrschens dem herrschenden Geschlecht, den Männern zugeordnet. Yin mit seinen Attributen der Sanftmut, Empfänglichkeit, gehorsam und Wohltätigkeit wurde den Frauen zugeordnet. Sonne und Mond waren Symbole, die dazu benutzt wurden. In der frühen Zivilisation Altägyptens wurde die Frau durch den Thron der Aset repräsentiert und der Mann durch Khonsu, den Mondgott. Noch heute werden in Indien der Sonne weibliche und männliche Qualitäten zugeordnet - Surya und Suryá. Durch die Überlegenheit der Technik im Westen hat das Patriarchat den Männern nicht nur alle Stärke gegeben; gleichzeitig wurde die Rolle der Frau auf die der untätigen verschleierten Dame reduziert, die vollkommen

unter dem Schutz ihres Herrn und Meisters steht. Doch genau sie kann das Himmelreich erreichen - denn sie kontrolliert keine einzige Kirche. Einer der Gründe, weshalb sich die Männerherrschaft in einem solch außergewöhnlichen Ausmaß durchsetzen konnte, lag in der wissenschaftlichen Ignoranz."

„Und diese Ignoranz ist überall sichtbar", ereifere ich mich. „Ich sehe sie in der Zerstörung der Erde, bei den Löchern in der Ozonschicht, den vergifteten Meeren, der Ausrottung ganzer Rassen. Noch heute finden sektierererische Kriege statt, ausgelöst durch Nationalismus, - die durch religiösen patriarchalischen Fundamentalismus hervorgebrachte Gewalt. Und alles, was die Existenz der menschlichen Rasse gefährdet, sollte alle von uns etwas angehen", erkläre ich voller Euphorie.
„Ja, in Meditation sitzen, während Tiere Opfer von Vivisektion werden, Kinder missbraucht werden, grausame Tyrannen die Bevölkerung unter ihrem Regime niederdrücken, kann zu keiner Klärung führen. Ruhig dasitzen und nichts tun, während die Wälder nieder gefällt, die Gewässer verschmutzt, die Atemluft zunehmend vergiftet wird, kann keine Lösung sein. Leben bedeutet Handeln, also das männliche Prinzip zu leben - jedoch im Einklang mit dem Weiblichen."
„Wie kann ich als einzelner Mensch etwas ausrichten?"
„Mit der Macht der Großen Göttin. Sie wurde oft als schwarze Magie oder Betrug dargestellt. Auch das Leben nach dem Tod wurde geleugnet oder einfach ignoriert. Diese Kraft jedoch wirkt durch das ätherische Fahrzeug, das von dem irdischen Körper umhüllt ist. Sie fließt durch das ganze Gegenstück deines physischen Universums im Äther. Du kannst diese Kraft nicht entsprechend deines eigenen Willens herbeirufen, sondern kannst dich ihr nur respektvoll nähern und sie als lebendige Gottheit, als Kraft des Lebens involvieren."

„Wie kann ich den Unterschied zwischen den Ausdrucksformen der Göttin und des Gottes erkennen, wenn ich nicht diese mit der Polarität von Negativ und Positiv gleichsetzen kann? Soll ich zu einem Hermaphroditen werden?"
„Nein, doch lasse die Große Göttin zur Erweckerin von all dem werden, was das Patriarchat gefürchtet und abgelehnt hat. Das beinhaltet die Entwicklung der geistigen Gaben, inklusive der Magie, Medialität, Hellhörigkeit, Hellsichtigkeit und Telepathie. Verstehen und Intuition werden so zu einem Paar. Die Psychologie wird zur Psychotherapie und nicht mehr als Analyse benutzt. „Der Mann erobert die Natur" wird zu „Die Frau ist Teil der Natur" umgewandelt. Und die Erde wird nicht als Besitz von Nationen, Stämmen oder einzelnen Individuen betrachtet, um die Territoriumskriege geführt werden. Die Erde in ihrer Gesamtheit wird als ein Zuhause angesehen, um das sich alle kümmern, es lieben und mit anderen teilen.
Es ist grundsätzlich notwendig, Gleichheit mit der Erscheinungsform des Göttlichen zu erreichen, nicht aber, Herrschaft über diesen zu erhalten. Die

göttliche Harmonie auf der Erde entsteht aus der Liebe zwischen Göttin und Gott. In der ewigen Wirklichkeit besteht diese Harmonie. Nur in den erschaffenen Welten überwiegen Gott und Göttin jeweils in Zyklen. Jetzt ist die Zeit der großen Veränderung gekommen. Jetzt kannst du dich von einer Erscheinungsform zu einer anderen bewegen. Eine neue Menschheit wird geboren, geboren durch die Liebe und die Kämpfe der alten Menschheit."
„Gott-Mutter und Gott-Vater, beides ist da. Es geht nicht um vernichten und zerstören, sondern um ein gemeinsames Vorwärtsleben."
„Versuche, distanziert und unparteiisch über Gegensätze nachzudenken und dabei nach der vereinenden Kraft zu suchen, die alles, was existiert, ins rechte Verhältnis zueinander setzt und die so die angestrebte genussvoll-ästhetische Betrachtungsweise erlaubt. Der Goldene Schnitt in der Kunst veranschaulicht diese Einstellung. Alle Dinge sollen untereinander ein bestimmtes ideales und ausgewogenes Verhältnis besitzen."
Sie steht auf und macht mir ein Zeichen, ihr zu folgen. Als wir bei der großen Schaukel stehen, wird mir klar, was sie mir zeigen will. Damit die Wippe in Bewegung kommt, braucht es zwei Seiten. Von Vorteil ist es, wenn auf beiden Seiten jemand sitzt oder steht.

„Werde dir der Tatsache bewusst, dass du nicht nur in einer Gemeinschaft lebst, die dich begrenzt und in der du nur einen bestimmten, persönlichen Freiraum zur Verfügung hast; die dir begegnende Umwelt hat auch einen Ergänzungscharakter; dein eigener Fortbestand hängt von einer gewissen sozialen Ordnung und deiner Fähigkeit ab, mit anderen Menschen zusammenzuwirken und dir wie ihnen eine gerechte und Einseitigkeiten vermeidende Betrachtungsweise angedeihen zu lassen. Nur so ist eine harmonische Gemeinschaft und ein faires Zusammenleben möglich. Sei offen für das, was dir begegnet und finde darin eine Ergänzung für deine eigene Persönlichkeit. Zum Ich gesellt sich das Du. Es geht um ein gerechtes, auf Harmonie und Kompromiss bedachtes Verhalten, das Extreme ausgleicht und Gegensätze verbindet."
Mir kommt der griechische Philosoph Plato in den Sinn. Plato erzählte von einer Sage, die sich auch in zahlreichen anderen Überlieferungen findet. Ursprünglich soll der Mensch androgyn, also männlich und weiblich zugleich gewesen sein. Als Strafe für einen nicht näher beschriebenen Frevel teilten die Götter dieses Wesen in zwei Teile. Seitdem versuchen diese zwei Hälften, ihre Einheit wiederherzustellen, was ihnen mehr oder weniger gut gelingt. Und ich sage zu Maat: „Dieses Suchen nach der verlorenen Einheit ist es das, was wir Liebe nennen."
„Es ist das Suchen nach dir selber. In dir selber ruht die verlorene Einheit."
„Und trotzdem suchen wir Menschen im Außen. Wir wünschen uns einen Partner oder eine Partnerin, um ganz zu werden. Eins und eins gibt zwei, das ist es, was wir Menschen suchen."

„Eins und eins gibt nicht zwei, sondern ergibt drei - denn wenn du deine zwei Welten in dir verbindest, wird eine Drei daraus.“ Ich schaue sie verdutzt an. „Drei ist eine magische Zahl. Die Kombination zweier Teile ergibt mehr als nur die Summe dieser Teile. Es geht um den Augenblick vollkommener, ausbalancierter, ästhetischer Form. Diese alles durchdringende Eleganz bringt dem Herzen Freude, dem Verstand Klarheit und der Seele Frieden. Sie sind alle in einem Zustand der Anmut. In diesem Zustand kannst du die Vision einer möglichen Vollkommenheit in die Welt tragen.“
„Drei wie die prähistorische Göttinnentriade, welche die drei Lebensphasen einer Frau widerspiegelt: das Mädchen, die erwachsene Frau, die Alte“, sage ich.
„Wenn sich zwei Teilaspekte in dir streiten, findest du die Lösung in der Synthese dieser zwei.“
„Und habe somit wieder die Drei.“
Sie nickt. „Die Trinität zeigt auch die vielen verschiedenen Aspekte, Wesenszüge, Eigenschaften der Großen Göttin. Oft heißt es von einer Göttin, dass sie zwei Schwestern hat, dass es also eigentlich drei Göttinnen sind, wie zum Beispiel Gauri - Durga - Kali.“
„Die göttliche Trinität im Christentum mit Vater - Gott, Sohn -Jesus und Heiliger Geist. Oder in anderen Religionen und Mythologien: die Dreiheit der griechischen Göttinnen aus Demeter- Kore- Persephone, Osiris - Isis - Horus in Ägypten.“
„Auch das Schicksal wurde schon immer als Gruppe dreier Frauen gesehen, bei den Griechen sind dies die Moiren, die den Lebensfaden spinnen, abspulen und schließlich abschneiden. Die Römer kannten die Parzen, in der Prosa-Edda kannst du von den drei Nornen lesen, welche die Schicksalgöttinnen darstellen. Sie sind drei Schwestern, die an einer Quelle am Fuß des Weltbaums wohnen beim Brunnen des Schicksals, der Urdbrunnen heißt. Dort teilen sie allen Wesen ihr Schicksal zu. Die älteste heißt Uror, die Gewordene, ihre Schwestern sind Verdandi, die Werdende, und Skuld, die werden wird. Uror steht für die Vergangenheit, für das, was war und manifestiert ist. Verdandi bezeichnet die Gegenwart und zugleich das daraus Resultierende, sie ist zuständig für das„Werdende, wie ihr Name verrät. Uror spinnt den Faden, Verdandi spult ihn ab, Skuld schließlich misst und schneidet ihn ab.

Das Schicksal, das die Nornen weben, umfasst Geburt, Leben und Tod der Menschen, drei Aspekte, die in der weiblichen Imagination des Schicksals immer zusammengehören. Wo Leben geboren wird, ist der Tod zwangsläufig. Wer Leben schenkt - und das tun nur Frauen -, setzt zwangsläufig den Tod mit ein. Gebären, behüten und zerstören, um neu zu gebären. So sind Muttergöttinnen oft ebenso Göttinnen des Krieges oder Todesgöttinnen. Sie sind also gleichzeitig Hebammen ins Leben wie auch Hebammen in den Tod.“
„Die Zahl drei ist auch oft in Mythen und Märchen zu finden.“

„Die Drei hat eine herausragende Bedeutung und Märchen und Mythen zeigen auf spielerische Weise das Leben. So haben die Helden und Heldinnen meistens drei Aufgaben zu erfüllen, die zumeist unlösbar scheinen. Dreimal muss die Königstochter Stroh zu Gold spinnen und drei Tage gibt ihr Rumpelstilzchen Zeit, seinen wahren Namen zu erraten. Über drei Berge muss gewandert werden, oft findest du die Begegnung mit dreiköpfigen Drachen und Schlangen in den Geschichten. Drei Schwestern oder drei Brüder bestreiten ihre Schicksale. Drei Schicksalsgöttinnen wie die Moiren, Parzen oder Nornen spinnen, bemessen und durchschneiden den Lebensfaden. Drei Weise kommen aus dem Morgenland, um das göttliche Kind anzubeten und zu beschenken. Drei Prüfungen müssen bestanden werden, aus drei Ingredienzen bestehen magische Tränke und drei Wünsche stellt die Fee der Heldin schließlich frei."
„Ist das Dreieck ebenfalls ein Symbol der weiblichen Trinität, der dreifaltigen Göttin?"
"Ja. Einst wurde das Dreieck in der gleichen Weise verehrt, in der die Christen heutzutage das Kreuz verehren. Das Delta, das Dreieck, ist ein altes Symbol für die Vulva. Das Dreieck ist das Urbild oder das weibliche Dreieck des Lebens. In Ägypten war das Dreieck das hieroglyphische Zeichen für Frau. Im griechischen Alphabet stand das Delta oder Dreieck für die Heilige Tür, das Tor zum Geheimnis des Weiblichen, die Vulva der All-Mutter."
„Aller guten Dinge sind drei! Also geht es um eine gleichmässige Vermischung der verschiedenen Kräfte in mir?"
„Versuche über das Persönliche hinaus zu gehen. Es geht um ein dem subjektiven Erleben übergeordnetes Denken, um Ausgleich und darum, in jeder Situation unparteiisch und gerecht zu handeln und zu urteilen. Ersetze das Zweckmässige und Nützliche mit Schönheit, künstlerischer Harmonie, Gelassenheit und Ausgeglichenheit und so wird dein Leben im Einklang mit der universellen Energie zu einem Freudenfest."
„Ich denke nicht, dass das immer geht, schließlich muss ich auch Rücksicht auf andere nehmen."
„Einem jeden Recht getan, ist eine Kunst, die niemand kann. Wenn du denkst, das Universum müsse gerecht und ideal sein und seine Gesetze immer gültig, täuscht du dich. Du machst in deinem Leben immer wieder die Erfahrung, dass Gerechtigkeit und Fairness, Schönheit und Ausgewogenheit, vom Menschen erschaffene Ideale sind, die sich in der konkreten Realität und dem Alltag nicht immer aufrechterhalten lassen."
Bevor ich wieder etwas erwidern kann, bemerkt sie: „Alles verstehen zu wollen, zerstört das Schöne. Komm, wir wollen schaukeln."

Und schon sitze ich auf der Schaukel und freue mich zusammen mit Maat am auf- und abwärts Wiegen. Es macht Spaß und wie zwei ausgelassene Kinder schaukeln wir hin und her, mal schneller, mal langsamer, mal höher, mal tiefer, doch immer im gemeinsamen Einklang.

„Das hat Spaß gemacht", erkläre ich Maat als wir die Schaukel verlassen. Sie schaut mich von der Seite her an, hängt sich bei mir ein und erklärt: „Gut, dann werden wir uns noch ein wenig mehr Luft um die Ohren wehen lassen." Kurze Zeit später stehen wir vor der Achterbahn. Mir stockt der Atem, allein nur, wenn ich die Loopings sehe, die da gemacht werden, wird mir bang. Nein, da gehe ich nicht hinauf.
„Höre auf, das was du siehst zu interpretieren. Mache die Augen zu und konzentriere dich auf deinen Atem. Der Atem ist dein Leben. Mit jedem Atemzug bist du im Nehmen und Geben. Du nimmst dir Atem und du gibst wieder Atem ab. Höre auf zu denken, sondern sei einfach Atem. Atem ist die Luft des Lebens. Jetzt hast du die Möglichkeit, die luftige Höhe zu erfahren, mehr ist es nicht." Sie nimmt mich bei der Hand und mit offenen Augen, jedoch konzentriert auf meinen Atem, folge ich ihr.
„Hier auf der Achterbahn kannst du den Wind spüren. Er schickt uns die frische Brise bei Tagesanbruch, die Böen des Mittags und die Fallwinde am Abend und hält die atemlose Ruhe um Mitternacht. Luft, die uns belebt, ist der wahre Heilige Geist. Wir atmen mit ihrem Atem und wenn sie uns verlässt, haben wir unseren letzten Atemzug getan. Die Luft ist unser Vorbote, bringt uns Neuigkeiten und die Düfte weit entfernter Länder und Wunder. Wenn sie mit ihren Rätseln zu dir kommt, kannst du deinen scharfen Verstand gebrauchen, um eine Antwort zu finden. Also sei ganz Atem. Beobachte deinen Atem und genieße die windige Fahrt." Als wir die Achterbahn wieder verlassen, bin ich erstaunt, dass es mir wirklich Spaß gemacht hat.
„Luft ist Leben. Der göttliche Atem erst, so sagen die Mythen, hauchte der Lehmgestalt dieses Leben ein. Mit dem ersten Atemzug beginnt das Leben und mit dem letzten hört es auf. Du bemerkst das Fehlen der Luft erst, wenn du verschnupft bist oder die umgebende Luft zu dünn wird oder so entsetzlich dick ist. Unsichtbar, beweglich, flüchtig, leicht durchdringt sie fast alles, doch sie ist nicht greifbar. Wenn sie in Bewegung gerät, fühlst du ihre Auswirkungen deutlich durch sanfte, kühlende Brisen, Husten auslösenden Staubwirbel, auslösende heftige Böen. Wirbelstürme, Tornados und Hurrikane richten verheerende Schäden an. Aber auch Fallwinde wie der Föhn können sensiblen Menschen stark zu schaffen machen. Kalt und schneidend kann die Luft sein oder ein Gluthauch, der alles verdorren lässt, was er streift. Die Luft ist ein Gas, und sie trägt feinste Teilchen über weite Strecken, wie eben Duftmoleküle, die der Nase angenehm sind, aber auch die unangenehmen. Ebenso bewegen sich die Töne und Wörter in ihr, angenehme und unangenehme, die je nach Raum hell oder dumpf klingen.
Die Kräfte des Elements Luft werden mit dem gesprochenen Wort in Verbindung gebracht; und das Wort, die Sprache, ist die Voraussetzung für den schnellen, lebendigen Verstand, der Zusammenhänge durchdringt. Das Denken überhaupt, die Logik, die Analyse, und auch Eloquenz, Fabulierkunst und Kontaktfreudigkeit sind Themen, die zum Element Luft gehören.

Durch die Luft werden die Nachrichten getragen, schnell wie der Wind bekommen wir Wind von dem, was sich irgendwo anders gerade tut. Ob Rufe oder Rauchzeichen, Trommeln oder Sirenen – hier ist Luft das Trägermedium. Im übertragenen Sinn ist sie das heute auch für alle anderen Nachrichtentechniken, für alle Informationsströme, die unser Leben so stark umspülen. Aus diesem Grund ist heutzutage auch das Geld eine Entsprechung der Luft. Früher waren es noch die erdhaften Münzen, jetzt ist das Kapital als Wert- und Warenstrom ein Luftgeist geworden, der sich im Abstrakten bewegt. Geldmagie ist Börsenmagie und gleichzeitig auch Luftmagie."

„Ist das wieder ein hermetisches Gesetz?"
„Ja, das Prinzip der Schwingung. Nichts ist in Ruhe, alles bewegt sich, alles ist in Schwingung. Der Unterschied zwischen den verschiedenen Zustandsformen, in denen ein Stoff in den verschiedenen Ebenen erscheint, hängt von den verschiedenen Graden der Schwingung ab. So erscheint dir zum Beispiel Wasser je nach dem Grad seiner Schwingung als Eis, Wasser, Dampf im sichtbaren Bereich, oder es kann in unsichtbarer Form als relative Luftfeuchte gemessen werden."
„Und mit der Luft sind wir wieder beim Unmanifesten, welches in allem ist. Und alles ist in ständiger Bewegung, auch wenn es für das Auge nicht sichtbar ist."
„Bei der Schaukel wie bei der Achterbahn hast du nicht nur das Prinzip der Schwingung erlebt, sondern auch das Gesetz des Rhythmus. Alles fließt ein und aus, alles hat seine Gezeiten, alle Dinge steigen und fallen, das Schwingen des Pendels zeigt sich in allem; das Maß des Schwunges nach rechts ist das Maß des Schwunges nach links; Rhythmus kompensiert. Rhythmus ist in allem, im Schwung des Pendels, im Wechsel von Tag und Nacht oder Leben und Tod, im Aufstieg und Untergang von Nationen, im Entstehen und Vergehen von Sternen. Es gibt immer eine Aktion und eine Reaktion, ein Hoch und ein Tief, ein Steigen und ein Fallen. Das Prinzip gilt sowohl im Sichtbaren als auch im Unsichtbaren, im steten Wechsel der geistigen, seelischen und physischen Zustände der Menschen. Wir können durch Neutralisation ungünstige Auswirkungen auf uns selbst bis zu einem gewissen Grad überwinden. Damit setzen wir das Gesetz zwar nicht außer Kraft, doch wir können lernen, es zu nutzen. Wir können uns vorstellen, wie ein Pendel von einem bestimmten Grad des linken Poles zum gleichen Grad des rechten Poles schwingt. Wenn wir das Pendel jedoch vor dem Zurückschwingen nach oben in die nächst höhere Ebene ziehen, findet der Gegenausschlag auf der höheren Ebene statt. Wenn wir uns also geistig über die Dinge erheben, nehmen wir eine Beobachterrolle ein, sehen, wie das Pendel von uns kontrolliert, ausschwingt und erkennen, welche Wirkung dadurch eintritt. Alle Menschen, die ein großes Maß an Selbstbeherrschung erreicht haben, tun dies bis zu einem gewissen Grade mehr oder weniger unbewusst. Bei bewusster willentlicher Anwendung können sie damit eine gei-

stige Stabilität erreichen, die dem Ungeübten nicht möglich ist, weil diese durch die Lebensumstände hin- und her gerissen werden."
„Für alles gibt es eine Zeit, denn alles schwingt."
Maat nickt und zusammen schlendern wir zurück zum Wohnwagen.

In den nächsten Tagen beginne ich den Jahrmarkt neu zu entdecken. Ich stelle erstaunt fest, dass je nach Dorf, in dem wir uns aufhalten, die Atmosphäre sich verändert, obwohl die gleichen Schausteller zusammen sind. Je länger ich mit Maat zusammen bin, desto einfacher fällt es mir, die Stille und den Raum wahrzunehmen. Ich beginne zu beobachten und vor allem mich selber anzusehen und gleichzeitig auch anzunehmen. Als ich meine Beobachtungen erstaunt Maat mitteile, meint sie: „Wo ein Wille ist, ist auch ein Weg."
„Diesen Spruch kenne ich. Doch ich bringe es immer wieder problemlos fertig, so viele mögliche Wege zu entdecken und sie gegeneinander abzuwägen, dass vom ursprünglichen Willen nicht mehr viel zu finden ist."
Meine Worte bringen sie einmal mehr zum Lachen und sie fordert mich auf, meine Hände wie zum Gebet zu halten. „Bleibe einen Moment in dieser Körperhaltung und nimm wahr, wie deine rechte Seite und deine linke Seite ineinander fließen."
Und wirklich, indem ich meine Hände zum Gebet falte, spüre ich eine innere Ruhe in mich einkehren. „Ist das der Grund, wieso wir im Gebet die Hände falten?"
„Indem du deine Hände aneinander hältst, bringst du deine linke und rechte Seite zusammen. Das Beten ist also ein Zusammenfließen von links und rechts. Setze dich nun im Lotussitz auf den Boden und die Füße gegeneinander. Dann halte die Hände vor deiner Brust in der Gebetsstellung. Fühlst du die Ruhe, die über dich kommt. Wie ein Gleichgewicht in dich strömt, wie deine beiden Teile sich ausgleichen und gleichzeitig verschmelzen?"
Ja, ich kann es spüren. Ich schließe meine Augen und sinke ein in dieses Gefühl von Einssein. Die Trennung von links und rechts entfällt. Ich weiß nicht, wie lange ich so da saß, denn als ich die Augen wieder öffne, bin ich allein.
Da kommt Maat aus dem Wohnwagen und überrascht mich mit einem Ringwurfspiel für Kinder. Nachdem wir es einmal gespielt haben, erklärt mir Maat: „Bei diesem Spiel siehst du die weiblichen und männlichen Prinzipien."
Irritiert schaue ich sie an.
„Die Säulen und auch der kreisförmige Ring wurden im alten Griechenland zu Repräsentanten des männlichen und weiblichen Prinzips. Die Säulen stellten die Herme, die vor der Haustür standen, Hermes dar, während der runde Herd im Innern des Hauses Hestia symbolisierte. In Indien und anderen Gegenden des Ostens werden Säule und Kreis miteinander gepaart. Das erigierte Ligam penetriert die weibliche Yoni oder den weiblichen Ring, der über ihm liegt, also genauso wie bei diesem Ringwurfspiel für Kinder. In Indien verschmolzen Säule und Ring zu einer Einheit, während bei den Griechen und Römern dieselben Symbole als Hermes und Hestia zwar verwandt und doch getrennt

gehandhabt wurden. Um diese Trennung noch mehr zu betonen, ist Hestia eine jungfräuliche Göttin, die niemals penetriert werden wird sowie die älteste der Olympier. Sie ist eine jungfräuliche Tante von Hermes, der als der jüngste der Olympier betrachtet wurde - eine Verbindung der beiden wäre demzufolge höchst unwahrscheinlich.
Ausgehend von der griechischen Antike haben die Zivilisationen des Westens diese Dualität betont und eine Trennung oder Differenzierung zwischen den Prinzipien von weiblich und männlich, Körper und Geist, Logos und Eros, aktiv und passiv vorgenommen, welche dann als höhere und niedere Werte klassifiziert wurden. Als Hestia und Hermes noch beide in den Haushalten und Tempeln verehrt wurden, standen eher die weiblichen Werte Hestias im Vordergrund - ihr kam die höchste Ehre zu. Damals herrschte eine komplementäre Dualität. Seit jener Zeit ist Hestia abgewertet und vergessen worden. Ihr heiliges Feuer wird nicht mehr kultiviert, und das, was sie repräsentiert, wird nicht mehr verehrt.

Dort, wo die weiblichen Werte Hestias in Vergessenheit geraten und entehrt werden, wird die Bedeutung des inneren Heiligtums - das Nach-Innen-Gehen, um Sinn und Frieden zu finden - und der Familie als Heiligtum und Quelle der Wärme geschmälert oder sie geht verloren. Zudem schwindet das Gefühl einer unterschwelligen Verbundenheit mit anderen Menschen, wie auch das Bedürfnis der Bürger einer Stadt, eines Landes, oder der Erde, nach einem gemeinsamen spirituellen Band, das alle miteinander verbinden würde."
„Ich kann nicht verstehen, wieso ich diese Verbundenheit verloren habe. Manchmal denke ich wirklich, dass es karmisch bedingt ist."
„Wenn du mit karmisch meinst, dass jede Ursache eine Wirkung hat und jede Wirkung eine Ursache, dann ja."

Ich bin mir nicht sicher, ob wir dasselbe meinen, doch bevor ich fragen kann, erläutert mir Maat, was es für sie bedeutet. „Das letzte der hermetischen Gesetze ist das Prinzip von Ursache und Wirkung. Alles geschieht gesetzmäßig. Zufall ist nur der Name für ein unbekanntes Gesetz. Es gibt viele Ebenen der Ursächlichkeit, doch nichts entgeht dem Gesetz."
„Jede Wirkung hat eine Ursache und das ist das Prinzip des Karma?"
„Wenn du dir keine Ursache für ein Geschehen vorstellen kannst, bist du lediglich nicht in der Lage, diese zu erkennen, doch es hat immer eine Ursache."
„Aus diesem Grund gibt es die Theorie, dass jede Krankheit eine Ursache hat."
„Allerdings liegen da meistens Vernetzungen von Ursachen und Wirkungen vor, sodass die Ursachen nicht immer leicht zu finden sind. Die Chaostheorie lehrt, dass es oft geringste Ursachen sind, die extreme Wirkungen auslösen können. So kommt es für dich darauf an, welche Ursachen du in deinem Leben schaffst."
„Kein Rauch ohne Feuer", bemerke ich.

„Es gibt verschiedene Ebenen von Ursache und Wirkung, die höheren beherrschen die niederen. Du kannst jedoch immer wieder das Prinzip der Schwingung benuzen, indem du dich geistig auf eine höhere Ebene schwingst. Durch diese aktive Einflussnahme kannst du die Dinge, in gewissem Rahmen, steuern. Damit wirst du zur Ursache statt zur Wirkung. Durch deinen Willen lernst du immer besser, deinen Weg im Leben zu finden und zu gehen. Du bist dann weniger anfällig für Manipulationen durch andere.
Nach dem Universal-Prinzip führt jede Veränderung der Anregung eines Objektes zu erhöhter oder verminderter Pulsation. Infolge dessen verändert sich im gleichen Maß die Resonanz bei anderen Gebilden und es kann eine Eigendynamik mit unbekanntem Ausgang ausgelöst werden. Das beschreibt die Chaostheorie. Durch den Gebrauch der Prinzipien kannst du jedoch deine Stimmungen führen oder die Charakter-Eigenschaften verbessern. Du beginnst so selbst die Dinge aktiv zu bewegen und bewegst dich mit, anstelle dich passiv von anderen bewegen zu lassen. Ganz wichtig ist: Wer sich positiv verändert, setzt eine positive Ursache in die Welt, leistet einen aktiven Beitrag dazu, dass dies auch anderen gelingt."
„Vielleicht im kleinen, doch im großen gelingt das sicher nicht."
„Doch auf diese Weise gelang beispielsweise die friedliche Revolution 1989 in der DDR. Die Machthaber dort waren plötzlich trotz ihrer Soldaten, Panzer, Raketen und Flugzeuge, trotz ihrer Stasi machtlos gegen das unbewaffnete Volk. Sie hatten den Bogen überspannt und landeten somit in der Chaostheorie. Lenin hat einmal gesagt: „Die Idee wird zur materiellen Gewalt, wenn sie die Massen ergreift." An diesem Beispiel kannst du erkennen, dass die Kräfte auf der höheren, geistigen Ebene viel stärker sind als die auf der niederen, materiellen."
„So meinen viele Esoteriker, dass ein einziger positiver Gedanke wegen seiner hohen energiereichen Frequenz zehntausend negative Gedanken kompensieren kann."
„Alles, was du tust oder nicht tust, hat seine Wirkung. Deswegen ist es so wichtig, dass du beginnst, zu verstehen, wer du bist und was du bist: ein göttliches Wesen!"

Erfreut und auch erstaunt stelle ich fest, dass ich es dieses Mal annehmen kann. Ja, ich bin ein göttliches Wesen und dieser Gedanke fühlt sich gut und kraftvoll an. Da gibt es keine Stimme in mir, die mich vom Gegenteil überzeugen will. Voller Freude schaue ich Maat an, die mich liebevoll betrachtet. „Ja, du hast es verstanden und akzeptiert. Jetzt kannst du Ereshkigal begegnen." Bevor ich überhaupt fragen kann, wer diese Ereshkigal ist, führt sie mich zur Geisterbahn. „Steige ein und erschrecke nicht, wenn du eine Zeitlang fährst." Und bevor ich richtig begreife, wie mir geschieht oder ich mich von Maat verabschieden kann, sitze ich schon in einem der Wagen, welcher mich ins Dunkle fährt.

8. Ereshkigal und die Unterwelt

Ratternd und unter metallischem Quietschen setzt sich der Wagen in Bewegung. Mein Magen zieht sich zusammen und ich versuche, mich auf meinen Atem zu konzentrieren. Es ist ja nur eine Geisterbahn. Noch bevor die erste Spukgestalt auftaucht, speit ein kleiner schwarzer Kasten an der Decke soviel Rauch aus, dass nicht nur das Atmen zu einer Qual wird, sondern auch die Augen anfangen zu tränen. Ich unterdrücke den ersten Schauer von Abscheu und Angst, der mich erfasst. Die hilflos baumelnde Gummispinne innerhalb der ersten Kurve wirkt in der verschwommenen Sicht beinahe realistisch. Nachdem der Tränenfluss langsam versiegt, starrt mir ein schauerliches, grün-gelbes Monstergesicht entgegen, hinter dem in mattem Grün ein Notausgangsschild von der Wand einen schwachen Schein wirft. Am liebsten würde ich aussteigen und diesen Ausgang benutzen, doch ich weiß, dass das nicht geht. Da schallen mir tiefe Basstöne aus einer mannshohen Box entgegen, die überdeckt ist von einem löchrigen, ergrauten Laken, das in seinen Bewegungen einer schwangeren Frau ähnlicher sieht als einem gruseligen Gespenst. Rachsüchtig und hasserfüllt kommt mir die nächste Geisterfigur vor. Die blutsaugende Erscheinung mit heraus gebrochenen Zähnen scheint mir die Verdammnis persönlich darzustellen. Das röchelnde Kichern unterstreicht den verzweifelten Gesichtsausdruck, der mir die zornige Frage nach dem „Warum“ förmlich entgegen schleudert.
Ich sehne mich spontan nach dem Ende dieser Irrfahrt. Doch es geht weiter und mir bleibt nichts anderes übrig als auszuharren. Eine Gruppe angestaubter Spukgestalten voller Blut recken mir ihre Hände hinter der nächsten Biegung entgegen. Sie haben die Arme starr erhoben, den Mund halboffen und aus den knisternden Lautsprechern dringt ein Stöhnen. Es scheint ein Aufruf zum Mitleid zu sein, vielleicht zu aktiver Sterbehilfe. Schwaches rotes Leuchten kündigt das nächste Grauen an, einen angreifenden Werwolf, der durch eine rote Lampe von unten illuminiert wird. Sein struppiges Fell und die überdimensionalen Lefzen zu einem abartigen, pervers anmutendem Grinsen verzogen, lassen mich frösteln. Bei der nächsten Biegung begegne ich einer Ausgeburt der Hölle, die jedoch auch etwas von einem höhnischen Weisen ausstrahlt. Die Überlegung, was nun dieses abartige Grinsen zu bedeuten hat, lässt mich die nächsten Horrorfiguren gar nicht mehr wirklich wahrnehmen.

Trübes Licht kündigt das Ende dieser Vorstellung an und ich merke erst jetzt, wie sehr ich das Licht, die Klarheit und die Ruhe der Außenwelt vermisste. Mein entspanntes Aufseufzen bleibt mir im Halse stecken, als ich bemerke, dass es nun nicht zum Ausgang geht, sondern rasant nach unten. Der Wagen hat die Geisterbahn verlassen und braust in einer wahnsinnigen Geschwindigkeit weit in das Erdinnere hinein und wieder hinauf. Ich kralle mich an den Seitenlehnen fest und schließe vor lauter Angst die Augen. Es kommt mir so

vor, als ob diese Fahrt mich direkt in die Hölle führt. Da höre ich Maats Stimme: „Habe keine Furcht, gehe unbeirrbar deinen Weg und ich werde bei dir sein."
In diesem Augenblick verlangsamt sich die Fahrt und als ich die Augen wieder öffne, sehe ich mich umringt von Felswänden. Ich bin in einer Felsgrotte gelandet. Der Wagen fährt nun im Schritttempo, sodass ich mir alles genau ansehen kann. Ich sehe mächtige Stalaktiten und bizarr geformte Stalagmiten. Ich fahre durch riesige Säle, die einer Dorfkirche Platz bieten könnten und enge, verschlungene Gänge. Vor lauter Verblüffung vergesse ich meine Angst und sitze staunend im fahrenden Wagen. Verborgen hinter einer Wandkurve liegt in einer Vertiefung ein kleiner Höhlensee. Verzückt schaue ich auf die reizvollen Wasserspiegelungen und bemerke im ersten Augenblick gar nicht, dass der Wagen stehen geblieben ist. In gleichen Moment, in welchem ich aussteige, verschwindet der Wagen auf mysteriöse Art und Weise. Ich setze mich auf einen der Steine und schaue mich verwundert um in dieser mystischen Welt. Da höre ich eine dunkle und warme Stimme hinter mir: „Tropfwasser aus den Klüften der Hohen Halle sammelt sich in diesem Bereich und lässt den Wasserstand des Sees von wenigen Zentimetern in sehr trockenen Zeiten bis zu über einem Meter bei längeren Regenperioden oder bei Schneeschmelze im Frühjahr ansteigen."
Ich drehe mich unsicher und langsam um und erblicke eine alte Frau mit einer kraftvollen Ausstrahlung. Sie steht aufrecht da, trägt einen schwarzen Umhang und hält in der linken Hand einen großen Holzstab. „Wenn du den Hauptgang weiter gehst, gelangst du nach weiteren fünf Metern an die sogenannte Lehmwand, eine Raumerweiterung, welche bis zur Decke mit Lehm angefüllt war. Mit dem Ausräumen des Lehms, ist nun am hinteren Teil der Kammer eine große Wandkarre, welche einst von fließendem Wasser geformt wurde.
Du bist hier in einer gewaltigen Felsengrotte. Sie ist das Verbindungsglied zwischen der Ober- und Unterwelt. Der Schöpfer all dieser Wunder ist das Wasser, das in Millionen Jahren Gänge und Höhlen in den Fels gefressen und Tropfsteine geschaffen hat. Ich bin Ereshkigal und nun folge mir."
Ohne meine Antwort abzuwarten, dreht sie sich um und ich folge ihr mit offenem Mund, staunend ob der Schönheit dieser Grotte mit ihren Tropfsteingruppen.
„Jede dieser Gruppen ist rund 40'000 bis 50'000 Jahre alt", höre ich eine Stimme in mir flüstern. Ich fixiere Ereshkigal, die vor mir läuft, doch sie war es nicht, die gesprochen hat - oder doch? Da höre ich schon wieder die Stimme in mir, die mir alles, was ich sehe, erklärt.
„Du gelangst nun in die Bärenhöhle, an der an drei Stellen die Knochenreste von etwa 80 Höhlenbären zu sehen sind."
Ich folge Ereshkigal und höre gleichzeitig den Erklärungen dieser mir unbekannten Stimme zu, sodass ich genau weiß, was ich sehe, und wo ich bin. Durch die Sagengrotte geht es weiter in den schönsten Raum dieser Höhle,

es ist der Innanadom und dort sehe ich den Innanabart, dessen Alter auf rund 500'000 Jahre geschätzt wird sowie die mystisch beleuchtete Göttinnengruppe. Die drei großen Tropfsteine stellen hierbei die drei Göttinnen dar, Jungfrau, Mutter und die Alte, die kleinen Stalagmiten davor das zuschauende Volk. Danach gelangen wir in den größten Raum dieser Höhle, der so groß wie ein Saal ist. Er ist dreizehn Meter hoch und 45 Meter Fels liegen darüber. In der Mitte brennt ein Feuer. Ich staune, dass nicht alles voller Rauch ist. Doch wie mir die Stimme erklärt, gibt es einen Abzug in dieser Höhle. Als nächstes erläutert mir die Stimme, dass die größten Tropfsteine hier über eine Million Jahre alt sind. Einer davon steht nun direkt vor mir. Er ist rund dreieinhalb Meter hoch und sieht aus wie ein Baum. Die Decke mit den kleinen Röhren der Kalkausscheidungen bildet die Baumkrone, der Tropfstein den Stamm und die beleuchteten Fächer wirken wie Wurzeln eines Baumes. „Verlässt du diesen Saal, kommst du durch einen engen Gang, in den Todessaal. Von dort geht es an den großen Blumenblättern vorbei bis zum Höhlenausgang." Geistesabwesend nicke ich, noch immer erstaunt über die Erklärungen, die ich meine zu hören, während ich Ereshkigal nachlaufe.
„Es ist ratsam, wenn du nicht alleine in der Höhle herum läufst", erklärt mir Ereshkigal, als wir beim Feuer ankommen. Wir setzen uns und sie schenkt mir unaufgefordert heißen Tee ein mit den Worten: „Es war eine lange Reise für dich, bis du bei mir gelandet bist. Ich freue mich, dich nun in meine Welt einzuführen."

Ich stelle fest, dass ich schon wieder einfach nur nicke und über mich selber schmunzle. Hat es mir die Sprache verschlagen? Ich schaue mich um und bin froh, dass ich erst jetzt hier gelandet bin. Ereshkigal wirkt auf mich ähnlich wie diese Grottte: tiefgründig, eindringlich, intensiv und vor allem mysteriös. „Bist du eine Frau der dunklen Künste?" Sie gibt es kehliges Lachen von sich. „Ganz Unrecht hast du nicht, denn mein Tun wirkt im Dunkeln."
„Um ehrlich zu sein, ich habe keine Ahnung von deiner Welt. Ich habe noch nie von einer Göttin Ereshkigal gehört."
„Ja, das habe ich mir gedacht. Du kennst also den Mythos von Innana-Ishtar und Ereshkigal nicht?" Ich verneine.
„Du kennst jedoch viele Mythen und Märchen über den Abstieg der Göttin und zu ihr." Ist das so?, frage ich mich.
„Du hast von der Tochter Demeters gehört, der griechischen Kore-Persephone oder der römischen Psyche." Ich nicke und nippe an meinem Tee. „Auch die Märchen-Heldinnen gehören zu dieser Kategorie, denke nur an Frau Holle oder Baba Yaga oder die beiden Kinder, die zur Knusperhäuschen-Hexe gehen." Ich höre ihr gespannt zu und nicke schon wieder. Langsam komme ich mir vor, wie ein Hampelmann, der nichts anderes tun kann als nicken.

Sie fährt unbeirrt fort: „Der älteste bekannte Mythos, der dieses Motiv jedoch aufgreift, wurde im dritten Jahrhundert vor Christus auf Tontafeln geschrieben.

Er ist als der Abstieg von Innana, der sumerischen Königin von Himmel und Erde überliefert."
Ich schaue sie erstaunt und gleichzeitig interessiert an. Sie setzt sich bequem hin, räuspert sich und beginnt zu erzählen: „In diesem sumerischen Gedicht entschließt sich Innana, in die Unterwelt zu gehen. Als Vorsichtsmaßnahme unterweist sie Ninshubur, ihre weibliche Vertraute, die Götterväter um Hilfe zu bitten, falls sie nicht binnen dreier Tage zurückkehre.
Am ersten Tor zur Unterwelt wird Innana aufgehalten und aufgefordert, ihre Absicht zu erklären. Der Torhüter benachrichtigt mich, Ereshkigal, die Königin der großen Tiefe, dass Innana, die Königin des Himmels, des Ortes, wo die Sonne aufgeht, um Einlass in das Land ohne Wiederkehr bittet, um dem Begräbnis von Gugalanna, meinem Gatten beizuwohnen. Ich bestehe darauf, dass die Oberwelt-Göttin entsprechend den Gesetzen und Riten behandelt wird, die für jeden und jede gelten, die mein Königreich betreten. Das heißt also, dass sie nackt und tief gebeugt zu mir gebracht werde. Der Torhüter folgt dem Befehl. Er nimmt Innana an jedem der sieben Tore eines ihrer göttlichen Attribute ab. Nackt und kauernd, so wie die Sumerer ins Grab gelegt wurden, wird Innana von den sieben Richtern gerichtet. Ich, Ereshkigal tötete sie. Ihr Leichnam wird an einem Pfahl gehängt, wo er zu einem grünen Stück faulen Fleisches verrottet. Nachdem Innana nach drei Tagen nicht zurückgekehrt ist, folgt ihre Helferin Ninshubur ihren Anweisungen und alarmiert Menschen und Götter mit Lärm und Wehgeschrei. Ninshubur geht zu Enlil, dem höchsten Gott des Himmels und der Erde, und zu Nanna, dem Mondgott und Innanas Vater. Beide verweigern ihre Einmischung in die anspruchsvollen Regeln der Unterwelt. Schließlich hört Enki, der Gott des Wassers und der Weisheit, Ninshuburs Klage und rettet Innana, indem er zwei kleine Figuren aus dem Schmutz unter seinem Fingernagel erschafft. Diese schlüpfen unbemerkt in die Unterwelt, wobei sie die Nahrung und das Wasser des Lebens mit sich führen, mit denen Enki sie ausstattet. Sie erreichen Inannas Befreiung, indem sie mir in meiner Klage um die Toten beistehen. Ich bin für das Mitgefühl so dankbar, dass ich schließlich Innanas Leiche herausgebe. Nachdem Innana wieder zum Leben erweckt worden ist, wird sie daran erinnert, dass sie nun einen Ersatz schicken muss, der ihren Platz einnimmt. Bei ihrer Rückkehr durch die sieben Tore, an denen sie jeweils ihre Gewänder zurückfordert, ist sie von Dämonen umgeben, die den Sündenbock ergreifen sollen.
Der letzte Teil des Mythos handelt noch von der Suche nach Innanas Ersatz. Denn Inanna liefert niemanden aus, der um sie geweint hatte. Schließlich trifft sie auf ihren ersten Gatten, Dumuzi, der später Tammuz genannt wird, der es sich auf seinem Thron gut gehen lässt. Innana blickt ihn nun mit den gleichen Augen des Todes an, die ich, Ereshkigal zuvor auf sie gerichtet hatte und die Dämonen erfassen ihn. Dumuzi flieht jedoch mit Hilfe von Utu, dem Sonnengott und Bruder der Innana, der ihn in eine Schlange verwandelt, um seine Flucht zu ermöglichen. In einem entsprechenden Gedicht wird erzählt, dass Dumuzi von seinem Untergang träumt. Er eilt zu seiner Schwester

Geshtinanna, die ihm bei der Deutung seines Traumes hilft und ihn drängt zu fliehen. Als die Flucht sich als sinnlos erweist, schützt sie ihn und bietet schließlich an seiner Stelle sich selbst als Opfer an. So verfügt Inanna, dass die beiden das Schicksal teilen und jeweils ein halbes Jahr in der Unterwelt verbringen sollen."
„Ich habe noch nie von dieser Geschichte gehört", flüstere ich leise und habe Herzklopfen beim Gedanken, dass Ereshkigal die Göttin der Unterwelt ist.
„Du brauchst keine Angst zu haben, ich tue dir nichts", erklärt in diesem Moment Ereshkigal. Sie sagt das mit einer solchen Überzeugung, dass ich spüre, wie sich mein Körper langsam wieder entspannt. Ihre nächsten Worten sind jedoch wie ein Schlag ins Gesicht: „Bei mir lernst du zu sterben."
„Was?" Sie lacht und ihr Lachen schallt durch die Höhle und erscheint mir wie ein höhnisches Gelächter, das durch das Echo wieder zu mir zurückkehrt. Mein Bauch zieht sich angstvoll zusammen und mein Verstand und meine Gefühle befassen sich mit Fluchtmöglichkeiten. Besorgt blicke ich um mich. So schnell, wie sie anfing zu lachen, so schnell hört sie auch wieder auf. Es ist still und ich wage ihr nicht ins Gesicht zu blicken. „Hör auf dir Sorgen zu machen um das, was außerhalb deiner Kontrolle liegt. Weder du noch ich haben eine Kontrolle darüber, wie lange du lebst."
„Du hast doch gesagt."
„Paperlapap, vielleicht habe ich ja nur einen Scherz gemacht."

Sie steht auf und kommt auf mich zu. Sie beugt sich zu mir herunter, nimmt mein Gesicht in ihre Hände und schaut mich an.
„Das Leben setzt sich ewig fort. Jede deiner Taten hat immer auch Folgen. Das heutige Tun wird über das morgige Glück entscheiden. Deine Gedanken und Gefühle prägen deinen Alltag, deinen Körper und dein Lebensbild. Wir alle erschaffen unsere Realität immer selbst und dürfen, müssen uns darin wieder selbst erleben. Wenn du also sterben willst, dann stirb." Sie lässt mich los und geht zu ihrem Platz zurück. Langsam nippt sie an ihrem Tee und schaut mich über die Tasse hinweg an. „Dieser Mythos, den ich dir erzählt habe, wie auch die Göttinnen Innana, ich Ereshkigal und Geshtinanna sind aus einem Zeitalter, als die Große Göttin noch lebendig war. Und genau in solchen Geschichten findest du deine eigene Beziehung zu archetypisch weiblichen Mustern und Instinkten wieder. Wenn du dir diese Erzählung zu Herzen nimmst, spürst du das kosmische Muster, das in dieser Geschichte lebt, ein Muster, das als astronomisch, jahreszeitlich, transformatorisch und psychologisch gesehen werden kann. Ein Kreislauf, der vielen Menschen Angst macht, auch den Frauen. Dabei sind es gerade die Frauen, die dieses transformatorische Muster jeden Monat erleben. Doch die Frauen in der heutigen Zeit sind unter dem Patriarchat aufgewachsen und haben ihre weiblichen Wurzeln vergessen."
„Ja, das ist mir heute auch klar. Ich denke, dass wir Frauen unsere Beziehung zum Weiblichen gebrochen haben, damit wir doch ziemlich erfolgreiche

Menschen werden können und ein gutes öffentliches Erscheinungsbild bieten."
Ereshkigal gibt ein kehliges Lachen von sich und entblößt dabei ihre makellosen Zähne. „Du bist als zahme, intellektuelle Tochter des Patriarchats aufgewachsen und mit dem behaftet, was ihr in euer Welt das Animus-Ego nennt. Du versuchst, Tugenden und ästethische Ideale hochzuhalten, die dir das patriarchalische Über-Ich aufgeprägt hat. So bist du durchdrungen von dem tiefen Gefühl, wertlos, hässlich, eine Versagerin zu sein, wenn du dem Vollkommenheitsstandard des Über-Ich einmal nicht gerecht wirst. Du besitzt nur ein Animus-Ich, aber kein Ich, das dir selbst gehört und mit dem du zum Unbewussten und zur äußeren Welt in Beziehung treten kannst. Deine Identität gründet darauf, dass deine Person angenommen hat, was der Animus dir als richtig hinstellt, und so passt du dich an, rebellierst jedoch gleichzeitig gegen die Projektionen, mit denen du behaftet bist. Doch du hast kaum einen Sinn für deine innere Persönlichkeit und deinen weiblichen Wert und Standpunkt. Denn was im Westen an Frauen wertgeschätzt wird, ist zu oft nur in Beziehung zum Männlichen definiert worden: die gute, fürsorgliche Mutter und Frau, die liebenswürdige, tüchtige Tochter, die sanft unterstützende oder aber brillante, erfolgreiche Partnerin. Viele feministische Schriftstellerinnen haben seit Jahrhunderten immer wieder betont, dass dieses kollektive Muster dem Leben nicht dient. Auch das Verhalten, zu dem es führt, ist nicht sehr hilfreich. Bei dem Versuch, deine Seele in dieses Muster hinein zu zwingen, verstummst du in ohnmächtigem Zorn, weil du dich selbst verstümmelst. Es ist ähnlich wie bei deinen Großmüttern, die ihren lebendig atmenden Körper um eines Schönheitsideals willen mit Korsetts deformierten. Oder wie sich Chinesinnen die Füße abbinden lassen. Gib zu, du fühlst dich oft unbeachtet?" Sie erwartet keine Antwort von mir, denn schon fährt sie fort: „Leider gibt es auch keine lebenden Vorbilder, die deine Ganzheit und Vielfalt widerspiegeln könnten. Wo solltest du auch suchen, nach den Symbolen, die das ganze Geheimnis und die Macht des Weiblichen auszudrücken vermögen und dir als Modell für das persönliche Leben dienen können? Selbst aus den Mythen um Innana und anderen frühen sumerischen, semitischen und ägyptischen Schriften wird ersichtlich, dass die ursprünglichen Kräfte des Weiblichen degradiert wurden. Die Göttinnen wurden entmachtet, die Leiter hinunter gestürzt und ihre Kräfte gingen über auf männliche Gottheiten. Dies ermöglichte die Geburt und das Wachstum des zerebral-intelektuellen apollinischen Geistes, also das Bewusstsein der linken Gehirnhälfte mit seinen ethischen und begrifflichen Unterscheidungen. Das bedeutet, dass die ursprüngliche Schöpfer-Göttin differenziert, in verschiedene Aspekte zerteilt wurde. Die Große Göttin wurde in verschiedene Bestandteile zerlegt, einschließlich Aspekte der Ober- und Unterwelt. Und so besteht die Notwendigkeit, durch beide Regionen hindurchzugehen, um den Sinn für die schöpferische Ganzheit wiederherzustellen und das rhythmische Wechselspiel des Lebens erfassen zu können. Aus diesem Grund bist du hier. Hier bei mir in der Unterwelt."

Ich beginne zu frösteln und überlege mir, was mich wohl erwartet. Bevor die Angst ganz Besitz von mir ergreift, höre ich wieder die Stimme in mir. „Habe keine Angst. Glaube an die Macht, die dir verliehen ist, und du wirst immer stark genug sein, alles zu überstehen." Sehr hoffnungsvoll klingt das ja nicht. Das Wort überstehen löst bei mir schon wieder eine Angstwelle aus und ich fixiere Ershkigal mit der Hoffnung, dass sie mich wohlwollend anlächelt. Doch ihr Blick lässt mich schaudern. Ich habe den Eindruck, dass sie mich mit ihren blauen Augen durchleuchtet und alles sieht, sogar Dinge, dich ich selber nicht an mir kenne.

„Eine erfolgreiche Frau ist meistens eine Tochter des Vaters - das heißt, sie ist gut angepasst an die männlich orientierte Gesellschaft, und als diese hat sie ihre eigenen urweiblichen Instinkte und Energiemuster verleugnet, wie auch ihre Kultur. Das weibliche Gut wurde entwürdigt und verstümmelt, deswegen macht es dir Angst, wieder zu den Wurzeln zu gelangen. Doch darum geht es. Du musst wieder zu dem zurückkehren und das wiedergutmachen, was das Patriarchat oft nur als eine gefährliche Bedrohung gesehen und schreckliche Mutter, Hexe oder Drachen genannt hat. Das patriarchalische Ego von Frauen und Männern war, um seinen Instinkt beherrschenden, strebsamen und heldenhaften Status zu erobern, auf der Flucht vor der Ehrfurcht erweckenden Göttin. Oder es versuchte, sie zu erschlagen oder wenigstens zu zerstückeln und so zu entmachten. Aber gerade zu ihr und vor allem zu ihren kulturell verdrängten Aspekten, jenen unauslotbaren chthonischen und chaotischen Tiefen, muss das neue, im Individuationsprozess befindliche Yin-Yang ausgleichende Ego zurückkehren.

Es kann dann seine Matrix und die in ihr verkörperte anpassungsfähige Stärke finden, eine Stärke, die es befähigt, aktiv und doch verletzbar zu sein, selbständig zu handeln und doch einfühlsam mit anderen umzugehen."

„Wie das?", rutscht es mir heraus.

„Wichtig sind deine spezifischen Bedürfnisse des weiblichen Körpers und der weiblichen Seele, deren Schwerpunkt eine bewusste Auseinandersetzung mit deiner Sexualität beinhaltet."

Ich blicke sie skeptisch an, doch sie lässt sich von mir nicht beirren.

„Du bist bis hierher gekommen, also schaffst du auch das. Ich helfe dir, nicht nur auf der körperlichen Ebene, sondern zeige dir auch einen harmonischen Weg zum totalen Erleben der Dreiheit: Körper, Seele, Geist. Das führt zu einer besseren Gesundheit, Vitalität und einem guten Körpergefühl und zurück zur Großen Göttin in ihrer Dreifaltigkeit."

Nach einer längeren Pause steht sie auf und gibt mir ein Zeichen, ihr zu folgen. Wie ein junges Mädchen hüpft, schwebt, geht sie, die mal großen, mal engen und kleinen Wege entlang. Ich habe längst die Orientierung verloren und den Eindruck, im Kreis zu laufen. Doch plötzlich stehen wir in einer offenen Höhle. Die Sonne scheint hinein und blendet mich. Vor der Höhle ist ein Plateau, von welchem sich eine wundervolle Aussicht bietet. Als ich hinaus-

trete und auf dem Plateau stehe, stelle ich fest, dass es unter mir weit hinunter geht und rund um die Höhle nichts als Wald ist. Ich komme mir klein und unbedeutend vor und irgendwie auch ein wenig verloren. Ereshkigal steht neben mir und ich spüre ihre kraftvolle Ausstrahlung, die sich wie ein Mantel um mich hüllt. „Die Welt geht gerade durch die Phase, in der die Göttin wiederkehrt, wie es zu Beginn des Patriarchats im Mythos von Innana geweissagt wurde. Die Betonung lag damals auf dem Abstieg der Göttin, dem Verlust ihrer Energie und Symbole für die Kultur und der darauf folgenden Wiedergewinnung jener Kräfte, die durch die Figur von Ereshkigal symbolisiert werden. Das heutige Zeitalter vermag den vollen Kreislauf des Geschehens richtig einzuschätzen, denn in der Vergangenheit erlitt das Weibliche eine zunehmende Unterdrückung und Verdrängung in die Unterwelt. Du bist nun da, um die Urkraft des Weiblichen wieder neu in dir zu beleben."
Ich nicke automatisch, noch immer gefangen von dem Ausblick, der sich mir bietet. Da höre ich wieder die Stimme in mir und dieses Mal habe ich den Eindruck, Aphrodite zu hören: „Glaube an die Natur und ihre heilenden Fähigkeiten, dann wirst du deinen Weg finden."
Erschrocken, irgendwie auch erfreut, drehe ich mich um, doch da steht nur Ereshkigal und um uns nichts anderes als die große, weite Natur.
„Während Innana sich in der Unterwelt aufhielt, gab es auf der Erde weder Wachstum noch Paarung. Die Göttin hatte sich als Opfer ihrer selbst zurückgezogen. Sie war der erste Sündenbock. An diesem Opfer kannst du sehen, wie Innana das Leben im Gleichgewicht hält. An diesem Mythos kannst du erkennen, dass der Sündenbock ursprünglich nichts mit dem Büßen von Sünden oder mit irgendwelchen ehtischen Maßtäben zu tun hatte, sondern nur mit der Notwendigkeit, das Gleichgewicht der Energie im gesamten Lebenssystem aufrechtzuerhalten – entsprechend dem Gesetz von der Erhaltung der Energie. Nichts kann sich verändern oder wachsen, ohne das Opfer eines anderen, der das Wachsende speist. Dies ist die tiefe Erfahrung der Schwangerschaft und all der blutigen Mysterien, die das Leben erschaffen und erhalten. Es ist sowohl dem matriarchalischen Bewusstsein wie auch der Physik bekannt. Es ist die Grundlage der Psychologie und aller Transformationen. Der Mythos von Innanas Abstieg und ihrer Rückkehr konzentriert sich auf diesen Archetyp des Energieaustausches durch Opfer. Er enthüllt ein umfassendes Muster: Der Himmelsstier wird getötet, die Erde verliert ihre befruchtende Kraft, wird aber durch das Opfer der Göttin entschädigt. Alles ist am Werden und Vergehen beteiligt – Opfer, Tod, Verfall, Wiedergeburt – weil es Teil der Dynamik vom Leben ist. Auf der psychischen Ebene wird das langsame Fortschreiten dieses Austauschs als schmerzhaft und langwierig erlebt", erläutert Ereshkigal.
„Wird es immer schmerzhaft bleiben?" Ich sehe sie zum ersten Mal lächeln, was ihrem Gesicht einen weichen Ausdruck verleiht. „Nein. Die Erleichterung wird dir zuteil in Augenblicken der Erleuchtung, wenn du das ganze Muster

aus einer transzendenten Perspektive sehen kannst. Depressionen und das Opfer der unvollständigen Ideale und Illusionen sind nichts anderes als ein Mittel, um den Austausch der Libido in Gang zu bringen. Der ganze Prozess wird oft nur als quälend erfahren, und das steigert sich, je mehr der Mensch sich für seine Depressionen selbst tadelt."

„Also bin ich gezwungen, alles Liebgewordene, wofür ich teuer bezahlt habe, weg zu geben? Und schlussendlich weiß ich nicht einmal, ob der Verlust in der Weise ausgeglichen wird, wie ich es mir wünsche."

Ereshkigal nickt. „Für die Tochter des Vaters ist dieser Abstieg besonders notwendig. Sie muss ihre Abhängigkeit von den patriarchalischen Göttern opfern, um ihre wahre Heimat im Urweiblichen und im sich wandelnden Grund des Seins zu finden. Denn als Tochter, Schwester und Tempeldienerin der männlichen Himmelsgötter musste sie die Beschneidung ihrer Fähigkeiten erleiden, was viele Frauen kennen und zum Teil sogar genießen. Du bist es gewohnt, grundsätzlich durch und für deine männlichen Partner und deinen Animus zu existieren. Du musst also zur dunklen, ungeliebten weiblichen Gottheit zurückkehren, um deine eigene Potenz zu erneuern."

„Kann ich nicht, wie Athene, einfach eine Gorgonenmakse als Schild der Verteidigung benutzen?"

„Nein, heute genügt das nicht mehr. Es geht darum, innerlich umgewandelt und wiedergeboren zu werden, verbunden mit der ganzen Fülle weiblicher Instinkte."

„Ich denke, ich verstehe was du meinst und doch macht es mir Angst."

„Ich kann deine Angst sehen und auch verstehen. Als Tochter des Kollektivs hast du keinen ausgeprägten Sinn für deine ureigene Basis, keine Verbindung zu deiner eigenen Stärke und deinen eigenen Bedürfnissen, die dir zu einem weiblichen Ich verhelfen können, das wandlungsfähig, elastisch und im Gleichgewicht von Yin und Yang ist. Es besteht ein Mangel in den tiefsten Schichten deiner Persönlichkeit, eine tiefe Spaltung, die durch die Treue gegenüber den Idealen des Über-Ich aufrechterhalten wird, die schon lange nichts mehr zum Wachstum des Lebens beitragen. Durch dieses Hängen an Idealen bleibt das Ich der Wirklichkeit entfremdet, bleibt rückläufig, künstlich aufgeblasen, mit sich selbst identifiziert. Es geht darum, dass du zurück gehst in deine Ursprünglichkeit, zurück zu den magischen und archaischen Ebenen des Bewusstseins und zu den überpersönlichen Leidenschaften und Ekstasen, die dich dort unten nähren, doch auch verzehren können; zurück zum Geist des Leibes und zu den der Sprache unzugänglichen Tiefen, zum Urweiblichen.

Du bist nun auf dem Weg nach unten und schüttelst langsam die Identifikation mit dem Animus und die Abwehrmechanismen ab. Wende dich nach innen, den anfangs erniedrigenden und zerstörenden, letztendlich jedoch sichereren und ursprünglichen Ebenen zu. Dort kannst du lernen, wie du in einer neuen Weise überlebst und den Augenblick der Wiedergeburt erwarten."

„Warten ist nicht gerade meine Leidenschaft."

„Du kommst nicht darum herum. Manchmal ist es ein langes Warten. Es geht darum, deine Uranfänge aus einer neuen Perspektive kennenzulernen und dich von überholten Meinungen zu befreien. Zu Beginn ist das ein Leben in der Schwebe. Zunächst bekämpfen sich in dir in den Tiefen der Unterwelt die widersprüchlichen chaotischen Energien, während du ausgelaugt und dich kraftlos fühlen kannst. Sie zerstückeln den alten Animus-Ich-Komplex und seine falschen Identifizierungen."
„Was einem Tod gleichkommt." Sie nickt: „Es geht um nichts anderes, als um das Lernen und Entwickeln von Selbstwertgefühl und Vertrauen."
„Vertrauen ist gut. Ich habe Angst, in diese Tiefe einzutauchen. Es macht mir Angst. Es ist wie ein Abgrund für mich und ich empfinde es als bösartig."
„Glaube an beide Seiten, an das Gute als auch an das Böse, denn beides ist untrennbar miteinander verbunden. Das eine kann nicht ohne das andere bestehen. Kein Licht ohne Dunkel und kein Dunkel ohne Licht. Beide Seiten brauchen einander."
„Ja, das hat mir Maat erklärt. Doch finde ich mich im Hellen besser zurecht als im Dunkeln."
„Das denkst du nur. Höre auf nur logisch zu denken, denn die logische Art zu denken, ist die patriarchale Art zu denken. Weite dein Denken aus und beziehe die Gefühle und deinen Körper mit ein. Erst, wenn du deinen Verstand gehen lässt, kann es fließen. Sobald sich nur der Verstand einschaltet, kommt alles ins Stocken."

Während ich ihr zuhöre, kommt mir eine Szene aus meiner Kindheit in den Sinn. Ich sehe mich am Klavier sitzen und ein Stück spielen. Indem ich meinen Händen freien Lauf lasse, spiele ich fließend und bin eins mit dem Klavier und der Musik. Sobald ich darüber nachdenke, welchen Ton ich nun genau spielen muss, blockiere ich die fließende Energie und spiele nur noch stokkend. Die nächsten Worte von Ereshkigal holen mich wieder zurück und das Bild meiner Kindheit verschwindet. „Ich sehe, du hast begriffen, was ich meine. Es braucht immer zwei Seiten, zwei Teile, zwei Arten. Auch eine Lampe braucht positive und negative Pole, damit sie brennt. Nur, wenn beide Pole zusammen kommen, geht das Licht an."
„Und wenn ich in einem dunklen Zimmer sitze, gewöhne ich mich mit der Zeit an die Dunkelheit. Dann stelle ich das Licht wieder an und meine Augen müssen sich wieder an das Licht gewöhnen. Es scheint sehr hell und blendet, bis ich mich wieder im Hellen zurechtfinde."
Ereshkigal nickt und ich äußere meine Gedanken: „Es ist immer ein Umbruch, ein Erwachen, ein Bewusstwerden, eine Herausforderung, eine Entwicklung, eine Veränderung, eine Neuorientierung, eine Lebenswende ... und doch wirkt die Sonne stärker als der Mond."
„Vielleicht wirkt sie stärker, doch ist sie es auch? Die Schätze, die du in dir trägst, sind in deinem Unterbewusstsein gespeichert. Nicht in deinem Bewusstsein, dort wo die Sonne scheint, sondern tief in dir vergraben, wo es

dunkel ist. Also lasse die Oberwelt los und tauche ein in deine Unterwelt, um deine Schätze zu bergen."
„Auch, wenn genau das mir Angst macht?"
„Deine Schätze machen dir Angst? Nimm den Dingen die Wichtigkeit - sie haben nicht diesen Wert, den du ihnen beimisst. Glaube an ein Leben nach dem Tod, denn der Tod ist nicht die letzte Hürde. Auch der Leib ist fähig, wieder aufzuerstehen, wenn du nur fest genug glaubst. Indem du den Tod annimmst, begibst du dich ins Leben. Dann verliert sich jegliche Angst."
"Ich glaube dir und trotzdem habe ich meine Zweifel."
„Ja, die Zweifel sind ein ständiger Begleiter vieler Frauen. Das ist auch nicht erstaunlich. Du bist noch immer identifiziert mit dem patriarchalen Denkmuster."
„Und deswegen habe ich Zweifel?"
„Die Qualitäten der Oberwelt-Göttin wurden im Westen größtenteils entweiht oder von männlichen Gottheiten übernommen; und sie wurden durch den ästhetischen und moralischen Kodex des Patriarchats übermässig komprimiert oder idealisiert. Auf diese Weise wurden die meisten griechischen Göttinnen von ihren Vätern verschlungen und die hebräische Göttin wurde entmachtet. Es bleiben nur noch spezialisierte Göttinnen oder solche, deren Machtbereich auf ein Mindestmaß reduziert wurde. Folglich gingen fast alle ihre Qualitäten dem weiblichen Leben verloren: ihre leidenschaftlich-erotische Verspieltheit, ihre kraftvolle, unabhängige Selbstgenügsamkeit, ihre ganze ehrgeizige, königliche und vielschichtige Weiblichkeit."
„Also unterstütze ich mit meinen Zweifeln das patriarchale System?"
Sie nickt. „Im Patriarchat lebten die Frauen hauptsächlich in ihrer persönlichen Sphäre, in ihrer eng definierten Rolle an der Peripherie der westlichen Kultur. Noch immer unterwerfen sie sich dem Mann, dem sozialen Status, den Kindern und vielem mehr. Damit verschleiern sie ihr Bedürfnis nach Macht und Leidenschaft. Sie leben in Sicherheit und im Schatten der überlasteten Männer, auf welche die Macht projiziert wird und denen sie in deiner Kultur noch immer zusteht. Was allgemein als weibliches Verhalten akzeptiert wird, verlor seine Beziehung zum Heiligen in dem Maße, wie die Göttin allmählich zum Schweigen gebracht wurde. Das patrarchalische Über-Ich, das ursprünglich dazu da war, ein Empfinden für die Ethik zu prägen, wurde später durch die Institution der christlichen Kirche noch gestärkt, um die wilden Emotionen der mittelalterlichen Stammesfehden unter Kontrolle zu halten. Nützlichkeitsdenken und Spießbürgertum haben später die Lebensenergie derart unterdrückt und eingeengt, dass sie nun zum Ausbruch kommen muss und unter anderem auch die Rückkehr der Göttin in die westliche Kultur erzwingen wird. Auf diese Weise unterdrückt, wurde die Freude des Weiblichen als oberflächliche Leichtfertigkeit verunglimpft, ihre lustvolle Heiterkeit zur Lüsternheit herabgesetzt oder in sentimentale Mütterlichkeit umgemünzt, ihre Lebenskraft in Pflichterfüllung und Gehorsam erstickt. Diese Entwertung brachte die Töchter des Patriarchats hervor, denen der Boden unter den Füßen weggezogen, ihre

weibliche Stärke und Leidenschaftlichkeit beschnitten und ihre Träume und Ideale in unerreichbare Ferne gerückt wurden. Sie wurden in einem großartigen Geist aufgezogen, der mit den ursprünglichen Instinktmustern der Königin von Himmel und Erde nichts mehr zu tun hatte und schließlich in frustrierte Rasereien mündete. Die unbewusst in jeder Frau lebende Innana wird dann nur allzu oft dämonisch."

„Wie das?"

„Wenn Innana bewusst als Symbol der leidenden, verbannten Weiblichkeit gelebt wird, kann sie zum Bild der Göttin werden, die das Leiden und die Erlösung der modernen Frau zu tragen vermag. Als weibliches Wesen steht sie den Frauen näher als der Christus der Kirche und kann in der Frau ein archetypisches Muster erwecken, das der Suche der Frau erst Bedeutung verleiht. Sie kann den christlichen Mythos für diejenigen ersetzen, die zu einer männlichen Gottheit keine Beziehung finden können. Innanas Leiden, ihre Entkleidung, Erniedrigung und Geißelung, ihr Tod, ihre „Kreuzigung" am Pfahl und ihre Auferstehung nehmen die Leidensgeschichte Christi vorweg und stellen vielleicht das erste archetypische Bild der Gottheit dar, die sich um der Erlösung der wüsten Erde willen opfert. Innana opfert sich nicht für die Sünden der Menschheit, sondern für die notwendige Erneuerung allen Lebens auf der Erde. Sie ist mehr am Leben interessiert als an Gut und Böse. Gleichwohl stellt ihr Abstieg und ihre Wiederkehr das Modell jeder eigenen psychologischen-spirtiuellen Reise dar. Während die Leidensgeschichte Christi der zerstörerische Akt - ein reines Produkt menschlicher Bosheit und Angst war - und als solches in der Lage, ein Vorbild für menschliche Rache und das Anbieten eines Sündenbocks zu erstellen - entspringt er im sumerischen Mythos einer überpersönlichen, göttlichen Quelle. Die Göttin zerstört ebenso, wie sie zu erlösen vermag."

„Braucht es vor jeder Erlösung zuerst die Zerstörung?"

„Ja, denn Zerstörung ist nichts Negatives, sondern der Beginn eines neuen Anfangs. Die Göttin, also das Weibliche, ist die Polarität von Leben und Tod im ewigen Prozess der Veränderung. Davor fürchtet sich der Anteil in dir, der Ewigkeit und Beständigkeit sucht. Die Göttin repräsentiert auch die Materie und so kann keine statische ewige Form im stofflichen Leben existieren. Deine Ewigkeit kannst du auf andere Art und Weise finden, nicht durch Festklammern an verkörperten Identitäten, also an heroischen Idealen. Du musst die Verachtung gegenüber dem Wankelmütigen überwinden und lernen, gerade der Wechselhaftigkeit zu dienen."

„Hoch lebe die Veränderung", sage ich mit einem schelmischen Lachen.

Ereshkigal schüttelt, ein wenig missbilligend, wie mir scheint, den Kopf und sagt mit ernster Stimme: „Das Leben ist Veränderung - immer wieder. Wenn du nicht bereit bist, die Veränderungen mitzumachen, sondern am Alten festhalten willst, dann bleibst du stehen."

„Ein Leben ohne Veränderung ist also Stillstand. Mit anderen Worten, es gibt nichts mehr, woran ich mich festhalten kann", sage ich, wie zu mir selber.

Ereshkigal macht mit ihrem linken Arm eine große Kreisbewegung. „Bewahre dir deine Achtung vor der Lebens- und Erdgöttin, indem du dich dem Leben hingibst. Es ist der Kreislauf von Abstieg und Rückkehr, von Rückkehr und Abstieg, die endlose Neuordnung des Lebensmusters. Schaue den Kreis an, den ich mache. Da ist ein Oben und ein Unten. Nur, indem du auch nach unten gehst, kommt eine Dynamik hinein. Für einen Kreis, für ein Ganzes, braucht es beides, oben und unten.
Nimm den Herbst, da pflückst du Trauben, um im Frühjahr daraus Wein zu gären. Jede neue Weinernte muss zur Gärung in die Unterwelt gebracht werden, um als Frucht der unterweltlichen Wandlung zurückzukehren. Da der Wein immer wieder neu ist, werden Geschmack und Qualität variieren. Die Ernte eines jeden Jahres wird sich von der des Vorjahres unterscheiden. Da gibt es keine höchsten Maßstäbe, die erreicht werden könnten oder müssten. Es geht hier einmal mehr um den organischen Rhythmus der Erde, der bewirkt, dass Geschmack und Qualität sich jeweils verändern."
„Es geht also darum, die verschiedenen Gefühle zu unterscheiden, Freude und Trauer zu erleben, das Vertrauen in die Veränderung wachsen zu lassen."
„Dieses Vertrauen hilft dir dabei, bewusst loszulassen und für das Leben in neuen psychischen Räumen bereit zu sein. Doch es hat seinen Preis: den Preis der willentlichen Annahme."
„Annahme und Hingabe, zwei weibliche Qualitäten, die mir noch immer Angst einflößen. Ich spüre einen starken Widerstand, allein nur, wenn ich an diese zwei Worte denke." „Begegne deinem Widerstand mit Widerstandslosigkeit."
„Und wie mache ich das?"
„Indem du deinen Widerstand akzeptierst. Kämpfe nicht dagegen an, sondern nimm ihn an als ein Teil von dir. In deinem Fall erlaube dir, dass du noch nicht bereit bist, Annahme und Hingabe zu leben. Mit deiner Akzeptanz hört dein innerer Kampf auf, weil du bereit bist, anzunehmen was ist."

Ich schließe meine Augen und gebe mir innerlich die Erlaubnis, diesen, meinen Widerstand zu haben. In dem Moment, als ich meinem Widerstand mit Widerstandslosigkeit begegne, löst sich etwas in mir. Ich fühle, wie sich ein Druck von mir löst. Fragend blicke ich Ereshkigal an, die vor mir steht und mich beobachtet. Sie beginnt zu kichern. „Ja, ja - Druck erzeugt immer Gegendruck."
Sie fordert mich auf, im Stehen meine Hände gegen ihre Hände zu stemmen. Als meine Hände ihre berühren, beginnt sie mit ganzer Kraft gegen mich zu drücken. Aus dem ersten Reflex heraus gebe ich Gegendruck. Wir stemmen uns gegenseitig, bis sie ihren Druck nachlässt und ich ins Leere falle. Auf dem Boden liegend höre ich sie kichern. Wütend will ich mich umdrehen, bis auch ich mir der Komik der Situation bewusst werde. Ich ging auf das Spiel ein und begann automatisch, Druck auf sie auszuüben. Als sie ihren Druck verringerte, hatte ich keinen Gegenpol mehr - und deswegen liege ich nun am Boden. Ich stehe auf und wische mir den Dreck vom Körper. Da nimmt sie mich bei

der Hand und führt mich zurück in die Höhle. Abrupt bleibt sie stehen und zeigt auf die Wand. „Schaue die Wand an und sage mir, was du siehst."
„Ich sehe meinen Schatten."
„Genau. Er ist immer da, immer ein Teil von dir. Beginne damit, dich mit deinen Schattenseiten auszusöhnen und zu verbinden. Höre auf, eine domestizierte Frau zu sein, die zu einem braven Hauskätzchen oder gut dressierten Hündchen gemacht wurde." Lachend drehe ich mich zu Ereshkigal zurück: „Ich bin keine dressierte Hauskatze."
„Doch, du bist wie eine Katze. Katzen sind wie Frauen unbezähmbar, zutraulich, verspielt, genießen gern und können auch jagen. Doch zum Jagen gehört das Spiel. Also beginne zu spielen."
„Und Männer?"
„Männer sind wie Hunde, sie brauchen einen Meister und akzeptieren ihn auch, sie wollen und suchen eine Hierarchie."
„Wenn ich eine Katze bin, kann ich auch zur Löwin werden?"
„Ja, doch beginne erst einmal das Katzensein zu genießen. Aber es stimmt - und schon für das Alte Reich waren die Symbolwerte von Katze und Löwin austauschbar. So lässt sich die Alternative löwenähnliche Kriegerin oder katzenähnliche Liebesgöttin, religionsgeschichtlich nicht auflösen. Mythologisch gehören Jagd und Krieg und Liebe ohnehin in ihrer Bipolarität zusammen."

Wir verlassen die sonnendurchflutete Höhle und steigen wieder hinunter in die Dunkelheit. Ich habe Mühe, mit Ereshkigal Schritt zu halten und putsche immer wieder an die Steinwände, obwohl die brennende Fackel den Weg vor mir gut beleuchtet. Zurück in der Grotte mit dem Feuer setzen wir uns und ich will gerade Tee eingießen, als sie mich stoppt. „In beiden Tassen ist noch kalter Tee, also kannst du nicht einfach nachfüllen." Ich schaue sie verwundert an und sehe, wie sie beide Tassen ausschüttet. „Wenn in einer Tasse noch alter, kalter Tee ist, kannst du keinen frischen, heißen Tee hinein gießen. Zuerst musst du die Tasse leeren und dann kannst du sie wieder füllen - und genau so ist es bei dir als Mensch."
„Es geht um die Leere."
Ereshkigal nickt, tätschelt meine Hand und füllt uns beiden heißen Tee nach mit den Worten: „So wie der Frühling dem Sommer weicht, der Herbst dem Winter, kann sich Neues nur entwickeln, wenn sich gleichzeitig Altes verändert oder geht. Etwas stirbt, damit etwas Neues werden kann."
„Der berühmte Stirb- und Werde-Prozess."
„Ja. Im Laufe deines Lebens erfährst du viele kleine Tode, bis hin zum großen, aus dem auch wieder neues Leben entsteht." Mir kommt Johann Wolfgang von Goethe in den Sinn und ich beginne zu zitieren: „Der Frühling ist das Frische, Klare, der Beginn der Hoffnung. Alles beginnt zu blühen, die Knospen öffnen und zeigen sich. Der Sommer ist die Fülle des Lebens. Alles wächst und öffnet sich. Der Herbst ist das Sterben-Lassen, die Ernte, da wird Platz für Neues geschafft, Ballast abgeworfen, der sich in der Vergangenheit

angesammelt hat und der dich nur auf deinem Lebensweg behindert. Der Winter ist die Leere. Und solange du das nicht hast, dieses stirb und werde, bist du nur ein trüber Gast auf der dunklen Erde."
Beide in ihre eigenen Gedanken versunken sitzen wir da. Ich blicke auf den Boden und spüre, wie sich eine Trauer in mir bemerkbar macht. Oder ist es vielmehr die Angst vor dem Loslassen? Meine Hände umklammern die heiße Tasse Tee. Meine Finger beginnen zu brennen und trotzdem lasse ich die Tasse nicht los. Verwirrt beobachte ich mich, wie ich die Tasse noch mehr umklammere und höre gleichzeitig Ershkigals kehlige Stimme: „Die Angst zeigt sich, weil du nicht loslassen willst. Dein Klammern entsteht aus der Angst vor der ungewissen Zukunft und dadurch verpasst du es, in der Gegenwart zu leben."
Sie steht auf und beginnt lautstark zu klagen: „Wieso wählen die Menschen lieber die bekannte Hölle, als den unbekannten Himmel? Wieso bleiben sie lieber bei einem Mann, der sie schlägt, der säuft und herumhurt, als etwas Neues zu beginnen? Nur aus dem vermeintlichen Glauben heraus, dass das Neue doch nie so schön werden könnte, wie es die Vergangenheit vor langer, langer Zeit einmal war." Sie stellt sich vor mich hin und wartet, bis ich ihr in die Augen blicke. Sie beugt sich zu mir herunter und sagt mit tiefer, resoluter Stimme: „Angst ist nicht wirklich real. Überlege dir mal, wovor du wirklich Angst hast. Du hast Angst vor ...?"
Ich weiche erschrocken zurück und stottere spontan: „Du machst mir Angst."
Da richtet sie sich wieder auf, beginnt zu lachen und sagt: „Habt ihr das gehört. Ich mache ihr Angst." Sie lacht weiter und neigt sich wieder zu mir. „Was an mir macht dich denn ängstlich?"
Erschrocken sehe ich sie an. „Mit wem hast du soeben gesprochen?"
„Mit den Geistwesen."
„Welche Geistwesen? Was meinst du damit?"
„Na eben Geister. Hier in der Höhle hat es viele. Da sind Ahninnen von dir, die dich immer wieder in deinem Leben begleiten, Ahninnen von mir, es hat auch Steingeister, Wassergeister, Luftgeister und wenn du ins Feuer blickst, kannst du die Feuergeister erkennen."

Ich starre ins Feuer und sehe nichts. Das beruhigt mich, weil mir nun klar ist, dass sie mich nur provozieren will. Sie steht noch immer vor mir und stützt ihre Hände auf ihre Hüften, schüttelt ihren Kopf hin und her und schnalzt mit der Zunge. „Du siehst sie nicht", stellt sie lakonisch fest. Ich schaue sie skeptisch an und komme ins Zweifeln, ob es wirklich nur ein Scherz ist oder vielleicht doch die Wahrheit. Bevor ich zu weiteren Überlegungen komme, überrumpelt sie mich mit den Worten: „Doch du hast sie gehört. Sie haben dir wichtige Details über die Höhle verraten."
Ich zucke zusammen. Waren das wirklich Geistwesen, die mir Sätze eingeflüstert hatten? Ich schüttle den Kopf, nein, das kann nicht sein. Ereshkigal hebt ihren Stock und zeigt auf mich: „Nur weil du nicht willst, dass etwas ist, verän-

dert sich nichts. Lasse die Angst los vor dem, was dein Verstand nicht begreifen kann. Lasse los. Es ist an der Zeit, dass du dich öffnest und nicht nur deine begrenzte Wahrnehmung zulässt. Beginne alles wahrzunehmen, was da ist.“
„Muss ich?“
„Nein, du musst gar nichts, doch du verpasst viel, wenn du dich von deiner Angst leiten lässt. Also, lasse die Angst los und nimm wahr. Wie kannst du vor etwas Angst haben, das du gar nicht kennst? Diese Art von Angst betrifft immer die Zukunft. Sie lässt dich straucheln, macht dich unsicher, und zieht Energie ab, wo du sie am dringendsten brauchst.“
„Und wie kann ich das ändern?“
„Angst und Vertrauen gehen Hand in Hand. Je weniger Vertrauen du zum Leben und zu dir selbst hast, desto größer sind deine Ängste. Gleichzeitig hältst du viel zu lange fest an dem, was lange schon gestorben ist. Du trauerst noch immer einer Beziehung nach, obwohl sie schon lange vorbei ist. Du hast noch immer Hoffnung, dass die Freundschaft mit deiner Kollegin doch noch funktionieren kann und klammerst dich an einen Job, der dir überhaupt nicht gefällt. In deinem Denken und Fühlen bist du starr und eng geworden. Du drehst dich immer wieder im Kreis, bist tot, bevor du stirbst, weil du das, was außerhalb von dir ist, nicht loslassen und damit sterben lassen willst.“

Ihre Worte nehmen mir den Wind aus den Segeln. Ich komme mir wie ein kleines Mädchen vor, das von ihrer Großmutter zurechtgewiesen wird. Ich will ihr gerade sagen, dass ich nicht gleicher Meinung bin, doch sie hat sich bereits von mir abgewendet und verschwindet in der Dunkelheit der Höhle. Ich überlege mir, ob ich ihr nachrufen soll, als plötzlich vor mir ein kleines Wesen auftaucht. Es scheint direkt aus dem Feuer zu kommen und nähert sich mir. Ich bin nicht sicher, ob ich träume und reibe mir die Augen. Das Wesen ist noch immer da und hat sich vor mir auf einen Stein gesetzt. „Du kannst mich sehen. Gut. Dann ist ja nichts verloren. Hast du jetzt Angst?“ Ich schüttle den Kopf, obwohl mir nicht ganz wohl dabei ist.
„Ich möchte dir eine Frage stellen. Glaubst du, wenn Pflanzen Angst vor der Zukunft hätten, dass es dann je Blüten gäbe?“, fragt das Wesen und bevor ich etwas erwidern kann, fährt es fort. „Wer gibt den Pflanzen und Bäumen das Vertrauen, ihre Knospen immer wieder zu öffnen, die alte Form sterben zu lassen, damit etwas Neues entstehen kann?“
Ich hebe meine Schultern zum Zeichen, dass ich es nicht weiß. Doch das Wesen scheint keine Entgegnung zu erwarten und wendet sich genüsslich zum Feuer und schwups, weg ist es. Nach einiger Zeit bin ich sicher, dass ich mir diese Begegnung nur eingebildet habe. Doch die eine Frage klingt noch immer in mir nach: Wer gibt den Pflanzen und Bäumen das Vertrauen?
Indem ich darüber nachdenke, frage ich mich, wie es überhaupt mit meinem Vertrauen aussieht. Auf was vertraue ich? Und bin ich selbst vertrauenswürdig? Während ich mir diese Fragen stelle und zu keiner schlüssigen Antwort

komme, taucht Ereshkigal wie aus dem Nichts wieder auf. Sie hat etwas zu Essen mitgebracht und erklärt mir, dass sie die Mahlzeit gerne schweigend zu sich nimmt. Während dem Essen beobachte ich sie. Einerseits finde ich sie faszinierend, andererseits flößt sie mir Furcht ein. Ich fühle mich hin und her gerissen mit dem Wissen, dass ich an der Situation nichts ändern kann. Ich muss so lange bei ihr bleiben, bis sie oder die anderen Göttinnen bestimmen, dass es weitergeht.

„Diese zwiespältige Haltung nimmt dir Energie. Entscheide dich", erklärt mir Ereshkigal nach dem Essen, knipst mit den Fingern und lustige Wesen erscheinen, welche die Essensreste abräumen. So, wie sie aufgetaucht sind, sind sie auch wieder verschwunden. Ich bin mir nicht mehr sicher, ob ich sie auch wirklich gesehen habe - oder war es wieder nur Einbildung?

„Das Leben ist ein Kommen und Gehen", höre ich Ereshkigal sagen. „Das weibliche Prinzip zeigt sich auch in der Vergänglichkeit aller Dinge, im Dunklen, Weichen, Fließenden, in dem, was sich anpassen kann. Das Anstrengende, das Kritische, das hartnäckige Suchen ist der äußere Weg. Beide Anteile, Yin und Yang, müssen sich verbinden. Das Weibliche und Männliche streben zusammen, um sich zu vereinigen im Innen und Außen. Wenn du dich innen heil fühlst, wendest du dich dem Göttlichen zu, du wirst zu Göttin und Gott, denn sie sind beide eins – in dir."

„Ja, das habe ich von Maat gehört. Ich finde es logisch und klar, doch dies umzusetzen ist alles andere als einfach."

„Es ist einfacher, als du denkst. Du jedoch gehst dem Wollen, Haben und Besitzen in die Falle, den vielversprechenden Gelüsten der Macht. Es geht vielmehr darum, etwas loszulassen, ohne es durch ein anderes zu ersetzen. Denn alles, was du hast und kennst, ist diese von dir selbst erschaffene Grundlage. Zweifel, Ängste und Unsicherheiten bedrängen dich und versuchen dich mit aller Gewalt davon abzuhalten, den befreienden Weg zu gehen."

Meine Gedanken überschlagen sich und machen mich auch irgendwie sprachlos. Ereshkigal lässt sich Zeit - oder lässt sie mir Zeit - bis sie weiter fortfährt. „Sei weiterhin achtsam. Mir ist aufgefallen, dass dein Geist sehr lebendig ist, dass du die komplexen Belehrungen rasch begreifst und – das ist das Wichtigste, dass du das Verstandene, das Erkannte, unmittelbar in die richtige, befreiende Tat umzusetzen verstehst. Das ist wahrlich der Weg, um alles Alte und Begrenzte in dir zum Erlöschen zu bringen."

„Wenn ich also an etwas hänge, bin ich abhängig und kann nicht loslassen?"

„Ja und das Leben wird leichter, sobald du immer wieder loslassen kannst. Loslassen heißt, dem Leben vertrauen. Das Leben entsteht jeden Tag neu."

„Ein Mensch schwimmt nur dann gut, wenn er keine Angst hat unterzugehen", sage ich und Ereshkigal schmunzelt: „Du hast Angst vor dem Weiblichen. Doch ohne das Weibliche gibt es kein Leben."

„Trotzdem wurde das Weibliche verdammt, verdrängt oder vergessen. Das kommt sicher daher, dass das Christentum eine monotheistische Religion ist."

„Du kannst die christliche Lehre beim besten Willen nicht als monotheistische Religion betrachten. Da gibt es einen Gott, seinen Sohn und den Heiligen Geist auf einem Thron, auch wenn sie alle eins sind, ihre Funktionen, ihre Handlungen, die Konzepte über sie sind verschieden. Im Katholizismus sitzt ganz offiziell noch ein weibliches Wesen mit auf diesem Thron. Denn der Volksglaube kommt ohne ein göttliches Symbol für Weiblichkeit nicht aus und braucht dementsprechende Abbilder für seinen Glauben."
„Und wieso gerade Maria?"
„Welche andere Frau hätte die christliche Religion sonst als Symbol der Weiblichkeit wählen können? Die Gefährtin der letzten drei Jahre scheidet aus, dafür war die Zeit zu kurz, die Erwähnung in der Bibel zu nebensächlich, ihr Vorhandensein skandalös. Trotzdem war Maria Magdala eine Begleiterin von Jesu. Sie blieb bei ihm während seiner Qual am Kreuz. Sie war die Erste, der er nach seiner Auferstehung erschien und mit der er sprach: „Rühre mich nicht an, denn ich bin noch nicht aufgefahren zu meinem Vater."
Es gibt Vermutungen, dass Maria Magdala die Frau seines Herzens gewesen sein soll. Sie unterstützte ihn finanziell und bei den Stellen, welche die Anwesenheit mehrerer Frauen aufzählen, wird sie stets als Erste genannt. In allen Religionen, mit Ausnahme der so genannten monotheistischen jüdisch-christlichen Religion, gab und gibt es weibliche Gottheiten. Die christliche Religion etablierte sich in einem Kulturraum, in dem weibliche und männliche Gottheiten ihren Platz hatten. Bei den Ägyptern wird Isis von Osiris schwanger und bringt Horus zur Welt. Ascherah heißt die semitische Mutter-Göttin, welche die Götter zur Welt bringt. Zeus trägt Metis, seine erste Frau, in sich – hört auch auf sie – und lebt mit Hera, seiner zweiten Frau, zusammen. Lilith ging und machte Platz für Eva."
„Lilith die Initiatorin, die Dämonin, die aus dem Paradies vertrieben wurde?"
„Sie wurde nicht vertrieben. Sie gab ihre Macht ab. Doch Macht kann nur genommen werden, wenn sie gleichzeitig gegeben wird."
„Und wieso hat sie ihre Macht abgegeben?"
„Weil sie die Kunst des Loslassens beherrscht und voller Vertrauen ist, dass ihre Macht nicht verloren geht."

„Wer oder was ist diese Lilith?"
„Lilith wurde zusammen mit Adam aus dem Staub der Erde erschaffen und Gott blies ihnen den Lebensatem ein. Sie waren gleich erschaffen und somit auch in jeder Hinsicht gleichgestellt. Adam als Mann passte das gar nicht und er verlangte von Lilith, dass sie sich ihm unterordne. Sie weigerte sich und ging. Adam beklagte sich bei Gott und dieser schickte drei Boten zu Lilith, um sie zur Rückkehr zu Adam aufzufordern. Sonst werde sie bestraft. Lilith war nicht bereit zurückzukehren zu einem Mann, der sie nicht als Gleichgestellte behandelte. Als Ersatz für Lilith erhielt Adam eine zweite Frau. Es war Eva, die nun nicht mehr gleich wie Adam erschaffen wurde, sondern ihm als eine Hilfe zur Seite gestellt wurde. Während des Schöpfungsprozesses wurde so, entgegen Gottes ursprünglichem Schöpfungsplan, die Frau verkleinert – so

wie dies auch beim Mond gegenüber der Sonne geschehen war. Adam und Eva waren zu Beginn glücklich miteinander.
Mit der Zeit verspürte Eva Fähigkeiten in sich, die unentwickelt blieben und Adam begann sich mit seinem angepassten Weib zu langweilen. Er träumte immer wieder von Lilith. Eines Tages suchte er sie auf mit der Meinung, dass ihr sicher ein Mann fehle. Er wollte sie zu seiner Nebenfrau machen. Als er sie fand, war sie mit dem Studium der Tora beschäftigt. Es war nicht die Tora aus Tinte und Pergament, sondern die mit schwarzem Feuer auf weißes Feuer geschriebenen Ur-Tora, die auf Gottes Knie ruht. Adam studierte auch gelegentlich die Ur-Tora und gab vom Gelernten immer wieder stückchenweise an Eva weiter. Nie zuviel, sondern immer nur das, was ihm selber auch nutzte. Lilith freute sich über seinen Besuch und hoffte, zusammen mit ihm die Tora zu studieren. Ihn jedoch störte, dass sie zum Teil sogar mehr darüber wusste als er. Er weigerte sich, mit ihr zu lernen, statt dessen wollte er sie zu seiner Nebenfrau machen, was Lilith ablehnte.
Zurück bei Eva begann er immer wieder intensiv von Lilith zu träumen. Eva erzählte er nichts davon, im Gegenteil. Er behauptete, dass er jeweils in der Nacht von Lilith heimgesucht werde. Sie wolle ihn verführen. Sie sei eine Dämonin und mit Satan liiert. In Wahrheit aber interessierte sich der Satan weniger für die starke und gelehrte Lilith als für die angepasste und frustrierte Eva, der er Schlechtes über Lilith erzählte. Auch plante er die Vertreibung Adams und Evas aus dem Garten Eden. Eva war empfänglich für das Böse, das der Satan von Lilith erzählte, und sie glaubte auch Adams verdrehte Geschichten über Lilith.
Inzwischen machte Lilith, die völlig allein war, hin und wieder den Versuch, in die menschliche Gemeinschaft im Garten zurückzukehren. Nach ihrem ersten vergeblichen Versuch, die Mauern zu durchbrechen, verstärkte Adam die Mauer, und Eva half ihm sogar noch dabei. Dabei erhaschte Eva einen Schimmer von Lilith und sah, dass sie eine Frau war wie sie.
Jetzt hätten bei Eva eigentlich Zweifel aufkommen sollen, ob die Geschichten Adams und des Satans, Lilith sei eine Dämonin, wirklich stimmten. Sie hätte sich eigentlich bemühen sollen, Lilith als andere Frau, als Schwester, wirklich kennenzulernen. Eva und Lilith hätten so gemeinsam die Verkleinerung der Frau wieder rückgängig machen, damit den ursprünglichen Schöpfungsplan verwirklichen und die Erlösung herbeiführen können. Sie hätten dabei die Unterstützung Gottes gehabt, da Gott wachsende Probleme mit Adam hatte, der sich mehr und mehr mit Gott identifizierte und immer mächtiger wurde.
Doch das Gift, das Adam und der Satan Eva eingespritzt hatten, war stärker. Statt sich zu fragen, was sie in ihrem Leben und in ihrer Beziehung zu Adam ändern müsste, um aus ihrer Unzufriedenheit herauszufinden, stilisierte sie sich (zumal sie inzwischen einen Sohn geboren hatte) zu einer Art rundum glücklichen Muttergöttin hoch, wozu Adam sie auch noch ermunterte. Gleichzeitig blickte sie voll Verachtung auf die gelehrte Lilith, die Gleichstellung mit Adam wollte. Sie dichtete Lilith alles Böse an, das sie in sich selbst

verspürte und das dem strahlenden Bild, das sie sich von sich selbst machte, widersprach.
Als Eva eines Tages der Gartenmauer entlang spazierte, sah sie einen jungen Apfelbaum, den sie und Adam einst gepflanzt hatten und dessen Zweige über die Mauer hinüber hingen. Sie kletterte hinauf und schaute über die Mauer. Drüben hatte Lilith auf diesen Augenblick gewartet und kam voll Freude zu Eva, in der Hoffnung, in ihr eine Schwester zu finden. Eva jedoch wollte nur die Gelegenheit benutzen, um alles Dunkle in sich auf Lilith zu laden und sie damit in die Wüste zu schicken. Sie warf Lilith alle Verleumdungen an den Kopf, die ihr Adam und der Satan über Lilith eingeflüstert hatten und beschimpfte sie als ehrgeizige Egoistin, die nicht bereit sei, sich für Adam aufzuopfern und die nicht geduldig warten konnte, bis Adam ihr gewisse Dinge zu tun erlaubte. Lilith wandte Eva enttäuscht den Rücken zu und ging weg. Seither wartet Lilith jedes Jahr, wenn die Zeit von Rosch Haschana, dem Geburtstag der Schöpfung und von Jom Kippur, dem Versöhnungstag, herannaht, darauf, dass Adam und Eva zu ihr kommen, um sich mit ihr zu versöhnen, damit sie gemeinsam die Verkleinerung der Frau rückgängig machen und so den ursprünglichen Schöpfungsplan verwirklichen und die Erlösung herbeiführen können.
Die Söhne Adams und die Töchter Evas und Liliths tragen den Zwiespalt zwischen den ersten Menschen bis in unsere Zeit weiter. Bis heute werden Liliths Töchter weiter ausgegrenzt. Schade. Dabei geht es nur darum, all dies zu überdenken und sich zu versöhnen – und um den ursprünglichen Schöpfungsplan endlich zu verwirklichen."
„Es liegt also an mir, mich mit dieser Urkraft des Weiblichen wieder zu verbinden. Es geht ums Agieren und die Lilith-Kraft wieder anzunehmen." Mit großen Augen schaue ich Ereshkigal an, weil mir in diesem Moment etwas klar geworden ist: „Die Ur-Kraft des Weiblichen schreckt nicht zurück, wenn ihr jemand droht. Sie nimmt alles in Kauf und akzeptiert, doch sie geht ihren Weg. Sie grenzt sich nicht ab, doch sie steht zu sich." Ereshkigal nickt. „Diese Urkraft ist weder in der Macht noch in der Ohnmacht, sondern sowohl als auch. Es ist ein Kommen und Gehen, ein Sterben und Gebären. Es geht ums Loslassen, damit ein neuer Zyklus beginnen kann. Denn weiblich sein ist zyklisch und männlich ist vorwärts strebend, also eine ideale Ergänzung", fügt Ereshkigal bei.

„Ich bin mir nicht sicher, ob wirklich in jeder Frau diese Urkraft noch vorhanden ist."
„Oh doch, das ist sie. Manchmal ist sie tief im Inneren vergraben, doch sie ist da."
Ich schaue sie ungläubig an. Sie schweigt einen Moment, schließt die Augen und als sie diese wieder öffnet, erklärt sie: „Während einer Schwangerschaft kommt eine Frau mit dieser Urkraft in Berührung vor allem jedoch bei der Geburt. Doch leider ließ sich die Frau auch da entmachten."
„Inwiefern?"

„Eine Geburt ist etwas sehr Kraftvolles. Da ist Leben und Sterben im gleichen Maß präsent. Trotz der medizinischen Entwicklung geht es dabei immer um Leben und Tod. Das wird oft vergessen und auch unterschätzt. Nur indem die Frau loslässt, kann etwas Neues geboren werden. Früher waren es die weisen Frauen, die Hebammen, die mit ihrem Wissen und ihrer Unterstützung einer Frau halfen, ihr Kind zur Welt zu bringen. Über Jahrtausende kamen die Frauen verschiedenster Kulturkreise in vertikaler Körperhaltung nieder. Die Frauen gebaren im Stehen, in der Hocke oder auf den Knien. Sie setzten sich auf Baumstümpfe, Hocker, Stein- oder Marmorblöcke. Die Gebärenden wählten stets die Hilfsmittel und Stellungen, die den Geburtsvorgang so angenehm und effektiv wie möglich gestalteten. Sie legten sich jedoch nie auf den Rücken. In der Rückenlage ist wenig Kraft zum Pressen vorhanden und gleichzeitig liefert sich die Gebärende auch an jemand anderen aus und sieht nicht einmal, was vor sich geht. Hingegen für einen Geburtshelfer ist es einfacher, wenn die Frau liegt. So kann er leichter leiten und die Eingriffe seitens der Ärzte können schneller durchgeführt werden. Also ließ sich die Frau einmal mehr vom Mann übertölpeln. Denn die Rückenlage ist nicht allein die naturwidrigste, unphysiologischste Art, sie beraubt die Frau aller Vorteile. Zum einen ist das die Schwerkraft als Hilfsmittel zur Austreibung des Kindes, dann das Pressen, welches in der Rückenlage alles andere als hilfreich ist."
„Und da wir Frauen uns langsam wieder das Recht herausnehmen, selber über die Geburt unserer Kinder zu entscheiden, mussten sich die Ärzte etwas Neues einfallen lassen. Also geht der Trend dahin, dass ein Kaiserschnitt empfohlen wird, sodass die Männer doch noch genug an uns Frauen verdienen", füge ich wütend bei.
„Ich sehe, du bist auf dem Weg zu begreifen. Immer wieder findet das patriarchale Prinzip einen Weg, sich am weiblichen Geschlecht zu bereichern. Ein Kaiserschnitt ist genial, wenn es nötig ist. Doch meistens wird er gemacht, ohne dass es überhaupt von Nöten wäre. Dazu kommt, dass nicht die Mutter des Kindes bestimmt, wann sie den Kaiserschnitt haben will, oder das Kind selbst so etwas wie ein Bestimmungsrecht hat. Nein, ausschlaggebend ist der Terminkalender des Arztes. Wenn nun das Geburtsdatum mit einem ungünstigen Tag zusammenfällt - wie Silvester, Weihnachten oder seinen Ferien - ist klar, dass der Kaiserschnitt vorgezogen wird."
„Und die meisten Frauen wehren sich nicht dagegen, sondern erlauben dem Arzt, den Termin zu bestimmen."
Sie nickt. „Kommen wir zurück zur Körperhaltung. Denn mit Ausnahme von Hausgeburten, Geburtshäusern und einigen wenigen Kliniken ist die freie Wahl der Gebärposition immer noch nicht die Regel. In vielen Fällen werden die Frauen in den letzten Minute noch immer auf's Kreuz gelegt, auch wenn sie vorher die ganze Zeit aufrecht waren."
„Die aufrechte Gebärhaltung bringt also wesentliche Vorteile?"
„Ja, die vertikale Körperstellung bewirkt ebenfalls eine bessere Blutversorgung. Dadurch, dass weniger Druck auf Aorta und Vena cava lastet, ist eine

bessere Durchblutung der Plazenta und damit Versorgung des Kindes gewährleistet. Die aufrechte Haltung bewirkt im Körper eine Grundspannung der Muskeln, die ihn in Handlungsbereichtschaft versetzt. So bedeutet, aufrecht zu sein, aktiv zu sein. Die geistige Haltung, die mit der aufrechten körperlichen verbunden ist, zieht eine aktive Geburtsarbeit der Frau nach sich. Die Gebärende befindet sich so auf gleicher Ebene wie die Geburtshelfenden, wodurch sie sich nicht so leicht unterlegen oder ausgeliefert fühlt. Dies setzt sich nach der Geburt fort: die Frau sieht, was vorgeht und es ergibt sich selbstverständlicher aus der aufrechten Haltung, ihr Kind selber aufzunehmen und an die Brust zu legen. Das Erlebnis der Geburt wirkt weiter im Leben der Frau und auch auf das Selbstwertgefühl des Mutterseins. Eine Frau, die in Rückenlage ihr Kind bekommen hat, sagt eher: die Hebamme hat mich entbunden oder sogar der Arzt hat mich entbunden, anstelle von: ich habe mein Kind zur Welt gebracht oder ich habe geboren!"
Ich denke laut vor mich hin: „Bei einer Geburt wird der weibliche Zyklus klar aufgezeigt. Das Kind muss auf die Welt kommen. Die Frau kann es nicht behalten. Es wird gezeugt, kommt zum Tragen, wächst im Bauch bis es reif ist, dann muss es auf die Welt kommen. Die Frau muss es loslassen, sonst sterben beide. Früher sind auch viele Frauen und Kinder bei der Geburt gestorben. Heute gibt es viele Möglichkeiten zu helfen, eine davon ist der Kaiserschnitt. Doch all das Wissen der Hebammen mit Ritualen, Kräutern, Tüchern, Räucherungen ging verloren. Die Ärzte haben sich dieses Territorium erobert und viel Geld damit verdient. Es ist also an der Zeit, dass wir Frauen auch hier das Zepter wieder übernehmen."
Ereshkigal lacht. „Und es hat begonnen. Die Frauen besinnen sich wieder vermehrt auf das, was sie wollen und brauchen."
„Und so können sie heute wählen zwischen Hausgeburten, Wassergeburten, stehend, liegend, sitzend ..."
„Aus diesem Grund haben sich die Ärzte neue Ideen ausgedacht, wie sie doch noch an den Frauen verdienen können. So war es eine Zeitlang Mode, dass die Ärzte den Frauen rieten, die Gebärmutter heraus zu nehmen, da diese sowieso nicht mehr gebraucht werde. Sie erklärten es als eine prophylaktische Vorsorge gegen Krebs. Die Frauen glaubten es. Doch heute wehren sie sich glücklicherweise dagegen."
„Wie ich hörte, herrscht in den USA der Trend, dass jede dritte Frau einen Kaiserschnitt machen lässt. Also haben die Ärzte ihre Einnahmequelle doch noch nicht verloren." „Das Muster ist immer dasselbe. Sobald eine Quelle versiegt, wird den Frauen Angst gemacht, sodass in diesem Fall die Ärzte wieder etwas an ihnen verdienen. Indem den Frauen Angst gemacht wird, gehen sie wieder ins Spital. Das gibt mehr Geld. Die Männer arbeiten mit der Angst und die Frauen lassen sich Angst machen. Die Frau sollte nur an eins denken: Das Kind und dieser Bauch gehören mir."

„Ja, die Angst. Sie ist ein schlechter Ratgeber. Da haben es die Naturvölker einfacher. Da gebären die Frauen natürlicher und sind ganz in Verbindung mit ihrer urweiblichen Kraft."
„Und in einem Umfeld, das sie unterstützt. Nimm als Beispiel die Frauen der Trobriander. Bei ihnen dominieren in der Eröffnungsphase Gehen und Stehen mit Sitzpausen. Beim Stehenbleiben wird die Frau massiert. Die Geburt selber geschieht in halbsitzender, halbhockender Position. Um ohne eigenen Kraftaufwand gut gestützt und gehalten zu sein, braucht die Gebärende vier Helferinnen. Dazu kommen noch angstmindernde Faktoren: vertraute Umgebung, vertraute Personen und die Gebärende wird von mehreren Frauen sehr liebevoll betreut. Auch junge Mädchen sind bei der Geburt anwesend, sodass eine Gebärende in aller Regel schon Geburten begleitet hat, ihr der Vorgang nicht mehr unbekannt ist und sie schon gelernt hat, wie sie die Wehen verarbeiten kann. Die Teilnahme an Entbindungen älterer Verwandten vermittelt das Wissen und den Geburtsakt und wirkt angstreduzierend."
„Somit weiß auch eine junge Mutter vom Schmerz einer Geburt."
„Ja, doch denke daran, jenseits allen Schmerzes ist Freude. Jenseits aller Trauer ist Liebe. Schmerz und Trauer vergehen, Freude und Liebe sind immer da, jederzeit, an jedem Ort. Sie brauchen keine Bedingungen, brauchen weder die Anwesenheit noch die Abwesenheit von irgend etwas oder irgend jemandem. Dies ist so gewiss wie der nächste Schmerz, die nächste Trauer, die folgen werden, immer wieder neu und immer auch anders als beim letzten Mal. Es geht darum, sich stets wieder einzulassen, ohne halten zu wollen und loszulassen, ohne zu verlieren – immer wieder stirb und werde."
„Je mehr du erzählst, desto mehr habe ich den Eindruck, dass Frausein mit Leiden zu tun hat."
„Leiden ist ein wichtiger Teil des Unterweltlich-Weiblichen. Es kann unbewusst sein, bis die Göttin des Lichts es durch ihr Kommen weckt und die stille Dumpfheit zum Schmerz wird. Auf der magischen Ebene des Bewusstseins wird es dumpf ausgehalten: kein Bewusstheit des Leidens ist vorhanden. Doch Leiden ist Teil des Weiblichen. Vergiss nicht, dass bis zu diesem Jahrhundert das Gebären oft vom Tod begleitet war. So wurden aztekische Frauen, die bei einer Geburt starben, Kriegern gleichgestellt, die im Kampf gefallen waren. Das Leben der Frau bestand tatsächlich in ständig wiederholten Geburten, die nur zu oft mit ihrem Tod verbunden waren - ein naturgegebener Zyklus, der ihr Leben hauptsächlich auf die harte Seite der Wirklichkeit ausrichtete und ihr die Empfindung gab, das Leben am Rand des Abgrunds zu verbringen. So verbrauchte sich die Kreativität der Frau im Gebären und den Künsten und der Erhaltung des Haushalts - alle der Zerstörung und dem Verschleiß unterworfen - im größeren kulturellen Zusammenhang nicht sehr hoch geachtet, obgleich sie wohl die wichtigste zivilisierende Komponente jeder Kultur darstellen, die direkt aus den unscheinbaren Vorgängen der per-

sönlichen Lebensgestaltung entsteht. Es ist also nicht erstaunlich, wenn jüdische Männer ihrem Gott danken, dass sie nicht als Frau erschaffen wurden. Aber für eine Frau sind Wunden an sich nicht unbedingt pathologisch. Sie stellen Teil des Zyklus der Menstruation, des Gebärens und des blutigen täglichen Lebens dar. Es ist nun einmal so, dass jedes Leben mit dem Tod endet. Geburt und Tod sind enge Vertraute in der Geschichte der Frau und daher ist Veränderung und Schmerz unausweichlich. Sie leidet in Einsamkeit, in geduldiger Unterwerfung, andauernd. Erinnere dich daran, dass viele großen Göttinnen unter der Trennung vom Kind, der Mutter oder dem Geliebten zu leiden haben. Sie weichen diesem Leiden nicht aus, sondern stellen sich ihm und bringen seine Wirklichkeit zum Ausdruck."

„Ich will aber nicht leiden."

„Du musst auch nicht leiden. Alles, was du hast, ist die Existenz hier und jetzt. Dann ist es auch das Paradies. Wenn du dich und das Leben mit all seinen Veränderungen annimmst, bist du im Paradies. Gelingt es dir nicht, bist du trotzdem im Paradies und machst es zu deiner Hölle."

„Und in der Hölle leide ich."

„Habe den Mut, dich mit deinen eigenen Dämonen, Ängsten und den schwächeren Aspekten deines Wesens zu konfrontieren und aus ihnen zu lernen."

„Das ist eine Kunst."

„Ja, und um diese Kunst zu vervollkommnen, musst du tief in die offenen Wunden deines Lebens hineingehen und die Schwierigkeiten deiner persönlichen Existenz heilen. Dann, und nur dann, kannst du beginnen, mit anderen zu arbeiten."

„Ich denke nicht, dass alle Menschen, die mit anderen Menschen arbeiten, das getan haben und trotzdem arbeiten sie mit Menschen."

„Und bleiben deswegen in ihrer eigenen Macht stecken und verweilen damit in einem winzigen Kreis. Sie leben von der Energie der anderen und benutzten Tricks und Sabotage. Sie entwickeln sich nicht."

„Was meinst du mit Sabotage?"

„Sie unterbinden ihren eigenen Prozess der Erleuchtung, indem sie sich immer wieder mit negativen Dingen aufhalten."

„Und Negativität sabotiert einen Menschen?"

„Denke daran, dass Erfahrung alles ist, was du hast. Nach dem Tode gehst du in dem größeren Meer der Erfahrung auf. Wenn du also ein positiver Mensch bist und kreative Gedanken hast, ist das deine Erfahrung. Ein Mensch, der viele Gedanken an Geschehnisse, an die Manipulation anderer, an gebrochene Versprechungen, Ärger, Angst, Hass und Eifersucht verschwendet, wird nach dem Tode auf die niedrigste Geistesebene gezogen werden."

Mich fröstelt und ich sehe vor mir Menschen, die ich gekannt habe und die nun gestorben sind. „Nicht nur im Tod wirst du hinunter gezogen. Schlechte

Gefühle setzen immer die eigene Schwingung herab. In dieser herabgesetzten Schwingung wirst du von Menschen wahrgenommen, die auf dieser Frequenz schwingen. Also ziehst du mit dieser Energie Menschen mit schlechten Absichten an."
Ich beginne zu zittern und werde mir bewusst, dass ich, je mehr ich weiß, desto weniger meinen Mitmenschen, dem Leben, dem Schicksal Schuld zuschieben kann. Immer wieder bin ich es. Immer wieder werde ich auf mich zurückgeworfen. Ich bin für mich verantwortlich, ob im Leben oder im Tod. Ereshkigal streckt ihre Hand nach mir aus und berührt meinen Arm. In der zunehmenden Dunkelheit, weil das Feuer langsam zur Glut geworden ist, schaut sie mir in die Augen. Die ihren glitzern wie polierte schwarze Steine.

Mit leiser Stimme sage ich: „Auch, wenn ich weiß, dass es verschiedene Ebenen der Existenz gibt, kann ich mich nicht mit dem Tod anfreunden. Offenbar werde ich mit dem Tod von egal was nie fertig. Es spielt keine Rolle, ob es ein Mensch, ein Tier, eine Beziehung oder sonst etwas ist. Ich möchte nicht, dass jemand stirbt."
„Du bist noch immer in deinen Vorstellungen verhaftet."
„Ich weiß, und kann es doch nicht ändern."
„Ich möchte dir eine Geschichte erzählen. Es war einmal eine Mutter. Sie verliert ihr Kind, es ist gestorben. Sie presst es an sich und will es nicht hergeben. Sie ist verzweifelt. Sie hat ihr Liebstes verloren. Sie fragt alle, ob sie das Kind heilen können. Sie geht von Haus zu Haus. Doch alle schütteln den Kopf. Nach langem Suchen kommt sie zu einer weisen Frau. Diese sagt: „Ja, du kannst dein Kind mit Senfkörnern heilen. Doch diese Senfkörner musst du dir geben lassen in einem Haus, wo noch nie jemand gestorben ist." Die Frau ist überglücklich und geht von Haus zu Haus und erhält immer wieder Senfkörner. Doch jedes Mal, wenn sie sich bedankt und fragt, ob noch nie jemand in diesem Haus gestorben ist, wird ihr geantwortet. Doch Mutter, Vater, Großeltern, Kinder, Tante, Onkel, Freund, Freundin...
Nach einiger Zeit nimmt sie ihr Kind und geht in den Wald. Sie begräbt ihr Kind und beginnt zu beten."

Ereshkigal steht auf und macht mir ein Zeichen, ihr zu folgen. Beim kleinen See bleibt sie stehen und fordert mich auf, ins Wasser zu sehen und mich ganz damit zu verbinden. Ich fühle mich seltsam schwach, und dennoch ist Kraft in mir. Ich sehe mein Spiegelbild. „Stell dir einen Topf vor", höre ich Ereshkigal sagen. Nach einiger Zeit sehe ich einen Topf im Wasser und blicke gespannt darauf.
„Greife in das Wasser und leere den Topf."
Ich drehe mich um und versuche in Ereshkigals Augen zu sehen. Sie erfasst jedoch meinen Kopf mit festem Griff und erlaubt mir nicht, mich vom Wasser abzuwenden. Mich schaudert, denn ich weiß, dass dieser Topf nur in meiner Einbildung besteht. Ereshkigal hält noch immer meinen Kopf und so strecke

ich meine Hand aus und erwarte, dass das Spiegelbild des Topfes auseinanderfallen wird, sobald ich das Wasser berühre. Zu meiner Überraschung bleibt das Spiegelbild erhalten. Ich taste unter die Oberfläche und merke, dass sich unten tatsächlich ein Topf befindet. Vorsichtig gleiten meine Finger um die Rundungen des Topfes. Ich fühle seine irdene Beschaffenheit und die Glätte seiner Glasur. „Was du in deiner Vorstellung siehst, ist Wirklichkeit", flüstert mir Ereshgikal ins Ohr.
Bei diesen Worten explodiert mein Geist in einem Feuerwerk von Lichtfunken, und ich fühle, wie eine große Kraft mich voran in den Teich zieht und mich in einen riesigen gewundenen Tunnel am Grunde des Teiches hinein drängt. Ich spüre, wie mein Körper das Wasser berührt. Es ist eiskalt. Ich schlage um mich und versuche zu atmen, doch mein Körper fühlt sich dumpf an und ich beginne, mich nach unten in das Labyrinth des sich windenden Tunnels hinein zu drehen. Ich frage mich gar nicht, was mit mir geschieht. Ich höre auf zu kämpfen und folge der unbekannten Kraft, die mich antreibt. Vielleicht ertrinke ich. Es ist mir egal. Ich werfe mich vorwärts in die unendliche Dunkelheit hinein, die mein Bewusstsein völlig einhüllt. Ich beginne, Figuren auf den Wänden des Tunnels zu erkennen. Sie sind belebt, und ich stelle fest, dass ich Menschen sehe, die in meinen Leben eine Rolle gespielt haben. Ich nehme schmerzhafte Erfahrungen und Situationen wahr, die mein Herz und meinen Geist berührt haben, Erfahrungen, die mir weh getan haben. Ich sehe, wie der Tunnel sich wie Adern und Venen verzweigt. Ich sehe, wie diese schmerzhaften Erfahrungen meine Blutgefäße wie mit Tropfen verstopfen. Der Mangel an Leere fühlt sich so schrecklich und schmerzlich an. Ich bekomme den Tontopf zu greifen und stülpe ihn auf den Kopf. Es fühlt sich an, als werde ich selbst auf den Kopf gestellt. Als sei ich selbst dieser Topf. Aus meinen Augen, Ohren, aus der Nase und dem Mund fließen die Worte in endlosen Strömen heraus. In einem gleichmäßigen Rhythmus beschreiben die Worte all die Menschen und Erfahrungen, die ich in meinem eigenen Körpergefäß habe, bis nichts mehr übrig bleibt. Ich verspüre Hunger. Ein gieriger Appetit rührt sich in meinem Magen. Und dann ist auch das verschwunden.
Das letzte, woran ich mich erinnere, ist Ereshkigal's Stimme in meinem Ohr: „Die Wahrheit kehrt nur in die Leere ein. In dieser Leere wirst du, mit dem, was du suchst, schwanger werden. Du bist jetzt ein bisschen gestorben. Deine Worte haben sich mit unendlichen Wasserströmen verteilt."

Als ich meine Augen aufschlage, liege ich wieder beim Feuer. Verwirrt blicke ich um mich. Habe ich geträumt? Ereshkigal stochert im Feuer herum und erst als ich mich räuspere, blickt sie mich an. Wartend auf eine Erklärung setze ich mich auf, doch sie schweigt, setzt sich nur mir gegenüber. Nach einiger Zeit wage ich zu fragen: „Habe ich das nur geträumt oder tatsächlich erlebt?" Als ich den Ausdruck von Verachtung auf ihrem Gesicht sehe, merke ich, wie dumm meine Frage ist und schweige. Nach einer, wie mir scheint, unendlich

langen Zeit, erklärt Ereshkigal: „Mit dem Tod, ist nicht nur der körperliche Tod gemeint. Der Tod ist der Eintritt in das unvergängliche Bewusstsein. So geschieht eine tiefe Wandlung, wenn ein Mensch bereit ist, für diesen einen Moment alles aufzugeben, an keiner Gewohnheit festzuhalten und sich fallen zu lassen in das Sein. Dabei muss das Ich nicht sterben. Das Ich stirbt in der Realität, die es hatte. Es stirbt nur als getrenntes Wesen, das sich zu etwas anderem gemacht hatte, als das Leben selbst."
Nach diesen Worten ist wieder Stille und ich höre nur das Knistern des Feuers, bis Ereshkigal fortfährt. „Es ist die Reise der Seele zur Selbsterkenntnis. Es ist möglich, vor dem Tod befreit zu werden und deine Ahnen unterstützen dich in diesem Reifeprozess. Was immer du für deine Heilung, deine Befreiung tust, wirkt sich auch auf sie aus."
„Was haben meine Ahnen damit zu tun?"
„Sehr viel, du bist mit ihnen verbunden."
„Und sie können mich strafen, verfluchen ...."
„Das einzige Interesse deiner jenseitigen Freunde an dir ist, dass du spirituell wächst. Wenn sie dir bei deinem Wachstum helfen können, sind sie glücklich. Sie versuchen, dir behilflich zu sein, damit du deine Aufgaben erfüllen und somit dein Ziel erreichen kannst. Öffne einfach dein Herz für dein wahres Selbst, damit deine Seele dir dein eigenes Liebeslied singen kann."
Sie beginnt, ein wundervoll berührendes Lied anzustimmen und ich höre ihr ergriffen zu. Als sie mit dem Lied fertig ist, schaut sie mich direkt an und sagt: „Damit etwas Neues kommen kann, braucht es zuvor ein Loslassen. Das Leben als solches ist nichts Anderes als loslassen. Du hast ein anderes Dasein losgelassen, um in den Bauch deiner Mutter zu gelangen. Dort warst du neun Monate und hast los gelassen, um auf die Welt zu kommen. Wenn du stirbst, wirst du wieder loslassen."
Ihre Worte lösen in mir Trauer und Schmerz aus und gleichzeitig ein Schmunzeln, weil ich realisiere, dass ich nicht gerne loslasse, weil ich dann keine Kontrolle mehr habe.

Sie steht auf und verschwindet im Dunkeln. Kurze Zeit später kommt sie wieder zurück und hält verschiedene Knochen in der Hand. Sie streckt sie mir hin mit den Worten: „Nimm." Angewidert schüttle ich meinen Kopf und weiche nach hinten aus. „Du bist schon wieder mit deinen Vorstellungen verhaftet. Lasse all die Ideen, Gedanken, Bilder los, welche diese Knochen bei dir auslösen. Es sind nichts als Knochen und jetzt nimm."
Resolut streckt sie mir diese weißen, klappernden Knochen hin und ich fasse sie zögernd an. Mein Gesicht muss wohl Bände sprechen, denn plötzlich fängt Ereshkigal an, laut zu lachen. Sie biegt und krümmt sich vor Lachen, klatscht mit ihren Händen auf den Boden, dreht sich im Kreis und das alles begleitet von einem grässlichen, lauten, gefühllosen Lachen. Noch immer halte ich die Knochen fest in meinen Händen, ich klammere mich richtig an sie und fühle mich ausgelacht und gedemütigt.

„Höre auf", flüstere ich. Was sie noch mehr zum Lachen bringt. Ich finde es überhaupt nicht komisch und bin froh, als sie endlich Ruhe gibt.
„Tut mir leid kleine Schwester. Doch dein Gesichtsausdruck war zu komisch", und schon wieder wälzt sie sich am Boden, krümmt sich vor Lachen und ich sitze da, wie bestellt und nicht abgeholt.
„Verdammt, hör auf", höre ich mich mit lauter wutentbrannter Stimme rufen. Erschrocken ab meiner eigenen Stimme schaue ich sie an. Sie setzt sich auf, lächelt mich an und sagt: „Gut, jetzt können wir weitermachen."
Bevor ich richtig weiß, was geschehen ist, fordert sie mich auf, die Knochen haltend auf den Boden zu stellen. „Halte sie fest, wie bei einem Mikadospiel. Und jetzt lasse sie los. Was siehst du?" Ich sehe, wie sich die Knochen verteilt haben. Sie sind nicht mehr durch meine Hände gefangen und unter Kontrolle; indem ich losgelassen habe, sehe ich die einzelnen Knochen auch viel besser. Ich nehme die Knochen noch einmal in die Hand, lasse sie los, nehme sie wieder auf und mache das eine Zeitlang, wie um mir bewusst zu werden, was da genau vor sich geht. „Das Halten ist anstrengender als das Loslassen", sage ich nach einiger Zeit zu Ereshkigal. Sie nickt.
„Beim Halten muss ich etwas tun, beim Loslassen tue ich nichts und alles geschieht von selbst." Sie schnalzt zustimmend mit ihrer Zunge. Ich sitze da und bin erstaunt ob meiner Erkenntnis. Loslassen ist also im Prinzip einfacher als festhalten und ich dachte bis jetzt immer das Umgekehrte. Ich schüttle meinen Kopf und fühle mich leer, ausgebrannt, traurig und da ist auch ein Schmerz, ganz tief in mir. Wieso mache ich alles verkehrt? Bevor ich fragen kann, erklärt mir Ereshkigal: „Lasse deine Trauer und deinen Schmerz zu. Du hast die Fähigkeit zu trauern und den Schmerz zu verarbeiten. Wut, Verzweiflung, Schmerz, Leiden, Traurigkeit, Klagen, das alles beinhaltet den Trauerprozess. Du selbst bestimmst, wie lange du trauern willst und kannst. Es ist deine Trauer. Beginne, die Trauerrituale wieder zu zelebrieren. Denn nun tauchst du in Dimensionen ein, die Trauerfähigkeit bedingen. Nur so kannst du deine Macht zurücknehmen. Ermächtige dich zu deiner Macht und lasse den anderen ihre Macht. Also höre auf, in der Ohnmacht zu sein. Nimm den blinden Flecken in deinem Leben wahr."
„Blinde Flecken?"

„Es ist das Verdrängte in dir, das andere besser an dir wahrnehmen und sehen, als du selbst. Das, was du gerne verdrängst, nicht wahrhaben willst. Es ist deine Angst vor Verlust, gekoppelt mit Handlungen, die du dir nicht zutraust. Dort, wo du Angst hast vor Liebesverlust, wo deine Muster und Ängste sitzen. Diese ungezähmte, wilde Kraft, diese Tigerin, kann Angst machen. Es ist eine magnetische Kraft. Die weibliche Kraft ist immer magnetisch. Das Magnet zieht an und stößt ab. Es ist auch die Kraft der Sexualität."

„Sexualität?"
Ereshkigal schmunzelt über das ganze Gesicht. „Ja, Sexualität. Die sexuelle Energie setzt Energie frei für die Göttin.

Das empfängliche Yin ist von Natur aus leer. Somit besteht die Gefahr, dass Frauen, die ihre eigene Leere spüren - vor allem in der patriarchalischen Kultur - Erfüllung durch reale männliche Partner und Söhne zu finden versuchen, oder indem sie den kollektiven Animus-Idealen in Form der Prostitution gegenüber den Vätern dienen. Sie werden den Mann um den Penis beneiden und ihn brauchen, um ihr Verlangen nach Macht zu befriedigen. Andere Frauen versuchen, ihr Gefühl der Machtlosigkeit loszuwerden, indem sie den Mann anbeten, der ihr sexuelle Freude und die Möglichkeit des seligen Verschmelzens geben kann. Das Gewahrwerden des inneren Raumes kann einer Frau das Gefühl geben, leer, leblos und hohl zu sein – wie eine leere Mundhöhle, der Speise oder Trank fehlt – wenn die Mutter oder der Geliebte nicht zur Stelle ist. Dann verlangt es sie danach, gefüllt zu werden, und sie ist deshalb in Gefahr, von der Befruchtung von außen durch den Animus völlig abhängig zu werden. Sie kann in der Seligkeit des Verschmelzens mit dem Geliebten ihre eigene Seele verlieren. Der Hunger einer Frau, mit dem Männlichen, als Animus oder als realer Mann, eins zu werden, ihre Idealisierung des Männlichen zum wahren Geist, dem sie sich zu unterwerfen bereit ist, und ihr Verlangen, mit patriarchalischer Autorität angefüllt zu werden oder den Mann als Vater zu sehen, verändert sich durch die Erfahrung dieses inneren Geschlechtsaktes. Nur allzu oft ist kein Unterschied spürbar zwischen dem Bedürfnis einer Frau nach der Mutter, die sie nicht hatte und ihrem Bedürfnis nach männlicher Partnerschaft. Vielleicht suchen deshalb so viele Frauen immer wieder Stärke und Bemutterung ausschließlich bei Männern und ihrem Animus, weil sie vom patriarchalischen Animus des Ernährers großgezogen wurden oder vielleicht ihre Brüder und Väter als wärmer und wertvoller empfunden haben und verschmähen Beistand von weiblicher Seite nun selbst dann, wenn er zur Verfügung steht.
Der Pfahl in meiner Geschichte, du erinnerst dich, der Ereshkigals Pfahl, füllt die ewig empfängliche Leere des Weiblichen mit weiblicher Yang-Energie. Er füllt den ewig leeren Schoß-Schlund und bewirkt, dass die Frau selbst eine Ganzheit sein kann. Sie ist dann nicht einfach nur von Mann oder Kind abhängig, sondern aus sich selbst heraus ein vollwertiges und eigenes Individuum. Sie kann zu ihrem Ja und Nein stehen, ihrem eigenen starken Pfahl. Indem du ja und nein sagen kannst, bist du bereit, zu zerstören und neu zu schaffen und in dir selbst ruhend durchzuhalten. Die Quelle liegt in dir selbst – es besteht keine Notwendigkeit, immerzu wahllos oder masochistisch Bestätigung von außen zu suchen oder die Umgebung friedlich zu stimmen, damit du von ihr Zuwendung oder Unterstützung bekommst. Dein Grundbedürfnis nach Erfüllung, dem die Mutter in der modernen Frau so wenig gerecht werden kann, findet auf diesem Weg tiefe Befriedigung und kommt voll und ganz zu seinem Recht. Die Kultur hat den Frauen allen Mut genommen, die unpersönliche weibliche Potenz zu verwirklichen. Allein schon die Vorstellung gilt als monströs und so werden die Frauen immer noch angehalten, brav zu sein und sich mit Eros auf die sadistischen Vater-Animus-Figuren einzustellen,

anstatt auf ihrer eigenen, gleichermaßen sadistisch bejahenden Macht zu bestehen."

Ich höre ihr zu und verstehe nicht alles. Gleichzeitig wird mir bewusst, dass ich vieles, das sie anspricht, schon irgendwie gewusst habe. Seufzend sage ich: „Es ist so schade, dass all das Wissen nicht mehr vorhanden ist."
„Es ist noch vorhanden - in jeder Frau - tief in ihr."
„Vielleicht in jeder, doch nicht bei mir. Da ist nichts, kein Wissen, nichts."
„Oh doch, in jeder Frau - also auch in dir. Doch dieses Wissen ist mit Angst geprägt."
„Warum?"
„Das hat mehrere Gründe. Einer davon ist die Religion.
Die meisten Religionen sind an männlichen Werten orientiert und auf Männer ausgerichtet. Die Auswirkungen dieser Privilegierung durchziehen fast das ganze religiöse Leben. Nicht nur Gott ist als Mann versinnbildlicht, auch die anerkannten herausragenden Persönlichkeiten in den Schriften sind Männer. Die meisten religiösen Führer sind Männer. Und Männer sind gewöhnlich auch die Hauptfiguren bei religiösen Ritualen. Die Ausrichtung der Kirche auf Männer kann die Möglichkeiten für Frauen und Mädchen stark beeinträchtigen und einschränken. Und die Frauen akzeptieren diese Zweitrangigkeit, damit sie sich zugehörig fühlen können. Sie werden zum Schweigen gebracht und ihre Stimmen werden übertönt. Was heilig ist, ist nicht weiblich, daher nehmen viele Frauen an, selbst unheilig zu sein. Sie verlieren den Kontakt zu ihrer angeborenen, spirituellen Verbundenheit. In einer von Männern beherrschten Welt können Frauen leicht zur Überzeugung gelangen, dass Männer das Recht auf Wahrheit gepachtet haben. Eine Heilung ist daher nur möglich, wenn du deine Wahrheit anhörst und deine Wahrheit schützt."
„Du meinst, mich hindert meine Angst, dieses Wissen wieder an die Oberfläche zu bringen - in mein Bewusstsein. Hat das auch etwas mit der Hexenverfolgung zu tun?"
Sie schnalzt wieder mit der Zunge, schaut mich skeptisch an und nickt: „Den Hexenverfolgern ging es nicht um die Frauen an sich, sondern um das Wissen, das sie in sich tragen. Dieses Wissen sollte ausgemerzt werden. Mit der Unterdrückung dieses Wissens konnte das Patriarchat erst richtig gedeihen. Das Patriarchat konnte nicht zulassen, dass die Frauen selber bestimmten, wann, wie und ob sie ein Kind zur Welt bringen wollten. Das Patriarchat brauchte Nachwuchs, also musste etwas geschehen. So wurden Hebammen, ältere Frauen mit viel Heilerfahrung und Kräuterwissen unter Anklage gestellt. Sie wurden ausgemerzt. Doch das göttliche Wissen kann niemand, auch nicht das Patriarchat, auslöschen. Doch es wird immer wieder versucht. So wurde gegen weise Frauen Anklage erhoben, weil sie als Hexen-Hebammen die Empfängnis im Mutterleibe auf verschiedene Weisen verhindern und auch Fehlgeburten bewirken konnten."
„Somit hat die Hexenverfolgung nicht wirklich etwas mit mir als Frau zu tun?"
Ereshkigal schüttelt den Kopf. „Nein, nicht wirklich. Es ging um die speziellen

Kenntnisse, um das Wissen. Auch kräuterkundige und weise Männer wurden als Hexer verbrannt. Allein schon die Einbeziehung beider Geschlechter erhellt, dass die Hexenverfolgung gegen ein Wissen und nicht gegen ein Geschlecht gerichtet war. Nur ist eben das mit Ausrottung bedrohte Wissen bei Frauen viel häufiger anzutreffen als bei Männern."
„Somit vernichtete die Hexenverfolgung auch die Geburtenkontrolle?"
„Beides, sowohl Verhütung, als auch gezielte Empfängnis basieren auf derselben Methode - uraltes Wissen, verdrängt durch die Kirche, die konservative Wissenschaft und Möglichkeiten unserer modernen Zeit, wie zum Beispiel die Antibabypille."
„Und trotzdem existieren noch immer Menschen, die von diesem Wissen Gebrauch machen."
„Dieses Wissen um Naturgesetze wird von Frauen gerne unter der Hand weitergegeben. So hat es schon im 19. Jahrhundert bereits wieder im Osten Fuss gefasst!"
„Was einmal mehr beweist, dass alles, wirklich alles, in der Natur zu finden ist."
„Natürlich. Du bist eingebunden in natürliche Rhythmen, ob du willst oder nicht. Diese Gesetze existierten schon lange, bevor es Doktortitel gab. Stress und Zivilisation können zwar einiges verändern, aber nicht völlig unabhängig machen. Dadurch bedingt gibt es zwei fruchtbare Zeitpunkte pro Zyklus. Diese wurden schon früher für die Empfängnisplanung ermittelt und berücksichtigt. Während der Zeit der Kräuterfrauen musste keine Frau Angst haben, ungewollt schwanger zu werden. Du als Frau bist Trägerin dieses Wissens. Also kannst du es nicht verstecken, weil es ins Bewusstsein kommt, ob du willst oder nicht."

Bei diesen Worten kommt mir Selene in den Sinn und ich höre ihre sanfte Stimme: „Lasse dich ein und denke nicht zuviel. Es geht um deine Gefühle, tauche ein in sie."
Erstaunt blicke ich um mich. Doch da sitzt nach wie vor Ereshkigal. Sie hat die Augen geschlossen und wirkt dadurch viel jünger und verletzlicher. Nach einiger Zeit macht mich diese Ruhe, dieses Stillsitzen unruhig. Ich suche mir eine Position, die es mir ermöglicht, genau wie sie, einfach da zu sitzen. Doch es geht nicht. Ich bin nach wie vor damit beschäftigt, die richtige Stellung zu finden, als auf einmal Ereshkigal erklärt: „Buddha sagt, die Wurzeln allen Leidens ist das Begehren, gleichgültig, was es ist. Wie wahr."
„Ich begehre zur Zeit nichts. Ich suche nur eine bequeme Sitzhaltung."
Schon während ich das sage, wird mir klar, dass ich mich wieder einmal rechtfertige. Ich schweige und schaue sie an. Ereshkigal lächelt und lässt sich Zeit, endlos, wie mir scheint. „Begehren wird oft mit Liebe oder Zuneigung verwechselt, und das ist das Grundübel menschlicher Beziehungen. Manchmal ist das Höchstmaß an Zuneigung, zu der ein Mensch fähig ist, die Distanz zu schätzen, die gerade da ist und den anderen loszulassen."

„Das ewige Hin und Her mit Nähe und Distanz..." „ist nichts anderes als zwei Waagschalen, von denen immer eine schwerer ist als die andere, die einfach nicht im Gleichklang sein wollen. Du wünschst dir verbindende Gemeinschaft, Verschmelzung, seelische Intimität mit deinem Gegenüber und hältst doch die Dauernähe nicht aus."
Das stimmt. Mir kommen Situationen in den Sinn, die sich genau so abspielten. Kommen meine zwischenmenschlichen Konflikte alle daher, frage ich mich insgeheim. Ereshkigal hebt ihre linke Hand und an der Wand erscheint ein kurzer Filmausschnitt. Ich sehe ein Paar, sie sind am Streiten.
„Du hast aber gesagt, dass ich bleiben kann und jetzt bist du darüber wütend."
Dann die andere Person: „Du hast angefangen mit den Vorwürfen, nicht ich."
Und so geht es hin und her. So schnell, wie der Film an die Wand projiziert wurde, ist es wieder dunkel und ich höre Ereshkigals Worte: „Die Gemeinsamkeit ist das, was für den einen zu viel, für den anderen zu wenig ist. Das macht auf Dauer unzufrieden. Es geht um die eigenen Wünsche und Bedürfnisse. Diese werden oft zugunsten der gemeinsamen Beziehung nicht ausgelebt. Wenn darüber nicht gesprochen wird, kein gemeinsamer Weg gesucht wird, kommt es zum Eklat. Viele bleiben trotz allem zusammen. Es ist wie ein Ehepaar, die mit der Zeit immer garstiger zueinander werden und sich gegenseitig abwerten. Sie bleiben zusammen, weil sie denken, dass es immer noch besser ist, als allein zu sein – und so verharren sie im Zusammensein und graben sich gegenseitig ihre Lebensenergie ab."
Ich bleibe still sitzen und sage nur: „Loslassen."
Sie nickt. „Ein Gleichklang entsteht dann, wenn Menschen den gleichen Abstand zueinander haben wollen. Das sind die Phasen reinen Glücks in Beziehungen, gleichgültig, wie nah die Menschen sich sind, ob Freundschaft oder Liebe, ob zwei oder mehrere. Kein Stress, kein Zerren, keine Flucht, kein Einengen. Genießen, was da ist und loslassen, wenn es vorbei ist. Dummerweise wollen die Menschen halten, was schön ist, statt darauf zu vertrauen, dass es immer wieder schön sein wird, nur eben anders. Der Fluss des Lebens spült dir die Begegnungen an, die du zum Wachsen brauchst."

„Alles, was geboren wird, muss sterben. Es gibt also kein Leben ohne Tod."
„Ja. Wenn die Mutter einem Kind das Leben schenkt, gibt sie ihm gleichzeitig auch den Tod. Geburt und Tod, Freude und Schmerz, brauchen einander. Was wäre das eine ohne das andere?"
„Und trotzdem löst der Tod Ängste aus."
Sie nickt. „Schlussendlich geht es nur darum, herauszufinden, was für dich selbst wirklich passt."
„Und da ich nicht weiß, was passt, fühle ich mich so elend."
„Dann bejahe das Elend und nimm den äußeren und inneren Schmerz an. Das Gleiche machst du, wenn du dich einem Affekt zuwendest und ihn intensivierst, um seine eigene Größe herauszufinden; oder wenn du dich mit einem Schutzmechanismus beschäftigst und erkennst, dass er dazu dient, dein

Leben zu erhalten. Dasselbe geschieht, wenn du Schmerz als einen gültigen Teil des Lebensprozesses anerkennst. Es ist der Fehler von niemandem, sondern nur eine Tatsache der Existenz. Das nimmt dem patriarchalischen Feindbild des Sündenbocks, das gerne jemanden für etwas die Schuld zuschiebt und auf Wiedergutmachung und tätigem Ausgleich besteht, den Wind aus den Segeln. Wenn Schmerz als Teil des gesamten Prozess erkannt wird, erweitert sich diese Perspektive, die Schmerz bis dahin nur als pathologisches Zeichen und als Stigma zu sehen gewohnt war.
So ermöglicht Einfühlung in das Leiden die natürliche Heilung. Es erlaubt dir, das Leiden durchzustehen, bis es zur Entstehung einer neuen Lösung zur rechten Zeit und am rechten Ort beigetragen hat. Heilung entsteht dann nicht nur, weil ein neuer Sinn im Leiden gefunden wurde, sondern weil dem Lebensprozess die nötige einfühlende Aufmerksamkeit geschenkt wird."
„Ich verstehe. Es ist der Kreislauf des Blühens und Vergehens, der liebenden Vereinigung und schmerzlichen Trennung, des Bindens und Lösens." Sie steht auf, streichelt meine Hand und setzt sich neben mich.

„Die eigenen Bedürfnisse bleiben unbeachtet, wenn du ihnen das Bild der mütterlichen oder der schwachen, bedauernswerten Frau aufdrückst. Sie verlieren ihre Fähigkeit zur echten Beziehung, indem sie die Verschmelzung suchen, die weiter nichts als die Flucht vor der Konfrontation bedeutet. So bleibt die weibliche Stärke, die sie eigentlich benötigen, um ihre individuelle Integrität aufzubauen, in die Unterwelt verbannt. Aber die Energie, die im Komplex der individuellen Identität enthalten ist, bleibt erhalten. Diese fließt zurück, und die Frau versinkt in immer wiederkehrende Depressionen. Möglicherweise sucht sich der Komplex auch ein entsprechendes Gegenüber, das die leidenschaftliche Energie des Komplexes auffangen und in rechte Bahnen lenken kann, indem es die Energie achtet und damit die Frau unterstützt, diese Energie umzusetzen. Wenn eine leidenschaftliche Frau jemanden leiden sieht, kann sie von Kummer und Schuldgefühlen überwältigt werden. Nur zu oft wird die Stärke einer Frau vor ihrem Aufblühen durch einen Vater, Bruder oder Ehemann erstickt, der selbst so sehr in seinem eigenen Mutterkomplex gefangen ist, dass er nicht auf eigenen Füßen stehen kann. Ein solcher buckelt und dient oder tobt wie ein höllischer Stier, von seinen eigenen unbewussten Tiefen getrieben. Und die lebensbejahende Energie der Frau, mit der sie ihre persönliche eigenständige Identität aufbauen könnte, richtet sich dann gegen sich selbst oder ihre psychischen und physischen Kinder, oder sie zeigt sich in verkappt aggressiven Manövern. In beiden Fällen verliert sie eine weitere Möglichkeit, ihre eigenen Bedürfnisse zu achten."
„Und oft erwachen die Menschen erst durch das Leiden", äußere ich meine Gedanken. „Angst und Sterblichkeit bringen es zum Bewusstsein. Plötzlich ist da eine Unsicherheit und ich werde mir der Begrenztheit durch Zeit und Tod bewusst. Ich empfinde Furcht und Entsetzen. Das lehrt mich die Ehrfurcht und

Wertschätzung meines sterblichen Lebens. Ich versuche mich zu retten und vergieße Tränen."

„Gut, gut ....du beginnst zu begreifen. Leben ist Veränderung. Veränderung ist die einzige verlässliche Konstante im Leben, das Einzige, worauf du dich verlassen kannst, auch wenn es dir manchmal schwer fällt zu akzeptieren, vor allem in glücklichen Zeiten." Ereshkigal schaut mich wohlwollend und zufrieden an. „Jede Menschengeneration wird durch den Kontakt mit der bipolaren Göttin verändert und beeinflusst und muss innerhalb ihres großen Musters für sich das lebensfördernde Gleichgewicht finden und erschaffen. Denn der Mensch muss sich immer wieder verändern, muss kämpfen und sich anpassen, um sich im Gleichgewicht zu halten. Es ist ein endloses Spiel, ein ständiger Balanceakt, dessen Ergebnis weder festgelegt noch etwa vollkommen ist."
„Also ist das Leben ein ständiger Kampf?" Sie schüttelt den Kopf. „Es ist nur dann ein Kampf, wenn du an etwas festhältst, das vorbei ist."
„Nur, wenn ich ein Opfer erbringe, findet kein Kampf statt."
„Opfer? Kommt darauf an, was du darunter verstehst. Während Innana sich in der Unterwelt aufhielt, gab es auf der Erde weder Wachstum noch Paarung. Die Göttin hatte sich als Opfer ihrer selbst zurückgezogen. Sie war der erste Sündenbock. An diesem Opfer kannst du sehen, wie Innana das Leben im Gleichgewicht hält. An diesem Mythos kannst du erkennen, dass der Sündenbock ursprünglich nichts mit dem Büßen von Sünden oder mit irgendwelchen ehtischen Maßtäben zu tun hatte, sondern nur mit der Notwendigkeit, das Gleichgewicht der Energie im gesamten Lebenssystem aufrechtzuerhalten – entsprechend dem Gesetz von der Erhaltung der Energie. Nichts kann sich verändern oder wachsen ohne das Opfer eines anderen, der das Wachsende speist. Dies ist die tiefe Erfahrung der Schwangerschaft und all der blutigen Mysterien, die das Leben erschaffen und erhalten. Es ist sowohl dem matriarchalischen Bewusstsein wie auch der Physik bekannt. Es ist die Grundlage der Psychologie und aller Transformationen. Der Mythos von Innanas Abstieg und Rückkehr konzentriert sich auf diesen Archetyp des Energieaustausches durch Opfer. Er enthüllt ein umfassendes Muster: Der Himmelsstier wird getötet, die Erde verliert ihre befruchtende Kraft, wird jedoch durch das Opfer der Göttin entschädigt. Alles ist am Werden und Vergehen beteiligt – Opfer, Tod, Verfall, Wiedergeburt – weil es Teil der Dynamik des Lebens ist. Auf der psychischen Ebene wird das langsame Fortschreiten dieses Austauschs als schmerzhaft und langwierig erlebt. Du identifizierst dich mit dem Aspekt, der dir am nächsten ist, und kannst nur selten eine vorläufige Erleichterung erfahren."
„Ja, weil ich etwas verloren habe."
„Du hast etwas verloren. Etwas ist dir genommen worden. Wenn du so denkst, bist du das Opfer. Schaue dir die andere Seite an. Ich habe es nicht mehr, was mache ich jetzt? Wenn du so denkst, bist du nicht mehr in der Opferrolle, denn da ist kein Opfer sondern nur eine Tatsache."

„Also geht es um ein Umdenken. Wenn ich dir zuhöre, finde ich es sehr einfach und logisch, doch beim Umsetzen klappt es nicht."
„Nimm einfach wahr und beim Wahrnehmen geht es ums Halten, Vertrauen und Nichtstun! Das ist nicht so einfach, weil du es anders gelernt hast."
„Genau. Ich lernte: Kenne das Problem - Problem erkannt - Lösung für das Problem gesucht und gefunden - Problem gelöst." Ereshkigal's kehliges Lachen ertönt und sie klatscht freudvoll in die Hände. „Ach Mensch. Dabei geht es ums Halten und Aushalten und zu schauen, was dir das Problem zeigen will."
„Doch dieses Halten und vor allem Aushalten ist fast nicht zu ertragen." Sie schnalzt wieder mit der Zunge, schaut mich lange an, nickt und meint: „Jeder Mensch sehnt sich danach, innerlich erfüllt und in Harmonie mit dem Ganzen zu sein. Indem du dein Bewusstsein klärst und Verantwortung für deine Lebenssituationen übernimmst, gehst du über das Opferbewusstsein, über Verlust, Schuld, scheinbarer Verrat und Machtlosigkeit hinaus. Du wirst fähig, das Ego unpersönlich zu betrachten und Mitgefühl, Vergebung und nicht dualistische Wahrheit zu leben. Du kannst dein volles Potential entwickeln und erwecken, indem du einfach sieben Schlüssel benutzt, die ihren Ursprung in den uralten Lehren der Nicht-Dualität haben. Dieser Weg führt dich aus deiner Getrenntheit heim in die Einheit. Wenn du ihn mutig gehst, wirst du erstaunliche und unerwartete Unterstützung erfahren."

„Was sind das für sieben Schlüssel?"
„Weder an Gewinn noch an Verlust glauben. Jeden Verrat vergeben. Nicht mein, sondern der göttliche Wille geschehe. Auf die Hilfe der unsichtbaren Ebene vertrauen. Das Ego aus einer unpersönlichen Sicht betrachten. Deinen eigenen Tod akzeptieren und die eigene Göttlichkeit begrüssen."
„Sieben Schlüssel, sieben Chakren .... Innana musste durch sieben Tore gehen."
„Kluges Kind. Die sieben Tore zeigen die sieben Königszeichen auf den Stellen deines Körpers, wo die jeweiligen Kundalini-Chakras liegen. Innana trug Krone, Stab, Ohrgehänge und Halskette, Brustschmuck, einen goldenen Ring, Hüftgürtel, Armbänder und ein Gewand der Königin. Wenn sie diese Gegenstände ablegt und später wieder anlegt, wird die Aufmerksamkeit auf die verschiedenen Chakren gelenkt. Sie wird vom Kronenchakra und seinem kosmischen Bewusstsein der seligen Vereinigung aller Gegensätze bis hinunter zum nackten Muladhara-Chakra gelenkt - der starren, trägen Materie der Inkarnierung, den nackten Tatsachen und der Grundlage körperlicher Existenz, hinunter also bis zum Wurzelchakra, wo alle Lebenskeime im Schlaf liegen, wo sie in einer weiteren Vereinigung von Gegensätzen wieder erneuert werden.
Die Erde ist das Element des Muladhara-Chakra. Es ist der Stoff, der die Energie der Materie verkörpert. Es ist das Material, aus dem Männer und Frauen erschaffen werden. Da findest du die Dunkelheit und scheinbare

Stagnation, wo das kollektive Unbewusste dich beeinflusst, wo du die dir wurzelnde Einsamkeit erfährst. Du musst die Phasen von Abstieg-Rückkehr-Abstieg ertragen, als Dienst an beiden weiblichen Instinkt- und Energiemustern. Die Erfahrung von Tod und Geburt - beide Erfahrungen sind für Frauen wertvoll und heilig. Stelle dich außerhalb der patriarchalischen Ordnung, so bist du immer schöpferisch und wandlungsfähig. Das geschieht jedoch nicht willentlich, sondern nur durch das Erleben und manchmal Erleiden persönlicher Gefühle und Leidenschaften."

„Also komme ich nicht ums Leiden herum?"

„Du klagst?""

„Nein, doch, ja, ..."

„Gut, klage nur, denn die Klage ist eine Sprache der dunklen Göttin. So kann Leben sich ausdrücken, so steigt es rein und unverfälscht aus dem Grund der weiblichen Seele auf. Diese Klage will nicht schnell Erleichterung verschaffen, sondern stellt einfach die Dinge so dar, wie sie von einem empfindsamen und verletzbaren Geschöpf gefühlt werden. Dies ist eine wichtige Grundlage der Gefühlsfunktion, die vom stoisch-heroischen Über-Ich nicht eingeschätzt werden kann. Für das Über-Ich ist dies weiter nichts als albernes Geheul und Gejammer - in Wirklichkeit aber spricht es als Tatsache für sich selbst. Es ist so, wie es ist. Das lehrt dich, dass das Mit-Leiden ein Aspekt von Achtung und Ehrfurcht ist. Das beständige Echo wird zu einer Litanei und verwandelt den Schmerz in Poesie und Gebet. Es macht aus dem finsteren Elend des Lebens ein Lied der Göttin. Es lässt Kunst entstehen als Antwort auf die Leiden und Leidenschaften des Lebens, eine ehrfürchtige, schöpferische, mitfühlende Antwort. Es zeigt auch die Macht einer solchen Litanei. Denn mit ihrem Echo-Gesang erlöst sich die Zerstörungswut und wandelt sich in Großmut. Es geht darum, dass Leiden angenommen und ernst genommen wird."

Sie setzt sich gerade auf und beginnt, klagende Laute von sich zu geben. Verdutzt schaue ich sie an. Sie heult wie eine Wölfin und ihr Gesang, besser ihr Klagen, hallt durch die Höhle und vermischt sich mit ihrem Echo. Die Töne durchdringen mich und ich spüre, wie sich etwas in mir verändert. Ich spüre eine tiefe Trauer in mir, die ich nicht begründen kann und lasse nach einiger Zeit meinen Tränen freien Lauf. Ich beginne zu schluchzen und habe gleichzeitig Hemmungen, mich so gehen zu lassen. Ereshkigal hat aufgehört, klagende Laute von sich zu geben, doch sie macht keine Anstalten, mich in die Arme zu nehmen oder etwas zu sagen. Sie sitzt einfach da, während ich schluchzend meiner Trauer Ausdruck verleihe. Nach einiger Zeit steht sie auf, drückt mir ein Taschentuch in die Hand und setzt sich wieder hin. Ich glaube es nicht. Sieht sie nicht, dass ich leide? Mein Körper wird geschüttelt vom Tränenstrom, der aus mir heraus bricht, doch sie sitzt stoisch auf ihrem Platz und rührt sich nicht von der Stelle. Ich weiß nicht, wie lange ich geheult habe, doch danach fühle ich mich einerseits sehr müde, andererseits auch frei und gelöst. Ich schaue Ereshkigal vorwurfsvoll an. Sie begegnet meinem ankla-

genden Blick mit Gleichmut und beginnt sogar zu lächeln. Sie öffnet einladend ihre Arme und sagt: „Vertraue darauf, dass ich dich so annehme, wie du bist." Ich zögere einen Moment, ob ich mich wirklich in ihren knochigen Armen trösten lassen will und überwinde mich. Ich schmiege mich an sie, sie schließt ihre Arme um mich und streicht mir liebevoll übers Haar. „Ich bin für dich da, nehme dich an, wie du bist und lasse geschehen, was geschieht. Um nichts als das geht es. So drücke ich die Wahrheit der dunklen Affekte aus. Denn ich vertraue dem Prozess, auch dann, wenn es schmerzhaft ist, in Richtung von Tod und Depression zu laufen scheint und mich meiner eigenen Unfähigkeit, Veränderung herbeizuführen, akut bewusst macht. Dann warte ich geduldig, gehe tiefer und warte zusammen mit dir, bis die Göttin in Gestalt der Zeit bereit ist, ein freundliches Schicksal zu bestimmen.
Gerade als Mutter solltest du bereit sein, die Intensität der Verzweiflung und Wut nicht mildern zu wollen, ebensowenig den eigenen Ego-Standpunkt verteidigen oder gar die eigene Verletzlichkeit ausdrücken zu wollen. Ich fühle mit dir den Schmerz und die Achtung, wenn ich dich spiegle und Anteil nehme, ohne zu schnell durch die dunkelsten Abgründe der Natur hindurch eilen zu wollen, auch wenn sie sich zu solchen Zeiten langsam wie der Verdauungsapparat bewegen."
Ich höre ihre Worte und gleichzeitig überkommt mich eine wohlige Müdigkeit. Es tut gut, von ihr nun doch noch getröstet zu werden.

Als ich erwache, liege ich noch immer in den Armen von Ereshkigal. Das Feuer ist zur Glut geworden und Dunkelheit umhüllt uns. Ich beginne, mich zu strecken und wecke damit auch Ereshkigal, die sich mit einem lauten Stöhnen bemerkbar macht. Als ich aufstehen will, hindert sie mich daran und legt ihre Hände auf mein zweites Chakra, eine Handbreite unterhalb meines Nabels. „Im Svadhisthana-Chakra sitzt das Vertrauen in das Leben und das Selbst. Da ist die Weisheit des mütterlichen Wassers. Das Vertrauen, die Fluidität, die Ekstase, die sanfte Annahme dessen, was ist - Eigenschaften des Bewusstseinsmodus des zweiten Chakra - kann die krankhaften Erstarrungen des ersten Chakra und die des an Macht fixierten dritten Chakra heilen. Mit der Weisheit löst sich die Trägheit und Starre. Es ist das Wasser, welches das Brachland wieder fruchtbar macht und damit ein Symbol für den unaufhörlichen Fluss der Lebensenergie. Durch das Wasser kommst du wieder ins Leben zurück. Öffne dich in deiner Leidenschaft und drücke dich aus. So hörst du auf, dich selbst mit alten Hemmungen abzuschirmen."
Ich fange an zu lachen. Es ist ein befreites Lachen, denn ich habe den Eindruck, dass sich meine Hemmungen verflüchtigt haben. Ich fühle mich so frei, wie noch nie. Es ist, als ob eine Riesenlast von mir genommen worden ist, und ich ganz von vorne beginnen kann. Ich setze mich auf und beginne, neues Holz auf die Glut zu legen. Als die Helfer kommen und uns etwas zu essen bringen, stelle ich fest, wie hungrig ich bin. Ich stürze mich darauf und schlinge das Essen hinunter. Doch als Ereshkigals erklärt, „Nun bist du bereit

zu sterben“, bleibt mir das Essen im Hals stecken. „Du willst mich umbringen?“
„Nein. Du wirst nur sterben. Ich bringe dich nicht um.“
„Ich will noch nicht sterben.“
„“Es ist kein wirkliches Sterben. Durch die Einweihung gibst du in einem heiligen Wandlungsprozess deine alten Identitäten ab und legst neue an.“
„Und wenn ich nicht will?“
„Dann bleibst du wohl für immer hier. Du kannst nur durch den Tod weiter kommen.“
Entsetzt schaue ich sie an. Hier bleiben oder sterben. Tolle Auswahl. Wie erstarrt sitze ich da und die Lust am Essen ist mir vergangen. Ich bemerke nicht einmal, dass Ereshkigal ihren Platz verlässt. Erst als ich aufblicke, stelle ich fest, dass ich allein bin. Einmal mehr fühle ich mich überfordert. Wie kann sie von mir erwarten, dass ich mich freiwillig in den Tod begebe, nur um einen Schritt weiter zu kommen? Das kann ja wohl nicht wahr sein. Da kommt wieder dieses Feuerwesen auf mich zu, setzt sich vor mich hin und kichert. Es hat einen Schleier vor seinem Gesicht und schaut mich mit großen, leuchtenden Augen an. „Was willst du?“, herrsche ich es an. Es schweigt. Ich drehe meinen Kopf weg, um zu zeigen, dass ich nicht an ihm interessiert bin. Doch mit der Zeit wird mir diese Haltung unbequem und so schaue ich wieder hin. Es sitzt noch immer in der gleichen Stellung vor mir.
„Wieso bist du verschleiert?“, frage ich, um doch ein Gespräch zu beginnen. Es zieht den Schleier vom Gesicht und murmelt leise vor sich hin, sodass ich mich zu ihm beugen muss, um es zu verstehen. „Der Entschleierungsvorgang ist Teil des Einweihungsrituals. Dieses Motiv findest du auch in den Vorbereitungen zur Tempelprostitution. Ebenso wie moderne Nonnen ihrer weltlichen Identität entkleidet werden, so hatten die Priesterinnen sich früher einem ähnlichen Prozess zu unterziehen, bis hin zur Kreuzigung durch den unpersönlichen Phallus irgendeines Mannes, der sie für die Erfahrung ihrer Sexualität als Teil des Dienstes an der Göttin öffnen musste.“
„Was?“

Doch bevor ich eine weitere Erklärung erhalte, verschwindet das Wesen schon wieder im Feuer und Ereshkigal kommt wieder in mein Blickfeld.
„Komm mit“, fordert sie mich auf. Bei einer Grotte mit vielen Tropfsteinen bleibt sie stehen, zeigt darauf und sagt: „Steter Tropfen formt den Stein - zumindest Tropfsteine. Das durch feinste Ritzen und Klüfte in den Fels eindringende Wasser löst Calcium und Magnesiumkarbonat und baut es an anderer Stelle wieder auf. Das Ganze geht sehr langsam: 13 Jahre vergehen, bis ein Tropfstein einen Millimeter gewachsen ist. Also lasse dir Zeit.“
Sie geht weiter, bevor ich etwas fragen oder erwidern kann. Wir durchqueren kleine und große Grotten, Gänge, die hoch und breit sind, dann wieder klein und tief, sodass ich nur geduckt durchgehen kann. Ich bemühe mich, mit Ereshkigal Schritt zu halten, was nicht so einfach ist. Plötzlich höre ich ein

komisches Geräusch. Es tönt wie Flügelschläge und bevor ich mir bewusst bin, was das sein könnte, spüre ich einen Windhauch sowie eine Berührung, die ich nicht erklären kann. Es werden immer mehr und ich beginne zu kreischen. Ereshkigal dreht sich zu mir um. „Höre auf zu kreischen, das sind nur Fledermäuse“, und geht unbeirrt ihren Weg weiter. Ich bin wie erstarrt. Fledermäuse? Meine Knie zittern, mein Herz rast und ich habe Mühe, zu atmen. Schon wieder streift mich ein Flügel oder sonst was Ekliges. Um mich herum wird es immer dunkler und ich realisiere, dass Ereshkigal mit der Fackel schon hinter der nächsten Biegung verschwunden ist. Ich taste mich an den Wänden entlang und versuche, sie einzuholen. Natürlich stolpere ich über die Steine und putsche immer wieder an, doch endlich habe auch ich es geschafft und sehe einen Lichtschein, der mir den Weg zum Ausgang leuchtet. Ich taste mich vorwärts, dem Licht entgegen und stehe einige Zeit später wieder neben Ereshkigal, die es sich in der offenen Höhle bequem gemacht hat.

„Das war grauenhaft. Diese Fledermäuse waren ja gemein gefährlich“, werfe ich als erstes Ereshkigal an den Kopf.
„Fledermäuse sind nicht gefährlich.“
„Natürlich. Ich habe schon gelesen, dass Fledermäuse Menschen umgebracht haben.“
„Fledermäuse fressen Insekten.“
„Vielleicht. Doch sie sind auch der Inbegriff des Bösen.“
„Des Bösen? Was ist das Böse?“
„Böse ist ... eben böse.“
Ereshkigal lacht. „Falsche Antwort. Was ist das Böse? Die Antwort hängt von zwei Faktoren ab. Vom kollektiven ethischen Kodex, also die Verhaltensweisen, die dort, wo du lebst, erwartet werden oder von der Familie und vom persönlichen Impetus, der individuell bedingt ist und nicht immer mit dem Kollektiven identisch sein muss. So kannst du zum Beispiel in eine Situation kommen, in der du gezwungen bist, Dinge zu tun, die zwar für die herrschende kollektive Moral durchaus in Ordnung sind, nur - du selbst stehst nicht dahinter. Innerlich weißt du, dass es eine unmoralische Tat ist. Was machst du dann? Folgst du der Stimme des Kollektivs oder der inneren Stimme? Aber hat die innere Stimme recht? Und was brockst du dir eventuell ein, wenn du dich abweichend verhältst? Du bist also in einem Konflikt. Was du in so einem Fall tun müsstest, kann nicht festgelegt werden, es gibt keine Richtlinien, keine Sicherheit. Es gibt nur den Konflikt, einen moralischen, ethischen Konflikt, wo Außen- und Innenwelt so unterschiedlich denken, dass du in eine Patt-Situation gerätst. Es gibt keine Lösung; doch wenn die Qualen eines Konflikts lange genug erlitten werden, irgendwie eine bis dahin verborgene Entwicklung ans Tageslicht kommt, die genügend Sicherheit bietet, den eingeschlagenen Weg zu verfolgen - wobei du das Risiko, dich zu irren, mit in Kauf nimmst - gehst du den Weg. Doch totale Sicherheit gibt es nie.

In Märchen gibt es auch verschieden Wege, dem Bösen zu begegnen. Da findest du jedoch oft einen Widerspruch. Das eine Mal kann das Böse nur bekämpft werden, indem jemand sich ihm aktiv widersetzt, sich mit ihm rauft; ein anderes Mal hilft nur völlige Passivität oder Davonlaufen. Eine scheinbar passive Haltung, die ergeben das Schicksal hinnimmt, nutzt oft am meisten - keine Gegenaktion, kein Kampf. In deiner Kultur wird das oft missverstanden, als Feigheit, als mangelnde Zivilcourage. Im Märchen erhält die Hauptfigur oft, wenn die Not am größten ist, Hilfe von einem Tier. Dieses Tier darf nie schlecht behandelt werden, sonst geht das Märchen schlimm aus. Tiere symbolisieren den fundamentalen, instinktiven, tiefen Kern deines inneren Wesens. Es ist die Natur in dir und die Verbindung zu deinen Urtrieben, die dir aus den Problemen helfen. Doch in deiner Kultur entfremdest du dich nach und nach von diesem Teil der Natur - schon seit Generationen."
„Du redest von den Totemtieren?" Sie nickt. „Jeder Mensch hat von Geburt an eine Beziehung zu einem Totemtier, eine Verwandtschaft, die nur darauf wartet, entdeckt zu werden. Diese Beziehung wird dich letztlich zu deinem Krafttier oder Totem führen, von dem du selbst längst erwählt worden bist. Doch nun komme, du hast eine Aufgabe zu erfüllen."
„Ja, ich weiß - sterben."
Sie gibt wieder ihr kehliges Lachen von sich und ich hätte sie dafür würgen können. Wie kann sie nur? Sie tätschelt meine Wange mit den Worten: „Lasse die Dämonin in dir zu, erlaube ihr sich zu zeigen. Diese dämonische Form der zurückkehrenden Göttin findest du häufig in den ersten befreiungswütigen Phasen der Frauenbewegung. Und das kann sich in jeder Frau in gleicher Form zeigen."
Sie geht nach vorne, ganz an den Rand des Plateaus. Ich trotte hinter ihr her und bleibe neben ihr stehen. Unter mir geht es tief hinunter ins Meer. Ich weiche einen Schritt zurück. Das sind mindestens hundert Meter und das Meer zeigt sich in seiner kraftvollen Form. Die Wellen sind hoch und ein eisiger Wind peitscht mir ins Gesicht. Ereshkigal dreht sich zu mir um, nimmt meine Hand und zieht mich wieder nach vorne. „Schaue und genieße. Nimm es als einen Augenblick beschaulichen Betrachtens, eine Art Kontemplation, der Genuss der Schönheit, die bald vergehen wird."
„Weil ich dann tot bin?" Sie schüttelt leicht den Kopf und schweigt. Nach einiger Zeit erklärt sie: „Es gibt zwei wichtige Fragen nach dem Tod. Wie viel Liebe warst du in der Lage zu geben und wie viel konntest du annehmen? Wie viel Dienst hast du an deinen Mitmenschen geleistet? Und damit ist gemeint, Dienst an jedem, ohne Unterschiede zu machen. Was du gesät hast, wirst du ernten."
„Wenn nicht im Leben so dann im Tod", füge ich bei. Sie gibt wieder ihr raues, schnarrendes Lachen von sich. „Wenn eine Raupe sich zu einem Schmetterling verwandelt, bedeutet das nicht, dass die Raupe nicht mehr existiert, sondern nur, dass sie in einer anderen Form weiterlebt. Also vertraue auf das Leben."

„Indem ich sterbe?“
„Indem du deine starren Vorstellungen loslässt und anfängst zu vertrauen.“
„Und wem soll ich vertrauen?“
„Dir selber. Du kennst deinen Weg, du weißt genau, was zu tun ist. Lasse los und wirf dich in die Fluten.“ Entgeistert schaue ich sie an. „Ich soll mich da runter stürzen?“
„Möchtest du das denn?“
„Nein!“ Erschrocken weiche ich wieder ein paar Schritte zurück.
„Dann musst du es auch nicht tun.“
„Aber ....“”
„Nichts aber. Lasse einfach los. Denk daran: Pechvögel sehen alles schwarz und in der Dunkelheit fällt die Orientierung schwer. Glückskinder sehen alles hell, das Licht zeigt ihnen den Weg und neue Möglichkeiten.“

Mit diesen Worten erhebt sie sich von der Erde und schwebt an mir vorbei. Mit offenem Mund stehe ich da und blicke ihr nach. Noch lange Zeit höre ich ihr Kichern, obschon sie längst aus meinem Blickfeld verschwunden ist. Ich setze mich hin, blicke in die Tiefe auf das Meer hinunter und weiß eines ganz genau - ich will noch nicht sterben und wenn ich mich da runter fallen lasse, dann ist mir der Tod gewiss.

9. Lakshmi und die Kraft der Worte

Sitzend auf diesem Plateau, höre ich, wie sich unter mir die Wellen an den Felswänden brechen, und überlege mir, was ich nun tun kann, soll oder muss. Wird nun wirklich von mir verlangt, dass ich mich in die Tiefe stürze? Ich bin unsicher. Lernte ich doch, dass ich vor allem auf mich hören soll. Und ich will mich da nicht kopfüber ins Wasser stürzen. Versunken in meine Gedanken bemerke ich gar nicht, wie es dunkel geworden ist. Erst als mein Magen zu knurren beginnt, stelle ich fest, dass ich nun wohl schon Stunden hier vor mich hin gestarrt habe. Der Mond leuchtet zusammen mit den Sternen und wirft seinen silbernen Strahl auf die Wasseroberfläche. Verträumt nehme ich, das sich mir zeigende Bild wahr. Alles wirkt friedlich und ruhig, sogar das Wasser unter mir scheint sich beruhigt zu haben. Trotzdem ist mir jetzt klar, dass ich mich nicht in die Fluten stürzen werde. Ich bin mir sicher, dass es noch einen anderen Weg gibt, ich diesen nur noch finden muss.
Als eine Wolke den Mond bedeckt, wird es finster und ich spüre, wie sich bei mir vor Angst alles zusammenzieht. Ich wage mich nicht mehr zu bewegen und gleichzeitig denke ich, dass wenn ich nun meine Stellung verändern würde, vielleicht wie von selbst hinunter falle und so meine Bestimmung finden werde. Bevor ich näher auf diesen Gedanken eingehen kann, tritt der Mond mit seinem silbernen Licht wieder hervor, was ein Lächeln auf mein Gesicht zaubert. Ja, es gibt immer wieder einen Lichtschein im Leben jedes Menschen - auch für mich. Es geht nur darum auszuharren, auszuhalten und zu warten. Das Licht zeigt sich wie von selbst. Genau, das waren doch auch die letzten Worte von Ereshkigal: Pechvögel sehen alles schwarz und in der Dunkelheit fällt die Orientierung schwer. Glückskinder sehen alles hell, das Licht zeigt ihnen den Weg und neue Möglichkeiten. Mein Blick wandert wieder zum hellen Mondschein und ich stelle fest, dass er nicht nur auf das Wasser fällt, sondern auch einen Teil der Felswand beleuchtet. Neugierig und mit klopfendem Herzen meine ich eine Art Treppe in der Felswand zu erkennen. Ich blicke noch einmal genauer hin und wirklich, da ist ein Weg, hell erleuchtet vom Mond. Langsam stehe ich auf und gehe an die linke Seite des Plateaus. Ich sehe nun die Stufen direkt vor mir, die bis nach unten zu führen scheinen. Langsam, Schritt für Schritt, mich haltend an der Felswand, taste ich mich vorwärts. Nach den ersten vier Stufen stelle ich fest, dass es rechts neben mir tief hinunter geht. Meine Knie beginnen zu zittern, sodass ich mich wieder nach oben taste. Zurück auf dem Plateau flüchte ich mich in die Höhle, die mir Sicherheit und eine Art Geborgenheit vermittelt. Mein Atem geht stoßweise, mein ganzer Körper zittert und ich setze mich hin. Meine Gedanken kreisen um die Treppe, die sich mir gezeigt hat. Das ist der Weg, die Möglichkeit, nach der ich suchte. Dank der Treppe muss ich mich nicht in die Fluten stürzen. Ich versuche, mich auf meinen Atem zu konzentrieren und langsam ein- und auszuatmen. Nach einiger Zeit beruhigt sich mein Körper und ich spüre, dass ich wieder mit meiner inneren Kraft verbunden bin. Meine

Überlegungen drehen sich um das Für und Wider, wenn ich nun die Treppe hinunter steige. Schlussendlich bin ich mir sicher, dass mir keine andere Wahl bleibt, als diese Stufen zu benutzen. Da ich mich jedoch recht müde und ausgelaugt fühle, beschließe ich, jetzt zu schlafen, so Kraft zu tanken und erst am nächsten Morgen, bei Tageslicht, diesen Weg auf mich zu nehmen. Ich kuschle mich zusammen und kurze Zeit später fallen mir die Augen zu.

Am Morgen weckt mich Möwengeschrei aus meinem tiefen Schlaf. Gleichzeitig höre ich wieder das kraftvolle Brechen der Wellen. Die Augen noch geschlossen, höre ich die mir nun schon bekannte Stimme eine Geschichte erzählen:
„Es gab einmal eine Zeit, als die Dämonen und Götter zusammen den Milchozean aufwühlten, als wollten sie Dickmilch herstellen. Für dieses große Unterfangen benutzten sie einen Berg und den Schlangenkönig Adishesha als Seil. Die Devas, also die Götter, und Asuras, die Dämonen, zogen das Schlangenseil an beiden Enden und setzten damit den Ozean in Bewegung, um das Ambrosia aus seinen Tiefen zu bekommen.
Das Aufwühlen des Milchozeans symbolisiert mehrere spirituelle Prinzipien. Der Ozean steht für den Geist des Suchers. Der Milchozean stellt also den reinen Geist eines Suchenden dar. Der Vorgang des Aufwühlens reinigt die innewohnenden Tendenzen des Menschen. Ambrosia steht für höchste Seligkeit. Den Ozean in Bewegung zu versetzen, bringt Ambrosia, einen weißen Elefanten, ein Pferd und weiteres hervor. Selbst die Göttin Lakshmi entstieg dem Ozean; sie trug dabei eine Girlande. Sie vermählte sich mit Mahavishnu.
Wenn ein Mensch nun ernsthaft über die höheren Lebensideale nachdenkt, intensiviert sich seine Evolution. Er wächst spirituell, bis er Schritt um Schritt das letzte Ziel erreicht. Ist er einmal eins mit der Höchsten Realität, beherrscht er alles, auch spirituelle und weltliche Reichtümer. Auf dieser Ebene vertritt Lakshmi die Wahrheit."

Noch immer den letzten Satz in den Ohren, öffne ich meine Augen. Geblendet vom Sonnenlicht habe ich die Vorstellung, oder ist es vielmehr die Hoffnung, dass Lakshmi neben mir steht. Doch der Eindruck täuscht. Als ich mich aufsetze, stelle ich fest, dass sich nichts verändert hat, ich bin allein, nur dass mein Hungergefühl größer geworden ist. Ich bemerke, wie sich langsam mein Selbstmitleid meldet und meine Augen sich mit Tränen füllen. Ich stehe resolut auf, mache einen tiefen Atemzug und sage laut: „Ich kann das. Ich weiß, dass ich es kann. Ich werde nun diese Stufen hinunter gehen und wenn es das Letzte ist, was ich in meinem Leben mache."
Ich gehe an die linke Seite des Plateaus und verfolge die Stufen mit meinem Blick. Ich sehe, dass die Stufen nicht direkt ins Meer führen, sondern nach einer gewissen Zeit aus meinem Blickfeld hinter einer Biegung verschwinden. Es ist also ungewiss, ob ich durch diese Treppe wirklich nach unten gelange. Auf der anderen Seite ist es gewiss, dass ich hier oben verdursten und ver-

hungern werde. Ich atme noch einmal tief ein und aus, bewege vorsichtig einen Fuß vor den anderen, ohne rechts hinunter in die Tiefe zu sehen. Meine linke Hand stützt sich an der Felswand ab, was mir ein wenig das Gefühl von Sicherheit vermittelt. Ich komme nur langsam vorwärts, wage jedoch nicht, zurück zu blicken, sondern richte mein Augenmerk nur nach vorne, was mir als einzige Alternative bleibt. Ich höre die Wellen unter mir sowie die Möwen, die um die Felswand kreisen und immer wieder atme ich tief aus mit dem Gedanken: Ich schaffe das. Ich kann das. Ich weiß, dass ich das kann. Ich bin nicht allein. Die Göttin ist bei mir. Ich sehe sie nicht, doch sie ist da. Ich weiß es.

Nach der ersten Biegung bleibt mir das Herz fast stehen. Vor mir sehe ich, wie sich die Treppe teilt. Ein Weg führt nach unten und einer nach oben. Mein erster Gedanke ist, dass der Weg nach unten der richtige ist, weil ich mich ja ins Meer hätte fallen lassen müssen. Andererseits spüre ich einen Teil in mir, der mehr dazu drängt, den Weg nach oben zu nehmen. Ich fühle mich hin und her gerissen. Was jetzt? Ich wage mich nicht hinzusetzen, denn die Stufen sind zu schmal. Da ich noch nicht bei der Kreuzung angelangt bin, beschließe ich, erst einmal bis dorthin zu gehen und dann zu entscheiden. Endlich dort angekommen, stelle ich fest, dass sich hier eine Art Plateau befindet, sodass ich mich wage hinzusetzen. Ich lehne mich an die Felswand, schließe die Augen und bin froh, dass ich den Weg bis hierhin geschafft habe. Nach einiger Zeit bemerke ich, dass mein Rücken nass geworden ist. Langsam drehe ich mich um und entdecke ein dünnes Wasserrinnsal. Beim näheren Hinsehen stellt es sich als Glücksfall heraus, denn ein wenig weiter vorne befindet sich ein richtiger Wasserstrahl. Ich rücke auf die Seite und bilde mit meinen Händen eine Auffangschale, aus welcher ich gierig das Wasser trinke. Nachdem mein Durst gelöscht ist, geht es mir schon viel besser. Das Problem der Wegkreuzung bleibt jedoch bestehen, und noch immer weiß ich nicht, welchen Weg ich gehen soll. Hinauf oder hinunter? Da kommt mir der Gedanke, dass mir der Mond schon einmal geholfen hat. Bin ich doch erst durch seinen Lichtschein auf die Treppe gestossen. Dieser hilfreiche Gedanke lässt mich entspannen. Ich setze mich bequem hin, schließe die Augen, bitte die Göttin um Hilfe und beschließe, ein wenig zu ruhen. Ich muss wohl eingenickt sein, denn als ich die Augen wieder öffne, ist es Nacht. Rechts und links neben mir geht es tief hinunter, ich höre das Plätschern der Wellen und fühle mich dennoch ausgeruht und wohlgemut. Nach einiger Zeit zeigt sich auch der Mond und sein silberner Schein weist mir den Weg, der mir bestimmt ist. Ich stehe auf, taste mich der Felswand entlang vorwärts und gehe mit langsamen Schritten die Stufen hinauf. Der Weg scheint endlos zu sein und erst beim Morgengrauen befinde ich mich auf dem Berg, der mir eine traumhafte Aussicht auf das Meer beschert.
„Was du hier siehst, ist der Golf von Bengalen“, höre ich eine Frauenstimme hinter mir sagen. Ich drehe mich um und sehe Lakshmi. Ich weiß nicht warum, doch ich erkenne sie. Sie ist eine wunderschöne Frau in einem langen, lufti-

gen Gewand, welches ihre Figur umschmeichelt. Sie trägt eine Blumengirlande um den Hals und ihre Augen sind voller Schalk; ihr Gesicht, nein ihre ganze Person, erscheint mir strahlend und mit Licht erfüllt. Sie kommt auf mich zu, legt die Blumenbinde um meinen Hals, küsst mich auf die Wange und überreicht mir einen Granatapfel. Dankbar nehme ich ihn an, breche ihn auf und esse ihn genüsslich. „Du bist hier in der Küstenregion des indischen Bundesstaates Tamil Nadu. Da unten ist alles voll von versunkenen Städten, Tempeln und anderen Strukturen. Bei diesen von Menschenhand geschaffenen Unterwasserstrukturen handelt es sich um Überreste einer Gruppe von Tempeln, von denen in schriftlichen Quellen berichtet wurde und die sich bis ins achte nachchristliche Jahrhundert hinein verfolgen lassen."
„Und war auch eine Flutwelle der Grund des Untergangs dieser Tempel?"
„Nein. Auch keine Erdbeben oder ähnliche Katastrophen, sondern eine ganz banale Küstenerosion. Die Erklärung ist natürlich nicht so spektakulär wie eine 120 Meter hohe Flutwelle, macht dafür jedoch Sinn."
„Sollte ich mich deswegen in die Tiefe stürzen?" Lakshmi schaut mich erstaunt an. „Wie kommst du darauf?"
„Nun ja, Ereshkigal sagte das."
Lakshmi schüttelt den Kopf. „Bist du sicher? Glaube nichts, nur weil es dir jemand gesagt hat oder weil es so überliefert ist, oder weil du es dir so vorstellst. Glaube nichts, was dir deine Lehrerin oder dein Lehrer sagt, nur aus Respekt für die Lehrerin oder den Lehrer. Jedoch von welchem Weg auch immer du nach sorgfältiger Prüfung erkennst, dass er zum Guten und zum Glück aller Geschöpfe führt, diesem Pfad folge, wie der Mond dem Pfad der Sterne."
„Ich bin dem Pfad des Mondes gefolgt."
„Ich weiß", schmunzelt Lakshmi. „Jetzt ist es Zeit, zu gehen. Reiche mir deine Hände und schließe deine Augen."
Ohne zu überlegen mache ich, was sie mir sagt. Kurze Zeit später erlaubt sie mir, die Augen wieder zu öffnen. Ich sitze zusammen mit ihr in einem Reisebus und wie sie mir erklärt, fahren wir durch Madras, was den tamilischen Namen Chennai trägt. Einmal mehr eröffnet sich mir eine neue Welt. Indien mit vierspurigem Linksverkehr, mit lautem Gehupe, freilaufenden Kühen auf den Straßen und Ochsengespannen mit schweren Lasten, Frauen zu Fuß in bunten Saris, mit Säcken beladenen Fahrrädern, Lkws mit Lakshmi- oder Krishna-Aufdruck, Kinopostern mit Shivabildern, Häusern mit aus Stroh geflochtenen Dächern, Schulen bewacht von Götterstatuen am Eingang. Dazu eine trockene Hitze. Ich bin froh, sitzt Lakshmi neben mir und erklärt mir alles mit ruhigen Worten.
Angekommen im Kshetropasna Ashram, wo sowohl eine ayurvedische Klinik als auch ein Altenheim betrieben werden, empfangen sie uns mit südindischem Essen. In einem Speiseraum bedienen uns Frauen und Männer. Zuerst legen sie ein Palmenblatt vor uns und nachdem das Blatt mit Wasser besprenkelt und abgewischt ist, wird darauf eine Portion Reis, scharfe Sauce,

Gemüse und Chapatis gelegt. Die rechte Hand als Esswerkzeug benutzend, essen und trinken wir das scharfe, jedoch köstliche Mahl und die danach gereichte Gemüsebrühe und die Buttermilch. Diese Art des Essens sollte mich während meines Aufenthaltes in Indien ständig begleiten.

„Was ist eigentlich ein Ashram?“, frage ich nach dem Essen Lakshmi.
„Für den wahrhaft gläubigen Hindu gehört es zu seinem Leben, einige Zeit in einem Ashram zu verbringen. Der Ashram gibt ihm die Gelegenheit, sich ins spirituelle Leben zu vertiefen, zu meditieren, Yoga zu üben und Begegnungen, Darshan genannt, mit einer spirituellen Meisterin oder einem spirituellen Meister zu haben. Dabei ist es unerheblich, ob dieser Mensch noch lebt oder seinen Körper bereits verlassen hat, wenn eine Beziehung zu ihm besteht.“
„Und diese Lehrerinnen oder Lehrer sind Gurus.“
„Höre ich da einen negativen Ton heraus?“ Ich nicke, was ein Lächeln auf ihr Gesicht zaubert. „Leider ist der Begriff Guru vor allem im Westen mit viel Negativem behaftet. Teils aus Unkenntnis, teils aus schlechten Erfahrungen mit den Import-Gurus. Ein Guru ist nichts anderes als eine spirituelle Freundin oder ein spiritueller Freund. Es handelt sich um eine Beziehung, bei der es um eine bewusstseinsmäßige Weiterentwicklung geht.“
„Und wie erkenne ich einen guten Guru?“
„Eine spirituelle Freundin oder ein spiritueller Freund kann eine Person sein, die als Spiegel dein Selbst reflektiert und dich alle deine Spiele und Unwahrheiten erkennen lässt. Ein wirklicher Guru schafft keine Abhängigkeit, da er kein selbstsüchtiges Interesse hegt, sondern hilft auf dem Weg zum eigenen inneren Guru.“
„In einem Ashram habe ich also die Gelegenheit, meinen eigenen inneren Guru zu finden.“
„Den kannst du überall finden, doch in einem Ashram kannst du dich ganz darauf konzentrieren. In den meisten Ashrams kannst du eine Zeitlang leben, wenn du bereit bist, dich an die strikten Regeln zu halten, die dort meist herrschen. Solange jedoch nicht wirkliches Interesse vorhanden ist, ist jeder Besuch in einem Ashram zwecklos, reine Zeitverschwendung und eine Belästigung für die anderen Menschen im Ashram. Das Ganze ist keine Sightseeing-Angelegenheit. Der spirituelle Weg führt zu mehr Bewusstsein und Selbstverantwortung, deshalb ist blindes Hinterherlaufen und unreflektiertes Mitmachen einer spirituellen Richtung völlig unangebracht und auch äußerst gefährlich für die eigene Entwicklung. Du kannst die Verantwortung für dich selbst nicht an einen Guru abgeben mit der Haltung: er oder sie wird's schon machen. Sie machen gar nichts. Sie sind ist wie ein Katalysator, der nur die Reaktionen in dir beschleunigen kann, die schon da sind. Und so, wie du dir einen guten, kompetenten Arzt aussuchst, solltest du auch deinen Guru mit Verstand und Umsicht auswählen.“
Ich schmunzle. „Nun ja, bei mir ist es wohl anders. Mich haben die Gurus ausgewählt.“

Lakshmi lacht, nimmt mich bei der Hand und kurze Zeit später sind wir in Kanchipuram, der Stadt, in der die besten Seidenstoffe der Welt hergestellt werden. Sie zeigt mir die vielen kleinen Webereien, in denen Seidensaris von Hand an Webstühlen gewebt werden und ein Mitarbeiter erläutert mir die einzelnen, sehr komplexen Handgriffe. Danach kauft mir Lakshmi in einem Geschäft Saris aus Seide und lässt mir noch von einem anwesenden Schneider mit den gekauften Seidenstoffen Sarioberteile und Punjabis auf den Leib schneidern. So trage ich nun die angemessen Kleidung für einen Aufenthalt in den Tempeln, in denen ich nur bekleidet mit Sari oder Punjabi zum Hauptschrein vorgelassen werde. Unser Weg führt uns zum Shivatempel in Kanchipuram, an dessen Eingang uns ein Tempelelefant begrüßt.
„Hier findest du die drei Prinzipien der vedischen Gottheiten Brahma, Vishnu und Shiva. Sie symbolisieren das Erschaffen, Erhalten und Zerstören des menschlichen Körpers. Shiva ist der Gott der Zerstörung und auch der Gott der Fruchtbarkeit und sein Symbol ist der Lingam oder Phallus. Diese symbolische Bedeutung von Shiva findest du auch in der hebräischen Genesis, in dem der Lingam zum Baum des Lebens wurde und das Symbol der Fruchtbarkeit die das Leben gibt zu Chavvah oder anders ausgedrückt zu Eva, die zur Lebensgeberin wurde." Nachdenklich sage ich: „Ich habe immer mehr den Eindruck, dass jede Religion schlussendlich zum selben führt."
„Ja, weil der Ursprung von allem Leben derselbe ist. Und ob du nun eine weibliche oder männliche Gottheit anbetest, spielt schlussendlich auch keine Rolle, denn die drei weiblichen Aspekte der Gottheiten haben vielfältige Namen und können nicht getrennt werden von den männlichen Gottheiten. Also, wenn du im Shivatempel bist, bist du gleichzeitig bei den weiblichen Gottheiten Parvati, Sarasvati oder Kali, welche nur einige der weiblichen Aspekte sind."
Nach der Besichtigung des Tempels, zurück im Ashram, lassen wir den Abend mit klassischer indischer Musik, genannt karnatische Musik, ausklingen.

Frühmorgens fährt Lakshmi mit mir in die Altstadt von Chennai, namens Mylapore. Sie zeigte mir eine christliche Kirche, die Kirche des Lichts genannt wird. Portugiesische Seefahrer bauten diese als Dank für das Überleben nach einem Schiffbruch vor der Küste. Mit einer Fahrradrikscha geht es weiter zum Shivatempel, in dem Shiva als bettelnder Mönch mit einer Bettelschale aus einem Schädel dargestellt ist. Aus diesem Grund wird er auch Kapalheshwaratempel genannt. Im Hauptaltar wird Shiva in Form eines großen Shivalingam verehrt und Parvati, seine Gefährtin, als Pfauenhenne, in die Shiva sie verwandelt hatte, weil sie, statt ihm ihre Aufmerksamkeit zu schenken, einen tanzenden Pfau bewundert hatte. Nach intensivem Sadhana in Mylapore wurde sie zurückverwandelt.
„Was bedeutet Sadhana?"
„Sadhana ist bewusst systematisierte geistige Bewegung. Sadhana ist der Grund, aus dem du an diesen Ort gekommen bist. Abhyasa und Sadhana sind

gleichbedeutende Begriffe. Das Ziel des Sadhana ist es, das Leben von den Begrenzungen, durch die es gebunden ist, zu befreien. Sadhana ist ein lebenslanger Prozess. Jede Stunde und jede Minute sind ein Weitergehen. Die Hindernisse auf dieser langen Reise sind unzählbar. Doch solange du das Göttliche in dir zu deinem Führer machst, gibt es nichts, worüber du dich sorgen müsstest."
Nach dieser Erklärung umrundet sie zusammen mit mir den Haupttempel dreimal aufrecht und langsam. Im Haupttempel wohne ich dann dem Arati bei. Ich erhalte vom Priester die heilige Asche Shivas, womit ich mir drei Streifen auf die Stirn und an die Kehle mache und das Kumkumpulver der Devi, welches ich als Punkt auf meine Stirn zwischen meine Augen, also auf mein drittes Auge, auftrage.
Als ich wieder hinaus trete, erwartet mich Lakshmi und fragt schelmisch: „Na, fühlst du dich nun besser?"
Ich nicke, und sie kichert vor sich hin. Danach führt sie mich durch das Menschengewimmel von Mylapore zum Vishnutempel. Dort erhalte ich ein V aus Asche auf die Stirn mit einer roten Flamme darin, was das Zeichen der dortigen Priester und der Vishnuanhänger ist. Anschließend besuchen wir einen Parvatitempel, in dem nicht, wie sonst üblich, Brahmanenpriester die Rituale ausführen, sondern andere Kastenangehörige, die für ihre Rituale auch Tamil und nicht Sanskrit benutzen. Parvati wird hier vor allem verehrt, um Krankheiten zu heilen und die Fruchtbarkeit der Frauen zu fördern. Dafür geben die Menschen als Opfer Eier und Milch auf einen Baum, in dem die Schlange als Symbol der Göttin wohnen soll. Bei der großen St. Thomas Kathedrale, unter der die Gebeine des Apostels Thomas liegen sollen, der nach Indien gereist war, um die Lehre Christis dort zu verbreiten, endete die Rikshaführung durch den alten Stadtkern von Chennai.

Geschafft und voller neuer Eindrücke bin ich wieder im Ashram und beschließe, am Nachmittag beim Feuerritual mitzumachen. 108 Frauen führen das Feuerritual für die Göttin aus. Junge und alte Frauen, alle in rotorangene Saris gekleidet, sitzen in Reihen bei diesem Devi Homa. Mit einem großen Abendessen für die Frauen, ihre Familien und uns endet das Ritual. Angesteckt von den anderen, bemerke ich gar nicht, dass Lakshmi schon längere Zeit nicht mehr da ist. Unbekümmert mache ich beim Satsang mit. Eine der Frauen erklärt mir, dass Satsang die Möglichkeit ist, mit einem erleuchteten Menschen in Stille zusammen zu sitzen. Nach der Stille rezitieren wir Durgamantren, und ich fühle mich großartig.

Am nächsten Morgen gehe ich nach dem Satsang in die Yogastunde. Wie die anderen Frauen will ich danach eine Chandika Homa machen, welche fünf Brahmanenpriester durchführen. Dies ist eine sehr mächtige Feuerzeremonie für die Göttin Durga, welche in einer Freilufthalle zelebriert wird. Eine der Frauen erzählt mir vorher noch die Geschichte von Durga.

„In der mythischen Vorzeit genoss der Dämon Mahischasura die Gunst des Gottes Shiva. Shiva belegte ihn mit einem Zauber, der den Dämon unsterblich machen sollte. Kaum unbesiegbar, begann der Dämon, eine Schreckensherrschaft über die Welt aufzubauen und vertrieb die Götter aus dem Himmel. Sie unterlagen im Kampf gegen den unsterblichen Büffel-Dämon Mahischasura und sie wandten sich in ihrer Not an Shiva und baten ihn um Hilfe. Der forderte die Götter auf, ihre Shaktis zu vereinen. Das Ergebnis war eine mehrarmige, kraftvolle Göttin, die sie Durga, die Unbesiegbare nannten und mit den unterschiedlichsten Waffen ausstatteten.
So gerüstet ritt Durga auf dem Rücken eines Löwen durch die Welt. Auf dem Gipfel eines Berges traf sie auf Mahischasura, der sie, angezogen von ihrer Schönheit, bat, ihn zu heiraten. Durga erwiderte ihm, dass sie nur denjenigen heiraten würde, der in der Lage war, sie in der Schlacht zu besiegen. So griff der Dämon die Göttin an. Durga schleuderte ihre Waffen gegen Mahischasura, jedoch ohne Erfolg. Erst ein Tritt mit körperlicher Berührung warf den Dämon zu Boden und Durga tötete ihn mit ihrem Dreizack. Die Götter feierten ihren Sieg und grüßten sie fortan als Kriegergöttin.
Sie ist nicht nur eine strafende Göttin, sondern auch eine gütige. Die bekanntesten Formen sind dabei Durga als Göttin der Vollkommenheit und Kali als Göttin der Zerstörung. Beide haben acht Arme, was große Kraft, Shakti, symbolisiert. Durga reitet auf einem Löwen, während Kali auf der Leiche des Dämonen Mahischasura reitet.
In ihrer vorherigen göttlichen Inkarnation wurde Durga Parvati genannt. Die Familie des Gottes Shiva, seiner Gattin Parvati und den Söhnen Ganesha und Kartikeya gelten als perfektes Beispiel der Einheit der Familie und der Liebe."
Nach dieser Geschichte freue ich mich über das Ritual, in dem Durga alle Negativität von mir nimmt. Wie bei allen Ritualen erhält die Göttin Geschenke: Kokosnüsse, Blumen, Spielzeug, Granatäpfel, Bananen, gekochter süßer Reis und Saristoffe werden um eine Feuerstelle herum aufgebaut, eine Pyramide aus Blumen steht neben der Feuerstelle und die Zeremonie, die wir die ganze Zeit verfolgen, beginnt. Ein Ehepaar ist Teil der Zeremonie. Es ist das Symbol für Gott und Göttin und die Frau wirft als erste offene Kokosnüsse ins Feuer. Danach beginnen die Priester mit der Rezitation der 13 Verse, wobei alle unterschiedliche Aufgaben übernehmen.
Die Nahrungsmittel und alles andere sind Geschenke an die Göttin, die durch das Verbrennen im Feuer für die Göttin zugänglich werden. Am Ende der Zeremonie wird sogar noch ein Sari geopfert.
Ich finde das Ritual sehr schön, doch irgendwie hat es mich nicht berührt. Die anderen anscheinend schon, denn immer wieder höre ich sie sagen: „Das war ein sehr starkes eindruckvolles Ritual und versorgte uns wirklich mit der mächtigen Kraft der Göttin."
Die nächsten Tage verstreichen wie im Flug. So lerne ich die indischen Tänze kennen. Der in Südindien beheimatete Bharatanatyam mit seinen unzähligen

Hand- und Fußgesten ist der Ursprung aller anderen Tanzformen Indiens. Er ist ein Ausdruck tiefen Gefühls, ein Medium der Gottverehrung und dient der Erhebung der Seele. Jede Geste, jede Bewegung, jede Blickbewegung der Tänzerin hat eine Bedeutung und so erzählt jeder Tanz eine Geschichte. So wird mir auch die Darstellung der tanzenden Kali ein Begriff, die ein Bein in der Luft und vier Arme hat.

In diesem Moment vermisse ich zum ersten Mal meine Begleiterin und ich beginne, Lakshmi zu suchen. Sie ist unauffindbar. Sie scheint verschwunden zu sein. Ich bin nicht einmal erstaunt, denn, wenn ich so darüber nachdenke, erbrachte ich ihr nicht die Achtung, die sie verdient hat, sondern suchte wieder einmal im Außen, oder in der Ferne das, was doch genau vor meiner Nase war. Ich habe mich wieder einmal mitreißen lassen. Ich war gefangen von den neuen Eindrücken, von dem, was alle so toll finden und habe nicht auf mich selbst gehört. Ich habe mich wieder einmal verloren. Ich mache mir große Vorwürfe, obwohl ich weiß, dass das schlussendlich nichts bringt. Ich pendle zwischen Ärger und Selbstvorwürfen. Wie leicht ich doch die Begriffe Schuld und Sünde während einem Feuerritual ablegen kann. Dabei drücken Selbstvorwürfe das Gefühl eigener Schuld aus. Ich lächle über mich selbst und kann innerlich ja sagen zu dem, was ist. Obwohl ich es verbockt habe, geht es mir viel besser. Nun bin ich auch bereit wahrzunehmen, was ich jetzt wirklich will und brauche. Ich will Lakshmi wieder finden. Nachdem ich mir sicher bin, dass sie das Ashram verlassen hat, beschließe ich, mich einer kleinen Gruppe anzuschließen, die zu einer Rundreise aufbricht, mit der Hoffnung, Lakshmi zu finden.
Als erstes halten wir bei einer Priesterin an, die in ihrem kleinen Tempel lebt und allen von uns eine Weissagung macht. Von ihr höre ich: „Denke daran, Lakshmi hat ihren Sitz auf einer Lotusblüte, was bedeutet, dass sie in der Höchsten Realität etabliert ist. Sie verfügt über vier Hände, zwei davon halten Lotusse. Sie erinnert dich an dein letztendliches Ziel. Mit den zwei anderen Händen erteilt sie Segen."
„Und wo ist sie?"
„Mit goldener Hand segnet dich Lakshmi mit Wohlstand, wenn du sie aufrichtig verehrst. Wohlstand beinhaltet jedoch mehr als einfach materiellen Reichtum. Dazu gehören moralische und ethische Werte, die nobleren Aspekte des Lebens, mentale Kraft und intellektuelle Stärke."
Erfüllt von diesem Erlebnis reisen wir weiter. Nach einiger Zeit besuchen wir die Tempel der acht Aspekte der Lakshmi: der Göttin des Wohlstandes, die der Menschheit dient, Nahrung schafft, Kraft und Stärke erzeugt, die Tochter des Ozeans ist, die für gesunde Kinder sorgt, die sich für den Sieg im Inneren und Äußeren einsetzt, die wohltätig ist, die Erziehung und Bildung schafft. Letztendlich ist es die eine Kraft Adishakti, die unveränderliche, immer bestehende ewige Wahrheit, die wir in verschiedenen Formen verehren.
Ich beschließe, mich hier von der Gruppe zu verabschieden und zu bleiben mit der Überzeugung, hier Lakshmi zu finden. Doch sie zeigt sich nicht. So bin

ich froh, dass sich eine Familie meiner annimmt und ich in der Nähe des Tempels bei ihnen übernachten und essen kann.
Am nächsten Morgen werden im Tempel die 108 Namen der Mutter gesungen, ein schönes Ritual, bei dem nur Frauen im Tempel sind, doch auch da zeigt sich mir meine Göttin nicht. Wieder draußen, fühle ich mich sehr allein und auch verloren, gleichzeitig bin ich wütend auf mich, dass mir das passiert ist. Weil mich das Stillsitzen und Warten kribbelig machen, beginne ich, um den Tempel herum zu laufen. Zuerst mit schnellen Schritten und dann sukzessive immer langsamer, sodass es fast zu einer Gehmeditation wird. Durch das Laufen vergesse ich alles um mich herum, bin ganz mit mir beschäftigt und habe auch aufgehört, mir innerlich Vorwürfe zu machen.
Eine wohltuende Ruhe und Stille umfängt mich, aus der ich schlagartig mit den Worten gerissen werde: „Mir scheint, du weißt oft in deinem Leben die schönen Dinge erst zu würdigen, wenn sie vorbei sind. Es gibt jedoch keinen Tag, der nur schlechte Erfahrungen bereithält. Jeder Tag hat seine spezielle Süße, die es zu entdecken gilt. Ich rate dir, dass du für jede schöne oder gute Erfahrung ein Reiskorn von einer Hosentasche in die andere steckst. So erkennst du jeden Abend, wie viel Gutes dir widerfahren ist."
Mein Herz klopft wie wahnsinnig, als ich Lakshmi neben mir sehe. „Ach, tut das gut, deine Stimme zu hören, dich wieder zu sehen", entfährt es mir und spontan umarme ich sie. Lächelnd schiebt sie mich nach einiger Zeit von sich und zusammen gehen wir in das Haus, das mir schon die Nacht zuvor als Zuflucht gedient hatte. Das war wohl vorbestimmt, denke ich mir.
„Nicht alles ist vorbestimmt", höre ich in diesem Augenblick Lakshmi sagen. Erstaunt schaue ich sie an. „Nicht?"
„Nein, denn jeder Mensch hat einen freien Willen und kann damit tun und lassen was er will."
Ich schaue sie skeptisch an. So einfach kann es wohl nicht sein? „Es ist einfacher als du denkst. Der Wille eines Menschen ist das höchste Gesetz im Universum. Der persönliche Wille wird zu allen Zeiten beachtet."
„Und was heißt das genau?"
„Wenn du stur und engstirnig sein willst, kapitulieren wir. Wenn du nicht willst, können wir dir das ganze Glück der Erde vor die Füße legen und du erkennst es dennoch nicht. Du hast immer die Wahl."
„Und was ist mit dem Karma?"
"Der Ausdruck Karma kommt aus dem Sanskrit und heißt nichts anderes als Tat und Aktion. Die Wortwurzel davon ist Kri und das bedeutet wirken. Also, anders ausgedrückt heißt Karma: Taten wirken, säen, ernten gleich Ursache und Wirkung."
„Und einmal mehr bin ich, ich allein, verantwortlich für alles, was geschieht?"
Sie nickt und reicht mir ein Blatt, worauf steht:
Säe einen Gedanken – du wirst ein Gefühl ernten.
Säe ein Gefühl – du wirst einen Wunsch ernten.
Säe einen Wunsch – du wirst eine Tat ernten.

Säe eine Tat – du wirst eine Gewohnheit ernten.
Säe eine Gewohnheit – du wirst ein Schicksal ernten.
Ich lese das Blatt mehrmals und Lakshmi lässt mir Zeit. Sie sitzt da und schaut mir zu, ohne dass ich den Eindruck erhalte, zu etwas gedrängt zu werden. Sie ist einfach da.

Früh am nächsten Morgen treffen wir uns auf dem Flachdach, praktizieren dort begleitet vom Sonnenaufgang Yogaübungen und gehen danach schweigend in einer Gehmeditation Richtung Tempel. Dort angekommen, teile ich Lakshmi meine neuste Erkenntnis mit: „Gedanken sind nichts anderes als ein inneres Selbstgespräch."
„Stimmt. Aus diesem Grund ist es wichtig, zu wissen, wie du selber mit dir sprichst. Bist du lieb, arrogant, befehlend? Je nachdem reagierst du auf deine inneren Stimmen. Es ist also von Vorteil, wenn du liebevolle Selbstgespräche führst."
„Denn nur, wer an sich selber glaubt, kommt zu einer gesunden Ich-Entfaltung."
„Genau. Und wie du weißt, geht es nicht darum, selbstgefällig zu werden, oder einen Anspruch zu haben, im Mittelpunkt zu stehen. Auch Perfektionismus braucht es nicht, um wichtig zu sein. Der äußere Schein ist vergänglich. Sich selber treu sein, heißt sich lieben, ein Herz zu haben und aus sich heraus zu strahlen. Du musst nichts machen, du darfst einfach sein."
„Ja sich selber treu sein, finde ich einen wichtigen Leitsatz."
„Treue! Viele Menschen verlangen Treue. Doch selber stehen sie nicht treu zu ihren Gedanken, Gefühlen und Taten. Wenn du dir treu bist, so wirst du nicht mehr nach Treue verlangen müssen. Treue kommt aus dem Vertrauen. Vertrauen ist Sicherheit der Liebe. Vertrauen wird durch Offenheit geschaffen."
„Offenheit verlangt viel Mut und nicht jeder Mensch ist so mutig, sich offen zu zeigen."
„Erstaunliche Begebenheiten, die uns das Leben manchmal vor die Füße wirft, wie einen bunten Ball, haben etwas mit innerer Offenheit und Bereitschaft zu tun, die das finden oder aufnehmen können, was gerade ansteht, für die eigene Entwicklung wichtig ist. Innere Offenheit ist eine Sache des Herzens, äußere Offenheit eine Sache des Verstandes, der mitteilt oder aufnimmt. Offenheit ist in jedem Fall ein Abenteuer, man weiß nie, wie es weitergeht. Das ist sozusagen die psychologische Erklärungsvariante für Zufälle und Überraschungen, die dem Kopflastigen und Zweifler, wie du es bist, zumeist einleuchten."
„Und nicht in der Vergangenheit weilen oder in die Zukunft eilen, sondern in der Gegenwart verweilen", füge ich schmunzelnd bei.
Lakshmi lacht und meint: „Denke einfach daran, dass die großen Hindernisse auf dem Weg der Befreiung die vergangenen, gegenwärtigen und zukünftigen sind. Sich die Vergangenheit ins Gedächtnis zu rufen, sich ihrer zu erinnern und durch sie beeindruckt zu sein, das ist das Hindernis der Vergangenheit.

Das Hindernis der Gegenwart ist vielfältiger. Es besteht darin, sich vor allem auf oberflächliche, intellektuelle Dinge zu besinnen, ihre Stumpfheit zu kultivieren, sie zu rechtfertigen und zu interpretieren. Das ist das Hindernis der Gegenwart. Das Hindernis der Zukunft ist, dass du dir Sorgen machst und Schwierigkeiten erwartest, noch bevor sie eingetroffen sind. Das schafft die Hindernisse der Zukunft."
„Also habe ich immer mit Hindernissen zu kämpfen."

„Immer! Was für ein großes Wort." Sie schaut mich liebevoll an, legt einen Arm um meine Schultern und erklärt: „Alle Realitäten, die existieren, sind aus dem großen Gedanken entstanden. Der Vater im Menschen ist der Gedanke und so ist Gott in allen Gedanken – in jeder Art von Sein. Alles ist Gott, und folglich sind wir alle Gott. Alle Schöpfungen sind Gottes Geschöpfe. In allem ist alles enthalten. So zeigt sich die göttliche Kraft durch die unendlichen Gedanken, die schlussendlich in einer sichtbaren Realität enden, respektive sich fortsetzen. Das Denken ist unendlich – Gott-Vater ist unendlich. Jeder Mensch ist frei zu denken, was immer er will. Die Freiheit der Gedanken ist grenzenlos.
Aus dem unbegrenzten Denken wächst die Schöpfung unendlich, immer und immer und immer. Die Schöpfung dehnt sich laufend aus. Die Schöpfung kennt keine Leere, sondern sie ist unbeschränkte Fülle. Leere ist eine Entscheidung der Menschen. Gott ist Bewusstsein, das keine Grenzen, kein Ende und keine Beschränkung kennt. Gott ist Bewusstsein, das in keiner Zeit gefangen ist."
„Und wo bleibt die Göttin?" Sie lacht, zwickt mich in die Wange und meint: „Gott ist gleichzeitig Göttin und Göttin ist Gott. Alles ist dasselbe. Mit deiner Trennung schneidest du dich von einem Teil ab."
Ihr Blick wandert ins Leere und sie beginnt zu erzählen: „Der Vater teilte sich in unzählige Einheiten. Die große Einheit, aus der alles entsteht, ist die Ewigkeit Gottes. In diesem Schöpfungsvorgang betrachtet Gott-Vater seine Söhne und Töchter, also seine Kinder, und die Liebe zu ihnen ist unendlich. Durch die göttliche Liebe bleiben alle Schöpfungen bewusst und unbewusst miteinander verbunden. Die große, unendliche, uneingeschränkte Liebe des Vaters erlaubt allen Göttern zu sein, was immer sie entscheiden zu sein. Der Vater kennt keine Wertungen, Begrenzungen und Beurteilungen. Der Vater aller Schöpfungen ist einfach und lässt alles zu und liebt alles, was ist. So ist Gott, der Vater aller Seins-Zustände, zu jeder Zeit mit allem in Liebe verbunden. Unser Leben ist auf eine Art und Weise das große Experiment Gottes. Gott und seine Liebe sterben niemals und leben ewiglich weiter. Jeder Gott-Mensch hat durch die eigene Denkkraft selbst die Wahl, zu entscheiden, was in seiner Realität entstehen soll und wie er diese Realität gefühlsmässig erleben will."
„Wenn ich verurteile, beurteile oder einfach urteile, trenne ich etwas in zwei Teile oder anders ausgedrückt: ich teile das Ursprüngliche von mir ab", füge ich bei.

„Ja, denn urteilen ist bewerten und kommt von den Moralvorstellungen."
„Die Selbstverurteilung. Ich teile mich in gut und böse. Ich trenne, distanziere mich - von mir selbst."
„Was nichts anderes ist als Einschränkungen, Beschränkungen, Abtrennung, Teilung und schlussendlich Selbstzerstörung. Alles, was du als Mensch ablehnst, zu dem musst du selbst wieder werden."
„Damit ich ganz werden kann." Sie nickt. „Jeder Mensch hat immer wieder die Wahl, zu entscheiden, wie viel Liebe, also wie viel Leben er zulässt. Die Liebe Gottes ist dem Menschen immer gewiss, selbst, wenn dieser nicht in der Lage ist, dies zu erkennen. Die Liebe des Vaters ist immer da, bis in alle Ewigkeit. Jeder einzelne Mensch hat durch die Kraft der Gedanken und durch die Macht seiner Gefühle die Fähigkeit erhalten, selbst zu entscheiden, was er will und was er in seinem Leben erlaubt zu sein."
„Die Menschen haben Vorstellungen, wie eine Frau zu sein hat. Die Werbung zeigt es uns und wir glauben es. Es geht also darum, die eigenen Vorstellungen zu finden."
„Es ist sehr wichtig, dass du dich selber kennen lernst. Was sind deine Vorstellungen und nicht die deiner Eltern, Lehrer, Vorgesetzen oder anderer autoritärer Personen."
„Da kommt mir Johann Heinrich Pestalozzi, der Gründer der heutigen Pädagogik in den Sinn. In der Öffentlichkeit war er ein guter Lehrer, doch nicht bei seinem Sohn. Er hat ihn geschlagen, was nicht gerade für ihn spricht."
„Predige nicht das Gesetz, sondern lebe es", fügt Lakshmi lachend bei. Ich kann nicht verstehen, wie sie bei einer solchen Geschichte, wie der von Pestalozzi, einen solchen Spruch machen kann. Entrüstet schaue ich sie an. Das bringt sie noch mehr zum Lachen und sie erklärt: „Du hasst das Böse mehr, als dass du das Gute liebst."
Sie setzt sich auf einen Stein und lädt mich mit einer Handbewegung ein, mich neben sie zu setzen. Sie schaut mich von der Seite her lange an und meint: „Ich will dir eine Geschichte erzählen. Mache es dir bequem und schließe die Augen, so kannst du dir die entsprechenden Bilder dazu vorstellen.
Im Ursprung ist alles nur Gedanke! Gedanke ist unendlicher Gott. Der Vater ist unendlicher Gott, der sich in Liebe in jeder Schöpfung selbst betrachtet. Gott ist Ursache in allen Dingen.
Wie die Schöpfung entstand, entsteht und wie sie immer weiter besteht ...
Gott-Vater aller Gedanken!
Der große Gedanke, Gott-Vater, war und ist einfach, unendlich, unbeschränkt und unvorstellbar. Nun begann der Gedanke, über sich selbst nachzudenken. Der große Gedanke dachte über sich nach und betrachtete sich dabei selbst. Durch die Selbstbetrachtung entstand die Liebe zu sich selbst. Entstanden ist die Selbstliebe, die Eigenliebe. Der Gedanke hatte durch die Liebe seine Partnerin gefunden. Die Liebe, Gott-Mutter, gab und gibt dem Gedanken, Gott-Vater, das Leben. Gott liebte, was er sah: er liebte sich selbst und tut dies ewig weiter. Der große Gedanke hatte seine Partnerin – die Liebe – gefunden,

die nun seiner geistigen Form Leben schenkte. Die Liebe war geboren, das Leben war geboren. Dies war der Anfang der Schöpfung. Schöpfung ist unendliche Fülle. Die Liebe ist die Kraft im Universum, die allen Schöpfungen Leben einhaucht und der Leim, der alle Schöpfungen miteinander verbindet. Aus jedem Gefühl werden neue Schöpfungen geboren. Durch die Verbindung und Vereinigung von Gedanke und Gefühl entsteht eine neue Realität. Die so geborene Realität bezeichne ich als Gott-Mensch. Gott-Mensch ist erweiterter Vater, der Vater hat sich durch den Menschen ausgedehnt. Kind ist erweiterte Schöpfung. Gott dehnt sich fortlaufend aus. So ist der Vater wie auch die Mutter durch ihre Kinder in allen weiteren Schöpfungen enthalten."
„Und aus diesem Grund bin ich göttlich", stelle ich lakonisch fest.

„Genau", lacht Lakshmi, steht auf, nimmt mich bei der Hand und erklärt: „Komm! Gehen wir die Illusion füttern." Sie lacht laut und herzhaft und steckt mich damit an.
Den Nachmittag verbringe ich damit, mich mit der Umgebung vertraut zu machen. Als ich gegen Abend wieder ins Haus zurückkehre, bin ich erstaunt, denn alles ist voller Licht. Mahi, einer der Hausbewohner, erklärt mir, dass Divali gefeiert werde. „Divali bedeutet Lichterkette und ist das hinduistische Neujahrsfest. Zu Ehren der Göttin Lakshmi sind in allen Straßen, Häusern und in der Natur Tausende Lichter aufgestellt. So soll das Glück in jedes Haus finden und das Gute über das Böse siegen. Es ist wohl das wichtigste Fest Indiens und wahrscheinlich auch das älteste, wird es doch bereits im Ramayana erwähnt."
„Was ist Ramayana?"
„Aus ihm leiten die Inder bis heute gültige soziale und sittliche Gesetze ab. Das Ramayana schildert das Leben und die Taten Ramas, der als Inkarnation des Gottes Vishnus betrachtet wird und der in vorbildlicher Weise das Dharma lebt."
„Und wer ist Rama?""
„Rama ist der Sohn des Königs von Ayodhya und soll die Königsnachfolge antreten. Eine Gemahlin seines Vaters möchte jedoch ihren eigenen Sohn auf dem Thron sehen, und für Rama ergibt sich aus dieser Situation eine einzige Konsequenz. Er zieht vierzehn Jahre durch die Wälder. Seine Gattin Sita und sein Bruder Lakshmana begleiten ihn auf dieser Wanderung. Eines Tages, als Rama und Lakshmana auf der Jagd sind, wird Sita von Ravana, dem Herrscher der Insel Lanka, dem heutigen Sri Lanka, entführt. Die Insel ist die Heimat der Rakshas, fürchterlicher Ungeheuer und Dämonen. Rama und Lakshmana machen sich auf die Suche nach Sita und treffen Hanuman, den Ratgeber des Affenkönigs, der ihnen seine Unterstützung zusagt. Hanuman findet Sita in Lanka und berichtet Rama davon. Mit einer Armee von Affen bauen sie eine Brücke aus Steinen von Indien nach Lanka. Die heutige Adam's Bridge zwischen Indien und Ceylon wird als Überbleibsel dieser Bauaktion angesehen. Es kommt zum Kampf mit den Rakshas, Rama besiegt

Ravana und befreit Sita. Über das Zusammenkommen zwischen Rama und Sita gibt es mehrere Versionen, da sich für Rama, der ganz im Dharma, also dem Gesetz, lebt, die Frage stellt, wie er mit einer Frau leben kann, die bei einem anderen Mann gelebt hat. Eine der Versionen ist, dass Sita von Lakshmana verlangt, ein Feuer zu entfachen, in das sie steigen soll, um ihre Unschuld zu beweisen. Der Feuergott Agni selbst hebt sie aus den Flammen und gibt sie Rama zurück. Rama, Sita und Lakshmana gehen zurück nach Ayodhya, wo sie nach den vierzehn Jahren sehnsüchtig erwartet werden. Dort wird Rama zum König und Sita zur Königin gekrönt.

Die Witwenverbrennung, Sati, wurde durch diese Geschichte legalisiert; inzwischen ist sie gesetzlich verboten. Sita wird den indischen Frauen als das Vorbild der idealen Gattin dargestellt, der es nachzueifern gilt. Übersehen wird dabei, dass viele Männer keine Anstrengungen machen, Rama nachzueifern."
„Das ist wie bei uns im Westen, da haben die Männer auch vergessen, was einst wichtig war, doch von den Frauen werden noch immer die alten Rollen verlangt."
Er nickt und fährt weiter mit der Erklärung betreffend dem Divali fort. „Ursprünglich war es eine Art Erntefest. Um seinen Ursprung ranken sich im Laufe der Jahrtausende bunte Mythen und Legenden mit regional sehr unterschiedlichem Hintergrund. In gewisser Weise symbolisiert es die uralte indische Kultur und Philosophie, welche die Menschen lehrt, sich von Ignoranz und Hochmut zu befreien und die Dunkelheit zu überwinden, die das Licht der Erkenntnis verschlingen will."
„Und was hat das mit Lakshmi zu tun?"
„Der Sieg des Guten über das Böse bedeutet gleichzeitig den Sieg des Lichtes über die Finsternis, womit sich eine weitere Facette des Ursprungs von Diwali eröffnet. Das Wort Diwali, genauer gesagt Deepawali, bedeutet auf Sanskrit soviel wie Lichterkette, und Lichter in jeder Form sind das charakteristische Merkmal dieses Festes. Mit diesen Lichtern wird die Göttin Lakshmi geehrt, weshalb das Fest in einigen Regionen Indiens auch unter dem Namen Lakshmi-Puja oder Kali-Puja begangen wird. Lakshmi wird als Göttin des Wohlstands verehrt und soll durch das Aufstellen vieler heller Lichter in die Häuser gelockt werden. Der hinduistischen Schöpfungsgeschichte nach entstieg Lakshmi an diesem Tag dem Milchmeer. Diwali bezeichnet somit auch den Tag ihrer Geburt und stellt sie deshalb in manchen Regionen in den Mittelpunkt des gesamten Festgeschehens."

Zusammen mit den anderen feiere ich dieses heitere Fest. Die Atmosphäre ist erfüllt von Freude und Fröhlichkeit bei Jung und Alt, Männern und Frauen. Als das Symbol des Lichts erhellen kleine tönerne Öllampen die Hütten der Armen; die Häuser der Reichen lässt es im Glanz bunter Lichterketten erstrahlen. Inmitten des lebhaften Festtreibens versinnbildlicht es den eigentlichen Kern der Botschaft von Diwali, die Menschen in ihrem Bewusstsein zu erleuchten.

In dem gesamten fünftägigen Festgeschehen stellt die Lakshmi-Verehrung und ihr Willkommmenheißen mit einem Lichtermeer am Neumondtag, Amavasya, den augenfälligen Höhepunkt dar. Darum herum ranken sich verschiedene weitere Festereignisse, die an den komplexen Ursprung des Festes anknüpfen.
Ein solch bedeutungsschwangeres Ereignis erforderte natürlich entsprechende Vorbereitungen, die schon Tage zuvor begannen. Ich habe nur nichts davon bemerkt, weil ich zu sehr mit mir beschäftigt war. Trotzdem war mir aufgefallen, dass alle Häuser gründlich gereinigt wurden und einen neuen Anstrich erhalten haben, denn die Leute glauben, dass Lakshmi nur in makellos reine und einladende Häuser einkehrt - doch ich habe mir dabei nichts gedacht.
Zwei Tage vor dem festlichen Höhepunkt, der Lakshmi-Puja, beginnt der erste Festtag, genannt Dhanteras. Dieser Tag dient einmal der Einstimmung auf die Ankunft von Lakshmi, der Göttin des Glücks und des Wohlstands. Dazu werden die Hauseingänge mit Girlanden aus Mangoblättern und Blüten festlich dekoriert. Auf dem Boden vor dem Eingang werden traditionelle Rangolis, Schmuckornamente aus verschiedenfarbigem Pulver und Reismehl, ausgestreut. Um die lange Erwartung der Göttin anzuzeigen, werden Fussspuren aus Reismehl und Zinnoberpuder im gesamten Haus ausgelegt.
Abends finden Pujas zu Ehren der Göttin statt, bei denen fromme Lieder, Bhajans, gesungen und ihr traditionelle Süßigkeiten, die Naivedyas, als Opfer dargeboten werden. Die Diwali-Lichter werden entzündet, die die ganze Nacht hindurch im und um das Haus herum brennen, um der Göttin bei ihrer späteren Ankunft den Weg zu weisen und die Schatten der bösen Mächte fernzuhalten.
In ländlichen Regionen ehrt man an diesem Tag die Rinder besonders, denn sie sind die wichtigste Quelle des Reichtums für die Landbevölkerung. In gleicher Weise wie Lakshmi als Göttin des Wohlstands angesehen wird, gilt die Kuh als tierisches Symbol für Glück und Wohlstand und wird somit in die Lakshmi-Verehrung mit einbezogen. Am ersten Tag von Diwali, an Dhanteras, huldigt man zudem Dhanvantari, dem Mediziner der Götter. Nach der hinduistischen Schöpfungsgeschichte soll er mit einem Topf voller Amrit aus dem Milchmeer aufgestiegen sein. In Anspielung auf diesen Topf werden den Hausfrauen an diesem Tag Küchenutensilien überreicht. Als Arzt der Götter brachte Dhanvantari den Menschen auch die medizinische Wissenschaft. Neben Lakshmi als Göttin des Wohlstands verehrt man ihn an Diwali deshalb als Garant für Gesundheit im neuen Jahr.
Am zweiten Tag, Choti Diwali, erinnert man sich der Mythen um die Dämonenkönige Narakasura und Hiranyakshipu. Sie künden vom Sieg des Guten über das Böse und geben so den Menschen Zuversicht und Lebensfreude. Zudem mahnt dieser Tag an die Legende von King Bali, der den Menschen zu Diwali immer wieder neu das Licht der Erkenntnis anzündet. Derart positiv gestimmt stürzt man sich nochmals in die Vorbereitungen für den Empfang von Lakshmi

in der Neumondnacht, Amavasya. Erneut werden die Haustüren geschmückt und Eingänge und Höfe mit farbenprächtigen Rangolis dekoriert.
Mit der finsteren Neumondnacht, Amavasya, ist nun endlich der Höhepunkt des Festes, die Ankunft von Lakshmi, gekommen. Nun erstrahlen auch alle Tempel, alle öffentlichen Gebäude und auch die Flussufer im Lichterglanz, alles ist zum Empfang der Göttin bereit. In der religiösen Vorstellung wandert Lakshmi an diesem Tag über die Welt. Sie sucht die Menschen in ihren Behausungen auf, verteilt aus ihrem Füllhorn Glück und Wohlstand und erfüllt mit ihrem himmlischen Licht der Erkenntnis die Herzen der Gläubigen. Die Menschen strömen in Scharen zu den Tempeln aus denen freudige Klänge von Glocken und Trommeln erschallen, um die Lakshmi-Puja zu zelebrieren. Sie legen Opfergaben aus selbstgemachtem Festgebäck, den Naivedyas, vor den Göttern nieder, um sie dann als Prasad wieder mit nach Hause zu nehmen.

Nachdem diese Festlichkeiten vorbei sind, kehrt wieder Ruhe ein und zusammen sitze ich mit Lakshmi an einem See. In Gedanken versunken blicke ich auf das Wasser und zucke ein wenig zusammen, als Lakshmi fragt: „Was denkst du gerade?"
„Weiß nicht - ich glaube nichts."
„Nichts?" Ich nicke zur Bestätigung. Oder habe ich doch etwas gedacht und weiß es nicht mehr?
„Ist es wichtig zu wissen, was und wie ich denke."
„Nicht wirklich. Vielmehr geht es darum, dass du dich immer wieder fragst: Was ist jetzt?"
„Es ist nicht wichtig, was ich darüber denke, sondern was ist?"
„Genau." Ich frage sie nach einem Beispiel. „Du verabredest dich mit einer Freundin in einem Restaurant und sie kommt nicht. Was passiert bei dir?"
„Ich werde wütend, weil sie mich sitzen gelassen hat."
„Das denkst du. Doch was ist wirklich. Du warst da, sie nicht." Stimmt, doch wenn ich so anfange zu denken, wo bleiben da meine Wut, meine Streitlust, meine Ungeduld, meine ... Gleichzeitig fühle ich, dass darin eine Wahrheit steckt, die für mich sehr hilfreich sein kann. Nachdem ich meinen ersten Widerstand aufgegeben habe, sage ich: „Anstelle von: Heute ist wieder einmal ein scheußlicher Tag, sage ich also besser: Es regnet."
Lakshmi nickt. „Worte beinhalten viel mehr als du denkst. Worte sind Energie. Eine achtsame Wortwahl bringt dich weg vom Konkurrenz-, Opfer- und Mangeldenken. Sie führt dich zur Eigenverantwortung und zielorientiertem Denken bei einem gleichzeitigen liebevollen Mit- und Füreinander."
„Wie das?"
„Eine achtsame Wortwahl beginnt an der Wurzel aller Handlungen: beim Denken und Fühlen."
„Du sprichst über Kommunikation?"
„Ja. Die meisten Menschen kommunizieren in der Wischiwaschi-Sprache. Sie ist weit verbreitet und gilt teilweise sogar als vermeintlich höflich."

„Und was verstehst du unter Wischiwaschi-Sprache.“
„Dass du nicht sagst, was du denkst, weil du doch so höflich sein willst. Und so spürst du innerlich eine Gereiztheit, Ungeduld, Wut, Streit, ein Grollen oder Klagen.“
„Ja, das kenne ich gut.“
„In diesem Moment kannst du dir innerlich sagen: In diesem Augenblick verursache ich mir Leid. Auch Worte, mit einem unterlegten Vorwurf, der nicht offen ausgesprochen wird und subtil im Satz mit schwingt, ist nicht sehr hilfreich.“
„Das kenne ich. Es wird etwas gesagt, nichts ist klar und greifbar und genau das hinterlässt bei mir jeweils ein missliches Gefühl.“
„Aus diesem Grund kommt vielfach in der Kommunikation keine klare Information an. Folglich geschieht oft nichts, und die erhoffte Wirkung der gemachten Äußerungen bleibt aus. Nehmen wir als Beispiel das Lernen. Das geschieht zu einem großen Teil in der Kommunikation: durch Reden und Hinhören. Darum ist eine gute Kommunikation eine wesentliche Grundlage für das Lernen.“
„Genügt es, wenn ich mich in kurzen Sätzen klar ausdrücke?“
„Das ist ein wichtiger Bestandteil, doch das reicht nicht aus. In den einzelnen Wörtern und Redewendungen sind emotionale Erinnerungen gespeichert. Diese sind von Mensch zu Mensch verschieden. Das hörst du, wenn verschiedene Menschen das gleiche Wort ein paarmal hintereinander langsam wiederholen. So kannst du hören, dass das gleiche Wort bei den Einzelnen anders klingt und jeweils andere gefühlsmäßige Reaktionen hervor ruft.“
Ich schaue sie skeptisch an. Sie blickt mir in die Augen und sagt: „Ich habe einen Vorschlag für dich!“ Ich zucke ein wenig zusammen, was sie zum Lächeln bringt. „Ist es besser, wenn ich dir sage: Ich habe eine Anregung für dich!“ Ich spüre, wie sich mein Körper entspannt und nicke. „Eine Anregung gibt einen Impuls und wird, wie du gerade selber festgestellt hast, bereitwilliger aufgenommen als ein Vorschlag. Im Wort Vorschlag findest du auch das Wort Schlag und wer wird schon gerne geschlagen?“
„Ja, aber ....“
„... aber. Das Wort aber stellt immer die vorher gemachte Aussage in Frage. Wenn ich dir sage, ich habe dich lieb, aber manchmal nervst du mich. Was hörst du.“
„Dass ich dich manchmal nerve.“
„Genau. Mit dem Wort aber wird das ich habe dich lieb wie ausradiert. Aber-Denker schaffen sich und anderen durch ihr Denken ständig neue Hürden und sind erst noch erstaunt darüber.“
„Und was kann ich anstelle von aber sagen?“
„Lasse die Hürde verschwinden und mache eine Verbindung daraus indem du sagst: ich habe dich lieb und manchmal nervst du mich.“
„Sprechen aus diesem Grund die Indianer von der heiligen Sprache?“ Sie nickt und mir kommt in den Sinn, dass auch Christen und Juden wissen, dass am Anfang von allem das Wort steht.

„In der Sprache liegt die Schöpferkraft“, sagt Lakshmi und setzt sich unter einen Baum. Ich setze mich zu ihr und eine Zeitlang sitzen wir schweigend da, beide in unsere Gedanken versunken. Ich versuche Sätze, Redewendungen, Worte von mir zu analysieren. Ich sitze da und grüble, und doch kommt mir nichts in den Sinn. Bei diesem Gedanken, höre ich Lakshmi laut lachen. Ich schaue auf, um zu sehen, was sie so belustigt. Sie blickt mich an. „Lachst du über mich?“
„Ja. Wenn du grübelst, schaufelst du dir deine eigene Grube und beerdigst deine Lebensfreude. So kann dir ja nichts in den Sinn kommen.“ Ich lache mit, denn das gibt Sinn. „Und exisitiert eine hilfreiche Formulierung?“
„Ich mache es mir bequem, betrachte die Situation und suche eine Lösung.“ Ich spüre in mich hinein. Und wirklich, die neue Formulierung bringt mich in Harmonie und baut mich auf, was beim Wort grübeln nicht der Fall ist.
„Jedes Wort und jede Redewendung wirkt und schafft Wirklichkeit. Du hast die Wahl, welche Wendung du deinem Leben geben willst. Wenn du willst, können wir das üben, und ich werde dich ab und zu daran erinnern.“ Erfreut stimme ich ihr zu.

Am Nachmittag lerne ich Mantren als magisches Werkzeug kennen. Heilige Worte oder auch nur Silben, welche die Praktizierenden intonieren, um ihren Geist zu konzentrieren, mit der angerufenen Gottheit eins zu werden oder deren Schutz und Hilfe zu erlangen. Die meisten Mantren sind in Sanskrit, doch es gibt auch arabische und grundsätzlich sind Mantren auch in anderen Sprachen denkbar.
Auch Teile der katholischen Messe wie das Kyrieleison können den Mantren zugeordnet werden. Das bekannteste aller Mantren ist das OM - der schöpferische Urlaut im Sanskrit. Natürlich gibt es auch einen Mythos über die Entstehung der Mantren, welchen mir Lakshmi erzählt.
„In der alten Zeit durchdrangen die Rishis, die Weisen, mit ihrem Geist alle Welten, die unsichtbaren und die sichtbaren. Sie erfuhren, dass die ganze Schöpfung Schwingung ist, die Schwingung der aller kleinsten Teilchen. Die materielle Welt erscheint den Sinnen als fest, weil sie relativ langsam schwingt, von den Dingen und körperlichen Wesen fortschreitend zu geistigen Einheiten wie Gedanken, die schneller schwingen, bis zur völligen Abwesenheit von Gedanken bis in die Bereiche jenseits der Form, die einen so hohen Schwingungsgrad haben, dass die Sinne sie nicht mehr fassen und Worte sie nicht mehr ausdrücken können.
Am einfachsten zugänglich in der Welt der Sinne sind die akustischen Schwingungen, die wir hören und die, die wir beim Sprechen oder Singen bewirken. Indem wir bestimmte Schwingungen erzeugen durch das Intonieren eines spezifischen Mantras, stellen wir eine Bezugsebene her mit dem Inhalt des Mantras, lassen im Gehirn bestimmte Strömungen entstehen, die auf unsere Gedanken und Taten wirken - und damit auf unser Leben. Sowohl die innere Wahrnehmung als auch Menschen und Situationen in der Außenwelt reagieren darauf.“

„Das ist ja wie Magie.“
„Jeder Mensch kann Magier sein. Durch Kenntnis der Gesetze der Natur wird der Magier mehr und mehr eins mit ihr und setzt Schwingungen in Bewegung, die früher oder später ein Resultat erzielen. Der Magier bewegt feinstoffliche Energien - mentale, psychische, intuitive - jedoch unsichtbare Energien und wirkt damit auf die sichtbare Welt ein. Nun setzt jeder Mensch solche Energien in Bewegung, der Unterschied zum Magier besteht darin, dass dieser seine Gedanken- und Vorstellungskraft konzentriert und bündelt, dass er sich mehr mit den Gesetzen der nicht stofflichen Welt beschäftigt und ihr Zusammenwirken mit der materiellen Welt experimentell erprobt.“
„Und mit einem Mantra kann ich... zaubern?“
„Wenn du das richtige Mantra findest und es hingebungsvoll praktizierst, dann wird die Wirkung eintreten - innerhalb von mindestens drei Wochen erfährst du ein fühlbares, unleugbares Resultat.“
„Gibt es auch Mantren von dir?“ Sie lächelt verschmitzt. „Eines der Mantren für Wohlstand und Harmonie geht so:
AUM
Lakshmidevaje vidmahe
vishnupriyaya dhi- mahi
tanno Lakshmi prachodayat.”

„Und woher kommen diese Mantren?“
„Die Gayatri-Mantren sind dem Mythos nach beim Werden der Schöpfung entstanden: im Sonnenaufgang der Urwelt, als Brahma, das schöpferische Prinzip, die Wesen in ihren Körper einströmen ließ. Übersetzt heißt das Gayatri-Mantra, in Anrufung einer bestimmten Gottheit, über deren Mythologie du dich immer auch noch informieren kannst: gib mir Intuition wie ich mehr Wohlstand, innere Festigkeit bei Ängsten, mehr Liebe in meinem Leben oder was auch immer erhalten kann - das kommt auf das spezifische Mantram an, das ist das Vidmahe.
Die zweite Zeile bedeutet gib mir das Wissen, wie ich die wünschenswerten Eigenschaften oder Ziele erreiche – Dhimahi.
Die dritte Zeile beginnt mit der Silbe Tanno - das ist die Silbe der Kanalisierung von Energien. Es verstärkt die Wirkung des Mantrams, wenn du dabei die Genitalmuskeln kurzfristig anspannst. Das hilft dabei, Energie, die normalerweise nach unten abfließt, nach oben zu lenken. Dann wird noch einmal die entsprechende Gottheit angerufen, die meistens mit mehr als einem Namen vorkommt.
Weil die Menschen ahnen, dass letztlich alles, was sie vermögen, auch vom Segen des Göttlichen abhängig ist, bitten sie mit Prachodayat um die Gnade.

Das Mantram funktioniert auch, wenn du die Gottheiten nicht kennst, die Übersetzung mangelhaft ist oder unbekannt. Natürlich ist es besser, wenn du dich als Praktizierende mit den Inhalten vertraut machst.“

„Mantren sind also Worte, die Welten schaffen. Sie sind nicht, wie unsere westliche Sprache, mit der Unterscheidung beschäftigt, sondern mit der Vereinigung des Wesens mit seiner göttlichen Urnatur. Ja, das ist Religion im Sinne von Rückbindung.“ Voller Euphorie beginne ich mit meinem ersten Mantra und erhalte dafür eine Mala mit 108 Perlen, die ich einzeln durch meine Finger gleiten lasse. Das Mala ist einem Rosenkranz ähnlich, was mich wieder zum Schmunzeln bringt, wenn ich daran denke, wie jede Religion behauptet, die einzige und richtige zu sein. Durch Daumen und Mittelfinger der rechten Hand gleiten die Perlen, während ich die anderen Finger nach oben ausstrecke. Eine der Perlen ist ein wenig anders, genannt Sumeru, sie ist die Nummer 109. Ich zähle von ihr weg, dann auf sie zu. Nachdem ich das gemacht habe, lasse ich die Energie noch eine Weile auf mich wirken und fühle mich großartig dabei. Wieder zurück bei Lakshmi will ich noch mehr über Mantren wissen. Gibt es besonders geeignete Zeiten, Tage, Monate oder Tageszeiten? Sie lächelt ab meiner Hochstimmung und erklärt mir, dass es viele Einzelheiten in der Tradition der Mantren gibt. „Du kannst diese Einzelheiten wohl studieren, wenn du willst, dich auch genau daran halten, doch erstarre nicht in zu großer Ehrfurcht darüber. Vertraue dir auch hier und mache es so, wie es für dich sinnvoll ist.“

Als ich am nächsten Morgen aufwache, beginne ich den Tag mit meinem Mantra. Es hat mich gepackt. Beim Frühstück erkläre ich Lakshmi: „Wenn man so ein Mantra praktiziert, merkt man, dass es wirklich wie Magie ist.“ Sie schaut mich belustigt an und meint nur: „Sage mir den Satz bitte noch in klarer und verständlicher Form.“ Jetzt ist es an mir, sie belustigt anzusehen. Ich habe mich doch klar ausgedrückt. „Wenn du man sagst und dich selbst meinst, versteckst du dich hinter der breiten Masse. So machst du es den anderen leicht, dich zu manipulieren.“
Erschüttert schaue ich sie an. Ich mich verstecken? Mache ich das wirklich? Ja. Ich lächle sie an und sage: „Für mich ist das wie Magie, wenn ich so ein Mantra rezitiere.“ Und sobald ich diese Worte ausgesprochen habe, stelle ich fest, dass ich mich besser fühle. Es ist, als ob eine Last von mir genommen worden ist.
Lakshmi legt ihre Arme um meine Schulter, drückt mich an sich und sagt: „Sage mir, wie du denkst und ich sage dir, wie und wer du bist. Ein Gedanke löst eine Kette von Reaktionen aus. Der Gedanke stößt an die Gefühle und bringt sie in Bewegung. Oder umgekehrt. Die Gefühle stoßen an die Gedanken und bringen diese in Bewegung. Im Paradies war das Denken und die Gefühle EINS - ein Prinzip.
Dein Wille ist das Tor für alle Impulse. Der Wille lenkt den Impuls entweder zum Gefühl oder zum Denken. Denken ist ein schöpferisches Prinzip, denn du schaffst mit dem Denken Wirklichkeiten und ziehst so diese Energie an. Über den Willen kannst du dein Denken steuern und so dein Umfeld verändern. Durch das Denken wird ein heiliges Prinzip beseelt, bewegt. So wirst du zur Schöpferin deiner Wirklichkeit.

Die Menschen haben 80'000 Gedanken pro Tag. Dreiviertel davon machen die Menschen kleiner als sie sind. Nehmen wir nur die Schönheitsideale. Das sind reine Denkformen."
„Das hat mir Aphrodite beigebracht. Weil ich denke, sie sind anders, sind sie anders oder sogar besser. Weil ich denke, ich bin nicht schön, bin ich nicht schön."
„Die Menschen haben Vorstellungen, wie eine Frau zu sein hat. Die Werbung zeigt es ihnen und sie glauben es. Es geht darum, die eigenen Vorstellungen zu finden.

Ich möchte dich mit dem partizipativen Denken bekannt machen. Diese Denkart praktizieren noch heute viele Indianer. Dazu gehört der Gedanke, dass wenn ich etwas ausrotte, das auf alles seinen Einfluss hat. Wörtliches Denken hat Wertvorstellungen, beim partizipativen Denken gibt es keine Wertvorstellungen. Da ist alles, da bin ich ein Anteil vom Ganzen. Ich bin Schöpferin, wenn ich denke. Das ist das manasische Prinzip oder anders gesagt, das heilige Prinzip. Also danke deinen Gedanken."
Der Gedanke, dass ich jedes Mal, wenn ich etwas denke, gleichzeitig auch etwas Schöpferisches tue, beklemmt mich. Wenn ich daran denke, was ich schon alles gedacht habe, wird mir schlecht.
„Was du jetzt gerade machst, ist nicht sehr hilfreich. Du bist ein Mensch und jeder Mensch handelt nach seinem besten Wissen und Gewissen. Doch im täglichen Tun kannst du erkennen, wie geistreich du bist. Viele Menschen zeigen ihre Unwissenheit durch ihre sich täglich wiederholenden Taten. Unwissende Menschen versuchen immer wieder, mit der gleichen geistigen Einfältigkeit, ihr Leben zu ändern. Solange der Mensch sein Denken nicht ändert, ändert sich auch sein Leben nicht."
„Wenn ich mich bei meinem täglichen Tun beobachte, scheint es mir oft so, dass ich gar nicht begreife, was ich tue."
„Also bist du nicht anders als die große Mehrheit der Menschheit. Ich beobachte tagtäglich Menschen in ihrem Tun, und mir scheint es oft so, als würden die Menschen ihr eigenes Tun selbst nicht begreifen. Dies ist immer dann der Fall, wenn ihre Aktionen Schmerz, Krieg und Zerstörung wiederholen."
„Das Leben erscheint mir je länger je mehr unfassbar. Und unfassbare Realitäten überfordern mich als fassungslosen Menschen."
„Bewusstsein macht fassbar. Unbewusstes Tun führt zu Lebensumständen, die nicht begreiflich sind und dennoch entstehen."
„Und so sagte Jesus am Kreuz: Vater verzeih ihnen, denn sie wissen nicht, was sie tun! Sie wussten es nicht, weil es ihnen nicht bewusst war." Lakshmi streichelt meine Hand und fragt: „Weißt du immer, was du tust? Weißt du, worauf dein Glück begründet ist?"
„Ich warte noch immer auf mein Glück", erwidere ich trocken.
„Warten blockiert. Kinder müssen immer warten. Als Kind wird dir gesagt, dass du warten musst: auf den richtigen Partner, die richtige Stelle, die richti-

ge was auch immer. Höre auf mit Warten. Ersetze die Passivität durch die Aktivität."
Ich überlege, ob das wohl reicht und komme zu keinem befriedigenden Ergebnis. Einmal mehr habe ich den Eindruck, im Dunkeln zu tappen.
„Du denkst, du tappst im Dunkeln? Denke daran, in dir ist immer Licht. Das Selbst ist lichtvoll. Wenn du dich in einem dunklen Raum befindest, in den absolut kein Licht eindringt, stellst du fest, dass es dunkel ist. Doch die Dunkelheit selbst kann unmöglich die Dunkelheit sehen. Es gibt da also etwas Anderes in dir, das feststellt, dass es dunkel ist. Das ist die Seherin, die Zeugin, die Beobachterin. Wenn sie nicht jenseits der Dunkelheit wäre, könnte sie nie feststellen, dass es dunkel ist. Es sind zwei Wesen: die Dunkelheit und diejenige, welche die Dunkelheit sieht. Wie kannst du wissen, dass es dunkel ist? Erkenne: Du bist nicht die gesehene Dunkelheit. Du bist die Beobachtung der Dunkelheit. Wenn du jetzt deine Augen schließt, wirst du genau das gleiche feststellen. Weisheit ist der Zeuge des Wissenden und seiner Erfahrungen. Deshalb lasse dich nicht von Täuschungen in eine verzerrte, verdunkelte Welt hinab ziehen. Vergiss nie: du bist immer die Beobachterin, du bist nicht das, was deine Sinne in der Außenwelt sehen und erfahren. Mit deinen Sinnen denkst du über das Geschehene nach. Du interpretierst das Geschehene und lebst nach dem, was du siehst und interpretierst. Die Beobachterin ist die Sonne, das Geschehene ist der Nebel unter der Sonne. Nebel kommt und geht. Vergiss das nie. Vergiss keinen Augenblick deinen wahren göttlichen Seinszustand. Vergiss dich nicht", sagt sie lachend und klopft mir freundschaftlich auf die Schultern.

„Stimmt. Wo Licht ist, muss die Dunkelheit weichen", und bevor Lakshmi etwas sagen kann, füge ich bei: „Noch besser: Wo Licht ist, weicht die Dunkelheit!"

Lachend stehen wir beide auf und machen einen langen Spaziergang. Immer wieder treffen wir auf Menschen, die zu Lakshmi kommen und sich segnen lassen. Sie legt dabei ihre Hand auf das Haupt des vor ihr knienden Menschen und sagt etwas in einer Sprache, die ich nicht verstehe. Als ich sie frage, was sie da sagt, lächelt sie und meint: „Oft spielt es keine Rolle, was ich sage, weil die Menschen nur hören, was sie wollen." Verdutzt schaue ich sie an und sie fährt fort: „Willst du verstanden werden, solltest du zuerst die anderen verstehen und vor allem dich selbst."
Einmal mehr muss ich ihr beipflichten, was bei mir den Gedanken auslöst, dass ich wohl wirklich ein wenig dumm bin. Doch schon höre ich Lakshmi sagen: „Es gibt nichts Dummes, nur falsch Verstandenes. Mache dich nicht selber klein. In dir spricht nichts anderes, als die Angst vor einer Verurteilung. Doch ich verurteile nicht. Ich bin deine Lehrerin und für dich da."
Und wieder komme ich in den Genuss einer Geschichte: „Es war einmal ein kleines Mädchen, das hatte eine große, intelligente Schwester. Diese

Schwester konnte alles und machte alles. Sie war ja so intelligent. Das kleine Mädchen schaute dem Treiben zu und stellte sich immerzu so dumm an, dass sie nie etwas tun musste. Nun frage ich dich. Wer ist hier wirklich die Dumme? Denn, wer sich dumm stellt, gibt den anderen das Gefühl, dass sie es besser können. Diese fühlen sich geehrt und der Dumme wird von der Aufgabe befreit."

„Nun ja, in dieser Geschichte ist klar, wer die Dumme ist. Doch wenn ich Fehler mache, dann bin ich die Dumme."

„Fehler? Solange du nicht auf deine innere Stimme hörst und auf deinen Körper, wirst du immer sogenannte Fehler machen. Der Grund ist einmal mehr, dass du anderen mehr vertraust als dir selbst. Wenn du in deinem Leben etwas nicht so annehmen willst, wie es ist, nennst du es ein Problem. Wenn etwas nicht so geschieht, wie du es willst, nennst du es einen Fehler. Du hast die Wahl. Du kannst dich dein Leben lang über Sachen aufregen, die du nicht verändern kannst und bist damit dem ewigen Kampf ausgeliefert - oder du kannst dem Universum eine gewisse Intelligenz zugestehen und Vertrauen entwickeln, dass es gut so ist, wie es ist. Es liegt ganz bei dir. Du hast die Chance, deine Fehler zu machen und aus ihnen zu lernen. Wenn alles gut geht, wiederholst du diese Fehler auch nicht mehr. Das Wort Fehler kommt von fehlgehen. Mit anderen Worten, nicht ganz bewusst sein in einer Situation, wo mehr Wachheit verlangt worden wäre."

„Ich bin nicht sicher, ob ich deiner Erklärung betreffend meiner Probleme beipflichten kann."

„Nicht? Ist es nicht so, dass du zum Teil Probleme suchst, die gar nicht vorhanden sind? Bei Abwesenheit von Problemen hat es der Kopf so an sich, dass er nach Beschäftigung sucht, bevorzugt im Bereich der Sorgen: hoffentlich werden, hoffentlich wird ... Diese Art zu denken kannst du loslassen. Dieses ständige Suchen nach Problemen, wenn keine da sind, bringt dir nichts."

„Nun gut, doch meinst du", sie unterbricht mich. „Ob ich meine? Nein, denn Meinungen sind nie selbst überlegt. Du kannst mich fragen, was ich darüber denke, denn ich denke gerne über Dinge nach. So frage ich dich: Weißt du oder meinst du?"

„Also ist es auch nicht ideal, wenn ich einem Menschen die Meinung sage?"

„Besser ist es, wenn du das Gespräch oder den Dialog suchst." Mir entfährt ein Seufzer. „Das lerne ich nie."

„Doch, doch. Das lernst du wohl. Du lernst zu sprechen, indem du sprichst; du lernst zu studieren, indem du studierst; du lernst zu gehen, indem du gehst; du lernst zu laufen, indem du läufst; du lernst zu arbeiten, indem du arbeitest. Genauso lernst du auch zu lieben, indem du liebst und lernst achtsam zu sprechen, indem du achtsam sprichst. Es ist nichts anderes als eine Übungssache. Je mehr du übst, desto einfacher ist es."

„Du denkst also, dass ich es lernen kann."

„Natürlich. In diesem Gebiet bist du eine Anfängerin und was stört dich daran? Anfängerin heißt nichts anderes als anzufangen. Wenn du nie damit anfängst, kannst du es auch nicht ausprobieren. Also beginne damit.
Wahre Bildung besteht aus Herz und Verstand, beides hast du. Und Bildung heißt, dem anderen zuzutrauen, dass er selbst denken kann. Da ich gebildet bin, traue ich dir das zu."
Ihr Vertrauen in mich ist größer als mein eigenes und trotzdem empfinde ich es als hilfreich.
Nachdem wir einige Schritte gegangen sind, frage ich sie: „Fühlst du dich nie angegriffen?"
„Unsichere Menschen fühlen sich dauernd angegriffen. Wird ein weiser Mensch angegriffen, reagiert er mit Liebe und Verständnis und agiert aus seiner Mitte heraus. Je stärker die Eigenliebe ist, um so weniger können Angriffe verletzen. Ein Angreifer will verletzen und verletzt sich nur selbst."

Wir machen ausgedehnte Spaziergänge. Wir gehen den Fluss entlang durchs Tal. An beiden Ufern wächst saftig grünes Gras, die Bäume leuchten in vielfältigen Grüntönen, die einen Kontrast zu den kalten Bergen bilden, welche zu beiden Seiten wie hohe Mauern dieses Heiligtum beschützen. Die Schönheit und Unberührtheit dieser Gegend machen einen tiefen Eindruck auf mich. Lakshmi spricht wenig. Es ist auch nicht nötig. Etwas in mir ist geschehen. Die Worte haben einen neuen Stellenwert erhalten. Ich habe erkannt, dass sie heilige Instrumente sind, die vorsichtig eingesetzt werden sollten. Ich nehme das Leben so, wie es sich mir von Moment zu Moment zeigt, ohne zurück oder voraus zu schauen. Mir ist auch klar geworden, dass, wenn ich jemandem etwas mitteile, nie mehr sagen werde: es wäre gut, wenn ... Denn was für mich gut ist, ist für den anderen vielleicht gerade schlecht. Besser ist es also, wenn ich sage: Was ich in diesem Fall tun würde...
Gegen Abend kommen wir bei Freunden von Lakshmi an. Wir verbringen den Abend in einen Raum über dem Wohnzimmer, in dem wir ein gutes Abendessen namens Pongal serviert bekommen.
Schon am nächsten Tag geht unsere Reise weiter. Wir steigen auf einen Berg und als wir oben angekommen sind, bin ich einmal mehr erstaunt, wie wunderschön so eine Aussicht sein kann. „Diesen Weitblick sollte man", ich beginne zu lachen und beginne den Satz noch einmal: „Ich finde diesen Weitblick faszinierend. Es wäre schön, wenn ich das immer in meinem Leben haben könnte."
„Das kannst du." Skeptisch schaue ich sie an. „Nein, weil wir Menschen keine objektive Augen haben. Wir können nur begrenzte und relative, unbestimmte Wahrheiten erkennen. Ich und meine Subjektivität sind Teil der Wirklichkeit, die ich zu sehen suche."
„Das stimmt, doch angesichts des Unbewussten wird die objektive Wahrheit entlarvt. Sie ist nichts und doch alles. Das Paradox hinter dem Schleier der Großen Göttin und des Tempels der Weisheit. Die Augen des Unbewussten

schauen aus der Bodenlosigkeit jenes Abgrundes hervor, der alles verschluckt, der die tanzende, spielende Maya der Göttin zur trägen Materie schrumpfen lässt und das Leben auf Erden zum Stillstand bringt. Diese Augen räumen mit den Maßstäben und Idealen des gewohnten kollektiven Rationalbewusstseins auf, mit der Art, wie du innerhalb sprachlicher Grenzen zu denken gewohnt bist, gefangen in Vorstellungsräumen, welche die Welt der differenzierten Erscheinung bilden. Dringe zur vorsprachlichen Wirklichkeit selbst vor, auch durch kollektive Normen hindurch, die dem wirklichen Leben fremd sind. So zerstörst du die Identifikation mit Animus-Idealen. Sie ermöglichen dir die Wahrnehmung der Realität ganz ohne die Verzerrungen und Vorurteile des Über-Ich. Dies bedeutet nicht, Gutes oder Schlechtes sehen zu können, sondern das, was vor der Bewertung als Durcheinander an Empfindungen und vorsprachlichen Sinneseindrücken besteht, also tasten, riechen, schmecken. Dies heißt, dass die Beziehung zum Äußeren, zu kollektiven Wertmaßstäben, nicht als das Wichtigste angesehen werden soll. Diese Art des Sehens - die zunächst so furchterregend sein mag, weil sie vom Kollektiv nicht eingeordnet werden kann - wird dir das geben, was die Vernunftseite deines Bewusstseins, also dein Logos-Bewusstsein, als reines Chaos fürchtet: die Möglichkeiten einer völlig erneuerten Wahrnehmung, eines neuen Musters, einer schöpferischen Perspektive, eines endlosen Neuentdeckens.
Diese Art des Sehens ist gefährlich und radikal erneuernd, doch nicht notwendigerweise böse, es sei denn, im Ungleichgewicht und dadurch starr und voreingenommen. Der Uneingeweihte mag es als grässlich und erschreckend empfinden. Es entblößt dich von deinen Schutzmechanismen und fordert das Opfer sämtlicher bequemer kollektiver Auffassungen, auch der Hoffnung und Erwartungen in bezug auf alles, was dir als gut und sicher erscheint. Es ist wild, chaotisch und überraschend und eröffnet dir einen Blick in den Abgrund, aus dem Ethik und Ästhetik und alle Gegensätze hervorgehen. Es ist das Auge des Instinkts - das Auge der Natur."
„Du hast gesagt, dass ich damit andere verletze. Das will ich nicht."
„Du kannst nichts tun, ohne irgend jemandem weh zu tun, ohne ein Opfer, einen Schmerz oder Verrat - zumindest die meiste Zeit. Unschuld ist unmöglich und dieses Wissen ist schwer zu ertragen. Die Menschen versuchen, es zu beschönigen, zu verdecken, zu umgehen. Doch die Erkenntnis dieser grundlegenden Realität erlaubt der Frau, den Versuch aufzugeben, mit von Eltern und Animus geprägten Idealen im Einklang zu erscheinen. Es ist, als ob man völlig auf Grund stieße, wo sie alle belanglos sind. Diese Erkenntnis relativiert sämtliche Grundsätze und öffnet eine Frau gegenüber den Paradoxa, die ein Leben mit dem Selbst einschließt."
„Also gibt es kein Leben ohne Opfer?"
„Nein. Du kannst nur wählen, ob du selbst Opfer sein willst und somit andere zum Täter machst, oder ob du selbst zur Täterin wirst."
„Ich will nicht Täterin sein."

„Das bist du, ob du willst oder nicht. Du kannst wählen, ob du dich selbst verletzen willst, oder andere mit deinem Handeln verletzt. Solange die Menschen nicht bereit sind, Eigenverantwortung zu übernehmen, wird es immer Täter und Opfer geben. Wenn ich dir zum Beispiel deine Arbeit abnehme, mache ich ein Opfer aus dir, und du findest mich lieb und nett. So werden Opfer gemacht, indem ihnen alles abgenommen wird. Besser ist es, ich zeige dir, wie es gemacht wird. So hast du die Kontrolle und die Fäden deines Lebens selbst in der Hand. Wer immer nur nimmt, ist ein Dieb. Wer immer nur gibt, ist ein Mörder."
„Eine Mutter, die sich gerne für die Familie opfert, ist ein Opfer. Und wer sich opfert, macht andere zum Täter. Das wollen jedoch beide Seiten nicht. Was kann sie also tun?"

„Sie kann sich sagen, dass sie gerne für ihre Familie da ist. Das hat eine ganz andere Energie: als ich opfere mich gerne für meine Familie auf."
„Eine Frau, die liebt und verschwenderisch mit ihrer Zuneigung umgeht, die sich viele Gedanken um andere macht, sollte also lernen, auch an sich zu denken." Lakshmi nickt. „Denke immer daran: Mitleid bekommst du geschenkt, doch Neid musst du dir erarbeiten!"
Auch wenn alles stimmt, was sie mir erzählt, bemerke ich manchmal, dass ich die Nase voll habe von diesen Erklärungen und Belehrungen. „Du hast also die Nase voll von mir", bemerkt in diesem Augenblick Lakshmi. Erschrocken schaue ich sie an. „Na ja, manchmal."
„Pass also auf deine Nase auf, denn eine volle Nase behindert dich beim Atmen und macht dein eigenes Gekränkt-Sein zum Mittelpunkt. Gekränkt-Sein macht krank. Erkrankungen der Atemwege werden durch diese Denkweise begünstigt. Sage oder denke lieber: Ich mache da nicht mehr mit."
Sprachlos stehe ich da. Nach einiger Zeit bemerke ich: „Ich werde in Zukunft vorsichtiger sein mit dem, was ich denke und sage."
Ihre Antwort ist ein tiefer Seufzer: „Vorsicht macht immer auf eine nicht benannte, oder noch nicht benannte Gefahr aufmerksam und erzeugt Angst. Wenn du achtsam denkst, lässt du mich als deine Gesprächspartnerin spüren, dass du mit mir und dir achtsam umgehst. So kann ich mich auch leichter öffnen." Ich lasse die Worte auf mich wirken.

Beim Abstieg kann Lakshmi gerade noch einen diebischen Affen davon abhalten, unsere Obstvorräte zu vertilgen. Er entreißt mir die Obsttüte und trollt sich nach etwas Hin- und Hergezerre mit einer Papaya auf einen Baum. Lachend schauen wir ihm zu.
„Es ist schön, dass du so lachen kannst", sagt Lakshmi in diesem Augenblick, was mich erstaunt. „Wenn wir Glück haben, taucht die am schwersten fassbare Qualität im Leben eines Menschen auf: der Humor. Wahrer Humor - im Gegensatz zu Witzen oder Ironie - entspringt einer tiefen, jedoch heiteren Wahrnehmung der Kontraste zwischen dem unermesslichen großen und

geheimnisvollen Universum und dem täglichen, wichtigtuerischen, lauten Gedränge und Gehaste der Menschen - uns selbst eingeschlossen. Die Gabe des Humors ist die köstlichste, auf die wir hoffen dürfen. Durch sie werden unsere dummen Abwehrmechanismen zerbröckelt; Humor befreit uns aus dem engen Gefängnis unseres Egos, wirkt wie Balsam auf unsere Beziehungen und bringt Helligkeit und Freude in unsere Gedanken und Taten. Es ist die Vergeistigung, die wir im Lächeln von Abbildungen Buddhas sehen. Humor ist die Synthese von Freude, Weisheit und Mitgefühl. Du bist mit einem großen Kapitel an Ernsthaftigkeit ausgestattet, das du für die wirklich wichtigen Angelegenheiten verwenden solltest, das du jedoch statt dessen auf viel unwichtigere Dinge verwendest, die eigentlich eine leichtere Handhabung verdienten. Vergiss die schwerfällige Ernsthaftigkeit, die du oft den alltäglichen Angelegenheiten beimisst. Erinnere dich daran, dass der Humor mehr das Gewürz und nicht die Hauptmahlzeit sein sollte."
„Und wie steht es mit der Ironie?"
„Ironie ist eine effektive Art, die Dinge nicht so nah an sich heran zu lassen."
„Also ein weiterer Schutzmechanismus", füge ich für mich selber bei und sage laut: „Ich möchte das nicht und doch ertappe ich mich immer wieder dabei, zynisch oder ironisch zu sein."
„Indem du das Wort nicht gebrauchst, veränderst du nichts in deinem Denkmuster." Sie sieht, dass ich sie fragend ansehe, und erklärt: „Dein Kopf kann das Wort NICHT nicht denken. Er streicht das Wort NICHT, was übrig bleibt, ist genau das, was du nicht willst. Also denkst du weiterhin an verbotene Dinge und machst sie auch."
Zweifelnd sehe ich sie an. „Wenn ich nun an die zehn Gebote denke, stimmt deine Aussage nicht. Denn diese legen Zeugnis davon ab, dass Sätze mit nicht formuliert werden können. Da ist kaum ein Gebot, indem nicht NICHT erscheint." Sie lacht. „Also ist es kein Wunder, dass die Menschen andere Götter haben, falsches Zeugnis reden und des Nächsten Weib begehren. Mit dem Wort Nicht bleiben die Probleme bei dir, auch wenn du dich noch so bemühst, nicht an sie zu denken."
„Und wie ist das mit den Glaubenssätzen?"
„Glaubenssätze sollten Kraft geben und nicht Kraft nehmen. Daran erkennst du, ob einer deiner Glaubenssatz hilfreich ist." Nachdenklich folge ich ihr. Den Abend verbringen wir in einem wunderschönen Restaurant, begleitet von einem Sitarkonzert. Wir lassen diesen Tag mit einem köstlichen indischen Buffet, einer großen Auswahl südindischer Gerichte, ausklingen und übernachten anschließend in einem Hotel, das Freunden von ihr gehört.

Am nächsten Morgen überrascht mich Lakshmi mit einer Aufgabe. Ich soll über den Sinn meines Lebens nachdenken. Zuerst fühle ich mich überfordert mit diesem Thema, doch je länger ich mich damit auseinander setze, desto einfacher erscheint es mir. Als Lakshmi am Nachmittag vorbei kommt und mich fragt, kann ich ihr genau sagen, welchen Sinn ich meinem Leben geben

will: „Ich habe lange und immer wieder nach dem Sinn meines Lebens gesucht. Immer wieder suchte ich nach dem Sinn von diesem und jenem. Jetzt glaube ich, dass das Leben ohne Sinn ist, und dass genau diese Leere das größte Geschenk an uns Menschen ist. Als ich diesen Gedanken hatte, war es zuerst ein Schock für mich, weil doch viele denken, dass das Leben einen Sinn hat und wir die Aufgabe haben, diesen Sinn zu finden, in Erfahrung zu bringen, zu enträtseln, ihn eines Tages irgendwie irgendwo zu entdecken – und dann zu erfüllen. Trotzdem denke ich, dass das Leben ohne Sinn ist. Und genau das ist das Tolle am Leben. Weil niemand den Seiten des Lebens seinen Sinn aufgeprägt hat, ist das Leben selbst ein leeres Buch. Ein Buch, das ich und jeder von uns selber schreiben kann. Wir können entscheiden, welchen Sinn wir wählen. Ich glaube an ein göttliches Universum, und dass dieses göttliche Universum möchte, dass wir für unser Leben einen Sinn und Zweck erschaffen. Wenn das Göttliche diesen Sinn bereits erschaffen hätte, hätte es uns unserer großartigsten Möglichkeit beraubt, die uns bei unserem Bestreben, die Funktion des Lebens auszuüben, zur Verfügung steht. Denn meiner Meinung nach hat das Leben zwar keinen bestimmten Sinn, doch es hat eine Funktion. Sinn und Funktion sind nicht dasselbe. Eine Uhr funktioniert über das Ticken und hat zum Zweck, die Zeit anzuzeigen. Das Leben funktioniert auf eine ganz bestimmte Weise, jedoch nicht für einen vorbestimmten Sinn und Zweck. Es ist also meine Funktion, den Sinn meines Lebens zu erschaffen. Indem ich das tue, erschaffe ich mein Selbst. Ich entscheide, wer und was ich wirklich bin – und wer ich sein werde.“ Lakshmi hört mir schweigend zu, verzieht keine Mine und fragt: „Warum hat das Universum dir in deinem Leben so viel Freiraum und Entscheidungsfreiheit gelassen?“
„Damit ich von ihm lernen kann und mich selbst zu einem positiven Menschen entwickle, der sich und anderen Gutes tut. Ich glaube, dass jeder Mensch göttlich ist. Das Göttliche in uns ist unser freier Wille. Mit dem freien Willen kann ich entscheiden, wer ich sein will. Ich habe beschlossen, Schülerin und später Lehrerin zu sein. Ich will mein Leben nach Schönheit, Freude und Liebe ausrichten. Das klappt noch nicht immer, doch jeden Tag ein wenig besser. Wenn ich in meine Selbstzweifel falle, hilft mir ein Glaubenssatz, den ich schon immer hatte: Es gibt etwas, das größer ist als ich und mich beschützt und ich werde vom göttlichen Universum getragen.
Ich habe auch festgestellt, dass Glaubenssätze, die mir nicht helfen, immer mit Zweifel oder Angst zu tun haben. Einer meiner Glaubenssätze ist: Ich weiß zu wenig. Wenn ich nun feststelle, dass ich wieder so einen Glaubenssatz anwende, versuche ich, diesen Teil anzunehmen ohne ihm viel Kraft zu geben. Ich sage mir einfach: Ja, da ist ein Teil in mir, der das denkt und da gibt es noch andere Teile. Diese Teile in mir suche ich dann und gehe bewusst in die Teile, die mir Kraft geben und nicht Kraft nehmen“, mit diesen Worten beende ich mein Referat und Lakshmi klatscht erfreut in die Hände.

„Toll. Du hast viel gelernt und bist lernfähig. Ich bin stolz auf dich. Du hast die Zweifel angesprochen. Dazu möchte ich dir sagen, dass Glaube und Zweifel

immer die zwei Seiten einer Münze sind. Sie gehören zusammen."
„Also angenommen, es gibt Gott, dann ist es gut, an ihn zu glauben. Angenommen es gibt ihn nicht, dann ist es auch egal, ob ich nun an ihn glaube oder nicht. Wenn es ihn gibt und ich glaube nicht an ihn, könnte das für mich unangenehme Konsequenzen haben, falls er darüber ärgerlich wird. Also ist es sinnvoller und logischer, wenn ich an Gott glaube, gleichgültig, ob es ihn gibt oder nicht."
„Das gleiche kannst du auch für Wunder anwenden."
„Und wichtig ist, welche Worte ich wähle und in welchem Ton, denn: C'est le ton, qui fait la musique."
„Das Wort ist eine mächtige Kraft. Es erschafft Welten und unterhält sie. Die meisten Menschen sind sich dessen gar nicht bewusst, weil diese Welten für das Auge nicht sichtbar sind."
„Was geschieht, wenn ich über Vergangenes spreche?"
„Über die Vergangenheit zu reden, ist eine große Verlockung, wenn sie noch nicht abgeschlossen ist. Bis zu einem gewissen Grad ist das Gespräch auch wichtig, um etwas verarbeiten zu können. Irgendwann ist es jedoch nur noch ein Mehr desselben. Immer wieder noch tiefere Gräben in einer finsteren Grube, in der du selbst stehst, um noch tiefer zu kommen, während der Blick gleichzeitig sehnsuchtsvoll das Licht sucht."
„Also ist es besser zu schweigen, wenn es um Vergangenes geht."
„Ja."

Als wir kurze Zeit später vor einem Aquarium stehen, fragt mich Lakshmi: „Kennst du die Geschichte vom kleinen Fisch, der immer seine Runden dreht?" Ich verneine.
„Ein kleiner Fisch drehte in einem großen Glas, gefüllt mit Wasser, seine Runden. Er hatte nicht viel Platz und dementsprechend waren seine Runden auch sehr klein. Eines Tages beschloss der Besitzer des Fisches, ihm ein größeres, ein richtiges Aquarium zu kaufen. Der kleine Fisch hatte nun viel Platz und konnte sich so richtig austoben. Doch er drehte nach wie vor seine kleinen Runden, weil er ja nichts anderes kannte." Während Lakshmi die Geschichte erzählt, blicke ich in das Aquarium und werde mir bewusst, dass auch ich oft in meinem Leben nur kleine Runden geschwommen bin. Doch bevor ich weiter darüber nachdenken kann, erklärt mir Lakshmi: „Viele Menschen leben in der Fülle und fühlen dennoch fast nur Mangel. Sie sehen, was ihnen zu fehlen scheint und nicht, was sie in Wahrheit besitzen. Mangel wird von vielen Systemen bewusst dargestellt; gemacht, um den Menschen von der wahren Fülle abzulenken. Wer Mangel empfindet, braucht Hilfe. Wer Hilfe braucht, läuft Gefahr, ausgebeutet zu werden. Vielen Menschen wird von klein auf dieses Mangelbewusstsein systematisch erklärt und beigebracht. Es wird dir gezeigt, was du noch nicht weißt, also dein geistiger Mangel; dir wird gezeigt, wo du nicht geliebt und akzeptiert wirst, also dein seelischer Mangel. Auch deine körperlichen Mängel, deine körperlichen Unzulänglichkeiten werden gezeigt. So wirst du immer darauf aufmerksam gemacht, was du nicht

kannst. Wer den Mangel akzeptiert, der hat eine Ausrede für mangelndes Glück gefunden. Mangel wird künstlich geschaffen. Die Angst vor Mangel löst Gier aus. Gierige Menschen reißen rücksichtslos alles an sich und zerstören."
Ich nicke zustimmend mit dem Kopf und bin mir einmal mehr bewusst, dass ich genau diesem Mangel immer wieder in meinem Leben begegne und so frage ich: „Was ist Fülle?"
„Fülle. Das zu lieben, was du tust. Das zu tun, was du liebst. Das ist das Wichtigste auf der Welt. Für die meisten Menschen besteht das Leben darin, in Jobs zu arbeiten, die sie nicht ausfüllen, sondern viel eher ihre Lust am Leben austrocknen. Sie tun das, um Geld zu verdienen. Dieses Geld soll ihnen erlauben, ihnen die Erfahrungen und Dinge zu leisten, die sie glücklich machen sollen. Das funktioniert nicht. Glück, Fülle, selbst Überfluss, sind keine Dinge an sich. Sie sind nur Nebenprodukte. Du erreichst diese Schätze nicht direkt, sondern nur nebenbei, wenn du den für dich richtigen Platz in der Entfaltung des Ganzen gefunden hast. Das Geheimnis ist, dich mit dem zu identifizieren, was dich anfüllt, wenn du es tust, und es mit deinem ganzen Herzen zu tun. Tue es, als wäre es dein Geschenk an die Welt, deine Perle von großem Wert. Mache es zu dem vollkommensten Geschenk, das du jemals geben konntest und gib es ganz."
„Auch, wenn es nicht so gut ist?"
„Es kommt nicht auf das externe Ergebnis an. Es ist die Qualität der Energie, die das ausmacht, worauf es ankommt. Du misst dem Ergebnis deiner Anstrengung so viel Bedeutung bei, dem Ziel, dem Produkt; doch zu oft ignorierst du das Vorgehen durch das du dieses Ergebnis erzielt oder durch das du das Ziel erreichst."
„Das stimmt", und mir kommt der berühmte Satz in den Sinn „Der Weg ist das Ziel", welchen ich auch laut äußere. Lakshmi lacht und erklärt: „Das Ziel rechtfertigt nie die Mittel. Das Vorgehen ist wichtig, das Ziel ist es nicht. Die Vorstellung zu arbeiten um Geld zu verdienen, damit du es dir leisten kannst, glücklich zu sein, ist ein grausamer Witz. Wenn dir deine Arbeit keinen Spaß macht, dann wird kein Geld dich so glücklich machen, wie du es wärst, wenn du das Risiko auf dich nähmest, das zu tun, was du gerne tust."
„Dann brauche ich das Glück nicht zu kaufen, sondern erhalte es einfach als Zugabe."
„Dein Lebensglück wird von deinen Gefühlen bestimmt. Ein gutes Gefühl und du fühlst dich als Siegerin. Mit Lachen hast du ein gutes Gefühl."
„Ja, lachend kann die Welt zugrunde gehen."
„Das geht nicht, weil, wenn gelacht wird, die Welt nicht zugrunde geht."
„Wenn ich also lache, bin ich glücklich?" Sie nickt.
„Aber es gibt verschiedene Lachen. Hinter einem Lachen kann ich mich auch verstecken."
„Stimmt und doch gibst du deinem Verstand den Hinweis, dass es dir gut geht. Versuche einmal, mit einem bösen Gesicht zu lachen - das eine schließt das andere aus."

„Belüge ich mich da nicht selbst?“
„Lügen ist nichts anderes als eine bewusste Manipulation. Unehrlichkeit ist, wenn du den anderen nicht achtest und respektierst. Ehre, wem Ehre gebührt. Ehrlichkeit ist Achtsamkeit. Willst du, dass andere dir gegenüber ehrlich sind, so solltest du dir selbst gegenüber ehrlich sein. Was du willst, das andere dir tun, tue zuerst selbst.“

Als wir in unserem Zimmer angelangt sind, gebe ich mir einen Ruck und frage Lakshmi, ob sie bereit ist, mir Wörter und ihre Bedeutung zu erklären.
„Was meinst du damit?“”
„Na ja, dass du mir erklärst, welche Wörter ich besser nicht mehr in meinem Sprachschatz verwende.“
„Es gibt weder gute noch schlechte Wörter, wenn du das meinst. Worte sind Geist/in/form/ation. Es geht nur darum, zu überdenken, was du mit deinen Worten säst.“
Ich schaue sie fragend an, sodass sie mir eine Erklärung liefert: „Nehmen wir das Wort verlassen. Wer sich verlässt, wird verlassen. Dieser Mensch sucht Liebe und Akzeptanz im Außen, weil er sich verlassen hat.“
„Also die Gedanken hinter dem Wort sind wichtig!?“
„Ein Gedanke ist und entwickelt sich durch die Betrachtung zur Idee. Eine Idee kann zur Ideologie werden. Durch die Betrachtung der Idee entsteht immer ein Gefühl und durch das Gefühl beginnt die Idee, entsprechend zu leben. Zuerst unsichtbar und nur für den Urheber wissentlich spürbar; doch mit der Zeit manifestiert sich die Idee zu einer – für alle – sichtbaren Realität. Die Liebe, also das Gefühl, leitet den Gedanken als Schöpfung an den Urherber zurück. Der Schöpfer erlebt seine eigene Schöpfung.
Jede gedankliche Vorstellung, die gefühlsmäßig erlebt wird, verwirklicht sich klar und unmissverständlich. Daher verwirklicht sich alles, was wir lieben, und auch das, was wir fürchten. Unser Alltag ist ein Produkt unserer Gedanken und Gefühle.
Paaren sich Idee und Gefühl, entsteht Realität. Wissen und Denken allein, also ohne Gefühl, bringen keine Erfüllung, sondern es bleibt meist am Ende nichts als Enttäuschung, Frust und Unverständnis. Wissen, das nicht gefühlt wird, ist sinnlos. Gedanken, die nicht gefühlt werden, bleiben als unerfüllte Idee in der Atmosphäre hängen. Die unerfüllten Gedanken sind die dicke Luft, die wir manchmal so stark spüren. Die Sinne des Lebens offenbaren sich im Ausdruck eines Gefühls, also einer gefühlsmäßigen Vision. Viele Menschen denken nicht selbst, sondern sie lassen sich dauernd von anderen beeinflussen. Menschen nehmen Gedanken und Vorstellungen, zum Beispiel der Werbung, an, die sie sich nicht selbst bewusst gemacht haben. Du erschaffst dir deine Realität selbst – egal, ob bewusst oder unbewusst.
Bist du dir bewusst, was du mit deinen Gedanken und deinen Gefühlen jeden Tag erzeugst? Denke über dich selbst nach und du wirst dir deines Lebens bewusst. Alles Wissen liegt in dir. So liegt es an dir, ob sich deine Wünsche erfüllen oder nicht.“

„Und kann ich das üben?“
„Höre auf dein Gefühl, wenn ich dir etwas sage.
Wie fühlt sich das Wort teuer an? Wenn ich sage ungünstig anstelle von teuer, wie fühlt sich das an?“ Ich versuche, bei den Worten auf meine Gefühle zu achten. Doch ich bemerke keinen Unterschied.
„Wie steht es mit dem Wort billig und günstig? Bemerkst du da einen Unterschied?“
„Nein, nicht wirklich. Es fällt mir schwer, meine Gefühle wahrzunehmen.”
„Es fällt dir schwer? Schwerfallen ist wieder so ein Wort. Nimm es auseinander: schwer fallen – also überforderst du dich selbst, beschwerst den Alltag. Mit wie vielen Kilos willst du dich beschweren?“ Ich schlucke zweimal und blicke sie reuevoll an: „Ich gebe mir Mühe, doch es geht nicht.“
„Oh, wie mühevoll. Gib doch einfach dein Bestes! Sage ja zu dem was ist – sonst hast du immer einen innerlichen Kampf. Du tust etwas, doch du willst etwas Anderes.“
„Stimmt, das habe ich bei Artemis gelernt - nur leider wieder vergessen.“
Ich will mich gerade rechtfertigen, wieso ich es vergessen habe, als Lakshmi mir zuvor kommt: „Ausreden lenken von dir ab. Du weichst aus. Rechtfertigung und Aber-Sätze unterstützen dich nicht auf deinem Weg. Das ist wie ein Aberglaube, nichts anderes als eine Selbsttäuschung. Wenn du weißt, dass du aus deiner Sicht Recht hast, brauchst du dein Recht nicht zu rechtfertigen. Es ist schon fertig. Sage einfach, wie du die Dinge siehst und sei bereit, auch eine andere Sichtweise wahrzunehmen. Rechtfertigungen sind meistens Ausreden von der Wahrheit. Du täuschst dich selbst und wunderst dich, dass du enttäuscht wirst.“
Ich stimme ihr zu. „Ich bereue auch selten, was ich getan habe, sondern mehr, was ich nicht getan habe. Hätte ich doch nur, ist einer meiner Lieblingssätze.“
„Und vor nicht allzu langer Zeit, hast du dir immer wieder gesagt, das mache ich später.“
„Aufgeschoben ist nicht aufgehoben.“ Sie schmunzelt und sagt: „Du hast für alles Zeit, wenn du nur wirklich willst.“
„Ja, doch ich bin durch meine Vergangenheit belastet. Aus diesem Grund ist es nicht so einfach.“
„Belastet? Was lastet denn auf dir? Fühlst du dieses überlastet auf deinem Rücken? Hast du Hüft- oder Knieprobleme? Zwingt das Leben dich wortwörtlich in die Knie? Du belastest dich wahrscheinlich mit Dingen, Gedanken, Gefühlen, die unnötig sind. Wenn ein Mensch erklärt, dass er niemandem zur Last fallen will, landet er ganz sicher im Altersheim und fällt vielen zur Last.“
„Dann bringt wohl die Vorsorge die Sorge ins Haus?“ Sie nickt und ich erläutere fasziniert:. „Heimlich gehört zum Heim, ist also nicht öffentlich sondern ganz privat. Das will ich für mich behalten. Es gehört mir allein.“ Sie schaut mich strahlend an und nickt. „Ich denke, ich habe das System begriffen. So ist eine Entschuldigung nichts anderes als ein Schuldgeständnis?“
„Ja, weißt du auch warum?“

„Weil das Wort Schuld darin enthalten ist. Eine Schuld belastet und ist ein großes Wort. Also nehmen wir Menschen es oft zu leichtfertig in den Mund."
„Wenn ich Schulden mache, lade ich mir auch Schuld auf?"
„Ja. Da kannst du dich fragen, wo ist die Schuldfrage in der Familiendynamik vorhanden. Wer ist schuld?"
„Gibt es denn überhaupt Schuld?"
„Nicht wirklich. Meistens sind es fehlgeleitete Steuerinformationen."
„Welche uns bewusst in unserem überwiegend christlich geprägten Kulturkreis von Geburt an eingetrichtert werden. Die Kirche nennt es Erbsünde."
„Gemeint ist damit, dass jeder Mensch mit Schuld beladen auf die Welt kommt. Die wahre Bedeutung des Sündenfalls ist jedoch, dass die Menschen sich entschieden haben, aus der Einheit des Göttlichen in die Polarität, die Erkenntnis zu gehen. Diesen Vorgang hat die Kirche gleichgesetzt mit Sündenfall, mit sich schuldig machen. Dabei gehören Schuldgefühle zu den lebensfeindlichsten Empfindungen, die ein Mensch nur haben kann. Jegliche Kreativität, jegliche Freude am Leben, Lust, Ekstase, Eigenständigkeit und Verantwortungsgefühle werden dadurch im Keim erstickt. Jetzt kannst du dich fragen, ob das Zufall oder Absicht der Kirche ist. Klar ist, dass im Zustand permanenter Reue, Selbstanklage und Opferhaltung der Mensch leichter manipulierbar ist. Auch ist die Gewalt viel größer - sich selbst und anderen gegenüber. Denn ständiges Schuldbewusstsein führt unweigerlich zu Ärger, Wut oder Hass, bereitet den Nährboden für seelische oder körperliche Störungen."
„Und wie kann ich das ändern?"
„Wenn falsche Steuerinformationen im persönlichen Informationsfeld erkannt werden, kannst du sie durch richtige Steuerinformationen ersetzen. Die Heilinformation kann auch in Form von geometrischen Zeichen gegeben werden, was auch als Fernheilung wirksam ist."
„Und es ist wichtig, dass ich falsche Emotionen und Gedanken erkenne, weil sie zu Krankheiten führen können."
„Stimmt. Diese Erkenntnis kann auch als Schlüssel zur Heilung eingesetzt werden."
„Meine Tante hat oft Rückenschmerzen. Was kann sie dagegen tun?"
„Nichts."
„Nichts?"
„Sie kann etwas für ihren Rücken tun. Wenn sie etwas gegen ihn macht, ist das nicht sehr wirksam." Ich schmunzle. „Sei liebevoll mit deinem Körper und tue etwas für ihn. Er wird es mir danken." Sie nickt mir zustimmend zu.
„Das habe ich eigentlich gewusst."
„Und uneigentlich?"
„Was meinst du damit?"
„Hinter dem eigentlich steckt immer eine andere Bedeutung. Es ist eine weit verbreitete Floskel. Wenn du gewohnheitsmäßig eigentlich sagst, belügst du dich selbst. Du zeigst, dass deine Aussagen nur eingeschränkt wahr sind."
„Ich rede also um den heißen Brei herum."

„Genau und wie willst du etwas erreichen, wenn du es nicht wagst, mit der Sprache heraus zu rücken? Sage klar, was du erreichen willst und du kannst es erreichen.“
„Doch nur wenn ich geduldig genug bin.“
„Ungeduld hast du nur, weil du das, was du bereits hast, nicht schätzt.“
„Wie bitte?“
„Du kannst gut einschlafen, schätzt du das?“ Ich verneine.
„Du kannst gut kochen, schätzt du das?“ Wieder schüttle ich den Kopf.
„Ungeduld duldet nicht, was ist. Nimm an, was ist, und du kannst dein Leben ändern.“
„So einfach ist das?“
“Ein Gesunder hat viele Wünsche, ein Kranker nur einen. Schätzt du die Gesundheit, solange du gesund bist? Die Nahrung, solange du essen kannst? Das Heim solange du es hast? Den Frieden, die Freunde“, ich falle ihr ins Wort: „Höre auf. Ich weiß, was du meinst und bin bereit, es zu sagen: Ich schätze meine Gesundheit, meinen Körper, meinen Freundeskreis und all das, was ich in meinem Leben erfahren darf.“
„Gut“, ist der einzige Kommentar, den sie von sich gibt. Und dann kommt der Augenblick, an den ich nicht mehr gedacht habe. „Nun wird es Zeit Abschied zu nehmen.“
Der Schmerz trifft mein Herz wie ein feuriges Schwert. Dieser Abschied kommt rasch und unerwartet. „Werden wir uns wiedersehen?“ frage ich betrübt. „Wahre Freundschaft ist nicht Körper gebunden“, sagt sie. „Ob wir uns auf der physischen Ebene jemals wiedersehen werden, weiß ich nicht. In meinem Herzen jedoch lebst du weiter. Ich werde die Zeit, die wir zusammen verbrachten, nicht vergessen.“
„Ich auch nicht.“
„Für deinen weiteren Weg möchte ich dir zwei Dinge mitgeben. Erstens das Worte Danke. Danke ist das Zauberwort für ewigen Reichtum. Du zeigst deine Achtung mit dem Wort Danke.“
„Danke“, sage ich und sie fährt fort: „Bitte. Das ist das andere Wort, welches dir viele Türen öffnet. Da wir die Willensfreiheit eines Menschen sehr wichtig nehmen und sie beachten, werden wir erst dann erkennbar und aktiv jemanden unterstützen, wenn wir darum gebeten werden. Wenn du also um nichts bittest, erhältst du auch nichts.“

Sie küsst mich auf die Wange und im gleichen Moment ist sie verschwunden. Nun sitze ich in diesem Hotelzimmer, weiß nicht, ob die Rechnung schon bezahlt ist und habe keine Ahnung, wie es mit mir weiter gehen soll.

10. Gaia und die Wüste lebt

Ich weiß nicht, wie lange ich schon da sitze und vor mich hin starre, als es an der Tür klopft. Begeistert stehe ich auf und öffne erfreut die Tür mit der hoffnungsvollen Idee, dass ich nun der nächsten Göttin begegne. Doch da steht ein Hotelpage, der mir mitteilt, dass das Zimmer in einer Stunde geräumt sein muss und ich an der Rezeption noch die Rechnung zu begleichen habe. Verdattert schaue ich ihn an und stehe noch immer da, als er schon längst wieder gegangen ist. Langsam schließe ich die Tür. Was jetzt? Da ich kein Geld habe, bleibt mir wohl nichts anderes übrig, als zu versuchen, mich unbemerkt aus dem Hotel zu schleichen. Ich packe die restlichen Kleider in meinen Rucksack, verlasse das Zimmer und beschließe, den Schlüssel einfach stecken zu lassen. So muss ich nicht mehr an der Rezeption vorbei und kann diskret das Hotel verlassen. Als ich durch die Hotelhalle schreite, klopft mein Herz wie wahnsinnig. Ich habe den Eindruck, dass mich alle komisch ansehen und meine Knie zittern. Mich plagt mein schlechtes Gewissen, doch da ich keinen anderen Rat weiß, bleibt mir nur die Möglichkeit der Flucht. Irgendwie amüsiere ich mich auch, denn vor ein paar Wochen hätte ich wohl anders gehandelt. Trotzdem atme ich auf, als ich durch die Schwingtür bin und die Stufen hinunter laufe. Geschafft, denke ich gerade als mir jemand auf die Schultern tippt und sagt: „Warten sie." Mein Herz bleibt für einen Augenblick stehen: ertappt.
Langsam drehe ich mich um und will gerade erklären, wieso ich getürmt bin, als mir der Hotelpage mein Tuch in die Hand drückt, das ich auf dem Weg durch die Hotelhalle verloren habe. Ich bedanke mich und schaue ihm nach, wie er wieder zurück ins Hotel geht. Mein ganzer Körper zittert, sodass ich erst nach einigen Minuten wieder im Stande bin, weiter zu laufen. Ich atme ein paar Mal tief ein und aus und überlege, wohin ich nun gehen soll. Da ich kein Ziel habe, lasse ich mich mit dem Strom der Menschen treiben in der Hoffnung, dass mich eine plötzliche Eingebung weiter führen kann. Nachdem ich schon Stunden gelaufen bin, setzte ich mich desillusioniert auf eine Bank und kämpfe mit den Tränen. Da bin ich nun, allein in einer fremden Großstadt, verlassen von der Göttin, ohne Geld und Nahrung.
Wie stellen sie sich das vor, diese Göttinnen? Was erwarten sie von mir? Am liebsten möchte ich mich hinlegen und schlafen, doch dazu ist der Ort völlig ungeeignet. Also starre ich vor mich hin und male mir aus, wie es nun mit mir weitergeht. Da ich nicht einmal weiß, welche Göttin mich nun erwartet, und vor allem, wo sie mich erwartet, sind meiner Phantasie keine Grenzen gesetzt und ich stelle mir meine Zukunft sehr düster vor. Ich werde verhungern und verdursten, das in einer Großstadt, wo viele Menschen leben, doch alle einfach an mir vorbei hasten. Niemand nimmt Notiz von mir, alle scheinen es eilig zu haben, nur ich habe alle Zeit der Welt. Kraftlos und müde sitze ich da.
Da kommt eine ältere Frau auf mich zu und setzt sich neben mich. Skeptisch und vorsichtig spreche ich sie an und sie antwortet mir in meiner Sprache.

Mein Herz macht einen Luftsprung, ich habe die Göttin gefunden. Doch als sie mir erklärt, dass sie hier auf ihren Enkel wartet, bricht meine Hoffnung wie ein Kartenhaus zusammen.
„Wissen Sie, mein Enkel unterrichtet Philosophie. Er weiß ja so viel. Als ich durch den Tod meines Mannes in eine Krise geriet, hat er mir erklärt, dass der Begriff Krise vom griechischen krinein abstammt und nichts anderes als Entscheidung bedeutet." Ich schaue sie interessiert an, was sie wohl dazu veranlasst auszuholen.
„Das kann die Entscheidung sein, bereits erfolgten, unveränderbaren Ereignissen nicht länger negative Aufmerksamkeit zu schenken. Eine Krise hat immer auch einen positiven Aspekt. Eine Krise bedeutet ebenfalls, dass etwas Neues ins Leben will. Wenn ich bereit bin, etwas Neues zu initiieren, ist dies bereits ein Willensakt. Übertragen heißt das, ich will nicht mehr länger in der Opferfalle verharren. Ich höre auf, mich zu bedauern. Schon allein dieser Gedanke hat etwas bei mir verändert. Doch eine Veränderung aus einer Krise bedeutet immer auch Verlust. Deswegen habe ich mich wohl so lange dagegen gewehrt. Es geht darum, etwas loszulassen, zurückzulassen. Aus diesem Grund machen Veränderungen vielen Menschen Angst. Nur ja nichts Neues, da müsste ich ja etwas ändern, habe ich gedacht. Wer sich jedoch nie anschickt, bewusst etwas zu verändern, was ihn oder sie unglücklich und leidend macht, wird auch nie das unglaublich kraftvolle Gefühl erleben, das einem erfüllt, wenn eine Krise gemeistert wird, ein Entschluss in die Tat umgesetzt ist, die Falle - vielleicht mit Hilfe anderer Menschen - aufgebrochen ist. Wer bereit ist, Veränderungen wirklich zu wollen, hat sicher schon die Erfahrung machen können, dass einem zumindest ein Teil der Mühe geschenkt wird. Der Rest ist Ehrlichkeit und Offenheit gegenüber sich selbst. Mein Enkel sagte mir: Erkenne dich selbst! Und es stimmt. Wer aufrichtig zu sich selber ist, geht aufrechter, das heißt selbstbewusster, glücklicher und vor allem gesünder durchs Leben." Sie schaut mich zufrieden an und verabschiedet sich von mir, da in diesem Moment ihr Enkelsohn aus dem gegenüberliegenden Gebäude tritt.

Wieder allein auf der Bank lächle ich vor mich hin. Diese alte Frau war wohl ein Geschenk der Göttin. Ich bin in einer Krise, in einer absoluten Krisensituation und diese alte Frau hat mir nun einen Ausweg gezeigt. Krise heißt also Entscheidung. Das heißt ich muss, ich darf, nein, ich kann mich entscheiden, wie es weiter gehen soll. Was will ich? Will ich wieder zurück nach Hause oder will ich nun die nächste Göttin treffen? Es liegt an mir. Ich kann mich entscheiden. Bei diesem Gedanken wird mir einerseits froh ums Herz auf der anderen Seite spüre ich die Verantwortung, die ich in diesem Moment über mein Leben übernehme. Ich spüre die Last der Verantwortung auf meinen Schultern und empfinde es als drückend und schwer. Mir kommt der Gedanke, dass ich wohl immer wieder und sogar gerne die Verantwortung über mein Leben in die Hände von anderen gebe, gleichzeitig stört es mich,

wenn andere über mein Leben entscheiden. Toll, da bin ich wieder einmal in einer Zwickmühle. Was will ich überhaupt? Es geht einmal mehr um eine innere Entscheidung. Und wenn ich ganz ehrlich bin, so will ich meine Reise fortsetzen. Nachdem ich nun fast alle Göttinnen kennen gelernt habe, möchte ich auch noch mit den anderen drei Bekanntschaft schließen. Da kommen mir die letzten Worte von Lakshmi in den Sinn und ich beginne zu bitten.
Ich schließe die Augen und erinnere mich an den Augenblick, als ich die zwölf Göttinnen am Feuer traf. Ich sehe sie vor mir und erkenne sie wieder: Artemis, Aphrodithe, Athene, Selene, Tefnut, Demeter, Maat, Ereshkigal, Laskhmi und ... Ich blicke in ein altes, mildes Gesicht, welches ich noch nicht erkenne. Ich atme tief aus und frage: „Bist du meine nächste Göttin?" Sie nickt und reicht mir ihre Hand. Doch bevor ich etwas tun kann, verschwindet das Bild vor meinem inneren Auge und ich sitze nach wie vor auf meiner Bank und bin nicht weiter als vorher, oder doch?
Ich schließe noch einmal meine Augen und konzentriere mich auf die mir noch unbekannte Göttin, die ich vorher gesehen habe. Meine ganze Aufmerksamkeit gilt nur ihr und ihrem Bild und gleichzeitig sage ich leise, wie zu mir selbst: „Bitte lasse mich in deine Welt eintreten. Ich möchte dich kennen lernen und aus deinem Wissen schöpfen für mein weiteres Leben." Bei meinen letzten Worten fühlt sich mein Kopf leer und mein Körper für kurze Zeit schwerelos an und mir ist, als ob ich in der Luft schwebe. Noch immer sind meine Augen geschlossen und als ich sie wieder öffne, sitze ich am mir bekannten Feuer. Doch nicht zwölf Göttinnen umkreisen das Feuer, sondern da ist nur eine, diese eine, die ich vorher vor meinem inneren Auge gesehen habe. Erfreut lächle ich sie an und sage nur: „Danke." Sie neigt sanft ihren Kopf und sagt: „Ich danke dir, dass du den Weg zu mir gefunden hast."
„Nun ja, ich glaube nicht, dass ich das allein geschafft habe."
„Oh doch. Wo du dich hin denkst, dort bist du. So einfach ist das. Du hast es nur für lange Zeit vergessen. Nun bist du ja da und ich freue mich darauf, dich näher kennen zu lernen. Ich bin Gaia."

Erstaunt blicke ich sie an, Gaia, Mutter Erde, die Allnährende? Sie lächelt mich liebevoll an und ich sage ehrfurchtsvoll: „Gaia, die Bezeichnung für die vielbrüstige Mutter Erde, die aus ihrem Leib alles Leben gebärt und alles Leben nährt. Im umgangssprachlichen Gebrauch wird das Wort Gaia für das Ökosystem Erde verwendet und du heißt so - du bist das?" Sie nickt.
Voller Hochachtung schaue ich sie an. Mir kommt der Wissenschaftler James Lovelock in den Sinn, der dem Namen Gaia Anfang der siebziger Jahre zu einer Renaissance verhalf mit seinem Buch „Die Erde ist ein Lebewesen". Durch ihn wurde der Begriff zum Synonym für die Interpretation der Erde als lebender Organismus. Gaia, auch Ga oder Ge genannt, woraus das Wort Geo entstand, eine der ältesten griechischen Gottheiten, die als Personifikation der Erde gilt. Sie war aus dem Chaos entstanden und zeugte aus sich heraus Uranus, den Himmel, Pontos, das Meer und Tartaros, die Unterwelt.

Sie heiratete ihren Sohn Uranus, dem sie die Titanen gebar, hatte jedoch auch Kinder von Pontos und Tartaros. Als große Muttergöttin genoss sie höchstes Ansehen und wurde auch als Zeugin bei Schwüren angerufen. Das alles kommt mir bei ihrem Anblick in den Sinn und ich weiß nicht einmal, woher ich dieses Wissen habe. Jedenfalls befällt mich eine große Achtung vor dieser Göttin und gleichzeitig auch ein schlechtes Gewissen. Ich war nicht immer sehr achtsam gegenüber Mutter Erde. Ich war und bin wie viele Menschen der heutigen Zeit, ein Kind der Konsumgesellschaft. Mit großen, aufgerissenen Augen schaue ich sie an und muss aufpassen, dass ich nicht vergesse, zu atmen. Als ich ihre Tränen sehe, wachsen meine Schuldgefühle ins Unermessliche.

Ich falle auf die Knie, senke mein Haupt und höre mich sagen:
“„Heilige Göttin Gaia
Schöpferin
von Anbeginn
Große Erdenmutter
verzeih mir
verzeih uns Menschen
die Verletzungen
die wir brachten über dich
über deinen himmlischen Geist
über deinen göttlichen Erdenleib
über deine lebensspendenden Gewässer
über unser Heim
verzeih mir
verzeih uns Menschen
die Wunden
die wir erbringen an deinem Leib
der unserer Wohnstatt ist
Allschaffende Allnährende
Große Mutter
Gottkönigin
begegne mir
begegne uns Menschen
mit deiner Gnade
mit deiner Güte
mit deinem Segen
verschone uns
vor der zerstörenden Kraft deiner verborgenen Feuer
erwärme mit der Allmacht deines verborgenen Feuers
unsere Herzen
erhelle unsere Gedanken
mit deinem Geist

helfe uns deinen Leib zu heilen
der uns hervorbrachte,
der uns empfangen wird
helfe uns
dich
durch mich, durch uns
zu entfalten.
Heilige Göttin Gaia
Schöpferin
von Anbeginn
Große Erdenmutter
dein Wille geschehe!"

Keine Ahnung, woher ich diesen Text habe, denke ich, als ich wieder aufblicke und sie lächeln sehe. „Ich danke dir", sagt Gaia. Sie nimmt eine Handvoll Sand von der Erde und lässt diese durch ihre Finger rieseln. „Die Menschen haben der Erde einen Namen gegeben – Mutter. Sie ist der Lehm, aus dem du geschaffen bist und in den deine körperliche Hülle nach dem Tod wieder aufgenommen wird. Das Element Erde ist dasjenige Element, das du am ehesten begreifen kannst, denn Erde ist allgegenwärtig. Du bezeichnest den Planeten, auf dem du lebst, als Erde, und das, was du unter deinen Füßen hast, nennst du Erde. Einen Stein, den du in die Hand nimmst, Sand, der dir durch die Finger rieselt, Lehm oder Ton, den du knetest und formst, Mutterboden, den du umgräbst – all das ist Erde, Materie, Wirklichkeit. Nach einem geistigen Höhenflug kommst du immer wieder zurück. Wenn du eine Weile im Meer der Gefühle geschwommen bist, findest du wieder festen Boden unter den Füßen. Und selbst die brennendste Leidenschaft wird irgendwann Asche, Bestandteil der dauerhaften, fruchtbaren Erde. Wer mit beiden Beinen auf der Erde steht, steht auch fest in der Wirklichkeit. Aus Steinen oder Lehmziegeln richtest du Mauern auf, schützt dich vor Wind, Regen und brennender Sonne. Auch Höhlen bieten diesen Schutz vor der feindlichen gesinnten Umwelt. In der Behausung selbst ist es der Kamin, der das Feuer bewahrt, der Brunnen, der das Wasser liefert und die Fensteröffnung, die durch Öffnen oder Schließen den Luftstrom zirkulieren lässt. In der fruchtbaren Erde keimen die Samen des Grashalmes wie des Mammutbaums, in ihr wurzelt das Getreide, die Kräuter, giftig oder heilsam, die Blumen in all ihren phantastischen Formen und Farben. Von ihr ernähren sich die Pilze, Moose und Flechten, und selbst in den unwirtschaftlichsten Gegenden, im ewigen Frost oder in brennender Wüstensonne, gebiert sie noch ein wunderbar angepasstes Leben. Du ernährst dich von den Gaben der Erde, die Verbindung zu ihr geht auch über den Magen. So beständig und wirklich sie dir auch die meiste Zeit über scheinen mag – die Erde hat auch ihre vernichtenden Seiten. Ein Erdbeben, auch nur ein mäßiges, erschüttert dich zutiefst, nicht nur körperlich, auch seelisch. Selbst ein leichter Erdstoß hat etwas Unwirkliches an sich. So sehr bist du die Festigkeit des Bodens unter deinen Füßen gewohnt, dass diese Welle, die durch die Materie läuft und dich schaukelt wie auf hoher See, bei den meisten Fassungslosigkeit auslöst. Ein richtiges Beben löst schieres Entsetzen und Panik aus, Mauern brechen zusammen und Abgründe tun sich auf. Du verlierst deine Basis deinen Halt, die Grundlage des Seins, und das ist die entsetzlichste Erfahrung, die ein Mensch machen kann. Erdrutsche, einstürzende Hohlräume, Geröll- oder Schlammlawinen, glutflüssige Lavaströme – darin zeigen sich die zerstörerischen Seiten der Erde. Die Erfahrungen aus der Natur haben das Symbol der Erde geprägt. Hier findest du Beständigkeit, Ausdauer, Geduld, Fruchtbarkeit, Schutz und Halt, Realitätssinn und Sachlichkeit, und auch Dunkelheit, Kälte, Erstarrung, Tod und Verwesung."

Ich schaue sie mit großen Augen an und will gerade etwas sagen, als zwei Männer aus dem Zelt treten, welches sich etwas abseits vom Feuer befindet. Als sie näher kommen, sehe ich, dass sie uns das Essen bringen. Erst jetzt bemerke ich, dass ich sehr hungrig bin, da ich den ganzen Tag noch nichts gegessen habe. Gaia zeigt mir, wie ich mit meinen Fingern die Nahrung zu mir nehmen kann. Zuerst bin ich etwas skeptisch und finde es auch recht ungewöhnlich, doch nach dem ersten Schreck schmeckt mir das Essen noch viel besser als sonst. Schweigend nehmen wir unser Mahl ein. Als wir fertig sind, erscheinen wieder die zwei Männer und räumen ab. Einer dieser Männer setzt sich zu uns und schenkt uns Tee ein. Dieser schmeckt sehr süß, mundet mir jedoch vorzüglich. Auch finde ich das Ritual faszinierend, wie er die Teekanne in die Luft hebt und die kleinen, mit Gold verzierten Gläser auffüllt. Gesättigt sitze ich da und nippe an meinem Tee. Nachdem der junge Mann wieder im Zelt verschwunden ist, wage ich Gaia zu fragen: „Wo bin ich hier?"
„Ist das so wichtig?" Verblüfft schaue ich sie an. Das habe ich mir gar nicht überlegt. Sie lacht und es ist ein dunkles, glucksendes Lachen, das mich ansteckt. Lachend erwidere ich: „Auch, wenn es nicht wichtig ist, möchte ich es doch gern wissen."
„Du bist in der Wüste und zusammen machen wir eine Wüstenwanderung."
Am liebsten möchte ich noch wissen, in welcher Wüste, doch entschließe mich lieber zu fragen: „Und wer sind die zwei Männer?"
„Unsere Begleiter, damit wir uns ganz auf uns selber konzentrieren können. Sie machen die äußere Arbeit, so haben wir Zeit für unsere innere Arbeit."
„Sie werden uns bedienen? Männer?"
„Natürlich Männer. Ihre körperliche Kraft erlaubt es ihnen, uns zu dienen."
„Und das macht ihnen nichts aus, Frauen zu bedienen?"
Da prustet sie los und sagt nach einiger Zeit, als sie sich wieder erholt hat: „Ich weiß nicht, was du für ein Männerbild hast, doch es scheint altmodisch zu sein. Du bist wohl noch immer darauf programmiert, eine Tochter des Patriarchats zu sein." Vehement schüttle ich den Kopf. Doch sie lässt sich

nicht beeinflussen und fährt fort. „Als Johann Jakob Bachofen 1861 das Mutterrecht, das Matriarchat, entdeckte, stieß er wie einst Galilei, als er sagte, die Erde ist rund, auf strikte, ja feindliche Ablehnung. Unglaublich erschien selbst den Gelehrten, dass es außer der„von Gott so geschaffenen und ewig gültigen patriarchalen Weltordnung jemals eine andere gegeben haben soll."
„Ja, ich weiß. Die Matriarchatsforschung geriet rasch ins Schussfeld konservativer Vorurteile, und lange Zeit glaubten viele, das Matriarchat sei so eine Art erdschollenhockender Mütterverein gewesen, und erst der apollonische, helle männliche Geist habe uns Frauen aus ihrem erdgebundenen, dumpfen Denken befreit. Intensive ethnologische, mythologische, urgeschichtliche und sprachwissenschaftliche Forschungen bestätigen jedoch heute weitgehend die Erkenntnisse betreffend des Matriarchats. So wissen wir heute, dass es nicht nur eine 3'000jährige Geschichte des Patriarchats gibt, sondern dass die bewusste Menschheitsgeschichte auch ein mindestens 4'000jähriges Matriarchat aufweist. In der Forschung konnte nachgewiesen werden, dass auf dem Boden einer Bauernkultur eine hochentwickelte Stadtkultur entstehen kann, allerdings auf agrarischer Ökonomie."
„So kennen die Menschen heute mindestens vier städtische Hochkulturen - am Indus, bei den Sumerern, in Altägypten und auf Kreta die Minoische Kultur, welche die Phase des entwickelten Matriarchats aufzeigen."
„Doch nach dem Motto: Was nicht wahr sein darf, ist auch nicht wahr, hat das Patriarchat die Geschichte der mutterrechtlichen Kulturen restlos aus seinem Bewusstsein verdrängt!"
„Verdrängt heißt nicht verloren, und so kommt dieses alte Wissen heute wieder an die Oberfläche."
„Du glaubst, dass wir Menschen wieder zur Göttin zurückfinden?"
„Ja, das glaube ich. Doch es geht nicht darum, wieder ins Matriarchat zurück zu kehren, sondern aus Patriarchat und Matriarchat eine neue Kultur zu machen."
Ich blicke sie nachdenklich an. „Die frühesten Religionen der Menschheit orientierten sich analog der Gesellschaftsstruktur an der Großen Mutter. Die Große Mutter war eine Erd- und Fruchtbarkeitsgöttin. Sie wurde vielfach als schwangere Frau mit deutlicher Betonung der primären und sekundären Geschlechtsmerkmale dargestellt. Diese Göttin... du bist bei uns Menschen nicht mehr sehr präsent. Bevor wir beide Kulturen verbinden können, müssen wir wohl erst wieder zur Mutter zurückfinden."
„Das Weibliche ist und war immer präsent. Du findest die matriarchalen Religionen in Mythos, Märchen und Dichtung. Die matriarchale Göttin ist eine dreifaltige Göttin und der dreifaltige Mond symbolisiert sie als Einheit."
„Ja, ich weiß. Die weiße Sichel als Zeichen des jungen, zunehmenden Mondes ist das Symbol der Göttin in ihrer Mädchengestalt, der Göttin des zunehmenden Jahres, der Frühling. Der Vollmond ist das Symbol der Göttin in ihrer Gestalt als erwachsene Frau, der Göttin der Liebe und Fruchtbarkeit, die am Höhepunkt des Jahres im Sommer regiert. Sie ist auch die Schöpferin

der Welt, denn der Vollmond bedeutet das Welt-Ei, aus dem die Schöpfung fiel, als es zerbrach. Der Neumond ist das Symbol der Greisin. In der tiefsten Region, der Unterwelt, herrscht sie als winterliche Todesgöttin, die alles Leben mit in die Tiefe nimmt, um im neuen Jahr wieder zum Licht aufzusteigen." Ich bin selber überrascht, was ich nun alles weiß und gleichzeitig überfällt mich eine kindliche Schüchternheit und ich sage: „Das alles bist du."
„Kommt darauf an, aus welchem Blickwinkel du es betrachtest. Bei den Kelten zum Beispiel bildeten die Göttinnen Ambeth, Borbeth und Wilbeth die göttliche Triade. Das Wort beten ist davon abgeleitet und heißt nichts anderes als die Göttin anrufen. Bei den Griechen hingegen verselbständigt sich die Triade wieder in Einzelgöttinnen. Trotzdem bleibt die Dreifaltigkeit erkennbar: Artemis, Aphrodite, Athene als Jugend, Liebe und Weisheit."
„Die Frau als Krönung des Göttlichen", entfährt es mir. Gaia lächelt mich verschmitzt an. „In der mutterrechtlichen Zeit war der Zusammenhang von Zeugung und Geburt lange unbekannt. Es war allein die Frau, die das Geheimnis der Schöpfung kannte und das Erstaunen der Männer auslöste."
Da wird mir einiges klar. „Daher kommt wohl der bei vielen Völkern verbreitete Mythos von der unbefleckten Empfängnis, also der jungfräulichen Geburt."
Sie nickt und erklärt: „Entscheidend für die Vergöttlichung der Frau als Mondgöttin war das magische Zusammentreffen der weiblichen Menstruationszyklen mit den Mondphasen. Männliche Götter gab es im mutterrechtlichen Kosmos nicht. So war der menschliche Partner der Göttin der Sonnenheros. Im Sommer vollzog die Frauengöttin mit ihm das zentrale Fest, die Heilige Hochzeit, die Land und Meer fruchtbar machte. Zu Beginn des Winters opferte ihn die Greisin und führte ihn in die Unterwelt, aus der er am Anfang des nächsten Jahres wieder geläutert aufersteht."
„Was den Opfertod- und das Auferstehungsmotiv aufweist, welches also schon damals bekannt war. Doch was bedeutet die Heilige Hochzeit?"
„Die Heilige Hochzeit wurde unter anderem bei den Sumerern und in Babylon zelebriert. In einer feierlichen Zeremonie gab es eine rituelle Vereinigung der Oberpriesterin, der Göttin Inanna oder eben Istar, mit dem König, dem Heros, des Landes. Die Priesterin war dabei Stellvertreterin der Göttin. Wurde ein Kind gezeugt, so war dieses göttlicher Herkunft. Wie die Göttin galt die Priesterin nach einem reinigendem Bad weiterhin als jungfräulich und genoss unangefochten die höchste Autorität im Stadtstaat, die matriarchale Theakratie."
„Ist die heutige Hochzeit noch immer heilig?"
„Die Ehe als solches ist eine Erfindung des Patriarchats, doch der Grundgedanke ist ein Streben nach Ganzheit. Erst, wenn das Weibliche und das Männliche sich vereinen, kann eine Ganzheit entstehen."

„War es nicht sogar so, dass sich aus diesen Heiligen Hochzeiten orgastische Kulte entwickelten, an denen auch der einfache Gläubige beteiligt war?"
„Es war ein Volksfest. Tempeldienerinnen gaben sich in einer großen kulti-

schen Feier den Männern hin, um ihnen die ekstatische Verschmelzung mit der Liebes-Göttin, die Sicherung der Fruchtbarkeit und die Wiedergeburt zu ermöglichen."
„Somit dienten Tempeldienerinnen der Tempelprostitution", erwidere ich empört und irgendwie auch desillusioniert.
„Die Sexualität gehört zum Leben und ist nichts Schmutziges. Die Tempelprostitution war nichts anderes als ein Gottesdienst, bevor sie im Patriarchat zur käuflichen Liebe degradierte."
„Willst du damit sagen, dass Prostitution etwas Göttliches ist?"
„Nicht in seiner heutigen Form. Doch keusch und asketisch sind nur die Priester der vaterrechtlichen Religionen. Sie sublimieren und tabuisieren das Sexuelle. So entsteht die Ideologie von den bösen Trieben, die als neurotisierende Konstante die Kultur bis heute prägt."
„Deswegen leiden so viele Menschen unter Neurosen", füge ich bei, doch Gaia geht nicht näher darauf ein und fährt fort: „Mit dem Übergang vom Mutter- zum Vaterrecht wird das monoistische Weltbild abgelöst vom dualistischen, welches bis heute das Abendland beherrscht und den Menschen zum Suchenden macht. Erst im Patriarchat kam es zur Trennung von Gott, der Welt und der Transzendenz des Göttlichen. So entstanden die Gegensätze Gott und Mensch, Diesseits und Jenseits, Immanenz und Transzendenz."
„Alles hat zwei Seiten. Tag und Nacht, hell und dunkel, Licht und Finsternis."
„Die strengen Moralvorschriften spalten die Menschen irreversibel in Natur und Geist, Trieb und Moral, Herz und Kopf, Sinnlichkeit und Sittlichkeit."
„Ist dieser Konflikt die eigentliche menschliche Katastrophe unserer Kultur?"
„Ja, weil eine Trennung stattfindet. In dieser Trennung ist gleichzeitig auch eine Wertung, sodass Herz und Kopf, Trieb und Moral nicht die gleiche Bedeutung erhalten."
„Was kann ich tun?"
„Es ist wichtig, dass du wieder zum Ursprung zurückkehrst. Im Matriarchat gab es den Antagonismus männlich und weiblich noch nicht. Beides war integrativ aufeinander bezogen und konnte gleichwertig miteinander bestehen. Der Sonnenheros ist nicht das Gegenteil der Göttin, sondern sie selbst." Sie schweigt und nach einiger Zeit sagt sie: „Er ist mein Sohn!"

„Du bist die allmächtige dreifaltige Göttin", sage ich staunend.
„Ich bin Gaia und als Gaia werde ich dich lehren, hinter deinen Verstand zu blicken. Dein Verstand kann all das, was ist, nicht erfassen. Es ist zu groß, zu mächtig, eine Dimension, die den Verstand übersteigt."
„Du bist Gott, nein Göttin, das Universum", sage ich andächtig.
„Du denkst schon wieder. Ich bin Gaia, nicht mehr und nicht weniger, alles andere ist deine Interpretation."
Sie sieht in mein ungläubiges Gesicht, wartet eine Weile und beginnt zu erzählen: „Die Große Göttin des Orients heißt nach ihrem sumerischen Namen Iahu, die Erhabene Taube. Sie war und ist eine universale Liebesgöt-

tin. Die patriarchalen Stämme, die in Palästina eindrangen, raubten der Göttin den Namen und auch die Taubengestalt für ihren Gott. Iahu wurde zu Jahwe und die Taube, das Ur-Symbol des matriarchalen Eros, zum asketischen Heiligen Geist der patriarchalen jüdischen Religion. Das Christentum stellte mit Jahwe, Gottvater, Jesus, Gottsohn, und dem Heiligen Geist die Dreifaltigkeit wieder her.
Im frühen Christentum, wie es Mohammed noch kennen lernte, stand an dritter Stelle Maria. Der Prophet Allahs verwarf diese Vorstellung als polytheistisch und führte die Religion zum strengen, eben patriarchalen Monotheismus zurück."
„Mohammed der Prophet?", frage ich verwirrt.
„Er war ein Prophet, doch nicht ein Prophet der Frauen. Wenn du schon denken willst, dann denke daran, dass die urgeschichtlichen Forschungen zeigen, dass der patriarchalen Gesellschaft eine mutterrechtliche voranging. Die Verbreitung reichte von den Indianern Amerikas über den alteuropäisch-asiatischen Kulturraum bis nach Indien und China."
Erfreut füge ich bei: „Es gibt noch heute existierende Mutterrechte. Zum Beispiel bei den Hopi Indianern in Amerika oder in Malaysia, Afrika, und auch die Eskimos sind mutterrechtlich organisiert."
„Stimmt. In diesen mutterrechtlichen Gesellschaften sind die Frauen die zentrale Figur der Gemeinschaft. Sie haben die Verantwortung über die Kinder und die Produktionsmittel und entscheiden über die Verteilung der Nahrung. Sexuell sind sie ebenso frei wie der Mann. Sie leiten die religiösen Riten und stehen der Gemeinschaft vor.
Die Religion spiegelt im Mythos von der Großen Mutter diese Gesellschaftsform wider. Männliche Götter gibt es nicht, die Menschen glauben an eine Wiedergeburt im Diesseits, die ihnen nur eine Frau ermöglichen kann. Die Gemeinschaft ist matrilinear: Die Abstammung wird nach der Mutter bestimmt. Außerdem ist sie meist matrilokal: Der Mann zieht zur Sippe seiner Frau und nicht umgekehrt."
Diese Vorstellung zaubert ein Lächeln auf mein Gesicht. Schon allein der Gedanke daran amüsiert mich, wenn ich mir vorstelle, bei wie vielen Familien genau das Umgekehrte passiert. Während dem ich diesem Gedanken so nachsinne, höre ich wieder Gaia, die erklärt: „Viele Kulturleistungen kannst du den Frauen zuschreiben. Die Erfindung des Ackerbaues, das Züchten und Zähmen von Wildtieren sowie die Sprache und Schrift sind den Frauen zu verdanken."
„Die Sprache ist eine Erfindung der Frauen?""
„Natürlich, denn Sprache ist Magie."
„Du meinst, weil jedes Wort auch Energie ist", füge ich ein wenig zweifelnd bei.
Gaia fährt unbeeindruckt von meiner skeptischen Äußerung fort: „Bevor Sprache diese Gewalt entwickelte, gehörte sie ihren Schöpferinnen, den Frauen, und vermochte zu zaubern. Die Sprache hat nach wie vor

Zauberkräfte, doch die Frauen haben verlernt, ihre Magie einzusetzen. Die Worte, die deine Urmütter schufen, drückten Bewusstheit aus. MA, das älteste Wort der Welt, bedeutet Mutter, Schöpferin, Göttin“, ihre Augen schweifen in die Weite und erst nach einiger Zeit kehrt ihr Blick wieder zu mir zurück und ich sage, wie für mich selber: „Ich habe gelesen, dass in der vergleichenden Sprachwissenschaft die Forschungen nicht nur die Gemeinsamkeiten der indogermanischen Sprachen erkannt haben, sondern auch, dass weltweit allen Sprachen ein gemeinsamer Silben- oder Wortschatz zugrunde liegt. Richard Fester entwickelte dazu sein 6-Ur-Worte-Modell: BA, KALL, TAL, TAG, OS und ACG. Diese sechs Worte entwickelten sich jeweils nach- und auseinander und bildeten durch Verknüpfung, Umdrehung, Verdoppelung sowie durch Austausch von Buchstaben neue Wörter.“
„Und kennst du ihre Bedeutung?“ Ich schüttle den Kopf.

„Das erste, Ba, steht für Mensch; das zweite, Kall, für alles Runde oder Höhlige, welches in allen Sprachen allein das weibliche Prinzip beschreibt. Ein vergleichbares Wort für das männliche Prinzip lässt sich nicht nachweisen. Dank den Forschungen kommen all diese Dinge nun ans Tageslicht, was einmal mehr zeigt, dass es mit dem Patriarchat zu Ende geht und das Matriarchat nie ausgelöscht werden konnte. Das Wort Kall steckt in seinen Variationen nicht nur in Wörtern wie Kalender, kalt oder spanisch caldo, also warm, sondern auch in Namen von Ländern wie Galizien, Portugal, Kalifornien oder Städten wie Köln und Gottheiten wie Kali oder Kybele. Die Worte Welt, Galaxis und All sind ebenso Kall-Wörter wie Sonne und Mond. Was einmal mehr aufzeigt, dass gerade die Worte, die heute Herrschaft und Macht ausdrücken, weiblich geprägt sind. Selbst das Kall-Wort, Mann, stand ursprünglich für Frau. Im ursprünglichen Altnordischen bedeute „man“ Frau oder auf englisch „woman“. Das Wort für Mann war nicht „man“ sondern „wer“, aus der Sanskrit-Wurzel vir, wie Werwulf, der Wolfsmann. Bei den skandinavischen und anderen Stämmen Europas wurde mit „man” der Mond, die Schöpferin aller Wesen bezeichnet. Selbst im Rom der Kaiserzeit war „man” oder Mana die Mutter aller manes oder Ahnengeister. Die Sanskrit-Wurzel „man“ bedeutete Mond und Weisheit.“
Erstaunt füge ich bei: „Und dies waren die beiden wichtigsten Attribute der großen Göttin.“
Einmal mehr bin ich erstaunt, wie viel uns Frauen genommen wurde und wird - auch die Sprache. Doch Gaia lässt sich von meinem kummervollen Gesicht nicht beeindrucken. „Wie du bei Lakshmi gelernt hast, wirken ausgesprochene Worte stärker nach, als es dir meistens bewusst ist. Wenn ich dir jetzt sage, denke nicht an den Tod, denkst du an ihn, weil ich es ausgesprochen habe. Worte sind Macht! Ein Mensch, der sich ausdrücken kann, übt Macht aus. Rufe einen Namen und du hast Macht über alle, die so heißen und es hören.“
„Ich? Ich soll Macht haben?“

„Stell dir vor, du bist auf einem belebten Platz und rufst einen Namen, den viele tragen, z. B. Daniel. Es werden sich alle Männer mit dem Namen Daniel umdrehen und das ist Macht."
„Na ja, wohl eher Machtmissbrauch oder einfach Unfug."
„Unfug? Nein, das ist Sprachmagie. Überlege dir also genau, was du mit deiner Magie anfangen willst. Denn wie jede Magie wird sie sich gegen dich richten, wenn du sie missbrauchst."
„Sicher nicht, wenn ich auf einem Platz Daniel rufe."
„Doch, weil sich alle mit dem Namen Daniel umdrehen und was machst du dann damit? Mit Sprachmagie Macht auszuüben, hat nur einen Sinn, wenn sie ein Werkzeug bleibt und nicht zum Selbstzweck eingesetzt wird. Sprache ist eine Nährlösung für die Bilder in deinem Kopf. Worte schaffen Bilder. Bilder schaffen Realität. Daher sind unbequeme Worte in deiner Welt verboten."
Ich nicke, weil mir gerade ein paar Worte in den Sinn kommen, die mir meine Mutter austreiben wollte, was ihr nur zum Teil gelang. Doch bevor ich weiter darüber nachdenken kann, holt mich Gaia wieder zurück mit den Worten: „In bürgerlichen Familien dürfen die Kinder nicht geil, leck mich am Arsch, Scheiße oder Arschloch sagen. In katholischen Häusern darf nicht Kruzifix noch mal, Himmel Herrgott oder verdammt gesagt werden.
Und wenn du die Geschichte der Menschen anschaust, durften lange Zeit die Namen der Göttinnen nicht mehr ausgesprochen werden. Die Eroberer empfanden das als Provokation, später wurde die Nennung bestimmter Worte wie Matriarchat tabuisiert."
„Das ist wohl der Grund, wieso Begriffe, die im gesellschaftlichen oder politischen Leben wichtig sind, nur in der männlichen Form existierten, damit wir Frauen uns ausgeschlossen wissen sollten."
„Nun, die meisten Wörter gibt es heute auch in weiblicher Form."
„Nicht beim Gast, denn eine Gästin gibt es nicht oder Typ, es gibt keine Typin...", da unterbricht mich Gaia: „Wichtig ist, dass du daran denkst und nicht die Macht des gesprochenen und auch des geschriebenen Wortes unterschätzt. Denn Worte, also ein Text, webt den Teppich, das Textil der Wirklichkeit, in der du lebst, die du beeinflusst und gestaltest." Wie für mich selber sage ich laut, was ich gerade denke: „In der Frühzeit oder der prähistorischen Zeit gab es noch keine Texte, keine Papiere, sondern nur Worte. Doch erst mit der Erfindung der Schrift fängt die Wissenschaft an, etwas als geschichtlich anzuerkennen. So glauben auch viele Forscherinnen, dass ungefähr ab diesem Zeitpunkt die Umbruchsphase vom Matriarchat zum Patriarchat zu finden ist."
„Diese Zeit als prähistorisch, worüber ihr Menschen ja nichts wisst, abzutun, ist eine Strategie, andere Gesellschaftsformen aus dem Gedächtnis der Menschen auszulöschen, sodass ihr euch gar nicht mehr vorstellen könnt, dass es anders geht, weil es eben schon einmal anders war. So gelten Kulturen ohne Schrift als unentwickelt und der Begriff Hochkultur galt lange nur für Ägypter, Griechen sowie Römer. Trotzdem ist es nicht ganz richtig, von

schriftlosen Kulturen zu sprechen. Die Sumererinnen haben schon 3000 vor deiner Zeitrechnung eine Keilschrift benutzt, die hauptsächlich für die ökonomische Buchführung im Tempel der Himmelskönigin verwendet wurde. Die Einwanderergruppen aus dem Norden eigneten sich diese Art des Schreibens, die sogenannte Keilschrift, an; es waren kleine keilförmige Zeichen, die in feuchten Lehm gepresst wurden und verwendeten sie für ihre eigenen Aufzeichnungen und literarischen Niederschriften.
Also waren einige matriarchale Kulturen keineswegs schriftlos, nur sind aus dieser Zeit keine niedergeschriebenen Mythen erhalten."
Ja, das erklärt einiges, denke ich und sage laut: „Vielleicht benutzten sie die Schrift niemals für Literatur oder Poesie, sondern nur für Rechnungen und Buchführung, oder die vorhandenen Tontafeln wurden damals zerstört."
„Beides ist möglich, doch schlussendlich ist es unwichtig."
Beide sitzen wir schweigend da und starren ins Feuer. Meine Gedanken überschlagen sich und ich frage mich, ob sich das alles nicht mit den Geschichten der Dritten Welt vergleichen lässt. Da lernen wir auch nichts über die ursprünglichen Kulturen, wie sie vor dem Eintreffen der Europäer existiert haben. Wir stellen uns vor, dass es kleine Stämme waren, die primitiv gelebt haben und sicherlich keine Staaten, Schriftsysteme, politische Ausdifferenzierung kannten. Aus europäischer Sicht fehlte ihnen also alle Kriterien für eine Hochkultur. Sicher gab es Reiche mit hohem kulturellen Niveau, doch das ist nur ein verschwiegenes Wissen. Denn das würde enthüllen, dass die Europäer eben nicht auf ein unbestelltes Feld kamen, und dass diese Menschen eben nicht nur bessere Tiere waren, die wir versklaven und deren Land wir kolonisieren konnten. Doch genau so will es uns die Geschichte, die wir kennen, glauben machen - dass in prähistorischer Zeit die Menschen primitiv und grausam waren. Da werden also sämtliche Vorurteile gegen unzivilisierte Tiere aufgewärmt. So glauben wir, dass die Frauen schon immer putzten und kochten und nichts zu sagen hatten. Die Geschichte wiederholt sich. Nur sind es dieses Mal nicht mehr die Frauen sondern es ist ein Volk. Damit dieser Friede von niemandem hinterfragt und somit gestört wird, wurde und wird das alte Wissen verschüttet und dämonisiert. Doch nun ist es an der Zeit, das alles in einem neuen Licht zu sehen. Wir Frauen können uns dieses Wissen wieder zurückholen. Gaia hat wohl meine Gedanken gelesen, denn sie sagt: „Du kannst damit beginnen, indem du in der kretischen Göttinnenstatue nicht die Küchenmagd siehst, als welche sie viele Forscher ganz selbstverständlich hinstellen. Oder du kannst in dem griechischen Phallussymbol, dem Omphalos, ein kurzer, oben runder Kegel, wieder den Gebärmuttermund erkennen."
„Was? Ein Phallussymbol ist doch kein Gebärmuttermund", ereifere ich mich.
„Steck dir einen oder zwei Finger in die Möse, und fühle selbst. Dann schau dir einen Omphalos an. Sieht er immer noch aus wie ein Phallus? Nein!"
Ich bemerke, dass ich rot werde und weiche aus, indem ich bemerke: „Es hat gynozentrische Gesellschaften gegeben und die Ära dieser Matriarchate dau-

erte wahrscheinlich 35'000 Jahre, danach gab es eine Übergangszeit zum 2'000 Jahre alten Patriarchat, das wir heute sehr gut kennen. Sind solche Zahlen nicht mit Vorsicht zu genießen?"

„Die Zahlen sind nicht von Bedeutung, denn eines ist klar, das Patriarchat ist jünger und existiert im Vergleich zum Matriarchat nur kurze Zeit."

„Dann verstehe ich noch weniger, wieso die Göttin, die so groß und mächtig war und ist, so lange verschwinden konnte."

„Je weiter sich der Ackerbau, das Privateigentum, die Versklavung der Bauern und die systematische Kriegsführung entwickelten, desto mehr verschwand die Große Mutter im mythischen Dunkel."

„Und mit der Machtübernahme der Männer wurden die Frauen zu verachteten Wesen, denen man jede Freizügigkeit verbot und die Kulturfähigkeit absprach. Wie konnte die Große Mutter das geschehen lassen?" Sie schaut mich erwartungsvoll an, sodass ich aushole: „Erst im Patriarchat entstand die Institution Ehe. Die gab es vorher nicht. Sie bringt den Frauen nicht nur zivilrechtlich schwerwiegende Nachteile. Bereits im antiken Athen galten die Frauen als Eigentum des Mannes. Man verbannte sie ins Haus und an den Herd. Ihre Aufgabe war es, für die Männer den legitimen Erben zu gebären."

Gaia hört mir schweigend zu und unterbricht mich nicht, sondern fügt noch Salz auf meine Wunde: „Typisch für das Patriarchat war und ist die doppelte Moral. Schon in den ältesten bekannten Gesetzen wird dem Mann eine weitgehende sexuelle Freiheit zugestanden, während die Frau streng an einen einzigen Mann gebunden ist. Der Mann kann seine Frau verstoßen, sie muss ihm treu sein. Groß ist die Angst des Mannes, seine Frau könnte fremdgehen und somit seinen Anspruch als Besitzer der Frau und sein Erbe gefährden.

Frauen unterliegen einer strengen sozialen Kontrolle, die sogar soweit gehen kann, dass sie sich selbst überwachen. Und denke daran, zur physischen Unterdrückung kommt auch die psychische. Jahrhundertelang verinnerlichte Rollenfixierungen erweisen sich bis heute als die größten Hürden einer Emanzipation beider Geschlechter."

„Vielleicht ist diese Emanzipation gar nicht möglich", bemerke ich und überlege gleichzeitig, ob diese Gleichberechtigung überhaupt wünschenswert ist.

Gaia lässt sich von meinen Gedanken nicht stören. „Die neue patriarchale Ideologie drückt sich besonders in der Religion aus. Es entstanden absolut patriarchale Großreligionen, wie das Judentum, der Islam, das Christentum und der Protestantismus, welche die weiblichen Gottheiten vollkommen auslöschten. Frauen dürfen in vielen Religionen nicht einmal mehr Priesterinnen sein. Früher war das ihr angesehenster Beruf. Du bist nun wieder auf dem Weg zu deinem Ursprung. Diese Reise ist für dich eine Rekonstruktion der verdrängten, verdeckten und vergessenen matriarchalen Religionen in ihrer am höchsten entwickelten Form. Wie du selber schon festgestellt hast, sind sich alle Religionen gleich. Die Vielfalt der Gestalten in indischen, persischen, vorderorientalischen, ägyptischen, griechischen, keltischen und germani-

schen Mythen zeigt in ihrem systematischen Zusammenhang die überraschenden Parallelen bis hin zum Christentum auf. Die Symbol- und Handlungsmuster der matriarchalen Religionen lebten immer in den internationalen Märchen weiter. Auf dem Boden von Mythologie und Märchen findest du die Struktur der matriarchalen Religionen zur Grundlage der poetischen Stoffe europäischer Dichtung.
Darin findest du immer wieder die Auseinandersetzung zwischen matriarchalen und patriarchalen Gesellschaftsformen und deren Ideologiebildung. So ist der Einfluss der Göttin und der alten matriarchalen Denkformen auf deine Kultur, auch wenn du dir dessen nicht bewusst bist, noch immer groß und stark. Indem du sie nun wieder entdeckst, bedeutet das, ein Stück Selbstidentifikation zu gewinnen."
Noch lange Zeit später, als ich schon längst auf meiner Matratze im Schlafsack im Zelt liege, kreisen meine Gedanken um Matriarchat, Göttin, Patriarchat und meiner Reise, die mich bis hierhin geführt hat. Ich bin neugierig auf das, was nun folgt - auf die Reise mit Gaia.

Als ich am Morgen aus dem Zelt komme, sind die zwei Männer schon damit beschäftigt, die Kamele zu laden. Gaia sitzt bereits beim Tee und lächelt mich einladend an. Nachdem wir unseren Tee getrunken haben, wickelt sie mir ein Tuch um den Kopf mit dem Hinweis, dass dies ein Sonnenschutz sei. Danach erhalte ich die gleichen Kleider wie die zwei Berber, die uns begleiten. Gaia setzt sich auf ein Kamel und fordert mich auf, es ihr gleich zu tun und auf dem Kamel zu reiten. Majestätisch sitzt sie da oben und wartet darauf, dass ich nun meinen Platz einnehme. Das Kamel scheint mir sehr hoch und ich kann mir auch nicht vorstellen, dass sich darauf sitzen lässt. Ich beschließe, lieber zu laufen.
Nachdem wir eine gute Strecke gelaufen sind, verspüre ich Durst. Jetzt einen Schluck Wasser nehmen. Einen kleinen Schluck nur. Die Lippen anfeuchten und weiter laufen. Oder lieber aushalten und haushalten? Die Wasserflaschen, welche die Kamele tragen, einfach ignorieren. So tun, als ob es sie nicht gäbe. Wenigstens ein paar Stunden lang. Ich lächle über meine merkwürdigen Gedanken. Wasser war noch nie ein Thema für mich. Es war immer eine Selbstverständlichkeit. Wasser kommt aus dem Hahn - frisch, prickelnd, unbegrenzt. Die Geräusche des Wassers sind allgegenwärtig, das Spritzen und Rauschen, das Gluckern und Tröpfeln, das Branden und Zischen. Ich kenne Wasser als Eis oder Dampf, als Pfütze oder Meer, als Regen, Schnee oder Hagel.
Und hier? Rundherum nichts, was auf das ursprünglichste aller Elemente hinweist. Die stechende Sonne löscht jede Erinnerung an Regen aus. Stahlblau der Himmel, staubtrocken der Boden. Jeder Schritt zeugt eine Wolke aus einzelnen Partikeln, die seit Monaten kein Tropfen mehr gebunden hat. Nach ein paar Metern taucht der Staub die Kleider schon in ein schmutziges Grau. Doch sogar in dieser Trockenwelt ist es das Wasser, das Landschaft und

Lebensform prägt: nicht durch extremen Überfluss wie im Urwald, sondern durch äußersten Mangel. Auch diese Gegend muss das Phänomen des fließenden Wassers kennen. Woher kämen sonst all die Schluchten und Täler, all die abgeschliffenen Felsen in den Bachbetten. Wann aber führen sie Wasser? Einmal im Jahr? Einmal im Jahrhundert? Gaia, die zwei Berber und die Kamele haben einen rechten Vorsprung und machen immer wieder eine Pause, um auf mich zu warten. Als ich endlich den Mut aufbringe und um Wasser bitte, geben sie mir eine Flasche, die ich bei mir tragen kann, da mein Kleid einen entsprechenden Beutel hat. Noch immer bin ich nicht gewillt, auf eines der Kamele zu steigen. Lieber laufe ich. Die Umgebung fasziniert mich einerseits und andererseits ist die Erde dieser Gegend nichts als Materie: Felsen, Brocken, Klumpen, Krümel - eine endlose Schotterhalde. Nirgends Krume, nur Kruste. Ein paar Halmen gelingt es, durchzubrechen. Steppengras, das mit seiner Anwesenheit prahlt. Immerhin ein grüner Farbtupfer in einem Kosmos aus gelb, ocker, rot und braun.

Nichts als Mangel um mich herum, was mich einerseits freudig stimmt und gleichzeitig traurig und auch wütend macht. Meine Augen beginnen sich an Winzigkeiten festzusaugen wie Tierspuren und Steinen. Jedes kleinste Zeichen von Leben erheischt hier Aufmerksamkeit und verdient sie auch. Nein, die Wüste kann das noch nicht sein. Die wäre noch lebloser, noch extremer und hätte gar keinen Anschein von Wasser. Denn Wasser, ein bisschen jedenfalls, scheint es hier irgendwo zu geben. Wie sonst wären einzelne Bäume zu erklären, die alle paar Kilometer als Schattenspender stehen? Bei einem solchen Baum erwarten mich die drei. Sobald ich mich setze, wird Tee gereicht und dazu erhalten wir Nüsse. Müde und verschwitzt setze ich mich hin und bin froh über das süßliche Getränk, das mir mit jedem Schluck besser schmeckt. Kurze Zeit später wird uns ein Salat aufgetischt, den die zwei Berber zubereitet haben. Er schmeckt vorzüglich.

„Möchtest du nun reiten“, fragt mich Gaia nach dem Essen und ich schüttle den Kopf. „Was hindert dich, eine neue Erfahrung zu machen und es auszuprobieren?“ Ich hebe meine Schultern: “Ich weiß es nicht.”

Schweigend sitzen wir zusammen, bis ich die Stille nicht mehr aushalte und frage: „Was ist der Unterschied zwischen dir und Demeter? Auch sie ist eine Erdgöttin.“

„Demeter ist die Göttin der Fruchtbarkeit und des Wachstums. Sie wird ebenfalls oft mit Erdmutter übersetzt. Doch sie ist nicht die Erdgöttin selbst, sondern vielmehr die fruchtbare Ackerflur, der Humus; weniger der Planet Erde als vielmehr das Element Erde. Sie ist keine wild-titanische Elementarkraft, keine chaotische Naturkraft, nicht die Natur im Rohzustand, sondern die gebändigte, gezähmte, durch menschlichen Einsatz in Plan und Ordnung gebrachte Natur. Sie ist die segenbringende Göttin der Erdfruchtbarkeit und des Korns. Die Geschichte über den Raub von Persephone, der Tochter Demeters, durch den Unterweltgott Hades beschreibt sinnbildlich den Ursprung vom Wechsel des Blühens und Absterbens in der Natur.“

„Also bist du das Sinnbild der archaischen Kraft?“
Sie lacht und einer der Berber, Hussein, setzt sich dazu und erklärt: „Vor dem Anbeginn der Zeit war das Chaos, ein gähnender Schlund ohne Anfang und ohne Ende. Finster waren die Nebel, aus denen es bestand, und doch lagen schon in ihnen die Urbestandteile allen Lebens: Erde, Wasser, Feuer und Luft. Und so geschah es, dass sich die Finsternis, Erebos, und die Nacht, Nyx, aus dem Schlund erhoben. Beide vereinigten sich und gebaren den Äther, Aither, und den Tag, Hemera.
Die erste unter allen Göttern war die Erdenmutter Gaia. Die Welt um sie herum war noch leer und ungeformt. So zeugte Gaia aus sich Uranos, den Himmel, Pontos, das Meer, und Tartaros, die Unterwelt. Doch noch war das Werk unvollständig und so verband sich die Erdenmutter mit ihrem Sohn Uranos und zeugte Okeanos und Tithys, aus deren Verbindung die Flüsse und die Okeaniden hervor gingen. Weitere Kinder folgten und so entstand aus der Verbindung von Hyperion und Theia die Sonne, Helios, der Mond, Selene und die Morgenröte, Eos. Ihr Sohn Japetos verliebte sich in die schöne Okeanidin Klymene und deren mächtige Kinder waren Atlas, Menoitis, Prometheus und Epimetheus. So bevölkerte ein ganzes Göttergeschlecht in unterschiedlichsten Erscheinungsformen die frühe Welt. Titanen, einäugige Wesen, Kyklopen und hundertarmige Riesen trieben ihr Unwesen. Und schon bald sollten schreckliche Taten das Antlitz dieser jungen Welt erschüttern.
Uranos war ein sehr herrschsüchtiger Gott und achtete eifersüchtig darauf, dass ihm keiner seine Macht streitig machen konnte. Und so waren ihm seine mächtigen Söhne ein Dorn im Auge. Schließlich verbarg er sie tief im Innern der Erde und verwehrte ihnen so, jemals das Himmelslicht zu sehen. Verzweifelt versuchte Gaia, ihren Gatten auf dem Nachtlager von seinen Taten abzubringen. Doch es war vergebens.
Darüber war die Erdmutter so erzürnt, dass sie aus dem Erz der Erde eine gewaltige Sichel formte. Mit dieser ging sie zu ihrem Sohn Kronos und redete mit schmeichelnder Stimme auf ihn ein: „Sieh, wie dein eifersüchtiger Vater deine Brüder in die Unterwelt verbannt. Kein Grund gibt es für seine Tat und die heißen Tränen meines Mutterherzens können ihn nicht erweichen. Nur du, mein Sohn Kronos, kannst ihn aufhalten. Nimm diese mächtige Sichel! Mit ihr wirst du diesen grausamen Herrscher von seinem Throne stürzen können.“
Kronos hörte auf die Worte seiner Mutter und lauerte in der Nacht seinem Vater Uranos auf, der sich zum Lager seiner Gemahlin aufgemacht hatte. Ein wilder Kampf entbrannte zwischen Vater und Sohn, bei dem die Erde angstvoll zitterte. Schließlich gelang es Kronos, seinen Vater mit der Sichel zu entmannen. Voller Zorn warf er das Geschlecht ins Meer. In der Brandung des wildschäumenden Ozeans erwuchs daraus Aphrodite, die schaumgeborene Göttin der Liebe.
Tropfen von Uranos Blut fielen auf Gaia und befruchteten sie. So gebar sie die Erinyen, schaurige Rachegöttinnen und die mächtigen Giganten. Uranos jedoch wurde in das finstere Verließ des Tartaros verbannt und fortan sollte

nun sein Sohn Kronos herrschen. Doch er vergaß nicht die zornigen Worte seines Vaters, der ihm prophezeite: „So wie du mich vom Throne gestoßen hast, wird dereinst dein eigener Sohn dich ebenfalls zu Fall bringen!“
Ein wenig erschüttert von dieser Geschichte blicke ich Gaia an. Sie sitzt noch immer in der gleichen Haltung und macht nicht den Eindruck, dass sie meine Bestürzung aus der Ruhe bringt. Sie steht auf, schaut auf mich hinunter, lächelt und erklärt: „Bei der römischen Hochzeitszeremonie sagte die Braut: ubi tu Gaius, ego Gaia.“
„Was heißt das?“
„Wo du Gaius bist, will ich Gaia sein.“

Kurze Zeit später sind wir auf dem Weg zum Gipfel des Berges. Merkwürdig finde ich, dass anders als in den Alpen hier die Vegetation zunimmt. Je näher wir dem Gipfel kommen, desto größer wird die Flora. Der Kamm scheint bisweilen ein paar Wolken aufzuhalten und zum Regnen zu nötigen, weshalb das Steppengras Gesellschaft durch Flechten, Oleander und Latschen bekommt. Sogar Bäume sollen einst am Nordabhang gewachsen sein. Bis Nomaden sie zu Brennholz zerhackten. Am Grat wird plötzlich der Blick nach Süden frei. In der Ferne verliert sich das flacher werdende Gebirge in der Weite einer Landschaft, die sich irgendwo hinter dem Horizont Sahara nennt. Nur durch den Feldstecher ist ein Fluss auszumachen, der sich auf dem Weg nach Süden durch das Gebirge schlängelt. An seinen Ufern ist eine Perlschnur von Dattelpalmen zu erkennen; kilometerlang, bis der Fluss irgendwo im Sand verschwindet. Gefangen blicke ich um mich. Ich kann verstehen, wieso seit jeher die Wüste eine ganz besondere Faszination auf die Menschen ausübt. Die Weite, die Stille, die Hitze und Kälte, einfache, dann wieder bizarre Formen und Muster, intensive Farben und in der Nacht der funkelnde Sternenhimmel. Die Eindrücke gehen tief, sie berühren meine Seele. Es ist die Kraft, die Intensität und Direktheit des Wenigen und Einfachen. Die Elemente und Welten von Großmutter Erde sprechen unmittelbar zu mir. Es gibt keine Möglichkeit zu fliehen. Diese Unmittelbarkeit und Intensität berührt mein Herz und so laufe ich weinend den anderen hinterher.
Als wir endlich Halt bei unserem nächsten Rastplatz machen, sinke ich in mich zusammen und weine über mich, mein Leben, das Leben der Göttin und überhaupt. Weder die zwei Berber noch Gaia scheinen von mir Notiz zu nehmen, was mich in meiner Verzweiflung bestätigt. Ich bin nichts, ein kleines Nichts in dieser großen Welt. Ich bin weniger als ein Sandkorn und gleichzeitig möchte ich doch ganz was anderes sein. Ich blicke um mich und registriere die unterschiedlichen Gesteinsarten und Geländeformationen. Sie machen die Berge zu einer farbenfrohen und bizarren Augenweide. Dazwischen tummeln sich die Kamele, die so gefesselt sind, dass sie sich nur auf drei Beinen humpelnd bewegen können. Sie blöken, stolpern vorwärts und suchen nach Nahrung, die sie hier in den Bergen an den verschiedenen Bäumen finden. Als die Sonne untergeht, sieht die Umgebung aus wie eine Mondlandschaft,

was meiner Stimmung nicht unbedingt förderlich ist. In meiner Verzweiflung bemerke ich gar nicht, dass Gaia zu mir getreten ist, dementsprechend erschrecke ich auch, als sie sagt: „So nun ist genug Trübsal geblasen. Komm."

Ohne eine Antwort von mir abzuwarten, schreitet sie zum Feuer und blickt mir erwartungsvoll entgegen. Mein erster Gedanke ist, die kann mich mal, doch gleichzeitig lächle ich über mich, da meldet sich wohl wieder mal mein innerer Trotz. Also stehe ich auf und gehe zu ihr ans Feuer. Als ich meinen zweiten Becher Tee trinke, erklärt Gaia: „Ich bin froh, dass du nun endlich erwachsen wirst." Perplex schaue ich sie an. Erwachsen?
„Du reagierst oft wie ein kleines Kind. Du zweifelst an dir und fühlst dich minderwertig. Höre auf damit. Du bist eine erwachsene Frau, die das innere Kind in sich zurückgewinnen und unter seine Fittiche stellen kann. Wenn du nicht endlich damit beginnst, wird seine Bedürftigkeit so groß, dass sie zerstörerisch werden kann. Kinder brauchen ihre Eltern ständig. Sie sind unersättlich. Wenn du dem Kind in dir seinen Willen lässt, treibt es deine Liebe und deine Freude zum Wahnsinn, weil es in seiner Bedürftigkeit unersättlich ist."
„Aber", doch sie unterbricht mich. „Wenn du deinen Urschmerz verarbeitet hast, lernst du, darauf zu vertrauen, dass dein erwachsenes Ich dafür sorgen wird, dass du von anderen Erwachsenen die Fürsorge bekommst, die du brauchst. Ich bin hier, also vergrabe dich nicht in deinem Schmerz, sondern komme zu mir."
Noch während ich überlege, ob ich mich nun in ihre Arme werfen soll, kommt Hussein mit dem Essen. Also bleibe ich sitzen und nehme zusammen mit Gaia das Mahl ein.
„Du lässt dich schnell beeinflussen und ablenken, wie mir scheint", stellt Gaia nach einer Weile fest. Ich verneine vehement. „Nein, ich bin überhaupt nicht stark beeinflussbar."
„Wolltest du dich nicht gerade von mir trösten lassen, als Hussein mit dem Essen kam?"
Mit weit aufgerissenen Augen schaue ich sie an und gebe ihr Recht. „Ja, das stimmt. Doch weil das Essen kam, habe ich es mir anders überlegt. Lasse ich mich deswegen stark beeinflussen?"
Sie nickt. „Das Leben schickt dir immer wieder Prüfungen. So kannst du deine Maßstäbe, deine Grenzen, deine Positionen und Stärken überprüfen."
„Und meine Schwächen."
Sie lacht und schüttelt den Kopf. „Nein, deine Stärken. Beginne, dich zu zeigen, kleine Schwester. Nimm dir deinen Platz im Leben. Er steht dir zu, wie er jedem Mensch zusteht. Werde erwachsen und übernimm die Verantwortung für dich und dein Handeln. Du hast ein starkes Fundament, also baue darauf. Beginne, zu erkennen, was dich ausmacht. Das können auch Einsamkeit, Reduktion und Einschränkungen sein. Daran ist nichts Falsches; doch wenn du es ändern willst, dann mache das. Du kannst es verändern, nur

du, du allein. Beginne, dich zu loben, für das, was du kannst. Anerkenne dich und deine Stärken."
Zweifelnd schaue ich sie an. Meine Stärken? Mir kommen mehr Schwächen in den Sinn, vor allem hier, in dieser großen, weiten Umgebung.

„Drehe dich um dich selbst, werde erwachsen. Alles hat zwei Seiten, also erkunde die andere Seite. Beginne, die tanzenden Derwische für dich und dein Leben zu entdecken."
„Was sind die tanzenden Derwische?"
„Mache die Augen zu und ich führe dich zu ihnen. Diese Erfahrung ist dem ekstatischen Derwisch-Tanz gewidmet. Er geht zurück auf den Mystiker und Poeten Mevlana Rumi."
Ich schließe die Augen und atme ein paar Mal tief ein und aus und schon erblicke ich vor meinem inneren Auge Männer in auffallenden Bekleidungen. Sie drehen sich im Kreis, sodass mir beinahe schwindlig wird - nur beim Zusehen. Gleichzeitig höre ich Gaia zu, dir mir zu meinen Bildern die Erklärungen gibt. „Sie tanzen, um in das Zentrum ihres wahren Selbst zurück zu gelangen. Sie kommen so ihrem Ziel näher – die Einigkeit mit dem Göttlichen.
Die rituelle Kleidung der Derwische erinnert an das letztendliche Ziel und die Begrenzung jeden Lebens – den Tod. Und so tanzen die Derwische angesichts des eigenen Todes in einem dunklen Mantel, der das eigene Grab symbolisiert, einem weißen Tanzkleid, welches das spätere Leichengewand darstellt und hohen Mützen bzw. Grabsteinen auf dem Kopf.
Die Tanzzeremonie wird von einem Scheich geleitet. Du hörst Trommel- und Flötenmusik. Jetzt gibt der Scheich das Zeichen und der Tanz beginnt. Die Derwische öffnen ihre Arme – die rechte Handinnenfläche zeigt nach oben, die linke nach unten. Langsam beginnen sie sich um die eigene Achse zu drehen, werden immer schneller, rotieren durch den Raum. Sie werden in diesem Moment zu Katalysatoren der göttlichen Energie, die sie mit ihrer rechten Hand empfangen und mit ihrer linken an die Welt weiterleiten."
Etwas verwirrt und auch etwas schwindlig öffne ich die Augen. Ich höre noch immer die Musik und stelle fest, dass die zwei Berber mit Flöte und Trommel ausgerüstet, wirklich Musik machen. Das war also keine Einbildung. Gaia lädt mich ein, mich zusammen mit ihr zur Musik zu bewegen. Wir beginnen langsam uns zu bewegen, jede in ihrem Rhythmus, auf die Musik einlassend, auf unsere Bewegung, auf die Atmosphäre. Ich mache eine Pause, lege ab und zu eine Zeit der Stille ein und beginne wieder neu. Ich spüre, wie ich im Tanz die Kräfte der vier Himmelsrichtungen und der vier Elemente berühre. Wie ich eins werde mit ihnen. Je länger ich mich drehe, desto einfacher fällt es mir, in die Erfahrungsmöglichkeit des Wirbeltanzes hinein zu gleiten: Alles dreht sich – das Universum dreht sich. Ich bin ein Teil dieser Bewegung. Ich bin wie eine Achse, die sich um sich selbst dreht, verbunden mit der Erde und dem Himmel, wie eine Spirale. Als Kind habe ich dieses Gefühl gekannt – Kinder

drehen sich und drehen sich und lassen sich fallen. Jetzt fühle ich mich wieder wie damals. Eins mit allem und doch für mich allein. Erschöpft und doch voller Kraft strecke ich mich auf dem Boden aus, als die letzten Töne ausklingen. Das Gefühl von klein und nichts zu sein ist verschwunden und hat einem anderen Gefühl Platz gemacht, dem Verbundensein. Als Gaia mit einer Matratze und dem Schlafsack kommt, freue ich mich darauf, die Nacht unter dem imposanten Sternenzelt zu verbringen. Es ist gewaltig, was und wie sich mir das Firmament zeigt. Kein Planetarium kann diesen Eindruck vermitteln. Gaia liegt neben mir und sagt: „Nach dieser Reise werden deine Augen ebenso strahlen, wie die Sterne am Himmel, die nirgends so nahe scheinen, wie in der Wüste."

Ergriffen von ihren Worten und von dem eindrücklichen Sternenhimmel sind meine Augen feucht und ein paar Tränen laufen mir die Wange hinunter. Nach einiger Zeit kann ich die einen oder anderen Sterne erkennen und sage freudig zu Gaia: „Ich sehe den Stern Orion. Ich kenne seine Geschichte. Artemis hat sie mir erzählt."
„Ja, doch das ist nur eine Seite der Geschichte. Es gibt noch andere."
„Wie andere?", frage ich verwirrt.
"Es gibt nie nur eine Geschichte. Je nachdem, wer dir die Geschichte erzählt, ist sie mal so oder so. Ich kenne eine andere Orion-Geschichte. Du kennst die Artemis-Orion-Geschichte, doch weil ich Gaia bin, erzähle ich dir nun die Gaia-Orion-Geschichte."
Ihre Worte irritieren mich. Ich setze mich auf, damit ich sie ansehen kann, als sie mir ihre Geschichte erzählt.
„Orion ist ein Jäger der griechischen Mythologie und wird als riesige Gestalt beschrieben. Er war der Sohn des Poseidon, dem Gott der Meere. Seine Heldentaten sind legendär. Doch nicht nur die. Als Orion für den König von Chios in dessen Auftrag die wildesten Tiere in seinem Land erlegen sollte, entbrannte er in einer sehr einseitigen Liebesbeziehung zur Königstochter Merope und bediente sich in seiner Werbung auch der Gewalt. Der erzürnte Vater ließ den Jäger blenden, doch durch die Strahlen der aufgehenden Sonne wurde ihm das Augenlicht zurückgegeben. Im umgekehrten Fall verliebte sich Eos, die Göttin der Morgenröte und Tochter des Titanen Hyperion, in Orion und entführte ihn. Artemis duldete dies nicht und tötete Orion mit Pfeil und Bogen."
„Doch wie kam Orion nun an den Himmel?"
„Dazu gibt es zwei Geschichten: Der heldenhafte Jäger verliebte sich einst in die Plejaden, die sieben Töchter des Atlas, der Titanensohn und Bruder des Prometheus, und Okeanide Pleione. Eines Tages genügten ihm heimliche Gefühle nicht mehr und er begann, sie zu verfolgen, letztlich sogar zu jagen. Als Zeus dies nicht mehr mit ansehen konnte, setzte er sie als Sternbilder an den Himmel, wo Orion sie noch heute verfolgt, doch niemals erreicht.
Zum Zweiten hatte Orion eines Tages auf der Jagd in Kreta verlauten lassen, er werde alle Tiere auf Erden töten. Darüber war ich, Gaia, die uralte Göttin

der Erde und Mutter des Uranos, so erbost, dass ich einen Skorpion aus meinem Schoß entsandte, um Orion mit seinem Giftstachel zu töten. Artemis, die mit ihm auf der Jagd gewesen war, setzte ihn zum ewigen Andenken an seinen Mut und seine Tapferkeit an den Himmel. Diese Geschichte findet sich am Sternenhimmel wieder. Zur Untergangszeit des Skorpions, steigt Orion im Osten auf. Kehrt der Skorpion an den Nachthimmel zurück, so verschwindet Orion unter dem Westhorizont."
„Und welche dieser Geschichten stimmt?"
„Jede auf seine Art", erklärt Gaia. „Schaue hinauf, ganz in der Nähe von Orion folgen ihm zwei Jagdgesellen, der Große Hund, mit Sirius dem hellsten Stern am Nachthimmel und der Kleine Hund, mit Prokyon als Hauptstern."
„Stimmt es, dass die ägyptischen Pyramiden auf dem Gizeh Plateau in ihrer Ausrichtung dem Orion, den man als Gott des Todes und als erster König Ägyptens betrachtete, nachgebildet wurden, wobei die Milchstraße den Nil symbolisiert?"
„Ist das so wichtig, ob es stimmt oder nicht.""
„Natürlich ist das wichtig. Ich glaube, auch innerhalb der Weltwunder wurden Schächte nach Sternenkonstellationen des Orion ausgerichtet. Ist das so?"
Gaia antwortet mir nicht. Ihr gleichmäßiges Atmen lässt darauf schließen, dass sie eingeschlafen ist.

Als ich erwache ist es noch immer dunkel, der Sternenhimmel hat sich jedoch verändert und zeigt sich mir in einem ganz neuen Bild. Fasziniert blicke ich nach oben und habe wieder den Eindruck, ganz klein zu sein.
„Mache dich nicht kleiner als du bist", höre ich Gaia sagen. „Zweifel entspringen oft dem Gedankenmuster der Minderwertigkeit. Wenn du von dir denkst, du bist minderwertig, nicht gut genug, löst das Zweifel in dir aus. Kehre dieses Denkmuster um. Übernimm und trage die Verantwortung für dich und dein Tun. Für viele ist Zweifel eine Ausrede, etwas nicht zu tun. Sie klammern sich daran. Der Zweifel ist nichts anderes als ein Mittel zum Zweck. Doch der Gewinn muss die Unsicherheit nicht ausleben. Zweifel ist eine Kopfsache - es ist mental. Der Impuls löst Unsicherheit aus und die Reaktion ist dann Zweifel. Zweifel ist immer erst die zweite Reaktion."

Als es dann soweit ist, wieder aufzubrechen, beschließe ich, trotz meiner Angst und meiner Zweifel, heute auf dem Kamel zu reiten. Ich klammere mich an die Handgriffe, die am Kamel befestigt sind, als es sich erhebt. Verkrampft sitze ich nun da oben und schon nach einigen Metern habe ich den Eindruck, es nicht länger aushalten zu können.
„Versuche, dich im Gleichklang mit den Bewegungen des Kamels zu bewegen. Lasse deine Hüften, deinen Bauch wellenförmig fließen." Mit diesem Hinweis von Gaia geht es ein wenig besser. Trotzdem scheint es mir hoch und vor allem mühsam, auf diesem Kamel zu sitzen, sodass ich bei der nächsten Rast beschließe, wieder zu Fuß weiter zu gehen. Gaia schließt sich mir an und ich kann ihr meine Gedanken und Fragen mitteilen.

„Hier in dieser Einöde, die keine ist, frage ich mich die ganze Zeit, was Sünde ist. Ist es Sünde, hier zu sein, Mensch zu sein?"
„Sünde ist nichts anderes als Abhängigkeit. Doch du bist ein freier Mensch. Im Christentum findest du Reizwörter wie Schuld, Sünde und Kreuz. Wenn du dahinter schaust, geht es einmal mehr nur um Macht. Wer hat mehr Gläubige und somit mehr Macht? Das wollen wir Göttinnen nicht. Wir wollen und brauchen keine Macht, weil wir sie in uns tragen - genau wie du. Vergiss also die Sünde."
Ich bleibe perplex stehen. Das ist alles, diese kurze und einfache Antwort? Das kann doch nicht alles sein. Gaia dreht sich zu mir um, lacht, breitet die Arme aus und sagt: „Du denkst, das ist zu trivial. Doch genau das Einfache ist es, nicht das Komplizierte", dreht sich um und wandert weiter. Einige Minuten bleibe ich noch wie angewurzelt stehen und brauche diese Zeit, um zu verdauen, was ich gerade gehört habe. Mache ich es zu kompliziert? Bin ich zu kompliziert? Hier in der Wüste scheint alles klar, einfach, ohne Schnörkeleien. Doch draußen im Leben ist es anders. Ich beeile mich, Gaia einzuholen und als ich wieder neben ihr gehe, erkläre ich ihr: „In einem Ashram, Kloster oder in der Wüste werde ich nicht vom Alltag abgelenkt und kann mich nur mit dieser Erfahrung nähren, nur für das da sein. Doch im Alltag funktioniert das nicht."
„Doch, es funktioniert immer. Im Alltag brauchst du nur beide Ebenen, Gefühl und Verstand. Beide haben die gleiche Gültigkeit. Du bist noch immer im entweder oder, doch es geht um das sowohl als auch."
„Wie weise - und wie mache ich das?"
„Indem du weise handelst. Weisheit gehört niemandem, es ist ein Allgemeingut. Es ist wichtig, Erfahrungen zu sammeln und vor allem: zu teilen. Wichtig ist auch, dass du deine Sinne beherrschst und sie nicht vernichtest. Wenn die alten Kräfte aus dir weichen, werden die Sinne dem reinen, geläuterten Willen untergeordnet und von ihm benutzt. Die Sinne müssen für den Zweck benutzt werden, für den sie bestimmt sind. Gestatte ihnen nicht, dich zu beherrschen, lasse dich nicht von der sinnlichen Welt verführen. Kontrolliere die Sinne, dann werden sie nach klaren befreienden Richtlinien arbeiten und damit ihre Bestimmung erfüllen. In diesen befreienden Richtlinien kannst du klar erkennen, was das Herz weit macht, und was in ihm Unruhe erzeugt. Lebe in der Stille und lasse die Unruhe los. Die Ursache aller Unruhe ist der falsche Gebrauch der Sinne. Wache sorgsam über sie, und du wirst entdecken, dass sie dir helfen, alle Geheimnisse des Lebens zu erkennen."
„Dann ist der Wille der Schlüssel dazu?"
„Ja, doch nur der freie Wille."
„Wieso gibt es noch etwas anderes als den freien Willen?"
„Ja. Wenn du immer wieder mit dem Kopf durch die Wand gehst, brauchst du den viktorianischen Willen. Wenn du jedem Menschen helfen willst, lebst du eine Verzerrung des guten Willens und es gibt auch noch den geschickten Willen."

„Und was ist der freie Wille?“
„Eine Mischung von allen dreien. Der freie Wille ist das Tor zum Göttlichen in dir. Da handelst du nicht mehr unter Zwang oder, weil du ein Defizit in dir ausgleichen willst, sondern, weil du es wirklich und wahrhaftig willst.“
„Habe ich einen freien Willen?“
„Manchmal brauchst du ihn, doch nicht sehr oft“, erklärt mir Gaia, was mich wieder ziemlich beunruhigt und irgendwie auch wütend macht. „Ich kann meinen freien Willen ja gar nicht ausleben, wenn du und die anderen Göttinnen immer wieder meinen Willen brechen.“
„Haben wir deinen Willen gebrochen?“”
„Ja!“, trotzig bleibe ich stehen und verschränke die Arme vor meiner Brust. Gaia bleibt stehen, lacht mich an und erklärt: „Jetzt bist du wieder wie ein Kind im Trotzalter. So lebst du nicht deinen freien Willen. Wenn du den Willen in der richtigen Perspektive betrachtest, ist er mehr als jeder andere Faktor der Schlüssel zur menschlichen Freiheit und persönlichen Macht. Er ist der Ausdruck der Autonomie.“
„Was heißt das?“”
“Es ist die Fähigkeit eines Organismus, frei nach der eigenen wesentlichen inneren Natur zu handeln und nicht unter dem Zwang äußerer Umstände.“
Ich schüttle den Kopf. „Nein. Denn immer, wenn ich im Willen bin, werde ich in meiner Realität mit Widerstand konfrontiert. Also muss ich mich immer damit auseinander setzen. Wenn ich mich dann wehre, werde ich dafür bestraft. Also bin ich ein Opfer meines eigenen Willens.“
„Nein, du bist dann ein Opfer deines Liebesteils. Richtig ist, dass du dich immer wieder äußerem Druck beugen musst. So verfällst du Gewohnheiten und handelst nach Automatismen. Doch - und das ist das Neue und Ungewöhnliche - du kannst auch neues Verhalten erfinden. Du kannst tatsächlich frei wählen und damit die volle Verantwortung deiner Selbstbestimmung übernehmen. Diese evolutionäre Errungenschaft, die noch sehr in der Entwicklung begriffen ist, nenne ich Wille.“
„Es gibt jedoch Situationen im Leben eines Menschen, da werden wir von den Umständen des Lebens oft erdrückt. Da nutzt kein Wille.”
„Doch, denn der Wille ist aktiv und dynamisch. Das Bewusstsein ist passiv. Wille ohne Bewusstheit ist nicht möglich. Bewusstsein ohne Wille ist möglich. Mit Bewusstheit weißt du, was deine Gefühle, Intuitionen und Emotionen sind. Ohne deinen Willen passiert jedoch gar nichts. Du erwachst nicht eines morgens und dein Wille ist entwickelt. Du brauchst den Willen, um den Willen zu entwickeln. Den Willen musst du schulen. Über den Willen gelangst du zu mehr Bewusstheit. Das Bewusstsein brauchst du, um damit die Bewusstheit mit dem Willen zu nutzen.“
„Toll, komplizierter geht es wohl nicht.“
„Verantwortung zu übernehmen ist einfach! Verantwortung nicht zu übernehmen, ist viel schwieriger!“
„Ich denke nicht, dass ich dir folgen kann. Was hat Verantwortung mit dem Willen zu tun?“

„Sehr viel. Die Stufen des Willens sind die Stufen deiner Göttlichkeit. Zu Beginn hast du als Mensch keinen Willen. Wenn du erwachst, realisierst du, dass du einen Willen hast. So beginnst du, deinen Willen zu benutzen. Mit dem Willen kannst du entscheiden, was du willst und wie du es willst. Du beginnst, Dinge für dich und nicht gegen mich zu machen. Du wirst dir gleichzeitig bewusst, welche Verantwortung deine Entscheidung nach sich zieht. Und schlussendlich bist du Wille."

„Und wenn ich Wille bin, bin ich nicht mehr Opfer, weil das Opfer immer einen Weg findet, dem anderen die Schuld zu geben."

„Ja, genau", ruft Gaia freudig, „du hast es begriffen."

„Und wieso haben die meisten Menschen Angst, ihren Willen zu leben?"

„Weil viele Angst vor den Konsequenzen haben." Ich nicke: „Ja, Angst vor Liebesentzug, für die anderen kein guter Mensch mehr zu sein oder Angst vor der Einsamkeit." Gaia nickt und erklärt: „Aus diesen Gründen entsteht unbewusst eine Blockade, sodass der freie Wille sich immer mehr zurück zieht und der Angst Platz macht."

„Wenn ich also wirklich meinen Willen einsetze, stellt sich mir nichts entgegen." Gaia nickt und ich fahre fort. „Wenn also meine Umwelt reagiert, spüre ich, dass ich noch nicht willentlich entschieden habe. Ich bin mir also noch nicht sicher, was ich will. So kann ich an meiner Umwelt erkennen, wie ich mich entschieden habe."

„Wichtig ist, dass du daran denkst, dass die Energie des Willens eine ganz andere ist, als die Energie deiner Wünsche."

„Ja und?"

„Die Energie der Wünsche ist eine sehr motivierende Kraft. Diese Kraft ist jedoch nicht frei. Diese Energie ist gesteuert durch einen Wunsch, ein Begehren. Wenn du jedoch ganz bewusst sagst: ich will, was ich will und will es jetzt, ist die Qualität eine andere. Der Wille ist frei! Der Wunsch entspricht einem Antrieb, einer Begierde. Beim Willen kannst du frei wählen, bist selbst bestimmend, du entscheidest selber. Doch den eigenen Willen zu entwickeln ist Prozessarbeit."

„Und mit dem Willen kann ich aus dem Teufelskreis ausbrechen, wenn ich mich schlecht fühle."

Gaia sieht mich erstaunt an und ich beginne zu erklären: „Ich fühle mich schlecht, weil es mir schlecht geht. Es geht mir schlecht, weil ich mich schlecht fühle. Ich bin depressiv, weil ich mich depressiv fühle. Ich bin böse, weil ich mich böse fühle und so weiter. Ich kann jedoch willentlich etwas tun, um mich besser zu fühlen."

"Genau, und wenn du den Willen gebrauchst, wirst du den Willen weiter entwickeln. Es braucht den Willen, um den Willen zu entwickeln. Wenn er wachsen soll, musst du ihn benutzen."

„Wo ein Wille ist, ist auch ein Weg. Doch um den Weg zu finden, muss ich mich auf ein Ziel fokussieren, also setze ich mir als Ziel, meinen Willen zu finden."

Gaia lacht und entblößt dabei ihre makellosen Zähne. Bevor sie antworten kann, kommt mir ein Satz in den Sinn, den ich laut äußere: „Der Weg ist das Ziel. Stimmt's?“
Sie gibt mir keine Antwort, sondern geht lachend weiter. Kurze Zeit später holen wir die zwei Berber ein, die bereits die Kamele versorgt und schon das Zelt aufgestellt haben. Gaia und ich erfreuen uns am Tee und ich erhalte noch weitere Einblicke in das Thema Willen, nachdem ich erklärt habe: „Wenn ich das Gefühl von willenlos habe, bin ich Opfer, eingeengt, (ver)zweifelt, verliere mich, kann nicht handeln, bin machtlos. Da ist Selbstverachtung, Flucht, Leiden, ohnmächtige Wut, Aggression. Da fühle ich mich als Kind. Wenn ich meinen Willen abgebe, bin ich hilflos und abhängig. Da übernehme ich keine Verantwortung. Ich bin das Opfer.“
„Und was heißt das für dich?“
„Dass der Wille das genaue Gegenteil ist. Da übernehme ich Verantwortung, sage ja zu mir selber, habe Vertrauen, bin zielgerichtet. Da ist Klarheit, Selbstsicherheit, Überzeugung, Akzeptanz, Risikobereitschaft“, da unterbricht sie mich und sagt: „und vieles mehr. Einige Aspekte davon sind bei dir gut entwickelt, andere sind verzerrt oder unterentwickelt. Die meisten Menschen denken, sie hätten einen Willen, dieser Wille ist jedoch meistens unterentwikkelt.“
„Welche Qualitäten des Willens muss ich noch entwickeln?“
„Entscheide selbst. Eine Qualität des Willens ist seine Energie. Das ist dynamische Kraft, eine intensive Kraft. Fühlst du sie? Wille ist Energie und Wille gibt Energie. Energie drückt sich aus als dynamische Kraft und Intensität. Es ist eine Energie, die ausstrahlen kann und magnetisch ist.“ Noch während ich überlege, ob mir diese Energie bekannt vorkommt, fährt sie schon fort: „Wille ist Meisterschaft, Beherrschung, Kontrolle und Disziplin. Je öfter du etwas machst, desto eher wirst du Meisterin darin.“
„Kontrolle gehört auch zum Willen?“
„Kontrolle, ein Wort, das für viele negativ besetzt ist, ist ein wichtiger Bestandteil des Willens. Du willst keine Kontrolle, weil du denkst oder die Erfahrung gemacht hast, dass Kontrolle von außen kommt. Es geht jedoch um die Kontrolle in dir selbst. Es geht um die Selbstkontrolle. Um diese zu erhalten, musst du Disziplin entwickeln. Durch die eigene Kontrolle und Disziplin kannst du lustvoller leben. Kommt die Kontrolle jedoch von außen, wirkt sie erdrückend. Es geht um die weise Beherrschung und Regulierung. Denn Disziplin ist keine Strafe.“
„Braucht es noch mehr für den Willen?“
„Ja. Konzentration. Es geht um deinen Fokus, auf was bist du ausgerichtet, was und wem schenkst du deine Aufmerksamkeit?“
„Wenn mich etwas interessiert, habe ich damit keine Mühe.“ Sie neigt ihren Kopf und schmunzelt. „Und wenn es dich nicht interessiert? Mit deinem Willen kannst du durch Konzentration einen Fokus erhalten. Dieser Fokus kann schmal oder breit sein. Wichtig ist, dass du deine Aufmerksamkeit auf einen Punkt richtest. Bedeutend ist auch die Entschlossenheit.“

„Dass ich mich entscheidungsfreudig für etwas entscheide?“
„Ja und dazu gehört auch Unerschütterlichkeit und Beharrlichkeit. Da gibt es keinen Zweifel mehr. Du bist absolut stabil in deiner Entscheidung und bleibst hartnäckig dabei.“
„Kann das nicht in Sturheit ausarten?“
„Natürlich, alles hat zwei Seiten. Zur Entschlossenheit gehört Hartnäckigkeit mit Ausdauer und Geduld. Du musst eine Schwierigkeit aushalten können. Es braucht einen starken Willen, um Geduld aufzubringen. In der Verzerrung kann das stur und starr werden und nicht mehr flexibel sein.“
„Also gehört auch der Mut zum Willen, da ich die Initiative ergreifen muss, wenn ich etwas willentlich will.“
„Genau. Mit Wagemut gehst du ins Unbekannte und arbeitest mit dem Unbekannten. Den meisten Menschen macht das Unbekannte Angst. Sie wollen wissen, wie die Dinge sind.“
„Ja, ja der Mensch das Gewohnheitstier.“
„Doch das Unbekannte kann auch erregend sein. Wachsen heißt aus dem Alten auszubrechen und etwas Neues auszuprobieren. Das braucht Mut.“
„Und Mut verlangt Risiko! Braucht es noch mehr, um den Willen zu aktivieren?“
„Es braucht noch Integration und Synthese. Du benötigst deinen persönlichen Willen. Damit die Integration und Synthese geschehen kann, musst du mit anderen kooperieren, also mit anderen zusammenarbeiten und verhandeln.“
„Einflüsse von anderen Menschen, meine Lebenssituation und vieles mehr sind also Faktoren, die meinen Willen, das heißt meinen persönlichen Willen beeinflussen?“ Sie nickt und ich sinniere: „Begehren, Drang, Antrieb, Instinkt, Trieb, das alles sind doch Faktoren, die ich nicht beeinflussen kann.“
„Indem du dir bewusst wirst, welches deine Begierden sind, kannst du aus dem persönlichen Willen einen freien Willen machen.“
„Mit dem Willen kann ich alle verschiedenen Teile in mir zusammenbringen. So können alle Triebe in Beziehung treten und dann muss ich jeweils eine Wahl treffen, welchen Aspekt ich jetzt gerade ausleben will. Wenn ich einen starken Willen ausbilde, werde ich eine unabhängige Persönlichkeit schaffen. Und Unabhängigkeit heißt nichts anderes als Verantwortung übernehmen. Abhängigkeit heißt, wieder in der Kindheit sein.“
„Und was beschließt du jetzt gerade?“
„Dass ich das alles noch etwas verdauen muss und mich zurückziehe.“
„Ich habe für dich eine gute und eine schlechte Nachricht.“ Fragend schaue ich sie an und sie ruft mir lachend hinterher: „Übung macht die Meisterin!“

Als ich schon längst in meinem Schlafsack liege, kreisen meine Gedanken noch immer um den Willen. Über mir der wolkenlose Himmel, dafür übersät mit schier unendlich vielen glitzernden Sternen, wie ein funkelndes Zelt. Der Himmelspfad oder der Weg unter der Milchstraße. Heute Nacht sind so viele Sterne am Himmel, wie ich es noch nie gesehen habe. Sie stehen so nah zusammen wie Fäden in einem dichten Gewebe. Die Rundkuppel des Sternenzeltes scheint die kleine Senke, in der ich liege, ganz zu umhüllen. Ich versuche, die Sternenbilder zu erkennen, gebe jedoch schnell auf, weil ich keine Lust habe nachzudenken. Nur liegen und genießen, das will ich. Früher hatte ich Angst, alleine draußen zu sein, vor allem in der Nacht. Jetzt ist es anders. Ich fühle mich ganz ruhig, beschützt und geborgen. Hier wird mir nichts passieren, da bin ich mir ganz sicher. Woher kommt dieses Geborgensein? Gebe ich es mir selbst, ist es ein Teil der Stärke und des Vertrauens zu mir, das ich in der letzten Zeit immer mehr erlebt habe? Ich bin nicht allein, das fühle ich. Etwas ist bei mir, neben mir, über mir, in mir, passt auf mich auf. Ich fühle mich geborgen. Ich kann meinem Gefühl vertrauen. Es treibt mir die Tränen in die Augen, und es sind Tränen der Freude und Dankbarkeit. Irgend etwas ist hier, ganz real, und doch nicht als Materie und beschützt mich. Ich kann vertrauen, mir und dem, was bei mir ist, und das ist etwas Göttliches, etwas Unbeschreibliches, etwas Unsagbares und doch Präsentes. Ich liege mit offenen Augen da, schaue in die Endlichkeit des Universums und schlafe ein.

Am nächsten Tag nach dem Frühstück, will ich von Gaia wissen, was es sonst noch über den Willen zu lernen gibt. Doch sie hat kein Gehör für mich, sondern fordert mich auf, mich auf das Kamel zu setzen und für einmal nicht zu denken, sondern einfach zu sein: „Du strengst dich zu sehr an. Nimm es lokker. Du arbeitest zuviel. Streng dich weniger an und es geht einfacher. Faulheit und nicht harte Arbeit ist der Schlüssel zum Erfolg und Fortschritt. Gehe spielerisch an deine Aufgaben heran. Mache es aus Freude und Leidenschaft, statt aus Pflichtgefühl aktiv zu sein. Sei entspannt. Es ist ein Naturgesetz, dass der leichte Weg schnellere Ergebnisse zeigt als der mühsame. Also, genieße deinen Ritt und lasse dich ein auf die wellenförmigen Bewegungen des Kamels.“
Sitzend auf dem Kamel schaue ich um mich und vergesse dabei alles, was ich fragen wollte. Der Blick, der sich mir bietet, ist betörend. Vor mir sehe ich Sanddünen, wie ich sie mir nicht vorstellen konnte. Als wir die erste Sanddüne erreichen, fühle ich mich auf dem Kamel wie auf einer Achterbahn. Also beschließe ich, zu Fuß weiter zu gehen, was alles andere als einfach ist. Bei jedem Schritt sinke ich ein und wenn es hinauf geht, mache ich einen Schritt vor und zwei zurück. Der Schweiß rinnt mir über das Gesicht und auch, als ich die Schuhe ausziehe und barfuß durch die Dünen schreite, ist es nicht besser. Verschwitzt und ausgelaugt komme ich bei Gaia an und bin froh, dass ich mich in den Schatten des Zeltes legen kann. Noch mehr Sonne ertrage ich auf keinen Fall.
„Ich wünschte, wir machten die Reise in einem Jeep“, sage ich leise und doch hört es Gaia, denn sie erklärt: „Mit einem Jeep durch die Wüste ist auch lustig, doch die Geschwindigkeit, mit der du vorankommst, lässt nur flüchtige Begegnungen zu. Zu Fuß ist das einfacher.“

„Einfacher!“ Ich bin so kaputt, dass ich mich nicht einmal dazu aufraffen kann, den Tee mit ihr zu trinken. Schweigend schaue ich ihr zu, wie sie an den Nüssen knabbert und genüsslich den Tee dazu schlürft.
„Willst du keinen Tee?“, fragt sie mit honigsüsser Stimme. Ich nicke, weil ich noch zu müde bin zum sprechen. „Also komm.“
Wie es scheint, kommt der Tee wohl nicht zu mir, sondern ich muss zu ihm. Mit einem Willensakt und vor allem, weil ich Durst und noch mehr Lust auf Tee habe, raffe ich mich auf und setze mich zu Gaia. Sie schenkt mir graziös meinen Tee ein und meint: „Es geht doch. Habe ich nun deine Gesellschaft deinem Willen zu verdanken oder mehr deinem körperlichen Begehren nach Tee?“
Lachend gestehe ich, dass es wohl mehr das Begehren als der Wille war. Gaia nickt: „Wenn du aus deinem freien Willen agiert hättest, wärst du nicht so kaputt. Der ausbalancierte Wille ist eine Synthese aller Willens-Aspekte. Der archetypische Wille hat Eigenschaften wie denken, nach vorne schauen, Struktur und Form. Es ist eine Koordination, ein Verhandeln und eine Teamarbeit.“
„Wenn ich dich nun bitte, dass wir hier das Nachtlager aufschlagen, und das wirklich will, habe ich eine Chance?“
„Wieso nicht. Ich finde das sogar eine gute Idee. So kannst du ausgeruht die große Düne hinauf klettern und den Sonnenuntergang bestaunen.“
„Oh nein. Ich gehe heute keinen Schritt mehr.“
„Sei nicht zu voreilig. Dünen sind wie Berge nicht leicht zu ersteigen, doch die Aussicht vom Gipfel ist normalerweise die beste.“

Nach dem frischen Salat und einem wohltuenden Mittagsschlaf im Schatten fühle ich mich wieder ausgeruht, sodass ich mir wirklich überlege, ob ich doch noch den Aufstieg wagen soll. Doch bevor ich das Wagnis eingehe, frage ich Gaia: „Warst du schon einmal oben.“ Sie nickt. „Und wie hast du das gemacht?“
„Wenn du im Begriff bist, etwas zu tun, frage nicht: Wie haben das andere gemacht? Frage dich nur: Wie kann ich es auf die bestmögliche Weise machen. Höre auf, zu vergleichen. Erfindungen sind nie durch Vergleiche entstanden, sondern immer durch das Wagnis von Neuem.“ Mir kommen Erfindungen in den Sinn, die wohl wirklich nur durch den Mut des Erfinders, etwas Neues auszuprobieren, entdeckt wurden: die Glühbirne, das Telefon ...
„Was ich dir zeigen kann, ist der Godo Schritt.“
„Und was ist das?“
„Das ist eine Gangart, bei der du durch doppelte Muskelpumpe Venenleiden vorbeugen oder auch lindern kannst. Bei der du deine Wirbelsäule zum einen automatisch mehr strecken und sie zum anderen weniger belasten und geschmeidiger halten kannst. Godo hilft den Schwangeren zu einer leichteren Geburt, Arthrose wird gelindert sowie Senk-, Spreiz-, Platt-, Schweiß- und Knickfüße werden reguliert. Der Mensch läuft dynamischer und die beiden Gehirnhälften gleichen sich aus.“

„Und wie geht dieser Wunderschritt?“
„Du gehst vorwärts genauso, wie du rückwärts oder seitwärts gehst. Du läufst wieder so, wie alle kleinen Kinder gehen, wenn sie laufen lernen: Du läufst zuerst mit den Ballen anstatt mit der Ferse. So sinkst du auch weniger ein.“
„Und das soll gut sein?“
„Klar, kleine Zweiflerin. Probiere es aus. Laufe im gewohnten Hackengang herum und halte dir dabei ein Ohr zu. Was hörst du?“
„Bei jedem Schritt ein tock, tock, tock.“
„Und nun gehe mit den Ballen zuerst.“
„Da bleibt es ruhig.“
„Die vielen kleinen Einzelerschütterungen der Wirbelsäule bei jedem Schritt des üblichen Hackenganges bleiben weg. Wenn du seitwärts- oder rückwärts gehst, merkst du sofort, dass du sehr ungelenkig bist, wenn du auch hier mit der Ferse zuerst auftrittst.“

Zusammen mit Hussein besteige ich im Godo Gang die Dünen. Ich bin froh, dass er mich begleitet. Als wir endlich oben angelangt sind, bin ich überwältigt. Der Ausblick über die zinnroten Sanddünen ist atemberaubend. Der Abstieg zeigt sich viel leichter als der Aufstieg, weil ich, wie Hussein, die Dünen hinunter rutsche. So gelange ich wohl gelaunt und fröhlich wie ein Kind bei Gaia an. „So gefällst du mir viel besser als heute Mittag.“
„Ich mir auch“, erkläre ich, indem ich mir den Sand von den Kleidern wische. „Heute Mittag war ich körperlich einfach kaputt und das schlägt sich meist auf meine Psyche nieder.“
„Aha“, sagt Gaia, was mich etwas irritiert und fragend schaue ich sie an: „Wie aha?“
„Nimm deinen Körper wahr und beginne, ihn zu verstehen. Die Energien von Emotionen, Gefühlen und Gedanken haben ihren Niederschlag im Körper und können dort zu Blockaden führen. Diese zu erkennen und zu lösen ist wichtig.“ Jetzt ist es an mir „aha“ zu sagen.
„Der physische Körper ist nur das Haus, der Tempel. Es ist wie ein Kokon, den du nur eine bestimmte Zeit bewohnst, bis du dich jener Umwandlung übergibst, die als Tod bezeichnet wird. Du entschlüpfst dem Kokon und wirst zu einem Schmetterling. Die Seele ist wieder frei.“
„Daraus leitet sich ab, dass jede Krankheit nichts anderes ist als eine Botschaft des Körpers?“
„Unabhängig davon, welche Form sich eine Erkrankung für ihre körperliche, organische oder psychische Manifestation sucht, steht hinter der Erscheinung eine Botschaft, beziehungsweise eine Aufgabe, die im Leben einer Person eine deutliche Rolle spielen möchte. Insofern ist eine Erkrankung etwas, das mit dem Patienten zu tun hat. Trotzdem ein Zustand, den alle möglichst schnell wieder beseitigen möchten. Eine Krankheit fordert den betreffenden Menschen auf, sich den Signalen eingehender zu widmen, sich damit zu identifizieren, um diesen vorher abgelehnten Teil nicht noch weiter von seiner

Persönlichkeit abzuspalten. Wer dazu imstande ist, den wird eine Krankheit stärker und resistenter gegen äußere Einflüsse machen."

„Das ergibt Sinn. Denn diese Situation zeigt sich immer sehr deutlich bei Kinderkrankheiten und den danach sprunghaft einsetzenden Entwicklungsschüben."

„Der Sinn hinter jeder Krankheit bedeutet Entwicklung! Gesundheitliche Beeinträchtigungen entstehen nur dann, wenn zeitlich reife Themen entweder verdrängt werden oder den Evolutionsprozess einer Person behindern. Vererbte Erkrankungen erfordern eine im vergangenen Leben vernachlässigte Auseinandersetzung mit persönlichkeitsrelevanten Themen. Wer sich diesen Themen stellt, wird gerade durch diese Beeinträchtigung gestärkt."

„Demnach kann eine Erkrankung eine Stärkung bedeuten." Gaia nickt.

„Ist ein Mensch gesund, der auf den ersten Blick gewohnte Körperproportionen aufweist und normale Verhaltensweisen zeigt?", frage ich.

„Nicht unbedingt, weil Gesundheit körperliches, geistiges, seelisches und soziales Wohlbefinden bedeutet."

„Was die wenigsten von sich behaupten können."

„Vor allem, wenn du dem Leben nicht nur die oberflächliche Seite abgewinnen willst, stößt du auf eine ganze Reihe denaturalisierter Entwicklungen deiner immer neurotischer werdenden Gesellschaft. Wer sich auf die Natürlichkeit des Lebens besinnen will, findet jedenfalls immer weniger äußere Faktoren, die ihm eine solche Lebensweise erleichtern."

„Wenn ein Mensch nie krank ist, ist er dann nicht automatisch gesund?"

„Nein. Es kann sein, dass sein Körper aufgehört hat, sich zu wehren und plötzlich wird dieser Mensch ernsthaft krank."

„Genauso verhält es sich wohl mit unserem System. Vermutlich ist unser System deshalb aus dem Lot geraten, weil wir die komplexen Zusammenhänge dessen, was wir täglich tun, nicht erfassen. Wir lösen Probleme, die wir selbst verursacht haben und kaschieren dabei nur die Auswirkungen, sozusagen die Symptome, anstatt das Elend an der Wurzel zu packen. Im Prinzip wäre alles ganz einfach, wenn nicht am Übel der Welt so viel Profit herauszuholen wäre. Und was auf der politischen oder gesellschaftlichen Ebene geschieht, durchdringt natürlich auch das Gesundheitswesen."

„Würde ein Arzt für die Dauer der Gesundheit eines Patienten sein Honorar erhalten und entsprechend leer ausgehen, wenn sein Klient erkrankt, wäre er natürlich ernsthaft an der Gesunderhaltung seines Kunden bemüht. Leider ist es genau umgekehrt. Wenn ein Arzt reich werden will, und im Prinzip hat er das Recht dazu, wird er natürlich seinen Patienten möglichst lange an sich binden wollen. Der Einzelne hat sich dabei in dieses Schema voll integriert. Er delegiert sein Gesundwerden an einen Arzt oder Heilpraktiker und erhofft sich Linderung oder Heilung durch äußere Einflüsse. Er missachtet die Verantwortlichkeit sich selbst gegenüber und legt sein Schicksal in die Hände anderer. Er empfindet Krankheit als eine Art Behinderung, die seinen gewohn-

ten Tagesablauf beeinträchtigt. Würde er sein Leiden aus der Perspektive der Ganzheitlichkeit betrachten, so würde er seine Krankheit als einen Teil von sich wahrnehmen, gegen den er nicht anzukämpfen braucht. Selbstannahme durch Konfronationsfähigkeit und Selbstverantwortung lassen die Seele und somit auch den Körper gesunden."
„Wer diesen Weg geht, stößt allerdings in unserem System immer wieder auf Widerstände."
„Letztendlich ist es jedoch der authentische und richtige Weg."
„Einmal mehr geht es also um die Verantwortung und nicht um die Schuldfrage."
„Schuld gibt es nicht. Das ist eine Erfindung des Patriarchats. Es gibt nur die Verantwortung. Habe ich in meiner Verantwortung gehandelt oder nicht? Was kann und darf ich verantworten? Das ist die Frage und nicht schuldig oder nicht schuldig. Sondern, bist du verantwortlich für die Tat oder nicht. Wer hat welche Verantwortung."
„Nicht mehr und nicht weniger und nichts als die Wahrheit."
„Wahrheit? Verwechsle nicht Meinungen mit Wahrheit. Die Wahrheit ist wie eine Mandel. Meinungen sind nur die Schale. Brich die Schale auf und gehe zum Inneren, wenn du die Wahrheit über irgend etwas wissen willst."
„Auch die Wahrheit über dich?"

Schmunzelnd schaut sie mich an: „Denke daran, es gibt nichts Festes. Alle Körper, deiner inbegriffen, sind energetische Traumkörper und substanzlos. Wahrheit ist jenseits des Traumes, Wahrheit ist jetzt. Das Ich hat keinen Körper. Das Ich gebraucht den Verstand, den Intellekt und die Sinne als Instrument, um sich in selbstorganisatorischer Art in dieser materiellen Scheinwelt zu entfalten. Seine subjektive Aktivität findet im Innern des Menschen statt und wird erst danach in der äußeren, materiellen Welt umgesetzt. So erschafft das Subjekt sich sein Objekt und das Objekt wirkt auf das Subjekt zurück. Und daraus entsteht das menschliche Empfinden, aus der Interpretation der eigenen Wirklichkeit. Das Ich ist die Plattform, auf der sich das subjektive Weltbild herausbildet und außen widerspiegelt. Wenn der menschliche Verstand etwas scheinbar Äußeres analysiert, analysiert er tatsächlich sich selbst in seinem Innern. An den Verstand gekettet zu sein, ist der Tod der Intuition. Und das ist eine der Wahrheiten."
„Also geht es um die Auflösung des Ich, damit ich zum göttlichen Teil vordringen kann?"
„Es geht darum, deinen Weg zu erkennen und diesen zu beschreiten. Deinen Weg und nicht ein Weg, den andere für dich vorgeben."
„Wie finde ich meinen Weg?"
„Indem du beginnst, auf dich selbst zu hören."
„Auf mich selbst! Ja, aber", sie unterbricht mich: „Jede Religion sagt, was du tun musst oder nicht tun darfst. Also gibt es Regeln und alle werden gleich behandelt. Wir Göttinnen kennen keine Regeln und sagen dir nicht, was du

tun musst. Die westliche Spiritualität lehrt, dass du die persönliche Ebene nicht mehr leben sollst. Wir laden dich ein, deine persönliche Ebene zu entfalten und gleichzeitig loszulassen."
„Die persönliche Ebene?"
„Deine Dreifaltigkeit: Körper, Verstand und Gefühl. Entscheide dich immer wieder neu. Entscheide dich aus der Ruhe. Der Geist ist wie ein See. Wellen hüpfen auf und ab, wenn du aufgeregt bist. Nur, wenn der See ruhig ist, kann seine Oberfläche widerspiegeln, was ist."
„Ich weiß nicht, ob ich das kann - ich bin nicht sehr entscheidungsfreudig."
„Wenn du willst, kannst du mehr als du denkst. Aktiviere deinen Willen und", ich unterbreche sie, „wo ein Wille ist, ist auch ein Weg."
„Betrachte die Dinge jeden Tag mit neuen Augen. Das Leben ist ein großes Abenteuer. Schaue dich um. Das sind Pfade und Fährten, die in alle Richtungen losgehen. Entdecke Neues."
In den nächsten Tagen versuche ich immer wieder, mich selbst zu finden. Wer bin ich? Was brauche ich? Gaia steht mir mit Rat und Tat zur Seite, doch nur, wenn ich sie auffordere, mich zu unterstützen. Ansonsten reist sie ruhig für sich und genießt anscheinend den Weg durch die Wüste. Noch immer kann ich mich mit dem Kamelritt nicht wirklich anfreunden und bevorzuge weiterhin den Fußmarsch. Mit dem Godo Schritt geht es auch viel einfacher. Zu Beginn war es etwas mühsam und natürlich hatte ich Muskelkater.

„Das ist völlig normal", erklärt mir Gaia und ermuntert mich dazu, weiterhin diesen Schritt zu üben. „Die ersten drei Tage haben fast alle Muskelkater. Das kommt durch die doppelte Wadenpumpe, wenn du auf den Ballengang umstellst. Es ist wie alles eine Gewöhnungssache. Jetzt läufst du schon viel besser mit diesem Schritt und du schleichst geschmeidig wie ein starker Panther durch die Gegend. Schlussendlich ist Godo die stärkere Gangart. Du hast damit einen stabileren Bodenkontakt - wenn du es einmal beherrschst."
„Kann es sein, dass einige Naturvölker noch immer so gehen?"
„Ja und sie sind entsetzt, wenn du ihnen vorschlägst, dass sie den Hackengang ausprobieren sollen. Sie werden dir erklären, dass du mit dem Hackgang blind an den Füßen bist, weil du doch gar nicht mehr spürst, wo du hintrittst."
Und wirklich, nach ein paar Tagen kommt mir der Ballengang so normal vor wie zuvor der Fersengang.

Die Wüste in ihrer Einöde, die voll Lebendigkeit und Farben ist, erscheint mir mit jeden Tag schöner und einladender. Ich bin berührt von der Zeitlosigkeit. Ich spreche mit Tieren, Bäumen, Pflanzen, Steinen. Am Anfang kam ich mir albern vor und lachte über mich selbst. Je mehr ich zur Natur spreche, desto deutlicher spricht sie auch zu mir. Je mehr ich alles Leben als gleichwertig erkenne, desto mehr werde ich mir meiner Arroganz bewusst. Mit welch grober, unsensibler Blindheit bin ich der Natur bisher begegnet. Allmählich

schmilzt meine innere Starrheit wie Eis an der Sonne, die Natur ist zu meiner Meisterin geworden. Sie zeigt mir die Stille jenseits der Stille in mir selbst.
„Nun hast du es begriffen - nicht nur im Kopf, nun sitzt es in deinem Herzen", sagt in diesem Augenblick Gaia.
„Und nur, wenn ich etwas im Herzen begriffen habe, sitzt es auch", stelle ich lakonisch fest.

„Du willst einen Berg erklimmen? Du kannst erst etwas im Herzen tragen, wenn du es erobert hast - vorher nicht."
„Und um etwas erobern zu können, muss ich mir ein Ziel setzen." Sie nickt. „Und das Ziel auch erreichen.""
„Genau an dem hapert es manchmal. Ich habe ein Ziel, ich will es auch erreichen und trotzdem geht es nicht."
„Kennst du die Stadien des Willens?" Ich verneine.
„Zuerst hast du eine Absicht, ein Ziel, dann geht es um die Erwägung. Welche Konsequenzen trägt diese Absicht in sich? Als nächstes triffst du eine Wahl, eine Entscheidung, und je nachdem, wie du dich entschieden hast, brauchst du eine Verstärkung, eine Bekräftigung, mit der du die entsprechende Energie in deine Absicht hinein bringst. Wenn du diese Schritte hinter dir hast, geht es um die Planung. Wann willst du es tun, wie willst du es tun und wo willst du es tun? Schlussendlich braucht es noch die Leitung der Durchführung und schon hast du dein Ziel erreicht."
„Die Stadien des Willens sind also sechs Schritte. Absicht, Erwägung, Entscheidung, Verstärkung, Planung und Leitung. Und wenn es trotzdem nicht klappt?"
„Kannst du nachschauen, bei welchem Punkt du jeweils aufhörst und daran arbeiten."

Am nächsten Tag ist meine Wüstenreise zu Ende. Wie aus heiterem Himmel verabschiedet sich Gaia von mir. Nach wie vor fällt es mir schwer, Abschied zu nehmen, und doch hat sich auch da etwas verändert. Ich bin froh, sie kennen gelernt zu haben und in mir habe ich das Gefühl, sie jederzeit wiedersehen zu können - wenn ich will. Wir umarmen uns und ich spüre ihre Kraft, ihre Liebe und Stärke, die sich wie eine Wolke um mich schmiegt.
Zusammen mit den zwei Berbern betrete ich nun unmittelbar neben den trokkenen Weiten der Wüste eine scheinbar andere Welt: die Landschaft leuchtet in üppigem Grün, im glasklaren smaragdfarbenen Wasser der Pools tummeln sich glitzernde Fische und nach einem Spaziergang durch die malerische Szenerie des Hotels lädt alles zu einem erfrischenden Bad ein.
Mit mir und der Welt zufrieden, sitze ich im Hotel und genieße den Luxus, der mich umgibt. Ich schätze den Wert meines Bettes, des fließenden Wassers aus dem Wasserhahn, des elektronischen Lichts in der Dunkelheit, der Stühle, auf denen ich sitzen kann und ... ja, ich nehme die Welt als paradiesisch wahr. Überfluss, wo das Auge hinreicht und nie habe ich das zuvor so

wahrgenommen. Erstaunt über mich und meinen neuen Sinneseindruck wird mir bewusst, dass ich Gaia gar nicht gefragt habe, wer meine nächste Göttin sein wird. Oder ist hier meine Reise schon zu Ende? Achselzuckend beschließe ich, meinen Aufenthalt hier erst einmal zu genießen mit dem Wissen, dass es immer weitergeht - auch wenn ich jetzt noch nicht weiß wie.

11. Eine Reise in die Welt der Philosophie mit Sophia

So langsam wird es mir langweilig. Natürlich finde ich es himmlisch, hier zu sein. Mich verwöhnen zu lassen, gut zu essen, zu baden, nichts tun zu müssen und gleichzeitig überfällt mich immer wieder eine innere Unruhe. Ja, ich möchte wissen, wohin meine weitere Reise geht. Damit mir die Decke nicht auf den Kopf fällt, beschließe ich, mich abzulenken. Ich mache einen ausgiebigen Spaziergang durch den Ort und bin fasziniert von all den Farben und Gerüchen, die meine Sinne berühren. Vor einem kleinen Buchladen bleibe ich stehen, weil mich das Schaufenster irgendwie gefangen nimmt. Da steht groß geschrieben:
Unsere tiefste Angst ist nicht, dass wir ungenügend und einer Sache nicht gewachsen sind. Unsere tiefste Angst ist, dass wir über alle Maßen kraftvoll und unermesslich mächtig sind.
Es ist unser Licht, das wir fürchten, nicht unsere Dunkelheit.
Wir fragen uns: Wer bin ich, um brillant, großartig, talentiert, strahlend, bezaubernd, begnadet, phantastisch und kraftvoll zu sein?
Wer bist du denn, dass du das nicht sein darfst? Frage dich lieber: Was machst du, um all das nicht zu sein?
Du bist ein Kind Gottes. Dein zögerliches Spiel hilft der Welt nicht. Es wird nichts erhellt, wenn du dich kleiner machst, damit sich andere nicht verunsichert fühlen. Wir wurden geboren, um den Glanz Gottes, der in uns ist, offenkundig zu machen. Uns allen ist es bestimmt, zu strahlen wie die Kinder. Du wurdest geboren, um das Göttliche in dir zu verwirklichen. Es ist nicht nur in einigen Menschen, sondern in uns allen. Dieses Licht, das in allen von uns ist. Und wenn wir es leuchten lassen, geben wir anderen die Erlaubnis, dasselbe zu tun. Wenn wir uns von unserer Angst losgelöst haben, wird unsere Anwesenheit andere befreien - ganz ohne unser Zutun.

„Ein schöner Text, nicht? Er geht so richtig zu Herzen!", höre ich eine Frauenstimme neben mir sagen. Ich drehe mich um. Da steht eine junge Frau, die mich anlächelt und bevor ich etwas sagen kann, erklärt: „Dieser Text war die Grundlage der Antrittsrede des südafrikanischen Präsidenten Nelson Mandela. Leider vergaß er zu erwähnen, dass er diesen Text von der spirituellen Aktivistin und Autorin Marianne Williamson zitiert hat."

„Aha", entfährt es mir und verdutzt schaue ich die junge Frau an, als sie zu lachen beginnt. „Aha, mehr hast du dazu nicht zu sagen?" Verwirrt schüttle ich den Kopf. Was soll ich sonst sagen?
„Komm", sagt in diesem Moment die junge Frau, nimmt meine Hand und zieht mich in den Buchladen. Überrascht folge ich ihr und bin überzeugt, dass sie wohl meine nächste Führerin sein wird. Wir durchqueren den kleinen Buchladen und gelangen in einen Innenhof, welcher voller Blumen und Pflanzen ist. An einem kleinen Tisch sitzt eine Frau, die, als sie uns sieht, auf-

steht, die Arme ausbreitet und zu der jungen Frau sagt: „Du hast sie gefunden. Schön. Ich danke dir Schechina."
„Bitte, gern geschehen. Sie stand vor dem Buchladen", sagt sie, dreht sich um und verschwindet wieder im Haus. Perplex stehe ich da, bis mich die Frau auffordert, mich zu setzen und mir ein Glas Tee einschenkt.

„Du scheinst erstaunt zu sein, kleine Schwester. Na ja, du bist nun da und das ist die Hauptsache. Ich bin Sophia, der allumfassende Geist. Bekannt auch als Dame der Weisheit, die weibliche Seele Gottes und Quelle der Kraft. In meiner ursprünglichsten Form galt ich als Schöpferin allen Lebens, aus der meine männliche Ergänzung geboren wurde. Ich wurde als die Herrin und Ganzheit der sieben planetarischen Systeme geschätzt und als Allmutter Sophia wurde ich auch von den Christinnen und Christen verehrt. Leider wurde meine Allmacht durch Legendenverfälschung auf einen Märtyrerinnenaspekt begrenzt. Die von der katholischen Kirche heilig gesprochene jungfräuliche Sophia gilt jedoch noch heute als Mutter der weiblichen Personifikationen von Liebe, Glaube und Hoffnung."
„Du bist Sophia", frage ich, „und meine nächste Begleiterin?"
„Genau. Bei mir verbringst du soviel Zeit, bis du dein ganzes begrenztes Denken von dir abgeschüttelt hast."
„Was heißt das?"
„Dass du dir noch immer Grenzen setzt."
„Und was ist, wenn ich diese Grenzen auflöse?"
„Wenn sich die ganzen Vorstellungen von Sein und Nichtsein und individueller Persönlichkeit aufgelöst haben, dann wird es dir möglich sein, deine Schwingungsfrequenz so weit über die Frequenz der trägen Materie zu erheben, dass der physische Tod und alle Krankheiten damit überwunden sind. Dann vibrierst du in der ewigen Lichtexistenz. Die ganze Molekularstruktur des Körpers wird auf diese Weise verwandelt und erhöht und mit der völlig anderen Information des unbegrenzten Daseins gespeist. Damit wird dein Körper zum Fahrzeug, zum Instrument, das du so benutzen kannst, wie du es für richtig hältst. Diese große Transformation ist für jeden Menschen, der an die unbegrenzte Göttlichkeit und seine unbegrenzten Möglichkeiten glaubt, das Naheliegendeste, Natürlichste, das es gibt. Sterblichkeit, Krankheit und Zerfall sind Eigenschöpfungen des Menschen, das Ergebnis von Selbstsucht und Missverständnissen, aus denen alle Grenzen und Begrenzungen hervor gegangen sind. Du bist nicht in dieser Welt, um zu leiden, sondern um die göttliche Glorie in dir zu entdecken und vollumfänglich auszudrücken."
„Ja, das drücken auch die Worte aus, die im Schaufenster des Buchladens stehen. Doch ich bin wohl noch weit davon entfernt."
„Du bist immer nur so weit von etwas entfernt, wie du weg sein willst. Alles ist möglich, alles ist vorhanden. Es liegt an dir, die Früchte zu ernten. Sie sind da, doch ernten musst du sie schon selber."

„Aber“, bevor ich weiterreden kann, legt sie mir einen Finger auf den Mund: „Pssst - da gibt es kein Aber. Wir bekommen oft nicht das, was wir uns wünschen, sondern was wir am meisten brauchen und das sind in der Regel Situationen, die wir am wenigsten erwarten. Gut ist es, sich auf das Unerwartete einzustellen und zu akzeptieren, was dir im Moment gegeben wird. Es ist ein Segen. Nimm es dankbar an und erfreue dich daran.“
„Wenn du das sagst, tönt es logisch und einfach. Doch wenn ich dann in einer entsprechenden Situation bin, ist es alles andere als einfach.“
„Ja, dem pflichte ich bei und doch ist es einfacher, als du denkst. Das Leben ist wissen, verstehen und verbinden.“
„Es geht um das sowohl als auch anstelle von entweder oder.“ Sie nickt, bückt sich und nimmt Kieselsteine in die Hand. „Schau dir die Steine an. Welche Farben siehst du?“
„Grau, schwarz und weiß.“
„Und welche sind in der Überzahl?“ Ich frage mich, was sie mir sagen will und plötzlich ist es mir klar. Ob in ihrer Hand oder auf dem Boden: es liegen viel mehr graue Steine da, als schwarze oder weiße. „Es geht um die Grautöne - nicht um schwarz oder weiß. Die Grautöne sind wichtig. So habe ich eine Vielfalt und die Möglichkeit, zu wählen.“

Sie nickt und nach einiger Zeit fragt sie mich: „Kennst du den Bau der Hagia Sophia in Istanbul?“
„Nein.“
„Sie war 800 Jahre lang Leitkirche der christlichen Orthodoxie, danach 600 Jahre Moschee der Osmanen; und seit Kemal Atatürks laizistischer Staatsdoktrin ist sie Museum. Das faszinierende Bauwerk ist fast 1500 Jahre alt. Ihre Kuppel, tonnenschwer, scheint trotzdem schwerelos über dem Marmorboden des Sakralbaus zu schweben, in 56 Metern Höhe. In der Spät-Antike wurde dieser schwebende, durch die faszinierenden Lichtverhältnisse zudem räumlich unendliche Eindruck zum achten Weltwunder erklärt.“
„Und mit diesem Meisterwerk willst du mir das sowohl als auch anstelle von entweder oder aufzeigen?“
„Genau. Die Hagia Sophia wurde in einer genialen Einfachheit gebaut. Die Konstruktion ist ein Spiel mit geometrischen Figuren: Kreis und Quadrat als Grundlage für Kugel und Kubus. Die genialische Synthese beider Körper auf einem Quadrat von exakt 100 byzantinischen Fuß ließ die gigantische Kuppel entstehen. Zwei Weltsichten wurden in einem Modell vereint.“
„Sowohl als auch vereint, das habe ich begriffen. Doch um dies zu erkennen, braucht es Bewusstsein - und ich bin mir oft nicht bewusst, was ist.“
„Bewusstsein geht der Formwerdung voraus und regiert sie. Das gilt ebenso für die Erschaffung eines Universums wie für das Schmieren eines Butterbrotes. Formwerdung als Projektion von Gedanken beinhaltet zu wissen, zu wollen, zu wagen und schlussendlich zu verstehen. So gibt es keinen Unterschied zwischen dir und mir. Es bedeutet, dass du mit Menschen ver-

bunden bist, von denen du gar nicht weißt, dass du sie kennst, bis du ihnen in diesem Leben begegnest. Es bedeutet Gemeinschaft, Verbundenheit und dass du als einzelner Mensch mitverantwortlich bist, was deine Regierung, deine Armee macht oder unterlässt. Es bedeutet gegenseitige, ökologische Abhängigkeit; das Verstehen, dass der Müll, den du gedankenlos wegwirfst, Tausende von Jahren im Ozean oder in der Erde liegen wird. Dass der radioaktive Müll, von dem du glaubst, das er so sicher in der Wüste vergraben sei, immer noch tödliche Folgen hat, wenn ihn in zehntausend Jahren jemand ausgräbt. Die Verbindung bezieht sich zugleich auf die räumliche, zeitliche, persönliche und globale Ebene."
„Vielleicht sogar über die globale Ebene hinaus", entfährt es mir und Sophia nickt.

In diesem Augenblick kommt Schechina zurück, setzt sich zu uns an den Tisch, lächelt Sophia an und zu mir gewandt sagt sie: „Ich werde dir nun ein paar Dinge über Sophia erzählen. Sie ist nicht nur die Göttin der Weisheit. Sie ist Weisheit, Heilige Weisheit und du kannst sie unter vielen Decknamen in der hebräischen Bibel und anderen antiken Texten aus dem Nahen Osten, Ägypten und Griechenland entdecken. Im apokryphen Buch der Weisheit, das im ersten Jahrhundert unserer Zeit in Alexandria geschrieben wurde, heißt sie Hochmah. Hochmah, eine göttliche, weibliche Figur vom herkömmlichen Gottesbegriff unabhängig und die Architektin der Schöpfung. Hochmah ist die zweite Sphäre des Baums des Lebens, der Kopf der männlichen Säule der Gnade. Sie ist die erleuchtete Intelligenz, die Krone der Schöpfung, der helle Glanz der Einheit. Sophia ist die bekannteste der gnostischen Göttinnen."
„Und was bedeutet eine gnostische Göttin?"
„Einer der Grundgedanken der Gnosis ist, dass die gegenwärtige Welt nur einen, durch Fehler entstandenen, Übergangszustand darstellt, der durch ein Eingreifen des göttlichen Lichtes eines Tages behoben wird. Und obwohl die Gnosis wie das Christentum oft einen Erlöser wie Jesus benennt, ist sie doch keine Spaltung, keine Sektion und damit auch keine Sekte des Christentums. Das Christentum hat zwar auf die Gnosis eingewirkt, sie jedoch nicht begründet. Zu alt sind die Wurzeln der Gnosis. Die wohl ältesten Spuren finden sich im Iran. Hier wirkte um etwa 600 vor Christus der persische Prophet Zoraster, Zarathustra, der Begründer des dualistischen Mazdaismus/Parsismus. Benannt nach seinem Ursprungsland Persien, der den guten Übergott Ahura Masda, also Mazda, als Schöpfer des Lichtreiches gegen den bösen Gott Angra Manju, Ahriman, und das Reich der Finsternis antreten ließ."

Ich schaue sie verdutzt an, denn noch immer ist mir nicht klar, was nun eine gnostische Göttin sein soll. Sophia beginnt zu lachen und konkretisiert: „Die Gnosis liefert die Antwort auf eine sehr alte Frage: Woher kommt das Böse – unde malum? Auf diese Frage kann das Christentum bis heute keine schlüssige Antwort liefern: Wenn doch Gott allmächtig und allgütig ist, wie kann er es dann zulassen, dass Satan Böses auf Erden treibt? Und, wenn er doch allmächtig ist – warum stellt er dann das Böse nicht einfach ab – auch, wenn er für seine Schöpfung nicht direkt verantwortlich sein mag? Oft wird das Argument von der Freiheit als Geschenk Gottes an den Menschen als Erklärung benutzt. Doch das verlagert das Problem nur auf die Frage nach der Qualität einer solchen Freiheit, nach dem Gehalt des Bösen in ihr und ihrer Entstehung. Nein, die christliche Kirche hat auf diese Fragen der Gläubigen bis heute nie eine wirklich schlüssige Antwort geben können. Hier liegt ihre Achillesferse, hier war und ist sie angreifbar."

„Und du als gnostische Göttin kennst die Antwort?" Sie nickt und Schechina erklärt: „Etwa zeitgleich mit dem sich formierenden Christentum in den ersten Jahrhunderten nach Christus formierte sich in der antiken Welt, basierend auf viel älteren jüdischen Apokalyptiken, griechischen Heillehren von Platon und Stoa, orientalisch-persischen von Zoraster und Mani, indischen von Atman/Brahman und ägyptischen von Echnaton, eine tatsächlich in sich schlüssige Antwort auf all diese beängstigenden Fragen: Die Gnosis. Dutzende von Gläubigengruppen bauten verschiedene Systeme mit verschiedenen Göttern, Erlösern, Vertretern des Bösen und auch vielen guten Geistern – mit jeweils ihrer eigenen Terminologie. So sehr sich all diese Gruppen und Grüppchen im Detail unterschieden – eines war all diesen Gruppen gemein: Ihr dualistischer Kern. Im strengen Dualismus gibt es zwei Gottheiten, zwei Reiche: Das Reich der Finsternis und das Reich des Lichtes mit einem Lichtgott an der Spitze. In der gnostischen Geheimlehre des Johannes, einer apokryphen Schrift aus dem 4. Jahrhundert, wird dieser Lichtgott beschrieben mit den Worten:

„Dieser ist das unermessliche Licht, die heilige, lautere Reinheit, der Unbeschreibliche, Vollkommene, Unvergängliche ... Überhaupt ist es nicht möglich, dass irgend jemand ihn begreift. Er ist nichts von den Existierenden, sondern ist eine Sache, die vorzüglich ist. Nicht, als ob er an sich vorzüglich wäre, sondern das, was sein Wesen ausmacht, hatte keinen Anteil an den Äonen. Zeit existiert nicht für ihn ... Es gibt niemanden vor ihm, denn er existiert, indem er nur nach sich selbst verlangt in der Vollendung des Lichtes, indem er begreift in dem lauteren Licht. Die unermessliche Größe, der Ewige, der Ewigkeitsspender, das Licht, der Lichtspender, das Leben, der Lebensspender ... Jener ist es, der uns das gesagt hat, er, der sich selbst begreift in seinem Licht, das ihn umgibt, der ja die Quelle des Lebenswassers ist, das Licht voll Reinheit, die Quelle des Geistes, die lebendiges Wasser gibt."

In manchen Versionen der gnostischen Kosmogonie greift nun das Reich der Finsternis das Reich des Lichtes an und es kommt zur unglückseligen Vermischung der Welten. Die böse Gottheit schuf die Erde, die gute hat mit dieser Erde nicht viel gemein. Wäre da dem guten Gott nicht eine Art Betriebsunfall unterlaufen, der Teile seiner selbst, das Licht, in die materielle, vom bösen Gott geschaffene Welt hat absinken lassen, wo dieses Licht nun

als Seele in den Lebewesen gefangen ist. Durch die Gefangenschaft im Kerker des materiellen Körpers weiß das göttliche Licht, die Seele des Menschen, nichts von seiner Einkerkerung, nichts von seiner Göttlichkeit. Sie ist wie betäubt, wie schlafend."
„Und kann ich sie wecken?"
„Natürlich", erklärt Sophia: „Die Seele, die ihre göttliche Herkunft vergessen hat, kann zur Erinnerung gebracht werden, kann erweckt werden."
„Wie?", frage ich und Sophia antwortet: „Indem du dir wieder bewusst wirst, wer du bist", und Schechina fügt bei: „Durch einen Abkömmling des Lichtreiches, der den Menschen über seinen göttlichen Lichtkern aufklärt und so zur wahren Erkenntnis, zur Gnosis, führt. Die Rolle des Erweckers kann auch ein bereits erweckter Mensch übernehmen."
Ich schaue die zwei Frauen an und überlege mir, wie es wohl ist, erweckt zu sein.
„Sophia, der erste Gedanke, sein Bild, sie war die Mutter des Alls, war da vor allen anderen, Mutter-Vater, heiliger Geist, dreifach weiblich, dreifach männlich, dreifache Macht, dreifacher männlich-weiblicher Name und ewiges Äon der Unsichtbaren und die erste, die hervorkam", deklariert in diesem Augenblick Schechina und blickt mich aus ihren großen, braunen Augen an: „Die gnostische Sophia ist, kurz gesagt, das jüngste Äon."

„Was ist ein Äon?"
„Die Ewigkeit, die Entstehung der Welt aus der göttlichen Kraft. Sophia mit ihrer Leidenschaft oder Sehnsucht nach Wissen wurde zur göttlichen Quelle und der Substanz dieser Welt. Sie spielt eine ordnende und schicksalhafte Rolle und offenbart den Menschen Gnosis, das Wissen. Sie ist deine Erlöserin, die ihren Samen, ihr Licht, vor der Zerstörung durch feindliche Mächte schützt. Mächte, die nicht wollen, dass die Wahrheit über deren Unterlegenheit und das Fehlen echter Göttlichkeit unter den Menschen bekannt wird."
„Und wieso soll das nicht bekannt werden?"
„Weil der Mensch dann nicht mehr manipulierbar ist. Wenn jeder seine Göttlichkeit in sich entdeckt, gibt es keine Kontrolle mehr und alles wird grenzenlos", erklärt Schechina, lächelt und meint: „Neben dem strengen Dualismus, der zwei gleich starke Gottheiten, die des Lichtes und die der Finsternis, vorsieht, existierte stets noch eine gemäßigte Variante. So kommt etwa ein gefallenes Lichtwesen zum Zuge, das für den Einschluss der Seelen in die Materie verantwortlich zeichnet. Das Böse ist hier nicht strikt getrennt vom Guten, sondern ein gefallener Teil des Guten."
„Das Weibliche getrennt vom Männlichen?", äußere ich laut meine Gedanken. Schechina kichert, doch sie geht nicht näher auf meine Äußerung ein: „Im Pistis Sophia, einem anderen gnostischen Kodex, wird Sophia mit Maria Magdalena gleichgesetzt. Maria Magdalena war, sehr zum Verdruss von Petrus und den anderen männlichen Aposteln, nicht nur die weiseste, sondern

auch die Lieblingsschülerin Jesu, und wer weiß, vielleicht sogar seine Geliebte oder Frau." Wir beide blicken gespannt zu Sophia. Diese lächelt still vor sich hin und sagt nichts und Schechina ergreift wieder das Wort. „All diese Geschichten zeigen nichts Anderes, als dass jeder Mensch mit positiven Absichten auf die Welt kommt. Sie wollen nichts Anderes, als mehr von ihrem Wissen in die physische Dimension tragen. Jeder von uns."

Nachdem sie meinen kritischen Blick sieht, holt sie aus:
„Die Menschheitsgeschichte ist ein langwährender Erweckungsprozess. Sobald der Mensch fleischliche Gestalt annimmt, verliert er den größten Teil seines Bewusstseins, und danach muss er sich auch noch den derzeitigen Gepflogenheiten und kulturellen Umständen unterwerfen. Unter diesen Umständen können sie bestenfalls noch einen intuitiven Drang wahrnehmen, bestimmte Dinge zu tun und andere lassen zu müssen. Doch da ist immer wieder die Angst, die so stark ist, dass sie ihre Vorhaben nicht zu Ende bringen können. Und doch kommen alle, und ich meine wirklich alle, mit den besten Absichten auf die Erde."
„Auch Vergewaltiger, Mörder und andere Ungeheuer?"
„Ja, ursprünglich schon. Sie handeln aus einer Verzweiflung heraus. Es ist ein Versuch, die inneren Ängste und die Hilflosigkeit zu überwinden. Sie lassen sich von der Angst verrückt machen und dabei zu grässlichen Fehlern hinreißen."
„In jedem Menschen steckt das Göttliche", sage ich leise vor mich hin und frage dann: „Also ist es die Angst, die uns hindert die Polarisierung aufzuheben?"
„Immer mehr Menschen führen sich entweder zu der einen oder anderen Weltanschauung hingezogen."
„Und solange wir Menschen im Entweder-Oder sind, gibt es Kriege."
Beide nicken und Schechina fährt fort: „Leute, die eine Erklärung für diesen schreckenerregenden Zwiespalt anbieten, gewinnen immer mehr an Einfluss. Aus dem zunehmenden Chaos des Übergangs, in dem der Mensch heute steckt, beziehen die Unheilsverkünder jeden Tag mehr Kraft. Ihrer Meinung nach müssen die Prophezeiungen in der Bibel wörtlich genommen werden, und so erkennen sie in der Zwiegespaltenheit der Gegenwart deutliche Zeichen der lang erwarteten Apokalypse. Gemäß ihnen werden die beiden opponierenden Kräfte in einem weiteren sogenannten heiligen Krieg gegeneinander antreten. Die Mächte der Finsternis auf der einen, die Heerscharen des Lichts auf der anderen Seite."
„Wird es diesen Krieg geben?"
„Das liegt in der Hand der Menschen - an jedem einzelnen. Es geht nicht um die Polarisation, sondern um eine neue Weltanschauung, um eine spirituelle Weltsicht. Bei dieser Transformation soll das Beste von den alten Traditionen bewahrt und in die neue Lebensauffassung integriert werden. Leider sind die Standpunkte in beiden Lagern verhärtet. Angst und Hassgefühle nehmen zu

und beide halten die gegnerische Seite nicht länger nur für irregeleitet, sondern für böswillig, korrupt ..., vom Teufel besessen."
Betreten höre ich Schechina zu und denke mir, dass auch ich diese Polarisation in mir spüre. Es ist nicht nur die Menschheit, es ist auch der Mensch an sich und ... ich bin es auch. Bevor ich jedoch meine Gedanken äußern kann, steht Sophia auf und erklärt: „Höre auf zu spekulieren. Es geht um nichts anderes als um die heilige Weisheit, folge mir."

Sie führt mich in einen Raum, da sitzen viele Kinder und umringen eine ältere Frau, welche Geschichten erzählt. Als sie uns sieht, steht sie auf und fordert die Kinder auf, es ihr gleich zu tun und uns zu begrüßen. Alle, auch Sophia, falten ihre Hände vor der Brust und zwischen den Handinnenflächen entsteht ein schmaler Hohlraum. Dann atmen sie tief durch die Nase ein und mit halb offenem Mund und einem glucksenden h h h h h wieder aus. Sie machen das ein paar Mal, bis sich schlussendlich alle lachend wieder setzen. Verdutzt stehe ich da und frage mich, was das soll, bis mich Sophia aufklärt. „Das ist ein Begrüßungslachen, Namaste-laughter. Diese Übung basiert auf einem Mudra und ist mit der indischen Begrüßungsgeste identisch. Sinngemäß übersetzt bedeutet Namaste: „Ehre, guter Ruf oder Name, sei dir". Dieses Mudra bringt Frieden mit sich selbst und anderen sowie innere Sammlung und Ausgeglichenheit. Wenn du diese Übung mehrmals mit schmunzelndem Gesicht wiederholst, führt sie automatisch zu einem sanften Lachen. Besonders wichtig ist dabei der Augenkontakt."

Sie stellt mich der anderen Frau, Neter, vor. Obwohl niemand spricht, höre ich, nein, weiß ich wer Neter ist. Neter ist die Nährende. Neter, ein Beiname der Hathor. Hathor, deren Name eigentlich Hat-Hor also Haus des Horus, lautet, hat sich aus sich selber geschaffen. Sie wird oftmals dargestellt als Himmlische Kuh, die zwischen ihren Hörnern die Sonnenscheibe trägt. Sie wird verehrt in ihren sieben Aspekten, die den sieben Planeten entsprechen und als die sieben Geburtshelferinnen angesprochen werden. Als Große Mutter gilt auch sie als Herrin über Leben und Tod. Hathor, Mutter ihrer selbst, Mutter eines jeden Gottes, Mutter einer jeden Göttin. Neter beschreibt einen formlosen Urzustand, das Chaos. In diesem Chaos pulsiert der weltschaffende Geist, aus dem ältesten ägyptischen Glauben, als Hathor sich selbst schuf und Form annahm. Erfreut, erstaunt, ein wenig verunsichert schaue ich die zwei Göttinnen an. Woher habe ich dieses Wissen? Da beginnen die Kinder zu lachen. Ein kleines Mädchen zupft mich am Ärmel und zieht mich hinunter. „Bleibe bei mir sitzen. Neter erzählt uns schöne Geschichten." Ich blicke Sophia an, die mir zunickt und den Raum verlässt. So sitze ich nun zwischen vielen Kindern, in den unterschiedlichsten Altersstufen, und warte gespannt wie sie, was uns Neter zu erzählen hat.

„Es war einmal eine Frau in einem Dorf. Sie war sehr weise und die Dorfbewohner liebten sie. Doch die Priester hatten keine Freude an ihr. Sie waren eifersüchtig auf das Wissen, die Klugheit dieser Frau. Doch sie konnten nichts dagegen machen. Die Menschen des Dorfes suchten immer wieder Rat bei dieser Frau anstatt zu einem Priester zu gehen. So kam es, wie es kommen musste. Die Menschen erklärten, dass die Frau, weil sie so weise und gütig war, auch Priesterin werden sollte. Die Priester weigerten sich und erklärten, dass eine Frau nicht Priesterin sein könne. Doch die Menschen gaben keine Ruhe. Schlussendlich konnten die Priester nicht anders, als die Frau in ihrer Priesterschaft aufzunehmen. Sie machten der Frau das Leben schwer, trotzdem blieb sie in der Priesterschaft als vollwertiges Mitglied. Eines Tages beschlossen die Priester, dass sich an diesem Zustand nun etwas ändern sollte. Sie trafen sich frühmorgens auf einem Schiff, um zu beraten, was zu tun sei. Mit dem Schiff wollten sie hinaus auf eine Insel fahren, damit niemand ihre Gespräche belauschen konnte. Doch als die Priester zum Schiff kamen, erwartete sie bereits die Priesterin. Die Priester waren verdattert. Sie schauten sich gegenseitig an, weil jemand unter ihnen der Priesterin verraten haben musste, was sie vorhatten. Nun mussten sie die Priesterin mitnehmen. Sie fuhren los. Als sie weit von der Küste entfernt waren und auch die Insel noch nicht in Sichtweite war, stoppte das Boot. Sie hatten vergessen aufzutanken. Sie waren mitten im Meer und hatten weder Benzin noch ein Ruder. Was jetzt? Sie begannen sich gegenseitig zu beschuldigen und trauerten über ihr Schicksal, dass sie nun auf dem Meer den Tod finden sollten. Die Priesterin sagte nichts, sie hörte nur zu. Nachdem alle ihre Klagen ausgedrückt hatten, erklärte sie: „Es ist kein Problem, dass wir kein Benzin mehr haben. Ich werde welches holen.“ Sie nahm den leeren Kanister und lief über das Wasser Richtung Küste. Die Priester schauten ihr verwundert nach bis einer sagte: „Typisch Frau, die kann nicht mal schwimmen.“

Neter beginnt zu lachen und die Kinder klatschen begeistert in die Hände und alle rufen im Chor: „Typisch Frau, die kann nicht mal schwimmen. Ja, so ist das mit dem männlichen Prinzip.“
Mit weit aufgerissenen Augen schaue ich die Kinder um mich herum an, das männliche Prinzip? Neter sieht meinen Blick, lacht und sagt: „Wer von euch kann etwas über den weiblichen Logos erzählen?“
Eines der Kinder steht auf und beginnt: „Sophia ist ein Begriff für den weiblichen Logos. Sie ist der Geist weiblicher Weisheit. Es ist ein Wissen, das weisen kann. Weisheit wurde, auch unmittelbar, als praktisches Wissen verstanden. Personen, die Rat wissen, haben Sophia.“
Da meldet sich ein anderes Kind zu Wort. „Ableitbar ist das griechische Wort Sophia, Weisheit, von sophos, was weise, verständig, geschickt, klug, kundig, erfahren und schlau heißt. Weisheit, Klugheit, Wissen, Erkenntnis, Einsicht ist gepaart mit der Fähigkeit, das Erkannte praktisch zu verwirklichen und zu deuten. Es muss praktisch verwendbar sein. Mit Sophia werden auch die Sinne angesprochen. Sophia ist mit der lateinischen Wurzel sap verwandt. Sapientia, Weisheit, kommt von sapio, sapere und bedeutet schmecken, verstehen, erkennen, wissen. Die Weisheit hatte ihre Basis in den Empfindun-

gen. Durch das gefühlsmäßige Erleben wird der Zugang zur Weisheit vertieft."
Das kleine Mädchen neben mir erhebt sich und erklärt: „Philosophia wurde auch als Lebensweisheit aufgefasst und als Weisheitslehre, ebenso wurde das Streben und die Liebe zur Weisheit, zur Sophia, Philosophia genannt. Sophia und Philosophia wurden lange Zeit synonym verwendet. Wissen, das zur Weisheit gehörte, war mehr als ein abstrakter Begriff oder ein Verhältnis, es meinte ein Liebesverhältnis, etwas gerne haben, mit etwas gerne Umgang haben, Freude empfinden im Umgang mit dem Wissen und der Sehnsucht nach Weisheit. Und damit verband sich ein affektiver, leidenschaftlicher Zugang zum Wissen."
„Gut, Kinder, sehr gut", sagt Neter erfreut und zu mir gewandt: „Das affektive Erkennen spielte eine entscheidende Rolle. Weise sein bedeutet neben der theoretischen, intellektuellen Erkenntnis auch die Fähigkeit, das Erkannte mit Herz klug und tatkräftig zu verwirklichen. Die Philosophie knüpfte zunächst an dieses Verständnis an und verstand sich als philo-sophia, als Liebe zur Weisheit, die sich nicht von den Dingen der Welt abwandte.
In der Antike galt Sophia als ein weit verbreitetes Wort für Geheimnis, Wissen, Kenntnis, Fertigkeit im Handwerk oder Vertrautheit mit einer Sache, auch für Klugheit, Urteilsfähigkeit und praktische Umsicht in wesentlichen Lebensangelegenheiten, vor allem im politischen Bereich. Dass sich die Philosophen schon bald von der praktischen Seite der Weisheit distanzierten und damit eine eigene Disziplin des Denkens begründeten, hatte tiefgehende Konsequenzen für den Weisheitsbegriff und die Lehrerinnen und Lehrer der Weisheit. Bereits die Vorsokratiker stellten die Sophia als geistige der körperlichen Kraft gegenüber. Eine Unterscheidung zwischen Kopf und Hand diente zur Ausformulierung der Tätigkeit einer bestimmten Schicht, die Handarbeit und Denktätigkeit wohl zu unterscheiden wusste. Affektbeherrschung oder Freiheit von den Affekten wurde zum Ziel der philosophischen Seelenleitung und Seelenheilung. Als Bildungsziel wurde eine vernunftgemäße Beherrschung der Affekte angegeben, eine Unterscheidung zwischen der körperhaften und intelligenten Welt setzte sich durch. Die Einführung einer Unterscheidung zwischen Sein und Schein beförderte die Beherrschung der Leidenschaften und des Körpers. Der Körper wurde zum Gewebe des Unwissens. Hier wird bereits ein Ton hörbar, ein Konzept begonnen, das sich mittels der Sophia gegen diese selbst wandte. In der zunehmenden Vergeistigung des Göttlichen wird sie auf ein abstraktes Prinzip reduziert. Warum die Sophia ihres praktischen Wissenzugangs begrifflich und tatsächlich beraubt wurde, begründet sich in der Tradition der griechischen Philosophie. Die Sophia wurde vom Menschlichen abgelöst und nur mehr göttlich-abstrakt gefasst als Wissen von den göttlichen Ideen - idea idearum. Sophia galt für Platon als göttliches Wissen, eine auf unmittelbare Intuition beruhende Erkenntnis des Ewigen. Die Weisheit wohnte damit nicht mehr unmittelbar im Menschen. Sie zu erlangen, erforderte eine Abstraktion von der menschlichen Welt. Wenn du ihrer teilhaftig werden willst, bist du somit an ein religiöses Wissen gebunden. Den

Göttern musste der Mensch gleich werden, um dieses Ziel zu erreichen. Begehrt wurde nun von Philosophen jenes Wissen, welches den Sophoi gehörte und das waren die Götter, die im Begriffe, besser gesagt im Besitz der Sophia sind. Das Wissen, nach dem die Philósophoi strebten, ist das Wissen von den göttlichen Ideen, die in ihrer Reinheit nur von der körperlosen Seele gesehen werden können. Die Philósophoi verstanden sich als Freunde der Weisheit und übten sich in der Abkehr von der Welt. Aufgegeben wurde die Beziehung zur Materie als Positivum und als Quelle des Wissens in der menschlich-göttlichen Beziehung zur Weisheit. Zur gleichen Zeit wurde das Wissen von Frauen systematisch aus dem Kreise der Philosophen ausgeschlossen und das weibliche Antlitz als Göttin/Gott verdrängt.
Die Abwertung des Weiblichen wurde zu einer Grundlage der Metaphysik, der ersten Philosophia, wie Aristoteles Sophia nannte. Sophia fand sich ins Abseits gestellt. Der Vorgang dieses Ausschlusses wurde gedanklich durch metaphysische Konzepte vollzogen und durch den realen Ausschluss der Frauen aus den Geschäften der Polis bekräftigt.
Angegriffen wurden auch jene, die einen anderen Weisheitsbegriff tradierten. Die Sophisten wurden zur Zielscheibe der philosophisch-polemisch geführten Kritik. Auch die Sophistai strebten nach Weisheit und galten als Weisheitslehrer - mit dem entscheidenden Unterschied, dass sie ihre Sophia mit Lebensklugheit und praktisch ausgerichteter Weisheit als Hintergrund ihrer Kunst beibehielten. Und obwohl die Sophisten aus ihrer Tätigkeit heraus den Anspruch auf eine Allzuständigkeit wie die Philosophen legten, begannen die Philosophen, die Sophisten in Verruf zu bringen. Sie warfen ihnen vor, dass aufgrund ihrer praktischen und situationsbezogenen Anwendung ihre Weisheit keinen allgemein gültigen Wahrheitsanpruch vertreten könne. Die Tatsache, dass Sophisten philosophische und politische Menschen zugleich waren, nutzten die Philosophen zur Abgrenzung ihres eigenen Tätigkeitsbereichs und werteten damit ihren Stand auf, indem sie vorgaben, dass sie eine höhere Wahrheit anstrebten. Sie warfen den Sophisten vor, dass sie aus der Suche nach der Weisheit ein Gewerbe, aus der Ausbildung zur Beredsamkeit eine formale Überredungskunst machten und formierten sich in einer Gegnerschaft, indem sie sich als Philosophen als die echten Wahrheitssucher darstellten. Durch die Verspottung des Aristophanes und den Kampf, den Sokrates und Plato gegen sie führten, erhielt das Wort Sophisten die üble Bedeutung von Scheingelehrten und Wortkünstlern.
Die Kirchenväter übernahmen die Kriterien der Philosophen. Der Begriff des Logos, bereits reduziert, führte zu einer Gleichsetzung, einer Identität von Logos und Sophia. Die Personalität der Sophia, in den Weisheitsbüchern des Alten Testaments noch verankert, wurde nun mit dem Logos identifiziert. Dies bereitete den Weg zu einer männlich geprägten Theologie, also einer zunehmend patriarchal beeinflussten Vorstellungsweise, welche die weiblichen Anteile und Bilder im Gottesbegriff zu verdunkeln begann und damit den Weisheitsbegriff verklärte. Diese geistige Verschiebung hatte auch soziale

Gründe. Die Betonung der Männlichkeit Gottes mittels Analogie war den Theologen auch deshalb wichtig, weil damit die soziale Vormachtstellung der Männer als Herrschende in ihren Gesellschaften und Haushalten gerechtfertigt und gefestigt werden sollte. Das Prinzip des Logos begann Sophia zu überlagern. Das Wort Logos wurde zum führenden Begriff in der Philosophie. Der Geist drückt der Materie ihren Stempel auf, die Materie, vom Geist getrennt, nimmt diese geistigen Formen in sich auf und wird zum Ausprägestoff des Geistes. Das ist die platonische Bildlehre.
Der Logosbegriff wird für den ganzen kosmologischen Bereich verwendet, der Logos hat den gesamten Bereich des Seins erobert.
Der Logos in Gestalt Christi stellt Sophia in den Schatten und eignet sich in Form von Attributen ihre Fähigkeiten an. Doch was im Dunklen blieb, sorgte für Verwirrung und immer wieder spukte Sophia in den Schriften der Kirchenväter, Philosophen und Theologen herum. Im Detail kam es immer wieder zu Unklarheiten, sowohl was die rechtliche und soziale Stellung der Frauen betraf, als auch durch die versteckten Bezugnahmen der Theologen auf die Sophia in der Weisheitstradition des Alten Testaments."

„Und wie kann ich die ursprüngliche Weisheit erfahren?", frage ich.
„Ähnlich wie das Leben wird durch die Geburt Weisheit empfangen. Sie ist ein Geschenk und eine Gabe. Der Mensch ist ein Medium, ein Wesen, dass in der Hingabe Botschaften empfängt.
Die in Seele und Leib der Menschen verankerten Empfindungen spielen eine wesentliche Rolle beim Erfahren der göttlichen Geheimnisse. Die Verbindung von Weisheit und Leben findet sich in den Weisheitstexten der Bibel: Wer mich findet, findet das Leben... Das Leben muss nach der Geburt ein zweites Mal gefunden werden, einer zweiten Geburt gleicht die Suche nach dem Leben.
In den Weisheitsbüchern des Alten Testaments, Ijob, Kohelet, Sirach, Buch der Weisheit und Baruch, wird die Weisheit vorgestellt als Mitschöpferin des Alls, als Thronbeisitzerin und Amon - Liebling, Werkmeisterin, Vertraute, Geliebte. In diesen Büchern sind noch Reste frauenbezogener Weisheit zu finden. Sie verweisen auf eine ältere soziale Ordnung, in der das Wissen und die Weisheit von den Frauen ausging. So auch die Zahl sieben, welche die Weisheitszahl ist. Die Zahlen hatten im Altertum sakralen Hintergrund und eine dementsprechend lange Tradition. So finden wir die Zahl sieben in Ritualen, welche auf vorpatriarchale Zeiten zurückweisen. Die mystischen Sieben, auch als Peleiades, was griechisch Taubenschar bedeutet und als Pleiaden die sieben Sterne bezeichnet, wurden in der christlichen Ikonographie, die als sieben Strahlen der Taube zur Verkörperung des heiligen Geistes herangezogen. Abstrakt wurde die Zahl sieben als die Zahl der Weisheit weiter tradiert und in die Weisheitsbücher des Alten Testaments aufgenommen. Das Alte Testament und die griechische Philosophie konnten auf eine ältere Weisheit zurückgreifen, auf die Weisheit der Frauen: Die Weisheit hat ihr Haus gebaut und ihre sieben Säulen behauen.

Die Verbindung der Zahl sieben mit der Weisheit blieb im Bewusstsein verankert, obwohl die eigenständige Gestalt der Weisheit zu schwinden begann. Begonnen hat die Renaissance der Sophia mit den Mystikerinnen. Sie nahmen die Verdunklung des weiblichen Aspekts der Weisheit wieder auf und begannen, Sophia neu zu beleben. Sophia wird in der mittelalterlichen Buchmalerei als Herrin der sieben artes liberales dargestellt; sie gilt als Künstlerin des Alls. Ein eindrucksvolles Beispiel hinterließ Herrad von Landsberg in Form einer Miniatur im Hortus deliciarum: Im Zentrum eines Kreises, einem Siegel vergleichbar, sitzt die Philo-Sophia auf einem Thron, umgeben von den sieben freien Künsten: Grammatica, Rhetorica, Dialectica, Musica, Arithmetica, Geometria, Astronomia, die ebenfalls von Frauen repräsentiert werden. Unter dem Thron der Sophia, von der zwei Wissens-Quellen strömen, sitzen Sokrates und Plato - die Philo-so-phie - die Freunde der Weisheit, vertieft ins Aufzeichnen des Gehörten. Interessant sind in diesem Kontext die drei Gesichter in Form einer Krone, die aus dem Haupt der Weisheit hervorgehen. Sie tragen die Namen Ethica, Logica und Philica. Diese Dreierkombination gibt einen Einblick in das Verständnis der Zusammensetzung der Weisheit, sie sind die Krönung der Weisheit. Logica als das rationale, logische Erkennen; Ethica als die Erkenntnis aus der Sitte, aus den anerkannten Werten, und Philica, von griechisch philia, aus der Liebe, Zuneigung, Affektivität und Emotionalität gewonnenes und erkanntes Wissen.“

„Es geht um die Liebe zum Leben und zum göttlichen Wissen. Es geht darum, diese zwei Seiten in Einklang zu bringen?“, frage ich schüchtern. Neter schaut weit in die Ferne und nach einiger Zeit wieder zu mir und erklärt: „Die Mystikerin Theresa von Avila beschreibt diesen Zustand sehr schön: Auf der einen Seite rief mich Gott, auf der anderen Seite hörte ich den Ruf der Welt. Einerseits erfüllte mich der göttliche Teil mit großer Freude, andererseits ließ ich mich gerne in die Dinge der Welt verstricken. Mir schien, als wollte ich diese beiden einander so feindlichen Gegensätze vereinigen: das geistliche Leben und die Freuden, welche die Sinne uns bieten. Für Teresa von Avila blieb das Gefühl der inneren Zerrissenheit, eine gesellschaftlich auferlegte Notwendigkeit. Sie musste wählen zwischen der Welt und Gott. Die Verbindung dieser Gegensätze zwischen dem geistigen und weltlichen Leben hat sie ständig beschäftigt. Woher kam diese Zerrissenheit, dieses Wählen müssen zwischen einer sinnlichen und geistigen Erkenntnis? Der Versuch der Mystikerinnen und auch Mystiker im Mittelalter, die Tradition von Sophia wiederzubeleben, brachte die Erinnerung an eine Erkenntnis, die durch die Sinne inspiriert wird und sich von Affekten leiten lässt und versucht, die Welt mit einzubeziehen in den Dialog zwischen Seele und Göttlichkeit. Wie viele andere Mystikerinnen und Mystiker des Mittelalters arbeitete Teresa von Avila an dem Brückenschlag zwischen sinnlicher und geistiger Erkenntnis. Sie stellte durch ihr Wirken die metaphysische Trennung in Frage. Sie und andere machten

öffentlich, dass ihre Inspirationen und die Einsicht ins Göttliche nicht primär durch intellektuelle Handlungen stimuliert wurden. Und eben das brachte viele Mystikerinnen und Mystiker in Verruf. Indem sie an der Trennung von Geist und Körper, Leib und Seele anrührten, hintergingen sie ein hohes, da metaphysisches Gesetz. Dieses Gesetz stellt rein geistige Erkenntnis über das leibliche Erkennen. Für die Mystikerinnen und Mystiker wurde der Leib ein wichtiges Instrument auf ihrem Weg zur Einsicht in die göttlichen Dinge. Damit befanden sie sich immer sehr nahe am Erkenntnisverbot. Es war verpönt zuzugeben, dass Inspiration nicht unter Ausschluss des Körpers eintritt, Wissen durch eine affektive Handlung gewonnen wurde; sich dem Göttlichen zu nähern und in Kommunikation zu treten. Durch prophetisches Sprechen wurde ihnen, den religiösen Frauen, kundgetan und in Erfahrung gebracht, was nur Gott wissen konnte. Damit wird die Grenze zwischen Schöpfer und Geschöpf verwischt oder anders wieder in Erinnerung gerufen, eine Grenze, die sich für Jahrhunderte in der katholischen Kirche als gezogen erwiesen hatte. Die Kommunikation zwischen Menschen, Göttinnen und Göttern verlief lange nicht mehr dialogisch. Doch gerade diese Dialogfähigkeit der Seele wurde von den Mystikerinnen und Mystikern wieder entdeckt.
Die Weisheit, die von griechischen Philosophen seit Platon in den göttlichen Sphären versteckt wurde, hatte scheinbar ihr praktisches Wirken im Menschlichen zurückgenommen. Oder sollte dabei eine andere Tradition gelöscht werden? Sollte die Tatsache vergessen werden, dass weibliche Personen sophisch, also weisheitlich amtierten, dass sie die Töchter der Sophia auf Erden schon immer waren und sind?“
Neter macht eine kurze Pause und lässt uns so ein wenig Zeit, das Gehörte aufzunehmen. Mir schwirrt der Kopf ob all dem Gehörten und gleichzeitig möchte ich noch mehr darüber erfahren. Ja, ich will wissen und so bin ich dankbar und froh, als Neter weitere Erklärungen gibt: „Sophia lebte im Bewusstsein weiter. Im Mittelalter wird sie als Dame der Weisheit, unter dem lateinischen Namen Sapientia gehandelt. Durch die Mystikerinnen und Mystiker wurde ein neues Verhältnis der Teilhabe am Göttlichen entwickelt und gestaltet, ein neues Verhältnis der weiblichen Seele zum göttlichen Wissen. Dass es sich dabei um Liebeswissen handelte, um ein Liebeswerben der Seele, inspirierte in der Folge die Philosophen der Renaissance, Alchimisten, Kabbalisten und Hermetiker.“
Mit diesen Worten hört Neter auf, klatscht in die Hände, schaut uns an, lacht und sagt: „Jetzt habt ihr eine Pause verdient. Los hinaus mit euch.“ Jubelnd und lärmend stehen die Kinder auf und rennen aus dem Raum. Ich sitze wie erschlagen da. So viele Informationen. Ich weiß nicht einmal mehr die Hälfte. Da kommt Neter auf mich zu, setzt sich zu mir und meint: „Es geht nicht darum, alles zu wissen, sondern dass du beginnst, das Wissen zu fühlen. Gönne dir eine Pause und tauche ein in das kreative Nichtstun.“
Bevor ich sie etwas fragen kann, steht sie auf und verlässt den Raum. So sitze ich nun allein im Zimmer. Was sie wohl meint mit kreativem Nichtstun?

Für mich ist Kreativität immer mit Handeln verbunden. Anscheinend ist auch das ein Denkmuster von mir, das ich loslassen kann - wie so vieles. Ich verlasse den Raum und da ich mit niemandem reden möchte, nehme ich den Hinterausgang. Der Spaziergang in der freien Natur tut mir gut. Durch das Gehen kann ich abschalten. Als es langsam Abend wird, mein Hunger sich meldet und meine Beine schwer werden, beschließe ich, zum Buchladen zurück zu kehren. Doch als ich da ankomme, ist er geschlossen. Da ich keinen Eingang finde, kehre ich ins Hotel zurück. Dort genieße ich meine Anonymität, ein erfrischendes Bad und ein ausgiebiges Nachtessen.
Am nächsten Tag suche ich wieder den Buchladen auf. Ich habe Mühe, ihn zu finden, doch endlich stehe ich davor und blicke, genau wie gestern, in das Schaufenster. Das hat sich verändert. So steht ein neues Plakat darin mit den Worten:
Nimm dir Zeit, um zu arbeiten – es ist der Preis des Erfolges.
Um nachzudenken – es ist die Quelle der Kraft.
Um zu spielen – es ist das Geheimnis der Jugend.
Um zu lesen – es ist die Grundlage des Wissens.
Um freundlich zu sein – es ist das Tor zum Glücklichsein.
Um zu träumen – es ist der Weg zu den Sternen.
Um zu lieben – es ist die wahre Lebensfreude.
Um froh zu sein – es ist die Musik der Seele.
(Gebet eines alten Iren).
„Ein schönes Gebet, nicht?“, höre ich Schechina neben mir sagen. Ich lächle sie an und nicke. „Ja, wundervoll. Es ist auch schön, dich wieder zu sehen.“
Sie hakt sich bei mir ein und zusammen durchqueren wir den Buchladen und landen, genau wie gestern, im Innenhof. Sophia hat uns anscheinend erwartet, denn auf dem Tisch vor ihr stehen drei Teegläser. Es kommt mir vor, als ob es gestern wäre. Wissen sie vielleicht gar nicht, dass ich nicht hier übernachtet habe, frage ich mich.
Wir setzen uns und Sophia schenkt ein. Als sie mir das Glas reicht, lächelt sie mich weise an: „Es war eine gute Idee, dass du gestern einen langen Spaziergang gemacht hast.
Menschen, die sich in die freie Natur begeben, gehen gleichzeitig auch nach innen. Gehst du in die Einöde, so umschließt dies auch die Einöde, die sich in allen befindet. Dies mag die tiefste Bedeutung eines solchen Erlebnisses sein, nämlich die Erkenntnis unserer Verwandtschaft mit der Welt der Natur. Menschen in der Wildnis entdecken, dass sie nachdenklicher werden. Häufig gestalten sich ihre Träume lebhafter als gewöhnlich, was wiederum dazu beiträgt, dass sie sich nach innen wenden. Sie erblicken eine innere Landschaft und träumen Symbole sozusagen im Mondlicht, im Gegensatz zur fassbaren Wirklichkeit, die am besten im hellen Tageslicht betrachtet wird.“
Ich nicke nur und nippe an meinem Tee. Bevor ich überlegen kann, ob ich die Frage überhaupt stellen will, höre ich mich fragen: „Bist du meine Göttin? Ist es Schechina oder Neter?“ Da lachen die zwei Frauen und Schechina erklärt:

„Ich, sie, alle, denn jede ist eine Göttin. Höre die Worte der Großen Mutter die einst Artemis, Astarte, Dione, Melusine, Aphrodite, Cerridwen, Diana, Arianrhod, Brigit, Isis, Ishtar, Aradia, Cybele, Kore, Levanah, Luna, Mari, Anna, Selene, Demeter und Belisama genannt ward und viele andere Namen trug. Wähle zwischen Schein und Sein. Jetzt bist du mit mir und Sophia zusammen. Doch gleichzeitig auch mit allen anderen verbunden. Alles ist eins und doch ist alles einzeln."

Klar und doch völlig unlogisch, denke ich und frage: „Und woher komme ich?"
„Diese Frage ist eine der ältesten", lacht Schechina. „Ebenso die Anschauung, eine Große Mutter hat alles Sein, alles Leben, aus sich heraus geschaffen und geboren. Religion heißt in der Übersetzung Rückbindung. Religiöse Zeugnisse aus ältesten Zeiten erzählen von den Menschen und ihrem tiefen Glauben, Vertrauen, ihrer Liebe zu ihrem göttlichen Ursprung."
„Religionen sind doch Glaubenssysteme?", wage ich einzuwerfen. Doch Schechina lässt sich nicht beirren. „Es sind Systeme, die Wege darstellen, wie die Verbindung mit dem Göttlichen optimal erfahrbar ist. Religionen sind von Menschen geschaffene Ansätze, das Unfassbare zu greifen - zu begreifen."
"Religionen sind auch Zeitzeugen", fügt Sophia bei. „Sie spiegeln das Denken und Fühlen der Menschen und gleichzeitig formen sie es. In ältesten Zeiten waren nicht nur die Lebensumstände, sondern ebenso die Mittel und Wege der Menschen andere, als sie es heute sind. Der Homo Sapiens, also der Mensch, wie wir ihn heute kennen, existiert seit mehr als 300'000 Jahre. Aus dieser Zeit existieren keine religiösen Überlieferungen. Die ersten mythologischen und archäologischen Zeugnisse in Form von Höhlenmalereien und Skulpturen stammen aus der Zeit vor etwa 25'000 Jahren. Diese Relikte weisen auf einen ursprünglichen Glauben hin: den Glauben an und die Liebe zur Großen Mutter. Dieser Glaube ist der älteste überlieferte Glaube."
„Alle Religionen, Kulturen und Zivilisationen beruhen auf dem Fundament der Liebe, des Wachstums, der Kraft und der Hoffnung", fügt Schechina bei.
„Und wer genau ist die göttliche Kraft?", frage ich. Die zwei Göttinnen schauen sich lächelnd an. Schechina breitet die Arme aus: „Das alles ist die göttliche Kraft. Du kannst die Natur betrachten, dich betrachten und über die Wunder des Lebens staunen. Dein Horizont jedoch ist begrenzt und so ist jede Vorstellung, die du von der göttlichen Kraft hast, immer eine, die lediglich deinem Vorstellungsvermögen entspricht. Deine Fähigkeiten wahrzunehmen sind stark eingegrenzt von deinem Umfeld, der Gesellschaft in der du lebst, deinen existentiellen Bedürfnissen, deinen Gedankenmustern. Der Mensch schafft sich somit eine seinen Bedürfnissen entsprechende Religion und umgekehrt prägen Religionen das menschliche Verhalten, ihre Gesellschaft. Wenn Menschen Göttinnen oder Götter personifizieren, so geben sie den Teilaspekten, die sie wahrnehmen, Namen. Mit diesen Namen werden bestimmte Eigenschaften assoziiert. Bestimmte existentielle Bedürfnisse sind grundlegend, wie der Wunsch geliebt, geschützt und versorgt zu sein. Dieser

Aspekt ist allen Göttinnen- und Götteraspekten jeder Kultur gegeben. Ansonsten wird die Große Mutter in verschiedenen Kulturen mit verschiedenen Namen und unter zuweilen unterschiedlichen Teilaspekten verehrt. In allen alten Religionen wird die göttliche Kraft in vielen Personifikationen verehrt, nur wenige neuzeitliche Religionen verehren nur einen Gott."
„Das Christentum oder das Judentum verehren ausschließlich nur einen Gott", entfährt es mir. Da lacht Sophia und sagt: „Wie du richtig gesagt hast, ausschließlich. Sie schließen also etwas aus. Mit deiner Reise zu den verschiedenen Göttinnen wollen wir dir einen Einblick bieten in die vielfältigen Erscheinungsformen der Großen Mutter. Die Venus von Millendorf, deren Alter auf etwa 25'000 Jahre geschätzt wird, ist das älteste bekannte Göttinnenrelikt. Es zeigt eine üppige Frau, der stark und kräftig nichts anzuhaben vermag. Ihr Körperbau lässt auf Gebärfähigkeit und auch darauf schließen, dass sie in der Lage ist, ihre Kinder zu nähren. Dieser Aspekt der Großen Mutter ist einer der Kernaspekte. Sie, aus der alles hervorgeht, bereichert und nährt die Menschen."
„Und gleichzeitig wird sie auch dämonisiert", gebe ich zu bedenken. Schechina lacht. „Trotzdem ist und war die Göttin immer vorhanden. So gab die Muttergöttin in ihrer Inkarnation als Göttin Tara Buddha den Eid, dass sie immer inkarniert sein werde. Im Christentum lebte sie an der Seite des Christus als Mutter Maria. In China wird sie als Kwan Yin verehrt. Im Hinduismus als Göttin Durga, Kali, Lakshmi, Shakti und Saraswati. Im Westen wurde die Göttin bekannt als Aphrodite, Ischtar, Atargatis, Themis, Schulammit, Pisti, Ereshkigal, Anat, Sachmet, Maat, Astraia oder als Sophia, Göttin der Weisheit.
Es gab von Atlantis bis jetzt Tausende von Inkarnationen von ihr. Nur wenige wurden bekannt, weil das Patriarchat alle Andenken an die Muttergöttin verbannt hat und sie in den Hintergrund verdrängte. Der Heilige Geist, der auch im Christentum an höchster Stelle steht, ist die Mutter der Welt und wurde auch im Ur-Christentum als das weibliche, mütterliche Antlitz Gottes verehrt. Als Pharaonin Hatschepsut offenbarte sie der Welt: Ich bin die Gottkönigin. Als Göttin Isis: Ich bin die Schutzgöttin und das Licht der Welt. Als Göttin Tara: Ich bin die Erleuchtung der Welt. Als Göttin Kwan Yin: Ich bin das Mitgefühl, die Barmherzigkeit und der selbstlose Einsatz gegen die Not der Welt. Als Göttin Shakti und Venus: Ich bin die Liebe der Welt. Als Göttin Kali: Ich bin der Schutz gegen Dämonen. Als Göttin Saraswathi: Ich bin die schönen Künste. Als Göttin Lilith: Ich bin die große Freiheit. Als Lakshmi: Ich bin das Glück und die Tugendhaftigkeit. Als Mutter Maria: Ich bin die Mutter der Welt und die göttliche Mütterlichkeit. Als Aphrodite: Ich bin die Schönheit der Welt. Als Shechania: Ich bin die ewige Braut Gottes. Als Kokyan Wuthi: Ich bin die Mutter Erde, und als Göttin Sophia: Ich bin die Weisheit der Welt."

„Damit wollt ihr sagen, dass die Große Mutter immer da war und ist. Und wieso sucht dann der Mensch noch immer nach Möglichkeiten des Zusam-

menlebens, welche die Gewalt und Zerstörung, mit der wir unsere gesamte Mitwelt erniedrigen, überwinden helfen.
Schechina schaut mich verständnisvoll an. „Die Gewalt ist eng verbunden mit einer Denkweise, welche die Welt in Gegensätze, Feindbilder und Widersprüche teilt. Die Unterwerfung der Natur geht einher mit der Erniedrigung der weiblichen Hälfte der Menschheit. Insofern ist es absolut korrekt, die zerstörerischen Erscheinungen des technologischen Fortschritts, beziehungsweise die sogenannte Errungenschaft des Geistes, als patriarchale Entwicklung zu bezeichnen. Dies wird weiter bestätigt, wenn du dir die Religionsgeschichte betrachtest, wo, zumindest im europäischen Raum, die einst hoch angesehene Göttin nur noch ein Dasein im Verborgenen fristet, oder wo Frauen nach wie vor nur unter Vorbehalten als richtige Repräsentantinnen der Gottheit akzeptiert werden. Es geht um die Überwindung der Spaltung dieser Welt in Gegensätze. Es geht um die Einbeziehung der unterschiedlichen Ebenen der Wirklichkeit, um die Achtung vor dem heiligen Kreislauf des Werdens und Sterbens in der Natur wie auch beim Menschen. Es geht um die Rückbesinnung auf den weiblichen Aspekt der Gottheit und damit die Wiedereinsetzung der Göttin an den ihr angestammten Platz." Und Sophia fügt bei: „Es geht jedoch nicht um einen Kampf der Geschlechter. Das ist eine Erfindung des patriarchal-dualistischen Denkens. Die Göttin wurde keineswegs nur von Frauen verehrt, auch wenn Priesterinnen selbstverständlich als Repräsentantinnen der Göttin angesehen wurden. Doch es gab auch eine Vielzahl von männlichen Priestern, die ihr Leben der Göttin weihten."
„Ja, ich verstehe. Es geht nicht um Mann oder Frau, sondern sowohl Männer wie Frauen sollen, müssen, können sich wieder der Großen Mutter öffnen", sage ich leise. Die zwei Göttinnen nicken und nippen an ihrem Tee.

Da kommt eines der Kinder in den Innenhof, zupft an meinem Kleid und holt mich für eine weitere Geschichts- oder wohl besser Unterrichtsstunde. Kurze Zeit später sitze ich erneut auf dem Boden, zusammen mit den anderen Kindern, und höre Neter zu, die uns heute etwas über Pistis Sophia erzählt. „Jesus erzählt seinen auf dem Ölberg versammelten Jüngern die Reise durch die Welten der Äonen und Archonten, deren Macht er gebrochen hat. Bei seinem Aufstieg begegnete ihm Pistis Sophia. Sie hatte einst im dreizehnten Äon ihren Wohnsitz und blickte auf zu dem Licht in der Höhe, vom Verlangen nach der oberen Lichtwelt erfasst. Dadurch zog sie sich den Hass der Archonten, der zwölf Äonen zu. Unter ihnen verstehen die Menschen von heute die zwölf Tierkreiszeichen der Fixsterne. Zwischen ihnen und dem Lichtreich, im Orte der Mitte, außerhalb der durch den Sternenhimmel begrenzten Welt, wohnt Sophia. Durch ein Irrlicht wird sie in die Welt hinab gelockt und in die Materie verstrickt. In ihrer Verzweiflung schickt sie dreizehn Bußgebete an das Licht in der Höhe und bittet um Erlösung von den Nachstellungen ihrer Feinde. Als das neunte Bußgebet erklungen war, wurde Jesus auf Befehl des ersten Mysteriums in die chaotische Welt hinab gesandt. Er lässt Pistis Sophia aus

dem Chaos in einen der Welt entrückten Ort versetzen. Eine Reihe von Hymnen schickt Pistis Sophia als Dank für ihre Rettung aus der Not zum göttlichen Universum empor. Zuletzt steigt Jesus auf und führt Pistis Sophia in ihren früheren Wohnort, den dreizehnten Äon, zurück.
Die Jünger und Maria stellen weitere Fragen über die Beschaffenheit der oberen Welt, die Art der Wirkung der verschiedenen Mysterien des Lichtes, die sie kennen müssen, um in die einzelnen Räume des Himmels eintreten zu können. Über alles erhalten sie die ausführlichste Belehrung. Es geht um das Heil der Menschenseele. Will sie dieser Welt entrinnen können, so muss sie Gnosis besitzen. Gnosis ist hier nichts anderes als Magie: Kenntnis der okkulten Wirkungen der Mysterien, Kenntnis der magischen Mittel, durch welche die einzelnen Räume des Himmels der aufstrebenden Seele erschlossen und die Kräfte der Archonten gebannt werden.
Träger der Offenbarung ist Jesus selbst. Was er dem kleinen Kreise der Eingeweihten mitgeteilt hatte und was dadurch die gnostische Gemeinde an esoterischer Weisheit besaß, war etwas Anderes, Größeres und Tieferes, als das Evangelium Jesu, welches die Kirche predigt.
In der Pistis Sophia findet ihr den Vorgang der geheimen Offenbarung am ausführlichsten und in besonderer Farbenpracht ausgemalt. Ein schönes Symbol dafür ist die Sonne, welche als Drachen beschrieben wird, der sich in den Schwanz beißt. Die ägyptische Mythologie kennt ebenfalls dieses Symbol. Auch das Yin- und Yang-Symbol kann als ein Ouroboros gedeutet werden."
„Sind Symbole ein Ausdruck der Weisheit", frage ich. Die Kinder um mich herum nicken und das Mädchen neben mir sagt: „Das ganze Universum ist ein Buch der Zeichen, durch die das Göttliche zu den Menschen spricht. Symbole sind das bevorzugte Audrucksmittel der Seele. Dem Wort Symbol liegt das griechische Verb symballein zugrunde, was soviel wie zusammenwerfen, zusammenfügen bedeutet. Es wurde auch in Redewendungen benutzt, die Verhüllung und Geheimnis andeuten. Dahinter verbirgt sich ein alter Brauch aus der Antike, der die tiefere Bedeutung dieses Wortes erkennen lässt. Wann immer jemand in die Fremde ging oder zwei befreundete Menschen sich für längere Zeit trennten, wurde eine Schale oder eine Scheibe in zwei Teile gebrochen, von der jeder eine der Scheiben mit sich nahm. Wer immer mit dieser Scherbe zurückkam, die zum Gegenstück passen musste, dem wurde auf Grund dieses Ausweises Gastfreundschaft gewährt."
Da meldet sich ein junger Mann zu Wort. „Das Symbol vereint mehrere, manchmal auch widersprüchliche Bedeutungen, denn die höhere Wirklichkeit oder Wahrheit, zu der es führt, ist - nach allem, was wir wissen - paradox. Es ist stets vieldeutig und hat analoge Entsprechungen auf den unterschiedlichsten Ebenen. Ein Symbol ist niemals etwas Ausgedachtes, kein Mensch hat je eines erfunden. Symbole entstehen, wenn die Seele etwas Wesentliches ausdrücken will, sei es im Traum, in einem Bild oder in einer anderen anschaulichen Form. Deshalb sind sie geheimnisvoll und können niemals

erschöpfend verstanden werden. Im Gegensatz dazu beschreibt ein Zeichen, wie ein Verkehrszeichen oder das Logo einer Firma, etwas Bekanntes, klar Definiertes, das nur eine Deutung oder eine begrenzte Anzahl von Deutungen zulässt."

Ich höre gespannt zu und bin erstaunt, wie viel diese jungen Menschen wissen. Doch bevor ich ins Grübeln kommen kann, höre ich schon wieder Neter sprechen: „Die Philosophie ist dem Bedürfnis des denkenden Menschen entsprungen, über sich selbst und sein Dasein in dieser Welt zur Klarheit zu gelangen. So ist die Philosophie, ihrer ursprünglichen Absicht nach, eben das Ergebnis der Selbstbesinnung und Selbstorientierung des Menschen im Leben, wie in der Welt. Philosophie bedeutet nicht, wie oft gesagt wird, Liebe zur Weisheit, Sophia, sondern Streben nach Wissen, nach Kenntnissen beziehungsweise Erkenntnissen im allgemeinen. Sophia ist nicht nur wissenschaftliche Erkenntnisse, sondern Wissen im weitesten Sinne. So bezeichnen wir auch das Wissen, dessen zum Beispiel ein Handwerker bedarf, als Sophia.

Auch der erste Wortbestandteil von Philosophie weist ursprünglich nicht auf die reine Liebe zum Wissen hin. Philosophie bedeutete zunächst nur das Streben nach Erkenntnis im allgemeinen. Erst Plato scheint einen Gegensatz zwischen Sophia und Philosophia angenommen zu haben. Von nun an gilt der Anspruch, weise zu sein, oft als Anmaßung und infolgedessen die Beschränkung auf die Philosophia – im Sinne der Weisheitssuche – als Gebot der Bescheidenheit."

Da ruft eines der Kinder: „So sagte Sokrates: Ich weiß, dass ich nichts weiß."

Neter schmunzelt. „Genau. Doch ich hoffe, euch ist klar, dass philosophisches und wissenschaftliches Denken denselben Ursprung haben. Sie dienen der Selbstorientierung des Menschen in der Welt und im ganzen Kosmos.

Die über viele Jahrhunderte währende religiöse Sozialisierung durch das Christentum hat tiefe Spuren in der kollektiven abendländischen Mentalität hinterlassen. Sowohl die rationale Bilderwelt, die vor allem Kinder tief beeinflusst hat, als auch die Begriffswelt sind weitgehend christlich vereinnahmt. Mindestens auf der dogmatischen Ebene behindert sie das Verständnis für Religionen vergangener Zeiten oder anderer Kulturräume.

Sophia ist der allumfassende Geist. Ich spreche hier von Spiritualität, nicht von Religion. In den westlichen Gesellschaften, einschließlich des Islam, ist seit 1000 - 1500 Jahren die lebendige Tradition eines Göttinnen-Kultes mit Tempeln, Riten, Prozessionen und Einweihungen abgebrochen. In der Marienverehrung blieben wenigstens Erinnerungsspuren an die Göttinnen des antiken und des mitteleuropäischen Kulturraumes erhalten. So kann die Neuerfahrung der Göttin nicht im Rahmen einer etablierten Religion oder Tradition erfolgen, sondern über persönliche Impulse. So können euch vertraute Begriffe nicht weiterhelfen. Doch die erste und wichtigste Führungsinstanz ist die persönliche Erfahrung. Auslösend sind meistens konkrete Erlebnisse: So kann durch eine Reise nach Kreta oder Malta die Erfahrung frühgeschichtlicher Zeiten herüberwehen, die Beschäftigung mit hinduistischer oder buddhistischer Religion kraftvolle Bilder der hier wirkenden Göttinnen und Götter hervorrufen oder hinter dem Bild einer Madonna die segenspendende Isis mit dem Horuskind sichtbar werden. Es gibt eine Fülle von Einstiegspunkten, durch welche die Göttin das Herz berühren kann.

Nicht selten ist es die Gestalt der Sophia, die euch hilft, den Spiegel der Göttin, dessen Scherben durch Raum und Zeit gefallen sind, wieder zusammen zu setzen. Wichtig ist, dass ihr immer daran denkt, dass die Göttin keinen Glaubensgehorsam fordert. Die Mythen sind nichts anderes als Einstiegspunkte für ein Verständnis dessen, was verschiedene Zeiten und Kulturkreise vom Handeln der Gottheiten zu sagen wussten. Im Prinzip ist der Mythos eine heilige Überlieferung, wie Thora, christliche Bibel und Koran, aber kein normierter Kanon wie diese Schriften. Mythen sind vergleichbar mit den Fenstern eines großen Hauses, durch die sich unterschiedliche Blicke in die freie Landschaft bieten. Nicht jeder Blick wird für alle von gleicher Bedeutung sein. Verbindlich wird nur das, was einleuchtet, und ihr merkt schnell, wo eure eigene geschichtlich-kulturelle Prägung euch entweder zustimmen oder ablehnen lässt.
Die Göttin herrscht nicht über die Kräfte der Natur und der menschlichen Lebenszusammenhänge. Sie ist vielmehr tief in diese eingebettet, es sind Lebensäußerungen ihrer selbst. Sie selbst ist Wachstum und sterben. Insofern sind auch die Mythen, die von einer Vereinigung von Göttin und Gott sprechen, von einer tiefen Sinnhaftigkeit. Das Mysterium coniunctionis, das Geheimnis der Vereinigung, ist ein kosmischer Akt, der sich in menschlicher Liebe widerspiegelt und diese in besonderer Weise vergöttlicht, ohne sie dabei allerdings an institutionelle Bedingungen zu binden. So erzählen die Mythen immer wieder von einem göttlichen Partner und einem göttlichen Kind, welches auch vom Christentum übernommen wurde. Es gibt Göttin und Gott und daraus ergibt sich etwas Neues, das Kind. Es existiert ein metaphysischer Ursprung, eine sich entfaltende Spirale, die sich in einem bestimmten Augenblick gegenläufig verhält und sich wiederum zu einer neuen Spirale einrollt. So geht aus der weiblichen Gottheit die männliche hervor, doch nicht im Sinne eines Schöpfungsaktes, sondern eines ewigen Geschehens, wobei dieser Prozess auch reversibel sein kann.“
Wie der Tod des Heros in den Mythen denke ich und schon fährt Neter fort: „Mit anderen Worten: Wo die Göttin erscheint, ist der Gott entweder explizit oder implizit gegenwärtig. Das Männlich - Göttliche kann auch verborgen in der androgynen Göttin ruhen. Die gnostische Allgöttin bezeichnet sich als Vater und Mutter und als männlich-weiblich. So kann die Verehrung der Göttin auch für sich allein erfolgen, die Verehrung des Gottes muss jedoch in Verbindung mit der Verehrung der Göttin stehen. Es geht um die Rückbindung, religio an den kosmischen Ursprung. Von der Grunderfahrung jedes einzelnen Menschen her gesehen, ist es ganz einfach. Es ist die Mutter, mit

welcher der Embryo symbiotisch verbunden ist, die es durch den schmerzhaften Akt der Geburt in die Sinnenwelt bringt, von der das Neugeborene die erste Nahrung erhält, mit der das kleine Kind die ersten Schritte ins Leben wagt und mit der es in vielfältiger Weise kommuniziert; von seltenen Ausnahmen abgesehen, ist sie es auch, die dem Kind Verständigung ermöglicht und so reden wir von Muttersprache, nicht von Vatersprache. Erst mit den entfernteren Begriffen tritt die Vaterwelt stärker in Erscheinung, wie Vaterstadt, Vaterland."
Einer der Jugendlichen meldet sich zu Wort. „Die Mutterbindung ist sicher sehr wichtig und stark. Doch es ist nur eine Durchgangssituation im Leben jedes Menschen. Es braucht den Vater, damit das Kind die notwendige Ablösung von der symbiotischen Mutterbindung leisten kann. An die Stelle der Mutterwelt muss also die Vaterwelt treten."
Neter nickt. „Doch auch die Vaterwelt kann auf dem Weg der Individuation, also der Selbstwerdung, nur ein vorübergehendes Stadium sein. Beides, Mutter und Vater, muss der Mensch bei einer wachsenden Reifestufe integrieren, nicht verdrängen oder hinauswerfen, sondern in sich vereinigen. Nur so können die Menschen Selbstverantwortung übernehmen. Nur so können sie ihre Göttlichkeit erfahren. Die Spiritualität der Göttin ist eine Grenzen überschreitende Religiosität und überwindet die begrifflichen Grenzen von Monotheismus und Polytheismus. Sie ist die eine in allem. Sie ist die mit den zehntausend Namen. Sie stellt die befreiende Alternative zu dem einengenden exklusiven Monotheismus christlich - abendländischer Traditionen dar. Doch schlussendlich kommt es nicht darauf an, wie ihr es nennt, sondern was ihr fühlt, in euch, in eurem Innern."

Neter hält einen Moment inne und ihre nächsten Worte machen einen tiefen Eindruck bei mir. „Nehmt die Sonne als Beispiel. Sie erleuchtet unser Sonnensystem und scheint mit vielen Strahlen in unsere Erdatmosphäre, doch mit ganz unterschiedlichen Temperaturen. Und doch ist es immer die gleiche Sonne."
Ja, dieses Bild ergibt Sinn und erklärt mir einmal mehr, dass dasselbe nicht immer das Gleiche sein muss. Den anderen um mich herum scheint es gleich zu gehen, denn alle nicken zustimmend mit dem Kopf. Neter lächelt wissend vor sich hin und fährt fort: „Im Begriff Sophia, Heilige Weisheit, existiert eine segenspendende Kraft. Sie ist und war immer vorhanden. So tritt sie als geheimnisvolle Frau Weisheit in den alttestamentlichen Schriften hervor, Jesus aus Nazareth beruft sich auf ihre Worte, die Gnostiker verehren sie und christliche Mystikerinnen und Mystiker fühlen sich mit ihr verbunden. Sie ist keine dominante, und auch keine nur dienende Gestalt. In ihrem Wesen ist sie eine Offenbarungsweise der Göttin, die Konfessionen, Religionen und Kulturen versöhnt, Konflikte entschärft und Verletzungen heilt. Diese Eigenschaft zeigt sie, indem sie sich auf der verborgenen und doch wirksamen Sinnesebene bewegt. Ein Mythos, der in unserer Zeit erzählt wird, sieht in Sophia die Tochter der Großen Göttin, die zu den Menschenkindern

gesandt wird, um Versöhnung zu bringen.
Jede Frau ist durch den weiblichen Zyklus mit der Göttin verbunden. Durch das Blut kann die Frau Leben und Schöpfungskraft erfahren. Der weibliche Zyklus nimmt somit in der Göttinnenreligion einen kultischen Stellenwert ein. Die Männer haben diese natürliche Verbindung nicht. Also versuchten sie auf anderen Wegen diese Verbindung zu erfahren. So finden Rituale mit patriarchalen Blutopfern statt und auch im Krieg oder auf dem Opferaltar finden wir Blut. Doch diese patriarchalen Blutopfer sind Natur verachtend und somit zerstörerisch, erst recht, wenn es sich um sogenannte Heilige Kriege handelt.

Als geheime Kraft der Evolution ist die Göttin Sinngeberin und Sinnstifterin. Das, was wir in der Natur empirisch erfahren können, wird im eigenen Leben zur Sinnsuche und damit zum Selbstfindungsweg. Die Zuwendung der Göttin zu allen Kreaturen zeigt sie als Inbegriff der Barmherzigkeit, doch die andere Seite der Sinnstiftung bedeutet auch, dass kein Wesen dauernd in seiner Gestalt bleiben kann. Die Göttin ist Verwandlerin und Herausforderin. Es geht also um die Akzeptanz von Vergänglichkeit, Veränderung und Tod, ohne sich davor zu fürchten. Es geht um das Vertrauen auf die geistige Evolution, die euch in eine neue Existenz verwandelt und die Chance zu höherer Entwicklung enthält.

Hebt die überlieferten Begrenzungen des Denkens und Fühlens auf. Besinnt euch auf euch selber. So braucht ihr auch keine Wächter mehr. Denn es geht nicht darum, alte Abhängigkeiten durch neue zu ersetzen. Weder ein Guru, noch Astrologie, Tarot und andere esoterische Künste können dich zu dir selbst führen. Sie sind alle ein Weg zur Selbstfindung, doch mehr nicht. Auch Magie kann als eine verfeinerte Wirklichkeitserfahrung praktiziert werden, doch mehr ist es nicht. Die Selbstfindung findest du nur in dir selbst.
Du begegnest der Göttin in Gestalt der Weberin, jener weisen Alten, die deinen begrenzten Blick auch auf zukünftige Dinge richtet. Wer die Mysterien feiert, trifft auf die Initiatorin, die in tiefere Seinserfahrungen hineinführt. Wer meditiert, vereinigt sich mit der Ermächtigerin, der Weisheitsgöttin Sophia.
Im Kosmos der Göttin haben auch wieder mannigfaltige Geistwesen ihren Platz, wie Elfen, Sylphen, Gnome, Nymphen als Naturgeister, Feen als Zeitenweberinnen und Engel als Boten spiritueller Wahrheiten. Die Trennung des Menschen von der ihn umgebenden Mitwelt wird aufgehoben. An die Stelle der Weltreligionen und ihrer heiligen Bücher tritt die Koexistenz und Partnerschaftlichkeit aller Geschöpfe. Die Aufgabe des Menschen ist es, einen Interessenausgleich zu schaffen, der sich am Prinzip des ökologischen Gleichgewichts zu orientieren hat. Anstelle des Konkurrenzdenkens geht es um die universelle Geschwisterlichkeit."
Ja, denke ich, das ist nichts Neues. Hat nicht einmal Dalai Lama gesagt: „Alle Menschen haben das gleiche Recht auf Glück." Mit anderen Worten, der Krieg darf kein Mittel mehr zur Durchsetzung von einzelnen staatlichen Interessen oder von Machtbündnissen sein. Ein fairer Handel hat allen Staaten

die Chance zu bieten, am Weltmarkt teilzuhaben. Letztlich muss also eine sozial ethische Perspektive gefunden werden. Es geht darum, der persönlichen Arbeit wieder den Vorrang zu geben vor dem arbeitenden Kapital. Also genau umgekehrt zum gegenwärtigen Wirtschaftssystem. Das alles kommt mir in den Sinn, währenddem Neter fortfährt: „Solange die Menschen im Konkurrenzdenken sind und Kontrolle anstreben, kann die goldene Regel der Nächstenliebe nicht gelebt werden: Liebe deinen Nächsten wie dich selbst. Erst mit der Erfahrung der wechselseitigen Verwobenheit und der allseitigen Abhängigkeit kann Neues gedeihen.
Ein anderer wichtiger Faktor ist die Zeit. Die Menschen müssen wieder ein erneuertes Zeitverständnis lernen. Sie müssen sich vom linearen Ablauf der Zeit lösen und wieder den rhythmischen Wechsel der Zeit spüren. Auch muss die Beziehung von Frauen und Männern aus seiner patriarchalischen Bewusstseinsstruktur befreit werden. Die einseitigen Rollenzuweisungen und die damit für beide Geschlechter einher gehenden Einschränkungen müssen fallen. Erst so erhalten die Menschen Raum für emanzipatorische Prozesse, ganz gleich ob auf der praktischen, emotionalen oder mentalen Ebene. In diesen Prozessen werden Weiblichkeit und Männlichkeit in beiden Geschlechtern entwickelt und integriert. Denn die Göttin der Frauen ist auch eine Göttin der Männer. Der Zugang zu ihr ist nur geschlechtsspezifisch etwas unterschiedlich. Die Göttin existiert nicht deshalb, weil Frauen ein Zentralsymbol für das weibliche Sein in der Welt benötigen, vielmehr ergibt das Sein der Göttin einen Hinweis darauf, dass es gerade die weiblichen Wurzeln sind, die bis in die Tiefen des materiellen und geistigen Universums reichen, bis dorthin, wo das reine Licht der Klarheit alle menschlichen Begriffe übersteigt."

In diesem Moment kommt Schechina und holt mich ab. Gedankenverloren folge ich ihr durch die verschiedenen Gänge. Doch bevor ich fragen kann, wohin sie mich führt, treten wir in einen Raum, wo jungen Mädchen das Bauchtanzen beigebracht wird. Gebannt schaue ich dem Treiben zu und bin fasziniert, wie die Frauen ihre Hüften und Becken bewegen.
„Diese Tanzart ist gut für Frauen. Mache mit", fordert mich Schechina auf und beginnt selber, ihre Hüften zu kreisen. „So kannst du all das Gehörte besser verdauen. Es kann in deinen Körper fließen." Ich gehe einen Schritt zurück und setze mich auf den Boden. „Nein, lieber nicht, das kann ich nicht. Ich schaue lieber zu."
„Beim Zuschauen kannst du nicht erfahren, wie es ist. Also, mache mit. Und höre endlich auf mit dem alten Lied: Ich kann das nicht.""
„Machen wir doch einen Kompromiss", seufze ich. Da lacht Schechina: „Ein Kompromiss hat etwas Kompromittierendes an sich. Es besteht die Gefahr, sich in wesentlichen Punkten aufzugeben und die eigene Ziele zu verraten. Sage lieber: Lass uns eine tragfähige Lösung finden."
„Also lass uns eine tragfähige Lösung finden."
„Und die ist?"
„Erzähle mir zuerst einmal etwas über das Bauchtanzen."

„Bauchtanz entspricht mit seinen Bewegungen ideal dem weiblichen Körper. Durch die weichen, fließenden Bewegungen erfolgt ein sanftes Stretching, bei gleichzeitigem Training der tiefen Stützmuskulatur, welche gestärkt und aufgebaut wird. Diese Muskulatur ist im zivilisierten Leben durch die vor allem sitzenden Tätigkeiten und die fehlende Bewegung verkümmert. Das führt zu Verkrampfungen, Haltungsschwächen, Rücken- und Kopfschmerzen. Durch das Training verbessert sich die Halte- und Stützfunktion sowie die Beweglichkeit der Wirbelsäule und ihrer umgebenden Muskulatur, sodass Verspannungen gelockert werden, die Haltung sich verbessert und Beschwerden wie Rückenschmerzen völlig verschwinden können.
Durch die spezifischen Becken- und Bauchbewegungen werden der Beckenboden und die Bauchdecke gestärkt und gefestigt. Gleichzeitig lernst du, die Funktion dieser Muskeln zu isolieren und zu kontrollieren und besonders auch das Wechselspiel von anspannen und loslassen zu beherrschen. Beim Bauchtanz lernst du als Frau, den eigenen Körper zu akzeptieren und schön zu finden. Außerdem darfst du bei diesem Tanz ganz Frau sein und deine Weiblichkeit ausleben. Schönheit und Erotik sind nicht verboten. Diese neue Körpererfahrung bewirkt auch Veränderungen im Bewusstsein und in der Einstellung zum eigenen Körper. So kannst du als Frau ein neues Selbstbewusstsein entwickeln, deine Persönlichkeit stärken, Selbstzweifel ausräumen und damit die Kraft finden, deinen eigenen Weg zu beschreiten und damit notwendige Veränderungen in deinem Leben vorzunehmen und alte Fesseln abzuschütteln." Sie lacht, als sie noch immer meinen zweifelnden Blick sieht. „Jeder Mensch hat viele Fähigkeiten: gehen, sitzen, sprechen, sehen, hören, riechen. Du kannst sehr viel. Mit der Zeit kannst du alles. Doch weil du es kannst, findest du es selbstverständlich und schätzt es nicht mehr. Erst, wenn du etwas nicht mehr kannst, beginnst du, es zu schätzen.
Ein Kind freut sich an seinen ersten Worten und Schritten. Es lässt sich nicht entmutigen, wenn es auf die Nase fällt. Es steht immer wieder auf, bis es klappt. Doch schon kurze Zeit später ist es normal zu gehen und hat keinen Wert mehr. Wo bleibt da der Selbstwert?"

Ich stimme ihr zu und kurze Zeit später kreise ich meine Hüften zusammen mit den anderen. Nach einer guten Stunde bin ich müde und völlig verschwitzt. Doch nach der ausgiebigen Dusche fühle ich mich voller Energie, wie selten zuvor. Froh gelaunt setze ich mich zu Sophia in den Innenhof und genieße meinen reichhaltigen Fruchtsalat. Gesättigt lege ich den Löffel beiseite, schaue Sophia an und frage mich, was ich wohl als Nächstes erfahren werde. Da lächelt Sophia und fragt mich: „Was möchtest du denn erfahren?"
„Alles, was mir noch nicht bewusst ist. Ich möchte erwachen."
„Erwachen! Öffne deine Augen für das Alltägliche, werde dir bewusst, was alles da ist, was du alles kannst, machst, tust. So beginnst du, zu erwachen."
„Na, so einfach kann es wohl nicht sein."
„Oh doch. Nimm als Beispiel eine Hausfrau. Sie arbeitet sehr viel und ist sich dessen gar nicht bewusst. Wenn wir nur allein schon ein Mittagessen

anschauen. Sie geht dafür einkaufen, schleppt die Tüten nach Hause, packt aus, ordnet ein, rüstet das Gemüse, bereitet die Speise vor, kocht, deckt den Tisch, räumt ab, spült und macht die Küche sauber. So viele Taten für nur eine Mahlzeit. Doch ist sie sich dessen bewusst. Nein, sie macht es einfach."
„Und was hat das mit erwachen zu tun?"
„Es geht um das Bewusstwerden. Werde dir bewusst, was und wie du etwas machst. So kannst du dir bewusst werden, was bis jetzt nur dumpfes Wissen war, oder beleuchten, was nur verschwommen wahrgenommen wurde. Nimm dir Zeit, dich und deine Handlungen zu beobachten. So findest du in dir Ruhe und Kraft."
„Und der Stress verschwindet?"
„Stress ist nicht nur negativ sondern auch positiv, weil er aktiviert. Negativ ist Stress, wenn du keine Erholungspause hast. Siehe den Stress als Herausforderung. Das Ereignis, die Gegebenheit, den Zustand, kannst du nicht ändern, doch was du daraus machst, kannst du verändern."
„Doch nur, wenn ich mir bewusst bin, was ich mache."
„Genau. Du kannst im Kleinen damit beginnen. Finde in dir die Ruhe und Kraft der Göttin Hestia. Sie kann in der stillen Einsamkeit und im Sinn für Ordnung gefunden werden, welche sich bei kontemplativer Hausarbeit einstellt. Auf diese Weise kannst du dich ganz auf jede einzelne Arbeit konzentrieren, sie ohne Hast verrichten und Zeit finden, um die sich ergebende Harmonie zu genießen. Beginne mit kontemplativer Hausarbeit."
„Wer ist Hestia?"
„Als Göttin des Herdes verkörpert Hestia jenen Archetyp, der in den Frauen wirksam ist, für die der Haushalt nicht eine Last, sondern eine sinnvolle Tätigkeit darstellt. Dank Hestia wird das Hüten des Herdes, die Führung eines Haushaltes zu einem Mittel, mit der die Frau Ordnung in sich selbst und in ihr Heim bringen kann.
Als älteste Schwester der ersten Olympiageneration und jungfräuliche Tante der zweiten Generation hatte Hestia die Position einer ehrwürdigen Ältesten inne. Die Intrigen und Rivalitäten ihrer Verwandten berührten sie nicht, und sie vermied es, sich in vorübergehende Leidenschaften hineinziehen zu lassen. Sie ist ein Archetyp des inneren Zentriertseins. Sie ist der ruhende Punkt, der den Handlungen Sinn verleiht und der innere Bezugspunkt, dank dem eine Frau im äußeren Chaos, in der Unordnung oder der gewöhnlichen Hektik des Alltags geerdet bleiben kann."
„Und wie kann ich sie erfahren?"
„Du hast sie schon oft erfahren. Erinnere dich, als du dir Zeit genommen hast, Ordnung in deinen Schrank zu bringen. Du hast Kleider aussortiert und dich dabei an vergangene Ereignisse erinnert und Zukünftiges geplant und sowohl Ordnung in deine Habe als auch in dein Selbst gebracht. So hattest du einen ordentlichen Schrank vor dir, einen Spiegel deines Wesens, und zudem hattest du den Tag sinnvoll verbracht."
„Es geht also darum, dass ich mir Zeit nehme und meinen inneren Raum finde. Was ist mit Frauen, die von Außen geleitet sind, deren Leben von

Geschäftigkeit und Beziehungen zu bersten scheint und die einerseits stolz darauf sind, und sich andererseits darüber beklagen, dass sie nie auch nur einen Augenblick Ruhe haben?“
„Sprichst du von dir?“ Ich lächle und zucke mit den Schultern mit dem Wissen, dass ich Sophia nichts vormachen kann. „Bei solchen Frauen ist es wichtig, dass sie sich erlauben, einmal etwas in Ruhe zu tun. Hat die Frau sich für eine bestimmte Aufgabe entschieden, muss sie sich auch Zeit dafür einräumen. Das kann beim Abwasch sein, beim Bügeln, beim Zusammenlegen der Wäsche - alles Dinge, die für viele Frauen eine sich ständig wiederholende Pflichtübung ist, die ihnen lästig fällt. Übernimmt nun die Frau die Einstellung von Hestia , so betrachtet sie unter Umständen das Zusammenlegen der Wäsche als eine günstige Gelegenheit, um ihren Geist zu beruhigen.“
„Mir ist noch immer nicht klar, wie das gemacht wird?“
„Indem die Frau sich jeweils auf nur eine einzige Aufgabe, ein Gebiet oder einen Raum konzentriert. Je nachdem, was in der zur Verfügung stehenden Zeit mit Leichtigkeit erledigt werden kann. Sie muss sich so in die Arbeit vertiefen können, als würde es das Wichtigste auf der Welt sein. Nur so kann das ständige Geschwätz des Verstandes durch eine alles durchdringende innere Ruhe ersetzt werden.“

„Und wenn ich mir diese Zeit für mich nehme, kommt mein Partner und stört mich, die Kinder, das Telefon, die Freundin oder was auch immer. Da ist immer irgend etwas oder jemand, der mich stört.“
„Das stimmt. Nicht nur kleine Kinder reagieren auf diese Weise, wenn die Frau, die in ihrem Leben wichtig ist, sie aus ihrer Aufmerksamkeit ausschaltet, um sich auf ihre eigenen Interessen zu fokussieren. Eine Frau ist darauf getrimmt, beziehungsorientiert zu sein. Sie ist also immer wieder in einem rezeptiven, schwebenden Bewusstsein. Dieser Zustand erlaubt es der Frau, für andere zu sorgen, weil sie wahrnehmen kann, was die anderen brauchen. Gleichzeitig sorgt dieser Zustand dafür, dass sie leicht abzulenken ist. So haben die meisten Frauen Schwierigkeiten, sich auf ihre Arbeit zu konzentrieren.
Wenn sich nun eine Frau auf eine Aufgabe konzentriert, kann es sein, dass der Mann ihres Lebens oder die Kinder unbewusst auf ihre Arbeit reagieren, als ob sie es mit einem Rivalen zu tun hätten, der ihnen die Frau wegnehmen will. Im Grunde genommen reagieren sie auf den Verlust ihrer Aufmerksamkeit, die bis zu jenem Zeitpunkt Bestandteil ihres Zuhauses gewesen ist. Es ist, als wäre ein verborgenes, warmes Licht ausgeschaltet worden und nun vage Ängste und Unsicherheitsgefühle beim Mann oder den Kindern aufsteigen. Sie verschlimmern die Situation, wenn sie ohne ersichtlichen Grund in die Sphäre der Frau eindringen, denn normalerweise reagiert der Mensch, wenn er während des bewussten Fokussierens in irgendeiner Weise gestört wird, mit Gereiztheit. So ist es nicht erstaunlich, dass die Frau verärgert oder wütend reagiert und auf diese Weise dem Gefühl des Partners oder der Kinder noch Nahrung gibt.“

„Einmal mehr ein konfliktträchtiges Verhaltensmuster von uns Menschen." Sophia lacht. „Sobald der Partner den Wechsel seiner Partnerin vom schwebenden zum fokussierten Bewusstsein nicht mehr persönlich nimmt, verschwindet das Verhaltensmuster seiner ungerechtfertigten Unterbrechungen und dem daraus resultierenden Ärger seiner Partnerin, und die Spannung löst sich auf."
„Indem wir Menschen nicht immer alles persönlich nehmen, können wir also viel verändern?"
„Ja, und doch ist die Persönlichkeitsebene sehr wichtig. Es geht immer um dich und dass du dir dessen bewusst bist. Was geschieht bei dir, wenn der andere Mensch etwas macht oder sagt. Wie kannst du damit umgehen? Denke immer daran, niemand ist verantwortlich, was bei dir geschieht. Der andere hat bei dir nur etwas in Bewegung gesetzt und für das kannst du ihm oder ihr dankbar sein. So lernst du wieder etwas mehr über dich kennen."
„Und wann ist eine Beziehung gut?"
„Wenn beide wachsen können. Wenn beide mehr und mehr zu Individuen werden. Wenn für beide das Leben intensiver wird. Wenn beide offener werden. Wenn beide die Schönheit der Existenz mehr wahrnehmen können. Wenn im Herzen mehr Poesie ist, wenn mehr Liebe durch beide hindurch fließt und mehr Mitgefühl. Wenn beide bewusster werden, dann ist die Beziehung gut. Dann ist es keine Ehe – dann ist es Intimität."

Ich schaue sie fragend an und sie holt aus: „Menschen sind wie Medikamente. Je nachdem können sie dich heilen oder umbringen. Wenn du zuviel von etwas nimmst, kann es schädlich sein. Alle Menschen haben einen Effekt aufeinander. Welchen, das bestimmst du selbst."
„So geht es auch in einer Beziehung ums Erkennen. Sodass ich mir bewusst werde, wie ich funktioniere."
„Ja, was für Kisten du dir gezimmert hast."
„Kisten?"
„Kisten sind Verhaltensmuster, Glaubenssätze, einfach Kisten, die du dir selber gezimmert hast oder noch immer baust. Du kannst dich in eine Kiste stekken oder auch andere in eine Kiste sperren."
„Und es gibt kulturelle und persönliche Kisten."
„Genau und um dir diesen Kisten bewusst zu werden, kannst du dich fragen: Wie siehst du dich? Wie definierst du dich? Wie solltest du sein, wenn du ein Mann oder eine Frau bist? Was ist richtig? Was ist falsch?
Manchmal versuchen die Menschen, auch in Kisten herein zu kommen, die gar nicht für sie bestimmt sind."
„Wie das?"
„Du hast gelernt: Fleißig sein ist gut, ärgerlich sein ist schlecht. Nun kannst du dich fragen, ob diese Kiste für dich wirklich stimmt oder ob du sie nur übernommen hast, weil du es so gelernt hast. Denn mit der Zeit wird aus einer Kiste eine Gewohnheit. Und eine Gewohnheit ist schwer zu durchschauen. Was du als Kind gelernt hast, ist in dir verankert und dein Verstand hat es

archiviert. Doch vielleicht ist es ein Verhaltensmuster, das dir gar nicht mehr entspricht. Die Menschen haben Hunderte, gar Tausende solcher Kisten, die es zu entrümpeln gilt."
„Also sind Kisten doof."
„Nein, manchmal sind sie sogar sehr sinnvoll. Kisten entstehen aus einem Grund. Es geht nicht darum, keine Kisten mehr zu haben, sondern zu erkennen, ob sie noch sinnvoll sind oder ob sie dich einengen."
„Kannst du mir ein Beispiel geben?"

„Eine Familie aß bei jedem großen Familienfest einen Truthahn. Bei diesem wurden immer die Flügel und Beine abgeschnitten und separat gekocht. Das war schon immer so. Es war Tradition. Eines Tages kam eine neue junge Frau in die Familie. Einer der Männer brachte sie als seine zukünftige Frau mit. Weil sie neu war und nichts von dieser Tradition wusste, frage sie, wieso die Flügel und Beine beim Truthahn abgeschnitten werden. Die anderen Frauen erklärten ihr, dass man das immer so gemacht habe und das einfach so sei. Die junge Frau konnte das nicht verstehen. Doch indem sie diese Tradition hinterfragte, machte sie sich keine Freunde. Die anderen Familienmitglieder schlossen sie aus und ihr Mann bat sie, doch endlich zu schweigen. Die junge Frau gab jedoch keine Ruhe. Bei einem der nächsten Familienfeste war auch die Ur-Großmutter anwesend. Es ging ihr gesundheitlich wieder so gut, dass sie dabei sein konnte. Weil die junge Frau noch immer wissen wollte, woher diese Tradition stammt, dass dem Truthahn die Flügel und Beine weggeschnitten werden, fragte sie die alte Frau. Diese lachte und erklärte, dass das ganz einfach sei. Damals, als sie zum ersten Mal einen Truthahn kochte, hatte sie keine große Pfanne. Damit der Truthahn Platz in ihrer kleinen Pfanne fand, schnitt sie ihm einfach seine Flügel und Beine ab."
Sophia beendet die Geschichte und schaut mich an. „Na, was denkst du jetzt gerade."
„Dass ich vermehrt hinter Traditionen, Verhaltensmuster und Gewohnheiten blicken will."
„Gut", sagt sie, steht auf und so sitze ich eine Weile allein da.
Meine Gedanken kreisen um Traditionen. Sie sind etwas Wundervolles, doch vielleicht haben auch sie ihre Zeit und sollten hin und wieder hinterfragt werden. Wie alles sind wohl auch Traditionen dem zyklischen Wechselspiel unterworfen, nur dass wir Menschen uns oft daran festhalten, auch, wenn die Zeit dafür schon längst vorbei ist. „An was denkst du gerade", fragt in diesem Augenblick Schechina, die sich neben mich gesetzt hat. „Ich habe gerade an Traditionen gedacht und dass sie doch etwas Wertvolles haben."
„Ja und gleichzeitig auch etwas, das die Menschen festhält. In Indien ist es Tradition, dass eine Witwe nicht mehr heiraten darf. Früher wurde sie sogar zusammen mit ihrem toten Ehemann verbrannt. In China ist es Tradition, die weiblichen Embryos abzutöten, weil männliche Erben bevorzugt werden. In Afrika ist es Tradition, die Mädchen zu beschneiden, weil", ich unterbreche sie: „Ich weiß, doch nicht alle Traditionen sind schlecht."

„Nein, doch was heute Tradition ist, kann morgen die Blockierung des Lebensflusses sein. Im alten China beispielsweise bedeutete die Sitte, wonach den Frauen die Füße eingebunden wurden, dass die Frauen sowohl physisch verkrüppelt als auch psychologisch durch Rollen behindert wurden. So wurde die Unabhängigkeit nicht zugelassen. Lange Zeit kamen nur in Märchen, Mythen und Träumen die Heldinnen vor, sonst nicht. Das Leben der Frauen ist geprägt von in einer bestimmten Epoche anerkannten Rolle und Idealvorstellung. Was und wie eine Frau sein soll, kann sich verändern. Mal befand die Gesellschaft es als gut, nur Mutter und Ehefrau zu sein. So litten die Frauen, welche sich auf intellektuellem Gebiet weiter entwickeln wollten. Dann gab es Phasen, wo die Frauenbefreiungsbewegung stark war und eine Frau nur Beachtung fand, wenn sie beruflich Karriere machte. Frauen, die lieber nur Mutter und Ehefrau sein wollten, konnten kaum noch mit der Unterstützung der Gesellschaft rechnen. Findest du das gut?"
„Nein, natürlich nicht, doch ganz ohne Tradition kann das Leben nicht stattfinden."
„Solange du dir als Mensch bewusst bist, was diese Tradition beinhaltet, ist sicher nichts dagegen einzuwenden. Doch wenn du etwas nur tust, weil es eben Tradition ist, dann entfernst du dich von dir selbst."
„Also, auch da Augen auf und genau hinschauen."

Und dann kommt mir in den Sinn: „Wie bei den Worten."
„Ja, es ist immer dasselbe. Indem du genau hinsiehst, hinhörst, erblickst du deine Wahrheit und kannst beginnen, sie zu verändern. Das Leben zeigt dir Bilder, die dich bilden. Sie machen dir bewusst, was ist."
„Kommt daher das Wort Bildung?" Sie nickt. „Du findest Bilder in Märchen, der Bibel, im Koran, überall sind es Bilder, die dich bilden. Bilder sind die älteste Art, den Menschen Wissen zu vermitteln."
„Die bildliche Darstellung, die unsere Sinne berührt, die nicht nur über den Kopf, den Verstand stattfindet."
In meinem Kopf reiht sich Gedanke an Gedanke: ein Suchender, darin ist das Wort suchen, Sucht. Also hat auch die Suchtthematik etwas mit Suchen zu tun. Wenn ich das, was ich suche, finde, kann die Sucht beendet werden. Ich werde betrieben, also treibt mich etwas zum Handeln. So zeigen mir die Worte die Richtung, in der ich mich bewegen muss, um in meinem Lebensfluss zu bleiben, besser: um zu wachsen. War es das, was mich Laskhmi gelehrt hat? Habe ich es jetzt verstanden?
„Sobald du etwas verstanden hast, kannst du damit arbeiten und es für dich anwenden."
„Wie das?", frage ich Schechina. „Indem du die mentale Kraft für dich einsetzt."
Sie lehnt sich zurück, schließt die Augen und als sie diese wieder öffnet, lächelt sie und sagt: „Es war einmal ein Mensch. Er fuhr in einem Zug und weil ihm langweilig war, spazierte er von einem Abteil ins nächste. So landete er

schlussendlich im Tiefkühlwagon. Dumm war, das in diesem Moment die Türen geschlossen wurden und er eingesperrt war. Er wusste genau, wo er sich befand. Er begann zu frieren, zu zittern und am nächsten Tag wurde er erfroren im Wagen aufgefunden. Das Komische an der Geschichte ist, dass der Tiefkühler gar nicht eingestellt war.“ Sie macht eine Pause, lacht und bemerkt: „Ein Mensch mehr, welcher durch seine Einbildung gestorben ist.“
„Und du denkst, das ist so?“, frage ich erstaunt.

„Diese Geschichte ist wahr, sie hat sich ereignet, also denke ich nicht, sondern ich weiß. Du als Mensch bist fähig, dir alles einzubilden. Leider machst du dies oft im Negativen, genau so gut kannst du es im Positiven machen.“
„Aha.“ Etwas zweifelnd schaue ich sie an. Sie lacht. „Nimm den Zustand von Verliebtheit. Das gibt dir ein Hochgefühl. Du bist liebevoll, freudig und alles ist gut. Also ist auch die Welt gut. Wenn du dich selber liebst, hast du immer dieses Gefühl. In der Liebe bist du schön. Du fühlst dich geliebt, anerkannt, gefunden – das kannst du dir selber geben, indem du liebst.“
„Ja, ich habe verstanden. Doch“, da unterbricht sie mich. „Höre auf die Bescheidene zu spielen, mache es.“
„Ganz nach dem Motto: Bescheidenheit ist eine Zier, doch ohne ihr lebt sich viel besser hier.“
„Nein, denn Bescheidenheit ist erst angebracht, wenn du etwas so gut kannst, dass du bescheiden sein kannst. Vorher nicht.“
„Dann komme ich wohl nie in den Genuss, bescheiden zu sein“, antworte ich lachend.
„Das Beste zu geben heißt nicht, die Beste zu sein. Es kommt darauf an, wer es anschaut. Wichtig ist, dass es aus dem Herzen kommt. Sei also nicht zu bescheiden.“ Als sie mich schweigend ansieht, ist es still im Innenhof und ich komme ins Grübeln: „Wenn ich mir als Mensch alles einbilden kann und dies mit der Zeit zur Realität wird, kann ich also meine Zukunft bestimmen.“
„Natürlich.“
„Das heißt ich bin Schöpferin meines Lebens.“
„Ja. Denn alles, was du denkst, bewusst oder unbewusst, wird mit der Zeit zur Realität. Sei deshalb achtsam mit deinen Gedanken.“

In diesem Moment betritt Sophia den Innenhof, schaut Schechina fragend an und sie antwortet: „Nein, ich habe ihr noch nichts gesagt.“
„Was gesagt?“, frage ich erstaunt.
„Dass es nun Zeit ist für deine Weiterreise“, erklärt Sophia. „Und wohin geht es dieses Mal?“ Da lachen beide Göttinnen und Schechina meint: „Sie ist immer noch so neugierig wie zu Beginn. Lasse dich überraschen.“
Sophia macht mir ein Zeichen und deutet mir, ihr zu folgen. Ich umarme Schechina und folge Sophia. Nachdem ich Jeans, Pullover und Wanderschuhe angezogen habe, drückt sie mir einen Rucksack in die Hand mit den Worten: „Ich hoffe, du bist gut zu Fuß.“

Erstaunt folge ich ihr in die Nacht hinein und frage mich, wieso ich nun zu Fuß zur nächsten Göttin gelangen soll, wenn es doch auch ganz anders gehen würde. Da dreht sich Sophia um und erklärt mit scharfer Stimme: „Es gibt keinen Grund, wieso du nicht zu Fuß zu ihr gelangen solltest", wendet sich wieder und ich folge ihr ohne Widerspruch.

Obwohl sie viel älter ist als ich, habe ich Mühe, ihr zu folgen. Wie ein junges Mädchen hüpft sie über Steine, Felsen, Gräser und Pflanzen. So erstaunt es mich nicht, dass ich einen Fehltritt mache. Kurz ist mir schwindlig vom Schmerz, doch ich raffe mich auf, und versuche humpelnd, mit Sophia Schritt zu halten. Als sie mich auf sich zu hinken sieht, zieht sie fragend die Augenbrauen in die Höhe: „Wieso hast du nichts gesagt?"
„Weil ich dich nicht damit belästigen wollte. Es geht ja."
„So, es geht. Setz dich hin." Sie legt ihr Hände um meinen Fuß, summt in einer mir unbekannten Sprache ein Lied und ich spüre, wie mein Fuß warm, fast heiß wird. Mit geschlossenen Augen höre ich ihr zu und gleichzeitig spüre ich die Wärme, die sich langsam in meinem Körper ausbreitet. Als sie meinen Fuß nach einiger Zeit loslässt, öffne ich erschreckt meine Augen. Sie lacht über meinen Gesichtsausdruck und sagt: „Du bist noch immer ein kleines, verängstigtes Kind. Wann wirst du wohl erwachsen?"
Ich hebe meine Schultern wie zum Zeichen, dass auch ich die Antwort nicht kenne und gleichzeitig kommt mir eine passende Antwort in den Sinn: „Ich bin auf dem Weg zu wachsen, also werde ich wohl auch mal erwachsen sein."

Lachend öffnet sie ihren Rucksack und packt aus. Ich mache es ihr nach und so kommen wir in den Genuss eines ausgiebigen Mahls. Nach dem Essen legt sie sich zurück, schaut lange in den Sternenhimmel und plötzlich mich an.
„Wenn du in einer Partnerschaft lebst, denke daran, dass immer beide alles geben sollten, dasselbe gilt auch in einer Freundschaft."
„Wie das?"
„Oft ist es so, dass eine Person Fürsorge, Zeit und Aufmerksamkeit gibt. Die andere übernimmt dafür den Part der Versorgung. Das geht auf die Dauer nicht gut, weil eine der Seiten meint, wichtigere Anteile zu geben als die andere. Hinzu kommt, dass beide Seiten nicht aufhören wollen mit ihrem Part, weil über das Geben Selbstbestätigung eingeholt wird."
„So im Stil: ich bin ein guter Mensch. Ich bin wichtig. Ich werde gebraucht."
„Ja und irgendwann will eine Seite Macht und steigt aus dem System Geben und Nehmen aus, das auf Gleichheit beruht und verlangt Dankbarkeit und Unterordnung. Das System, das freiwillig und mit Liebe so gut funktionierte, gerät aus dem Gleichgewicht."
"Und so haben Hingabe und Fürsorge heute den Geschmack von Abhängigkeit bekommen."
„Ja, wenn das eigene Wohl weniger wert ist als das eines anderen Menschen, wenn an einer kranken Beziehung festgehalten wird, obwohl sie die

Beteiligten krank macht. Dann sind oft zwei Bedürftige zusammen. Einer ist süchtig nach Anerkennung, Geld, neuen Kicks oder was auch immer, der andere ist süchtig nach dem Partner."
„Doch es geht doch gar nicht ohne Fürsorge, wenn die Kinder klein sind, jemand krank ist, bedürftig ist."
"Nein, doch es ist eine andere Fürsorge, wenn sie aus dem Herzen kommt, ohne den anderen daran zu messen. Indem du deine Mitmenschen in ihrer Wahrnehmung ernst nimmst, kannst du auch dir selber treu bleiben."
„Mache ich das nicht?"
„Nein."
„Nein?"
„Ich gebe dir ein Beispiel für das, was ich meine. Ein Kind fällt um. Es beginnt zu weinen. Weil du das Kind trösten willst, sagst du ihm, dass es doch gar nicht schlimm ist und nicht weh tut. Indem du das sagst, erklärst du ihm, dass seine Wahrnehmung nicht stimmt."
„Und das machen die meisten Eltern."
„Ja. Sie sagen dem Kind, was man tut, was alle anderen gut finden, wie es sein soll. Sie vergessen, das Kind als Ganzes zu sehen. Doch einem Kaktus kannst du nie beibringen, wie eine Rose zu blühen und ein Löwe kann nie so gut blöken wie ein Schaf."
„Du sprichst für mich in Rätseln."
„Eine trächtige Löwin hatte großen Durst. Sie fand kein Wasser und wurde immer schwächer. Schon ganz schwach auf ihren Beinen sah sie eine Ziegenherde. Sie ging darauf zu und wollte eine Ziege jagen, doch sie war zu schwach. Da legte sie sich hin, gebar ein kleines Löwenkind und starb. Das kleine Löwenkind wurde von den Ziegen aufgezogen. Es wuchs auf wie die anderen kleinen Ziegen. Es hüpfte herum und meckerte – zwar nicht genauso gut wie die anderen, doch es gab sich große Mühe. Eines Tages kam ein großer Löwe vorbei. Er traute seinen Augen nicht, als er den kleinen Löwen bei den Ziegen sah. Ein Löwe, der Gras fraß. Er schleppte den kleinen Löwen und eine Ziege zum Bach und zeigte dem kleinen Löwen, was ein Löwe mit einer Ziege macht. Er tötet sie. Er gab dem kleinen Löwen ein Stück Ziegenfleisch. Dieser würgte das Fleisch mit viel Mühe hinunter. Auch lernte ihn der große Löwe das Brüllen. Zu Beginn hatte der kleine Löwe Schwierigkeiten damit, doch mit der Zeit fand er Gefallen daran. Er begann zu jagen und brüllte mit dem großen Löwen um die Wette."
„Genau wie bei uns Menschen. Was sind wir? Was wir lernten oder das, was wir wirklich sind? Wenn ich nun ein Löwe und bei Ziegen aufgewachsen bin, heißt es nicht, dass Gras fressen gesund für mich ist."
„So ist es."
„Die Eltern wollen doch nur das Beste für ihr Kind."
„Und können auch übervorsichtig sein oder einfach Angst haben, dass das Kind nicht ihren eigenen Normen entspricht."
„Wenn ich nun eine übervorsichtige Mutter bin?"

„Dann rate ich dir, damit deinem Kind wirklich nichts passiert: Sperre es ein. Halte es im Haus gefangen. Sage ihm, es kann das Haus nicht verlassen, bis es erwachsen ist. Sage ihm, dass Freunde und Tiere ihm nur weh tun werden.“ Sie macht bei diesen Worten ein so ernstes Gesicht, dass ich lachen muss. Sophia lacht nicht mit, sondern erklärt mir mit bedeutungsvollem Gesicht: „Lache nicht. Genau das passiert in vielen Familien. Sie sperren sich gegenseitig ein, damit dem anderen nichts passiert.“
„Das ist eben Liebe“, erwidere ich.
„Nein, Liebe ist etwas anderes, etwas, das sie dir erklären wird.“
„Und wer ist sie?“
„Sie ist es. Aus dem Nichts gebar sich das Licht. Aus dem Licht die erste große Seele. Sie, diese riesige Weltenseele, war und ist immer noch, alles was ist. Aus ihr gebar sich das ganze Universum. Diese erste große Seele nennen wir ES, die, oder eben das Mutter der Welt. ES, das Göttliche der Mutter der Welt, ist weder männlich noch weiblich und sowohl als auch. Sie, die große Weltenseele, gebar ihren ersten Sohn, die Form, und machte ihn zu ihrem Gemahl und damit zum Schöpfer des Universums. Er wurde zum Himmelsvater.
Der rein männliche Aspekt des Göttlichen steht für Dunkelheit. Darum war das patriarchalische Zeitalter auch das dunkle Zeitalter der unzähligen Kriege, besonders der Religionskriege.
Der männliche Aspekt steht auch für Materie, Kraft, Erbauen, Durchsetzung, sexuelle Enthaltsamkeit, Sicherheit, Erbauen und Zerstören, Besitz, Reichtum, Gesetz, Karma und Religionsglaube.“
“Du hast zu glauben“, entfährt es mir und sie nickt. „Der rein weibliche Aspekt steht für: Licht, Liebe, Seele, Mitgefühl, Barmherzigkeit, Weichheit, Nachgiebigkeit, Demut, selbstlosen Einsatz für die Not der Welt, Befreiung und Erlösung vom Karma.“
„Also nicht glauben, sondern erfahren.“
Lächelnd fährt sie fort: „Der weibliche Aspekt steht auch für Erleuchtung, Psyche, Weisheit, Schutz, Trost, Heilung, Kundalini, Mond, Lilith, Inspiration, Intuition, geniale Eingebungen, Freude, Jubel, Humor, Tantra, Familie, Würde und für das Leben selbst.
Zusammen, der weibliche und männliche Aspekt des Göttlichen steht für Ethik, Glück und Glückseligkeit.
Immer, wenn das Lichtzeitalter auf Erden war, so auch in Atlantis oder zur Hochblüte Ägyptens, beteten die Menschen zur Mutter der Welt. Im alten Matriarchat war Gott nur weiblich im Patriarchat nur männlich. Im neuen Zeitalter, auf das wir zugehen, offenbart sich ES, das Göttliche, als die androgyne Göttin des Lichts, Mutter der Welt.“
„Und was ist ihre Botschaft?“
„Ehrt würdigt und heiligt alles was lebt. Feiert das Leben. Helft wo ihr helfen könnt. Erkennt euch als eine Seele. Lebt Mitgefühl und Barmherzigkeit. Befreit die Frauen von der Erniedrigung und Entwürdigung sowie von der

Zwangsheirat. Befreit die Kinder aus der Zwangsprostitution. Transformiert eure Seele ins Lichtbewusstsein. Transformiert eure engen festgefahrenen Beziehungen zu freilassenden Partnerschaften. Heiligt eure Sexualität. Lebt die ethischen Gesetze Gottes und genießt die Köstlichkeit des göttlichen Humors."
„Sie ist also eine Lichtgöttin."
„Sie zeigt dir die Vielfalt mannigfaltiger Aspekte ihres großen Lichtweges. Da sie die Lichtgöttin und Göttin der Psyche ist, gehören alle neuen spirituellen Lichtwege und alle neuen Wege der Psychologien zu ihrem großen Lichtweg. Da sie die Lichtgöttin ist, die über alle Grenzen der Religionen hinausführt, gehören die besten Essenzen vom Schamanismus, Buddhismus, Hinduismus, so wie auch der Gnadensaspekt des Christus und seiner bedingungslosen All-Liebe zu ihrem Lichtweg zurück nach Hause."
„Steht sie für die Erleuchtung?"
„Sie führt dich und deinen Geist zum lachenden Erwachen über deine Psyche, deine Dramen in den Partnerschaften und der Dualität. Auf höchster Ebene führt sie dich zur absoluten Leere des Geistes."
Als sie aufhört zu sprechen, schaut sie mich lange an und beginnt einzupakken. „Packe deine Sachen nun ein. Du hast noch einen langen Weg vor dir."
„Kommst du nicht mit?"
„Nein, du wirst die Reise ab jetzt allein gehen." Sie zeigt mir noch, auf was ich achten muss, nimmt mich noch einmal fest in die Arme und ich sehe ihr nach, wie sie nach unten geht.

Unschlüssig stehe ich da. Will ich überhaupt diese ES aufsuchen? Bin ich bereit, dieser Göttin zu begegnen? Ich weiß es nicht und so setze ich mich wieder hin, mache es mir bequem und schlafe kurze Zeit später ein.

12. Es werde Licht!

Kaum eingeschlafen, weckt mich ein helles Licht. Ich bin erstaunt, denn als ich die Augen öffne, liege ich nicht, sondern stehe vor einem kleinen Holzhaus. Wie durch Magie strecke ich meine Hand aus und öffne die Türe.

Da sitzt sie. Sie hat eine gütige, weise Ausstrahlung, wie sie so vor dem Kamin sitzt. Ich betrete den Raum und auf einmal strömen mir unkontrollierbare Tränen der Glückseligkeit über die Wangen. Wellenartig fließt eine gigantische Liebeskraft durch mich hindurch; mir ist, als würde mein ganzes Wesen darin zerschmelzen. Sie ist nicht ein Anblick, sondern eine Offenbarung. Ich sehe ein so mächtiges Licht, dass ich glaube, die Sonne selbst sei hier im Raum. Dieses Licht ist von so unermesslicher Schönheit, von so durchdringender Sanftheit und Intensität, dass es mit Menschenwerten nicht zu beschreiben ist. Das Gesicht dieser Göttin ist ein strahlender Frieden und eine milde Morgenröte. Ihr ganzes Wesen atmet Erhabenheit ein und aus. Ein unvorstellbarer Eindruck von Heiligkeit geht von ihr aus. Ich ertrage ihren Blick nicht lange. Die Lichtkraft, die aus ihren Augen strahlt, ist so entblößend und entwaffnend, dass ich nicht mehr weiß, wohin ich schauen soll. Wie benommen stehe ich da und bringe kein einziges Wort heraus.
„Setz dich" vernehme ich da ihre warme Stimme. Etwas unbeholfen nehme ich Platz. „Du bist schön", höre ich sie sagen. „Ich sehe in deinen Augen eine unergründliche Tiefe von gewaltiger Schönheit. Ich spüre in meinem Herzen einen Rhythmus, der in Harmonie mit dem Universum ist und freue mich, dass du da bist."
Mit weit aufgerissenen Augen sitze ich da und starre sie einfach an. Ich höre ihre Worte und gleichzeitig habe ich den Eindruck, gar nicht hier zu sein. Meint sie wirklich mich? Ich spüre eine Angst in mir aufsteigen. Was will sie von mir?
„Du schaust erstaunt und ein wenig ängstlich. Hast du Angst vor der Liebe?"
Ich schaue auf den Boden. Ja, sie macht mir Angst und gleichzeitig spüre ich eine tiefe Sehnsucht in mir. Was ist nur los mit mir? Da höre ich wieder ihre Stimme: „Wenn Liebe auf dich zukommt, fühlst du dich nicht gut genug, sie zu empfangen. Das ist verständlich. Du hast dich selbst nie bedingungslos geliebt. Du hast dich noch nicht so akzeptiert, wie du wirklich bist. Wie kannst du da imstande sein, von jemand anderem Liebe zu empfangen? Du weist die Liebe zurück. Um die Liebe zurückweisen zu können, suchst und findest du Entschuldigungen. Du kannst nicht glauben, dass jemand dich einfach liebt. Solange du dich selbst nicht lieben kannst, solange du dich selbst nicht gesehen hast - in deiner Schönheit, in deiner Anmut, deiner Größe - wie kannst du mir dann glauben? Du bist daran gewöhnt, dass du kritisiert wirst, dass du beschuldigt wirst, dass du bestraft wirst. Du bist es auch gewohnt, zurückgewiesen zu werden. Du bist daran gewöhnt, dass du so, wie du bist, nicht akzeptiert wirst - diese Dinge kannst du leicht annehmen.

Ich bin die Liebe und die Liebe wird eine gewaltige Auswirkung auf dich haben, denn du wirst durch eine große Umwandlung gehen, bevor du sie ganz empfangen kannst."
„Du bist die Liebe?" Sie nickt und ich fühle mich irgendwie ausgeliefert und gleichzeitig überfordert. Was, wenn das wahr ist? Habe ich überhaupt ein Recht hier zu sein, hier im Raum der Liebe?
„Es gibt keinen Grund, Schuldgefühle zu haben", sagt sie in diesem Augenblick.
„Ich habe keine Schuldgefühle", wage ich zu erwidern.
„Schön, dann bist du die große Ausnahme, denn die Menschen fühlen sich immer wieder schuldig."
„Alle Menschen?"
„Die meisten, sie haben es wie du eingeimpft bekommen. Christen und andere Religionen haben die Sündenlehre in eure Köpfe gesetzt."
„Du meinst den Sündenfall im Paradies?"
Sie lacht. Es ist ein mildes, sanftes, berührendes Lachen. „Du denkst an Adam und Eva. Sie wurden aus dem Paradies vertrieben, weil sie die verbotene Frucht gegessen haben. Sie hatten völlig Recht, diesem Gott nicht zu gehorchen. Wenn jemand eine Sünde beging, dann war es dieser Gott, der seinen eigenen Kindern verbot, die Frucht der Weisheit und des ewigen Lebens zu essen. Was ist das für ein Vater, der so etwas verbietet? Was ist das für eine Liebe?"
Ich schaue sie erschrocken an, was mir einen belustigten Blick einbringt. „Ein liebender Gott hätte Adam und Eva eingeladen, von diesen Früchten zu essen, damit sie ihm gleich kommen. Das ist das Naheliegende für jemanden, der liebt. Doch anscheinend wollte er seine Kinder unwissend halten. Er wollte, dass sie ihm unterlegen sind. Doch das ist nicht Liebe, das ist Sünde."

Ich hole erschrocken Luft. Ich bin zwar nicht sehr gläubig und doch rühren ihre Worte etwas in mir, das mir den Atem nimmt. Sie fährt jedoch ungeniert fort. „Die Religionen haben den Juden, Christen und Mohammedanern beigebracht, dass sie noch immer an der Sünde tragen, die Adam und Eva begangen haben. Das ist die westliche Art, dich zu verdammen. Somit bist du immer und ewig eine Sünderin."
„Und als Sünderin bin ich es nicht wert, geliebt zu werden. Das Leben wird zum Kampf und ich muss mein Leben so gestalten, dass ich wenigstens im Tod wieder zurück ins Paradies finde."
„Gut aufgepasst, kleine Schwester. Das Patriarchat hat gute Arbeit geleistet und die Mehrheit der Menschen glaubt bewusst oder unbewusst daran. Der Osten kommt übrigens zum gleichen Schluss, doch mit einer anderen Begründung. Sie sagen, jeder trägt die Last vieler sündiger und schlechter Taten, die er in Millionen von früheren Leben begangen hat. Im Vergleich dazu trägt ein Christ, Jude oder Mohammedaner eine viel kleinere Last. Du bist nur mit der Sünde beladen, die Adam und Eva begangen haben, und diese sollte

inzwischen sehr stark verdünnt sein - nach all diesen Jahrhunderten. Das östliche Konzept ist da viel gefährlicher. Da trägst du nicht die Sünde eines anderen. Was sowieso nicht geht. Du kannst nicht für etwas verantwortlich gemacht werden, was ein anderer getan hat."
„Das wäre, als wenn mein Vater ein Verbrechen begangen hat, und ich dafür ins Gefängnis muss, weil er mein Vater ist."
„Genau. Selbst der ganz normale, gesunde Menschenverstand wird dir sagen, dass dem nicht so ist. Wenn dein Vater ein Verbrechen begangen hat, muss er dafür leiden und nicht du. Beim östlichen Konzept sind es deine eigenen Sünden, die du trägst. Mit jedem Leben wird es mehr. Da trägst du eine große, eine erdrückende Last. Doch die Strategie ist gut. Sie reduziert dich zu einem Untermenschen. Und so ist es schwer, sich selbst zu lieben. Und wenn du dich nicht liebst, wie kann dich dann sonst jemand lieben? Du ziehst dich zurück, bevor es überhaupt beginnt. Um der Zurückweisung zu entgehen, ist es besser, die wahre Liebe zurückzuweisen. Das ist einer der Gründe, warum die Menschen Liebe nicht akzeptieren. Liebe bedeutet Intimität. Menschen kommen sich näher, körperlich und seelisch. Doch deine unterschwellige Angst, eine Sünderin zu sein, hindert dich, bereit zu sein für die wahre Liebe. Weil du dich als Sünderin dessen nicht würdig befindest. Also weist du sie lieber zurück. Angst und Schuld sind die großen Feinde des Menschen. Doch die größte Opponate der Liebe sind Gleichgültigkeit und Ignoranz."
„Also ist die Sünde nur eine Erfindung der Menschen. Und wie steht es mit der Wiedergeburt?"
„Deine Vorfahren glaubten an eine Wiedergeburt. Analog der Natur und dem Vegetationszyklus, die Saat stirbt, um als Frucht wieder aufzustehen, war es für sie klar. Auch die Sonne machte es ihnen vor. Jeden Tag wurde die Sonne neu geboren, um am Abend im Westen wieder zu sterben. Selbst im frühen Christentum war diese Vorstellung noch verbreitet und wurde erst Jahrhunderte später amtskirchlich verboten. Jenseitsvorstellungen, wie du sie heute kennst, tauchen erst sehr spät in der Menschheitsgeschichte auf. Sie sind eng verbunden mit der Sklavenhalter-Gesellschaft des Patriarchats."
„Was hat das mit der Sklavenhaltung zu tun?"

„Mit dem Aufstieg Roms und seinen zahlreichen Raub- und Eroberungszügen verschärften sich zunehmend die sozialen Widersprüche der Gesellschaft. Sie beruhte auf der Ausbeutung fremder Länder und der Aneignung der Arbeitskraft von Menschen dieser Länder, den Sklaven. Die Klassengesellschaft zeigte politische und ökonomische Macht auf der einen, soziale Ohnmacht und Unterdrückung auf der anderen Seite.
Die zunehmende Verelendung breiter Schichten der freien Bevölkerung begünstigte das Entstehen und die Verbreitung von Heilslehren, Offenbarungsgeschichten, Zukunftsprophezeiungen und Mysterienkulte. Da der Großteil der Bevölkerung von einer politischen Mitgestaltung des Gemein-

wesens ausgeschlossen war, wurde er von der Ohnmacht im Diesseits auf eine soziale Utopie im Jenseits verwiesen, in der die sozialen Unterschiede aufgehoben sind und jeder gleichgestellt ist."
„Aha. Heute sind wir fast wieder an diesem Punkt. Wir haben eine Zweiklassengesellschaft. Vielleicht ist deshalb die Sehnsucht groß nach etwas Anderem, etwas Besserem?"
„Ja, die Welt ist an einen Punkt angelangt, wo eine Veränderung von Nöten ist. Es geht ums Erwachen und sich der eigenen Verantwortlichkeit bewusst zu werden, wenn die Welt und ihre Bewohner weiter leben wollen. Das Patriarchat transzendierte das Paradies als eine wiederherstellbare Utopie ins Jenseits, in der die Entfremdung aufgehoben ist. Doch das Paradies ist nicht im Jenseits zu finden, sondern im Hier und Jetzt."

Ich schaue sie ungläubig an. Die Welt soll ein Paradies sein? Sie sieht meinen misstrauischen Blick und erklärt: „Unter dem Einfluss des Orients im Hellenismus entstandenen antike Erlösungs- und Mysterienreligionen, die den Menschen für tapfer erduldete Mühen und Plagen im Diesseits den gerechten Lohn im Jenseits in Aussicht stellten. Diese fanden rasche Verbreitung und wurden zu Weltreligionen."
„Im Christentum ist das Jesus."
„Ja. Doch bereits im zweiten Jahrhundert vor Christus triffst du im Herrschaftsbereich des Römischen Reiches auf die Vorstellungen einer sozialen Utopie, in der die Sonne oder der Sonnengott als Erlöser von der sozialen Knechtschaft auftritt.

Im Zentrum der Verehrung aller Mysterienreligionen stehen Erlösungsgötter - Gottessöhne, die im Auftrag eines göttlichen Vaters die Schuld der Welt auf sich nehmen und durch ihren Opfertod die Auferstehung aller ermöglichen."
Mir kommen Namen von Helden in den Sinn wie Adonis, Attis, Asklepios, Dionysos, Herakles, Horus, Mithras, Marduk, Osiris, Serapis, Silvanus......
„Und viele andere", fügt sie lachend hinzu. „Die Liste ist unendlich und ein paar davon wurden gekreuzigt."
„Dionysos, Prometheus und Christus. Hat es mit dem Kreuz eine besondere Bewandnis?"
„Das Kreuz ist ein Folterinstrument. Mit dem Kreuz nimmst du das Leiden an. Es steht für das Leidvollste, die Hilflosigkeit und die Ohnmacht. Das lateinische Kreuz mit dem langen unteren Balken, das die Römer als Folterinstrument erfunden hatten, ist leidvoll. Schon der Name dieses zentralen christlichen Symbols spiegelt Gewalt wider. Das Wort Kreuz leitet sich vom lateinischen cruciare ab, was nichts anderes als quälen oder foltern bedeutet. Doch dahinter versteckt sich etwas anderes. Ein Kreuz mit gleich langen Balken, das friedliche Symbol der Heiligkeit, des Göttlichen. Es geht um die Hingabe an das, was ist."
„Ein Kreuz in dieser Form eignet sich nicht für Kreuzigungszwecke, also wurde es verändert. Wie so vieles", füge ich seufzend hinzu.

„Die Ausgeglichenheit der senkrechten und waagrechten Komponenten bezeichnen das natürliche Einssein von männlich und weiblich.“
Ich lasse ihre Worte auf mich wirken und frage dann: „Diese Gottmenschen haben nicht nur das Kreuz als Gemeinsamkeit. Sie sind doch auch alle auferstanden?“
„Osiris feierte seine Auferstehung am dritten Tag, Attis nach vier Tagen. Der Gottmensch Asklepios erweckte Tote. Herakles gilt wie alle anderen als Weltheiland und Erlöser. Seine Anhänger lehnten allerdings eine geschenkte Erlösung ab. Denn nur in der Nachahmung seiner Mühen und Plagen könne sich der Mensch selbst erlösen.“
„Der Mensch muss sich also opfern, um erlöst zu werden.“
„Die uralte Idee des Opfers ist immer der Ausdruck der jeweiligen sozialen Bedürfnisse und erfüllt so eine wichtige religiöse und gesellschaftliche Funktion. Im Matriarchat ist die Opferung des Sonnenheros ein kultisches Symbol für das ewige Werden und Sterben aller biologischen und kosmischen Vorgänge.
Kollektive masochistische Schuldgefühle und Reinheitsbedürfnisse führten im Patriarchat zum Menschenopfer. Ein übermächtiger, strafender Gott verlangt von seinem Volk, das ihm auf Gedeih und Verderb ausgeliefert ist, das Blut und Leben eines seiner Kinder.“
„Ja, so steht in der Bibel, dass Abraham seinen Sohn Isaak opfern soll. Er gehorcht, doch Gott hindert ihn daran, weil es nur um die Unterwerfung ging.“
„Noch heute findest du Glaubensvorstellungen, in denen der Geopferte das allergrößte Ansehen genießt.“
„Daran glauben auch die Selbstmordattentäter.“
Sie nickt. „Es war und ist eine große Ehre, für Gott getötet zu werden. Noch immer wird reichlich Gebrauch davon gemacht. Neben der demonstrierten Macht und Autorität des Gottes und seiner Priester brachte dieses Ritual dem Volk Segen, Zuversicht und - wenn ausreichend Blut über den Altar geflossen war - auch Kriegsglück, wurde gesagt. Dem in einer feierlichen Zeremonie rituell Getöteten winkte die sichere Auferstehung in einem paradiesischen Jenseits.“
„Und so machen sich die Menschen andere Menschen gefügig. Doch im Christentum ist das nicht mehr so.“
„Mit dem gesteigerten Erlösungsbedürfnis der Menschen setzte sich schließlich in den Mysterienreligionen die Vorstellung durch, dass ein inzwischen großzügiger Gott, in dessen Schuld die Menschen stehen, seinen eigenen, Mensch gewordenen Sohn zur Befreiung und Erlösung der in Sünde verstrickten Menschheit opfert und so ein sichtbares Zeichen seiner Größe und Allmacht setzt.“

„Wie kommt es überhaupt, dass das Christentum so viele Anhänger hat?“
„Es siegte aufgrund der außerordentlichen Assimilationskraft, indem es sich die Kräfte seiner Rivalen aneignete. Es verschlang syrische, ägyptische,

kleinasiatische und hellenistische Götter und Göttinnen, es machte ihre Kräfte zu einer eigenen Kraft."

„Also gab es Jesus Christus gar nicht?"

„Ob es ihn gab oder nicht spielt keine Rolle. Wichtig ist, dass du begreifst, was die Geschichte dir sagen will. Die herrschenden Ansichten sind das Ergebnis einer jahrhundertelangen Machtpolitik, die den Andersdenkenden keine Chance ließ und sie oft nicht nur kulturell, sondern sogar physisch vernichtete.

Wenn du dir die Geschichten Jesus ansiehst, kannst du feststellen, dass er auf der Seite der politisch machtlosen und ökonomisch verarmten Bevölkerung stand. Die Auseinandersetzung mit den etablierten Schichten, deren Scheinheiligkeit, Selbstgerechtigkeit und einseitig zu ihren Gunsten gehende Schriftauslegung hat er angeprangert. Sein Scheitern ist das Scheitern eines Sozialrevolutionärs an den übermächtigen Institutionen, welche die Vormacht der Etablierten sichern und die Ausbeutung der Unterdrückten in einer Sklavenhaltergesellschaft legitimieren.

Die jüdische Bevölkerung musste damals gleich zweimal Steuern zahlen: an den Tempel in Jerusalem und an die römische Besatzungsmacht. Jesus kämpft gegen die soziale Ungerechtigkeit und somit für eine gerechtere Gesellschaft. Und er bewegt damit die Massen! Das Heiligste in Jerusalem, der Tempel und seine Verwalter, fühlen sich ernsthaft bedroht. Als die Situation zu eskalieren droht, verkündet Jesus die Feindesliebe. Die Gewalt, wie sie die Zeloten vertreten, ist für ihn nicht die Lösung. Viele seiner Anhänger beginnen zu zweifeln und verleugnen ihn.

Er war ein Kämpfer. Der Wert seiner Lehre liegt in der Praxis, in einer Ethik der sozialen Tat und persönlichen Verantwortung, in der Nächstenliebe, die zum Menschen führt und nicht gegen ihn gerichtet ist. Das Leben dieses bemerkenswerten Menschen hatte eindeutig auch eine politische Dimension, obwohl gerade dies heute von den etablierten Erbverwaltern und Bewahrern seines Vermächtnisses vielfach geleugnet wird.

Nicht die Juden haben Jesus den Prozess gemacht, wie jahrhundertelang behauptet wurde. Liquidiert hat ihn das sich bedroht fühlende System, welches schon im Jahre vier vor Christus zweitausend aufständische Zeloten kreuzigte!

Jesus wollte mit seinen Wertvorstellungen schon damals das patriarchale Denken sprengen und eine Rückkehr zur mutterrechtlichen Geborgenheit aufzeigen. Eine Rückkehr zur Liebe."

„Also gibt es keinen strafenden Gott, sondern vielmehr unbegrenzte Liebe."

„Wenn es einen strafenden Gott gäbe, hätte er dann einen Sohn geschickt, der Liebe verkündet hat? In der Liebe gibt es keine Strafe. Da Gott die Liebe selbst ist, kann er also kein strafender Gott sein. Jesus zeigt, dass Liebe die stärkste Macht aller Welten ist. Seine Liebe zeigt sich im Umgang mit allen Menschen, und besonders mit den gesellschaftlich Verachteten: Zöllnern,

Aussätzigen, Ehebrecherinnen, unreinen Frauen. Er spricht Frauen an, obwohl, oder weil es der Moralvorstellung der jüdischen Gesellschaft widerspricht. Er heilt Prostituierte. Er heilt von Dämonen Besessene. Er nimmt sich deren an, die ganz unten sind, verachtet und ihrer Würde beraubt, die sich nicht einmal trauen, vor ihn zu treten, wie der Zöllner auf dem Baum oder die blutende Frau. Das ist das wirklich Revolutionäre der Schriften über die Botschaft Jesu, er sieht in die Herzen der Menschen und löst sich vom gesellschaftlichen Kontext. Der gespendete Pfennig einer armen Frau ist mehr wert als die großzügige Gabe eines Reichen."

„Er wird heute als androgyn bezeichnet. Was ist damit gemeint?"
„Seit im westlichen Denken bekannt ist, dass Männer auch über weibliche Anteile verfügen und umgekehrt Frauen über männliche Anteile, ist klar, dass es auch den androgynen Menschen gibt. Das ist ein Mensch, bei dem beide Anteile ausgeglichen erscheinen. Bei Jesus ist das Fürsorge, Hingabe und Spontaneität auf der einen Seite, eine Aufgabe, die Anstrengung, Kraft und Durchsetzungsfähigkeit bedeutet auf der anderen Seite. Liebe ist das verbindende Element, gepaart mit Weisheit. Er ist das Kind seiner Eltern, ihre Anteile verbinden sich in ihm. Er lebt die Anteile seiner Eltern. Darüber hinaus fügt er das hinzu, was sein Eigenes ist, wird dadurch zu einer eigenständigen, unverwechselbaren Persönlichkeit. Er ist selbständig geworden, lebt sein eigenes Leben."
„Alle Charaktereigenschaften, die Jesus nachgesagt werden, gelten im patriarchalen Weltbild als weiblich: Sanftmut, Güte, Friedfertigkeit, Fürsorge, Demut, Aufopferung und Liebe."
„Sicher, doch um diese leben zu können, brauchte er seine männlichen Anteile. Und mit seinem Mut und seiner Unerschrockenheit hat er das Patriarchat in Frage gestellt. Patriarchalisch ist die Institution Kirche, die für männliche Ideale wie Macht, Stärke, Autorität, Unfehlbarkeit, Repräsentation und Gehorsamkeit steht. Jesus hatte gerade eine solche Institution in Jerusalem heftig attackiert.
Für die damalige Zeit ein unerhörter Verstoß gegen die Konvention und die Tiefenstruktur der Gesellschaft. Desgleichen war auch das völlig ungezwungene und partnerschaftliche Verhältnis, welches Jesus zu den Frauen hatte; für ihn waren sie gleichberechtigt!"
„Er wurde gekreuzigt. Musste er für seine Überzeugung sterben? Das macht mich wütend und gleichzeitig traurig."
„Vater vergib ihnen, denn sie wissen nicht, was sie tun. Kennst du diesen Satz aus der Bibel?" Ich nicke und erkenne den Zusammenhang: „Die Menschen handeln oft unbewusst und wissen nicht, was sie tun. Deswegen wird ihnen vergeben. Sie sind wie Kinder, die nicht wissen, was sie anrichten."

„Vergebung ist wichtig."
„Das geht nicht immer. Wenn mich jemand sehr verletzt hat, kann ich nicht vergeben."

„Beginne bei dir selbst. Vergib dir und erlaube dir, Fehler zu machen und dann kannst du auch allen anderen vergeben."
„Ich weiß nicht, ob ich das kann - ob ich das will."
"Die Menschen, die dich am meisten verletzt haben und dir weh tun, sind auf einer höheren Ebene deine innigsten Freunde."
„Theoretisch glaube ich dir sogar. Doch ich weiß nicht, wie ich dieses Wissen nun im Leben umsetzen soll."
„Es geht um die radikale Vergebung. Nur so kannst du deine Beziehungsprobleme, deine innere Zerrissenheit und deine vermeintlich unüberwindbaren Hindernisse im Leben in einem völlig neuen Licht sehen. Siehe es als Chance zum inneren Wachstum, zur Heilung und Öffnung für die wunderbaren Fügungen in deinem Leben.
Lerne deine Lektionen und sei dankbar für alles. Es geht um weit mehr als um die herkömmliche Vergebung. Verzeihen und vergessen ist der Weg, wie du in deinen Widersachern deine Lehrer und in deiner Wut die Energie zu deiner inneren Transformation und zum Ausstieg aus deiner Opferrolle finden kannst. Denn wirkliche Heilung beginnt erst mit der Bereitschaft, die Vollkommenheit in allem zu erkennen."
„Es geht also einmal mehr um das Verzeihen und Loslassen."
„Es geht vor allem um das Erkennen der Vollkommenheit. Zuerst findest du den Schmerz, dann den Zorn, später die Trauer. Beim Loslassen der Vergangenheit kommen so viele Bilder hoch, die weh tun. Die kannst du nicht ausknipsen, wie eine Lampe, nicht vergessen, wie einen Namen. Die Bilder wollen Beachtung. Verstehen, was geschehen ist, ist auch verzeihen. Anderen zu verzeihen, geht nicht, ohne die eigenen Anteile zu sehen. Anderen zu verzeihen heißt, zunächst einmal sich selbst zu verzeihen. Alles beginnt beim Ich, nicht beim Du, und ist doch miteinander verzahnt. Ohne Verzeihen keine innere Freiheit und damit die Chance, erkannte Muster aufzugeben. Die Trennung ist nicht das Ende, selbst der Tod nicht. Schmerz und Hass haben scharfe Zähne, beißen sich fest, halten fest über ein Leben hinaus. Verzeihen ist Liebe, Liebe ist verzeihen. Das braucht seine Zeit."

Sie steht auf, geht zur Türe und macht mir ein Zeichen, ihr zu folgen. Draußen ist es neblig und kalt. Obwohl ich sie nicht sehen kann, folge ich ihr blindlings. Ich habe vollkommenes Vertrauen in sie. Ich höre ihre Schritte und sehe sie schemenhaft vor mir. Ich bin ganz auf sie fixiert.
Ich fühle mich bei jedem Schritt von einem Gefühl der Geborgenheit umhüllt und getragen. Ganz versunken in dieses Gefühl schaue ich nicht mehr, wohin ich trete. So übersehe ich einen Baumstamm und lande unsanft auf dem Boden. Mein Fuß schmerzt und ich beginne zu weinen. Habe ich mir den Fuß verstaucht, gebrochen? Der Schmerz ist fast nicht auszuhalten. Und wo ist die Göttin? Hätte sie mich nicht warnen können. Während ich weinend da sitze, kommt mir der Gedanke, dass ich wohl vollkommenes Vertrauen in sie hatte, jedoch keines in mich. Das schwächte mich und führte mich in eine uner-

wünschte Abhängigkeit. Ich übernahm keine wirkliche Verantwortung für mein Tun und Lassen. Dieser Gedanke erschreckt mich. Bisher war ich immer fest davon überzeugt gewesen, dass ich durchaus verantwortungsbewusst handelte. Erst jetzt bemerke ich, wie oberflächlich und selbstbezogen ich mein Leben gestaltet hatte. Selbstverantwortung ist wichtig. In diesem Augenblick kommt sie auf mich zu, sieht mich am Boden liegen und kniet sich zu mir hin. Sie legt ihre Hände auf meinen Fuß. Ein wohltuendes, wärmendes Gefühl durchströmt mich und kurze Zeit später kann ich schon wieder aufstehen. Ein wenig beschämt stehe ich vor ihr, doch sie legt lachend ihre Hände auf meine Schulter und sagt: „Ich denke, du hast deine Lektion gelernt."

Ich nicke und neugierig geworden frage ich:
„Wie hast du meinen Fuß geheilt?"
„Die Liebe kann alles heilen. Die vollkommene Liebe kennt weder Krankheit noch Disharmonie, sie ist allumfassend und allgegenwärtig. Eins zu sein mit dem Göttlichen heißt, eins zu sein mit dem göttlichen Bewusstsein und so die uneingeschränkte Macht des heiligen Geistes voll umfänglich auszudrücken. In diesem Licht, in dieser Kraft, heilt alles, denn das göttliche Liebesgesetz ist die Heilung, die Heiligung und vollkommene Regeneration alles Erschaffenen selbst. Liebeskraft auszudrücken bedeutet, diese Liebeskraft zu sein. Im Göttlichen zu leben heißt, seinem allmächtigen Willen, seiner allmächtigen Kraft, uneingeschränkt Ausdruck zu geben. Heilung ist die Wiederherstellung des ursprünglichen Zustandes, in dem keine Disharmonie vorhanden ist."
Zurück im Raum setzen wir uns beide vor den Kamin und lassen uns vom Feuer wärmen. Sie lächelt mich von der Seite her an und sagt: „Du bist auf dem Weg, zu dir selbst zu finden, dir zu vertrauen, dir selbst zu glauben. Das ist schön."
Ihre Worte machen mich sprachlos und ich schaue sie voller Ehrfurcht an. Von allen Göttinnen scheint sie mir die Größte zu sein. Sie strahlt eine Liebe, Geborgenheit und Heiligkeit aus, was mir das Gefühl vermittelt, angekommen zu sein. Vielleicht hat sie Recht und ich bin wirklich auf dem Weg. Da höre ich sie sagen: „Alle großen Meisterinnen und Meister kamen, um den Weg zur wahren Liebe zu zeigen. Jetzt bist du aufgefordert, auf deine innere Liebhaberin oder deinen inneren Liebhaber zu hören, auf das innere heilige Lied, welche die eigene Göttlichkeit ehrt. Solange du dich selber nicht als heilig siehst, hast du kein Anrecht, einen anderen als heilig zu bezeichnen. Solange du deinen goldenen Schatten nach außen projizierst, wirst du niemals heil oder heilig sein."
„Ich will nicht heilig sein."
„Nicht?"
„Nein. Das war nie ein Ziel von mir."
„Du willst deine Göttlichkeit nicht leben?"
„Doch, aber", sie unterbricht mich sanft und doch voller Nachruck: „Nichts aber. Zelebriere mit Gesang, Poesie, Humor und Tanz die Fülle des Lebens.

Nimm das Leben mit Humor. Humor ist ein Zeichen von Heiligkeit und gibt dir die Möglichkeit, über deine eigenen Einschränkungen lachen zu können."
„Einschränkungen?"
„Dein Bewusstsein besitzt einen großen magischen Bereich, von dem dein normales Tagesbewusstsein nichts oder nur sehr wenig weiß. Um dessen Fähigkeiten und Möglichkeiten für dein Leben erfahren und nutzen zu können, musst du deine Wahrnehmung für diese große Schwester oder diesen großen Bruder von dir wieder öffnen und dich mit dieser Dimension deines Seins verbinden lernen. So eröffnen sich dir neue Horizonte."

„Und ich werde erlöst, indem ich mich selber erlöse. Deswegen wurde wohl jeder Sonnenheros auch zu einem Erlösungsgott?"
„Nicht alle wurden erlöst", erklärt sie mir. „Du weißt, das Patriarchat lebt im Entweder-Oder, also braucht es eine Alternative und diese ist die Dämonisierung. Lucifer, der treue Begleiter und Lichtträger der göttlichen Weisheit", „von Hagia Sophia", werfe ich ein und sie nickt und fährt fort: „Er wird in patriarchaler Deutung als aufständischer Gegengott aus den himmlischen Sphären in die finstere Hölle hinabgestürzt. Dort errichtet er das Reich des Bösen und bedroht als ewiger Verführer und Antichrist die Menschen."
„Und somit sind wir wieder gefangen in der Angst. Angst, dass das Böse Überhand nimmt. Ist das der Grund, wieso ich manchmal Angst habe, Liebe zu empfangen?" Sie schaut mich eindrücklich an und schweigt. Nach ein paar Minuten erklärt sie: „Wenn du etwas empfängst, hast du sofort die Idee, auch etwas geben zu müssen. Du fühlst dich auf der Empfängerseite dem Gebenden unterlegen."
„Ja, das stimmt", falle ich ihr ins Wort.

„So hast du es gelernt und das bringt dich in Alarmbereitschaft. Doch das wurde dir von der Gesellschaft einsuggeriert und stimmt nicht. Es wurde dir von Menschen beigebracht, von denen du dachtest, sie seien dir wohlgesinnt." Ich will gerade etwas erwidern, doch sie stoppt mich mit den Worten: „Sie haben dir nicht absichtlich Schaden zugefügt, sondern es dir so beigebracht, wie es ihnen vorgelebt wurde. Sie geben einfach weiter, was sie von ihren Eltern, ihren Lehrern, der älteren Generation bekommen haben. Jede Generation gibt stets ihre Vorstellungen an die junge Generation weiter und natürlich hat die junge Generation immer mehr zu tragen. So bist du die Erbin sämtlicher abergläubischen, repressiven Konzepte der ganzen Geschichte. Was in Alarmbereitschaft geht, ist nicht etwas, das zu dir gehört. Es ist nur deine Konditionierung, die in Alarmbereitschaft geht."
„Wahrscheinlich hat vieles mit meiner Konditionierung zu tun und gar nicht mit mir?" Sie nickt und ich frage mich einmal mehr, wer ich, tief in mir, wirklich bin.
„Du bist eine Frau, ein Mensch, ein göttliches Wesen und ich sehe viel Liebe in dir."

Ihre Worte berühren mich und machen mich gleichzeitig verletzlich. Sie sieht Liebe in mir? Und ich frage: „Gibt es nur eine Form von Liebe?“
„Es gibt verschiedene Arten der Liebe. Da ist einmal die bedürftige Liebe, die besitzergreifende Liebe und die bedingungslose Liebe.
Bei der bedürftigen Liebe bist du von einem anderen Menschen abhängig. Sie ist unreif und hat mit Liebe nicht viel zu tun, es ist vielmehr ein Bedürfnis. Andere werden benutzt, sie sind ein Mittel zum Zweck. Andere werden ausgenutzt, manipuliert und dominiert. Da wird der andere herabgesetzt und du setzt dich darüber hinweg. Und genau das gleiche macht auch der andere. Er versucht, dich zu manipulieren, zu dominieren, zu besitzen und zu benutzen. Einen anderen Menschen zu benutzen, ist alles andere als Liebe, es ist lieblos. Es erscheint bloß wie Liebe, doch hat damit nichts zu tun. Und doch ist es genau diese Art von Liebe, welche die meisten Menschen leben, weil sie ihre erste Lektion über die Liebe genau so in ihrer Kindheit gelernt haben.“
„Ich nicht.“
Sie schmunzelt: „Auch du. Wenn ein Kind geboren wird, ist es abhängig von der Mutter. Diese Liebe ist eine bedürftige Liebe, eine Liebe aus Mangel. Das Kind ist auf die Mutter angewiesen, es kann ohne die Mutter nicht überleben. Es liebt die Mutter, denn die Mutter bedeutet sein Leben. Doch ist es wirklich Liebe? Das Kind würde jeden Menschen lieben, der es beschützt, der ihm hilft zu überleben, der seine Bedürfnisse stillt. Die Mutter ist praktisch die Nahrung, die das Kind zu sich nimmt. Es ist nicht nur die Milch, die es von der Mutter bekommt, es ist auch die Liebe - auch sie ist ein Bedürfnis.
Millionen von Menschen bleiben ihr ganzes Leben lang wie Kinder, sie werden nie erwachsen. Älter ja, doch ihre Psyche wächst nicht mit. In ihrer Psyche bleiben sie kindlich und unreif. Sie brauchen ständig Liebe. Sie hungern nach Liebe wie nach Nahrung.“
„Und du denkst, ich bin so?“
„Ich denke, du hast noch immer Angst vor einem Liebesverlust.“
„Und wie zeigt sich das?“
„Indem du nicht nein sagen kannst. Du hast Angst vor einem Liebesverlust, wenn du nein sagst. Das hast du, wie viele andere Kinder, so gelernt. In der Trotzphase sagen die Eltern den Kindern immer wieder nein. Somit ist das Wort nein negativ besetzt. So denkst du vielleicht nein, doch sagst ja, damit der andere dich weiterhin gern hat und nicht gegen dich ist, weil du ihn brauchst.
Ein Mensch wird reif, sobald er anfängt, zu lieben statt zu brauchen. Wenn er anfängt, zu geben anstelle von nehmen. Doch nur ein reifer Mensch kann geben, denn nur ein reifer Mensch hat etwas zu geben. Seine Liebe ist nicht abhängig von anderen. Er kann liebevoll sein, gleichgültig, ob ein anderer da ist oder nicht. Er ist wie eine Blume. Diese blüht und duftet, ob sie jemand sieht oder nicht. Es macht ihr nichts aus, es ist unwichtig. Sie blüht, weil sie blühen will und verströmt ihre Düfte in die Lüfte.

Liebe ist Luxus, ist Fülle. Sie bedeutet, dass soviel Liebe in dir ist, das du nicht weißt, wohin damit, also lässt du andere daran teilhaben. Es bedeutet, dass du so viele Lieder in deinem Herzen trägst, dass du sie singen musst, ob jemand zuhört oder nicht. Selbst, wenn jemand es hört, musst du singen und deinen Tanz tanzen. Der andere kann es nehmen oder nicht, doch was dich betrifft, ist es ein Fließen, ein Überfließen."
„Genau so fühle ich, wenn ich verliebt bin."
„Ja, dann fließt die Liebe in dir im Überfluss und du lässt alle daran teilhaben. Doch wie lange hält dieser Zustand an? Wenn du in der Liebe von jemandem abhängig bist, ist das Unglück vorprogrammiert. Sobald du abhängig bist, fühlst du dich schlecht, denn Abhängigkeit bedeutet Sklaverei. Dann beginnst du, dich auf subtile Weise zu rächen, weil der andere, von dem du abhängig bist, Macht über dich hat. Niemand möchte, dass ein anderer Macht über ihn hat, niemand möchte gerne abhängig sein. Abhängigkeit tötet jede Art von Freiheit und in Abhängigkeit kann die Liebe nicht zur Blüte kommen.
Die Liebe ist eine Blume der Freiheit. Sie braucht Raum. Sie braucht absoluten Freiraum, in den der andere nicht eindringen darf. Sie ist eine sehr zarte Pflanze. Wenn du abhängig bist, wird dich der andere mit Sicherheit beherrschen, und auch du wirst versuchen, den anderen zu beherrschen. Das ist der Kampf, der zwischen sogenannten Liebenden oft stattfindet. Sie sind intime Feinde, ununterbrochen im Kampf miteinander.
Liebe ereignet sich erst, wenn du gereift bist. Du wirst erst zur Liebe fähig sein, wenn du erwachsen bist, wenn du weißt, dass Liebe kein Bedürfnis, sondern ein Überfließen ist. Dann gibst du bedingungslos. Verlange nicht von anderen, was du dir selber nicht geben kannst. Liebe beginnt bei dir selber."
„Also, nur wenn ich mich liebe, bin ich überhaupt fähig, einen anderen zu lieben. Ist das der Grund, weshalb ich immer wieder enttäuscht bin von der Liebe?"
„Du bist enttäuscht, weil der andere nicht so ist, wie du dachtest. Das ist nicht seine Schuld. Du hast etwas auf ihn projiziert, das nichts mit ihm zu tun hat, sondern mit dir. Was kann er dafür, dass du eine falsche Projektion aufrecht erhalten hast. Deine Projektion ist geplatzt, nicht mehr und nicht weniger. Der andere hat deine Erwartungen nicht erfüllt. Doch das ist auch nicht seine Aufgabe. Er hat keinerlei Verpflichtung, sich nach deinen Erwartungen zu richten. Ihm geht es vielleicht genau so. Also sind beide enttäuscht. Beide erhofften, die Liebe beim anderen zu finden. Doch beide waren leer und haben vom anderen erwartet, dass er die Leere füllt."
„So gesehen, trage ich auch hier allein die Verantwortung."
„Ja, dein ganzes Leben ist deine Verantwortung. Gerade bei Paaren passiert genau das Gegenteil. Sie geben die Verantwortung ab und machen den anderen für alles verantwortlich: Mit mir ist alles in Ordnung, doch mein Partner. Was kann ich machen bei so einem Mann?"
„So wird einmal mehr die Verantwortung auf jemand anderen abgeschoben. Ich habe einen Sündenbock gefunden. Doch das Unglück bleibt bestehen, es verändert sich nichts."

Ich lache still vor mich hin. Ich erkenne mich in diesen Beispielen wieder und wage zu fragen: „Verstehe ich dich richtig? Diejenigen, die sich verlieben, haben oft keine Liebe - und darum verlieben sie sich, weil sie die Liebe suchen. Und weil sie keine Liebe haben, können sie nichts geben. Und so gibt es keine Liebe. Also ziemlich paradox.“
„Das Leben ist paradox. Auch, wenn du deinen Mann oder deine Frau tausendmal wechselst, wirst du doch immer wieder die gleiche Art von Mann, die gleiche Art von Frau aussuchen, solange du dich selbst nicht gefunden hast und liebst. Denn du bist es, welche den neuen Partner oder die neue Partnerin aussucht. Und solange du unreif bist, entscheidest du dich aus deiner Unreife heraus.“
„Was ist mit einem reifen Menschen?“
„Er besitzt die nötige Integrität, um allein zu sein. Und wenn ein reifer Mensch Liebe gibt, dann gibt er sie ohne Einschränkungen. Er gibt einfach. Er ist dankbar, wenn du seine Liebe annimmst, und nicht umgekehrt. Wenn zwei reife Menschen zusammen finden, sind sie zusammen und gleichzeitig absolut allein. Ihr Einssein tut ihrer Individualität keinen Abbruch. Im Gegenteil, es verstärkt sie noch. Sie werden noch mehr zu Individuen. Zwei reife Menschen, die sich lieben, helfen sich gegenseitig, freier zu werden. Das geschieht ohne Politik, ohne Diplomatie, ohne den Wunsch zu herrschen.“
„Das stimmt. Viele Menschen wollen über die Menschen, die sie anscheinend lieben, herrschen. Doch wie kann ich über einen Menschen herrschen, den ich doch liebe?“
„Wenn du darüber zu nachdenken beginnst, findest du heraus, dass das eine das andere ausschließt. Herrschen ist eine Form von Hass, Wut, Feindschaft. Lieben und herrschen gehören nicht zusammen. Zur Liebe gehört Freiheit und Unabhängigkeit.

Unreife Menschen, die sich verlieben, machen sich gegenseitig ihre Freiheit kaputt. Sie erzeugen Hörigkeit, bauen ein Gefängnis. Reife Menschen, die sich lieben, helfen sich gegenseitig, frei zu sein. Und wenn Liebe in Freiheit fließt, hat sie eine Schönheit. Freiheit ist die inwendige Sehnsucht des Menschen und alles, was die Freiheit untergräbt, wird hässlich. So ist es nicht erstaunlich, dass viele Menschen ihre Partner einerseits lieben und gleichzeitig hassen. Weil sie nicht allein sein können, müssen sie sich irgendwie arrangieren, um mit jemandem zusammen zu sein und sich den Ansprüchen des anderen anpassen. Sie müssen den anderen tolerieren, ihn aushalten.
Damit Liebe wirklich den Namen Liebe verdient, muss es Seinsliebe, schenkende Liebe sein. Seinsliebe, ein Zustand der Liebe. Wenn du zu dir heimgekehrt bist, wenn du erkannt hast, wer du bist, dann entsteht Liebe in deinem Sein. Dann breitet sich ihr Duft aus, und du kannst ihn an andere weitergeben. Liebe ist ein Überfließen. Nur, wenn du mehr hast, als du brauchst, nur dann kannst du geben.“
„Am Anfang einer Beziehung ist die Liebe oft überfließend. Ist das einer der Gründe, dass sich der Mensch gerne verliebt?“

„Wenn du liebst, lernst du zu schmelzen, zu verschmelzen, dich aufzulösen. Wenn du liebst, wirst du erkennen, dass das Leben weit mehr bedeutet als Logik, Berechnung, mehr als Geld zu haben, mehr Besitz, mehr Macht. Wenn du liebst, erhaschst du einen Schimmer des Göttlichen in dir. Wenn du dich tief in die Liebe hinein begibst, betrittst du den göttlichen Tempel."
„Ach, ist Liebe schön", entfährt es mir und sie zieht ihre Augenbrauen fragend in die Höhe.
„Diese Chance wurde von der Gesellschaft zunichte gemacht. Deine Liebe ist vergiftet worden. Du wurdest zur Angst erzogen, nicht zur Liebe. Du wurdest zum Kämpfen erzogen, nicht zum Lieben. Du wurdest erzogen, als wäre die ganze Existenz dein Feind und nicht dein Freund. Wie kannst du da sagen, ach ist Liebe schön? Wie kannst du da lieben? Die Gesellschaft hat Liebe unmöglich gemacht. Die Gesellschaft hat eine solche Angst vor der Liebe, wie sie sonst vor nichts anderem Angst hat. Liebe ist für deine sogenannte Gesellschaft die potentiell gefährlichste Sache, denn die Liebe weckt die Menschen auf, die Liebe rührt die Herzen der Menschen an. Sie werden anfangen, aus dem Herzen zu leben, und sie werden nicht mehr auf den Kopf hören. Und wenn sie nicht mehr auf den Kopf hören, hat das System ein Problem. Es steckt in der Klemme. Denn es ist unmöglich, Menschen zu beherrschen, die aus dem Herzen leben. Nur der Kopf lässt sich beherrschen, nur Köpfe lassen sich zu Sklaven degradieren. Das Herz ist immer frei und unabhängig.
Die Liebe ist in keiner Weise besitzergreifend. Sie schließt niemanden aus, nur ein. Nur, wenn Liebe alles einschließt, kannst du wissen, was sie ist. Wenn Liebe etwas ausschließt, wenn sie ausschließlich einem Menschen gilt, engst du sie so sehr ein, dass du sie tötest. Du zerstörst ihre Unendlichkeit. Wenn du jemanden wirklich liebst, dann wirst du durch diesen Einen alles lieben. Wenn Liebe passiert, wirst du plötzlich entdecken, dass du beginnst, die Bäume und die Vögel und den Himmel und die Menschen zu lieben. Du liebst. Diese eine Frau ist deine Türe zur Weiblichkeit oder dieser eine Mann zur Männlichkeit. Wenn du dich verliebst, wirst du erstaunt sein: Es setzt deine Liebesenergie zu allem frei. Das ist echte Liebe."
„Besitzergreifende Liebe ist also keine echte Liebe."
"Nein, denn die Liebe ist groß und unendlich. Die besitzergreifende Liebe ist so winzig, sie erstickt sich selbst, und sie erstickt auch den anderen.
Leider hast du es so gelernt: Liebe war nie einschließend. Dir wurde die ausschließende Liebe beigebracht."
„Das kannst du so nicht sagen. Ich habe liebevolle Eltern", da unterbricht sie mich. „Sicher. Ich mache deinen Eltern auch keinen Vorwurf. Doch du hast gelernt deine Mutter und deinen Vater zu lieben. Wie es sich gehört. Musstest du dich nicht sogar entscheiden, wen du mehr liebst? Und dass, wenn du liebst, doch dieses oder jenes nicht machen darfst, eben weil du liebst." Ich nicke, ja das kenne ich.

„Doch in der Liebe gibt es kein mehr oder weniger. Es gibt kein wenn. Sie ist einfach.
Die Gesellschaft, die Mutter, der Vater oder auch Lehrer versuchen, vom Kind Besitz zu ergreifen. Und später sind die Menschen eben dann besitzergreifend: Liebe mich und sonst niemanden. Dabei ist die Liebe unerschöpflich. Sie geht nie aus, sie ist ein stetiger Brunnen, der fließt."

Ich schaue sie skeptisch an, was sie veranlasst, mir noch weitere Erklärungen zu geben. „Die Menschen haben in einer Ökonomie der Knappheit gelebt. Es gab nie genug zu essen für alle, nie genug Häuser für alle, nie genug Kleidung für alle. Die Menschheit hat von Alters her in einer Ökonomie des Mangels gelebt. Es mangelte an allem, und das hat den Gedanken entstehen lassen, dass auch die Liebe Mangelware ist. Doch dem ist nicht so. Die Liebe ist unendlich. Halte sie nicht zurück. Denn jede Energie, die zurückgehalten und nicht ausgedrückt wird, ist destruktiv. Sie wird zum Feind. Lasse also die Liebe fließen. Du bist ein Brunnen der Liebe. Lasse die Menschen so viel Liebe aus dir schöpfen, wie sie nur schöpfen können, dann wird stets frisches Wasser nachfließen. Du bist mit dem unendlichen Ozean verbunden. Erst, wenn die Menschen dieses Phänomen erkannt haben, dass Liebe unerschöpflich ist, dass es keinen Mangel daran gibt, kann auch die Eifersucht verschwinden."
„Weil Eifersucht zur Ökonomie des Mangels gehört. Ich bin eifersüchtig, weil ich Angst habe, dass nicht mehr genug für mich da ist." Sie nickt. „ Liebe muss auch nicht immer etwas Sexuelles bedeuten. Liebe muss nicht immer etwas Sinnliches sein. Die Liebe kennt viele Dimensionen. Sie ist ein vielfältiges Phänomen. Du kannst Musik lieben, du kannst Poesie lieben, du kannst den Tanz lieben. Liebe macht alles lebendig. Alles, was sie berührt, macht sie lebendig. Lieblosigkeit macht alles tot, alles, was sie berührt, stirbt. Wenn du in Lieblosigkeit lebst, lebst du in einer toten Welt. Wenn du in Liebe lebst, lebst du in einer lebendigen Welt.
Liebe lebt, indem sie gegeben wird. Indem du sie gibst, hast du sie. Du kannst Liebe nicht horten, nicht einsperren. Freue dich, wenn dein Partner noch etwas anderes als nur dich liebt. So kann die Liebe fließen."
„Wenn mein Partner gerne Autos hat, und ich eifersüchtig bin auf sein Auto, hat das mit mir und meinem Mangel zu tun."
„Dieses Phänomen beruht auf einer einzigen Idee, dass Liebe knapp ist, dass sie bewahrt und für diejenigen aufgehoben werden muss, die du liebst, weil du doch nur eine begrenzte Menge davon hast. Doch du hast nicht nur eine begrenzte Menge davon. Du hast genau soviel, wie du gibst. Indem du sie gibst, hast du sie. Du kannst Liebe nicht horten. Wer Liebe hortet, wird gar nichts haben. Wer Liebe hortet, wird entdecken, dass er keine Liebe hat. Wenn du sie hortest, stirbt sie. Sie lebt nur, indem du sie teilst. Wenn sie von einem Menschen zum anderen weitergeht, lebt sie und sammelt immer mehr Energie."

„Wenn ich mehr Liebe in meinem Leben will, muss ich sie austeilen, muss ich sie hergeben?"
„Nur, indem du sie hergibst, kannst du sie behalten. Wenn du die Liebe für dich behältst, stirbt sie - sie verdirbt. Die kreative Energie, die darin enthalten ist, wird zerstörerisch. Sie kann mörderisch werden, sie kann selbstmörderisch werden. Dieselbe Energie, die ein Segen sein kann, kann zu einer Katastrophe führen, für dich und andere. Dieselbe Energie, die Nektar werden kann, wird zum Gift. Wenn du sie hortest, wird sie schnell zum Gift. Wenn du sie hergibst und fließen lässt, bleibt sie Nektar. Je mehr du davon gibst, desto mehr hast zu zur Verfügung."
„Liebe ist kein Gegenstand, den ich besitzen kann."
„Im Gegenteil, Liebe ist Energie. Du kannst von ihr besessen sein. Die meisten Menschen haben ihre Liebe getötet in dem Versuch, sie zu besitzen. In dem Augenblick, in dem du versuchst, Liebe zu besitzen, zerstörst du sie. Du hast sie zu einem Ding gemacht."
„Und wie halte ich sie lebendig?"
„Indem das Du verschwindet und zur Liebe wird."
„Also grenzen die Worte ich liebe dichein?"
„Ja, sie sind ausschließlich und Liebe schließt nicht aus. Lasse das Ich verschwinden und so verschwindet auf der anderen Seite auch das Du. So verbirgt sich hinter diesem Satz viel mehr ohne Ich und ohne Du, so findest du darin reine Liebe.
Wenn die Liebe nicht ihre Flügel in den ganzen Himmel ausbreiten und alle Sterne umfassen kann, bleibt sie eingesperrt - eine gefangene Herrlichkeit. Stecke deine Liebe nicht in einen Käfig, denn sie ist dein Lebensfunke.
Liebe also das Leben mit einer solchen Intensität, mit einem solchen Feuer, dass du die Totalität deines Seins erreichst. Liebe hat eine eigene Intelligenz, ihre eigene Art zu sehen und wahrzunehmen, ihre eigene Art, das Leben zu verstehen, ihre eigene Art, das Mysterium dieser Existenz zu begreifen. Verbinde Intelligenz und Liebe und dir öffnen sich Tore. Wenn Liebe und Intelligenz zusammentreffen, kannst du den Raum kreieren, in dem alles, was ein Mensch erreichen kann, verwirklicht wird. Dazu ist liebende Intelligenz nötig.

Intelligenz allein ist intellektuell, Liebe allein ist Sentimentalität, doch liebende Intelligenz ist mehr. Sie gibt dir eine andere, neue Art von Integrität.
Liebe ist das wunderbarste in dieser ganzen Existenz. In der Tat ist alles mit allem in Liebe verbunden."
„Selbst, wenn ich keine Liebe entdecken kann, wenn ich nur Hass fühle?"
„Selbst dann. Hass ist nichts anderes als fehlgeleitete Liebe."
„Und Gleichgültigkeit?"
„Gleichgültigkeit bedeutet nur, dass die Liebe noch nicht den Mut hatte, hervorzubrechen. Wenn du fühlst, dass jemand verschlossen ist, bedeutet das nur, dass er soviel Angst, soviel Unsicherheit in sich hat, dass er nicht imstande ist, den ersten Schritt zu tun. Doch alles ist Liebe.

Die ganze Existenz ist Liebe. Die Bäume lieben die Erde, die Erde liebt die Bäume, denn wie könnten sie sonst zusammen existieren? Was würde sie zusammenhalten? Es muss eine gemeinsame Verbindung geben. Es sind nicht bloß die Wurzeln, denn wenn die Erde nicht eine tiefe Liebe für den Baum hätte, würden ihm die Wurzeln gar nichts helfen. Zwischen allem existiert eine tiefe, unsichtbare Liebe. Der ganze Kosmos dreht sich um nichts anderes als Liebe."

Sie steht auf, kommt auf mich zu und berührt meine Hand. Ein Rieseln durchdringt meinen Körper und gleichzeitig spüre ich eine tiefe Verbundenheit und Liebe. Erschrocken weiche ich innerlich ein wenig zurück. Wie kann ich für einen fremden Menschen so etwas empfinden und erst noch für eine Frau? Das geht nicht.

„Liebe hat nichts mit Mann oder Frau zu tun", erklärt sie in diesem Augenblick. „Liebe ist das verbindende Glied zwischen zwei Wesen. Beginne und lerne zu lieben. Wirklich lieben heißt geben, ohne irgendwelche Gegenleistungen zu erwarten. Das heißt jeden lieben, so wie er ist, ohne Rücksicht auf das Verhalten oder Aussehen der Person. Liebe bedeutet nicht: Ich liebe dich, wenn du lieb bist, wenn du dies oder jenes tust. Das ist nicht Liebe, das ist Manipulation. Beginne, zu unterscheiden. Liebe in Verbindung mit dem Wort wenn ist keine Liebe. Diese Art von Liebe hat mehr Leben ruiniert und vernichtet, als irgend etwas anderes auf dem Planeten Erde. Beginne, bedingungslos zu lieben. Bei der bedingungslosen Liebe gibt es keine Diskriminierung, Rassenprobleme, Kriege, Hass und Umweltverschmutzung. Liebe beinhaltet alles. In wahrhafter Liebe wird die Erde und alle ihre Bewohner mit Achtung behandelt. Lasse die Liebe durch die Herzen fließen. So wirst du berührt, indem du berührst. Es ist wichtig, dass du lernst, dass du für jeden Gedanken, für all deine Worte und Handlungen ganz allein die Verantwortung trägst. Wie du weißt, sind Gedanken sehr machtvoll, und sie kehren zu denen zurück, die sie ausgeschickt haben. Mit dem bewussten Denken kannst du dich, die Kinder und die Erde schützen. Und schließlich ist die Essenz eines jeden Menschen die Liebe. Das Wichtigste, das es zu lernen gilt, ist, sich selbst zu lieben. Nicht im Egoismus oder Nazismus oder dergleichen. Doch du kannst andere erst lieben, wenn du dich selbst liebst."

„Ja, ich weiß", hauche ich ehrfurchtsvoll.

„Alles, was du gibst, kommt zurück. Das ist ein universelles Gesetz. Wenn du also Liebe aussendest, kommt Liebe zurück."

„Liebe deinen Nächsten wie dich selbst. Doch es gibt Liebe und Liebe."

„Es gibt so viele Arten von Liebe, wie es Menschen gibt. Es gibt viele Schichten, viele Ebenen der Liebe. Es hängt ganz von dir und deinem Bewusstsein ab."

„Adolf Hitler hatte sicher eine andere Idee von Liebe als Gautama Buddha", füge ich bei.

„Stelle dir eine Leiter vor. Auf der untersten Sprosse ist die Liebe eine Form von Politik, Machtpolitik. Denn überall dort, wo Liebe von der Idee des

Herrschens durchsetzt ist, geht es um Politik. Millionen von Menschen lernen nie eine andere Liebe kennen als diese Politik. Eine Politik, wie es zwischen Ehefrau und Ehemann, zwischen Freund und Freundin herrscht. Das Ganze ist politisch, weil einer den anderen beherrschen will. Eine bittere Pille mit Zuckerguss. Da wird von Liebe gesprochen, doch der tiefere Wunsch ist, den anderen auszubeuten. Das geschieht nicht willentlich oder bewusst. Es ist ein unbewusster Mechanismus. Darum ist so viel Besitzanspruch, so viel Eifersucht in der Liebe ein fester Bestandteil. Und deswegen bringt die Liebe oft mehr Kummer als Freude. Zu neunundneunzig Prozent ist sie bitter, und das eine Prozent ist der Zuckerguss, mit dem sie überzogen ist. Doch früher oder später verschwindet der Zucker. Am Beginn einer Liebesromanze schmeckt es süß. Doch sobald sich der Zucker aufgelöst hat und die Realität sich in ihrer drastischen Unverhülltheit zeigt, wird das Ganze hässlich."

„Ich kenne Leute, die haben beschlossen, keine Menschen mehr zu lieben. Sie sagen, es ist besser, einen Hund zu lieben, eine Katze, einen Kanarienvogel", und sie fährt lachend fort: „...es ist besser, ein Auto zu lieben, Kleider, Häuser, Musik. All diese Dinge können gut beherrscht werden, und sie werden nie versuchen, dich zu beherrschen. Es ist einfacher. Es ist nicht so kompliziert, wie wenn du einen Menschen liebst."

„Wieso ist es so kompliziert einen anderen Menschen zu lieben?"

„Weil die Liebe zwischen Menschen zu einem immerwährenden Konflikt geworden ist. Da ist viel Zank und Streit, ständig liegen sie sich in den Haaren. Sie wollen sich beherrschen und kontrollieren. Das ist die unterste Sprosse der Liebe. Nichts daran ist falsch, wenn du es als Sprungbrett benutzen kannst. Wenn du es beobachtest und versuchst, es zu verstehen, wird allein schon das Verstehen dich auf eine höhere Stufe bringen. Doch erst auf der obersten Sprosse, wenn die Liebe keine Beziehung mehr ist, wenn sie zu einem Seinszustand für dich geworden ist, öffnet sich der vollkommene Lotus und verströmt seinen herrlichen Duft."

„Also, immer wenn mir jemand sagt, dass er mich liebt, hat er einen Anspruch an mich?"

„Nein. Wenn ein reifer Mensch sagt, dass er dich liebt, verlangt er dafür nichts. Ich liebe dich, die anderen Göttinnen lieben dich, Buddha liebt, Mohammed liebt, Jesus liebt - diese Liebe erwartet nichts zurück. Diese Liebe schenkt sich aus reiner Freude am Geben; sie ist kein Tauschhandel. Das macht ihre strahlende Schönheit, ihre transzendente Kraft aus. Es ist der Seinszustand der Liebe. Es ist nicht adressierte Liebe. Da liebst du nicht diesen oder jenen Menschen, du liebst einfach. Du bist Liebe. Und alle können daran teilhaben. So können alle aus der unerschöpflichen Quelle des Seins trinken und das bedingungslos."

„Und kann auch ich diesen Zustand erreichen?"

„Jeder Mensch hat seine eigenen Vorstellungen von Liebe. Doch erst, wenn du an den Punkt gelangst, wo alle deine Vorstellungen von Liebe sich aufgelöst haben, wo Liebe keine Idee mehr ist, sondern dein Wesen - erst dann kennst du die Freiheit der Liebe. Dann ist Liebe gleichbedeutend mit dem Göttlichen. Dann ist Liebe die höchste Wahrheit. Lasse deine Liebe durch den Prozess der Meditation geläutert werden. Beobachte alles. Beobachte das berechnende Wesen deines Verstandes. Beobachte deine Machtpolitik. Nimm wahr und beobachte. Wenn du etwas zu deinem Partner, deiner Partnerin, deinen Kinder sagst, schaue dir an, welches unbewusste Motiv dahintersteht. Warum sagst du das? Gibt es ein Motiv, und worin besteht es? Sei dir dieses Motivs bewusst, bringe es ins Bewusstsein, denn dies ist ein geheimer Schlüssel zur Umwandlung deines Lebens. Alles, was bewusst gemacht wird, löst sich mit der Zeit auf.

Die meisten Motive bleiben jedoch unbewusst, und darum bist du ihnen ausgeliefert. Wenn du sie dir bewusst machst, wenn du sie ans Licht bringst, werden sie verschwinden. Es ist, wie wenn du eine Pflanze entwurzelst und die Wurzeln dem Sonnenlicht aussetzt. Sie werden sterben, denn nur im Dunkeln der Erde können sie existieren. Auch deine Motive können nur im Dunkeln deiner Unbewusstheit existieren. Die einzige Möglichkeit, deine Liebe umzuwandeln, besteht darin, all deine Motivationen aus dem Unterbewusstsein ins Bewusstsein zu holen, dann werden diese Motive allmählich sterben. Und unmotivierte Liebe ist das wunderbarste, das einem Menschen geschehen kann. Eine solche Liebe hat etwas Göttliches. Liebe ist die Brücke zum Seinszustand. Liebe ist der Prozess der alchimistischen Verwandlung deines Bewusstseins."

„Was hast du mit Motiven gemeint?"
„Es gibt immer wieder einen Teil in dir, der für sein Handeln eine Befriedigung erwartet. Du hilfst einem anderen, und fühlst dich dann besser, weil du ihn nicht allein gelassen hast. Also geht es nicht um ihn, sondern um dich.
Du kannst dich immer wieder fragen, um was es wirklich geht. Wenn ein Mensch in Not ist, bist du dann bei ihm, weil du nicht willst, dass er allein ist in seiner Not oder weil du selbst nicht allein sein willst in deiner Not? Was ist, wenn du es nicht tust, hast du dann ein schlechtes Gewissen? Hast du gegen Ethik, Moral, Recht, deine Maxime, was auch immer, verstoßen? Das sind deine Anteile, deine wahren Motive unter dem Deckmantel der Nächstenliebe. Der Mensch will sich vor allem selber helfen."
„Du denkst dabei an Menschen mit einem Helfersyndrom?"
„Ich meine alle Menschen. Er fühlt sich schuldig, ist überfordert, wird ungeduldig, etwas macht ihn kribbelig und deswegen will er helfen, damit die Situation anders wird. Er hält nicht aus, was ist und will eine Veränderung. Also hilft er. Es ist jedoch nur eine vermeintliche Hilfe."
„Das sehe ich nicht so. Es ist ein hoher sittlich-moralischer Wert, andere zu fördern, andere in den Mittelpunkt des eigenen Lebens zu stellen. Ich verbinde das mit den Begriffen Fürsorge, Hingabe und Mitgefühl."
„Wirkliches Mitgefühl beruht auf Liebe zu sich selbst und zu anderen. Wenn du dich selbst weniger liebst als deine Nächsten, erfüllt Mitgefühl und damit

seine zwei Ausdrucksformen Fürsorge und Hingabe eine Ersatzfunktion. Je mehr du davon gibst, desto besser darfst du dich fühlen. Das hat dich die christliche Religion gelehrt. Desto wichtiger, wertvoller scheinst du zu sein. Das Umfeld sagt: Was für ein wunderbarer Mensch. Diese Wertschätzung macht nicht satt, sondern süchtig, wenn du sie dir nicht auch selbst gibst. Je mehr Anerkennung du im Außen brauchst, desto ärmer wird dein Inneres."
„Also ist Mitgefühl nichts anderes als eine Ersatzfunktion."
„Nicht, wenn Mitgefühl aus der Liebe entspringt. Dann ist es keine Emotion im herkömmlichen Sinne wie Freude, Ärger, Schmerz, Traurigkeit – dann ist Mitgefühl ein Teil deiner Seele, genau wie Liebe."

Ich lasse das Gehörte eine Weile auf mich wirken und frage dann:
„Im Buddhismus hat alles, was lebt, einen hohen Wert, ein erstrebenswertes Ziel. Es ist fernab von Gefühlsduselei und selbstgerechter Darstellung. Ist da Mitgefühl ein Teil der Weisheit, die erkennt, dass Menschen aus Unwissenheit Dinge tun und sich damit in Schwierigkeiten bringen?"
„Bei einem Erlebnis von Glücksgefühlen kann das Mitgefühl wachsen.
Mitgefühl ist das Fühlen mit anderen, das Aufgeben von Handlungen, die eine Absicht, ein Ziel verfolgen."
„Doch jede Handlung hat doch einen tieferen Sinn, auch, wenn er für andere verwirrend ist. Jeder handelt doch logisch im Rahmen seines eigenen Systems. Es geht doch um die Handlung und nicht um die Absicht."
„Es geht um beides und vollendet wird es in Liebe. Das erfordert großen Mut, weil die Voraussetzung für Liebe das Aufgeben des Egos ist. Und genau davor haben die meisten Menschen Angst. Es erscheint ihnen fast wie Selbstmord. Doch das scheint nur so, weil du nichts anderes kennst als das Ego.
Das Ego ist zu deiner einzigen Identität geworden, und es aufzugeben, scheint mit Sicherheit zu bedeuten, dass du deine Individualität aufgibst. Das Gegenteil ist jedoch der Fall. Solange du das Ego nicht aufgibst, kannst du nicht deine wahre Individualität erfahren. Erst, wenn du dein Ego aufgibst, kannst du sehen, was wirklich ist. Denn das, was wirklich ist, bleibt immer durch das, was unwirklich ist, verborgen. Das Wirkliche verbirgt sich hinter dem Unwirklichen, so wie die Sonne sich hinter den Wolken verbirgt.
Die Menschen sehnen sich nach Liebe, doch gleichzeitig klammern sie sich an ihr Ego. Darum wird die Liebe für sie nie zur Wirklichkeit. Sie kommen und gehen, ohne vom Nektar der Liebe gekostet zu haben."
„Wenn ich dir so zuhöre, habe ich den Eindruck, noch nie geliebt zu haben. Habe ich stets nur geglaubt, jemanden zu lieben?"
„Eines der wesentlichen Dinge der Menschen ist, dass sich ihre Liebe immer auf jemand Bestimmtes richtet. Doch wenn du die Liebe auf jemanden richtest, machst du sie zunichte. Liebe sollte wie Atem sein. Sie sollte deine Wesensqualität sein, gleichgültig, wo du dich befindest und mit wem du zusammen bist."

„Dann würde ich sogar, wenn ich allein bin, Liebe ausstrahlen."
„Es geht nicht darum, Liebe für jemand Bestimmtes zu empfinden. Es geht darum, Liebe zu sein. Die meisten Menschen sind von dem, was sie als Liebe erfahren, frustriert. Doch nicht, weil mit der Liebe etwas nicht stimmt. Sie haben ihre Liebe nur so eingeengt, dass für den ganzen weiten Ozean der Liebe kein Platz ist. Doch du kannst den Ozean nicht eingrenzen, er ist kein Bach.
Liebe ist dein ganzes Sein. Liebe ist dein göttliches Wesen. Es geht darum, ob du voller Liebe bist. Ob ein Objekt für deine Liebe vorhanden ist, spielt keine Rolle. Sei einfach Liebe. Liebe ist von keinem Objekt abhängig. Sie ist eine Ausstrahlung deiner Subjektivität, eine Ausstrahlung deiner Seele. Je größer die Ausstrahlung, desto weiter ist deine Seele. Je weiter sich die Flügel deiner Liebe spannen, desto größer ist der Himmel deines Seins. Frage dich also nicht, ob du fähig bist, jemanden zu lieben, sondern vielmehr: Bin ich fähig, Liebe zu sein? Das Leben ist nur eine Gelegenheit für das Erblühen der Liebe. Du hast diese Gelegenheit, solange du lebst, bis zu deinem letzten Atemzug. Und selbst, wenn du dein ganzes Leben lang daran vorbeigegangen bist, kannst du beim letzten Atemzug, im letzten Augenblick deines Erdendaseins Liebe sein. Und ein einziger Augenblick der Liebe bedeutet die ganze Ewigkeit der Liebe."

Ich höre ihr gespannt zu und frage mich, ob alles, was ich bis heute als Liebe erfuhr, nichts anderes als Manipulation war? Da kommt mir eine Geschichte in den Sinn, die ich einmal gelesen habe:
Ein kleiner Junge spielt mit seinem Vater auf einer Treppe. Er steigt auf die erste Stufe. „Papa, fang mich auf", ruft er. Der Junge springt und der Vater fängt ihn in seinen Armen auf.
Der kleine Junge klettert zwei Stufen hinauf und ruft: „Papa, fang mich auf!" Er springt und wieder landet er sicher in den Armen seines Vaters.
Drei Stufen, dann vier – jedes Mal fängt ihn sein Vater auf. Schließlich ist der Junge auf der obersten Stufe angelangt. Als er diesmal springt, tritt der Vater zurück, und der Junge stürzt, schürft sich die Knie auf und verstaucht sich die Knochen. Weinend sieht er seinen Vater an und sagt mit enttäuschter Stimme: „Papa, warum hast du mich nicht gefangen?"
„Weil ich dir beibringen wollte, niemandem zu trauen, nicht einmal deinem eigenen Vater."
Ich verstand damals die Geschichte nicht. Doch jetzt gibt sie mir Sinn. Der Vater kann nicht immer für sein Kind da sein. Es ist also wichtig, dass das Kind auf eigenen Füßen steht. Doch wie kann ein Kind lernen, auf eigenen Füßen zu stehen, wenn sein Vater immer zur Stelle ist, es zu retten? Dieser Vater liebt seinen Sohn so sehr, dass er diese Qual auf sich nimmt, damit der Junge etwas lernt. Ist das Liebe? Doch was ist, wenn ich möchte, dass mein Kind weiß, dass die Welt gut, liebevoll und sicher ist. Auf der anderen Seite hat auch Gott seinen Sohn so sehr geliebt, dass er ihn am Kreuz geopfert hat.

Oder war das doch ein Verrat an väterlicher Liebe? Ich bin ganz in meinen Gedanken versunken. Sie hat wohl an meinem Gedankengang teilgenommen, denn in diesem Moment höre ich sie lachen. „Die Liebe ist die stärkste Kraft im Leben. Die Liebe bringt die grösste und schnellste Erfüllung. Die Liebe bringt das Glück auf dem schnellsten Weg ins Haus. Liebe es geliebt zu werden und geliebt zu sein. Liebe es, viel Geld zur freien Verfügung zu haben. Liebe es, gesund zu sein. Liebe zu sein was du bist."
„Und das alles mit Liebe? Wird so das Wort Liebe nicht missbraucht?"
„Natürlich. Was meinst du, wie oft ein Mann einer Frau sagt, dass er sie liebt, nur um mit ihr ins Bett gehen zu können. Doch wenn er sagen würde, ich bin geil auf dich, würde er wohl alt aussehen."
Erschrocken schaue ich sie an. Soweit habe ich gar nicht gedacht und doch könnte es so sein. Wenn mir ein Mann sagt, ich liebe dich, ist alles in Ordnung. Wenn er sagen würde, ich bin geil auf dich, würde ich wahrscheinlich anders reagieren. „Hinter diesem ich liebe dich verbirgt sich wohl oft Lüsternheit, biologisches Verlangen."
„Schöne Worte verbergen oft eine hässliche Realität. Das Problem ist, dass die Menschen keine Ahnung haben, was Liebe ist. Darum täuschen sie nicht nur andere, sondern sie täuschen auch sich selbst. Sie halten es selbst für Liebe.
Liebe erfordert enorme Bewusstheit. Liebe ist die Begegnung zweier Seelen. Lust ist die Begegnung zweier Körper. Lust ist animalisch. Liebe ist göttlich. Solange du nicht weißt, dass du eine Seele bist, kannst du nicht verstehen, was Liebe ist. Entdecke dein Bewusstsein, dann wirst du erfahren, was Liebe ist."

„Was ist Liebe?"
„Liebe ist ein Austausch der Herzen. Doch zuerst geht es darum, dein Herz zu finden."
„Ein einsamer Weg also", bemerke ich ein wenig bedrückt.
„Nicht einsam, nur ein Weg, den du allein gehst."
„Einsam, allein, das ist dasselbe."
„Nein. Du wirst allein geboren, du lebst allein und du stirbst allein. Alleinsein ist deine ursprüngliche Natur. Doch statt dein Alleinsein als etwas Wunderbares, Schönes, Ekstatisches zu erleben, statt es als Frieden und Stille, als ein Geborgensein in der Existenz wahrzunehmen, hältst du es für Einsamkeit.
Einsamkeit ist missverstandenes Alleinsein. Sobald du dein Alleinsein missverstehst und es für Einsamkeit hältst, verändert sich die ganze Perspektive. Alleinsein ist eine schöne, eine großartige Erfahrung. Sie ist etwas sehr Positives. Einsamkeit hingegen ist etwas Armseliges, Negatives, Dunkles, Düsteres.
Alle flüchten vor der Einsamkeit. Sie ist wie eine Wunde, und sie schmerzt. Die einzige Möglichkeit, ihr zu entgehen, besteht darin, sich in die Menge zu

flüchten. Die Gesellschaft der anderen wird gesucht, Freunde müssen her, eine Familie wird gegründet. In der Menge trachten alle danach, ihre Einsamkeit zu vergessen. Doch es ist noch niemandem geglückt zu vergessen. Du kannst wohl die eigene Natur ignorieren, doch vergessen kannst du sie nicht.

Zwischen Einsamkeit und Alleinsein gibt es einen großen Unterschied. Einsamkeit ist Mangel. Es fehlt etwas, es ist etwas nötig, um diesen Mangel zu beheben. Doch du kannst ihn durch nichts beheben, weil er von vornherein ein Missverständnis ist. Und je älter du wirst, desto stärker wird dieser Mangel empfunden. Die Menschen haben eine solche Angst vor dem Alleinsein, dass sie alle möglichen unsinnigen Dinge tun. Die Leute wollen sich irgendwie beschäftigen. Sei dies, indem sie mit anderen Leuten zusammen sind, viel arbeiten, eine große Familie haben, stundenlang fernsehen, Radio hören - alles nur, um sich selbst zu vermeiden. Der einzige Grund für all diese Aktivitäten ist, dass niemand allein sein möchte. Denn allein sein erzeugt Angst."

„Und wieso haben wir Menschen Angst vor dem Alleinsein?" Sie zuckt die Schultern. „Weil du diese Idee von anderen übernommen hast. In dir selbst hast du keine Angst."

„Wer soll mir das erzählt haben? Das hat mir niemand gesagt."

„Doch, du hast es gesehen, wahrgenommen bei deinen Mitmenschen. Und du hast es ihnen nachgemacht. Dabei ist Alleinsein etwas Wunderbares. Diejenigen, die in das Alleinsein eingetaucht sind, erzählen dir, dass es nichts Schöneres, nichts Friedlicheres, nicht Freudvolleres gibt, als allein zu sein. Doch du hörst auf die Menge. Die Menschen, die mit diesem Missverständnis leben, sind die überwiegende Mehrheit. Und wer hört schon auf einen Zarathustra, einen Gautama Buddha, einen Jesus oder eine Göttin?"

„Können denn Millionen von Menschen Unrecht haben?"

„Ja, denn Quantität hat nichts mit Qualität zu tun. Auch, wenn sich Millionen von Menschen darin einig sind, dass es die schlimmste Erfahrung im Leben ist, allein gelassen zu werden, stimmt es nicht. Doch sie sehen das Alleinsein als Hölle." Sie lächelt bei diesen Worten und schaut mich. Ich fühle mich irgendwie ertappt, denn wieder einmal habe ich an etwas geglaubt, nur weil so viele daran glauben.

„Eine Beziehung, die du aus Angst eingehst, um der inneren Hölle der Verlassenheit zu entgehen, wird immer unbefriedigend sein. Sie ist von der Wurzel her vergiftet. So liebst du deinen Partner nicht. Du benutzt ihn nur, um nicht einsam zu sein. Und genauso wenig liebt er dich. Er lebt mit derselben Paranoia. Er benutzt dich, um nicht allein zu sein. Im Namen der Liebe passiert alles Mögliche - außer Liebe. Es gibt Streit, Zänkereien, doch selbst diese ziehst du der Einsamkeit vor. Wenigstens ist jemand da. Du hast Ablenkung und kannst deine Einsamkeit vergessen. Doch Liebe ist auf diese Weise nicht möglich, weil jede Voraussetzung für Liebe fehlt. Liebe entsteht nie aus Angst."

„Du denkst, ich bin nur mit jemanden zusammen, weil ich Angst vor der Einsamkeit habe. Du glaubst also, ich verwechsle die Liebe mit der Angst?"
„Schau. Es gibt zwei große Lebensgrundlagen: Liebe und Angst. Im Zustand der Angst ist das Gefühl blockiert. Bist du angstvoll, bist du gefühlsmäßig leer. Es ist das Gegenteil von voll, also gehört zu voll als Ausgleich leer. Angst verhindert klare Gedanken und klare Gefühle. Angst ist Leere, die beherrscht und kontrolliert."
Ich beginne, auf dem Stuhl hin und her zu rücken. Sie beginnt mich nervös zu machen und trotzdem frage ich: „Die Suche nach der Nähe von anderen Menschen ist also nur ein Fluchtverhalten vor mir selbst?"
„Solange du es unbewusst machst, ja. Solange dich deine Motive unbewusst kontrollieren und steuern, kannst du nicht frei wählen und wirst innerlich gezwungen, Beziehungen einzugehen, die dich an deinem Wachstum hindern anstatt zu fördern. Jeder benutzt den anderen, und jeder weiß im Grunde, dass er von anderen benutzt wird. Einen anderen Menschen zu benutzen bedeutet, ihn zu einem Gebrauchsgegenstand, zu einer Ware zu degradieren. Es ist respektlos gegenüber dem anderen."

„Und wieso fühle ich mich dann zu einer bestimmten Person hingezogen?"
„Das hat einen psychologischen Grund und kommt von deiner Prägung. Du stammst von Mutter und Vater ab und bist bei ihnen aufgewachsen. Als Junge, auch wenn du erwachsen bist, suchst du nun unbewusst nach dieser, deiner Mutter und als Mädchen den Vater. Natürlich kann kein anderer Mann eine exakte Wiederholung deines Vaters sein und keine Frau die der Mutter. Und außerdem suchst du ja gar keinen Vater, sondern einen Mann. Doch deine Prägung wird für dich entscheiden, welcher Mann für dich richtig ist. Sobald du ihn zu Gesicht bekommst, ist alle Vernunft dahin. Du wirst dich wie magisch zu ihm hingezogen fühlen. Die Prägung übernimmt sofort die Kontrolle. Doch mit der Zeit lernst du den anderen in seiner Gesamtheit kennen, und wunderst dich immer wieder, dass da etwas nicht stimmt. Er entspricht nicht mehr deinem Idealbild."
„Ist das immer so?"
„Nein, nicht wenn du dir bewusst wirst, wer du bist und wer der andere ist und beginnst, die anderen so zu akzeptieren, wie sie sind. Doch erst, wenn du mit deinem Alleinsein in Einklang gekommen bist, kannst du wirklich in Beziehung treten. Dann wird dir deine Beziehung viel Freude bescheren, weil sie nicht aus Angst entsteht. Wenn du dein Alleinsein entdeckt hast, kannst du schöpferisch sein, denn dann wird diese Beschäftigung nicht mehr ein Davonlaufen vor dir selbst sein."
„Mir ist noch immer nicht klar, wieso ich vor mir selbst davon laufen sollte?"
„Die Flucht vor dir selbst hast du von der Menge gelernt. Weil alle auf der Flucht sind, bist auch du geflüchtet. Jedes Kind wird in die Menge hinein geboren, und es fängt an, die anderen nachzuahmen. Es tut alles, was die anderen tun. Es fängt an zu glauben, dass das Leben eben so sein muss.

Doch das ist es nicht. Alleinsein ist nicht dasselbe wie Einsamkeit. Begib dich deshalb immer wieder in dein Alleinsein. Es ist dein Tempel. Er ist in dir. Doch als Mensch läufst du gerne vor deinen eigenen Schätzen davon. Wenn du erst einmal diese deine Schätze und ihre Unerschöpflichkeit kennst, dann kannst du dich auf Beziehungen einlassen, dann kannst du schöpferisch werden. Dann wirst du deine Liebe teilen und wirst niemanden mehr benutzen. Du wirst anderen durch deine Liebe Respekt erweisen und ihre Würde nicht verletzen. Völlig mühelos wirst du zu einer Quelle für andere, sodass auch sie ihre eigenen Schätze finden können."

„Das alles mag wohl stimmen. Doch ich denke, dass es Menschen gibt, die mich lieben, so wie ich bin."

„Sicher, doch ist es die bedingungslose Liebe? Die Liebe hat viele Facetten und hinter jeder Türe versteckt sich eine neue Art. Durch jede Türe, durch die du gehst, eröffnet sich dir ein Aspekt der Liebe. Das ist gut so. Denn geliebt zu werden bedeutet auch, verletzbar zu sein, da die Menschen sich gegenseitig in ihren tiefsten Komplexen kennenlernen. So kommt die Stunde unausweichlich wie ein Verhängnis, in welcher die Geliebte oder der Geliebte die tiefsten Wunden aufreißt und die beiden Liebenden zu Feinden werden. Sie sind liebende Feinde, weil die Wunden zwar Trennungen schaffen, der Funke der Leidenschaft jedoch von neuem überspringen kann. Wenn du dazu bestimmt bist, dich psychisch weiter zu entwickeln, merkst du bald einmal, dass du genau den Partner gewählt hast, der dich mit der Nase auf deine schlimmsten Komplexe zu eben diesem Zweck stoßen wird.

Womöglich ist dir das Verletztwerden dann wichtig, wenn dir der andere ebenso lieb ist wie das Bedürfnis, deine innere Wahrheit auszusprechen, falls eine echte, wenn auch gefürchtete, Gleichheit besteht. Wenn in intimen Situationen diese Gleichheit nicht empfunden wird, ist es sehr schwer, die Dinge objektiv zu sehen und auszusprechen. Denn diese kühle Objektivität bedroht dein Bild von Liebe, welches auf kindlichen Bedürfnissen nach elterlicher Sicherheit und Zuwendung beruht. So schleichst du all zu oft umher, duckst und schützt dich und den anderen, wenn er oder sie zu schwach scheint, die Wahrheit ohne schreckliche Vergeltungssucht ertragen zu können. Wenn du dich in deinem Wertgefühl von anderen abhängig machst, bemühst du dich meist, versöhnlich zu sein, oder explodierst unkontrolliert. Wenn du es nun wagst, für deine eigene Wirklichkeit einzustehen und den wunden Punkt anzupeilen, in dem sich ein Komplex versteckt, auch, wenn es den anderen in die Defensive treibt und sein oder ihr Ich für dich in der Unterwelt verschwindet. Dies ist die extrovertierte Seite der Konfrontation, die den Geliebten oder die Geliebte herausfordert.

Für deine introvertierte Seite bedeutet es, auch das höchste Ideal für die Göttin zu opfern, es ihretwegen aufzugeben. Die angenehme Nettigkeit der Liebesgöttin und der menschlichen Vater-Tochter, ihre Identifizierung mit dem unschuldigen und angenehmen Dingen des Lebens, diese Animus-Ideale müssen auf die dunkle Göttin umorientiert und in ihrem Dienst tiefgreifend verändert werden, damit die Frau als sie selbst, im Dienst an ihrem Selbst, überleben kann. Die gehätschelte Animus-Haltung, der alte König, den die weibliche Seele ihrem Selbst opfern muss, den sie töten muss als den Urquell ihrer eigenen Wertschätzung und Identität."

Ich blicke sie erstaunt an und sie fordert mich auf, mich hinzulegen. „Schließe die Augen und konzentriere dich auf deinen Atem. Ich werde nun dein feinstoffliches Energiesystem verändern." Erschrocken öffne ich wieder die Augen. „Und wie machst du das?"
„Durch Töne kann sich dein Energiesystem verändern. Vertraue mir und schließe wieder die Augen."
Ich gehorche und lasse mich von den Tönen, die sie singt, berauschen. Ihre Stimme lässt mich an exotische Länder und tibetische Rituale denken. Mir kommen die weiten Steppen der Mongolei in den Sinn, wo das Volk der Tuva eine der längsten ununterbrochenen Traditionen des Obertongesanges vorweisen kann. Woher weiß ich das? Egal, ich weiß es einfach. Ich weiß, dass der Obertongesang eine alte heilige Gesangskunst ist, die einst in wahrscheinlich allen Kulturen und Religionen verwurzelt war. Der Gesang, und im Besonderen der Obertongesang, wurde ursprünglich nur für drei Zwecke verwendet: den Lobpreis Gottes, oder welchen Namen Er in den verschiedenen Kulturen auch tragen mag, die Heilung und das Enchantment. In diesem Begriff steckt das englische Wort für spirituelle Gesänge, chant, das wiederum vom französischen chanter, singen, stammt. Die französische Redewendung je suis enchanté mit der Bedeutung ich bin erfreut oder auch ich bin bezaubert heißt wörtlich übersetzt: Ich bin besungen. Wie eng singen mit Zauber und Entrückung verbunden ist, zeigt sich auch im lateinischen Wort cantare von dem sich chant und chanter herleiten: seine erste und ursprüngliche Bedeutung ist nicht singen, sondern beschwören und zaubern.
Der französisch-englische Begriff enchantment oder spanisch encantamiento, bedeutet also soviel wie Verzauberung und auch Entzücken, ja sogar Verzückung. So hat dieses Wort über Jahrhunderte hinweg die Wirkung und ursprüngliche Verwendung von Gesang transportiert: Bewusstseinserweiterung, Trance, Ekstase, Vision.
Durch die Tatsache, dass die Obertonreihe nach oben offen, also entsprechend ihrer Natur unendlich ist, helfen die Frequenzen der Obertöne, die Schwelle vom Bewussten zum Unbewussten zu überschreiten und verschiedene Bereiche des Selbst miteinander zu verbinden, was zu neuen Ein- wie auch Aussichten führt. Da unterbricht sie meine Gedanken mit den Worten: „Jetzt hast du genug darüber nachgedacht. Lasse jetzt die Töne auf dich wirken. Entspanne dich und höre auf, zu denken."
Und wieder erklingt ihre Stimme, die sanften Töne, die über meinen Körper streifen. Ich habe den Eindruck, zu schweben. Meine Sinneseindrücke beginnen sich zu verändern. Sie gehen über das Hören hinaus. Ich sehe leuchten-

de Spektralfarben, empfinde Formen, habe neue Geschmackseindrücke und meine Gefühle sind in Hochstimmung. Es ist eine Vermischung von Sinnesqualitäten, wie ich sie noch nie erlebt habe. Dagegen sind alle Drogen ein Nichts, kommt mir spontan in den Sinn. Und ich schwebe weiter, sehe Bilder, die ich noch nie gesehen habe. Dieser Obertongesang führt mich zu einer Erweiterung meiner Wahrnehmung, wie ich es noch nie, wirklich noch nie erlebt habe. Keine Ahnung, wie lange ich so da gelegen bin, als ich plötzlich bemerke, dass sie aufgehört hat zu singen.

Langsam öffne ich meine Augen und weil alles so hell scheint, schließe ich sie sofort wieder. Es ist, als ob die Sonne mit ihrer ganzen Leuchtkraft sich in diesem Raum befindet. Sie sitzt neben mir und der Liebesstrom, der aus ihr, diesem Lichtmenschen, fließt, ist reine Gnade.

Und ich höre sie sagen: „Ursachen und ihre Wirkung gehören zur Welt des Egos mit seinem Körperbewusstsein. Sie wird von falsch geleitetem Denken, Fühlen und Handeln beherrscht. Jetzt hast du dich über das begrenzte Körperbewusstsein erhoben. Du bist in deinem Innersten mit der göttlichen Kraft verbunden, deshalb begehre nichts mehr von dieser Welt und ihrem vergänglichem Schein, sei vollkommen wunschlos und losgelöst, dann wird das Göttliche selbst dein Leben lenken. Wünsche erschaffen mächtige Schatten und ketten dich an die Ebene des Todes und des Zorns. Schenke dein gesamtes irdisches Leben der spirituellen Ebene in dir und vertraue unter allen Umständen dem Göttlichen. Das wird fortan dein Meister sein und dich lenken. In Wahrheit gibt es weder einen Meister noch eine Meisterin. Es gibt nur die Meisterschaft, mit der jeder Mensch zu jeder Zeit beginnen kann. Das Göttliche ist reine Liebe. Außer dem Göttlichen gibt es nichts. Ohne die Allgegenwart des Göttlichen könnte kein einziger Gedanke in dir aufsteigen und Gutes säen. Sei wach! Licht ist grenzenlos. Wo Licht ist, weicht die Finsternis oder sie wird selbst zu Licht." Ich bin sprachlos, schließe wieder die Augen und nehme ihre Worte ganz in mich auf. So fühlt sich Liebe an. Es ist grenzenlos, weit, wunderschön, bezaubernd, tief und ...
„Das göttliche Antlitz ist nichts anderes als die allgegenwärtige Liebe", erklärt sie in diesem Augenblick. Ich hole noch einmal tief Luft, öffne wieder die Augen und lächle sie an.
„Na, wie fühlst du dich?"
„Wunderbar, ausgeruht, glücklich und wie neu geboren. So zufrieden wie noch nie. Ich bin wunschlos glücklich. Jedenfalls jetzt, in diesem Augenblick."

Sie lächelt mich an und erklärt, dass ich noch ein wenig liegen bleiben soll. Ich gehorche ihr und erst, als ich das Gefühl habe, wieder ganz hier zu sein, setze ich mich auf. Sie hat wieder auf ihrem Stuhl Platz genommen. Ich setze mich ihr gegenüber und sage: „Danke!" Sie schmunzelt. „Danke dir selbst, dass du dir erlaubt hast, diese Reise zu unternehmen. Du hast für einen kur-

zen Augenblick dein Ego losgelassen und bist voller Vertrauen in deine Mitte gereist."
„Ich habe für einen kurzen Moment also mein Ego geopfert?", frage ich erschrocken.
„Opfer? Nein, das war kein Opfer."
„Was ist denn ein Opfer?"
„Ein Opfer ist, was mit vielen Göttinnen geschah. Alle verletzlichen Göttinnen wurden zu Opfern gemacht. Hera wurde von ihrem Ehemann Zeus, der sich nicht um ihr Bedürfnis nach Treue scherte, gedemütigt und missbraucht. Die Verbundenheit Demeters mit ihrer Tochter wurde ignoriert, genau wie auch ihr Leiden, als Persephone in die Unterwelt entführt und dort gefangen gehalten wurde. Demeter und Persephone wurden beide vergewaltigt. Die verletzlichen Göttinnen entwickelten genau wie sterbliche Frauen, die sich in Situationen der Unterlegenheit, des Leide-und-sei-machtlos befinden, psychische Symptome. Frauen, die diesen Göttinnen innerlich ähnlich sind und deren Bewusstseinsmodus der schwebenden Aufmerksamkeit entspricht, sind potentielle Opfer. Im Gegensatz dazu stehen die jungfräulichen unverletzlichen Göttinnen, denen man die Fähigkeit zuschreibt, Grenzen zu setzen und Ziele anzuvisieren oder Probleme durchzudenken und Strategien zu entwickeln, was ein fokussiertes Bewusstsein voraussetzt. Frauen, die diesen Göttinnen ähnlich sind, laufen weniger Gefahr, Opfer zu werden."
„Um die Opferrolle zu vermeiden, muss ich also entschlossenen Schrittes gehen, zielorientiert und konzentriert sein."
Sie lacht. „Eine Frau, die allein irgendwo herumsteht und wartet oder in einem Restaurant allein sitzt, kann damit rechnen, dass sie von Männern angesprochen wird, die davon ausgehen, dass eine Frau ohne männliche Begleitung Freiwild für Kommentare oder Aufmerksamkeit ist."
„Oh nein. Das war vielleicht einmal so, doch heutzutage ist das anders."
„Bist du sicher? Ich denke nicht. Noch immer kommt es vor, dass der Mann einer Frau unerwünschte sexuelle Avancen macht, und sie sexuell belästigt oder zur Zielscheibe seiner Wut macht, wenn sie ihn ablehnt. Zwei Faktoren prädestinieren die Frau zur Opferrolle: Die Fehlinterpretation des Mannes, ihre Rezeptivität oder Freundlichkeit sei als Einladung zum Sex gemeint sowie die allgemeine Annahme, dass jede Frau, die allein ist, angesprochen werden kann und potentiell zur Verfügung steht. Ein weiterer Faktor ist die stillschweigende Annahme der Gesellschaft, dass Frauen Besitz sind."
Sie schweigt und schaut mir tief in die Augen. Ich weiche ihrem Blick aus und schaue ins Feuer. Was soll ich sagen. Sie hat sicher Recht. Und wenn die Gesellschaft mich als Frau nur als Besitz ansieht, wo bleibt da die Liebe? Niedergeschlagen und entmutigt frage ich trotzdem: „Und wo bleibt die große Liebe zwischen Mann und Frau?"
„Die große Liebe ist nicht Geschlechter abhängig. Es gibt sie auch zwischen Gleichgeschlechtlichen. Du findest sie, wenn du dich in der bloßen Gegenwart des anderen glücklich fühlst. Wenn die bloße Anwesenheit des anderen eine

tiefe Befriedigung in deinem Herzen bewirkt. Etwas in deinem Herz beginnt zu singen, und du spürst die Harmonie. Dann wird die Gegenwart des anderen dich darin unterstützen, zusammen zu sein. Dann werdet ihr zu einem Individuum, ihr beide werdet zentrierter, ihr werdet besser geerdet. Das ist es, was du die große Liebe nennst. Ich nenne das Liebe. Liebe ist nicht Leidenschaft. Liebe ist nicht Emotion. Liebe ist die tiefe Erkenntnis, dass ein anderer Mensch dich irgendwie vollständig macht. Der andere macht dich rund, zu einem Kreis. Die Präsenz des anderen verstärkt deine eigene Präsenz. Liebe gibt dir die Freiheit, du selbst zu sein. Sie ist nicht besitzergreifend. Du brauchst nichts als die Gegenwart des anderen, genau so, wie er oder sie ist. Wenn das genügt, um euch glücklich zu machen, wenn etwas in euch zum Blühen kommt, wenn tausend Lotusse zu blühen beginnen, dann ist es Liebe. Dann könnt ihr alle Schwierigkeiten meistern, welche die Realität mit sich bringt. Liebe ist ewig. Wenn Liebe da ist, wird sie immer weiter wachsen. Liebe kennt einen Anfang, jedoch kein Ende."

Ihre Worte berühren mich und meine Augen füllen sich mit Tränen. Beschämt blicke ich auf den Boden. Sie soll nicht sehen, was ihre Worte in mir auslösen. Sie kniet sich vor mich hin und hebt meinen Kopf und schaut mir in die Augen. „Tränen sind etwas Wunderbares. Wenn die Natur gewollt hätte, dass die Menschen nicht weinen können, hätte sie die Augen anders gemacht, ohne Tränendrüsen. Männer und Frauen haben Tränendrüsen. Sie sind notwendig; sie sind eine enorm wichtige Sprache. Es gibt Augenblicke, in denen du nichts sagen kannst, doch deine Tränen drücken es aus. Es kann vorkommen, dass du so viel Freude verspürst, dass dir Tränen in die Augen steigen. Tränen sind immer ein Zeichen für überfließendes Erleben. Es kann vorkommen, dass du so viel Traurigkeit in dir trägst, dass du es nicht in Worte fassen kannst. Dann helfen Tränen. Das ist einer der Gründe, warum Frauen gefühlsbetonter sind als Männer. Weil sie jederzeit bereit sind, zu weinen, zu schreien und mit Sachen zu schmeißen." Lachend frage ich: „Es ist gut, jeden Tag ein bisschen ausgelassen zu sein."
„Ja, ein wenig Ausgelassenheit hat noch niemandem geschadet. Lasse deine Gefühle hinaus, damit sie nicht eines Tages total explodieren. Mache es häppchenweise, das ist die klügere Methode. Höre auf mit dem Verdrängen deiner Gefühle oder sich gar derer zu schämen. Höre auf, ständig dein Gesicht zu wahren, deine falsche Maske zu zeigen. Denn alles hat seine Grenzen. Es kommt der Moment, da du es nicht mehr zurückhalten kannst, und dann bricht alles zusammen. Lerne wieder mehr im Herzen zu sein, denn vom Herzen führt der Weg zum Sein. Du kannst das Herz nicht umgehen. Denn die Liebe ist die stärkste Kraft und Logik kann niemals die Liebe übertreffen. Der Verstand kann wohl sehr stark sein, doch schlussendlich siegt immer die Liebe."
„Oder die Kehrseite der Liebe, also Hass und Eifersucht."
Sie steht auf, geht an ihren Platz zurück, schaut mich eine Weile an und sagt: „Wenn du dich in Hass und Eifersucht verstrickst, stirbt die ganze Schönheit

der Liebe, und alles, was dir bleibt, ist Gift. Dann wirst du dich selbst und alle Menschen deiner Umgebung vergiften. Wer liebt, muss besonders wachsam sein, denn er kann leicht dem Hass in die Falle gehen, der gleich daneben liegt. Jeder Gipfel der Liebe ist dem Hass ganz nah. Das dunkle Tal des Hasses umgibt den Gipfel von allen Seiten, und du kannst dabei leicht abgleiten."

„Vielleicht ist das der Grund, warum viele Menschen beschließen, nicht zu lieben. Vielleicht ist das der Grund, warum viele Menschen beschlossen haben, im Kopf zu leben und das Herz einfach zu vergessen. Weil es so empfindlich ist, weil es so leicht verletzbar ist, weil seine Stimmungen sich wie das Wetter verändern."

„Und doch führt der Weg nur über die Liebe und nicht über die Logik des Kopfes. Lerne die Kunst des Liebens, indem du genau auf all diese Dinge achtest. Bewahre deine Liebe davor, in die Fallgruben des Hasses und der Eifersucht zu geraten, denn sonst wird es unmöglich, zum Sein zu gelangen, unmöglicher noch, als vom Kopf aus."

„Also geht es darum, dass ich meinen Hass und meine Eifersucht aufgebe und gleichzeitig auch die Logik."

„"Die Logik ist nützlich, sie hat ihren Zweck. In der wissenschaftlichen Arbeit ist sie sinnvoll, doch nicht in menschlichen Beziehungen. Der westliche Mensch sollte darauf achten, dass die Logik nicht zu seiner einzigen Seinsweise wird, sondern dass sie nur ein Instrument bleibt, das er benutzt und dann beiseite legt.

Dein wertvollster Schatz ist die Liebe. Lasse dich also tief in die Liebe ein. Je tiefer du dich auf die Liebe einlässt, um so näher kommst du dem Sein. Das Sein ist nicht weit weg, es ist die tiefste Schicht der Liebe, einer Liebe, die absolut rein und bedingungslos ist. Liebe, die absolut wach, aufmerksam und bewusst ist, führt sofort zu einer revolutionären Transformation; sie öffnet die Türen zum innersten Schrein des Seins. Dein innerstes Zentrum zu erreichen, bedeutet, alles zu erlangen, was das Leben dir geben kann, seinen ganzen Duft, seine ganze Schönheit, seine ganze Freude, seinen ganzen Segen."

„Verschwinden mit der Liebe auch Gewalt, Krieg und Missbrauch?"

„Im Krieg ist die Liebe nutzlos; die Wahrheit, die Schönheit, die Empfindsamkeit für das Schöne, das alles ist nutzlos. Für den Krieg braucht der Mensch ein Herz, das härter ist als Stein. Für den Krieg braucht es nur Hass, Wut und Zerstörungswahn."

„Also ist die Liebe noch weit weg auf unserem Planeten."

„Nein sie war und ist immer da."

„Gut versteckt hinter dem Herz aus Stein des Kriegers?"

Sie schmunzelt. „Auch das ist eine Stärke, die es nicht zu unterschätzen gibt. Wenn du dem Krieger, der Kriegerin eine Herausforderung gibst, kann jede Eigenschaft entwickelt werden, auch die Liebe."

„Der Kampfgeist", sie unterbricht mich: „ist wichtig, doch erst eine Welt voller weiblicher Qualitäten, voller Liebe, bringt die Kriege zum verschwinden. Nur

dann können die Nationen verschwinden. Nur dann kann eine geeinte Welt entstehen. Eine liebevolle, friedliche, stille und schöne Welt. Darum lasse alle Konditionierungen fallen, die das Patriarchat dir gegeben hat. Finde deine eigenen Qualitäten und entwickle sie. Höre auf, den Mann zu imitieren. Jeder Mensch, ob Mann oder Frau, stammt von Vater und Mutter ab. Eine Hälfte des Wesens stammt vom Mann und die andere Hälfte von der Frau. Jeder ist beides. Bist du ein Mann, dann ist der Mann an der Oberfläche und darunter verborgen sind alle weiblichen Eigenschaften, die Anteile der Mutter. Bist du eine Frau, dann sind die weiblichen Eigenschaften an der Oberfläche und die männlichen Eigenschaften liegen darunter, die Anteile des Vaters. Es braucht also keinen Konflikt zwischen beiden zu geben, denn du bist beides zugleich: Mann und Frau. Statt einen Konflikt zu erzeugen, entdecke einen Weg, wie du aus allen deinen Eigenschaften zusammen eine Harmonie herstellen kannst. So findest du zu deiner Ganzheit als Mensch, zu einem erfüllten Leben."
„Und dann kann ich sein, wie du oder die anderen Göttinnen?"
„Nein. Dann kannst du das sein, was du bist. Höre auf, nach besonderen Menschen, Göttinnen oder Göttern zu suchen und sie zu glorifizieren. Du bist ein besonderer Mensch für dich, glorifiziere dich. Gib nicht nach außen, was du innerlich längst hast. Diese Tendenz haben viele Menschen. Höre auf damit. Ich bin nichts anderes als ein Teil von dir."
„Wie, ein Teil von mir?", frage ich erstaunt und ihre Erwiderung gibt mir keinen Sinn.
„Die Antwort auf deine Frage findest du nur bei dir selbst."

Perplex schaue ich sie an und da kommt mir der Gedanke, dass ich mein eigenes Schicksal bin. Ich habe mein Schicksal in der Hand. Was, wenn die Göttinnen in jedem Menschen als Wesenskräfte leben, allerdings in verschiedenen Gestalten. Sie weben vielleicht den Stoff, doch die Kleider suchen wir uns selber aus. Geist, Seele, Leben und Leib sind sie und gestalten zusammen den individuellen Menschen mit einem eigenen Namen. Etwas verwirrt von diesen Gedanken, schrecke ich hoch, als ich ihr klangvolles Lachen höre.
„Beginne, das Leben zu lieben und nicht verstehen zu wollen. Das ist das erste, das es zu verstehen gibt."
„Dass ich das Leben lieben und nicht verstehen muss?"
„Das Leben ist derart geheimnisvoll, dass du mit deinen Händen seine Größe nicht fassen kannst, mit deinen Augen sein tiefstes Mysterium nicht schauen kannst. Irgendeine Ausdrucksform der Existenz zu verstehen, die Männer, die Frauen, die Bäume, Pflanzen, Steine oder Tiere, ist das Ziel des Wissenschaftlers, doch nicht für dich. Es kommt ein Punkt, an dem du Logik und Vernunft hinter dir lassen musst, an dem du nur auf die Natur hören darfst. So kannst du die Welt verstehen, doch nicht im gewöhnlichen Sinne von verstehen. Dann weißt du, fühlst du, und du kannst es nicht mehr in Worten ausdrücken. So ist der Mann ein Mysterium und die Frau ist ein Mysterium. Alles, was existiert, ist ein Mysterium, und alle deine Bemühungen, es zu enträtseln,

sind zum Scheitern verurteilt. Alles ist geheimnisvoll. Es ist besser, es zu genießen, als zu versuchen, es zu verstehen. Letztlich erweist sich derjenige, der stets das Leben zu verstehen trachtet, als ein Narr und derjenige, der das Leben genießt, als ein Weiser. Der das Leben zu genießen versteht, wird mehr und mehr zur Einsicht kommen, dass er vom Geheimnisvollen umgeben ist. Die größte Einsicht ist die, zu erkennen, dass es nichts zu verstehen gibt und dass alles ein Mysterium und ein Wunder ist. Das ist der Beginn von Religion in deinem Leben."
„Religion?", frage ich erstaunt und gleichzeitig kommt mir in den Sinn, was ich bei Sophia lernte. Religion ist nichts anderes als eine Rückbindung: „Du meinst, so gelangen wir Menschen wieder an den Ursprung zurück?"

Sie lächelt mich weise verstehend an. „Du fragst dich jetzt, was denn der Ursprung ist?" Ich nicke. „Ich möchte dir eine Geschichte erzählen. Ich nenne sie: Wie aus dem Chaos Ordnung wurde. Die Göttin Nu Gua wanderte nach der Entstehung von Himmel und Erde über das Land. Vielerlei Getier begegnete ihr, dennoch fühlte sie sich einsam, denn es fehlte ihr an Gefährten. Da kam ihr der Gedanke, Wesen nach ihrem Ebenbild zu schaffen. Sie nahm eine Handvoll Schlamm vom Ufer eines Teichs und formte daraus Körper mit Armen und Beinen. Als sie diese auf den Boden stellte, erwachten sie zum Leben. Es gefiel ihr, was sie sah, und so erschuf sie noch viele mehr, bis die Sonne unterging. Dann legte sie sich zum Schlaf nieder, um sich auszuruhen. Am nächsten Morgen erschuf die Göttin weitere Hunderte von diesen Wesen. Doch schon bald sah sie ein, dass sie es mit dieser Vorgehensweise niemals schaffen würde, die ganze Welt mit ihnen zu bevölkern.
Da nahm sie ein Seil, zog es durch den Schlamm und wirbelte es über ihren Kopf. In alle Richtungen fielen kleine Klumpen auf den Boden und sobald sie diesen berührten, verwandelten sie sich in Menschen. Auf diese Weise gelang es ihr, unzählige Menschen zu erschaffen, welche die ganze Welt bevölkerten.
Viele Jahre erfreute sie sich an ihren Geschöpfen. Doch dann kam es zu einem erbitterten Streit zwischen dem Geist des Wassers Lei Gong und dem Geist des Feuers Jurong. Nach ihrem erbitterten Kampf erlitt der Himmel Schaden und ein Teil fiel zur Erde herab, Risse entstanden im Boden, Sonne, Mond und die Sterne wurden in eine Umlaufbahn gestürzt, die sich bis heute nicht mehr geändert hat. Fluten bedeckten die Ebenen und Feuer wütete in den Wäldern.
Die Menschen befanden sich in großer Angst.
Nu Gua sah ihre Not und handelte schnell. Zunächst schmolz sie Steine aus den Flüssen, um das Loch im Himmel zu reparieren. Dann nahm sie eine Schildkröte, schnitt ihr die vier Beine ab und stellte sie an den vier Ecken der quadratischen Erde auf, um das Himmelsgewölbe zu stützen. Dann baute sie Dämme, um das Hochwasser in die Schranken zu weisen. So kehrte die Ordnung auf die Erde zurück und die Menschen lebten wieder in Frieden."

„Ich verstehe nicht, was du mir damit sagen willst."
„Jeder Mensch, ganz gleich ob Mann oder Frau, trägt noch immer die Essenz der Ur-Göttin, die göttliche Kraft selbst in sich. Die Große Göttin besaß seit Anbeginn aller Zeiten die Fähigkeit, sich selbst zu gebären und sie besitzt auch heute noch die Kraft, anderen Wesen bei ihrer spirituellen Geburt zu helfen. Im Gewahrsein und sich Anvertrauen an diese Kraft liegt die Grundlage echten Selbstwertes und Selbstbewusstseins."
„Indem ich glaube?"
„Glauben! Es ist vielmehr ein Vertrauen. Ein Vertrauen in dich und deine Fähigkeiten."
„Ich verstehe. Doch ich will immer wieder meinen Glauben beweisen, wie schon Generationen vor mir. Statt zu sagen: Ich glaube an das Göttliche, ich fühle das Göttliche in mir, ich sehe das Göttliche in meinem Leben, will ich eine äußere Erscheinungsform verstehen und beweisen. Doch das geht nicht." Und plötzlich verstehe ich wirklich und sage lachend: „Einmal mehr fordert mein Verstand Nahrung. Dabei ist Glauben eine Sache des Herzens, des Fühlens und des Vertrauens." Sie nickt und fügt bei: „Jeder Mensch hat eine göttliche Bestimmung in seinem Leben und zudem ein weltliches Ziel. In sich vereint führen sie auf den gleichen Weg."
„Doch die meisten Menschen sabotieren beides und enden in einer für sie unerwünschten Situation. Warum sabotieren wir uns selber? Wie breche ich dieses Muster auf?"
„Emotionale Fehlschaltungen haben in erster Linie mit deinem Bild von dir selbst in deinem Unterbewusstsein zu tun. Das Selbstbild entscheidet darüber, ob du eher eine erfolgsorientierte oder misserfolgorientierte Persönlichkeit hast, eine glücksanfällige oder elendanfällige, eine zu Gesundheit oder Krankheit neigende Person bist."
„Also geht es einmal mehr darum, dass ich mir bewusst werde, wer ich bin und was ich sein will."
„Sich etwas bewusst sein ist gleichbedeutend mit der Verdichtung der Aufmerksamkeit, was nachweisbar der Schlüssel für die Schöpfung der Materie, also Leben ist. Im Wort Materie findest du den Wortstamm Mater, was gleichbedeutend ist wie Mutter."

„Mit anderen Worten, die Mutter, also die weibliche Kraft, ist doch wichtiger als die männliche Kraft, der Vater."
Sie schüttelt den Kopf. „Nur, wenn du die zwei Kräfte gegeneinander ausspielst. Doch darum geht es nicht. Höre auf, an alten Glaubensvorstellungen festzuhalten. Vergiss, dass die Kirchenväter von der Frau als Einfallspforte des Teufels sprachen und Feministinnen den Spieß umdrehen und erklären, dass der Mann allein Erlösung findet, wenn er von der Frau vermenschlicht wird. Wenn du die beiden Kräfte gegeneinander antreten lässt, ist es ein reaktiver Pendelschlag vom mehrtausendjährigen Matriarchat und einem ebenso hartnäckigen Patriarchat. Doch nun ist es an der Zeit, etwas Neues entstehen zu lassen, das prähistorische Androgynat."

„Das heißt?"
„Erkenne, dass das Männliche und das Weibliche jeweils eine besondere eigenständige Bedeutung im Gesamtgefüge des kosmischen Lebens einnehmen. Das ist der Schritt in eine sinnvolle Zukunft."
„Männlich und weiblich, also Mann und Frau."
„Ja und nein. Mann und Frau sind nicht gleich, sie sind anders und doch gleichwertig. Nur gemeinsam ergeben sie ein Ganzes. Beide sind in ihrer Art einzigartig. Frauen haben männliche Anteile in sich, wie Männer weibliche Anteile in sich tragen. Wichtig ist, zu erkennen, dass es keine Frage des Vergleichs ist. Gleichheit steht außer Frage. Frauen und Männer sind weder ungleich, noch können sie gleich sein. Sie sind einfach einzigartig.
Freue dich also über deine weiblichen Eigenschaften, mache deine weiblichen Eigenschaften zur Poesie. Sie sind dein großartiges natürliches Erbe. Wirf es nicht über Bord und ehre und achte auch das Männliche in dir. Uralte Mythen können dir diesen Weg weisen."
„Du meinst, so bin ich in der Lage, von den Stereotypien des Geschlechtlichen wegzukommen, welche die Männlichkeit mit säbelrasselnder Grobheit, das Weibliche hingegen mit hausmütterlicher Enge und Demut in Verbindung setzt."
„Ja. Gegensätzlichkeit heißt nicht Konkurrenz von zwei Prinzipien. Das Ziel darf nicht sein, eines der Prinzipien zu unterwerfen oder gar auszulöschen. Und doch ist es genau das, was vom monotheistischen Despotismus gepflegt wird. Es ist ein Weg der Vernichtung. Es ist nichts anderes als die Zerstörung deines Heimatplaneten Erde. Wenn du jedoch die alten Sichtweise der Dinge erblickst, so siehst du die Möglichkeit, in den Gegensätzen sich ergänzende Teile eines sinnvollen Ganzen zu erblicken."
„Und Mythen und Märchen können mir den Weg weisen?", wage ich zu bezweifeln. „Nimm als Beispiel Sonne und Mond. Sie stellen ein Symbol dar, das auch in deiner hochtechnologischen Epoche erkennbar ist. Von Selene hast du einiges über den Mond gelernt und von Tefnut über die Sonne. Du hast gelernt, dass beide sowohl männlich, wie weiblich gesehen werden. Du hast erkannt, dass die Sonnenkraft auch in der Frau zu finden ist und die Mondkraft im Mann. Wenn wir uns nun den Verwandtschaftsgrad von Sonne und Mond anschauen, wird klar, wieso das so ist."
„Sonne und Mond sind verwandt?"
„In vielen Büchern wird das beschrieben. Sie sind wie Bruder und Schwester. In der jüngeren Edda sind Mani, Mond, und Sol, Sonne, als Geschwister Kinder eines Vaters namens Mundilföri. Auch im Reginsmal 23 wird die Sonne Schwester des Mondes genannt, in der Völuspa ist die Sonne des Mondes Gesellin. In einem Eskimo-Mythos wie auch bei den Cherokee sind die beiden ebenfalls Bruder und Schwester. Oder in den japanischen Mythen vom Weltanfang gehen die Sonnengöttin Amaterasu und der Mondgott Tsuki-Yomi aus dem linken und rechten Auge des Urmenschen Izanagi hervor."
„Ich kenne jedoch auch Geschichten, da sind sie nicht Bruder und Schwester sondern vielmehr Mann und Frau."

„Das eine schließt das andere nicht aus. Schlussendlich weisen all die Geschichten und Mythen nur auf die Einheit hin. Auf die mögliche Einswerdung der Unterschiede, welche dem Gedanken einer Vorherrschaft des jeweils Weiblichen oder Männlichen entgegensteht." Ich schüttle zweifelnd den Kopf und gebe zu bedenken: „Die Sonnengöttin steht als Symbol für die zentral ausstrahlende Wärme und das lebensspendende Feuer. Das Solare stellt eine Funktion als Mittelpunkt im Sinne eines Lebenskerns des kosmischen Lebens dar. Das Lunare hingegen gilt als peripher und zyklisch. Es bewegt sich zwischen Verborgenheit und offenbar werdend und gleichzeitig ist es auch ein Symbol für Feuchtigkeit."
„Und du schließt nun daraus, dass dieses Gegensatzpaar in zwei Kategorien eingeteilt werden kann: in mütterliche Wärme und zeugende Nässe. Wenn du das machst, reduzierst du die beiden Ausdrucksmöglichkeiten. Du begrenzt sie auf die klassische Verbindung des Männlichen mit dem Feuer und des Weiblichen mit dem Wasser. Doch in beidem findest du auch das andere. So findest du schon im eddischen Schöpfungsmythos die Beschreibung, dass aus dem Schmelzen des Eises Leben erwächst. Die Urkuh Audhumbla leckt den Urmenschen Buri aus dem Eis hervor, womit sie den Prozess der Schöpfung der menschengestaltigen Urgötter in Bewegung setzt. Aus dem ägyptischen Hathor- und dem griechischen Herakult sowie der hinduistischen Verehrung der Kuh wird ersichtlich, dass die Idee einer kuhgestaltigen Himmelsgottheit als nährende mütterliche Kraft uralt ist. So trägt auch die ägyptische Göttin Hathor die Sonnenscheibe zwischen ihren Hörnern."
„Und das soll aufzeigen, dass Mond und Sonne zusammen gehören?"
„Nur durch eine Verbindung von beidem kann Wachstum entstehen. Des Mannes Samen wird vom Weibe aufgenommen und in ihrem Schoß genährt."
„Deswegen der Himmel als Vater, die Erde als Mutter. Vom Himmel kommt der Regen, das Wasser für einen Samen. Die Erde, welche durch das Wasser befeuchtet wird, gebärt." Sie nickt mir zustimmend zu und ich komme zum Schluss: „Es geht darum, dass ich in mir beides vereine."
„Das ist die schöpferische Hochzeit. Wenn das Männliche und das Weibliche zu einem werden. Denn nur aus dem Weiblichen und Männlichen kann neues Leben entstehen. Es braucht beide Pole."
„Doch wie bringe ich diese beiden Pole in mir zusammen?" Sie steht auf und fordert mich auf, ihr zu folgen. Wir gehen hinaus, der Nebel hat sich gelichtet und bei blauem Himmel und Sonnenschein sieht es vor dem Holzhaus ganz anders aus. Es liegt eine friedliche Stimmung in der Luft und erwartungsvoll folge ich ihr. Sie führt mich hinter das Haus auf eine große Wiese. Neugierig schaue ich mich um und will gerade fragen, was diese Wiese mit dem männlichen und weiblichen Pol auf sich hat, als sie mir die Erklärung liefert: „Hier hast du genug Platz, um ein Mandala zu machen. Das wird dich zu deiner eigenen, inneren Antwort führen." Verdutzt schaue ich sie an: „Was ist ein Mandala?"

„Das Wort Mandala kommt aus dem altindischen Sanskrit, und bedeutet Kreis oder Kreisbild."
„Du willst also, dass ich hier ein Kreisbild male oder mache?" Sie nickt. „Suche dir für dein Mandala Dinge in der Natur. Gehe mit der Frage, die dich beschäftigt und nimm alle Dinge hoch, welche dir den Weg weisen wollen. Aus all diesen Gegenständen machst du ein Bild, welches dir die Antwort auf deine Frage geben wird."
„Und wie das?"
„Indem dein inneres Bild nach außen gekehrt wird."
„Und muss es ein Kreis sein?"
„Nein. Doch der Kreis übte schon immer eine große Anziehungskraft auf die Menschen aus. Der Kreis ist, wie alle geometrischen Formen, um ein Zentrum angeordnet. So findest du kreisförmige Gebilde in allen Kulturen. In vielen Kulturen ist er ein Symbol für die Sonne, ohne deren lichtspendende Kraft nichts existieren kann. Er ist auch ein Symbol für die Endlosigkeit – kein Anfang und kein Ende. Wenn du dich also mit der Frage deiner Weiblichkeit und Männlichkeit auseinander setzen willst, ist es sicher von Vorteil, wenn du dafür ein Kreisbild wählst. Wenn du nun deine Gegenstände in der Natur suchst, wirst du feststellen, dass du da überall auf die Urform des Kreises stößt: die Form der Sonnenblume, des Seesterns oder dem Querschnitt eines Baumstammes. Fällt ein Regentropfen in den Teich, entstehen konzentrische Kreise. Schneeflocken, Blumen, Augen - überall sind Kreisformen zu entdekken - vom winzigen Eiskristall bis zum unvorstellbar großen Sonnensystem.
Der Kreis als geometrische Form, der dem Menschen immer wieder begegnet, ist eine ihm vertraute Form. Deswegen wird es auch Urbild genannt. Mandalas sind Bilder, die sich der Urform des Kreises bedienen."
„Sind Mandalas nicht vielmehr Bilder zum ausmalen?"
„Ja, heute werden vorgefertigte Mandalas verkauft, die du ausmalen kannst. Hier und jetzt wirst du jedoch dein eigenes Mandala erschaffen." Ich stehe da und weiß nicht genau, wie ich das anfangen soll? „Kann ich nicht einfach ein Mandala ausmalen?"
„Du denkst, das wäre einfacher?" Ich nicke, doch sie verneint: „Wenn ich dir ein Mandala zum Ausmalen geben würde, müsstest du das Mandala auch erst in Ruhe ansehen, bevor du beginnen kannst. Du würdest dich auch fragen müssen, ob du das Mandala von innen nach außen malen willst, oder von außen nach innen."
„Gibt es da keine Regeln?"
„Nicht wirklich. Bei den meisten Menschen ist es so, dass wenn sie von außen nach innen malen, sie Ruhe verspüren, ein Insichgehen. Wird nun von innen nach außen gemalt, öffnet der Mensch sich seiner Welt und kann wieder mehr aufnehmen.
Beim Ausmalen kommen die Gedanken allmählich zur Ruhe. Durch die Konzentration auf das Gestalten der Formen wird alles andere nebensächlich. Gerade das Zur-Ruhe-Kommen ist das Faszinierende an Mandalas."

„Also lasse mich zeichnen, bitte.“
„Nein, ich möchte, dass du dein eigenes Mandala kreierst. Gehe in die Natur und nimm die Dinge mit, die dich ansprechen. Du wirst sehen, wie befreiend so ein Mandala sein kann.
Die Symbolik eines Mandalas zielt direkt auf das Unbewusste und durch ausgesuchte Farben und Formen werden bestimmte Bereiche der Psyche angesprochen und stimuliert. Ein Mandala kann sowohl abstrakte Formen und Ornamente als auch Darstellungen von Tieren und anderem enthalten, ebenso wie alle möglichen Symbole. Auch natürliche Motive können als Mandala dienen.
Hier hast du Körner, die du an die Stellen legen kannst, wo du etwas nimmst. Denn immer, wenn wir der Erde etwas wegnehmen, müssen wir ihr auch etwas zurückgeben. Wir und die Erde sollten gleichberechtigte Partner sein. Was wir der Erde zurückgeben, kann etwas so Einfaches - und zugleich so Schwieriges - wie Respekt sein.“
Sie lächelt mich noch einmal voller Liebe an, dreht sich um und so stehe ich wieder einmal allein da. Ich raffe mich auf und gehe auf die Suche nach Gegenständen, die sich mir für mein Mandala anbieten. Schon kurze Zeit später kehre ich mit vielen unterschiedlichen Dingen zurück und beginne daraus, mein Mandala zu gestalten. Am Anfang habe ich Mühe damit und fange immer wieder neu an. Doch mir ist klar, dass ich hier nicht in Eile etwas machen kann. Ich versuche, geduldig zu sein. Es ist die Geduld, welche die Seele wachsen lässt. Und wirklich, je ruhiger ich bei der Arbeit bin, desto schneller geht es vorwärts. Um mich herum verliert sich die Zeit und ich bin ganz in meine Tätigkeit versunken. Beim Einlegen einer kurzen Pause wird mir bewusst, dass es schon wieder am Eindunkeln ist. Ich schaue mich um und mir kommt der Gedanke, dass ich hier ganz allein bin. Doch bin ich das wirklich? Nein, ich bin nicht allein, denn ich bin ein Teil des Ganzen und somit nicht allein sondern vielmehr All-ein.

In diesem Moment höre ich jemanden rufen. Es wird immer lauter und obwohl ich es höre, möchte ich nicht, dass es schon vorbei ist. Diese Stimme zieht mich weg, obwohl ich krampfhaft versuche, da zu bleiben. Da spüre ich, wie mich jemand bei der Schulter packt und rüttelt. Was soll das? Noch einmal versuche ich, mich gegen den Sog zu wehren. Ich beginne zu blinzeln, doch es ändert sich nichts. Um mich herum verblasst alles. Obwohl ich nicht zurück will, zieht es mich magisch dorthin, wo die Stimme her kommt. Ich versuche noch einmal, einen Blick auf mein Mandala zu erhaschen, doch es gelingt mir nicht. Es zieht mich weg und erstaunt öffne ich die Augen. Die Stimme ist nun ganz nah. Sie hat mich zurück geholt, an den Platz, an dem ich eingeschlafen bin, kurz nachdem Sophia gegangen ist. Verwirrt öffne ich die Augen und schaue mich um.

13. Hildegard und das Heute ist das Gestern von Morgen

Erstaunt nehme ich einen alten Mann wahr. Er steht da und schaut mich an, gestützt auf seinen Stock in Begleitung seines Hundes und sagt: „Sie sind eingeschlafen. Das kann gefährlich sein und sie können sich unterkühlen."
Völlig entgeistert blicke ich in sein Gesicht und frage mich, ob ich das alles nur geträumt habe? War meine Begegnung in der Hütte nur ein Traum? Was ist mit meinem Mandala? Der alte Mann scheint meinen Blick misszuverstehen, denn er beginnt, sich zu verteidigen. „Ich wollte sie nicht belästigen. Ich habe mir nur Sorgen gemacht. Mein Hund hat sie gefunden. Und schließlich ist es nicht ungefährlich, in einer solchen Nacht ohne warme Decken zu schlafen." Ich beruhige ihn und bedanke mich für seine Fürsorge. Doch seine Einladung, ihn zu seiner Hütte zu begleiten, schlage ich aus. Ich packe meine Utensilien zusammen und gehe den Weg weiter, den ich gekommen bin.
Nachdem ich einige Stunden gelaufen bin, komme ich zu einem Gebäude, welches einem Kloster ähnlich sieht. Ich bleibe vor der großen Holztüre stehen, schaue mich um und bin mir irgendwie sicher, dass mich hier mein nächstes Abenteuer erwartet. Ich klopfe an und warte. Nichts rührt sich. Etwas unsicher versuche ich es noch einmal. Nach einiger Zeit höre ich Fußtritte hinter dem Tor. Ich bin erleichtert und warte gespannt, wer nun die Türe öffnen wird. Doch nichts geschieht. Ich klopfe noch einmal und dieses Mal heftig. Nach einigen Minuten öffnet sich endlich das Tor und eine junge Nonne schaut mich verwundert an: „Guten Tag. Wie kann ich Ihnen helfen?"
„Ich möchte gerne zur Äbtissin von Bingen", höre ich mich sagen und bin erstaunt, wie ich auf diesen Namen komme. Die Nonne scheint noch erstaunter. Sie lädt mich ein, einzutreten und ihr zu folgen. Wir durchqueren einen Innenhof, gehen durch den üppig mit pflanzlichen Motiven verzierten Kreuzgang und schlussendlich klopft sie an eine große Holztüre. In einer mir unbekannten Sprache wird etwas hinter der Türe gesagt, was die Nonne dazu veranlasst, die Türe zu öffnen. Wir treten ein und meine Begleiterin spricht mit einer anderen Nonne oder ist es die Äbtissin? Abwartend stehe ich da und schaue mich um. Das Zimmer ist karg eingerichtet, jedoch sind die Wände mit vielen Bildern dekoriert, was dem ganzen einen farblichen Tupfer verleiht. Aus dem Blickwinkel sehe ich, wie die Nonne, die mich hergebracht hat, den Raum verlässt und die andere mich anschaut. Ich drehe mich zu ihr, sie lächelt mich an und weist mir einen Stuhl zu. „Sie suchen die Äbtissin von Bingen?" Ich nicke und füge bei: „Ja, ich suche Hildegard." Die Frau vor mir schaut mich lange an und schweigt. Nach einer mir nicht enden wollenden Zeit erklärt sie: „Sie suchen die Äbtissin von Bingen, deren 900ster Geburtstag 1998 gefeiert wurde?"
Ich nicke, obwohl die Zahlen gerade erklärt haben, das dies nicht sein kann. „Die heilige Hildegard von Bingen. Die um 1098 geborene Äbtissin der Benediktinerinnen-Klöster Didisbodenberg im ehemaligen Fürstentum Zweibrücken und Rupertsberg bei Bingen."

Erst jetzt verstehe ich, was sie gesagt hat. Verwirrt schaue ich sie an. Meine Gedanken überschlagen sich. Wieso bin ich auf der Suche nach einer Frau, die schon längst tot ist? „Nun, sie haben eine lange Reise hinter sich. Ich denke, das Beste wird sein, wenn sie ein paar Tage bei uns verbringen und wir gemeinsam schauen, wen sie wirklich suchen."

Ich nicke und folge kurze Zeit später der Nonne, die mich zu einem kleinen Zimmer begleitet. Müde lege ich mich aufs Bett und denke noch einmal über das eben Gewesene nach. Es gibt keinen Sinn. Wieso bin ich hier, suche eine Hildegard, welche schon längst nicht mehr lebt? Habe ich den falschen Weg eingeschlagen? Wo habe ich die Kreuzung verpasst? Hätte ich doch mit dem alten Mann gehen sollen? Über all diesen Fragen schlafe ich ein. Durch ein Klopfen werde ich geweckt und nachdem ich gespeist habe, macht eine junge Nonne mit mir eine Führung durch das Kloster. Dieses liegt auf einer kleinen Anhöhe, auf deren Kuppe die weithin sichtbare Haupt-Versammlungshalle des Klosters steht. Unterhalb davon befinden sich die Wohnungen der Nonnen, angelegt in einem Geviert von kleinen einstöckigen Häusern mit winzigen Gärten, durchzogen von schmalen Gässchen. Das Kloster hat dadurch einen dörflichen Charakter. Dieser Kern wird umrandet von einer breiten, ungepflasterten Strasse. Eve, die junge Nonne, erklärt und zeigt mir alles. So vernehme ich, dass das gemeinschaftliche Leben morgens um fünf Uhr mit einem zweistündigen, gemeinsamen Gebet beginnt. In der Dunkelheit huschen aus allen Seiten Nonnen zu einer kleineren Versammlungshalle, wo sie sich in langen Reihen niederlassen. Drei ältere Nonnen sorgen gelegentlich mit mehr oder minder sanften Schlägen dafür, dass die jungen Novizinnen und Nonnen nicht einschlafen oder schwatzen. Gegen Ende des Gebets werden riesige Körbe mit pizzagroßen Fladenbroten hereingebracht und aus großen Kannen wird Buttertee in die Teeschalen gefüllt, die alle Nonnen mit sich führen. Danach beginnt für die jungen Leute der Unterricht. Daneben wird auch körperlich gearbeitet. Auf dem Feld, beim Hausbau, beim Pflanzen von Bäumen. Den lachenden Gesichtern nach zu urteilen macht das Arbeiten den jungen Nonnen enormen Spaß. Die Offenherzigkeit, mit der mir Eve alles erklärt und zeigt, beeindruckt mich. Sie beschönigt nicht, dass vieles im Argen liegt und noch vieles getan werden muss.

„Einer der Gründe", erklärt sie mir, „ist die passive Haltung der älteren Nonnen. Sie wollen an alten Traditionen festhalten und keine Veränderungen zulassen. Doch dank der neuen Äbtissin kann die fehlende Flexibilität überwunden werden und das Kloster hat sich von dem traditionell hierarchischen Denken etwas gelöst. Sie ist nicht nur eine moderne Nonne. Für sie war und bleibt die religiöse Tradition geistige Heimat, die es zu bewahren gilt. Doch ihr ist auch bewusst, dass ein Verharren nur in der Tradition in einer sich wandelnden Welt nicht nur Stillstand, sondern langsames Absterben eben dessen bedeutet, was wir bewahren wollen."

„Und sie heißt Hildegard?“ Eve schüttelt den Kopf und sagt: „Nein, wie kommst du auf Hildegard?“
„Weil ich zu einer Hildegard muss. Doch frage mich nicht, wieso ich das weiß. Ich weiß es.“

Sie lächelt mich an und erklärt: „Ich frage dich nicht. Es gibt Dinge auf der Welt, die kann und muss niemand erklären. Sie sind einfach.“ Erstaunt schaue ich sie an. Doch sie geht nicht näher darauf ein, sondern führt mich in einen Saal mit wundervollen Bildern. Überwältigt schaue ich mich um. Die Farbtöne, die Muster, die Bilder bezaubern mich und entzückt schaue ich Eve an. „Es ist wundervoll hier. Das zeigt einmal mehr, dass die Kunst einem alles vergessen lässt.“ Eve beginnt zu lachen. „Das mag auf den ersten Eindruck vielleicht stimmen. Doch Kunst dient nicht dem Vergessen, sondern vielmehr der Erinnerung. Eine Künstlerin oder ein Künstler taucht ein ins Chaos, ins Leiden und schöpft daraus seine Kreativität.“
„Du meinst für die Kunst braucht es das Leiden?“
„Ich meine, dass immer alles in Bewegung ist. Stillstand, Halten, Haften bedeutet Gefangenschaft. Eine Künstlerin geht mit der Bewegung.“ Ich schaue sie konsterniert an. Mein westlich strukturiertes, emotionales Denken versteht nicht, was sie meint. Sie nimmt mich bei der Hand und führt mich zu einem Bild, welches mir zu Herzen geht. Ich schaue das Bild an und werde ein Teil davon. Es zieht mich hinein in die Farbenpracht, die Motive, die Gestaltung und spuckt mich nach einiger Zeit wieder aus. Etwas verstört schaue ich Eve an. Sie lächelt und meint: „So ergeht es den meisten bei diesem Bild. Es ist faszinierend, was Bilder bewirken können - oft mehr als Worte.“ Wir gehen weiter und vor einem Bild mit Adam und Eva bleibe ich stehen. Ich blicke Eve an, lächle und sage: „Eve, Eva!?“
Sie lächelt zurück und erklärt: „Ich bin stolz, diesen Namen zu tragen. Das Wort Eva ist in vielen Wörtern vorhanden. Es zeigt, dass das Weibliche nie verloren ging, sondern immer ein Teil unseres Lebens war.“
„Wie das?“
„Nimm nur die Wörter: **Eva**ngelisch, **Eva**ngelium, das Wort D**eva**s - ein anderes Wort für Götter, oder **eva**porieren, **Eva**porographie, **Eva**sion, **eva**sorisch, D**eva**luation und natürlich **Eva**kuierung.“
„Wieso natürlich Evakuierung?“
„Evakuation heißt nichts anderes als Entleerung, Räumung. Das weibliche Prinzip ist die Leere, welche neu gefüllt werden kann. Das ist Eva. Sie war lange evakuiert und kommt nun wieder zurück. Evaporieren heißt verdampfen, eine Evasion ist ein Entweichen, eine Ausflucht und Evaporographie ist die Aufzeichnung von Ultrarot- oder Wärmestrahlung mit Hilfe leicht verdampfender, dünner Schichten. Das Weibliche wird also wieder sichtbar gemacht mit der Farbe rot, welche das Blut darstellt, das göttliche Blut der Frau. Das aus den vier Buchstaben YhWH bestehende jüdische Wortkürzel - der heilige Name Gottes - setzte sich zusammen aus den Buchstaben des Wortes

Jehova, einer androgynen Vereinigung des männlichen Jah und des vorhebräischen Wortes für Eva, Havah."
„Das ist mir zu kompliziert. Mir persönlich steht die rebellische Lilith sowieso näher als die gehorsame Eva." Eve lacht und erklärt: „Ja, die Rebellion liegt dir im Blut." Ich nicke und sie fährt fort. „Lilith ging in ihrer Kraft. Doch Neinsagen ist nur ein Teilaspekt von Lilith. Sie ist mehr. Sie ist die eine mit den vielen Namen. Die archaische Göttin, die rebellische Göttin, die Urkraft. Die Mutter der Welt offenbart in jeder ihrer bekannten Inkarnation einen anderen Aspekt ihrer Göttlichkeit. So, wie jeder Mensch tief in seinem Bewusstsein die Archetypen dieser Welt in sich trägt, Napoleon, Jeanne d'Arc, Shakespeare und auch die heiligen Archetypen Christus und Buddha, so trägt jede Avatarin die göttlichen Erbschaften vorher gelebter Archetypen."
„Bist du eine Avatarin?"
„Jede Frau ist auch eine Göttin", antwortet sie und geht weiter.

Ich bleibe noch einen Augenblick stehen und trotte dann hinter Eve her. Langsam werde ich ungeduldig. Ich weiß genau, dass ich zu einer Hildegard muss und nun sitze ich hier fest und lasse mich von einer Eve herumführen. Wenn in diesem Kloster keine Hildegard lebt, bin ich am falschen Ort. Das bringt mich ganz durcheinander und obwohl Eve sicher spannende Sachen erzählt, höre ich ihr nur noch bedingt zu. Meine Gedanken kreisen vielmehr um diese geheimnisvolle Hildegard. Als Eve plötzlich stehen bleibt, laufe ich, ganz in Gedanken versunken, in sie hinein. „Hoppla", wo bist denn du?", fragt sie. „Entschuldige. Ich bin ... nun jetzt bin ich wieder da", sage ich lachend und überrascht schaue ich das Tor an, vor welchem wir stehen. Auf der einfachen Holztüre steht die Zahl 1,618. Ich frage Eve, was diese Zahl bedeuten soll und sie schaut mich fassungslos an. „Das habe ich dir doch vorhin gerade erklärt." Schuldbewusst schaue ich auf den Boden. „Kannst du es mir noch einmal erklären, bitte." Sie überlegt und ich kann sie gut verstehen, wenn sie nicht noch einmal alles wiederholen will. Doch sie beginnt von neuem: „Das ist Phi. Sie ist eine transzendente reelle Zahl mit dem Wert 1.61803399... wobei sich die Zahlen bis ins Unendliche hinter dem Komma fortsetzen und nie wiederholen. Das erstaunlichste und überraschendste an der Zahl Phi ist, dass sie die Geometrie von allem organischen Leben ist. Alle organischen Strukturen basieren auf dieser Verhältnis-Zahl Phi. Phi ist die universale Maßzahl für alles Leben. Die Verhältnis-Zahl des Goldenen Schnittes, des einzigen Verhältnisses, bei dem das Verhältnis des Ganzen zum größeren Teil gleich ist mit dem Verhältnis des größeren Teils zum kleineren. Sie ist die harmonischste Zahl in der gesamten Schöpfung."
„Vom Goldenen Schnitt habe ich schon gehört. Ich glaube in der Kunst ist davon die Rede oder in der Architektur?"
„Du findest den Goldenen Schnitt überall und vor allem in der Natur auf Schritt und Tritt. Beispielsweise stehen die Abstände der Knotenpunkte an den Stängeln von Pflanzen in diesem Verhältnis zueinander. Die logarithmische

Spirale, die mit der Zahl Phi konstruiert wird, findest du im schneckenartigen Gehäuse des Tintenfischs Nautilus, und auch in der Form von Galaxien oder Hurrikanen. Viele Künstler und Architekten haben den Goldenen Schnitt in ihren Gemälden und Bauwerken berücksichtigt. Nimm nur die Mona Lisa von Leonardo da Vinci.
Die Zahl Phi wurde aus der Fibonacci-Folge abgeleitet. Diese Zahlenreihe ist deshalb so bemerkenswert, weil nicht nur jedes Glied die Summe der beiden vorangehenden Glieder darstellt, sondern auch der Quotient der jeweiligen Glieder erstaunlicherweise stets sehr eng um den Wert der Zahl Phi."
Ich verstehe keine Wort und frage deshalb: „Kannst du mir ein Beispiel nennen?"
„1-1-2-3-5-8-13-21 und so weiter."
„Also eins und eins sind zwei und eins sind drei und zwei und drei sind fünf", „und so weiter", fährt Eve lachend fort. „Denke dir zwei positive Zahlen aus. Addiere die beiden Zahlen. Zu der so erhaltenen dritten Zahl zählst du die zweite, größere, hinzu. Zu der vierten Zahl addierst du die dritte und so weiter. Das wiederholst du ungefähr zwanzigmal. Zum Schluss teilst du die letzte Zahl durch die vorletzte. Das Ergebnis ist ziemlich exakt 1,61803..., die Goldene Zahl Phi."
"Und was sagt Phi aus?"
„Phi offenbart die untrennbare Verbindung des Teiles mit dem Ganzen, die Verwandtschaft jeder neuen Generation mit deren Vorfahren. Indem alles mit allem verwandt ist, offenbart sich auch die holografische Natur des ganzen Universums, weil letztlich alles mit allem durch geometrische Strukturen verknüpft ist. Du findest Phi überall im Universum, in den Spiralen von Galaxien, Schnecken, Muscheln, in den Hormonien der Musik, den Schönheiten der Kunst, in den Wachstums-Mustern von Blumen und Pflanzen, im Verhalten von Licht und Atomen, in der Geo-metrie der großen Pyramiden in Ägypten und Mexiko, in den Schwankungs-Mustern des Marktes ..." Mit offenem Mund höre ich ihr zu. Hätte mir das mein Mathematikprofessor gesagt, hätte ich vielleicht besser aufgepasst in den Rechnungsstunden. Eve nimmt meine Hand und führt mich zu einem Bild, welches ich schon oft gesehen habe.

„Leonardo da Vinci hat den menschlichen Körper in einen Kreis gesetzt, dessen Zentrum sich dann am Bauchnabel befindet", erklärt Eve. „Das Quadrat und der Kreis treffen sich an den Füßen, wobei der Abstand Nabel Steißbein genau halb so groß ist wie der Abstand zwischen dem höchsten Punkt des Kopfes und dem äußeren Kreisrand. Verschiebst du das Zentrum des Kreises vom Nabel zum Steißbein, erhälst du wieder das Bild des Phi-Verhältnisses."
„Also besteht der Mensch aus dem Goldenen Schnitt?"
„Nimm den Knochen-Aufbau beim Menschen. Da kannst du die zentrale Rolle der Zahl Phi leicht studieren. Überall im Körper, in Fingern, Händen, Armen, Füßen, Beinen findest du mühelos die Zahl Phi als Proportion. Nimm den Abstand von deiner Schulter zu den Fingerspitzen und teile sie durch den

Wert der Länge des Arms von Ellenbogen zu den Fingerspitzen: du erhälst Phi. Oder die Hüften zum Boden dividiert durch die Knie zum Boden ergibt Phi."

„Ich bin also eine wandelnde Huldigung an den Goldenen Schnitt!"

„Alle Gesetzmäßigkeiten der geometrischen Felder, aus denen alles erschaffen wurde und die auch unsere Körper umgeben, sind im Bild und den Proportionen unseres eigenen Körpers verankert."

„Das scheinbare Chaos auf der Welt hat also doch eine tiefere Ordnung."

„Natürlich, hast du je daran gezweifelt?" Ich nicke und Eve lächelt mich belustigt an. „Als die Alten auf die Zahl Phi gestoßen sind, glaubten sie, über den Baustein gestolpert zu sein, aus dem Gott die Welt zusammengesetzt hat, was sie in ihrer Verehrung der Natur bestärkte."

„Besteht auch das Pentagramm aus dem Goldenen Schnitt?"

„Das Pentagramm, auch Pentakel oder Drudenfuß genannt, ist mit seinem fünfzackigen Stern zum idealen Ausdruck der göttlichen Proportionen des Goldenen Schnitts geworden. Sämtliche Längenverhältnisse des fünfzackigen Sterns entsprechen der Zahl Phi. So steht es als Symbol für die Schönheit und Vollkommenheit der Muttergottheit und die Heiligkeit des Weiblichen."

„Auch hier wieder die Weiblichkeit", sage ich einerseits entzückt und andererseits ein wenig traurig.

„Ich kann dich gut verstehen und doch ist es nun an der Zeit, der Weiblichkeit wieder Raum zu geben. Der Legende nach soll der Philosoph Hippasos von Metapont, welcher um 450 v.Chr. lebte, seine Kollegen, die Pythagoräer, so erzürnt haben, dass sie ihn im Meer ertränkten. Die Pythagoräer fühlten sich der Lehre Pythagoras, welcher etwa 569 bis 475 v.Chr. lebte, verpflichtet, wonach die natürlichen Zahlen das Urprinzip aller Dinge sind. Alle anderen Zahlen sollten sich als Brüche aus diesen ganzen Zahlen darstellen lassen, also als rationale Zahlen. Hippasos hatte nun eine Zahl gefunden, die nicht als Bruch aus natürlichen Zahlen darstellbar ist – eine so genannte irrationale Zahl, die stattdessen unendlich viele Nachkommastellen hat, die sich nicht wiederholen. Dummerweise hatte er diese Zahl Phi ausgerechnet im Verhältnis von Diagonalen und Seitenlängen des Pentagramms gefunden, des fünfzackigen Sterns, der den Pythagoräern als ihr Erkennungszeichen heilig war. Damit hatte Hippasos wohl den Bogen überspannt."

„Und das Männliche, Rationale, hatte Angst, dass das Irrationale, Weibliche, besser oder gar stärker gelten könnte."

Wissend und verständnisvoll schauen wir uns an, lächeln und gehen weiter. Wieder beim Kreuzgang angelangt, frage ich Eve: „Die Zahl Phi ist auch ein Teil des Namens Sophie?"

„Die heilige Sophia - die Weisheit - wurde früher einmal als die ursprüngliche Erdgöttin verehrt, die erste Erzeugerin von Leben. Nach der Auffassung eines gnostischen Schöpfungsmythos gebar die Stille, die uranfängliche Macht, die Weisheit. Und die Weltenseele entstand aus einem Lächeln der Weisheit.

Interessanterweise wird der Gebärmutterhals einer Frau, nachdem sie geboren hat, zu einem sichelförmigen Lächeln. Ja, Sophie die Begründerin der Philosophie, die große Weisheit."
„Und Wahrheit", füge ich bei.
„Kommt darauf an, was du unter Wahrheit verstehst. Stelle dir vor, DIE Wahrheit ist in einer großen Schachtel mit mehreren Löchern. Deine Wahrheit ist das, was du als Wahrheit durch eines der Löcher in dieser Schachtel siehst. Andere Löcher mögen unterschiedliche Blickwinkel und unterschiedliche Ansichten derselben Wahrheit bieten."
„Wenn ich also ab und zu den Platz wechsle, kann ich alles aus einer anderen Perspektive sehen. Vielleicht ist das der Grund, dass ich hier bin."
„Vielleicht."

Schweigend gehen wir weiter und Eve erklärt, dass wir nun in den Hof gehen. Da findet jeden Abend die berühmte Debatte statt, bei dem das Gelernte jeweils zwischen zwei Nonnen diskutiert wird. Ich will gerade fragen, wie das genau vor sich geht, als sie mir zu verstehen gibt, das ich dieses nun selber erleben kann. Staunend sehe ich zu, wie es bei dieser Debatte sehr temperament- und geräuschvoll zugeht: Die Fragerin springt vor der sitzenden Befragten mit genau festgelegter, weitausholender Gestik händeklatschend auf und ab, während die umsitzenden Nonnen den Diskurs lebhaft anspornen. Hingerissen schaue und höre ich zu. So lebhaft kann eine Diskussion sein und auch so unterhaltsam, denke ich. Sie diskutieren um das Thema Frieden und ich frage mich selber, was Frieden für mich bedeutet. Ist es der Zustand zwischen zwei Kriegen? Die Gelegenheit, Wunden zu heilen, Tote zu begraben und unsere Schwerter zu schärfen, damit wir für den nächsten Kampf gerüstet sind, der unvermeidlich kommt. Ist Frieden eine Art glückseliger, lieblicher Zustand, in den wir eines Tages geraten. Wird er wirklich durch Worte wie nett und eines Tages geprägt? Werden wir Menschen also nie dahin kommen? Oder ist Frieden mehr, wie es die andere Nonne erklärt. Ist das, was die meisten als Frieden bezeichnen, wirklich nur die alte Definition davon? Ist es die Definition des Patriarchats? Ist Frieden der fühlende Klang in einer Sicherheits-Zone? Ist Frieden ein Sinn für Harmonie und Richtigsein mit und in der Umwelt? Bevor die Diskussion zu Ende ist, zupft mich Eve an meinem Kleid und macht mir ein Zeichen, ihr zu folgen. Wir gehen wieder durch den Kreuzgang und bleiben vor der Tür der Äbtissin stehen. Eve klopft an und nachdem die Aufforderung „herein" erklungen ist, öffnet sie die Türe. Die Äbtissin sitzt auf ihrem großen Stuhl und erklärt uns, dass es nun an der Zeit sei, zu Hildegard zu reisen.
„Hildegard? Sie lebt doch nicht mehr." Die Äbtissin lächelt und erklärt: „Schwester Hildegard ist Ärztin und versorgt das Spital, welche zwei Tagesreisen von hier entfernt ist. Eve wird dort arbeiten und du kannst mit ihr gehen, da Ingeborg dich erwartet." Ich blicke von der Äbtissin zu Eve und diese erklärt: „Ich bin ausgebildete Krankenschwester."

Schon am nächsten Morgen ist es soweit. Von einem Esel begleitet, welcher unser Gepäck trägt, geht es noch vor Tagesanbruch los. Der Weg führt in Serpentinen über steiniges Gelände stetig bergauf. Es ist zwar steil, doch technisch nicht schwierig und wird von uns langsam erklommen. Die Vegetation verändert ihr Bild: der Tropenwald der tieferen Region geht allmählich in einen Gebirgswald aus Rhododendren und Hemlockfichten über. Auf beiden Seiten des Tals rauschen Wasserfälle die steilen Felsflanken hinunter, die sich immer mehr zu einer engen, romantischen Schlucht verjüngen, bis wir schließlich, nach einem steilen Anstieg, eine Hochebene erreichen.
Berggräser und Wacholdersträucher bilden die karge Vegetation am Wegesrand. Als wir endlich auf der Passhöhe ankommen, welche mit bunten Gebetsfahnen geschmückt ist, bin ich froh, dass Eve eine Pause vorschlägt. Wir essen eine Kleinigkeit und bewundern den Ausblick. Es bietet sich uns von hier oben ein phantastisches Panorama.
„Ich finde es immer wieder überwältigend, auf einem Berggipfel zu stehen", erklärt Eve und ich pflichte ihr bei: „Ja, hier oben fühle ich mich eins mit der Natur, mit der Welt. Alles ist im Einklang."
„Hier kann ich es spüren, dieses Etwas, das niemand beschreiben kann."
„Was meinst du genau?", frage ich.
„Jenseits von dieser Welt gibt es etwas anderes, etwas, das es gut mit uns meint, das still und unaufdringlich da ist, jenseits unseres Willens und Wollens, auch jenseits der eigenen Offenheit und Bereitschaft. Jetzt und hier kannst du es spüren." Ich nicke und Eve fährt fort: „Wir können uns noch so sehr anstrengen, nachdenken, voraus denken, Lehrer suchen, die uns helfen sollen, zu spiritueller Einsicht zu gelangen und nichts passiert. Es gibt Phasen im Leben, da säen wir, bestellen den Acker unseres Lebens, warten und warten, dass die Saat aufgehen möge – und nichts geschieht. Wir säen weiter, mehr, länger, öfter. Zeigen Bemühen und Bereitschaft, säen weiter – oder geben auf. Und es gibt Zeiten der Ernte. Manchmal unvermittelt, überraschend. Wir nennen es Zufall und Glück. Es gibt etwas, das für einen Augenblick hervor blitzt und sich mit uns vereinigt. Bei allem Streben, allen Bemühungen, es gibt etwas außerhalb unsere Wollens, das sich dann mit unserem Wollen vereinigt und die Weichen stellt, die Saat aufgehen lässt, Ernte bringt. Dieses Etwas ist göttlich. Es liegt an uns, ob wir dem Raum geben wollen. Ob wir es erreichen, liegt nicht in unserer Macht. Und doch es scheint so, als würde Es darauf warten, dass wir unsere Türen öffnen. Dieser Zugang geschieht über das eigene Erleben. Berichte anderer können eine Hilfe dabei sein, doch sie machen nicht satt, geben dem Kopf Nahrung, erreichen wohl auch das Herz, doch sie geben kein Gefühl, keinen Geschmack von dem, was sein kann, bis wir selbst erleben, wie es ist. Und hier oben kannst du es fühlen." Ich nicke und fühle genau das, was Eve gerade beschrieben hat. Ich bin in diesem Augenblick eins in einer harmonischen Welt der beseelten Natur, der ich mich durchaus gewachsen fühle. Es gibt Momente der absoluten Stille in mir, von denen ich nicht weiß, wie lange sie

dauern werden. Und wenn ich denke, dass ich bei mir bin, bin ich schon wieder außerhalb. Bei diesem Gedanken lächle ich still vor mich hin und genieße wieder den imposanten Ausblick.

Wir bleiben noch eine Weile sitzen und kurze Zeit später brechen wir auf. Beim Abstieg auf dem herrlichen Panoramaweg komme ich mir vor wie ein Vogel: erhaben und frei. Durch Mischwald führt der Weg immer weiter hinab. Am rechten Ufer mit seinen steilen Flanken entlang und dem Fluss nach Nordwesten folgend, erreichen wir ein kleines Dorf, das von Hirsefeldern umgeben ist. Da nehmen wir unser Mittagessen ein. Weiter führt der Weg durch Felder, Obstplantagen und Bergsturzgebiet; durch Kiefernwälder, vorbei an Manimauern, in deren Steinen, vieltausendfach, die heilige Gebetsformel „O mani padne om" eingemeißelt ist. Eve übersetzt es mir: „Es ist die Zusammenfasssung der 84'000 Lehrreden des Buddha. Es ist die Quelle von allem Wissen und aller Errungenschaft."
„Buddha - glaubst du als Nonne an Buddha?" Sie überlegt, schmunzelt und erklärt: „Ich glaube an das Göttliche in uns. Ich denke, tief im Inneren sind alle gleich - da ist nichts anderes als Liebe. Also spielt es keine Rolle, ob ich von Buddha rede, von Jesus, Mohammed oder wem auch immer. In jedem Zentrum ist nichts anderes als Liebe. Schicht um Schicht von angehäuftem Scheinwissen hält die Menschen davon ab, sich an diese Wahrheit zu erinnern und macht sie aufnahmefähig für die Schuldzuweisung und Verführung externer Glaubenssysteme.
Die meisten von den Menschen verbringen einen Großteil ihres Lebens damit, von den Personas anderer Menschen abzuprallen. Ob es nun eine einmalige Begegnung oder eine vierzig Jahre dauernde Ehe ist, die meisten von ihnen sind wie Billardkugeln auf einem Tisch, prallen gegenseitig von ihren Hüllen ab und erlauben es niemandem, wirklich unter die oberste Schicht zu dringen. Hin und wieder hat jemand den Mut - oder die Situation zwingt ihn dazu - eine tiefere Schicht zu berühren und dort für eine Weile zu bleiben. Dann können sie die Belohnung dieser Reise ins Innere entdecken. Sie entdecken zum ersten Mal, wie gut es sich anfühlt zu fühlen. Wirklich zu fühlen, nicht so zu tun, als ob man fühlt, wie das die meisten Menschen tun, wenn sie denken, dass sie fühlen. Denk-Gefühle sind ein weitverbreiteter Zeitvertrieb und eine Modeerscheinung."

Ihre Worte erstaunen mich und gleichzeitig überlege ich mir, ob meine Gefühle auch nur Denk-Gefühle sind. Oder sind sie echt? Bevor ich etwas erwidern kann, ist sie schon weiter gegangen. Gerne hätte ich mich noch länger damit befasst, doch meine Aufmerksamkeit ist nun wieder ganz beim Gehen, da der Weg sehr uneben ist. Als der Weg wieder passierbarer wird, erkläre ich Eve: „Ich hätte gerne über diese Denk-Gefühle meditiert. Leider sind wir weiter gegangen." Sie schaut mich an und erklärt: „Meditation ist in allen Lebenslagen möglich, auch im Gehen. Meditation heißt nichts anderes, als bei dem zu sein, was gerade ist. Dabei kommt der plappernde Verstand zur Ruhe, wenn auch nur für kurze Zeit. Dem Ideal, sofern es eines ist, dem Göttlichen allein im Geist nahe zu kommen, entspricht vielleicht am ehesten die Erfahrung der Meditation. Wer schon einmal gedanklich alles losgelassen hat, was jemals war oder sein wird, bei dem bleibt, was ist, jetzt und hier, wer dem eigenen Atem oder dem Klang der Stille lauscht, auch das loslässt und in die innere Leere wandert, dem Nichts, kennt dieses Glück.

In der Stille, im Nichts, gibt es keine Angst, keine Sorgen, keine Pläne. Das Nichts ist leer und voll zugleich. Es beinhaltet alles, was jemals war und sein wird, ohne dass der Verstand dabei ist." Ich pflichte ihr bei. „Das Auftauchen aus einer tiefen Meditation ist bei mir zunehmend verbunden mit einem großen Glücksgefühl und mit dem Gefühl von Liebe für alles um mich herum. Wenn das Göttliche Liebe ist, dann ist Liebe auch göttlich. Das geschieht in diesen Momenten meiner Verbindung mit dem Göttlichen außerhalb des Denkens, Planens, Zweifelns, Suchens, Hoffens."
„Also ist es jederzeit möglich, auch jetzt", fügt Eve bei und geht mit großen Schritten weiter. Kurze Zeit später eröffnet sich mir ein phantastischer Blick auf die Berge, die aussehen wie erschaffene Eisriesen. Die eisbedeckten Gipfel scheinen mir zum Greifen nahe zu sein. Ich stehe da und bin ganz betäubt von diesem Anblick, bis mich Eve wieder in die Wirklichkeit zurückholt und zur Eile antreibt. Teils am Ufer entlang, teils hoch über dem Strom, auf einem Bergrücken, folgen wir nun einem Pfad. Endlich, ich habe schon fast nicht mehr damit gerechnet, erreichen wir unser Tagesziel. In diesem kleinen Ort beziehen wir eine Lodge. Schon während des Nachtessens habe ich nur einen Gedanken: ich will schlafen. Eve unterhält sich angeregt mit anderen Gästen, doch ich bin viel zu müde dazu und ziehe mich so schnell wie möglich zurück.

Am nächsten Morgen weckt mich Eve noch vor Tagesanbruch. Noch immer erschöpft vom gestrigen Tag kann ich mich kaum bewegen. Eve scheint dieses Problem nicht zu haben. Nach dem Frühstück brechen wir auf. Eve und der Esel gehen zielstrebig vorwärts. Ich bewege mich langsam und habe Mühe, mit den beiden Schritt zu halten. So bin ich froh, dass sie ab und zu auf mich warten. Bei einer dieser Raststellen entdecke ich ein Hakenkreuz. Entsetzt schaue ich Eve an und sie lacht.: „Es ist nicht immer das, was du denkst. Die Swastika wurde tausende von Jahren vor den Nazis benutzt, und zwar ausschließlich zum Zweck der Heilung und des Ausgleichs, niemals zum Schaden oder zur Zerstörung. Die Nazis haben sie missbraucht. Sie haben das Symbol der Swastika umgedreht und daraus ein Hakenkreuz gemacht, um sich vor ihrer heilenden Wirkung zu schützen." Ein wenig fassungslos schaue ich von Eve zu dieser Swastika und da fällt mir ein spezieller Stein, der mit einem Scheibenkreuz, Initialen sowie mehreren Runen versehen ist, auf. Erstaunt frage ich Eve, was diese Symbole darstellen sollen.

„Das Schöne an einem Symbol ist, dass du es selber erkennen kannst. Was siehst du darin? Versuche, dir selber einen Reim zu machen. Ein Symbol vereint mehrere, manchmal auch widersprüchliche Bedeutungen. Es ist stets vieldeutig und hat analoge Entsprechungen auf den unterschiedlichsten Ebenen."
„Das mag wohl sein, doch was bedeuten diese Symbole?"
„Ich weiß es nicht. Doch für mich bedeuten sie Liebe, Glück, Hoffnung und Erfüllung. Sie weisen mir den Weg zu meinem neuen Arbeitsort."
„Ja, doch was bedeuten sie?" Eve lacht. Ein Symbol ist stets ein sichtbares Zeichen, das auf etwas Höheres, Umfassenderes, auf eine Idee wie Gastfreundschaft oder etwas Transzendentes schließen lässt.
Psychologisch wird gesagt: Symbole entstehen, wenn die Seele etwas Wesentliches ausdrücken will, sei es im Traum, in einem Bild oder in anderer anschaulicher Form. Deshalb sind sie geheimnisvoll und können niemals erschöpfend verstanden werden."
„Und deshalb kannst du mir nicht sagen, was diese Zeichen symbolisieren?"
Sie nickt. „Symbole sind das bevorzugte Ausdrucksmittel der Seele. Im Gegensatz dazu beschreibt ein Zeichen, wie etwa ein Verkehrszeichen oder das Logo einer Firma, etwas Bekanntes, klar Definiertes, das nur eine Deutung oder eine begrenzte Anzahl von Deutungen zulässt."
Bevor ich etwas erwidern kann, geht sie schon weiter. Ich schaue mir die Symbole näher an und verspüre den Wunsch, diese Symbole zu ergründen. Ich will mehr darüber wissen und bin sicher, dass Eve genau weiß, was sie bedeuten. Sie will es mir einfach nicht sagen. Eine Art Selbstmitleid und auch grenzenlose Wut überwältigen mich. Mit energischem Schritt folge ich den Beiden und hole sie bald ein. Noch immer wütend, würdige ich Eve keines Blickes und übernehme kurzerhand die Führung. Der Fluss hat sich eine tiefe Schlucht zwischen den Bergmassiven gegraben, durch die wir unseren Weg fortsetzen. Ich sehe, wie Mulikarawanen durch das breite Flussbett laufen. Allmählich nimmt die Intensität der Vegetation wieder zu und wir folgen dem Weg am rechten Flussufer. Nachdem wir eine lange Hängebrücke überschritten haben, kommen wir zu einem kleinen Dorf und essen dort zu Mittag. Noch immer wütend und vor allem enttäuscht, gebe ich nur einsilbige Antworten, wenn Eve etwas fragt. Sie stört sich nicht sonderlich daran, sondern spricht mit den Leuten des Dorfs und lässt mich somit links liegen, was mich noch wütender macht. Die letze Etappe unserer gemeinsamen Reise nehmen wir schweigend in Angriff bis mich Eve fragt: „Was habe ich getan, dass du schmollen musst?" Ich zucke mit den Schultern, wage mich jedoch nicht, sie anzuschauen. Sie bleibt stehen und zeigt nach unten. „Schau, da unten ist das Dorf, wo uns Hildegard erwartet. Willst du wirklich die uns verbleibende Zeit schmollend verbringen?"
Ich schaue in die Richtung, in die sie zeigt und plötzlich kommt mir Artemis in den Sinn. War es mit ihr nicht genau dasselbe? Da war ich auch wütend und schmollend und verlor dadurch kostbare Zeit mit der Göttin. Will ich jetzt auch

kostbare Zeit mit Eve vergeuden? Ein Teil in mir beginnt, über mich und mein Verhalten zu lachen und ein anderer Teil findet das Schmollen in Ordnung. Schließlich ist Eve auch keine Göttin. Gleichzeitig höre ich die Stimme von Artemis: „In jeder Frau steckt die Göttin. Die wichtigste Stunde ist immer die Gegenwart. Der wichtigste Mensch immer der, der dir gerade gegenüber steht und das notwendigste Werk ist immer die Liebe."
Erstaunt schaue ich um mich. Doch da steht nur Eve und der Esel. Habe ich mir die Stimme von Artemis nur eingebildet? Ich schüttle den Kopf und bin mir sicher, dass ich ihre Stimme gehört habe. Gleichzeitig spielt es keine Rolle, ob sie hier ist oder nicht, denn ich bestimme, wie es weitergehen soll. Noch immer schaut mich Eve fragend an. Ich lächle sie zuerst ein wenig zögerlich und dann offen an und erkläre: „Es tut mir Leid. Ich habe mich kindisch aufgeführt." Sie erwidert nichts, doch ihr lächelnder Mund sagt mehr als Worte.
Eine halbe Stunde später überqueren wir auf einer Hängebrücke den Fluss sowie einen seiner Zuflüsse. Dort, wo sich die Fluten des rauschenden Gebirgsflusses mit den Wassern des anderen Flusses vereinen, liegt das Dorf, welches wir erreichen wollen. Eve zeigt mir die heißen Quellen am Fluss. „Dort können wir ein entspannendes Bad nehmen und uns von den mühsam erworbenen Schmutz- und Schweißschichten befreien, nachdem wir unsere Zimmer bezogen haben."

Zuerst führt uns der Weg zum neuen Arbeitsort von Eve, wo ich gleichzeitig auch Hildegard antreffen werde. Wir kommen beim Hospital an, welches vor allem die Funktion einer Krankenambulanz erfüllt. Es ist klein, doch sehr zweckmäßig: eine Zwölf-Bettenstation für Notfälle, ein Konsultationsraum für die Ärztin und den Arzt, die täglich vier Stunden ordinieren, ein Zahnbehandlungsraum, ein Gips- und ein Verbandsraum, in dem Spritzen gegeben, Verbände gemacht und Unfälle versorgt werden.
Die Ambulanz wird täglich von 50-70 Patienten, manchmal auch mehr aufgesucht. Sie werden nach Anweisung der Ärztin von sieben Nonnen betreut, die als Krankenpflegerinnen ausgebildet sind und auch die Apotheke verwalten. Die Ambulanz versorgt die Menschen aus der Umgebung. Schwerkranke kommen in andere Hospitäler, welche sich in der Stadt befinden. Die Nonne, die uns alles zeigt, erklärt uns, dass Magen- und Darmerkrankungen die häufigste Krankheitsursache sind. Sie sind in der Regel infektiös und nicht, wie in meiner Welt, eher psychosomatisch. Außerdem dominieren Hautkrankheiten aufgrund der schlechten Körperhygiene. Eve erklärt mir, dass ihr hauptsächliches Ziel ist, dies durch entsprechende Aufklärung zu ändern.

Nach der Besichtigung treffen wir auf Hildegard. Ihr Alter ist schwer einzuschätzen und sie hat eine ruhige und klare Ausstrahlung. Trotzdem spüre ich eine Enttäuschung. Dies soll nun meine nächste Göttin sein - eine Ärztin? Eine Ärztin weit ab von der Welt, in einem kleinen Dorf, welches mir armselig und karg vorkommt. Nachdem sie uns begrüßt hat, tauscht sie sich mit Eve

aus. Ich komme mir überflüssig und ein wenig verloren vor, während ich den beiden zuhöre. Ich verstehe nicht, was sie sagen und will es auch gar nicht begreifen. Ich fühle mich fehl am Platz und ziehe mich dann auch schnell einmal in mein Zimmer zurück. Noch lange liege ich wach und überlege mir, ob dies wohl wirklich die richtige Hildegard ist, oder ob ich mich im Weg getäuscht habe. Vielleicht hätte ich doch mit dem alten Mann gehen sollen? Mit diesem Gedanken schlafe ich ein. Auch der nächste Morgen bringt mir keine neuen Erkenntnisse. Eve und Hildegard arbeiten, die Menschen im Dorf sind alle beschäftigt und ich lümmle vor mich hin. Ich schlendere langsam wieder zurück ins Hospital. Doch das Elend der Menschen halte ich nicht lange aus und so führt mich meine innere Unruhe zu den heißen Quellen.
Auf dem Weg dorthin kommen wieder die Phasen des Zweifelns, in denen alles illusionär wirkt. Es gibt keine Göttin, keinen Gott, wenn ich das Elend in dieser Welt sehe. Es ist nur der Wunsch von allen Menschen, allen Religionen, nicht allein zu sein auf dieser verrückten Welt. Einen Halt zu finden, wo es doch keinen Fixpunkt gibt. Einen Sinn zu geben, wo doch alles zufällig und in Bewegung ist.

Ich setze mich auf einen der großen Steine und blicke in die Natur. Je länger ich schaue, desto ruhiger werde ich. Und wenn in mir Stille ist, ist Sie da. Ich fühle„Sie in mir, sehe ihr Wirken um mich herum. Es ist kein Mangel mehr, Sie ist bei mir. So bin ich auch nicht erstaunt, als ich Hildegards Stimme höre: „Und weißt du, wer Sie ist?"
„Ja, die Göttin." Sie nickt und setzt sich neben mich mit den Worten: „Jeder Zweifel an dich selbst ist zugleich Zweifel am Willen der Göttin."
Erstaunt und auch ein wenig erschrocken schaue ich sie an. Ist das so? Murmelnd füge ich bei: „Und ohne Zweifel gibt und braucht es auch keinen Glauben."
Sie lächelt und erklärt: „Ganz tief in dir findest du dich selbst. Da findest du das Göttliche in dir. Dort liegt die aufregende Enthüllung, wer und was du wirklich bist. Und es ist nur in Beziehungen zu anderen zu entdecken. Erst, wenn du mir dein Selbst enthüllst und ich dir mein Selbst enthülle, entdecken wir, dass mein Selbst und dein Selbst das gleiche Selbst sind. Das göttliche Selbst.
Es gibt nur ein Selbst. Das ist unser Einssein, die völlige Verbindung. Auf dieser tiefsten Ebene dessen, wer wir sind, sind wir eins. In all den anderen Schichten liegen die Unterschiede, die Einzigartigkeit und die Trennung. Beides ist wahr. Die Menschen sind ein Paradox. Sie sind gleichzeitig völlig einzigartig, anders als alle anderen Wesen, und doch auch in völliger Einheit. Scheinbar kommt dein Bewusstsein mit deiner Verschiedenheit leicht zurande, wohingegen dein Bewusstsein oder deine Erinnerung der Einheit das Ergebnis deiner Reise des Erwachens ist. Einer Reise, die jeden Preis wert ist, den du zahlen musst. Es ist vielleicht die einzige wahre Reise, die du machen kannst."

„Die Reise, die ich begonnen habe.“ Sie strahlt mich an und ich fühle, wie ein wohliges Rieseln durch meinen Körper gleitet. Etwas benommen von dem Gefühl erkläre ich: „Ich bin froh, dass du da bist. Wenn ich nicht den Zwischenhalt im Kloster gemacht hätte, wäre ich schon früher bei dir gewesen.“ Sie schaut mich erstaunt an und beginnt laut zu lachen: „Du hast es noch immer nicht begriffen?“

„Was habe ich noch immer nicht begriffen?“, frage ich ein wenig konsterniert.

„Jeder Weg, jeder Umweg, jeder Zwischenhalt, jeder Aufenthalt, jede Begegnung, ist ein Teil deines Lebens. All das sind Erfahrungen - nicht mehr und nicht weniger. Was du daraus machst, ist deine Entscheidung. Du entscheidest, welche Bedeutung etwas haben soll und kann in deinem Leben.“

Still und gedankenvoll schaue ich sie an. Es stimmt, ich bestimme und wieder einmal haben mich meine eigenen Gedanken in eine Sackgasse geführt. Dabei war der Umweg, der Zwischenhalt im Kloster, alles andere als vergeudete Zeit. Ich habe wieder neues Wissen erlangt, neue Menschen kennen gelernt und mehr über mich und mein Verhalten erfahren. Meine Gedanken sind bei Eve und ich habe ein schlechtes Gewissen. Doch da unterbricht Hildegard meine Gedankengänge. „Eve weiß, dass du ihre Gegenwart geschätzt hast.“

„Ich habe aber ...“, Hildegard unterbricht mich: „nicht immer deine Wertschätzung zum Ausdruck gebracht.“ Schuldbewusst schaue ich Hildegard an. „Ist Eve auch eine der Göttinnen?“

„Jede Frau ist eine Göttin - was hindert dich nur, dass du das immer wieder vergisst.“

„Ich weiß auch nicht“, erwidere ich betreten und gleichzeitig spüre ich einen Unwillen in mir. Was soll das? In mir regt sich Widerstand und Wut und so höre ich mich im gleichen Augenblick fragen: „Welche Göttin bist du? Ich habe noch nie von einer Göttin Hildegard gehört.“

Sie steht auf und schaut auf mich hinunter. Ihr Blick ist klar und vernichtend zugleich. Ich werde ganz klein und spüre, wie ich erröte. Da beginnt sie zu lachen, setzt sich wieder neben mich und meint: „Es stimmt. In der Mythologie gibt es keine Göttin Hildegard. Und doch habe ich eine berühmte Namensvetterin: Hildegard von Bingen.“

„Die heilig gesprochene, schon zu Lebzeiten prominente Nonne Hildegard von Bingen, Seherin, Prophetin, Mystikerin, Naturforscherin, Ärztin, Philosophin, Dichterin und Musikerin. Sie ist wohl die interessanteste Frau des Mittelalters.“

„Genau und auch sie war eine Göttin.“

„Wie du?“

„Wie ich, du und jede Frau.“

„Also spielt der Name keine Rolle. Ob Hildegard, Artemis, Selene oder wie auch immer - die Göttin ist in jedem weiblichen Wesen?“

„Und doch ist der Name von zentraler und auch wichtiger Bedeutung. Jeder Name hat seine Energie. Sage dir innerlich deinen Namen und spüre der

Energie nach. Spüre die Energie deines Namens und tauche darin ein. Lasse die Energie ganz in deinen Körper fließen und werde zur Trägerin deines Namens. Beginne stolz deinen Namen zu nennen und lasse ihn nicht verkürzen oder verhunzen. Dein Name ist einer deiner Spiegel nach außen. Er zeigt dich und wie du sein kannst und willst."
„Bist du also nur Ärztin geworden, weil du Hildegard heißt?" Sie schüttelt den Kopf. „Das war meine freie Entscheidung und meine Berufung. Die Lebenswege von Hildegard von Bingen und mir sind sehr unterschiedlich.
Damals war es üblich, dass das zehnte Kind einer Familie in ein Kloster gegeben wurde, und so wurde auch Hildegard im Alter von acht Jahren in einem Benediktiner-Kloster untergebracht.
Mit 15 trat sie als Ordensschwester dem neu gegründeten Benediktinerinnenkloster bei und wurde 1136 selbst zur Äbtissin. Als Äbtissin übte sie bedeutenden Einfluss auf die Gelehrten und Politiker ihrer Zeit aus. 1147 gründete sie ein zweites Kloster - Rupertsberg in der Nähe von Bingen - dessen geistliche Unabhängigkeit sie festlegen ließ.
Dort starb sie am 17. September 1179 mit 82 Jahren."
„War diese Unabhängigkeit der Grund für ihre Berühmtheit?"
„Sie hatte schon seit frühester Kindheit Visionen, doch erst im Alter von 42 Jahren erhielt sie nach eigenen Aussagen von Gott den Auftrag, alles festzuhalten und zu verkünden, was ihr in dieser und in kommenden Visionen geoffenbart wurde. Nach anfänglichem Zögern begann Hildegard dem Mönch Volmar, ihrem Sekretär, die geschauten Visionen zu diktieren. So entstanden im Laufe der Jahre mehrere Bücher, die sich mit den Elementen, Temperamenten, der Säftelehre, Ursprung und Entstehung von Krankheiten, Zeugung und Geburt, Embryologie, Arzneimittel, Pflanzenkunde und allgemeinen Gesundheitshinweisen befassten."
„Sie erhielt den Auftrag von Gott - nicht von der Göttin." Hildegard schmunzelt. „Gott, Göttin - es ist dasselbe - höre auf zu trennen und beginne zu verstehen. Die Göttin wohnt in jeder Frau und außergewöhnlich mutige Frauen wie Hildegard von Bingen zeigen den Menschen, was das Weibliche bewirken kann."
„Das Weibliche als das starke Geschlecht."
„Das Weibliche ist nicht nur passiv und rezeptiv, sondern auch ein dynamischer Schöpfungsaspekt und der Prozess der dynamischen Transformation. Bei einer Geburt ist das gut ersichtlich. Indem du dich mit Frauen beschäftigst, die der Welt immer wieder diese Stärke zeigten, kannst du auch zu deinem eigenen Mut zurückfinden."
„Nun, die meisten starken, mutigen Frauen wurden für ihre Tat nicht gelobt, sondern verbrannt, verbannt oder verpönt."
„Zu ihrer Zeit vielleicht. Doch heute hat sich das Blatt gewendet. Es werden Filme über Jeanne d'Arc gedreht, über die Nebel von Avalon und andere Göttinnen.

Die Naturkunde „Physica“ von Hildegard von Bingen ist wohl die erste in deutscher Sprache und enthält differenzierte Angaben über Wesen und Wirken von mehr als 500 Pflanzen und Tieren, Edelsteinen und Metallen; „Causae et Curae“ berichtet über Ursachen und Behandlung von Krankheiten.
Heute findet der viele Jahrhunderte lang ungelesene Wissensschatz wieder wachsenden Anklang. Vor allem ihre ganzheitlich orientierte Heilkunde liegt im Trend der heutigen Zeit, denn sie behandelte nicht nur die Symptome, sondern auch die Ursachen der Leiden; der seelische Gemütszustand der Patienten hatte für sie eine wichtige Bedeutung.“
„Du glaubst also, dass es nun an der Zeit ist, dem Weiblichen wieder das Zepter zu übergeben und den Teufel zu bekämpfen. Ich bin nicht Jeanne d'Arc.“
„Niemand fühlt sich berufen, den Teufel zu bekämpfen, doch eine Frau mag sich besser dazu eignen als ein Mann. Sie hat Übung darin, eine reine Überlebensstrategie, nachdem ihr vor zwei Jahrtausenden alle Schuld dieser Welt auf den Rücken geladen wurde. Oh ja, es ist eine schwere Last, eine Frau kann schwach dabei werden; ihre Intuition wird getötet, ihre Kräfte verkümmern. Sie weint, sie fleht, sie rauft sich die Haare. Sie ahnt nicht, dass sie damit in die eigene Falle stolpert. Hysterisches Gekreische ist keine zwingende Kraft. Unter den weiblichen Eigenschaften, den guten und den schlechten, ist Unterwürfigkeit die abscheulichste und Gehorsam die gefährlichste. Woraus bist du gemacht? Aus zitterndem Fleisch? Aus salzigen Tränen? Entscheide dich, ob du kämpfen willst! Entscheide dich jetzt.“ Hildegards Stimme wird immer lauter und ich beginne, mich zu ducken. Ich spüre diese Last auf meinen Schultern und habe den Eindruck, dass um mich herum alles dunkel wird. Den Tränen nahe wimmere ich: „Ich kann nicht, ich kann nicht.“
„Du selbst bist es, die mit akkuraten Strichen die Grenzen deines Reservats ziehst. Du sitzt da, zutiefst beleidigt und vergießt Tränen, weil du als Frau vor Jahrhunderten besiegt worden bist. Es gibt jedoch höhere und bessere Ziele.“
Noch immer schaue ich sie unter Tränen an. Sie jedoch lässt nicht locker, doch ihre Stimme wird wieder weicher. „Mut war schon immer die natürliche Eigenschaft der Frauen. In Abwesenheit der Männer trugen sie für ihre Kinder und die Alten die Last der Gefahr. Die Männer wissen das, und wollen es nicht zugeben.
Eine Frau wächst über sich selbst hinaus für die, welche sie liebt. Die Frau fühlt sich für sie verantwortlich. Doch heute geht es um die eigene Verantwortung. Es geht um dich als Frau. Beginne zu verstehen, zu begreifen und entscheide dich - jetzt. Entscheide dich jetzt für dich als Frau.“
Mein Atem stockt und ich habe den Eindruck, einem Ungeheuer gegenüber zu stehen und doch: plötzlich atme ich freier. Ich habe meine Wahl getroffen. In diesem Augenblick schwindet meine Angst. Ich glaube, so erleben es viele Frauen; in dem Moment, in dem es nicht mehr nur um ihr eigenes Leben geht, sondern um das Leben der Menschen, die sie lieben, da wachsen sie über sich selbst hinaus. Ich spüre, wie mir Flügel wachsen und habe den Eindruck

stark, mutig und voller Tatendrang zu sein. Da erklärt Hildegard: „Frauen sind die Felsen dieser Welt. Sie haben starke Schwingen und suchen den Wind. Auch, wenn der Weg steinig und dornenreich ist, du dich gelegentlich verletzt und blutest, vertraue dir selber." Vertrauen ist gut, Kontrolle ist besser, kommt mir spontan in den Sinn und Hildegard erklärt belustigt: „Du kannst dich nicht am Wasser festhalten - du musst ihm vertrauen."
Da kommt mir Selene in den Sinn und unser gemeinsames Baden im See. Ich fühlte mich schwerelos, getragen von den Wellen des Lebens. Indem ich mich dem Wasser übergab, wurde ich getragen. Wenn ich kämpfe, ist es ein ewiger Kampf. Ja, ich will beginnen, Frau zu sein, zu vertrauen. Ich will, ich will, ich will, wiederhole ich immer wieder, wie eine Beschwörung. Hildegard legt ihre Hand auf meinen rechten Arm und erklärt schmunzelnd: „Willkommen."
„Wieso ist es so schwer?"
„Der Lebensweg jedes einzelnen Menschen führt durch Prüfungen. Wenn du zu nahe ans Licht fliegst, verbrennst du dir deine Flügel. Also ist es gut, auf der Hut zu sein."
„Ich mache immer wieder die gleichen Fehler."
„Eine Niederlage ist der Grundboden für den Erfolg." Skeptisch schaue ich sie an, und sie beginnt zu lachen. „Es gibt keine Strafen, nichts Negatives. Alle Schicksalsschläge, Leiderfahrungen und Verluste sind Geschenke. Du kannst das Schicksalsweh und Leid mit dem Schmieden des glühenden Eisens vergleichen. Es ist eine Gelegenheit, seelisch zu wachsen. Das ist der alleinige Grund deiner Existenz auf Erden." Ich überlege mir, wie schön es wäre, alles zu segnen, was ich habe, anstatt mein Schicksal zu verfluchen, zu bekämpfen, wegen der Dinge, die ich nicht habe. Bevor ich mich äußern kann, legt Hildegard ihre Hand auf meine und sagt: „Nie bist du gekommen. Nie wirst du irgendwo hin gehen, du bist nur zu Gast auf dieser irdischen Ebene. Es ist das irdische Bewusstsein mit dem Körper und seinen sinnlichen Instrumenten, die auf dieser Ebene leben und die Idee vom Kommen und Gehen spiegeln. Das Göttliche ist Licht. Licht kommt nicht und geht nicht. Es gibt nur dieses ewige Sein."
„Und das ist Liebe."
„Du sehnst dich nach der bedingungslosen Liebe. Diese Sehnsucht ist es, die dich voran treibt und dir Energie gibt, weiterzumachen. Im Licht der Liebe entscheidest du dich, was du mit deinem Leben machst und versprichst, vielleicht sogar vor Göttin und Gott, dein Vorhaben zu erfüllen. Doch wenn du in deinem physischen Körper bist, kannst du dich nicht mehr erinnern, warum du hierher gekommen bist. Es geht ums Erinnern."
„Mit anderen Worten: Es ist schön, der Welt mit Liebe zu begegnen. Wichtig ist es, dass alles mit der Liebe zur eigenen Person beginnt - ich weiß. Doch wie kann ich mich sonst noch erinnern?"
„Indem du mit offenen Augen durch die Welt gehst und wach bist. Werde erwachsen. Im Wort erwachsen, ist das Wort wachsen und auch das Wort wach enthalten. Also, nur wer wach ist, ist auch erwachsen. Und wach werden kannst du nur, indem du bereit bist, innerlich zu wachsen."

„Und was zeichnet einen erwachsenen Menschen aus?"
„Dass er Verantwortung für sich und sein Leben übernimmt. Sobald du deine Verantwortung siehst, erhältst du auch die Antworten, die du suchst." Etwas fassungslos stammele ich: „Ver-antwort-ung."
Sie nickt. „Oft scheint es für dich eine Welt außerhalb deiner Gewissheit zu geben. Du siehst meist nur, was du glaubst, und glaubst, was du schon weißt. Und wenn dann etwas ganz Erstaunliches passiert, etwas, das nicht sein kann, ist zunächst kein Vertrauen zu den eigenen Empfindungen da. Kein Sprechen darüber, kein Austausch mit anderen erfolgt, weil es einfach zu verrückt ist, verunsichert, nicht sein kann." Ja, das kenne ich.
Und sie fährt fort. „Es geht immer um das Heute. Denn heute ist das Gestern von Morgen. Das Heute ist nicht in deinen Gedanken, sondern klar in deinen Gefühlen und deinem Körper", und ich füge bei: „und das Gestern und Morgen ist in meinem Kopf." Sie nickt. „Obwohl jeder Zyklus gleich ist, ist er doch anders. Jede Phase ist einmalig. Jede Stunde hat ihr Gesicht. Was heute geschieht, kann morgen nicht mehr wiederholt werden. Doch viele Menschen sind noch nicht bereit, sich dem Leben hinzugeben."
„Und wie weiß ich, wann ich mich hingeben soll?"
„Du fühlst es im Herzen, wenn du der Wahrheit begegnest. Es ist so einfach wie ein Erwachen, frühmorgens, wenn es Tag wird. Erkenne, wer du bist, das gibt dir Selbstbewusstsein. Und irgendwann beginnst du, dich selbst zu heilen. Die Menschen meinen, dass es keinen Weg zurück zu sich selbst gibt. Doch das ist nicht wahr. Die Vergangenheit, die Zukunft, beides ist im Heute erhalten. Verstehst du?"
Ich nicke und frage nach einiger Zeit: „Und wie lässt sich das psychologisch erklären?"
„Psychologie ist eine Wissenschaft, die mit einem klaren Verstand Verhalten, Gefühle und Gedanken analysiert, beschreibt und Konzepte zur Bearbeitung bereithält. Damit spricht sie den Kopf an. Also mit dem Kopf die Gefühle betrachten und verarbeiten. Wenn es jedoch um Liebe und Mitgefühl geht, stößt du dabei an Grenzen der Konzepte."
„Und ohne Liebe gibt es keine Existenz."
„Ja, weil alles Liebe ist."
„Nicht alles. Was ist mit Mördern, Vergewaltigern und anderen bösen Menschen?"
„Es gibt keine bösen Menschen. Du musst ihnen nur helfen, sich von ihrer Negativität zu befreien, ohne sie zu kritisieren, sondern sie in ihrem Bemühen ermutigen. Je mehr du sie unterstützt, desto offener werden sie für ihr eigenes Licht und ihre eigene Liebe." Ich will gerade etwas erwidern, doch ihre nächsten Worte hindern mich daran. „Das Maß der Liebe ist Liebe ohne Maß. Alles, wirklich alles, was du verstehst, kannst du nur verstehen, weil du liebst. Liebe kennt keine Jahreszeit, kein Wetter, keine Stunde, Tage, Monate, sie ist immer und immer gleich."

„Und besonders glücklich bin ich, wenn jemand glücklich ist, den ich liebe." Sie lächelt: „Kennst du das Liebesmittel ohne Trank, Kräuter und Zauberformel?" Ich schüttle den Kopf und sie erklärt: „Willst du geliebt werden, so liebe."
„Das ist alles?"
„Es ist keine Kunst, die Welt zu erobern. Wenn du kannst, erobere ein Herz."
„Denn die Liebe hat kein Alter, sie ist immer am Werden." Hildegard lacht und meint: „Liebe ist der kürzeste Weg", „manchmal auch Umweg", murmle ich und sie fährt fort: „zum Nächsten."

Gedankenverloren schaue ich sie an und frage dann: „Gibt es den Menschen, der genau zu mir passt?"
„Du meinst, so wie die Tasse zum Unterteller?"
Ich nicke und sie schaut mich lange an, bevor sie erklärt: „Auf der Erde lebst du in einer Dualität, darum wurden auch die Seelen, die eins waren, getrennt. Sie sind dual und gehören doch zusammen, schon immer und ewig. Das ist die Dualseele, die Zwillingsseele. Nicht in jeder Inkarnation treffen sich die Dualseelen und doch gehören sie weiterhin zueinander. Zum richtigen Zeitpunkt und am richtigen Ort werden sie einander begegnen. Das muss nicht hier auf Erden sein, es kann auch auf einer anderen Ebene geschehen." Sie bückt sich und zeichnet ein Symbol auf den Boden.

„Wenn du Yin und Yang betrachtest, wirst du sehen, dass im Yang, also im schwarzen Teil des Symbols, ein kleiner weißer Punkt ist, der Yin. Genauso ist es umgekehrt, im Yin gibt es einen kleinen Teil, Yang. Auch Dualseelen haben einen kleinen Teil ihrer anderen Hälfte in sich. So kannst du dich selbst bei der Begegnung deiner Dual-seele wiedererkennen. Das Weibliche erkennt sich in der männlichen Hälfte, das Männliche in der weiblichen."
„Erkenne ich meine Dualseele auf den ersten Blick?"
„Nicht immer. Das kann auch langsam und schleichend vor sich gehen. Es kommt einem Gefühl gleich, etwas gefunden zu haben, das einem schon lange fehlt. Es ist eine Vertrautheit vorhanden. Es ist, als ob du den anderen Menschen schon ewig kennst, und du möchtest dich nie wieder trennen und immer zusammen bleiben. Du schaust wie in einen Spiegel durch den Blick in die Augen des andern und weißt, was die andere Person denkt. Eine Liebe, die unerklärlich ist.
Dualseelen erkennen sich auf der spirituellen Ebene wieder. Die telepathische Übermittlung ist sehr stark und lässt fast keine Geheimnisse zu. Auch große Anstrengungen des Verbergens haben nur selten Erfolg, der andere schaut in einen hinein wie in sich selbst."
„Und ist unsere Dualseele, wenn wir ihr physisch begegnen, auch der gesuchte Lebenspartner?"
„Nein, das ist nicht zwingend. Sie kann in dieser Inkarnation das gleiche Geschlecht wie wir haben, ein nahes Familienmitglied sein oder wohnt sogar

auf einem anderen Kontinent. Auch kann sie sehr viel jünger oder älter sein, vielleicht ist sie zudem gar nicht inkarniert und befindet sich auf einer anderen Ebene außerhalb deines Universums. Doch in all diesen Fällen wirst du das gleiche Verstehen für sie haben, sie erkennen, wenn sie dir begegnet. Es besteht eine tiefe Liebe zu der anderen Seelenhälfte, selbst, wenn du dem Menschen, dessen physischen Körper sie gerade bewohnt, nur kurz begegnest oder ihn nicht leiden kannst."
„Es kann sein, dass ich sie nicht leiden kann?"
„Zwischen den Dualseelen ist nicht immer Harmonie, sie tragen auch Konflikte aus, die sehr wichtig für ihr Wachstum sind. Doch kein Konflikt kann die Bindung der beiden Hälften trennen. Das Gegenteil ist der Fall, durch das Auseinandersetzen und Bewältigen dieser Konflikte wird die Bindung verstärkt. Sie lernen voneinander und miteinander und beide Hälften können wachsen. Sie wachsen nicht nur gemeinsam, jeder hat auch seine eigenen Erfahrungen und Lernaufgaben. Diese Erfahrungen werden der anderen Hälfte oft unbewusst durch Telepathie mitgeteilt."

„Ich dachte, dass Dualseelen in ewiger Harmonie sind?"
„Harmonie ermöglicht kein Wachstum. Ein Konflikt ist eine Gelegenheit zu Intimität. Eine Eruption von Energie, gekennzeichnet von einem starken Gefühl des Verletztseins, von Unmut, Verlust und Furcht. Eine Herausforderung an den eigenen Selbstwert. Für gewöhnlich wird er auch durch das Erscheinen von oberflächlichen Streitfragen und Forderungen charakterisiert, über die du streiten kannst, sodass die tieferen Gefühle nicht gefühlt werden müssen. Wenn Konflikte angemessen gehandhabt werden, können sie zum Katalysator für ein größeres Bewusstsein deiner selbst und deiner Beziehung werden. Sie können zum Riss in der harten Schale deiner Person werden, der dir erlaubt, eine Reise ins Zentrum deines Selbst anzutreten."
Sie schweigt und ergänzt mit den Worten: „Ein Feind ist der grösste Lehrmeister."
„Die Dualseele ist also nicht zwingend auch meine große Liebe."
„Die Vereinigung der beiden Seelenhälften geht meist auf dem spirituellen Weg vor sich. Dadurch wird die spirituelle Entwicklung individuell als auch gemeinsam auf eine Ebene hervorgehoben. So kann es sein, dass die Dualseele nicht auch dein Lebenspartner in diesem Leben ist. Trotzdem kannst du eine Verbundenheit zu deinem Lebenspartner haben, ihn von Herzen lieben und ein wunderschönes Leben im Hier und Jetzt mit ihm führen. Und denke immer daran, du wirst deiner Dualseele zum richtigen Zeitpunkt begegnen, es ist zu der Zeit, in der beide bereit dafür sind. Beide werden das gleiche Gefühl füreinander haben und tief in ihrem Inneren oder auch im Bewusstsein begreifen, dass sie ihre Dualseele gefunden haben."
„Und dann ist es so, als wären es zwei ineinander Gefügte, die sich aneinander schmiegen, wobei jedes für sich ein Individuum ist. Beide Teile zusammen

ergeben das Ganze, fehlt einer dieser Teile, so ist auch der komplette Seelenstrang, der das ganze Wesen ausmacht, an sich unvollständig.
Und was ist ein Seelenpartner?“
„Der Seelenpartner orientiert sich an einem Projekt. Dein Seelenpartner hat immer denselben Ursprung und dieselbe spirituelle Aufgabe wie du. Du arbeitest Hand in Hand. Und die Aufgabe wird erfüllt, egal, ob ihr zusammen seid oder nicht. Wenn es so sein soll, dass du mit ihm physisch zusammenkommst, wenn ihr euch für die Aufgabe gegenseitig braucht, kommt ihr zusammen, ob ihr es ersehnt oder nicht. Niemand kann es verhindern! Dieselbe Aufgabe bedeutet nicht, dass ihr euch in jeder Inkarnation physisch kennenlernen müsst. Es kann sein, dass ein Seelenpartner inkarniert ist, der andere jedoch nicht. Dann wird der inkarnierte Partner vom Seelenpartner geführt. In jedem Fall siehst du ihn wieder, spätestens in den höheren Schwingungsebenen. Und dann ist das Wiedersehen mindestens genauso schön und voller Freude. Vermutlich noch viel schöner, denn die menschlichen Hemmungen und Zweifel, wie hier auf der Erde, sind weg. So können beide klar die Wahrheit erkennen.“
„Also gibt es keinen Grund traurig zu sein, wenn ich meinen Seelenpartner noch nicht gefunden habe?“
„Nein, denn ihr trefft euch spätestens auf den geistigen Ebenen wieder. Da zieht ihr euch allein durch die Gedanken an.“
„Und wenn wir uns in diesem Leben vorgenommen haben, uns zu treffen, dann wird es geschehen. Haben wir jedoch keine solche Verabredung getroffen, wird es nicht geschehen; und dafür gibt es immer einen tieferen Grund.“
„Ja, vielleicht wäre es für eure jetzige Aufgabe eher hinderlich, alles stehen und liegen zu lassen für den Partner oder die Partnerin; vielleicht würdet ihr euch ein neues Karma schaffen, das euch in eurem Weiterkommen behindert. Und wer weiß - vielleicht bist du ja in diesem Moment schon mit deinem Seelenpartner zusammen und ahnst es nicht einmal!“
„Wieso, bist du meine Seelenpartnerin?“

„Du bist wieder sehr neugierig, kleine Schwester. Versuche nicht, deinen Willen um jeden Preis durchzusetzen, nur um deine Neugier zu befriedigen. Doch wenn du allein und einsam bist, bitte doch einfach die Schöpferin darum, dich mit deinem Seelenpartner oder auch deiner Seelenpartnerin zusammenzuführen. Gut ist es, wenn du noch den Zusatz verwendest: wenn es im Interesse aller Beteiligten ist und niemand dadurch zu Schaden kommt! Bitte.“
„Ist der Seelenpartner dasselbe wie ein Seelengefährte?“
„Der Seelengefährte ist das Geheimnis der karmischen Verbindungen. Als Seelengefährte wird in der Regel ein Mensch bezeichnet, der dir schon aus vergangenen Inkarnationen vertraut ist, der ...“ und ich rede dazwischen: „mein Seelenverwandter ist. Und es ist karmisch, weil ich von ihm oder ihr Lektionen lerne und auch wieder Dinge korrigieren kann.“

Sie schmunzelt, steht auf und macht mir ein Zeichen ihr zu folgen. „Jeder Mensch ist eine vollständige Seele; männlich und weiblich. Doch viele fühlen sich unvollständig, nur halb, weil sie sich ihres gegen-geschlechtlichen Anteils in sich nicht bewusst sind. So entstand das Bild von der Dualseele. Die Metapher „Dualseele" definiert sich: zwei halbe Seelen, jede Hälfte Teil einer ehemals ganzen Seele, die jetzt in zwei Körpern wohnt; in einem männlichen und einem weiblichen Körper.
Tief in dir wohnt immer noch das Wissen, dass du eins bist, ganz bist. Doch als Mensch verbringst du deine Inkarnationen unter anderem noch immer damit, unbewusst im Außen nach dieser Einheit zu suchen, nach dieser mystischen anderen Hälfte von dir, die du so vermisst, ohne zu wissen, dass sie in dir selber ist - also nie getrennt von dir war."
Ich höre mich nach Luft schnappen und schon fährt Hildegard fort. „Dein innerer, unbewusster, fehlender Anteil wird stark von ganz besonderen Menschen gespiegelt: von den Seelenverwandten, auch Seelengefährten genannt.
Seelengefährten findest du immer wieder auf deinem Weg. Es sind die Menschen, die dein Herz rühren, mit denen du Beziehungen eingehst und die du vielleicht sogar heiratest. Seelengefährten gleichen deiner fehlenden Hälfte und du findest dich in ihnen wieder."
„C.G. Jung nennt diesen in uns wohnenden, unbewussten, gegengeschlechtlichen Anteil Anima beim Mann und Animus bei der Frau. Animus, der innere Mann der Frau, und Anima, die innere Frau des Mannes. Spiegeln Menschen uns diese in uns verborgenen Anteile, so sehen wir in ihnen Seelengefährten."
Hildegard hört mir zu und fragt: „Und was heißt das für dich?"
"Dass ich bei der Partnerwahl nach Entsprechungen meiner Anima oder meines Animus suche. Je mehr der Partner meine Anima, oder eben meinem Animus zu entsprechen scheint, umso mehr regt sich in mir unbewusst die Erinnerung und das Sehnen nach Ganzheit. Es berührt mein Herz."
„Und so können sich partnerschaftliche Verbindungen sehr schnell auflösen, sie können jedoch auch über den Rest einer Inkarnation oder sogar über mehrere Inkarnationen anhalten.
Seelengefährten sind wichtig. Sie reflektieren dich. Du lernst durch sie, was dir entspricht und was dir fehlt, was du bist oder was noch nicht. Sie konfrontieren dich auch mit deinem Schmerz. Am Schmerz kannst du wachsen. Schmerz kann allerdings nur angenommen und aufgearbeitet werden, wenn dies in einem liebevollen Rahmen geschieht. Du lernst dich selbst besser kennen und allmählich erfährst du, was dich ausmacht. Du erkennst dich selbst. Deshalb ist es immens wichtig, durch diese Lernprozesse zu gehen."
„Die Beziehungen mit Seelengefährten sind also nichts anderes als Lernprozesse?"
„Du lernst dabei Dinge wie Liebe, Loslassen, Hingabe, Kommunikation, Vertrauen, Annehmen. Das alles brauchst du, um zu reifen. Umso mehr der Seelengefährte deine eigenen Anteile spiegelt, desto intensiver ist auch das Zusammentreffen und es ist sehr schön und tiefgreifend, diese Liebe zu erleben."

„Nach meiner Begegnung mit der letzten Göttin bin ich mir nicht mal mehr sicher, ob es diese Liebe überhaupt gibt.“ Hildegard lacht. „Das Leben besteht nur aus Liebe.“ Ich schüttle vehement den Kopf. „Nein, es gibt Menschen, die haben nie Liebe erfahren.“
Sie setzt sich und wartet, bis ich mich neben sie gesetzt habe. „Die Erde ist der Planet der Liebe. Ohne Liebe kann niemand überleben. Also gibt es immer Liebe! Du hast oft den Eindruck, dass Menschen viel Liebe haben und andere gar keine. Das stimmt so nicht. Oft sieht das Auge etwas, was nicht da ist und umgekehrt. Wo viel Liebe zu sein scheint, ist nicht immer alles Liebe. Und wo alles lieblos erscheint, ist oft mehr Liebe, als auf den ersten Blick ersichtlich. Liebe ist viel mehr, als du dir erklären kannst. Liebe ist eine Erfahrung, eine Berührung und der Samen für das Leben auf der Erde.“
„Und ich kann den Partner nicht verändern - nur mich selber. Nach einer gescheiterten Beziehung kann ich mich fragen: War oder ist es Fluch oder Segen? Schlussendlich bestimme ich, was es war oder ist.“ Sie nickt und ich füge resigniert bei: „Und einmal mehr geht es um das Bewusstsein - auch in der Liebe.“

Hildegard steht auf, läuft zu einem Baum, streckt ihre Hand aus und kehrt zurück mit einer Schlange, welche sich um ihren Arm ringelt. Einem Moment lang bleibt mir der Atem stehen. Doch dann erinnere ich mich an meine Schlangenbegegnung bei Tefnut und schaue fasziniert auf das Bild, welches sich mir von Hildegard mit der Schlange bietet. „Hast du gewusst, dass Tiere und Menschen ein unterschiedliches Bewusstsein haben?“, fragt sie mich. Ich nicke. „Ja, doch die SchamanInnen und Schamanen glauben, dass es auch magische Tiere gibt und dass jeder Mensch sein eigenes Krafttier in sich trägt.“

„Das stimmt und welches ist dein Krafttier?“ Ich schaue sie perplex an. „Keine Ahnung!“ Sie lacht, bringt die Schlange zurück und meint: „Na, dann werden wir es suchen. Denn das Tier- und Menschenreich bildet eine Einheit. Also ist es von Vorteil, wenn du wenigstens eines deiner Krafttiere kennst.“
„Stark wie ein Bär, scharfblickend wie ein Adler, sanft wie ein Reh.“
„Ja, die Sprache kennt viele Eigenschaften, die in unmittelbarem Zusammenhang mit bestimmten Tieren stehen. Das zeigt einmal mehr die Verbundenheit.“
„Von der Natur haben wir unser Wissen und zur Natur kehren wir alle zurück“, sage ich ehrfurchtsvoll. Hildegard lächelt mich liebevoll an. „Jedes Tier hat Hunderte von Lektionen für dich bereit, und alle sind Quellen der Kraft, aus denen die Menschen für sich schöpfen können. Versuche, die Kraft eines Tieres anzurufen, dann bitte darum, in die vollkommene Harmonie mit der Macht, die das innerste Wesen dieses Geschöpfes ausmacht, hineingezogen zu werden. Das Verständnis dieser Brüder und Schwestern aus dem Königreich der Tiere zu gewinnen, ist ein Heilungsprozess, an dem du mit der nöti-

gen Ehrfurcht und Intuition herangehen musst. Sie sind ein Teilstück des Weges zur eigenen Macht. Macht liegt im Wissen und Verstehen, welche Rolle du im großen Geheimnis zu spielen hast und darin, dass du mit Achtung jedes Lebewesen als Lehrer betrachtest. Die Lektionen, die du von deinem Krafttier lernst, sind von Ewigkeit her gültig, und sie sind immer bereit, in Erscheinung zu treten. Wo es im Leben kein Lernen mehr gibt, ist auch die Magie verschwunden, und das Leben ist vorbei."
„Magie! Ist das Leben selbst schon Magie?"
„Wir alle üben jeden Tag, in der einen oder anderen Weise, Magie aus. Eine magische Handlung ist zum Beispiel, wenn du mit Hilfe deines Willens Veränderungen im Bewusstsein hervorrufst. Das Leben ist ein Netz aus unterschiedlichsten Energieströmen, die alle in der einen oder anderen Form miteinander verbunden sind. Wenn du intensiv einen Wunsch hegst, investierst du außerordentlich viel Gedankenkraft in diese Absicht. Visualisiere die Erfüllung deiner Wünsche und greife auf diese Weise auf einer feinstofflichen Ebene in das Energienetz des Lebens ein. Veränderungen in deinem Bewusstsein werden somit auch auf die direkte Wirklichkeit um dich herum Auswirkungen haben. So beginnst du, plötzlich Dinge in dein Leben zu ziehen, die mit deiner mentalen Energie zusammenhängen."
„Und das ist Magie." Sie nickt. „Ja, das ist Magie. Eine Magie, die für alle bereit steht. Durch die Verbindung mit deinem Krafttier lernst du, intuitiv zu denken. Auf der Suche nach der Wahrheit der Natur und den Beziehungen zu den Geschöpfen des großen Geheimnisses musst du standhaft sein und lernen, wie du das Naheliegende im Schweigen findest. Dieses Schweigen des still gewordenen Denkens ist die heilige Fruchtbarkeit des empfangenden Geistes. So wird eine wunderbare, neue Welt zu dir zu sprechen beginnen.
Du entdeckst Tiere, die in ganz besonderer Weise zu dir sprechen - als Tiere der Kraft. Diese Geschöpfe haben eine ganz besondere Kraft für dich und werden in der Traumzeit zu dir kommen, wenn du sie genauer studieren sollst. Dein Verbündeter ist eine Tierart, mit der dich etwas Wichtiges verbindet."

„Und wie nehme ich Verbindung mit meinem Krafttier auf?"
„Willst du lernen, wie die Kraft einer Person, eines Lebewesens oder einer Naturgewalt angerufen wird, musst du eine ehrerbietige Haltung an den Tag legen und auch dazu bereit sein, Hilfe anzunehmen. So wissen die kleinen indianischen Kinder, dass sie die Hilfe ihrer Eltern anrufen können, wenn sie sich verlaufen haben. Das gibt den Kindern die Kraft ihrer Eltern, auch wenn diese nicht körperlich anwesend sind. Die Eltern spüren, dass die Kinder sie brauchen, und häufig können sie aufgrund ihrer psychischen Kraft und inneren Verbundenheit durch die Augen ihrer Kinder hindurch sehen, wo diese sich befinden. Das ist eine Macht, die sich aus dem Wesen der Einheit erklärt und daraus, dass jedes Lebewesen in sich einen Teil aller anderen Lebewesen trägt.
Du kannst auch die Kraft eines Tieres anrufen, wenn du bestimmte Eigenschaften benötigst. Nachdem alle Dinge in diesem Universum aus den

gleichen Bausteinen aufgebaut sind, aus Atomen, kannst du davon ausgehen, dass wir alle durch das, was diesen Atomen zugrunde liegt, miteinander verbunden sind: durch die schöpferische Kraft oder den großen Geist, der im Innersten des großen Geheimnisses wohnt.
In längst vergangenen Zeiten war es üblich, dass eine Person, die Führung und Einweihung suchte, vor die Ältesten trat. Meistens waren es sechs Älteste, und sie saßen im Norden. Die Ältesten waren weise, und zwar nicht nur deshalb, weil sie auf ein langes Leben zurückblickten, sondern weil sie die tiefsten Geheimnisse kannten. Sie kannten die Spuren, die der Wolf im Denken hinterlässt, sie hatten viele gewaltige Visionen erlebt und jeder hatte irgendwelche besonderen Gaben und Fähigkeiten.

Schließe nun deine Augen und stelle dir diese Ältesten vor deinem inneren Auge vor. Du siehst sie im Licht des zunehmenden Mondes an einem prasselnden Feuer sitzen. Die Mondsichel ist mit Blütenstaub von Maisblüten auf den Boden gezeichnet. Die Ältesten sitzen im Norden, während du dich von Süden her näherst: drei ältere Frauen sitzen links und rechts sitzen die anderen. Während ringsum alles dunkel ist, sind die Alten in das Licht des Feuers getaucht. Du setzt dich vor der zweiten, der mittleren Frau hin. Ihre stolzen, vogelscharfen Augen halten dich wie in einem Schraubstock gefangen. Sie hält einen perlenbestickten Medizinbeutel hoch, der mit Symbolen und Machtzeichen besetzt ist und am Boden Fransen hat.
Die mittlere Frau deutet dir, in die Tasche hinein zu greifen. Du tust dies und ziehst etwas heraus - einen Wolfszahn vielleicht oder eine Bärenpfote. Sie fordert dich auf, diesen Gegenstand zwischen dich selbst und ihr an eine bestimmte Stelle auf den Boden zu legen. Du machst das, nimmst dann weitere Gegenstände aus der Tasche und legst sie zu den ersten. Jede Stelle oder Richtung hat eine eigene Bedeutung, jeder Gegenstand entspricht einer Veranlagung oder ist eine Lektion, die zu lernen ist. Die mittlere Frau schaut sich nun die Gegenstände an, die du ausgewählt hast und die Art und Weise, wie sie von dir hingelegt wurden. Dann fängt sie an, mit sanfter Stimme zu dir zu sprechen. Sie scheint bis in das Innerste deiner Seele hineinreichen zu können. Sie ist eine Führerin und kluge Ratgeberin. Sie sagt dir, ob und auf welche Weise du von deinem Weg abgekommen bist. Sie kann dir auch erzählen, ob irgendeine missgünstige Person oder Macht dich getäuscht hat und wie das geschehen ist. Sie ist in der Lage, dich zu allen möglichen Problemen zu beraten, die deine Gesundheit dir gerade macht. Sie kann dich in deiner spirituellen Entwicklung leiten. Sie lässt dich in dein Innerstes hinein schauen, wie du es nie zuvor getan hast, und du entdeckst dabei deine Übereinstimmung mit der ganzen Schöpfung. Sie kann dir zu jeder Frage einen Rat geben. Du fühlst dich ganz."

Mit geschlossenen Augen nehme ich all das wahr, was Hildegard mit ihren Worten beschreibt. Aus dem Beutel entnehme ich eine Feder. Wie mir eine

der Frauen erklärt, ist es eine Falkenfeder. Sie steht als Symbol für Eleganz, Schnelligkeit und Aufbruch.
Und so spricht der Falke zu mir: *Bin der Herr über Himmel, sehe genau in dem Gewimmel. Trage das goldene Lebenselixier, ja, das bringe ich dir. Zeige dir den leichten Flug, lehre dich unterscheiden zwischen Wahrheit und Trug. Weihe dich ein in die magische Welt der Anderskraft und zeige dir, wo die Lücke klafft. Glaube mir, das ist dein Wegesschild, das offene Tor in deine Seele, mit allen Kräften, die toben hier wild. Sie schreien nach Vollendung, ich bringe dir die Wendung. Im Sturzflug trag ich dich in diese Kluft und bringe dir die frische Luft, die Weite und die Kraft der Welt, so wie es dir gefällt. Du wirst sehen, Raum und Zeit können gehen, dahinter erstreckt sich die unendliche Weite, hier können wir fliegen Seite an Seite.*
Ehrfurchtsvoll höre ich diese Worte und gleichzeitig bin ich mir bewusst, dass ich nun nicht mehr ausweichen kann.

Ich höre eine der Frauen sagen: „Brich auf in dein Leben. Jage und besiege das, was dir schadet und lerne die Fähigkeiten in dir kennen, die dich weit über deine alltäglichen Kräfte hinaus tragen. Führe das Schwert der Wahrheit im Licht der Sonne. Du bist auserwählt, lebe deine wahre Bestimmung. Von der lichten Seite betrachtet, sieht der Falke in dein Energiefeld hinein und stürzt sich mit todesmutigem Einsatz herab, um die Dämonen, die sich darin aufhalten, zu jagen und zu töten. Er kennt kein Pardon und scheut die Dunkelheit nicht. Mutig stellt er sich seinen Gegnern und bringt sie durch seine geschickte, schnelle, intelligente Weise zur Strecke. Er stellt dir die Wahrheit statt der Täuschung vor die Augen und überlässt dir die Entscheidung. Er sendet neue Impulse und Hoffnungen, wenn du nicht weiter weißt. Als Begleiter vieler Göttinnen und Götter bringt er dich in Verbindung mit den großen Kräften des Universums. Er lehrt dich den richtigen Umgang mit den Universalkräften. Als Bote flüstert er dir die goldenen Botschaften der oberen Welt ins Ohr und verleiht dir die Gabe einer guten inneren Führung in allen Angelegenheiten."
Eine Weile sitze ich noch da und fühle den gesprochenen Worten nach. Sie sind mir fremd und doch so nah. Ich blicke nach oben und sehe einen Falken seine Runden drehen mit dem Wissen, dass er zu mir gehört - oder ich zu ihm?

Als er im dunklen Nachthimmel verschwindet, hole ich ein paar Mal tief Luft und öffne langsam meine Augen. Noch immer tief berührt von meiner Erfahrung realisiere ich zuerst gar nicht, wo ich bin. Ich kneife noch einmal meine Augen zusammen, um sie nun ganz zu öffnen. Doch es ändert sich nichts. Es ist nicht hell, sondern immer noch dunkel. In der Hand trage ich die Falkenfeder, die ich aus dem Beutel gezogen habe. Ich blicke auf und sehe ins Feuer. Darum herum sitzen sie, sie alle, die ich in der letzten Zeit getroffen habe und lächeln mich an. Sprachlos sitze ich da und weiß nicht, wie mir

geschieht. Bin ich wieder am Anfang, hat sich der Kreis geschlossen? Neben mir sitzt Hildegard und unterbricht die unheimliche Stille, die nur durch das knisternde Feuer begleitet wird mit den Worten: „Ja, kleine Schwester, deine Reise ist nun zu Ende. Nun kannst du andere Frauen auf ihre Reise begleiten."
„Oh nein, das kann ich nicht." Da höre ich das tiefe Lachen von Ereshkigal: „Noch immer ungläubig!"
„Nicht ungläubig, nur wissend, wo meine Grenzen liegen", sage ich mit bestimmter Stimme und schaue Ereshkigal an. Sie schüttelt den Kopf und brummt: „Du grenzt dich also noch immer ein. Hast du noch nicht begriffen, dass die Welt grenzenlos ist. Es ist an dir, die Grenzen zu öffnen. Öffne die Tore und Türen und lasse die Sonne hinein. Du bestimmst, was in deinem Leben Platz haben soll und niemand sonst. Du bist die Schöpferin deiner Welt - also beginne endlich damit."
Ein betretendes Schweigen setzt ein, bis Tefnut in die Hände klatscht und sagt: „Lasst uns tanzen."
Sie ergreift ihre Trommel und beginnt zuerst langsam und dann immer lauter darauf zu schlagen. Einige der Göttinnen begleiten die Trommelklänge mit ihrer Stimme. Artemis, Aphrodite, Selene und Maat stehen auf und beginnen, sich im Takt der Musik zu bewegen. Ich sitze da, schaue und höre ihnen bedrückt zu. Nun soll also meine Reise zu Ende sein. Eine tiefe Traurigkeit überfällt mich und schon kullern mir die ersten Tränen über die Wangen. Hildegard legt ihre Arme um mich und sagt mit tröstenden Worten: „Genieße, was jetzt ist. Denke nicht an das, was kommt. Sei ganz im Hier und Jetzt, sonst verpasst du alles, nur weil du denkst, traurig sein zu müssen. Es ist wie bei deiner Reise zu mir. Du hast Eve nicht richtig zugehört, weil du immer an mich dachtest. So hast du einiges verpasst."
„Dank der Geduld von Eve habe ich es doch noch mitgekriegt."

In diesem Augenblick tanzt Artemis auf mich zu und bevor ich überhaupt etwas sagen oder tun kann, hat sie mich schon hochgezogen. Sie strahlt mich an und nimmt mich in die Arme. Mit einem tiefen Glücksgefühl lasse ich mich vertrauensvoll an ihre Brust fallen. Da kommen auch Aphrodite, Selene und Maat und ich lasse mich von einer Umarmung in die andere gleiten und spüre die Verbundenheit mit jeder von ihnen. Auch die anderen Göttinnen stehen nun auf und empfangen mich mit offenen Armen. Glücklich, zufrieden und mit dem Gefühl, heimgekommen zu sein, begrüsse ich jede auf ihre Art. Bei jeder Umarmung spüre ich die Energie der jeweiligen Göttin. Und plötzlich wird mir bewusst, dass sie mir gezeigt haben, dass das innere Schatzhaus des Lichtes in jedem Lebewesen vollumfänglich vorhanden ist, und zwar nicht in Symbolen oder Allegorien, sondern als absolute, allgegenwärtige Wirklichkeit. Aus den unvorstellbaren Tiefen dieses Lichtes erscheint alles Gewordene, aus ihnen offenbart sich die Straße des Lebens. Das göttliche Reich zu betreten, bedeutet, dass wir die absolute Leere aller Ursachen und aller Wirkungen erkennen. Die absolute Leere des Bewusstseins und die absolute Leere dessen, was in ihm erscheint und vergeht. Wenn mein Bewusstsein nicht mehr an Tun und Nichttun gebunden ist, atme ich im göttlichen Sonnenreich. Wenn mein Bewusstsein gelernt hat, nicht mehr zu suchen, dann sind die Suchenden gestorben. Im ewigen Lichtreich gibt es nichts zu finden, nichts zu nehmen, nichts zu halten. Perplex schaue ich die Göttinnen an. Jedes Wort, jeder Atemzug ihrer göttlichen Transformationskörper ist mit solcher Macht geladen, dass es mich sanft von Welt zu Welt und durch unbekannte Dimensionen trägt. Innere Tore werden geöffnet, alte Mauern brechen ein. Tränen der Glückseligkeit quellen mir aus den Augen.

„Nun bist du bereit", höre ich Hildegard sagen und wie aus einem Traum erwachend, schrecke ich hoch. Bereit für was, frage ich mich. „Bereit, dein Wissen unter die Menschen zu bringen", sagt Sophia. Ich weiche einen Schritt zurück, was Tefnut veranlasst zu erklären: „Nicht als Missionarin, die den Menschen immerzu weismachen will, dass ihre Religion die einzig richtige ist." Und Selene fügt bei: „Traue keiner Heilsbotschaft. Sie schützt die Menschen in unsinniger Weise." Erschrocken schaue ich eine nach der anderen an: „Wie soll ich denn etwas tun können?"
"Verändere die Welt, indem du dich selbst veränderst. Indem der Mensch sich wandelt und erwachsen wird, in einer erwachsenen Welt, kann sich die Welt verändern", beantwortet Maat meine Frage. „Ich habe mich doch schon verändert", wage ich kleinlaut einzuwenden. „Stimmt und mit dir deine Mitreisenden", erklärt Artemis.
„Mitreisende, da ist niemand", sage ich und schaue mich wohlweislich noch einmal um. Da beginnen die Göttinnen zu lachen. Demeter hört als erste auf damit und verdeutlicht mir, was sie meinen: „Du hast jemanden mitgebracht auf deine Reise. Dieser Mensch hat alles mit dir durchgemacht, miterlebt, mitgefühlt, mitgelitten, mitgelacht und sich vielleicht auch aufgeregt. Doch alle Gefühle, die du und wir bei diesem Menschen ausgelöst haben, alle Gedanken und Ideen haben nichts mit uns zu tun, sondern mit ihm selber, denn er oder sie ist Teil dieser Geschichte." Maat fügt bei: „Die Menschen leben in einer Zeit, die sich von Natur und Magie abgeschnitten hat. Dieses Buch ist eine Möglichkeit, diese Trennung wieder aufzuheben. Und du als Leserin oder als Leser bist nun aufgefordert zu begreifen. Es liegt an dir - es ist dein Leben - und an dir", erklärt sie zu mir gewandt.
„Glaube nicht, dass es Feindschaft zwischen Völkern gäbe, wenn sie nicht künstlich erzeugt und dann tüchtig geschürt würde. Deswegen solltest du endlich Frieden schließen. Doch nicht wie Sieger und Besiegte, sondern wie Ebenbürtige. Und darin liegt das menschliche Problem."
Der Gedanke, in eine mir fremd gewordene Welt zurückzukehren und die Göttinnen, die ich über alles liebe, verlassen zu müssen, ist mir unerträglich. Hildegard nimmt meine Hand und sagt mit großem Mitgefühl: „Es muss sein. Du wirst das Licht der Ewigkeit vielen Menschen schenken. Das wird dein

Weg zur endgültigen Befreiung sein. Lasse dich von den Schatten der Trauer nicht zu sehr betrüben. Bald wirst du erkennen, dass alles seine Richtigkeit hat. Unsere Freundschaft wird nie vergehen, da sie nicht an Körperliches, Vergängliches gebunden ist."
„Ich wünsche mir, bei euch zu bleiben."
„Ich weiß", erklärt sie mild, „doch wir haben darüber gesprochen, dass Wünsche Schatten, Gefangenschaft und Bindungen nach sich ziehen und das weißt du innerlich auch. Wir umarmen dich. Das Göttliche umarmt dich. Lege deine Hände in die Hände des Göttlichen. Es weiß, was für dich richtig ist, und es wird deine Schritte lenken, vergiss das nie."
Da kommt Selene auf mich zu und ergreift meine Hand und drückt sie fest. Dann sagte sie mit ihrer mir wohlbekannten sanften Stimme. „Lebe wohl, meine Schwester. In Gedanken werden wir bei dir sein, und so Göttin oder Gott es will, werden wir dich rufen." Sie tritt ein paar Schritte zurück. Ein Lächeln, das die ganze Liebe des göttlichen Universums ausdrückt, verziert ihr friedvolles Gesicht. Im nächsten Augenblick entmaterialisiert sie ihren Körper und entschwindet vor meinen Augen durch ein unsichtbares Lichttor. Nach ihr kommt eine nach der anderen auf mich zu, drückt meine Hand, gibt mir einen Kuss auf die Stirn und entschwindet.

Tief ergriffen verweile ich noch lange an diesem Ort. Ich höre das Feuer knistern und spüre die Weite des Universums um mich. Langsam drehe ich mich um und gehe den Weg zurück, den ich vor einiger Zeit gekommen bin. Wieder umfasst mich die Nacht, wie damals, als ich in der Ferne das Feuer erblickte. Nach einiger Zeit drehe ich mich um, doch ich sehe kein Feuer mehr und doch weiß ich, dass es kein Traum war. Denn ich höre die göttliche Stimme in mir mit den Worten: „Ein reines Herz kennt keinen Schmerz. Ein reines Herz verursacht keinen Schmerz. Ein reines Herz hinterlässt keine Spuren."
Und glücklich setze ich meinen Weg fort und sage innerlich: Ja, so sei es!

Quellen und Adressen

Durchgangs-Rituale, Visions-Suche unter www.womenandearth.ch

„Göttinnen“ Urbilder für eine Psychologie der Frau von Jennifer Barker Woolger und Roger J. Woolger, Bastei Lübbe Verlag.

„Trauma-Heilung“ Das Erwachen des Tigers von Peter A. Levine mit Ann Frederick, Synthesis Verlag

Die Sprache der Blumen von Irmgard Zachharias, Rosenheimer Verlag.

Das Frauenbild im Mittelalter stammt aus einem Artikel von Maike Vogt-Lüerssen, Autorin des Buches „40 Frauenschicksale aus dem 15. und 16. Jahrhundert“, BOD-Taschenbuch bei Libri.

„Die Heilung der inneren Frau“ von Gayan S. Winter im Heyne Verlag.

„Der Weiblichkeitswahn oder die Mystifizierung“ von Betty Friedan erschienen im Reinbek: Rohwolt 1996, (Orig. 1963)

„Göttinnen in jeder Frau“ von Jean Shinoda, Heyne Verlag.

„Jetzt” von Eckhart Tolle, J. Kamphausen

„Göttinnen Geflüster“ von Amy Sophia Marashinsky erschienen im Schirner Verlag, Darmstadt.

“Taiko Do”, von Peter Markus, Arun 1997

Marianne Wallach-Faller (1942-1997) „Die Frau im Tallit - Judentum feministisch gelesen“ herausgegeben von Doris Brodbeck.

„Hebammenkunst gestern und heute“ von Marita Metz-Becker, Jonas Verlag.

„Der Weg zur Göttin der Tiefe“, die Erlösung der dunklen Schwester: eine Initiation für Frauen von Sylvia Brinton Perera, Ansata.

„Der Geist der vier Winde“”, Mein Weg zu den Schamanen im tibetischen Lutkang-Tal von Lynn Andrews, Goldmann Esoterik.

„Heilende Mantras“ von Thomas Ashley-Farrand, Ganzheitlich Heilen, Goldmann.

„Die Kraft der Sprache“, Energetisches Sprachtraining von H. und M.R. v. Scheurl-Defersdorf, www.bewusste-sprache.de. 80 Karten für den täglichen Sprach-Gebrauch, ISBN 3-9808091-1-0.

„Astrologische Gesundheits-Fibel“ von André Hammon, Edition Astrodata.

„Godo, mit dem Herzen gehen“ von Peter Greb, Koha-Verlag.

„Begegnung mit der Göttin“ von Lucius Merlin im Eigenverlag.

„Karten der Kraft“ von Jamie Sams und David Carson, Windpferd-Verlag, Reihe Schangrila.

„Frauen, Die Quelle der weiblichen Kraft“ von Osho, Heyne Verlag.

„Der Pfad der Medizinfrau“ von Priscilla Cogan, Knaur MensSana.

„Kraft der Tiere begleiten Dein Leben“ von Jeanne Ruland, Schirner Verlag.

Titelbild von Vicki Cooper, www.mooncycle.ch

Mehr Informationen über die Autorin und ihre Praxisarbeit:
www.energievoll.ch

Wir bedanken uns bei Ihnen, lieber Leser, für den Kauf dieses Buches und hoffen, Sie haben das Lesen genossen.

Bitte fordern Sie unser kostenloses Verlagsprogramm an.

Per Email: bp@hierophant-verlag.de

Per Post:
Hierophant-Verlag
Im Bollerts 4
64646 Heppenheim

Telefonisch: 0 62 52 / 68 78 68

Besuchen Sie uns auch im Internet:

Verlagsseite: http://www.hierophant-verlag.de

Shop: http://www.hierophantshop.de

Pamela Anna Guggenheim
Ich, die Göttin – Meditationen und Übungen

ISBN 13: 978-3-940868-39-8

Übungen und Meditationen zu jeder der Göttinnen finden Sie im Übungsbuch.